Jungbauer/Blaha

Das familienrechtliche Mandat – Abrechnung in Familiensachen

Das Mandat

Das familienrechtliche Mandat
Abrechnung in Familiensachen

3. Auflage 2014

von
Rechtsfachwirtin **Sabine Jungbauer**,
München
und
Rechtsfachwirtin **Jeanette Blaha**,
Kempten

Herausgeber der Reihe:
Norbert Kleffmann/Michael Klein/Gerd Weinreich

DeutscherAnwaltVerlag

Zitiervorschlag:
FamRMandat-Abrechnung in Familiensachen, § 1 Rn 1

Benutzer-Hinweis für Abrechnungsbeispiele
Für den Download der Mustertexte gehen Sie auf
http://www.anwaltverlag.de/FamRMandat-Abrechnungsbeispiele
Geben Sie den hier eingedruckten Zugangscode ein. Danach erhalten Sie Zugriff auf das zip-Archiv: av.1294_Abrechnungsbeispiele.zip
Zugangscode: f20m11a

Hinweis
Die Formulierungsbeispiele in diesem Buch wurden mit Sorgfalt und nach bestem Wissen erstellt. Sie stellen jedoch lediglich Arbeitshilfen und Anregungen für die Lösung typischer Fallgestaltungen dar. Die Eigenverantwortung für die Formulierung von Verträgen, Verfügungen und Schriftsätzen trägt der Benutzer. Autorinnen und Verlag übernehmen keinerlei Haftung für die Richtigkeit und Vollständigkeit der in dem Buch und auf der CD-ROM enthaltenen Ausführungen und Formulierungsbeispiele.

Anregungen und Kritik zu diesem Werk senden Sie bitte an
kontakt@anwaltverlag.de
Autoren und Verlag freuen sich auf Ihre Rückmeldung.

Copyright 2014 by Deutscher Anwaltverlag, Bonn
Satz: Griebsch & Rochol Druck GmbH, Hamm
Druck: Freiburger Graphische Betriebe GmbH & Co. KG, Freiburg
Umschlaggestaltung: gentura, Holger Neumann, Bochum
ISBN 978-3-8240-1294-7

Bibliografische Information der Deutschen Nationalbibliothek
Die Deutsche Nationalbibliothek verzeichnet diese Publikation in der Deutschen Nationalbibliografie; detaillierte bibliografische Daten sind im Internet über http://dnb.d-nb.de abrufbar.

Vorwort

Das 2. Kostenrechtsmodernisierungsgesetz ist zum 1.8.2013 in Kraft getreten. Neben einer Anhebung und strukturellen Anpassung der Gebührentabellen für die Anwalts- und Gerichtskosten erfolgten durch dieses Gesetz auch einige Klarstellungen, die strittige Rechtsprechung beseitigt; zudem wurden einige echte Neuerungen eingeführt. Für den Familienrechtler bringen die Änderungen durchweg Positives. Sie sind so gravierend und zahlreich, dass eine Neuauflage dieses Werks erforderlich wurde.

Dieses Buch soll dem Anwender eine praxisnahe Hilfestellung sein. Neben Erläuterungen zu den einzelnen Verfahrensarten wie dem Verbundverfahren, den einstweiligen Anordnungen, isolierten (selbstständigen) Verfahren und der Verfahrenskostenhilfe sowie zu den jeweiligen Gegenstandswerten bietet das Buch eine Fülle an Abrechnungsbeispielen, die als Muster Grundlage für die eigene Gebührenberechnung sein können. Um die Anwenderfreundlichkeit zu unterstützen, wurden die Beispiele durchnummeriert. Sie sind im Anhang nochmals gesondert aufgelistet und ermöglichen so ein schnelles Nachschlagen. Die umfangreiche Werttabelle, ebenfalls durchnummeriert, erleichtert die Arbeit und spart dem Anwalt/der Anwältin Zeit beim Diktat der Rechnungen. Tipps für die Praxis helfen bei der korrekten Abrechnung.

Auf meinen Wunsch hin ist meine Berufs-Kollegin Jeanette Blaha als neue Autorin hinzugekommen, um so dem Leser auch möglichst zeitnah nach Inkrafttreten der Reform die vollständig überarbeitete Neuauflage präsentieren zu können. Ich freue mich hierüber sehr, da ich ihre Arbeit sehr schätze und sie nicht nur beruflich, sondern auch menschlich ein echter Gewinn ist.

Gemeinsam danken wir beide dem DeutschenAnwaltVerlag für das entgegengebrachte Vertrauen sowie für die freundliche und hervorragende Betreuung.

Wir widmen dieses Buch unseren Familien und Freunden und bedanken uns für ihre Geduld und Liebe, denn die pünktliche Manuskriptabgabe ist zuletzt auch immer ihnen zu verdanken.

München, im Dezember 2013 *Sabine Jungbauer und Jeanette Blaha*

Inhaltsverzeichnis

Vorwort	5
Musterverzeichnis	19
Abkürzungsverzeichnis	23
Literaturverzeichnis Kommentare/Lehrbücher	29

§ 1 Allgemeines	33
A. Einführung	33
I. Gesetzliche Grundlagen für die Abrechnung von Familiensachen	33
1. Übersicht	33
2. 1. u. 2. KostRMoG – Kostenrechtsmodernisierungsgesetz	33
3. Das FGG-Reformgesetz	35
4. Das FamFG	35
a) Einführung	35
b) Wichtige Änderungen durch das FamFG im Überblick	36
c) Überblick über weitere verabschiedete Gesetze	38
d) Inhaltsübersicht über das FamFG	39
e) Neue Begriffe im FamFG	41
5. Das FamGKG	46
a) Inkrafttreten	46
b) Inhaltsübersicht	47
c) Das Kostenverzeichnis	49
d) Übersichtstabelle GKG/FamGKG	50
6. Das RVG	51
a) Allgemeines	51
b) Gesetzesteil	51
c) Vergütungsverzeichnis	51
d) Vorbemerkungen	52
e) Vergütungsverzeichnis-Nummern	52
f) Anmerkungen	52
7. KostO/GNotKG	54
B. Übergangsvorschriften	54
I. Übergangsvorschriften zum 1.8.2013 (2. KostRMoG)	54
1. Allgemeines	54
2. Unbedingter Auftrag	55
3. Gerichtliche Bestellung oder Beiordnung	57
4. Einlegung eines Rechtsmittels	58
5. Mehrere Gegenstände	58
6. Beratung	58
7. Abtrennung	59
8. Gebührenrecht und Verfahrenswert	59
II. Übergangsvorschriften zum 1.9.2009	59
1. FGG-Reform-Gesetz	59
2. FamGKG	62
3. Änderungen im RVG	62

C. Grundlagen der anwaltlichen Vergütungsrechnung 62
    I. Abgeltungsbereich des RVG 62
    II. Gebührenarten 63
        1. Wertgebühren 63
        2. Rahmengebühren 63
            a) § 14 RVG 63
            b) Kriterien zur Ausübung des Ermessens 63
            c) Nachliquidation 64
        3. Festgebühren 64
        4. Höhe der Vergütung 64
    III. Vergütung für Tätigkeiten von Vertretern des RA 64
    IV. Mehrere Rechtsanwälte 65
    V. Der erteilte Auftrag 65
    VI. Geschäftsführung ohne Auftrag 66
    VII. Fälligkeit, Hemmung der Verjährung 66
    VIII. Vorschuss 67
    IX. Berechnung 67
    X. Kostenfestsetzung gem. § 11 RVG und Gebührenklage 67

§ 2 Wertermittlung und Gerichtskosten in Familiensachen 69
A. Grundsätze 69
    I. Allgemeines 69
    II. Hinweispflicht zur Abrechnung nach Gegenstandswert 69
    III. Wertgebühren 71
    IV. Geltungsbereich des FamGKG 71
    V. Verfahrenswert statt Streitwert 72
B. Gerichtskosten in Familiensachen 72
    I. Fälligkeit und Kostenschuldner nach FamGKG 72
        1. Fälligkeit der Gerichtskosten 72
        2. Kostenschuldner 74
    II. Kostenverzeichnis nach FamGKG 79
        1. Gebührentabelle 79
        2. Auszüge aus dem Kostenverzeichnis des FamGKG 79
C. Berechnung des Gegenstandswertes 86
    I. Addition mehrerer Gegenstände 86
    II. Wertbegrenzung 87
    III. Verweis auf das FamGKG 87
    IV. Vertragsentwürfe 88
        1. Erstellung eines Ehevertrags 88
        2. Erstellung eines Erbvertrags 92
        3. Ehevertrag in Verbindung mit einem Erbvertrag 95
        4. Annahme als Kind 95
    V. Allgemeine Wertvorschriften des FamGKG 96
        1. Grundsatz der Wertberechnung, § 33 FamGKG 96
        2. Zeitpunkt der Wertberechnung, § 34 FamGKG 96
        3. Bezifferte Geldforderungen, § 35 FamGKG 96
        4. Genehmigung einer Erklärung oder deren Ersetzung, § 36 FamGKG 97
        5. Nebenforderungen, § 37 FamGKG 98

	6. Stufenantrag, § 38 FamGKG	98
	7. Antrag und Widerantrag, Aufrechnung etc., § 39 FamGKG	98
	8. Rechtsmittelverfahren, § 40 FamGKG	101
	9. Auffangwert, § 42 FamGKG	101
VI.	Bewertung der Ehe- und Lebenspartnerschaftssache	102
	1. Gesetzliche Grundlage	102
	2. Bewertungskriterien	102
	a) Umstände des Einzelfalls	103
	b) Umfang	103
	c) Bedeutung der Sache	104
	d) Ermessen	104
	e) Einkommensverhältnisse	104
	f) Vermögensverhältnisse	109
	g) Bewertung bei Verfahrenskostenhilfe	111
	h) Berechnungsbeispiel	111
	3. Mindest- und Höchstwert	112
	4. Eheaufhebung und Ehescheidung	112
	5. Wechselseitige Scheidungsanträge	112
	6. Anwendung ausländischen Rechts	113
VII.	Unterhaltsansprüche	113
	1. Gesetzliche Grundlage	113
	2. Berechnung des Wertes Unterhalt	113
	3. Unterhalt für weniger als 1 Jahr	114
	4. Unterhalt nach §§ 1612a–1612c BGB	115
	5. Teilweise freiwillige Leistungen	115
	6. Stufenantrag, § 38 FamGKG	115
	7. Rückstände, § 51 Abs. 2 FamGKG	117
	8. Kapitalabfindung	119
	9. Titulierung unstreitiger Beträge	120
	10. Unterhaltsverzicht	120
	11. Trennungsunterhalt	121
	12. Wertsicherungsklausel	122
	13. Einstweilige Anordnung	122
	14. Vertragsentwurf über Unterhaltsansprüche	122
	15. Vertragliche Unterhaltsansprüche	123
	16. Unterhaltssachen – Kindergeld	124
	17. Mehrere Unterhaltsgläubiger	125
	18. Erhöhung während des laufenden Verfahrens	125
	19. Kindergeldauszahlung an unterhaltsberechtigtes Kind	125
	20. Abänderungsanträge	126
	21. Rückforderung zu viel gezahlter Unterhaltsbeträge	126
VIII.	Kindschaftssachen, § 45 Abs. 1 FamGKG	126
IX.	Übrige Kindschaftssachen, § 46 FamGKG	128
X.	Abstammungssachen, § 47 FamGKG	128
XI.	Ehewohnungs- und Haushaltssachen, § 48 FamGKG	129
XII.	Gewaltschutzsachen, § 49 FamGKG	129
	1. Allgemeines zum GewSchG	129
	2. Verfahren nach § 1 GewSchG	130
	3. Verfahren nach § 2 GewSchG	131

Inhaltsverzeichnis

    4. Bewertung der Verfahren nach GewSchG 132
    5. Mehrere Gegenstände nach § 1 und § 2 GewSchG 132
XIII. Versorgungsausgleichssachen, § 50 FamGKG 132
    1. Gesetzliche Grundlage 132
    2. Gesetzgebungsverfahren 133
    3. Zeitpunkt der Wertberechnung 133
    4. Beispielrechnungen 134
    5. Ausschluss des Versorgungsausgleichs 135
    7. Rechtsmittelverfahren 135
    8. Übergangsrecht 136
XIV. Verbundverfahren, § 44 FamGKG 136
XV. Güterrechtssachen, §§ 35 und 52 FamGKG 139
    1. Übertragung von Vermögensgegenständen/Stundung des Ausgleichsanspruchs 139
    2. Forderung eines Geldbetrags 139
    3. Hoher Zugewinnausgleich 140
    4. Niedriger Zugewinnausgleich trotz hoher Vermögenswerte ... 140
    5. Antrag und Widerantrag bei Zugewinn („Widerklage") 140
    6. Stufenantrag 142
    7. Vorzeitiger Zugewinnausgleich 143
    8. Stundung der Ausgleichsforderung/Übertragung von Vermögensgegenständen. 143
XVI. Einstweilige Anordnungen, § 41 FamGKG 143
    1. Gesetzgebungsverfahren 143
    2. Übersicht 145
    3. Rechtsprechung 145
        a) Erhöhung durch erhöhten Arbeitsaufwand 146
        b) Anhebung bei streitiger Durchführung? 147
        c) Doppelter Wert bei zwei Anträgen? 147
        d) Addition bei mehreren Gegenständen? 147
        e) Strittiges Aufenthaltsbestimmungsrecht 148
        f) Erhöhte Schwierigkeit/Überdurchschnittliche Bedeutung .. 148
        g) Unterschreitung des Werts möglich? 148
        h) Praxistipp 148
        i) Ausgangswert bei entbehrlicher Hauptsache? 149
        j) Verfahrenswert bei Verfahrenskostenvorschuss 151
XVII. Beschwerde gegen die Wertfestsetzung 152
    1. Angabe des Wertes 152
    2. Beschwerde gegen die Wertfestsetzung 152

§ 3 Vergütungsvereinbarungen 155
A. Notwendigkeit zum Abschluss einer Vergütungsvereinbarung 155
    I. Gesetzliche Vergütung zu niedrig 155
    II. Freigabe des Beratungsbereichs 155
    III. Gesetzliche Vergütung ist zu hoch 156
B. Vergütungsvereinbarungen seit dem 1.7.2008 156
C. Berufsrecht und Vergütungsvereinbarungen 157
    I. Anmerkungen zu § 49b BRAO 157
    II. Kostenübernahmeverbot 157

	III. Lediglich Erhöhung gesetzlicher Gebühren	158
	IV. Gebührenunterschreitungsverbot	158
D.	Änderungen im RVG	158
E.	Grundsätze jeder Vergütungsvereinbarung	159
	I. Gesetzestext des § 3a RVG	159
	II. Textform statt Schriftform	160
	III. Voraussetzungen an die Textform	161
	1. Lesbare Schriftzeichen	161
	2. Namensnennung	161
	3. Abschluss der Erklärung	161
	4. Beweiswert der Textform	162
	5. Textform durch E-Mail?	163
	6. Textform für alle Vergütungsvereinbarungen	164
	IV. Bezeichnung der Vergütungsvereinbarung	164
	V. Andere Vereinbarungen/Vollmacht	165
	VI. Hinweispflicht des Rechtsanwalts	166
	VII. Gebührenvereinbarung nach § 34 RVG	166
	VIII. Vergütungsvereinbarung und PKH	167
F.	Erfolgsunabhängige Vergütung	167
	I. Synopse – § 4 RVG „Erfolgsunabhängige Vergütung"	167
	II. Gebührenunterschreitung bei außergerichtlicher Tätigkeit	167
	III. Gebührenunterschreitung bei gerichtlichen Mahn- und ZV-Verfahren	168
	IV. Verzicht auf Vergütung bei Beratungshilfe	168
G.	Erfolgshonorar	168
	I. BVerfG – der Anstoß zu Änderungen	168
	II. Änderung zum 1.7.2008 durch § 4a RVG „Erfolgshonorar"	170
	III. Ausnahme vom Verbot der Erfolgshonorarvereinbarungen	170
	IV. Begriff der „verständigen Betrachtung"	171
	V. Vertragspartner	172
	VI. Der angemessene Zuschlag	173
	VII. Hinweispflichten bei Vereinbarung eines Erfolgshonorars	173
	VIII. Erforderliche Angabe von Gründen für den Abschluss des Erfolgshonorars	175
	IX. Hinweis zur begrenzten Erstattungspflicht	175
H.	§ 4b RVG „Fehlerhafte Vergütungsvereinbarung"	176
	I. Gesetzestext	176
	II. Anmerkungen zu § 4b RVG	176
I.	Muster und Formulare	177
J.	Übergangsvorschrift für Vergütungsvereinbarungen	178
	I. Übergangsvorschrift BRAGO/RVG	178
	II. Übergangsvorschrift zum Erfolgshonorar	179
K.	Gebührenteilungsabreden	179
L.	Bestimmtheit der Vergütungsvereinbarung	180
M.	Inhalt einer Vergütungsvereinbarung	180
N.	Formulierungsvorschläge	181
O.	Checkliste	182
P.	Zeitpunkt des Abschlusses	182
Q.	Unangemessen hohe bzw. sittenwidrige Vergütung	183
R.	Zeittaktklausel	186
S.	Abrechnung nach Vergütungsvereinbarung ist keine Gebührenerhebung	187

§ 4 Gebühren in Familiensachen ... 189

- A. Definition der Angelegenheit und des Gegenstands ... 189
  - I. Einmaligkeit der Gebühren ... 189
  - II. Dieselbe Angelegenheit ... 190
    1. Allgemeines ... 190
    2. Einzelfälle ... 190
  - III. Verschiedene und besondere Angelegenheiten ... 193
    1. Allgemeines ... 193
    2. Einzelfälle ... 193
  - IV. Einstweilige Anordnungen als besondere Angelegenheiten ... 195
  - V. Fortführung einer Folgesache als selbstständige Familiensache ... 195
  - VI. Einbeziehung einer selbstständigen Familiensache in den Verbund ... 197
- B. Beratung/Gutachten/Mediation ... 199
  - I. Gebührenvereinbarungen für eine Beratung ... 199
    1. § 34 RVG – Inhalt ... 199
    2. Folgen der fehlenden Vereinbarung ... 200
    3. „Die übliche Vergütung" ... 200
    4. Beschränkung für Verbraucher ... 202
    5. Tätigkeitsumfang entscheidend ... 203
    6. Ende der ersten Beratung ... 203
    7. Schriftliches Festhalten des Beratungsinhalts ... 204
    8. Auslagen neben der Erstberatungsgebühr? ... 204
    9. Weitergehende Beratung ... 205
  - II. Anrechnung bei weitergehender Tätigkeit ... 205
  - III. Beratung in einer strafrechtlichen Angelegenheit ... 208
  - IV. Gutachten ... 209
  - V. Mediation ... 209
- C. Außergerichtliche Tätigkeit ... 210
  - I. Prüfung der Erfolgsaussichten eines Rechtsmittels ... 210
    1. Prüfung der Erfolgsaussichten ohne Gutachten ... 210
    2. Anrechnungsvorschrift ... 211
    3. Keine VKH für die Prüfung der Erfolgsaussichten ... 213
    4. Prüfung der Erfolgsaussichten mit Gutachten ... 213
  - II. Geschäftsgebühr ... 215
    1. Grundsätzliches ... 215
    2. Begrenzung auf eine 1,3 Regelgebühr ... 215
  - III. Zur Bemessung der Geschäftsgebühr ... 218
    1. Umfang der anwaltlichen Tätigkeit ... 218
       - a) Zeitlicher Aufwand ... 218
       - b) Die Hommerich-Studie ... 220
       - c) Geringerer Umfang aufgrund von Spezialkenntnissen? ... 223
    2. Schwierigkeit der anwaltlichen Tätigkeit ... 223
       - a) Rechtliche Schwierigkeit ... 223
       - b) Tatsächliche Schwierigkeit ... 224
       - c) Reduktion Schwierigkeit beim Fachanwalt für Familienrecht? ... 224
  - IV. Anrechnung der Geschäftsgebühr ... 225
    1. Vorbemerkung 3 Abs. 4 VV RVG ... 225
    2. Voraussetzungen der Anrechnung ... 225

3. Anrechnung bei Gegenstandsidentität und Gegenstandsungleichheit 226
4. Ist die Auslagenpauschale anzurechnen? 229
5. Anrechnung bei Erhöhung 229
6. Anrechnung auch auf eine 0,8 Verfahrensgebühr 230
7. Anrechnung bei späterem Anfall einer Differenzverfahrensgebühr 230
8. Anrechnung im Kostenfestsetzungsverfahren und § 15a RVG 232
   a) Anwendbarkeit auf sog. „Altfälle"? 234
   b) Möglichkeit der Nachfestsetzung? 235
9. Anrechnung bei späterer Verfahrenskostenhilfe (VKH) – der neue § 55 RVG .. 235
V. Freistellungs- oder Zahlungsanspruch? 240
VI. Haupt- oder Nebenforderung? 240
VII. Erstattungsfähigkeit der Geschäftsgebühr 242
1. Prozessualer oder materiell-rechtlicher Anspruch? 242
2. Materiell-rechtlicher Anspruch 242
3. Abwehr unberechtigter Ansprüche 244

D. Allgemeine Gebühren 246
I. Geltungsbereich 246
II. Einigungsgebühr 246
1. Voraussetzungen für das Entstehen der Einigungsgebühr 246
   a) Kein gegenseitiges Nachgeben erforderlich 246
   b) Streit oder Ungewissheit über ein Rechtsverhältnis 247
   c) Anerkenntnis oder Verzicht 247
   d) Aufschiebende Bedingung/Widerruf – Vereinbarung „für den Fall der Scheidung" 247
   e) Ursächliche Mitwirkung an Verhandlungen 249
   f) Keine Einigungsgebühr aus dem Wert der Ehesache 249
   g) Der gerichtlich gebilligte Vergleich nach § 156 FamFG 250
   h) Abänderung/Überprüfung einer Entscheidung/eines Vergleichs § 166 FamFG 251
2. Höhe der Einigungsgebühr 252
3. Einigungsgebühr aus Wert des Sorgerechts? 252
4. Einigungsgebühr bei befristetem Umgangsrecht? 255
5. Versorgungsausgleich – Verzicht 256
6. Unterhalt – Verzicht 257
7. Nicht rechtshängige Ansprüche 258
8. Antragsrücknahme und Anerkenntnis 259
9. Einigung im VKH-Verfahren/Erstreckung der Beiordnung nach § 48 Abs. 3 RVG 260
   a) Allgemeines 260
   b) Historie 261
   c) Erstreckung der Beiordnung auf eine Einigung nach § 48 Abs. 3 RVG 262
   d) VKH-Antrag für ein isoliertes Verfahren 265
   e) Unbedingter Verfahrensauftrag mit VKH-Antrag 269
10. Anfechtung der Vereinbarung 269
11. Vorübergehende Einigung 269
12. Vereinbarung für den Fall der Scheidung 270
13. Gegenstandswert 270

Inhaltsverzeichnis

III.	Erhöhung bei mehreren Auftraggebern	272
	1. Grundsätzliches	272
	2. Erhöhungsfaktor	273
	3. Derselbe Gegenstand	273
	4. Anrechnung bei Erhöhung	273
IV.	Aussöhnungsgebühr	273
	1. Aussöhnungsgebühr statt Einigungsgebühr	273
	2. Ernsthafter Wille	274
	3. Fortsetzung der Ehe	274
	4. Mitwirkung des Rechtsanwalts	274
	5. Gegenstandswert	275
	6. Verfahrenskostenhilfe	275
	7. Betriebsgebühr neben Aussöhnungsgebühr	275
	8. Terminsgebühr neben Aussöhnungsgebühr	277
V.	Hebegebühr	278
	1. Weiterleitung von Geldern	278
	2. Gesetzestext	278
	3. Verrechnung mit Fremdgeldern	278
	4. Hinweispflicht zur Hebegebühr	279
	5. Erstattungsfähigkeit der Hebegebühr	279
VI.	Zusatzgebühr für besonders umfangreiche Beweisaufnahmen	280

E. Gerichtliche Vertretung ... 280

I.	Verfahrensgebühr Nr. 3100 VV RVG	280
	1. Allgemeines	280
	2. Voraussetzungen	282
	3. Zustimmung zum Scheidungsantrag	282
	4. Anrechnungsvorschriften zur Verfahrensgebühr	282
	a) Vereinfachtes Verfahren über den Unterhalt Minderjähriger	282
	b) Vermittlungsverfahren nach § 165 FamFG	284
	5. Der Rechtsmittelverzicht – Fluranwalt	286
II.	Vorzeitige Beendigung, 1. Instanz	288
	1. Verfahrensauftrag	288
	2. Drei Arten der vorzeitigen Beendigung	288
	3. Vorzeitige Beendigung, Nr. 3101 Nr. 1 VV RVG	289
	a) Allgemeine Voraussetzungen	289
	b) Anzeige der Verteidigungsabsicht	290
	4. Vorzeitige Beendigung, Nr. 3101 Nr. 2 VV RVG (Differenzverfahrensgebühr)	291
	a) Voraussetzungen für die Entstehung	291
	b) Kein Wegfall der Differenzverfahrensgebühr bei Widerruf	293
	c) Einigung auch über parallel anhängige Ansprüche	294
	5. Verfahrensgebühr Nr. 3101 Nr. 3 VV RVG	296
	6. Anwendung von § 15 Abs. 3 RVG	298
III.	Terminsgebühr, 1. Instanz	299
	1. Allgemeines	299
	2. Reduzierte Terminsgebühr 0,5 nach Nr. 3105 VV RVG – Säumnisverfahren	301
	3. Haftungsfalle Versäumnisbeschluss?	307
	4. Schriftliches Verfahren	308
	5. Terminsgebühr aus Kostenwert/Erledigungserklärung	309

Inhaltsverzeichnis

	6.	Antragsrücknahme	311
	7.	Teilnahme am Ortstermin	311
	8.	Mitwirken an Besprechungen	312
		a) Vorbemerkung 3 Abs. 3 VV RVG	312
		b) Verfahrensauftrag erforderlich, aber auch ausreichend	312
		c) Bereitschaft zur Besprechung	315
		d) Besprechungen mit dem Steuerberater	317
		e) Einmaligkeitsgrundsatz	317
	9.	Terminsgebühr in Angelegenheiten der freiwilligen Gerichtsbarkeit	318
	10.	Keine Terminsgebühr, wenn „lediglich" protokolliert wird?	319
	11.	Anrechnungsvorschrift Abs. 2 der Anm. zu Nr. 3104 VV	320
IV.	Zusatzgebühr für besonders umfangreiche Beweisaufnahmen		320
V.	Abrechnung der Scheidungsvereinbarung		322
	1.	Auftragserteilung entscheidend	322
	2.	Gerichtlicher Auftrag	322
	3.	Auftrag notarieller Beurkundung	324
	4.	Beratung, außergerichtliche Vertretung und teilweise gerichtliche Vertretung	325
VI.	Der Unterbevollmächtigte		327
VII.	Verweisung/Zurückverweisung		329
	1.	Grundlagen	329
	2.	Verweisung	329
	3.	Zurückverweisung	330
		a) Geltungsbereich	330
		b) Gebühren	331
IX.	Verfahrensarten		334
	1.	Verbund von Scheidungs- und Folgesachen	335
	2.	Abtrennung einer Folgesache aus dem Verbund	336
	3.	Einbeziehung isolierter Verfahren in den Verbund	338
	4.	Isolierte Verfahren	338
	5.	Teilnahme an Beratungsgesprächen	339
	6.	Einstweilige Anordnungen	339
		a) Verfahrensablauf	339
		b) Gegenstandswert	343
		c) Vergütungsanspruch	344
	7.	Rücknahme des Scheidungsantrags, § 141 FamFG	348
	8.	Verfahren nach der Hausratsverordnung	348
X.	Gebühren in Rechtsmittelverfahren		348
	1.	Beschwerde und Rechtsbeschwerde – verfahrensrechtliche Darstellung	348
	2.	Beschwerdeverfahren – Vergütungsanspruch	351
		a) Verfahrensgebühr im Beschwerdeverfahren	351
		b) Fristwahrend eingelegte Beschwerde	352
		c) Mündliche Verhandlung	355
		d) Versäumnisbeschluss/Versäumnisentscheidung	355
	3.	Rechtsbeschwerdeverfahren – Vergütung	356
	4.	Verfahrensgebühr im Rechtsbeschwerdeverfahren	356

§ 5 Auslagen ... 357

- A. Grundsätzliches ... 357
  - I. Dokumentenpauschale ... 357
  - II. Entgelte für Post- und Telekommunikationsdienstleistungen ... 360
  - III. Fahrtkosten/Reisekosten ... 360
  - IV. Tage- und Abwesenheitsgeld ... 360
  - V. Sonstige Auslagen ... 361
  - VI. Prämie für Haftpflichtversicherung ... 361
  - VII. Umsatzsteuer ... 361
- B. Besonderheiten bei VKH-Mandaten ... 361
  - I. Allgemeines ... 361
  - II. Erstattung von Reisekosten des VKH-Anwalts ... 362
    1. Uneingeschränkte Beiordnung ... 362
    2. Beschränkung auf „ortsansässigen" Anwalt ... 362
    3. Beiordnung zu den Bedingungen eines im Bezirk des Gerichts niedergelassenen Anwalts ... 363
    4. Beiordnung mit Beschränkung auf die Kosten eines Verkehrsanwalts ... 364
    5. Fiktive Reisekosten der Partei ... 364
  - III. Neuregelung in § 50 RVG ... 364

§ 6 Beratungshilfe ... 367

- A. Anspruchsgrundlagen ... 367
  - I. Gesetzliche Änderungen zum 1.1.2014 ... 367
  - II. Voraussetzungen für die Bewilligung ... 368
  - III. Zuständiges Gericht ... 369
  - IV. Vertretung erforderlich? ... 369
  - V. Erweiterung des Beratungspersonen-Kreises ... 370
  - VI. Neue Erklärungspflichten des Rechtssuchenden und Überprüfungsmöglichkeiten des Gerichts ... 370
  - VII. Zeitpunkt der Antragstellung ... 372
  - VIII. Aufhebungsmöglichkeiten bei Beratungshilfe ... 373
  - IX. Erinnerungsrecht gegen Aufhebung ... 374
  - X. Vergütungsanspruch bei Bewilligung und Aufhebung ... 374
- B. Unzulänglichkeit der Beratungshilfegebühren ... 375
- C. Beratungshilfe wird nicht bewilligt ... 376
- D. Erstattungspflichtiger Gegner ... 377
- E. Gebühren nach der Beratungshilfe ... 377
  - I. Beratungshilfegebühr ... 377
  - II. Begriff der Angelegenheit bei Beratungshilfe ... 378
  - III. Beratungsgebühr ... 381
  - IV. Geschäftsgebühr ... 382
  - V. Einigungsgebühr ... 382
  - VI. Erhöhung ... 383

§ 7 Verfahrenskostenhilfe 385

A. Grundsätzliches 385
   I. FamFG und Verweis auf ZPO 385
   II. Beiordnung eines Rechtsanwalts und Umfang der Bewilligung 385
      1. Beiordnung eines Rechtsanwalts 385
      2. Umfang der Bewilligung 388
   III. Voraussetzungen 389
      1. Allgemeines und Änderungen zum 1.1.2014 389
         a) Mutwilligkeit 390
         b) Gescheiterte Vorhaben 390
         c) Neue Kriterien zum einsetzbaren Einkommen und Ratenzahlung 390
         d) Änderung der Bewilligung 391
         e) Erweiterung der Aufhebungsmöglichkeiten – Mitteilungspflichten 392
      2. Erklärung über die persönlichen und wirtschaftlichen Verhältnisse sowie Vorlage der Belege und Erklärung an die Gegenseite 392
      3. Verfahrenskostenhilfebekanntmachung und Einkommen 393
      4. Keine VKH bei Anspruch auf Verfahrenskostenvorschuss? 394
      5. Erfolgsaussichten 394
      6. Mutwilligkeit 395
      7. Gerichtskostenbelastung des Auftraggebers trotz VKH? 396
         a) Bisherige Rechtslage 396
         b) Gesetzliche Änderung 397
   IV. Vergütungsansprüche 398
      1. Vergütung für das Bewilligungsverfahren 399
      2. Vergütung des beigeordneten Rechtsanwalts im Hauptsacheprozess 401
         a) Vergütungsanspruch gegen die Staatskasse 401
         b) Vergütungsanspruch gegen den unterlegenen Gegner 403
      3. Geltendmachung von Differenz-Gebühren 403
         a) Vorschussanforderung an Mandant 404
         b) Weitere Vergütung nach § 50 RVG 406
         c) Nur teilweise Bewilligung von VKH 409
         d) Kostenquotelung 411
      4. VKH für den Unterbevollmächtigten/Verkehrsanwalt 411
      5. Beschwerdeverfahren 416
      6. Rückforderung bei Vermögensverbesserung 416
      7. Aufhebung der VKH-Bewilligung 417
      8. Mehrere Verfahren über die VKH 418
      9. Ganz oder teilweise Auferlegung der Kosten 418
         a) VKH-Mandant gewinnt; der Gegner hat die Kosten des Verfahrens zu tragen 418
         b) VKH-Mandant verliert und hat die Kosten der Gegenseite zu tragen 418
         c) VKH-Beteiligter obsiegt teilweise, Kostenentscheidung Antragssteller 1/5 Antragsgegnerin 4/5 der Kosten 418
      10. Geschäftsgebühr und anschließende Verfahrenskostenhilfe 419
      11. Terminsgebühr im Bewilligungsverfahren 419

§ 8 Kostenerstattung nach dem FamFG 421

A. Umfang der Kostenpflicht 421
B. Grundsatz der Kostenpflicht 421
C. Kostenpflicht bei Vergleich 422
D. Rechtsmittelkosten 422
E. Kostenfestsetzung 422
F. Kosten in Familiensachen 422
      I. Kosten bei Eheaufhebung 423
     II. Kosten in Scheidungs- und Folgesachen 423
    III. Kosten bei Anfechtung der Vaterschaft 423
    IV. Kosten in Unterhaltssachen 424
     V. Beschwerde gegen Kostenentscheidung 424

§ 9 Übersicht Abrechnung in Familiensachen 425

§ 10 Anhang 427

I. Verfahrenswert- und Gebühren-Tabellen 427
   1. Verfahrenswerttabelle als Diktathilfe 427
   2. Gerichtskostentabelle zu § 28 FamGKG (Fassung seit 1.8.2013) 432
   3. (Wahlanwalts-)Gebührentabelle zu § 13 RVG (Fassung seit 1.8.2013) 433
   4. (VKH-)Gebührentabelle zu § 49 RVG (Fassung seit 31.7.2013) 433
   5. Gerichtskostentabelle zu § 28 FamGKG (Fassung bis 31.7.2013) 434
   6. (Wahlanwalts-)Gebührentabelle zu § 13 RVG (Fassung bis 31.7.2013) 434
   7. (VKH-)Gebührentabelle zu § 49 RVG (Fassung bis 31.7.2013) 435

Musterverzeichnis

§ 1	**Allgemeines**	
§ 2	**Wertermittlung und Gerichtskosten in Familiensachen**	
§ 3	**Vergütungsvereinbarungen**	
§ 4	**Gebühren in Familiensachen**	
4.1	Erste Beratung ohne Auslagen	204
4.2	Erste Beratung mit Auslagen	204
4.3	Erste Beratung und weitergehende Beratung	205
4.4	Beratung und weitergehende außergerichtliche Tätigkeit	206
4.5	Erste Beratung und weitergehende Tätigkeit – unterschiedliche Werte	206
4.6	Beratung in einer strafrechtlichen Frage	208
4.7	Erstattung einer Strafanzeige	208
4.8	Prüfung der Erfolgsaussichten nach erstinstanzlicher Tätigkeit – keine Einlegung des Rechtsmittels	210
4.9	Prüfung der Erfolgsaussichten nach erstinstanzlicher Tätigkeit – Einlegung des Rechtsmittels	211
4.10	Prüfung der Erfolgsaussichten nach erstinstanzlicher Tätigkeit – Einlegung des Rechtsmittels wg. Teilbetrag	212
4.11	Prüfung der Erfolgsaussichten eines Rechtsmittels mit Gutachten	213
4.12	Prüfung der Erfolgsaussichten eines Rechtsmittels mit Gutachten und Einlegung des Rechtsmittels	214
4.13	Außergerichtliche Vertretung – durchschnittliche Angelegenheit – Umgangsrecht	215
4.14	Außergerichtliche Vertretung – überdurchschnittliche Angelegenheit – Umgangsrecht	216
4.15	Außergerichtliche Vertretung – durchschnittliche Angelegenheit – Sorgerecht und Umgangsrecht	216
4.16	Außergerichtliche Vertretung – durchschnittliche Angelegenheit – Sorgerecht und Umgangsrecht für mehrere Kinder	216
4.17	Außergerichtliche Vertretung in einer durchschnittlichen Angelegenheit wegen nachehelichen Unterhaltes	217
4.18	Außergerichtliche Vertretung – Kindesunterhalt – Aufforderung zur Erstellung von Jugendamtsurkunden	218
4.19	Außergerichtliche Vertretung – Besprechung – gerichtliche Geltendmachung – Gegenstandswert identisch	226
4.20	Außergerichtliche Vertretung – Besprechung – gerichtliche Geltendmachung – Gegenstandswert des gerichtlichen Verfahrens ist höher	227
4.21	Außergerichtliche Vertretung – Besprechung – gerichtliche Geltendmachung – Gegenstandswert des gerichtlichen Verfahrens ist niedriger	227
4.22	Außergerichtliche Vertretung – anschließendes gerichtliches Verfahren – keinerlei Gegenstandsidentität	228
4.23	Gerichtliche Geltendmachung – Vergleich über nicht anhängige Ansprüche bei vorangegangener außergerichtlicher Tätigkeit	230

Musterverzeichnis

4.24	Außergerichtliche Tätigkeit – Gerichtliche Geltendmachung über Teilforderung – Vergleich über nicht anhängige Ansprüche	231
4.25	Außergerichtliche Vertretung – Gerichtliches Verfahren mit VKH – Anrechnung	238
4.26	Zugewinnantrag – widerruflicher Vergleich im Termin – kein Widerruf	248
4.27	Zugewinnantrag – widerruflicher Vergleich im Termin – Widerruf – Urteil	248
4.28	Umgangsrecht – Abschluss durch gerichtlich gebilligten Vergleich	250
4.29	Isoliertes Sorgerechtsverfahren – Einigung auch betreffend Umgangsrecht, das nicht rechtshängig war mit Terminsgebühr aus beiden Werten	254
4.30	Isoliertes Umgangsrechtsverfahren – Termin – Einigung nur für bestimmte Zeitdauer	255
4.31	Scheidungsvereinbarung nicht rechtshängige Ansprüche	258
4.32	Scheidung rechtshängig – VKH wurde für Scheidung und VA bewilligt – Einigung über nicht rechtshängige Ansprüche	264
4.33	VKH-Antrag für Zugewinnausgleichsverfahren – VKH wird für den Abschluss einer Einigung bewilligt	265
4.34	VKH-Antrag für Zugewinnausgleichsverfahren – Einigung über nicht anhängige Unterhaltsansprüche – VKH wird für den Abschluss einer Einigung bewilligt	266
4.35	VKH-Antrag für Zugewinnausgleichsverfahren – VKH wird für gesamte Bewilligungsverfahren bewilligt	268
4.36	VKH-Antrag für Zugewinnausgleichsverfahren – Einigung über nicht anhängige Unterhaltsansprüche – VKH wird für das gesamte Bewilligungsverfahren bewilligt	268
4.37	Vollstreckungsauftrag bezüglich Zugewinnausgleichsforderung – Abschluss einer Zahlungsvereinbarung unter vorläufigem Verzicht auf Vollstreckungsmaßnahmen	271
4.38	Außergerichtliche Vertretung in Scheidungssache – Aussöhnung	275
4.39	Verfahrensauftrag in Scheidungssache – vorzeitige Beendigung – Aussöhnung	276
4.40	Scheidungsantrag eingereicht – Aussöhnung im Scheidungstermin	277
4.41	Weiterleitung von Fremdgeld – Einbehalt der Hebegebühr	278
4.42	Außergerichtliche Vertretung – Scheidungsverfahren – unterschiedliche Gegenstände	280
4.43	Antrag auf Festsetzung des Unterhalts Minderjähriger im vereinfachten Verfahren	283
4.44	Vermittlungsverfahren nach § 165 FamFG – ohne nachfolgendes gerichtliches Verfahren – mit Einigung	285
4.45	Vermittlungsverfahren nach § 165 FamFG – mit nachfolgendem gerichtlichen Verfahren	285
4.46	Rechtsmittelverzicht	288
4.47	Vorzeitige Beendigung in 1. Instanz – ohne vorherige außergerichtliche Vertretung	289
4.48	Vorzeitige Beendigung in 1. Instanz – mit vorheriger außergerichtlicher Vertretung	290
4.49	Anzeige der Verteidigungsabsicht – ohne Sachantrag	291
4.50	Anzeige der Verteidigungsabsicht mit Antrag auf Abweisung	291
4.51	Widerrufliche Einigung über rechtshängige und nicht rechtshängige Ansprüche	293
4.52	Anrechnung der Differenzverfahrensgebühr bei Parallelverfahren	294
4.53	Anrechnung der Differenzverfahrensgebühr bei Parallelverfahren in 2. Instanz	295
4.54	Antrag an das Familiengericht – Entgegennahme Beschluss i.S.d. Nr. 3101 Nr. 3 VV RVG	296
4.55	Antrag an das Familiengericht – mit weiterem Sachvortrag	297
4.56	Antrag – Versäumnisbeschluss	302
4.57	Antrag – Versäumnisbeschluss – Einspruch – Verhandlung	303
4.58	Antrag – Termin – im Termin Flucht in die Säumnis	304
4.59	Antrag – Termin – Vertagung	305

4.60	Zahlungsantrag – Termin – Antragsgegner erscheint nicht – Entscheidung nach Aktenlage	305
4.61	Antrag – keine Anzeige der Verteidigungsabsicht	306
4.62	Antrag – telefonische Besprechung – Gegner zahlt Hauptforderung – Streit über die Kosten im Termin – Kostenentscheidung nach Erledigungserklärung	310
4.63	Antrag – im Termin Erklärung der Hauptsache für erledigt – Streit über die Kosten	311
4.64	Auftrag zur Antragstellung im Zugewinnausgleichsverfahren – Besprechung – Einigung	314
4.65	Außergerichtl. Tätigkeit – Auftrag zum gerichtlichen Verfahren – Besprechung – Einigung	314
4.66	Verfahrensauftrag – Versuch einer Besprechung – Antrag – Termin	316
4.67	Verfahrensauftrag – Besprechung – Antrag – Termin	317
4.68	Scheidungsvereinbarung – gerichtlich protokolliert	323
4.69	Scheidungsvereinbarung – notariell beurkundet	325
4.70	Beratung – außergerichtliche Vertretung – gerichtliche Vertretung – Scheidungsvereinbarung	326
4.71	Isoliertes Sorgerechtsverfahren mit Untervollmacht	328
4.72	Zurückverweisung	332
4.73	1. Instanz – Beschwerdeverfahren – Zurückverweisung nach mehr als zwei Jahren	333
4.74	Ehesache mit Folgesache Versorgungsausgleich – Abtrennung	337
4.75	Mehrere isolierte Verfahren – gesonderte Abrechnung	338
4.76	Mehrere einstweilige Anordnungen	344
4.77	Einstweilige Anordnung neben Hauptsache	345
4.78	Einstweilige Anordnung mit Aufhebungsverfahren	346
4.79	Einstweilige Anordnung und Mitvergleichen der Hauptsache	346
4.80	Beschwerdeverfahren mit Termin	355
4.81	Beschwerdeverfahren – Versäumnisentscheidung	355

§ 5 Auslagen

§ 6 Beratungshilfe

§ 7 Verfahrenskostenhilfe

7.1	Antrag auf VKH – Versagung – keine weitere Tätigkeit	399
7.2	Auftrag zum Antrag auf VKH – vorzeitige Beendigung	400
7.3	Tätigkeit im VKH-Bewilligungsverfahren sowie im späteren Hauptsacheverfahren	400
7.4	Abwandlung: Tätigkeit im VKH-Bewilligungsverfahren – Ablehnung – Durchführung des Verfahrens ohne VKH	401
7.5	Verfahren nach VKH – Abrechnung für VKH-Anwalt und Wahlanwalt	402
7.6	VKH-Mandant gewinnt Verfahren – Anspruch gegen Gegner	403
7.7	VKH – Verrechnung eines Vorschusses	405
7.8	VKH-Verfahren und weitere Vergütung nach § 50 RVG	408
7.9	Teilweise Bewilligung von VKH – Durchführung Verfahren wegen vollem Betrag – Abrechnung mit Mandant	410

Abkürzungsverzeichnis

a.A.	andere(r) Ansicht
a.a.O	am angegebenen Ort
abgedr.	Abgedruckt
Abk.	Abkommen
abl.	Ablehnend
ABl.	Amtsblatt
Abs.	Absatz
Abschn.	Abschnitt
abw.	Abweichend
a. F.	alte Fassung
AG	Amtsgericht
AGB	Allgemeine Geschäftsbedingungen
AGS	Anwaltsgebühren spezial
AktG	Aktiengesetz
allg.	Allgemein
Alt.	Alternative
a.M.	andere(r) Meinung
amtl.	Amtlich
ÄndG	Änderungsgesetz
Anh.	Anhang
Anm.	Anmerkung
AnwBl.	Anwaltsblatt
ARB	Allgemeine Bedingungen für die Rechtschutzversicherung
ArbG	Arbeitsgericht
ArbGG	Arbeitsgerichtsgesetz
Art.	Artikel
Aufl.	Auflage
Az	Aktenzeichen
BAG	Bundesarbeitsgericht
BAGE	Entscheidungen des BAG
BayObLG	Bayerisches Oberstes Landesgericht
BB	Betriebs-Berater
Bd.	Band
Bearb.	Bearbeiter; Bearbeitung
Begr.	Begründung
Bek.	Bekanntmachung
BerHG	Beratungshilfegesetz
Beschl.	Beschluss
betr.	betreffend
BFH	Bundesfinanzhof
BFHE	Sammlung der Entscheidungen des BFH
BGB	Bürgerliches Gesetzbuch
BGBl.	Bundesgesetzblatt
BGH	Bundesgerichtshof
BMF	Bundesministerium der Finanzen

Abkürzungsverzeichnis

BR	Bundesrat
BRAGO	Bundesgebührenordnung für Rechtsanwälte
BRAGO prof.	BRAGO professionell (jetzt: RVG professionell)
BRAK-Mitt	Mitteilungen der Bundesrechtsanwaltskammer
BRAO	Bundesrechtsanwaltsordnung
BR-Drucks.	Bundesratsdrucksache
BSG	Bundessozialgericht
BStBl	Bundessteuerblatt
BTag	Bundestag
BT-Drucks.	Bundestagsdrucksache
BVerfG	Bundesverfassungsgericht
BVerwG	Bundesverwaltungsgericht
bzgl.	bezüglich
bzw.	beziehungsweise
DAR	Deutsches Autorecht
DAV	Deutscher Anwalts Verein
DB	Der Betrieb
ders.	derselbe
d. h.	das heißt
DJT	Deutscher Juristentag
DNotZ	Deutsche Notar-Zeitschrift
DRiZ	Deutsche Richter-Zeitung
Drs.	Drucksache
DRZ	Deutsche Rechts-Zeitschrift
DtZ	Deutsch-Deutsche Rechts-Zeitschrift
DVBl.	Deutsches Verwaltungsblatt
DVO	Durchführungsverordnung
EFG	Entscheidungen der Finanzgerichte
EG	Einführungsgesetz
EGGVG	Einführungsgesetz zum GVG
EGZPO	Einführungsgesetz zur ZPO
EheG	Ehegesetz
EheSchlRG	Eheschließungsrechtsgesetz
Einf.	Einführung
entspr.	entsprechend
erg.	ergänzend
Erl.	Erläuterung
EStG	Einkommensteuergesetz
EzFamR aktuell	Entscheidungssammlung zum Familienrecht
f.	folgende
FamFG	Gesetz über das Verfahren in Familiensachen und in Angelegenheiten der freiwilligen Gerichtsbarkeit
FamG	Familiengericht
FamGKG	Gerichtskostengesetz für Familiensachen
FamR	Familienrecht
FamRB	Der Familienrechtsberater
FamRZ	Zeitschrift für das gesamte Familienrecht

ff.	fortfolgende
FF Forum	Familien- und Erbrecht
FG	Finanzgericht
FGG	Gesetz über die Angelegenheit der freiwilligen Gerichtsbarkeit
FGG-ReformG	FGG-Reformgesetz
FGO	Finanzgerichtsordnung
Fn.	Fußnote
FPR	Familie Partnerschaft Recht
FuR	Zeitschrift „Familie und Recht"
gem.	gemäß
ggf.	gegebenenfalls
GKG	Gerichtskostengesetz
GNotKG	Gerichts- und Notarkostengesetz
grds.	grundsätzlich
GVBl.	Gesetz- und Verordnungsblatt
GVG	Gerichtsverfassungsgesetz
GVKostG	Gesetz über Kosten der Gerichtsvollzieher
h.A.	herrschende Ansicht
HausratVO	Hausratverordnung
h.L.	herrschende Lehre
h.M.	herrschende Meinung
Hrsg.	Herausgeber
HS	Halbsatz
i. d. R.	in der Regel
i. H. v.	in Höhe von
InsGer	Insolvenzgericht
InsO	Insolvenzordnung
i.R.v.	im Rahmen von
i. V. m.	in Verbindung mit
JA	Juristische Arbeitsblätter
JR	Juristische Rundschau
JuModG	Justizmodernisierungsgesetz
JurBüro	Das Juristische Büro
JuS	Juristische Schulung
Justiz	Die Justiz
JVEG	Justizvergütungs- und Entschädigungsgesetz
JW	Juristische Wochenschrift
JZ	Juristenzeitung
Kap.	Kapitel
KG	Kammergericht
KindRG	Kindschaftsrechtsänderungsgesetz
Komm.	Kommentar
KostO	Kostenordnung
KostRÄndG	Gesetz zur Änderung und Ergänzung kostenrechtlicher Vorschriften
KostREuroUG	Gesetz zur Umstellung des Kostenrechts auf EURO
KostRMoG	Kostenrechtsmodernisierungsgesetz
KostRspr	Nachschlagewerk zur Kostenrechtsprechung

KreisG	Kreisgericht
KV	Kostenverzeichnis
LAG	Landesarbeitsgericht
LandwVerfG	Gesetz über das gerichtliche Verfahren in Landwirtschaftssachen
Lfg.	Lieferung
LG	Landgericht
Lit.	Literatur
MDR	Monatsschrift für Deutsches Recht
MietRRG	Mietrechtsreformgesetz
m.N.	mit Nachweisen
m. w. N.	mit weiteren Nachweisen
n. F.	neue Fassung
NJ	Neue Justiz
NJW	Neue Juristische Wochenschrift
NJW-FER	NJW-Entscheidungsdienst Familien- und Erbrecht
NJW-RR	NJW-Rechtsprechungs-Report Zivilrecht
Nr.	Nummer
NStZ	Neue Zeitschrift für Strafrecht
NVwZ	Neue Zeitschrift für Verwaltungsrecht
NZA	Neue Zeitschrift für Arbeits- und Sozialrecht
o. a.	oben angegeben
o. ä.	oder ähnlich(e)
o.g.	oben genannte(n)
OLG	Oberlandesgericht
OLG-NL	OLG-Rechtsprechung Neue Länder
OVG	Oberverwaltungsgericht
OWiG	Ordnungswidrigkeitengesetz
PKH	Prozesskostenhilfe
PKHÄndG	Gesetz zur Änderung der Prozesskostenhilfe
Prot.	Protokoll
RA	Rechtsanwalt
RAe	Rechtsanwälte
RAin	Rechtsanwältin
Rn.	Randnummer(n)
Rpfleger	Der Deutsche Rechtspfleger
RPflG	Rechtspflegergesetz
Rspr	Rechtsprechung
RVG	Rechtsanwaltsvergütungsgesetz
S.	Seite, Satz (bei Rechtsnormen)
SchuModG	Gesetz zur Modernisierung des Schuldrechts
SG	Sozialgericht
SGB	Sozialgesetzbuch
sog.	sogenannte
StPO	Strafprozessordnung
str.	streitig
stRspr	ständige Rechtsprechung
s.u.	siehe unten

Abkürzungsverzeichnis

SV	Sachverständiger
Tz	Textzahl
u. a.	unter anderem; und andere
u.ä.	und ähnliches
u.a.m.	und anderes mehr
umstr.	umstritten
UmwandlG	Umwandlungsgesetz
unstr.	unstreitig
UrhG	Urheberrechtsgesetz
USt.	Umsatzsteuer
UStG	Umsatzsteuergesetz
usw.	und so weiter
u. U.	unter Umständen
UWG	Gesetz gegen den unlauteren Wettbewerb
VA	Verwaltungsakt
VAHRG	Gesetz zur Regelung von Härten im Versorgungsausgleich
Var.	Variante
vern.	verneinend
VersR	Zeitschrift Versicherungsrecht
VG	Verwaltungsgericht
VGH	Verwaltungsgerichtshof
vgl.	vergleiche
VKH	Verfahrenskostenhilfe
VO	Verordnung
Vorbem.	Vorbemerkung
VormG	Vormundschaftsgericht
VU	Versäumnisurteil
WEG	Wohnungseigentumsgesetz
wiss.	wissenschaftlich
WiStG	Wirtschaftsstrafgesetz
WM	Wertpapier-Mitteilungen
ZAP	Zeitschrift für Rechtsanwaltspraxis
z. B.	zum Beispiel
ZFE	Zeitschrift für Familien- und Erbrecht
zfs.	zusammenfassend
ZfS	Zeitschrift für Schadensrecht
ZIP	Zeitschrift für Wirtschaftsrecht
zit.	zitiert
ZPO	Zivilprozessordnung
ZPO-RG	Gesetz zur Reform des Zivilprozesses
ZSEG	Gesetz über die Entschädigung von Zeugen und Sachverständigen
z.T.	zum Teil
zust.	zustimmend
ZustRG	Zustellungsrechtsreformgesetz
zutr.	zutreffend
ZVG	Gesetz über die Zwangsversteigerung und die Zwangsverwaltung
zw.	zweifelhaft

Literaturverzeichnis Kommentare/Lehrbücher

Anders/Gehle/Kunze Streitwert-Lexikon, Stichwortkommentar mit systematischer Einführung, 4. Aufl., Werner, Düsseldorf 2002 (zitiert: *Anders/Gehle*)

Binz/Dörndorfer/Petzold/Zimmermann Gerichtskostengesetz, 2. Auflage, C.H. Beck München 2009, (zitiert: *Binz/Dörndorfer/Petzold/Zimmermann*)

Bischof/Jungbauer/Bräuer/Curkovic/Mathias/Uher RVG Kommentar, 5. Aufl., Luchterhand (zitiert: *Bischof/Jungbauer* u. a., RVG, 5. Aufl.)

Bonefeld Gebührenabrechnung familien- und erbrechtlicher Mandate nach dem RVG und GKG, Zerb, Bonn, 2004 (zitiert: *Bonefeld*)

Braun Gebührenabrechnung nach dem neuen Rechtsanwaltsvergütungsgesetz, ZAP-Verlag, Recklinghausen, 2004 (zitiert: *Braun*)

Bumiller/Harders FamFG – Freiwillige Gerichtsbarkeit, 10. Auflage, C.H. Beck München 2011 (zitiert: Bumiller/Harders)

Burhoff/Kindermann Rechtsanwaltsvergütungsgesetz 2004, ZAP-Verlag, Recklinghausen 2004 (zitiert: *Burhoff/Kindermann*)

Eicken, von/Hellstab/Lappe/Madert Die Kostenfestsetzung, 20. Aufl., Luchterhand, (zitiert: *v. Eicken/Hellstab/Lappe/Madert*)

Enders RVG für Anfänger, 13. Aufl., C.H. Beck, München 2006 (zitiert: *Enders*, RVG für Anfänger, 13. Aufl.)

Enders RVG für Anfänger, 14. Aufl., C.H. Beck, München 2008 (zitiert: *Enders*, RVG für Anfänger, 14. Aufl.)

Garbe/Ullrich Verfahren in Familiensachen, 3. Auflage, Nomos, Baden-Baden 2012 (zitiert: *Garbe/Ullrich*)

Gebauer/Schneider Anwaltkommentar RVG, 2. Aufl., Deutscher Anwaltverlag, Bonn 2004 (zitiert: *Gebauer/Schneider*) siehe auch unter Schneider/Wolf – Neuauflage

Gerhardt/Heintschel-Heinegg/Klein Handbuch des Fachanwalts Familienrecht, 5. Aufl., Luchterhand, Neuwied 2005 (zitiert: *Gerhardt/Heintschel-Heinegg/Klein*)

Gerold/Schmidt/Müller-Rabe/Mayer/Burhoff Rechtsanwaltsvergütungsgesetz. Kommentar, 20. Aufl., C.H. Beck, München 2012 (zitiert: *Gerold/Schmidt/Bearbeiter*)

Goebel/Gottwald Rechtsanwaltsvergütungsgesetz. Kommentar, Haufe, Freiburg 2004 (zitiert: *Goebel/Gottwald*)

Göttlich/Mümmler/Rehberg/Xanke Rechtsanwaltsvergütungsgesetz für Rechtsanwälte mit Erläuterungen in alphabetischer Zusammenstellung und Nebenbestimmungen, Luchterhand, Neuwied 2004 (zitiert: *Göttlich/Mümmler*, RVG)

Göttlich/Mümmler/Rehberg/Xanke BRAGO. Bundesgebührenordnung für Rechtsanwälte. Kommentar, 20. Aufl., Luchterhand, Neuwied 2001 (zitiert: *Göttlich/Mümmler*, BRAGO)

Groß Anwaltsgebühren in Ehe- und Familiensachen, 2. Aufl., DeutscherAnwaltVerlag, Bonn 2007 (zitiert: *Groß*)

Hansens/Braun/Schneider Praxis des Vergütungsrechts, ZAP Verlag, Recklinghausen 2004 (zitiert: *Hansens/Braun/Schneider*)

Hartmann Kostengesetze, 34. Aufl., C.H. Beck, München 2004 sowie 37. Aufl. 2008 (zitiert: *Hartmann* 2004 u. *Hartmann* 2008)

Literaturverzeichnis

Hartung/Römermann RVG. Praxiskommentar zum Rechtsanwaltsvergütungsgesetz, 2. Aufl., C.H. Beck, München 2006 (zitiert: *Hartung/Römermann*)

Henssler/Prütting Bundesrechtsanwaltsordnung. Kommentar, 2. Aufl., C.H. Beck, München 2004 (zitiert: *Henssler/Prütting*)

Jakoby/Jungbauer/Boiger Handbuch für Rechtsanwaltsfachangestellte, 20. Aufl., Luchterhand, (zitiert: *Jakoby/Jungbauer/Boiger*)

Jungbauer Rechtsanwaltsvergütung, 5. Aufl., C.F. Müller, 2010 (zitiert: *Jungbauer* Rechtsanwaltsvergütung)

Jungbauer/Groß (Hrsg.), Fristentabellen, C.F. Müller Verlag, Heidelberg 2007 (zitiert: *Jungbauer* Fristentabellen)

Kalthoener/Büttner/Wrobel-Sachs Prozesskostenhilfe und Beratungshilfe, 4. Aufl., C.H. Beck, München 2005 (zitiert: *Kalthoener/Büttner/Wrobel-Sachs*)

Keidel FamFG, 17. Auflage, C.H. Beck, München 2011 (zitiert: *Keidel* FamFG)

Kindermann Die Abrechnung in Ehe- und Familiensachen, ZAP Verlag, Bremen 2005 (zitiert: *Kindermann*)

Michael Kleine-Cosack, Bundesrechtsanwaltsordnung, 6. Auflage, C.H. Beck, München 2009 (zitiert: *Kleine-Cosack*)

Korintenberg/Lappe/Bengel/Reimann Kostenordnung. Gesetz über die Kosten in Angelegenheiten der freiwilligen Gerichtsbarkeit und ergänzende Vorschriften, Kommentar, 17. Aufl., Vahlen, München 2008 (zitiert: *Korintenberg/Lappe/Bengel/Reimann*)

Kroiß/Seiler „Das neue FamFG", NomosPraxis, Baden-Baden 2008

Lappe Gebührentipps für Rechtsanwälte, 3. Aufl., nwb-Verlag, Berlin 2000 (zitiert: *Lappe*, Gebührentipps)

Lappe Kosten in Familiensachen, 5. Aufl., Dr. Otto Schmidt, Köln 1994 (zitiert: *Lappe*, Familiensachen)

Löhnig/Sachs Zivilrechtlicher Gewaltschutz, E. Schmidt, Berlin 2002 (zitiert: *Löhnig/Sachs*)

Madert Die Honorarvereinbarung des Rechtsanwalts, 2. Aufl., Deutscher Anwaltverlag, Bonn 2002 (zitiert: *Madert*, Honorarvereinbarung)

Mayer/Kroiß Rechtsanwaltsvergütungsgesetz, Handkommentar, 6. Auflage, Nomos, Baden-Baden 2012 (zitiert: *Mayer/Kroiß*)

Meyer-Seitz/Frantzioch/Ziegler Die FGG-Reform: Das neue Verfahrensrecht, Bundesanzeiger Verlag, Bonn 2009

Musielak/Borth Familiengerichtliches Verfahren, 4. Auflage, Verlag Franz Vahlen, München 2013 (zitiert: *Musielak/Borth*)

Müller Beratung im Familienrecht, 2. Aufl., C.F. Müller, Heidelberg 2003 (zitiert: *Müller*)

Oelkers Sorge- und Umgangsrecht, 2. Aufl., Deutscher Anwaltverlag, Bonn 2004 (zitiert: *Oelkers*)

Otto/Klüsener/Killmann Die FGG-Reform: Das neue Kostenrecht – FamGKG, Bundesanzeiger Verlag, Köln 2008

Otto/Klüsener/May Das neue Kostenrecht, Bundesanzeiger Verlag, Bonn 2004 (zitiert: *Otto/Klüsener/May*)

Riedel/Sußbauer BRAGO, 8. Aufl., Vahlen, München 1995 (zitiert: *Riedel/Sußbauer*)

Schneider/Herget Streitwert – Kommentar für den Zivilprozess, 13. Aufl., Dr. Otto Schmidt, (zitiert: *Schneider/Herget*)

Schneider/Wolf AnwaltKommentar RVG, 6. Auflage, Deutscher Anwaltverlag Bonn 2012 (zitiert: *Schneider/Wolf*)

Schneider/Wolf/Volpert Familiengerichtskostengesetz Handkommentar, 1. Auflage, Nomos, Baden-Baden 2009 (zitiert: *Schneider/Wolf/Volpert*)

Schoreit/Dehn Beratungshilfe/Prozesskostenhilfe. Kommentar, 8. Aufl., C.F. Müller, Heidelberg 2004 (zitiert: *Schoreit/Dehn*)

Schwab Handbuch des Scheidungsrechtes, 5. Aufl., Vahlen, München 2004 (zitiert: *Schwab*)

Schweikert/Baer Das neue Gewaltschutzrecht, Nomos, Baden-Baden 2002 (zitiert: *Schweikert/Baer*)

Schulte/Brunert Das neue FamFG, Luchterhand, Neuwied 2008

Schulz/Hauß Familienrecht, 2. Auflage, Nomos, Baden-Baden 2011 (zitiert: *Schulz/Hauß*)

Stein/Jonas Kommentar zur Zivilprozessordnung, 22. Aufl., Mohr Siebeck, Tübingen 2002 ff. (zitiert: *Stein/Jonas*)

Wendl/Staudigl Das Unterhaltsrecht in der familienrichterlichen Praxis, 6. Aufl., C.H. Beck, München 2004 (zitiert: *Wendl/Staudigl*)

Zöller Zivilprozessordnung. Kommentar, 29. Aufl., Dr. Otto Schmidt, Köln 2012 (zitiert: *Zöller*)

§ 1 Allgemeines

A. Einführung

I. Gesetzliche Grundlagen für die Abrechnung von Familiensachen

1. Übersicht

Die gesetzlichen Grundlagen zur Abrechnung in Familiensachen sind: 1
- das RVG (Rechtsanwaltsvergütungsgesetz), in Kraft getreten zum 1.7.2004 durch das KostRMoG (Kostenrechtsmodernisierungsgesetz)
- das FamGKG (Gesetz über Gerichtskosten in Familiensachen), das durch Art. 2 des FGG-RG (FGG-Reformgesetzes) zum 1.9.2009 in Kraft getreten ist[1]
- das GNotKG (Gerichts- und Notarkostengesetz), z.B. Bewertung eines Ehevertrags das GNotKG wurde zum 1.8.2013 eingeführt und hat die KostO (Kostenordnung) ersetzt[2]
- das JVEG (Justizvergütungsentschädigungsgesetz), für die Berechnung der Sachverständigen- und Zeugenauslagen sowie der Reisekosten eines Beteiligten sowie der ehrenamtl. Richtervergütung
- das FamFG (Gesetz über das Verfahren in Familiensachen und in Angelegenheiten der freiwilligen Gerichtsbarkeit),[3] das die Definition für die einzelnen Familiensachen sowie verfahrensrechtliche Besonderheiten in Familiensachen regelt, die zum Verständnis der Abrechnung in Familiensachen Voraussetzung sind

In diesem Buch wird das seit dem 1.9.2009 geltende Recht behandelt. Wer für sogenannte Altfälle 2 noch auf das RVG u. GKG in der bis zum 31.8.2009 geltenden Fassung zurückgreifen muss, dem wird die 1. Auflage dieses Werks zur Ergänzung empfohlen (früherer Titel: *Jungbauer*, Gebührenoptimierung in Familiensachen, C.F. Müller Verlag, Heidelberg, 2007).

2. 1. u. 2. KostRMoG – Kostenrechtsmodernisierungsgesetz

Das 1. Kostenrechtsmodernisierungsgesetz (1. KostRMoG) ist zum 1.7.2004 mit Ausnahme des 3 Art. 5 in Kraft getreten. Art. 5 trat zum 1.7.2006 in Kraft. Teil dieses KostRMoG ist in Artikel 3 das RVG (Rechtsanwaltsvergütungsgesetz), das die BRAGO ersetzt hat. Zeitgleich wurden das GKG und das ZSEG (nun: JVEG) reformiert. Das 1. KostRMoG gliedert sich in folgende wichtige Teile.

Art. 1 –   GKG in der ab 1.7.2004 geltenden Fassung
Art. 2 –   JVEG (ZSEG u. Gesetz über die Entschädigung ehrenamtl. Richter)
Art. 3 –   RVG
Art. 4 –   zu ändernde Rechtsvorschriften
Art. 5 –   Änderungen im Beratungsbereich seit dem 1.7.2006
Art. 8 –   Inkrafttreten 1.7.2004 (mit Ausnahme Art. 5)

Zum 1.7.2008 wurde zudem das Recht der Vergütungsvereinbarungen geändert durch Neueinfügung 4 der §§ 3a, 4a u. 4b RVG sowie einer Umstrukturierung des bisherigen § 4 RVG. Auch hierauf wird in diesem Buch eingegangen.

---

1 BGBl I 2008, 2586 ff (Art. 2); zur Begründung des FGG-Reformgesetzes siehe die BT-Drucks 16/6308 v. 7.9.2007 u. 16/9733 v. 23.6.2008.
2 BGBl I 2013, 2586–2712.
3 BGBl I 2008, 2586 ff (Art. 1).

§ 1 Allgemeines

5 Das 2. KostRMoG (Kostenrechtsmodernisierungsgesetz) soll die 2001 begonnene und 2004 fortgesetzte Modernisierung des Justizkostenrechts abschließen. Hierdurch wurden die bisher geltende Kostenordnung durch ein neues Gerichts- und Notarkostengesetz ersetzt und die aus dem Jahr 1940 stammende Justizverwaltungskostenordnung weiterentwickelt. Die Notargebühren sind mit diesem Gesetz nicht nur gestiegen, auch etliche strukturelle Anpassungen wurden vorgenommen. Auch die Vergütung der Rechtsanwälte wurde an die veränderten wirtschaftlichen Verhältnisse angepasst.

Am 5.7.2013 hat der Bundesrat dem Gesetz auf der Grundlage der Beschlussempfehlung des Vermittlungsausschusses zugestimmt. Das Gesetz wurde am 29.7.2013 im Bundesgesetzblatt verkündet. Es ist am ersten Tag des auf die Verkündung folgenden Kalendermonats und damit am 1.8.2013 in Kraft getreten.[4]

6 Was die Anwaltsgebühren betrifft, so sind neben zahlreichen kleineren Änderungen, die durchaus große Wirkung haben können, und zahlreichen sprachlichen Anpassungen auch echte Neuerungen erfolgt:

- Die Gebühren des sozial- und verwaltungsgerichtlichen Verfahrens wurden erheblich umstrukturiert; Anrechnungsvorschriften wurden neu eingeführt.
- Die Gebührentabelle wurde angehoben.
- Es wurden gerade im unteren Streitwertbereich Änderungen vorgenommen, die zu unterschiedlichen Gebührensprüngen führen können.
- Der Auffangwert in § 23 Abs. 3 RVG wurde von 4.000 EUR auf 5.000 EUR angehoben.
- Es erfolgten etliche Klarstellungen bei den Differenz-Verfahrensgebühren (1. u. 2. Instanz), der Terminsgebühr, der Berechnung der Erhöhung nach Nr. 1008 VV RVG u.a.
- Es erfolgten Klarstellungen zur Terminsgebühr bei der sogenannten „Erledigungsbesprechung".
- Eine Regelung zur Einigungsgebühr für Ratenzahlungen mit eigener Wertregelung wurde eingeführt.
- Einigungs- und Erledigungsgebühr bei Betragsrahmengebühren wurden der Geschäftsgebühr angeglichen.
- In FG-Beschwerdeverfahren (z.B. Erbscheinsverfahren) wurde geregelt, dass die höheren Gebühren nach Teil 3 Abschnitt 2 ff. VV RVG anfallen können (d.h. 1,6 nach Nr. 3200 VV RVG statt 0,5 Verfahrensgebühr nach Nr. 3500 VV RVG).
- Zum Begriff der Angelegenheit und des Rechtszugs erfolgten ebenfalls Klarstellungen.
- Es wurde geregelt, dass Ermittlungs- und Strafverfahren sowie Verfahren vor der Verwaltungsbehörde und gerichtliches Verfahren in Bußgeldsachen jeweils verschiedene Angelegenheiten darstellen.
- Der Anwendungsbereich der Zusatzgebühr nach Nr. 4141 VV RVG wurde erweitert.
- Alle Betragsrahmengebühren wurden angehoben (insbes. Straf- und Bußgeldsachen sowie bestimmte sozialgerichtliche Verfahren).
- Die Beratungshilfegebühren wurden angehoben.
- Es wurde eine Vergütung für Farbkopien eingeführt.
- Die PKH/VKH-Tabelle wurde angepasst.
- Der Vergütungsanspruch gegenüber der Staatskasse für Scheidungsfolgenvereinbarungen wurde so geregelt, dass im Falle des Entstehens auch Differenzverfahrens- und Terminsgebühr zu erstatten sind.
- und einiges mehr.

---

[4] BGBl I 2013, S. 2586–2712.

A. Einführung §1

Wichtige Artikel des 2. KostRMoG sind:

Art. 1	– Gesetz über Kosten der freiwilligen Gerichtsbarkeit für Gerichte und Notare (Gerichts- und Notarkostengesetz GNotKG)
Art. 3	– Änderung des Gerichtskostengesetzes
Art. 5	– Änderung des Gesetzes über Gerichtskosten in Familiensachen
Art. 6	– Änderung des Gerichtsvollzieherkostengesetzes
Art. 8	– Änderung des Rechtsanwaltsvergütungsgesetzes
Art. 50	– Inkrafttreten

3. Das FGG-Reformgesetz

Es wurden durch das FGG-Reform-Gesetz in über 100 Gesetzen teilweise gravierende teilweise nur redaktionelle Änderungen vorgenommen. Nachstehend erfolgt daher lediglich eine Auswahl der am wichtigsten erscheinenden Artikel.

Art. 1	– FamFG
Art. 2	– FamGKG
Art. 22	– GVG
Art. 23	– RPflG
Art. 28	– EGZPO (§ 26 Nr. 9 wird aufgehoben – Nichtzulassungsbeschwerde)
Art. 29	– ZPO (Wegfall des 6. Buches „Familiensachen"; Änderungen u.a. in § 323, 323a, 323b; Änderungen im 8. Buch (ZV))
Art. 36	– GBO
Art. 45	– Internationales Familienrechtsverfahrensgesetz
Art. 47 I	– GKG
Art. 47 VI	– RVG
Art. 50	– BGB
Art. 52	– LPartG
Art. 102	– Änderung der Verordnung über die Prüfung zum anerkannten Abschluss geprüfter Rechtsfachwirt/geprüfte Rechtsfachwirtin
Art. 111	– Übergangsvorschrift
Art. 112	– Inkrafttreten/Außerkrafttreten

4. Das FamFG

a) Einführung

Das FamFG ist zum 1.9.2009 in Kraft getreten.[5] Es hat das FGG und einige Regelungen zu Familiensachen in der ZPO abgelöst. Durch Art. 2 des FGG-Reformgesetzes (Gesetz zur Reform des Verfahrens in Familiensachen und in den Angelegenheiten der freiwilligen Gerichtsbarkeit – FGG-Reformgesetz – FGG-RG) trat zeitgleich auch das FamGKG zum 1.9.2009 in Kraft. Da das Verfahrensrecht in Familiensachen vereinheitlicht worden ist, sollte auch keine Unterscheidung bei der Bewertung der Familiensachen mehr getrennt nach KostO (FGG-Verfahren) und GKG (ZPO-Verfahren) erfolgen. Das gesamte FGG-Reformgesetz besteht aus 112 Artikeln und nimmt Änderungen in insgesamt 110 Gesetzen vor. Das Kernstück der Reform stellt das Gesetz über das Verfahren in Familiensachen und in den Angelegenheiten der freiwilligen Gerichtsbarkeit – das sogenannte FamFG dar. Es ist in Artikel 1 des FGG-Reform-Gesetzes geregelt. Mit dem FamFG

---

5   Art. 1 des FGG-RG; BGBl I Nr. 61 v. 22.12.2008, S. 2585; FamGKG, Gesetz über Gerichtskosten in Familiensachen vom 17.12.2008, BGBl I S. 2666.

werden insbesondere familiengerichtliche Angelegenheiten aber auch andere bisher im FGG geregelten Angelegenheiten, wie z.B. Betreuungsangelegenheiten, Nachlasssachen, etc. verfahrensrechtlich neu geregelt. Das FGG wurde zum 1.9.2009 aufgehoben.[6] Der Gesetzgeber verspricht sich von der Konzentrierung der bisherigen familiengerichtlichen Regelungen der ZPO, dem FGG und der Hausrats-VO in einem Gesetz einen übersichtlicheren und einheitlichen Verfahrensablauf.

Das lange Gesetzgebungsverfahren war beispiellos. Fast 50 Jahre vergingen von den ersten Reformbestrebungen bis zur Verabschiedung.[7]

10 Im allgemeinen Teil des FamFG (Buch 1 – §§ 1–110) wurden die bisher im FGG bestimmten Vorschriften geregelt. Das 2. Buch enthält die Verfahren in Familiensachen. Hervorzuheben ist, dass einige Teile des Allgemeinen Teils des FamFG in Ehe- und Familienstreitsachen nicht gilt, sondern hier vielmehr auf die ZPO verwiesen wird.

11 Das GVG erfährt durch Artikel 22 FGG-Reformgesetz[8] zahlreiche Änderungen, insbesondere werden die §§ 23a, 23b, 23c, 23d, 71, 119 u. 133 GVG entsprechend den neuen Begriffen des FamFG angepasst. Hinzu kommt, dass das Familiengericht einige Zuständigkeiten erhält, die es früher nicht hatte – man spricht insoweit auch vom sogenannten „großen Familiengericht".

b) Wichtige Änderungen durch das FamFG im Überblick

12 Definition der Verfahrensbeteiligten
- Generalklausel in § 7 FamFG
- in Antragsverfahren → der Antragsteller, § 7 Abs. 1 FamFG
- diejenigen, deren Recht durch das Verfahren unmittelbar betroffen wird, § 7 Abs. 2 Nr. 1 FamFG
- diejenigen, die aufgrund des FamFG oder eines anderen Gesetzes von Amts wegen oder auf Antrag zu beteiligen sind, § 7 Abs. 2 Nr. 2 FamFG
- diejenigen, die aufgrund des FamFG oder eines anderen Gesetzes von Amts wegen oder auf Antrag beteiligt werden können, § 7 Abs. 3 FamFG
- wer anzuhören ist oder eine Auskunft zu erteilen hat, ohne dass er unter § 7 Abs. 2 oder 3 FamFG fällt.
- wer nicht Beteiligte sind, § 7 Abs. 6 FamFG

Aufklärung des Sachverhalts
- freie Form der Tatsachenfeststellung, § 29 FamFG
- Erfordernis der förmlichen Beweisaufnahme, wenn maßgebliche Tatsachen im Freibeweisverfahren streitig geblieben sind, § 30 FamFG
- Anhörungspflicht der Beteiligten bei Beeinträchtigung deren Rechte, § 37 FamFG
- persönliche Anhörung eines Beteiligten zur Sicherstellung des rechtlichen Gehörs, wenn schriftliche Stellungnahme dies nicht gewährleistet, § 34 Abs. 1 FamFG

Regelungen zur Bekanntgabe von Schriftstücken
- förmliche Zustellung oder Aufgabe zur Post nach pflichtgemäßem Ermessen des Gerichts, § 15 FamFG

---

6 FGG – Gesetz über die Angelegenheiten der freiwilligen Gerichtsbarkeit vom 17.5.1898, das zusammen mit dem BGB am 1.1.1900 in Kraft getreten war.

7 Bereits 1964 wurde vom Bundesministerium der Justiz eine Kommission eingesetzt, die Vorschläge für die Verbesserung des Verfahrens der freiwilligen Gerichtsbarkeit erarbeiten sollte; nach einigen „Teilverbesserungen" durch das Beurkundungsgesetz 1969, einer Verfahrensordnung für die FG-Angelegenheiten (FGRO) und dem Ehegesetz von 1977 wurde in der 14. Legislaturperiode das Reformvorhaben wieder konkret aufgegriffen.

8 G. v. 17.12.2008, BGBl I S. 2586; zuletzt geändert durch Artikel 110a G. v. 17.12.2008, BGBl I S. 2586 i.V.m. B. v. 12.12.2008, BGBl 2009 II S. 39; Geltung ab 1.9.2009, abweichend siehe Artikel 112.

- bei Bekanntgabe durch Aufgabe zur Post gilt Zustellung drei Tage nach Aufgabe zur Post als bewirkt, sofern nicht der Beteiligte glaubhaft macht, dass ihm das Schriftstück nicht oder erst zu späterem Zeitpunkt zugegangen ist
- hierdurch Vermeidung unnötiger förmlicher Zustellungen

Einführung eines gerichtlich gebilligten Vergleichs
- soweit über den Gegenstand verfügt werden kann, soll ein Vergleichsabschluss möglich sein, § 36 FamFG
- gerichtlich gebilligter Vergleich (§ 156 Abs. 2 FamFG) bei dem der Disposition der Beteiligten entzogenen Umgangsrecht oder der Kindesherausgabe

Rechtsbehelfsbelehrung
- für alle Endentscheidungen im Rahmen des FamFG, § 39 FamFG
- Wiedereinsetzungsmöglichkeit bei fehlender oder falscher Rechtsbehelfsbelehrung (kein Verschulden des Beteiligten)

einstweilige Anordnungen ohne Hauptsache
- einstweilige Anordnung ohne Hauptsache möglich, § 49 FamFG
- bei Unterliegen im e.A.-Verfahren kann Einleitung des Hauptsacheverfahrens in Amts- und Antragsverfahren herbeigeführt werden, § 52 FamFG
- vorläufige Anordnungen in bisherigen FGG-Sachen werden zu einstweiligen Anordnungen

geänderte Rechtsmittel
- Straffung des Verfahrensablaufs und Angleichung an die Beschwerdeverfahren des Zivilprozesses
- Beschwerde gegen alle im ersten Rechtszug ergangenen Endentscheidungen der Amts- und Landgerichte; Beschwerde ist stets befristet (Frist 1 Monat, bei einstweiligen Anordnungsverfahren 2 Wochen); Abschaffung der unbefristeten Beschwerde in FGG-Sachen (bisher §§ 19 ff. FGG); Abhilfebefugnis in Beschwerde-Sachen, sofern Beschwerde nicht gegen Endentscheidung in Familiensache (§ 111 FamFG) gerichtet ist; Möglichkeit der Zulassung einer Beschwerde, wenn Wert nicht erreicht wird und die Sache grundsätzliche Bedeutung hat; Beschwerden in Familiensachen werden grundsätzlich von den OLGs entschieden (Ausnahme: personenbezogene FG-Angelegenheiten bleiben bei den ortsnahen Landgerichten)
- zulassungsabhängige Rechtsbeschwerde (statt weitere Beschwerde) zum BGH; in Betreuungs-, Unterbringungs- und Freiheitsentziehungssachen, unbeschränkte Statthaftigkeit der Rechtsbeschwerde
- nur ausnahmsweise Anfechtung von Neben- und Zwischenentscheidungen und auch nur, soweit dies ausdrücklich im Gesetz bestimmt ist, durch sofortige Beschwerde (§§ 567 bis 572 ZPO), Notfrist, 2 Wochen, Frist beginnt ab Zustellung zu laufen

Verfahrenskostenhilfe
- Verweis auf Prozesskostenhilfevorschriften der ZPO (§§ 114 ff.) für Ehe- und Familienstreitsachen
- Zuleitung der Angaben zu den persönlichen und wirtschaftlichen Verhältnissen an den Antragsgegner, wenn zwischen den Beteiligten ein materiell-rechtlicher Auskunftsanspruch über Einkünfte und Vermögen besteht (Unterhalt, Zugewinn etc.)
- kein „automatischer" Anspruch auf Beiordnung eines RA, wenn der andere Beteiligte anwaltlich vertreten ist

Kostentragung
- Auferlegung von Kosten nach billigem Ermessen des Gerichts; auch in Familienstreitsachen wie z.B. Unterhaltssachen nicht automatische Kostentragung des Unterlegenen

- mögliche Kostenauferlegung bei Nichtbefolgung richterlicher Anordnungen (z.B. zur Inanspruchnahme kostenloser Beratungsgespräche)
- isolierte Anfechtungsmöglichkeit der Kostenentscheidung

Zwangsvollstreckung
- soweit möglich, Verweis auf ZPO (8. Buch, §§ 704 ff. ZPO)
- Bestimmung der vollstreckbaren Titel (§ 86 FamFG)
- Regelung wer, wann, wie welche Rechtsmittel einlegen kann
- Möglichkeit der Verhängung von Ordnungsmitteln, wenn z.B. Kindesherausgabe nicht (rechtzeitig) erfolgt, so dass auch nach zeitlichem Ablauf noch eine „Bestrafung" möglich ist
- Vollstreckung auch während laufender Einigungsversuche im Rahmen eines Vermittlungsverfahrens möglich

Großes Familiengericht
- Erweiterung des Kreises der Familiensachen (so z.B. Gewaltschutz-Verfahren außerhalb des sozialen Nahbereichs; einige bisherige Vormundschaftssachen sowie z.B. Verfahren außerhalb des ehelichen Güterrechts wie der Gesamtschuldnerausgleich)
- Auflösung des Vormundschaftsgerichts; Aufteilung der Vormundschaftssachen auf das Familiengericht sowie neu einzurichtendes Betreuungsgericht

Scheidungs- u. Verbundverfahren
- keine Scheidung „light", wie zunächst geplant
- Erweiterung des notwendigen Inhalts eines Scheidungsantrags (z.B. Geburtsurkunden gemeinsamer minderjähriger Kinder)
- erleichterte Abtrennung des Versorgungsausgleichs nach zeitlichem Ablauf

Kindschafts- u. Abstammungssachen
- Änderung der Begrifflichkeit (bisherige Kindschaftssachen werden zu Abstammungssachen; Sorge-, Umgangsrecht und Kindesherausgabe werden zu Kindschaftssachen)
- Möglichkeit der Anordnung von Beratungsgesprächen; Kostenauferlegung bei Weigerung
- sogenannte „lösungsorientierte" Gutachten (Gutachter kann auf Einigung hinwirken)
- vorgesehene Fristsetzung für Gutachten
- Aufgabenbereich des Verfahrenspflegers wird konkret definiert; Rechte gestärkt; Vergütung neu geregelt

Einholung von Auskünften in Unterhaltssachen
- neue Möglichkeit zur Einholung von Auskünften bei Dritten (wie z.B. Arbeitgeber, Finanzamt, Versicherungen etc. unter bestimmten Voraussetzungen

c) Überblick über weitere verabschiedete Gesetze

13 Seit Inkrafttreten des FamFG hat dieses zahlreiche Veränderungen erfahren; es würde den Rahmen dieses Werks sprengen, diese alle hier darzustellen. Sie finden eine wunderbare Übersicht unter www.buzer.de Bei Eingabe „FamFG" im Suchfenster öffnet sich die Gliederung zum FamFG – hier kann unter dem Button „frühere Fassungen des FamFG" eine entsprechende Liste (Inkrafttreten, Gesetz, BGBl, Liste der geänderten Normen) geladen werden. Die hier aufgezeigten Normen sind verlinkt; werden diese angeklickt, erhält man eine synoptische Darstellung.

Am 6.9.2013 wurde das Gesetz zur Änderung des Prozesskostenhilfe- und Beratungshilferechts im Bundesgesetzblatt verkündet.[9] Es tritt nach Artikel 20 am 1.1.2014 in Kraft. Diese Änderungen

---

9 BGBl I 2013, S. 3533 f.

sind – soweit sie kostenrechtlich relevant sind – bereits in den entsprechenden Kapiteln eingearbeitet.

§ 155a FamFG wurde mit Wirkung zum 19.5.2013 neu eingeführt und betrifft die Verfahren zur Übertragung der gemeinsamen elterlichen Sorge nicht miteinander verheirateter Eltern.[10] Für dieses Sorgerechtsverfahren, die nur als isoliertes oder einstweiliges Anordnungsverfahren erfolgen kann, gelten dieselben gebührenrechtlichen Besonderheiten, wie auch sonst bei derartigen Sorgerechtsverfahren.

§ 155a Verfahren zur Übertragung der gemeinsamen elterlichen Sorge

(1) Die nachfolgenden Bestimmungen dieses Paragrafen gelten für das Verfahren nach § 1626a Absatz 2 des Bürgerlichen Gesetzbuchs. Im Antrag auf Übertragung der gemeinsamen Sorge sind Geburtsdatum und Geburtsort des Kindes anzugeben.

(2) § 155 Absatz 1 ist entsprechend anwendbar. Das Gericht stellt dem anderen Elternteil den Antrag auf Übertragung der gemeinsamen Sorge nach den §§ 166 bis 195 der Zivilprozessordnung zu und setzt ihm eine Frist zur Stellungnahme, die für die Mutter frühestens sechs Wochen nach der Geburt des Kindes endet.

(3) In den Fällen des § 1626a Absatz 2 Satz 2 des Bürgerlichen Gesetzbuchs soll das Gericht im schriftlichen Verfahren ohne Anhörung des Jugendamts und ohne persönliche Anhörung der Eltern entscheiden. § 162 ist nicht anzuwenden. Das Gericht teilt dem nach § 87c Absatz 6 Satz 2 des Achten Buches Sozialgesetzbuch zuständigen Jugendamt seine Entscheidung unter Angabe des Geburtsdatums und des Geburtsorts des Kindes sowie des Namens, den das Kind zur Zeit der Beurkundung seiner Geburt geführt hat, zu den in § 58a des Achten Buches Sozialgesetzbuch genannten Zwecken formlos mit.

(4) Werden dem Gericht durch den Vortrag der Beteiligten oder auf sonstige Weise Gründe bekannt, die der gemeinsamen elterlichen Sorge entgegenstehen können, gilt § 155 Absatz 2 mit der Maßgabe entsprechend, dass der Termin nach Satz 2 spätestens einen Monat nach Bekanntwerden der Gründe stattfinden soll, jedoch nicht vor Ablauf der Stellungnahmefrist der Mutter nach Absatz 2 Satz 2. § 155 Absatz 3 und § 156 Absatz 1 gelten entsprechend.

(5) Sorgeerklärungen und Zustimmungen des gesetzlichen Vertreters eines beschränkt geschäftsfähigen Elternteils können auch im Erörterungstermin zur Niederschrift des Gerichts erklärt werden. § 1626d Absatz 2 des Bürgerlichen Gesetzbuchs gilt entsprechend.

d) Inhaltsübersicht über das FamFG

Das FamFG (Art. 1 der FGG-Reform) hat 491 Paragrafen und regelt folgende Bücher, Abschnitte und Unterabschnitte:

Buch/Abschnitt	§§	Inhalt
Buch 1		Allgemeiner Teil
Abschnitt 1	§§ 1–22a	Allgemeine Vorschriften
Abschnitt 2	§§ 23–37	Verfahren im ersten Rechtszug
Abschnitt 3	§§ 38–48	Beschluss
Abschnitt 4	§§ 49–57	Einstweilige Anordnung
Abschnitt 5		Rechtsmittel
Unterabschnitt 1	§§ 58–69	Beschwerde
Unterabschnitt 2	§§ 70–75	Rechtsbeschwerde
Abschnitt 6	§§ 76–79	Verfahrenskostenhilfe
Abschnitt 7	§§ 80–85	Kosten

---

10 Artikel 2 des Gesetzes zur Reform der elterlichen Sorge nicht miteinander verheirateter Eltern v. 16.4.2013, BGBl I S. 795.

§ 1 Allgemeines

Abschnitt 8	§§ 86–87	Vollstreckung
Unterabschnitt 1		Allgemeine Vorschriften
Unterabschnitt 2	§§ 88–94	Vollstreckung von Entscheidungen über die Herausgabe von Personen und die Regelung des Umgangs
Unterabschnitt 3	§§ 95–96a	Vollstreckung nach ZPO
Abschnitt 9	§§ 97–110	Verfahren mit Auslandsbezug
Unterabschnitt 1	§ 97	Verhältnis zu völkerrechtlichen Vereinbarungen und Rechtsakten der EG
Unterabschnitt 2	§§ 98–106	Intern. Zuständigkeit
Unterabschnitt 3	§§ 107–110	Anerkennung und Vollstreckbarkeit ausländischer Entscheidungen
Buch 2		Verfahren in Fam.-Sachen
Abschnitt 1	§§ 111–120	Allgemeine Vorschriften
Abschnitt 2		Verfahren in Ehesachen; Verfahren in Scheidungssachen und Folgesachen
Unterabschnitt 1	§§ 121–132	Verfahren in Ehesachen
Unterabschnitt 2	§§ 133–150	Verfahren in Scheidungssachen und Folgesachen
Abschnitt 3	§§ 151–168a	Verf. in Kindschaftssachen
Abschnitt 4	§§ 169–185	Verf. in Abstammungssachen
Abschnitt 5	§§ 186–199	Verf. in Adoptionssachen
Abschnitt 6	§§ 200–209	Verfahren in Ehewohnungs- u. Haushaltssachen
Abschnitt 7	§§ 210–216a	Verf. in GewSch-Sachen
Abschnitt 8	§§ 217–230	Verf. in VA-Sachen
Abschnitt 9		Verf. in Unterhaltssachen
Unterabschnitt 1	§§ 231–245	Besondere Verfahrensvorschriften
Unterabschnitt 2	§§ 246–248	Einstweilige Anordnung
Unterabschnitt 3	§§ 249–260	Vereinfachtes Verf. über den Unterhalt Minderjähriger
Abschnitt 10	§§ 261–265	Verf. in Güterrechtssachen
Abschnitt 11	§§ 266–268	Verf. in sonst. FamSachen
Abschnitt 12	§§ 269–270	Verf. in LPartSachen
Buch 3		Verfahren in Betreuungs- u. Unterbringungssachen
Abschnitt 1	§§ 271–311	Verf. in Betreuungssachen
Abschnitt 2	§§ 312–339	Verf. in Unterbringungssachen
Abschnitt 3	§§ 340–341	Verfahren in betreuungsgerichtl. Zuweisungssachen
Buch 4		Verfahren in Nachlass- und Teilungssachen
Abschnitt 1	§§ 342–344	Begriffsbestimmung; örtliche Zuständigkeit
Abschnitt 2		Verfahren in Nachlasssachen
Unterabschnitt 1	§ 345	Allgemeine Bestimmungen
Unterabschnitt 2	§§ 346–347	Verwahrung von Verfügungen von Todes wegen
Unterabschnitt 3	§§ 348–351	Eröffnung von Verfügungen von Todes wegen
Unterabschnitt 4	§§ 352–355	Erbscheinsverfahren; Testamentsvollstreckung
Unterabschnitt 5	§§ 356–362	Sonstige verfahrensrechtliche Regelungen
Abschnitt 3	§§ 363–373	Verfahren in Teilungssachen
Buch 5		Verfahren in Registersachen, unternehmensrechtliche Verfahren
Buch 6		Verfahren in weiteren FG-Angelegenheiten
Buch 7		Verfahren in Freiheitsentziehungssachen
Buch 8		Aufgebotssachen

A. Einführung § 1

e) Neue Begriffe im FamFG

Teilweise werden mit dem neuen FamFG alte Begriffe neu definiert. Im Nachfolgenden soll ein entsprechender Überblick erfolgen, da auch im FamGKG die neuen Definitionen gelten und ohne Verständnis über die hier geregelten Verfahren nicht nachvollziehbar ist, welche Verfahren welche Kosten auslösen.

Familiensachen, § 111 FamFG

Was nach neuem Recht unter den Begriff „Familiensachen" fällt, regelt § 111 FamFG.

Nach § 111 FamFG sind Familiensachen:
1. Ehesachen
2. Kindschaftssachen
3. Abstammungssachen
4. Adoptionssachen
5. Ehewohnungs- und Haushaltssachen
6. Gewaltschutzsachen
7. Versorgungsausgleichssachen
8. Unterhaltssachen
9. Güterrechtssachen
10. sonstige Familiensachen
11. Lebenspartnerschaftssachen.

Ehesachen, § 121 FamFG

Unter Ehesachen versteht man:
- Verfahren auf Scheidung der Ehe (§ 121 Nr. 1 FamFG)
- Verfahren auf Aufhebung der Ehe (§ 121 Nr. 2 FamFG)
- Verfahren auf Feststellung des Bestehens oder Nichtbestehens einer Ehe zwischen den Beteiligten (§ 121 Nr. 3 FamFG).

Nicht mehr als Ehesache gilt ein Antrag auf Herstellung des ehelichen Lebens (dieser kann aber eine sogenannte Familienstreitsache sein).

In § 111 FamFG wird der bis zum 31.8.2009 in § 621 Abs. 1 ZPO geregelte „klassische" Katalog der Familiensachen um Abstammungssachen, Adoptionssachen und „sonstige Familiensachen" erweitert. Sonstige Familiensachen aus § 266 Abs. 1 Nr. 3 FamFG, über die bisher die Zivilgerichte entscheiden mussten, z.B. der Gesamtschuldnerausgleich, unbenannte Zuwendungen, Ehegatteninnengesellschaft gehören künftig damit auch vor das Familiengericht. Auch für die Vermögensauseinandersetzung außerhalb des ehelichen Güterrechts sind künftig die Familiengerichte zuständig.

> *Beispiel:*
> Nach Scheidung der Ehe macht der geschiedene Ehemann den hälftigen Restkaufpreiserlös aus der Veräußerung des gemeinsamen Hauses geltend. Bisher war für eine solche Streitigkeit das Zivilgericht zuständig, künftig ist auch hier die Zuständigkeit des Familiengerichts gegeben.

Die Zuständigkeit des Familiengerichts gilt künftig auch für alle Gewaltschutzsachen (also auch solche, bei denen der sogenannte soziale Nahbereich nicht gegeben ist).

Familienstreitsachen, § 112 FamFG

Familienstreitsachen sind in § 112 Nr. 1–3 FamFG geregelt:

Nr. 1   Unterhaltssachen nach § 231 Abs. 1 FamFG (d.h., Verwandtenunterhalt, § 231 Abs. 1 Nr. 1 FamFG; Ehegattenunterhalt, § 231 Abs. 1 Nr. 2 FamFG; Unterhaltsansprüche nach §§ 1615l u. 1615m BGB, § 231 Abs. 1 Nr. 3 FamFG) und Lebenspartnerschaftssachen nach § 269 Abs. 1 Nr. 8 und 9 FamFG

§ 1 Allgemeines

Nr. 2　Güterrechtssachen nach § 261 Abs. 1 FamFG (Verfahren, die Ansprüche aus dem ehelichen Güterrecht betreffen, auch wenn Dritte an dem Verfahren beteiligt sind) und Lebenspartnerschaftssachen nach § 269 Abs. 1 Nr. 10 FamFG

sowie

Nr. 3　sonstige Familiensachen nach § 266 Abs. 1 FamFG und Lebenspartnerschaftssachen nach § 269 Abs. 2 FamFG

Die Familienstreitsachen stimmen weitgehend mit den bisherigen ZPO-Verfahren überein.

22　Nicht unter die Familienstreitsachen fallen die bisher unter dem Begriff „Kindschaftssachen" mit dem FamFG nun unter „Abstammungssachen" geregelten früheren ZPO-Verfahren.

23　Auch Ehesachen sollen nicht als Familienstreitsachen geführt werden, sondern eigene Verfahrensregeln erhalten (vgl. dazu Buch 2 des FamFG, Abschnitt 2).

■ Sonstige Familiensachen, § 266 Abs. 1 FamFG

24　Sonstige Familiensachen sind nach § 266 Abs. 1 FamFG Verfahren, die

- Ansprüche zwischen miteinander verlobten oder ehemals verlobten Personen im Zusammenhang mit der Beendigung des Verlöbnisses sowie in den Fällen der §§ 1298 und 1299 BGB zwischen einer solchen und einer dritten Person, § 266 Abs. 1 Nr. 1 FamFG, (z.B. Verfahren auf Rückgabe von Geschenken oder sonstigen Zuwendungen)[11]

- aus der Ehe herrührende Ansprüche, § 266 Abs. 1 Nr. 2 FamFG, (in erster Linie die aus § 1353 BGB herzuleitenden Ansprüche, z.B. Verfahren auf Mitwirkung bei der gemeinsamen steuerlichen Veranlagung; Abwehr- und Unterlassungsansprüche gegen Störungen des räumlich-gegenständlichen Bereichs der Ehe gegenüber dem anderen Ehegatten oder einem Dritten (sogen. Ehestörungsklagen) sowie Schadensersatzansprüche hieraus)[12]

- Ansprüche zwischen miteinander verheirateten oder ehemals miteinander verheirateten Personen oder zwischen einer solchen und einem Elternteil im Zusammenhang mit Trennung oder Scheidung oder Aufhebung der Ehe, § 266 Abs. 1 Nr. 3 FamFG, (hierunter fallen insbesondere vermögensrechtliche Auseinandersetzungen zwischen den Ehegatten außerhalb des Güterrechts (sogen. Nebengüterrecht), z.B. Verfahren zwischen Ehegatten und dessen Eltern oder den Eltern des anderen Ehegatten aus Anlass der Ehesache, wie z.B. Rückabwicklung von Zuwendungen der Schwiegereltern, Auseinandersetzungen einer Miteigentumsgemeinschaft, Auflösung einer Innengesellschaft der Ehegatten, Streitigkeiten wegen Gesamtschuldnerausgleich, Rückgewähr von Zuwendungen, Aufteilung von Steuerguthaben etc.)[13]

- aus dem Eltern-Kind-Verhältnis herrührende Ansprüche oder, § 266 Abs. 1 Nr. 4 FamFG, (z.B. Streitigkeiten wegen der Verwaltung des Kindesvermögens, auch, soweit es sich um Schadenersatzansprüche handelt; nach Ansicht des Gesetzgebers muss der Anspruch im Eltern-Kind-Verhältnis selbst eine Grundlage haben, ein bloßer Zusammenhang hierzu genügt nicht)[14]

11　*Meyer-Seitz/Frantzioch/Ziegler*, Die FGG-Reform – Das neue Verfahrensrecht, S. 328 entsprechend Regierungs-Entwurf BT-Drucks 16/6308.

12　*Meyer-Seitz/Frantzioch/Ziegler*, Die FGG-Reform – Das neue Verfahrensrecht, S. 328 entsprechend Regierungs-Entwurf BT-Drucks 16/6308.

13　*Meyer-Seitz/Frantzioch/Ziegler*, Die FGG-Reform – Das neue Verfahrensrecht, S. 329 entsprechend Regierungs-Entwurf BT-Drucks 16/6308.

14　*Meyer-Seitz/Frantzioch/Ziegler*, Die FGG-Reform – Das neue Verfahrensrecht, S. 329 entsprechend Regierungs-Entwurf BT-Drucks 16/6308.

- aus dem Umgangsrecht herrührende Ansprüche, § 266 Abs. 1 Nr. 5 FamFG, (nicht das Umgangsrecht selbst; sondern z.B. Schadensersatzanspruch wegen Nichteinhalten der Umgangsregelung[15]

betreffen, sofern nicht die Zuständigkeit der Arbeitsgerichte gegeben ist oder das Verfahren eines der in § 348 Abs. 1 Satz 2 Nr. 2 Buchstabe a bis k ZPO genannten Sachgebiete, das WEG-Recht oder das Erbrecht betrifft und sofern es sich nicht bereits nach anderen Vorschriften um eine Familiensache handelt,

- sowie Verfahren über einen Antrag nach § 1357 Abs. 2 S. 1 BGB, § 266 Abs. 2 FamFG.

Die sonstigen Familiensachen nach § 266 Abs. 1 Nr. 1 bis 5 gehören zu den Familienstreitsachen, § 112 Nr. 3 FamFG. Für diese Verfahren sind einige Vorschriften des FamFG ausgeschlossen und dafür einige Vorschriften der ZPO anzuwenden, vgl. dazu § 113 Abs. 1 FamFG. Verfahren nach § 266 Abs. 2 FamFG gehören nicht zur Kategorie der Familienstreitsachen. Hier gilt nur das FamFG.

25

Lebenspartnerschaftssachen, § 269 FamFG

Lebenspartnerschaftssachen sind Verfahren, welche zum Gegenstand haben:

26

- die Aufhebung der Lebenspartnerschaft aufgrund des Lebenspartnerschaftsgesetzes, § 269 Abs. 1 Nr. 1 FamFG
- die Feststellung des Bestehens oder Nichtbestehens einer Lebenspartnerschaft, § 269 Abs. 1 Nr. 2 FamFG
- die elterliche Sorge, das Umgangsrecht oder die Herausgabe in Bezug auf ein gemeinschaftliches Kind, § 269 Abs. 1 Nr. 3 FamFG
- die Annahme als Kind und die Ersetzung der Einwilligung zur Annahme als Kind, § 269 Abs. 1 Nr. 4 FamFG
- Wohnungszuweisungssachen nach § 14 oder § 18 des Lebenspartnerschaftsgesetzes, § 269 Abs. 1 Nr. 5 FamFG
- Haushaltssachen nach § 13 oder § 19 des Lebenspartnerschaftsgesetzes, § 269 Abs. 1 Nr. 6 FamFG
- den Versorgungsausgleich der Lebenspartner, § 269 Abs. 1 Nr. 7 FamFG
- die gesetzliche Unterhaltspflicht für ein gemeinschaftliches minderjähriges Kind der Lebenspartner, § 269 Abs. 1 Nr. 8 FamFG
- die durch die Lebenspartnerschaft begründete gesetzliche Unterhaltspflicht, § 269 Abs. 1 Nr. 9 FamFG
- Ansprüche aus dem lebenspartnerschaftlichen Güterrecht, auch wenn Dritte an dem Verfahren beteiligt sind, § 269 Abs. 1 Nr. 10 FamFG
- Entscheidungen nach § 6 des Lebenspartnerschaftsgesetzes in Verbindung mit § 1365 Abs. 2, § 1369 Abs. 2 und den §§ 1382 und 1383 BGB (Ersetzung von Zustimmungen zu Verfügung über das Vermögen oder Haushaltsgegenstände, Stundung des Ausgleichsanspruchs sowie Übertragung von Vermögensgegenständen), § 269 Abs. 1 Nr. 11 FamFG
- Entscheidungen nach § 7 LPartG in Verbindung mit den §§ 1426, 1430, 1452 BGB oder mit § 1519 BGB und Artikel 5 Abs. 2, Artikel 12 Abs. 2 S. 2 oder Artikel 17 des Abkommens vom 4.2.2010 zwischen der Bundesrepublik Deutschland und der Französischen Republik über den

---

15 *Meyer-Seitz/Frantzioch/Ziegler*, Die FGG-Reform – Das neue Verfahrensrecht, S. 329 entsprechend Regierungs-Entwurf BT-Drucks 16/6308; BGH NJW 2002, 2566 ff.

Güterstand der Wahl-Zugewinngemeinschaft (z.B. Ersetzung der Zustimmung des anderen Ehegatten bzw. des Verwalters bei Gesamtgutverwaltung sowie Ersetzung der Zustimmung zur Vornahme von Rechtsgeschäften bei Gesamtgutverwaltung), § 269 Abs. 1 Nr. 12 FamFG.[16]

▪ Sonstige Lebenspartnerschaftssachen, § 269 Abs. 2 FamFG

27 Sonstige Lebenspartnerschaftssachen sind in § 269 Abs. 2 FamFG geregelt. Es handelt sich dabei um folgende Verfahren:
- Ansprüche nach § 1 Abs. 3 S. 2 LPartG i.V.m. §§ 1298 bis 1301 BGB, § 269 Abs. 2 Nr. 1 FamFG
- Ansprüche aus der Lebenspartnerschaft, § 269 Abs. 2 Nr. 2 FamFG
- Ansprüche zwischen Personen, die miteinander eine Lebenspartnerschaft führen oder geführt haben, oder zwischen einer solchen Person und einem Elternteil im Zusammenhang mit der Trennung oder Aufhebung der Lebenspartnerschaft, § 269 Abs. 2 Nr. 3 FamFG,

sofern nicht die Zuständigkeit der Arbeitsgerichte gegeben ist oder das Verfahren eines der in § 348 Abs. 1 Satz 2 Nr. 2 Buchstabe a bis k ZPO genannten Sachgebiete, das WEG-Recht oder das Erbrecht betrifft und sofern es sich nicht bereits nach anderen Vorschriften um eine Lebenspartnerschaftssache handelt.

Zwar gelten auch Verfahren über einen Antrag nach § 8 Abs. 2 LPartG i.V.m. § 1357 Abs. 2 S. 1 BGB als sonstige Lebenspartnerschaftssachen (§ 269 Abs. 3 FamFG), sie sind aber nicht zugleich auch Familienstreitsachen wie die in § 269 Abs. 2 FamFG genannten Verfahren.

▪ Versorgungsausgleichssachen, § 217 FamFG

28 Versorgungsausgleichssachen sind Verfahren, die den Versorgungsausgleich betreffen.

▪ Unterhaltssachen, § 231 FamFG

29 Unterhaltssachen sind Verfahren nach § 231 Abs. 1 FamFG, die
1. die durch Verwandtschaft begründete gesetzliche Unterhaltspflicht,
2. die durch Ehe begründete gesetzliche Unterhaltspflicht,
3. die Ansprüche nach § 1615l oder § 1615m BGB betreffen.

Unterhaltssachen sind nach § 231 Abs. 2 FamFG aber auch Verfahren nach § 3 Abs. 2 Satz 3 des Bundeskindergeldgesetzes und § 64 Abs. 2 Satz 3 des EStG. Die §§ 235 bis 245 FamFG sind für diese Unterhaltsverfahren jedoch nicht anzuwenden.

Hinweis
Unterhaltssachen nach § 231 Abs. 2 FamFG sind **keine** Familienstreitsachen (Familienstreitsachen = Ausschluss einiger Vorschriften des FamFG und Verweis auf ZPO, siehe § 113 Abs. 1 FamFG).

▪ Güterrechtssachen, § 261 FamFG

30 Güterrechtssachen sind Verfahren,
- die Ansprüche aus dem ehelichen Güterrecht betreffen, auch wenn Dritte an dem Verfahren beteiligt sind, § 261 Abs. 1 FamFG
- Güterrechtssachen sind auch Verfahren nach § 1365 Abs. 2, § 1369 Abs. 2, den §§ 1382, 1383, 1426, 1430 und 1452 BGB sowie nach § 1519 BGB in Verbindung mit Artikel 5 Absatz 2, Artikel 12 Abs. 2 S. 2 und Artikel 17 des Abkommens vom 4.2.2010 zwischen der Bundesrepublik

---

16 Durch Artikel 4 des Gesetzes zu dem Abkommen vom 4.2.2010 zwischen der Bundesrepublik Deutschland und der Französischen Republik über den Güterstand der Wahl-Zugewinngemeinschaft vom 15.3.2012, BGBl II S. 178 mit Wirkung zum 1.5.2013 wurden die §§ 261, 264, 269 FamFG geändert.

Deutschland und der Französischen Republik über den Güterstand der Wahl-Zugewinngemeinschaft, § 261 Abs. 2 FamFG,[17] das sind z.B.:
- § 1365 Abs. 2 = Ersetzung einer Zustimmung bei Vermögensverfügung im Ganzen;
- § 1369 Abs. 2 = Ersetzung einer Zustimmung bei Verfügungen über Haushaltsgegenstände;
- § 1382 = Stundung des Zugewinnausgleichanspruchs;
- § 1383 = Übertragung von Vermögensgegenständen;
- § 1426 = Ersetzung einer Zustimmung zu einem Rechtsgeschäft;
- § 1430 = Ersetzung der Zustimmung des Verwalters über das Gesamtgut und
- § 1452 = Ersetzung einer Zustimmung zu einem Rechtsgeschäft bei Gesamtgutverwaltung).

Hinweis 31
Güterrechtssachen nach § 261 Abs. 2 FamFG sind keine Familienstreitsachen (Ausschluss der Vorschriften des FamFG und Verweis auf ZPO, siehe § 113 Abs. 1 FamFG).

■ **Kindschaftssachen, § 151 FamFG**

Kindschaftssachen sind die dem Familiengericht zugewiesenen Verfahren, die 32
- die elterliche Sorge, § 151 Nr. 1 FamFG
- das Umgangsrecht und das Recht auf Auskunft über die persönlichen Verhältnisse des Kindes, § 151 Nr. 2 FamFG[18]
- die Kindesherausgabe, § 151 Nr. 3 FamFG
- die Vormundschaft, § 151 Nr. 4 FamFG
- die Pflegschaft oder die gerichtliche Bestellung eines sonstigen Vertreters für einen Minderjährigen oder für eine Leibesfrucht, § 151 Nr. 5 FamFG
- die Genehmigung der freiheitsentziehenden Unterbringung eines Minderjährigen (§§ 1631b, 1800 und 1915 BGB), § 151 Nr. 6 FamFG
- die Anordnung der freiheitsentziehenden Unterbringung eines Minderjährigen nach den Landesgesetzen über die Unterbringung psychisch Kranker, § 151 Nr. 7 FamFG, oder
- die Aufgaben nach dem Jugendgerichtsgesetz, § 151 Nr. 8 FamFG

betreffen.

Bei dem Begriff „**Kindschaftssachen**" wurde mit dem FamFG eine völlig neue Bedeutung eingeführt. 33

Kindschaftssachen nach § 640 Abs. 2 Nr. 1 bis 5 ZPO waren bis zum 31.8.2009:
- Feststellung des Bestehens oder Nichtbestehens eines Eltern-Kind-Verhältnisses; Feststellung der Wirksamkeit oder Unwirksamkeit einer Anerkennung der Vaterschaft
- Ersetzung der Einwilligung in eine genetische Abstammungsuntersuchung und die Anordnung der Duldung einer Probeentnahme
- die Einsicht in ein Abstammungsgutachten oder die Aushändigung einer Abschrift
- die Anfechtung der Vaterschaft
- die Feststellung des Bestehens oder Nichtbestehens der elterlichen Sorge des einen Beteiligten für den anderen.

---

17 Artikel 4 des Gesetzes zu dem Abkommen vom 4.2.2010 zwischen der Bundesrepublik Deutschland und der Französischen Republik über den Güterstand der Wahl-Zugewinngemeinschaft vom 15.3.2012, BGBl II S. 178 mit Wirkung zum 1.5.2013 wurden die §§ 261, 264, 269 FamFG geändert.
18 Geändert mit Artikel 2 des Gesetzes zur Stärkung der Rechte des leiblichen, nicht rechtlichen Vaters 4.7.2013, BGBl I S. 2176 mit Wirkung zum 13.7.2013.

§ 1 Allgemeines

34 Die nachstehenden Kindschaftssachen können nach § 137 Abs. 3 FamFG **Folgesachen** sein.
- Verfahren die die Übertragung oder Entziehung der elterlichen Sorge,
- das Umgangsrecht oder
- die Herausgabe eines gemeinschaftlichen Kindes der Ehegatten oder
- das Umgangsrecht eines Ehegatten mit dem Kind des anderen Ehegatten betreffen,

wenn ein Ehegatte vor Schluss der mündlichen Verhandlung im ersten Rechtszug in der Scheidungssache die Einbeziehung in den Verbund **beantragt**, es sei denn, das Gericht hält die Einbeziehung aus Gründen des Kindeswohls nicht für sachgerecht.

■ **Gewaltschutzsachen, § 210 FamFG**

35 Gewaltschutzsachen nach § 210 FamFG, sind Verfahren nach den §§ 1 und 2 des Gewaltschutzgesetzes (GewSchG) (Annäherungs-, Betretungs-, Kontaktaufnahmeverbot u.a. sowie Zuweisung einer Wohnung).

■ **Ehewohnungs- und Haushaltssachen, § 200 FamFG**

36 Auch § 200 FamFG wurde bereits vor seinem Inkrafttreten zum 1.9.2009 durch das Gesetz zur Änderung des Zugewinnausgleichs- und Vormundschaftsrechts geändert.[19] Mit diesem Gesetz wurde auch die Hausratsverordnung aufgehoben.

37 Ehewohnungssachen sind Verfahren
- nach § 1361b BGB (Zuweisung der Ehewohnung), § 200 Abs. 1 Nr. 1 FamFG
- nach den § 1568a BGB (Zuweisung der Ehewohnung bei Eigentum, Dienst- oder Werkwohnung, Mietwohnung etc.), § 200 Abs. 1 Nr. 2 FamFG

Haushaltssachen sind Verfahren
- nach § 1361a BGB (Haushaltssachenverteilung bei Getrenntleben zwischen Ehegatten), § 200 Abs. 2 Nr. 1 FamFG
- nach § 1568b BGB (Haushaltssachenverteilung bei gemeinschaftlichem Eigentum, Alleineigentum sowie Regelung von Gläubigerrechten betreffend Haushaltssachen), § 200 Abs. 2 Nr. 2 FamFG

38 Obwohl § 113 Abs. 5 FamFG regelt, dass in den Ehe- und Familienstreitsachen (für die die ZPO-Vorschriften teilweise gelten) die Bezeichnungen
- Verfahren – anstelle Prozess o. Rechtsstreit
- Antrag – anstelle Klage
- Antragsteller – anstelle Kläger
- Antragsgegner – anstelle Beklagter
- Beteiligter – anstelle Partei

gelten sollen, hat der Gesetzgeber zu Beginn diese neue Bezeichnung selbst nicht durchgängig gewählt. So wurde beispielsweise im FamGKG bis zum 31.7.2013 (Änderung erfolgte durch das 2. KostRMoG) in § 39 FamGKG noch auf Klage und Widerklage abgestellt und nicht auf „Antrag und Widerantrag".

5. Das FamGKG

a) Inkrafttreten

39 Das FamGKG (Art. 2 des FG-Reformgesetzes) ist ebenfalls zum 1.9.2009 in Kraft getreten. Hier werden damals bereits einige Weichenstellungen für das geplante und am 1.8.2013 in Kraft getre-

---

19 BT-Drucks 16/10798; RegE v. 5.11.2008.

tene 2. Kostenrechtsmodernisierungsgesetz, mit dem die Kostenordnung und die Justizverwaltungskostenordnung grundlegend überarbeitet wurden, gestellt.

Weitere frühere Unterscheidungen durch GKG und KostO (unterschiedliche Gebührendegression; Differenzierung zwischen Verbund- und isolierten Verfahren etc.) wurden mit dem FamGKG angeglichen.

Durch das FamGKG erfolgten die nachstehenden Änderungen zum 31.8.2009:[20]   **40**
- weitgehende Umstellung von sogenannten Akt- auf Verfahrensgebühren;
- einheitliche Ermäßigungstatbestände bei den Verfahrensgebühren
- Angleichung von Wertbestimmungen
- Wegfall des Interessenschuldners für Amtsverfahren (KostO)
- weitgehende Regelung im FamGKG mit seltenen Verweisen auf GKG oder KostO
- Gebührentabelle entspricht der des GKG (keine Unterscheidung mehr zwischen GKG- und KostO-Tabelle)
- Kindschaftssachen sollen geringere Gebührensätze auslösen, als übrige Familiensachen
- Schaffung von gebührenrechtlichen Anreizen zur Bevorzugung des Verbundverfahrens gegenüber einem isolierten Verfahren sowie Privilegierung einer Einigung in Folgesachen sowie in isolierten Familiensachen.

■ **FamGKG nur für kurze Zeit?**

Das FamGKG sollte möglicherweise zunächst nur bis zum Inkrafttreten des KostRMoG II (Kostenrechtsmodernisierungsgesetz II) Bestand haben. Es wurde überlegt, das FamGKG in die „neue KostO" zu integrieren und wieder aufzuheben.[21] Glücklicherweise hat man von diesem Vorhaben Abstand genommen. Das FamGKG besteht trotz des die KostO seit 1.8.2013 ersetzenden GNotKG weiter fort.   **41**

b) Inhaltsübersicht

Der Gesetzesteil des FamGKG hat 9 Abschnitte, die wiederum teilweise in Unterabschnitte aufgeteilt sind.   **42**

Abschnitt	Überschrift	Inhalt	
Abschnitt 1	Allgemeine Vorschriften	§ 1	Geltungsbereich
		§ 2	Kostenfreiheit
		§ 3	Höhe der Kosten
		§ 4	Umgangspflegschaft
		§ 5	LPartsachen
		§ 6	Verweisung, Abgabe, Fortführung einer Folgesachen als selbstständige Familiensache
		§ 7	Verjährung, Verzinsung
		§ 8	elektr. Akte/elektr. Dokument
Abschnitt 2	Fälligkeit	§ 9	Fälligkeit der Geb. in Ehesachen u. selbstständigen Familienstreitsachen
		§ 10	Fälligkeit bei Vormundschaften u. Dauerpflegschaften
		§ 11	Fälligkeit der Gebühren in sonstigen Fällen, Fälligkeit der Auslagen

---

20 FamGKG, Gesetz über Gerichtskosten in Familiensachen vom 17.12.2008, BGBl I S. 2666.
21 *Otto/Klüsener/Killmann*, Die FGG-Reform „Das neue Kostenrecht", S. 16.

§ 1 Allgemeines

Abschnitt	Überschrift	Inhalt
Abschnitt 3	Vorschuss u. Vorauszahlung	§ 12 Grundsatz § 13 Verfahren nach dem internationalen Familienrechtsverfahrensgesetz § 14 Abhängigmachung § 15 Ausnahmen von der Abhängigmachung § 16 Auslagen § 17 Fortdauer der Vorschusspflicht
Abschnitt 4	Kostenansatz	§ 18 Kostenansatz § 19 Nachforderung § 20 Nichterhebung von Kosten wegen unrichtiger Sachbehandlung
Abschnitt 5	Kostenhaftung	§ 21 Kostenschuldner in Antragsverfahren, Vergleich § 22 Kosten bei Vormundschaft u. Dauerpflegschaft § 23 Bestimmte sonstige Auslagen § 24 Weitere Fälle der Kostenhaftung § 25 Erlöschen der Zahlungspflicht § 26 Mehrere Kostenschuldner § 27 Haftung von Streitgenossen
Abschnitt 6	Gebührenvorschriften	§ 28 Wertgebühren § 29 Einmalige Erhebung der Gebühren § 30 Teile des Verfahrensgegenstands § 31 Zurückverweisung, Abänderung oder Aufhebung einer Entscheidung § 32 Verzögerung des Verfahrens
Abschnitt 7	Wertvorschriften – Unterabschnitt 1 Allgemeine Wertvorschriften	§ 33 Grundsatz § 34 Zeitpunkt der Wertberechnung § 35 Geldforderung § 36 Genehmigung einer Erklärung oder deren Ersetzung § 37 Früchte, Nutzungen, Zinsen und Kosten § 38 Stufenantrag § 39 Antrag und Widerantrag, Hilfsanspruch, wechselseitige Rechtsmittel, Aufrechnung § 40 Rechtsmittelverfahren § 41 Einstweilige Anordnung § 42 Auffangwert
	Wertvorschriften – Unterabschnitt 2 Besondere Wertvorschriften	§ 43 Ehesachen § 44 Verbund § 45 Bestimmte Kindschaftssachen § 46 Übrige Kindschaftssachen § 47 Abstammungssachen § 48 Ehewohnungs- und Haushaltssachen § 49 Gewaltschutzsachen § 50 Versorgungsausgleichssachen § 51 Unterhaltssachen § 52 Güterrechtssachen

Abschnitt	Überschrift	Inhalt
	Wertvorschriften – Unterabschnitt 3 Wertfestsetzung	§ 53 Angabe des Werts § 54 Wertfestsetzung für die Zulässigkeit der Beschwerde § 55 Wertfestsetzung für die Gerichtsgebühren § 56 Schätzung des Werts
Abschnitt 8	Erinnerung und Beschwerde	§ 57 Erinnerung gegen den Kostenansatz, Beschwerde § 58 Beschwerde gegen die Anordnung einer Vorauszahlung § 59 Beschwerde gegen die Festsetzung des Verfahrenswerts § 60 Beschwerde gegen die Auferlegung einer Verzögerungsgebühr § 61 Abhilfe bei Verletzung des Anspruchs auf rechtliches Gehör
Abschnitt 9	Schluss- und Übergangsvorschriften	§ 62 Rechnungsgebühren § 63 Übergangsvorschrift
Anlage 1	zu § 3 Abs. 2	Kostenverzeichnis
Anlage 2	zu § 28 Abs. 1	Gebührentabelle

c) Das Kostenverzeichnis

Das **Kostenverzeichnis** hat 2 Teile.

43

Teil 1 behandelt die Gebühren, Teil 2 die Auslagen.

Teil 1 ist in Hauptabschnitte, Abschnitte und Unterabschnitte eingeteilt.

Die Hauptabschnitte in Teil 1 behandeln die Gebühren für folgende Verfahren:

- Hauptabschnitt 1
  Hauptsacheverfahren in Ehesachen einschließlich aller Folgesachen
- Hauptabschnitt 2
  Hauptsachverfahren in selbstständigen Familienstreitsachen
- Hauptabschnitt 3
  Hauptsacheverfahren in selbstständigen Familiensachen der freiwilligen Gerichtsbarkeit
- Hauptabschnitt 4
  Einstweiliger Rechtsschutz
- Hauptabschnitt 5
  Besondere Gebühren
- Hauptabschnitt 6
  Vollstreckung
- Hauptabschnitt 7
  Verfahren mit Auslandsbezug
- Hauptabschnitt 8
  Rüge wegen Verletzung des Anspruchs auf rechtliches Gehör
- Hauptabschnitt 9
  Rechtsmittel im Übrigen

§ 1 Allgemeines

d) Übersichtstabelle GKG/FamGKG

44

GKG bis zum 31.8.2009	FamGKG ab 1.9.2009
§ 6 Abs. 1 (Fälligkeit)	§ 9
§ 12 (Vorschusspflicht)	§ 14
§ 22 (Kostenhaftung – Erstschuldner)	§ 21
§ 31 (Kostenhaftung – Entscheidungsschuldner/mehrere Kostenschuldner)	§ 26
§ 39 (Grundsatz)	§ 33
§ 40 (Zeitpunkt der Wertberechnung)	§ 34
§ 42 (Unterhalt)	§ 51
§ 43 (Nebenforderungen)	§ 37
§ 44 (Stufenklage)	§ 38
§ 45 (Klage/Widerklage; Hilfsanspruch; Hilfsweise Aufrechnung)	§ 39
§ 46 Abs. 1 S. 1 (Verbundverfahren)	§ 44 Abs. 1 § 33 Abs. 1 S. 1
§ 46 Abs. 1 S. 2 (Sorgerecht etc. im Verbund)	§ 44 Abs. 2 S. 1
§ 46 Abs. 1 S. 3 (Addition bei Folgesachen)	§ 44 Abs. 2 S. 2 § 33 Abs. 1 S. 1
§ 46 Abs. 2	–
§ 46 Abs. 3	§ 5
§ 46 Abs. 4	–
§ 47 (Rechtsmittelverfahren)	§ 40
§ 48 Abs. 2, 3 S. 1 u. 2 (Ehesachen)	§ 43
§ 48 Abs. 3	§ 33 Abs. 1 S. 2
§ 48 Abs. 3 S. 3 (Kindschaftssachen)	§ 47 (Abstammungssachen)
§ 49 (Versorgungsausgleich)	§ 50
§ 53 Abs. 2 GKG (§ 24 RVG) (einstweilige Anordnungen)	§ 41

6. Das RVG

a) Allgemeines

Das RVG gliedert sich in einen Gesetzesteil mit mehr als 60 Paragrafen sowie einem Vergütungsverzeichnis mit mehr als 230 Vergütungsverzeichnis-Nummern. Im Gesetzesteil sind Dinge geregelt wie z.B. wer nach RVG abrechnen kann, was der Inhalt einer Rechnung ist, wie mit einem Vorschuss umzugehen ist, wann Gebühren fällig werden, welche Grundsätze bei Rahmengebühren zu beachten sind, wann eine oder mehrere Angelegenheiten vorliegen oder wie, wann und gegenüber wem der Pflichtverteidiger oder PKH/VKH-Anwalt abrechnen kann. Die Höhe einer Gebühr, ihr Name und die Voraussetzungen unter denen eine Gebühr entstehen kann, sind ausschließlich im Vergütungsverzeichnis geregelt. Dort finden sich auch Anrechnungsregeln zu Gebühren.

b) Gesetzesteil

Das RVG gliedert sich zunächst in 9 Abschnitte.

Abschnitt 1 – Allgemeine Vorschriften wie: Geltungsbereich, Vergütungsvereinbarung, Fälligkeit, Hemmung der Verjährung, Vorschuss, Berechnung, Festsetzung, etc.
Abschnitt 2 – Gebührenvorschriften zu: Wertgebühren, Rahmengebühren und Regelungen zum Abgeltungsbereich der Gebühren
Abschnitt 3 – Definition der Angelegenheit: dieselbe, verschiedene u. besondere Angelegenheiten, Rechtszug, Verweisung, Abgabe, Zurückverweisung
Abschnitt 4 – Gegenstandswert: Grundsatz, allgemeine Wertvorschrift und spezielle Wertvorschriften
Abschnitt 5 – Mediation und außergerichtliche Tätigkeit
Abschnitt 6 – Gerichtliche Verfahren: Verfassungsgerichtsbarkeit, Verfahren vor dem EuGH, beigeordneter Rechtsanwalt etc.
Abschnitt 7 – Straf- und Bußgeldsachen
Abschnitt 8 – beigeordneter oder bestellter Rechtsanwalt, Beratungshilfe
Abschnitt 9 – Schlussvorschriften – Übergangsregelungen

c) Vergütungsverzeichnis

Das Vergütungsverzeichnis gliedert sich in 7 Teile:

Teil 1 – Allgemeine Gebühren: Einigungsgebühr, Aussöhnungsgebühr, Erhöhung für mehrere Auftraggeber, Hebegebühr etc.
Teil 2 – Außergerichtliche Tätigkeit einschließlich Vertretung im Verwaltungsverfahren
Teil 3 – Zivilsachen, Verfahren der öffentlich-rechtlichen Gerichtsbarkeiten, Verfahren nach dem Strafvollzugsgesetz, auch in Verbindung mit § 92 des Jugendgerichtsgesetzes, und ähnliche Verfahren
Teil 4 – Strafsachen: Wahlanwalt und gerichtlich bestellter oder beigeordneter Rechtsanwalt (z.B. Pflichtverteidiger)
Teil 5 – Bußgeldsachen: Wahlanwalt und gerichtlich bestellter oder beigeordneter Rechtsanwalt (z.B. Pflichtverteidiger)
Teil 6 – Sonstige Verfahren
Teil 7 – Auslagen

Die einzelnen Teile des Vergütungsverzeichnisses sind unterteilt in Abschnitte (z.B. Teil 3, Abschnitt 1 = 1. Rechtszug) bzw. weitergehend auch in Unterabschnitte (z.B. Teil 3, Abschnitt 2, Unterabschnitt 1 = Berufung, bestimmte Beschwerden und Verfahren vor dem Finanzgericht).

d) Vorbemerkungen

49 Im Vergütungsverzeichnis sind zu jedem Teil Vorbemerkungen vorangestellt, die für den gesamten Teil gelten, dem sie vorangestellt sind. Vorbemerkungen finden sich aber auch vor Abschnitten oder Unterabschnitten des Vergütungsverzeichnisses.

50 *Beispiel*

Nummerierung einer Vorbemerkung
Die Vorbemerkung 3.2.1 sagt uns, dass wir uns im Vergütungsverzeichnis Teil 3, Abschnitt 2, Unterabschnitt 1 befinden.

51 *Beispiel*

Nummerierung der Vorbemerkungen

3.	2.	1
=	=	=
Teil	Abschnitt	Unterabschnitt

52 Wenn man sich die Vorbemerkung 3.2.1 genauer anschaut, stellt man fest, dass diese Vorbemerkung noch weiter unterteilt ist in Absätze (die Absätze sind durch die Zahlen, die in Klammern gesetzt sind, gekennzeichnet (z.B. (1)) und Nummern (z.B. 1.) sowie Buchstaben (z.B. Vorbem. 3.2.1, Nr. 2a).

53 Die Vorbemerkung 3.2.1 (Nr. 2a) lautet z.B. *„Dieser Unterabschnitt ist auch anzuwenden Nr. 2. in Verfahren über Beschwerden gegen b) die Endentscheidung in Familiensachen ...".* Dies bedeutet, dass der Rechtsanwalt z.B. die in Nr. 3200 VV RVG geregelte Verfahrensgebühr in einem Beschwerdeverfahren vor dem OLG betreffend Sorgerecht berechnen kann. Die Vorbemerkung 3.2.1. gilt für die in Teil 3 Abschnitt 2 Unterabschnitt 1 geregelten Gebühren.

e) Vergütungsverzeichnis-Nummern

54 Auch aus den Vergütungsverzeichnisnummern lässt sich die numerische Systematik des Vergütungsverzeichnisses einfach ablesen. So sind z.B. die Gebühren in Teil 1 des Vergütungsverzeichnisses mit den Nummern 1000 bis 1010 bezeichnet. Die erste Zahl der Vergütungsverzeichnisnummer bezieht sich auf den Teil. Die zweite Zahl einer Vergütungsverzeichnisnummer bezieht sich auf den Abschnitt, so z.B. die Nr. 2100 VV RVG (Gebühr für die Prüfung der Erfolgsaussichten eines Rechtsmittels), die in Teil 2, Abschnitt 1 des Vergütungsverzeichnisses geregelt ist.

55 *Beispiel*

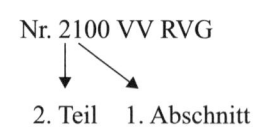

Nr. 2100 VV RVG

2. Teil   1. Abschnitt

f) Anmerkungen

56 Unter einzelnen Gebührentatbeständen finden sich oft Anmerkungen. Die Anmerkungen sind **optisch** daran zu erkennen, dass sie kleiner gedruckt sind als die Gebührentatbestände und regelmäßig unterhalb der Gebührenhöhe aufgeführt sind. Beispielhaft soll die Einigungsgebühr nach Nr. 1000 VV RVG angeführt werden. Zur Einigungsgebühr nach Nr. 1000 VV RVG finden sich fünf Absätze als Anmerkungen. Haben die Beteiligten z.B. einen außergerichtlichen Vergleich auf Widerruf geschlossen, so entsteht die Einigungsgebühr erst mit dem Ablauf der Widerrufsfrist. Dies ergibt sich aus Abs. 3 der Anmerkung (= Anm.) zu Nr. 1000 VV RVG.

Betrachtet man die Aussöhnungsgebühr nach Nr. 1001 VV RVG, so ergibt sich aus der Anmerkung, dass der Rechtsanwalt diese Gebühr nur erhält, wenn der ernstliche Wille eines Ehegatten, eine Scheidungssache oder ein Verfahren auf Aufhebung der Ehe anhängig zu machen hervorgetreten ist und die Ehegatten die eheliche Lebensgemeinschaft fortsetzen oder die eheliche Lebensgemeinschaft wieder aufnehmen und er bei der Aussöhnung mitgewirkt hat.

57

Da der Gesetzgeber in seiner Gesetzesbegründung eine festgelegte Zitierweise hat, soll diese am Beispiel der Nr. 3101 VV RVG erläutert werden, damit im Nachfolgenden dem Leser klar ist, was damit gemeint ist, wenn von einer Nr. der Nr. oder Abs. der Anm. zu Nr. die Rede ist. Der Text, der sich (kleingedruckter als der übrige Text des Vergütungsverzeichnisses) zwischen der Nr. 3101 VV RVG und der Gebührenhöhe mit 0,8 befindet, gehört zur Gebühr bzw. ist Gebührentatbestand. So ist z.B. in Nr. 3101 Nr. 1 VV RVG die vorzeitige Beendigung geregelt. In Nr. 3101 Nr. 2 finden wir z.B. die Differenzverfahrensgebühr. Will man nun in seiner Rechnung die Differenzverfahrensgebühr bezeichnen, so muss folgendes angegeben werden:

58

0,8 Verfahrensgebühr, Nr. 3101 Nr. 2 VV RVG

Hinweis
Man kann auch schreiben „0,8 Differenzverfahrensgebühr, Nr. 3101 Nr. 2 VV RVG".

Darstellung am konkreten Beispiel

Nr.	Gebührentatbestand	Gebühr oder Satz der Gebühr nach § 13 RVG
3101	1. Endigt der Auftrag, bevor der Rechtsanwalt die Klage, den ein Verfahren einleitenden Antrag oder einen Schriftsatz, der Sachanträge, Sachvortrag, die Zurücknahme der Klage oder die Zurücknahme des Antrags enthält, eingereicht oder bevor er einen Termin wahrgenommen hat, 2. soweit Verhandlungen vor Gericht zur Einigung der Parteien oder der Beteiligten oder mit Dritten über in diesem Verfahren nicht rechtshängige Ansprüche geführt werden; der Verhandlung über solche Ansprüche steht es gleich, wenn beantragt ist, eine Einigung zu Protokoll zu nehmen oder das Zustandekommen einer Einigung festzustellen (§ 278 Abs. 6 ZPO); oder 3. soweit in einer Familiensache, die nur die Erteilung einer Genehmigung oder die Zustimmung des Familiengerichts zum Gegenstand hat, oder in einem Verfahren der freiwilligen Gerichtsbarkeit lediglich ein Antrag gestellt und eine Entscheidung entgegengenommen wird, beträgt die Gebühr 3100	0,8
	(1) Soweit in den Fällen der Nummer 2 der sich nach § 15 Abs. 3 RVG ergebende Gesamtbetrag der Verfahrensgebühren die Gebühr 3100 übersteigt, wird der übersteigende Betrag auf eine Verfahrensgebühr angerechnet, die wegen desselben Gegenstands in einer anderen Angelegenheit entsteht. (2) …	

59

§ 1 Allgemeines

60 Der Text, der sich oben (siehe Rn 59) klein gedruckt unter der Gebührenhöhe 0,8 befindet, ist die Anmerkung zu Nr. 3101 VV RVG. Anm. zu Nr. 3101 VV RVG hat **zwei Absätze**. Nach § 10 RVG sind in einer Gebührenrechnung die Anmerkungen nicht anzugeben. Ihre Bedeutung ist dennoch nicht zu verkennen. Gerade in diesem „Kleingedruckten" befinden sich oft die entscheidenden Tatbestandsmerkmale für das Entstehen einer Gebühr. Auch die Anrechnungsvorschriften finden sich hier oft. Wollte man zur Erläuterung Abs. 1 der Anm. zu Nr. 3101 VV RVG zitieren, könnte dies so aussehen:

61 Abs. 1 der Anm. zu Nr. 3101 VV RVG oder aber auch z.B. Nr. 3101 Anm. Abs. 1 VV RVG.

62 Anmerkungen sind somit daran zu erkennen, dass sie unterhalb der Gebührenhöhe, die in der rechten Spalte steht, beginnen und in einer kleineren Schrift geschrieben sind als z.B. die Gebührenbezeichnung.

63 In unserem Beispiel hat die Anmerkung zu Nr. 3101 VV RVG zwei Absätze. Anmerkungen zu VV-Nrn. können auch einfach, d.h. ohne in Absätze unterteilt zu sein auftreten, so z.B. die Anm. zu Nr. 4118 VV RVG. Dann wird diese Anmerkung einfach als „Anm. zu Nr. 4118 VV RVG" zitiert.

64 Die Anmerkungen selbst können wiederum auch mehrere Nummern aufweisen, vgl. z.B. Nr. 3104 VV RVG. Dann lautet das Zitat „Abs. 1 Nr. 1 der Anm. zu Nr. 3401 VV RVG". In der Nr. 3201 VV RVG weist die Anmerkung hingegen zwar Nummern auf, jedoch keine Absätze. Dann wird folgendermaßen zitiert: „Nr. 2 der Anm. zu Nr. 3201 VV RVG".

65 Zur besseren Verständlichkeit: Arabische Zahlen, die mit einem Punkt versehen sind, so z.B. 1., werden als Nr. bezeichnet, so z.B. hier Nr. 1. Zahlen, die sich in Klammern befinden, sind Absätze, z.B. (1) = Absatz 1.

7. KostO/GNotKG

66 Die Kostenordnung kam für die Berechnung des Anwaltsgebührenwerts nach § 23 Abs. 3 S. 1 RVG bis zum 31.7.2013 zur Anwendung. Hier verwies das RVG, für eine anwaltliche Tätigkeit, die nicht gerichtlich ist und auch nicht gerichtlich sein könnte, z.B. der Vertragsentwurf, auf bestimmte Vorschriften der Kostenordnung (§§ 19 bis 23, 24 Abs. 1, 2, 4, 5 u. 6; §§ 25, 39 Abs. 2 u. 3 sowie § 46 Abs. 4 KostO). Seit dem 1.8.2013 wird hier auf die §§ 37, 38, 42 bis 45 sowie 99 bis 102 GNotKG verwiesen.

67 Für die Abrechnung in Familiensachen ist insbesondere § 100 GNotKG (früher: § 39 Abs. 3 KostO) von großem Interesse, der die Bewertung eines Ehevertrags regelt. Insoweit wird auf die Ausführungen weiter unten (siehe § 2 Rn 76) verwiesen.

B. Übergangsvorschriften

I. Übergangsvorschriften zum 1.8.2013 (2. KostRMoG)

1. Allgemeines

68 Am 1.8.2013 ist das 2. KostRMoG[22] in Kraft getreten. Im Zuge dieser Kostenrechtsreform wurden unter anderem sowohl die Anwaltsgebühren als auch die Gerichtskosten erhöht, so dass es einer Klärung bedarf, nach welchem Recht anfallende Kosten abzurechnen sind. Die Frage, ob die Rechtsanwaltskosten nach altem Recht (RVG in der Fassung bis zum 1.8.2013) oder nach neuem Recht (RVG in der Fassung ab dem 1.8.2013) zu berechnen sind, beantwortet das Rechtsanwaltsvergütungsgesetz (RVG) mit der Übergangsvorschrift des § 60 RVG.

---

22 Gesetz vom 23.7.2013, BGBl I S. 2586 (Nr. 42).

B. Übergangsvorschriften §1

§ 60 RVG

(1) Die Vergütung ist nach bisherigem Recht zu berechnen, wenn der <u>unbedingte Auftrag</u>[23] zur Erledigung derselben Angelegenheit im Sinne des § 15 vor dem Inkrafttreten einer Gesetzesänderung erteilt oder der <u>Rechtsanwalt</u> vor diesem Zeitpunkt <u>bestellt oder beigeordnet worden</u> ist. Ist der Rechtsanwalt im Zeitpunkt des Inkrafttretens einer Gesetzesänderung in derselben Angelegenheit <u>bereits tätig</u>, ist die Vergütung für das Verfahren über ein <u>Rechtsmittel</u>, das nach diesem Zeitpunkt <u>eingelegt</u> worden ist, nach neuem Recht zu berechnen. Die Sätze 1 und 2 gelten auch, wenn Vorschriften geändert werden, auf die dieses Gesetz verweist.

(2) Sind Gebühren nach dem zusammengerechneten Wert <u>mehrerer Gegenstände</u> zu bemessen, gilt für die gesamte Vergütung das bisherige Recht auch dann, wenn dies nach Absatz 1 nur für einen der Gegenstände gelten würde.

§ 60 RVG weist vier Kriterien auf, auf die es für die Anwendung des richtigen Rechts (Fassung des RVG vor oder nach dem 1.8.2013) ankommt: 69

- der unbedingte Auftrag (somit ein Auftrag, der an keine Bedingung mehr geknüpft ist);
- die Beiordnung oder gerichtliche Bestellung;
- die Einlegung eines Rechtsmittels (nur für den erstinstanzlich tätigen Rechtsanwalt!);
- mehrere Gegenstände.

Im RVG findet sich in § 61 RVG noch eine weitere Übergangsregelung. § 61 RVG kommt jedoch lediglich dann zur Anwendung, wenn geklärt werden muss, ob für den Ansatz der Anwaltsgebühren die Bundesrechtsanwaltsgebührenordnung (BRAGO) oder das RVG anwendbar ist. Diese Frage dürfte sich in der heutigen Praxis jedoch nur noch äußerst selten stellen, nachdem seit Inkrafttreten des RVG am 1.7.2004 bereits fast 10 Jahre vergangen sind. 70

2. Unbedingter Auftrag

Nach § 60 Abs. 1 S. 1 RVG hat der Rechtsanwalt seine Vergütung nach altem Recht (RVG in der Fassung bis zum 1.8.2013) zu berechnen, wenn ihm durch den Mandanten der unbedingte Auftrag zur Erledigung derselben Angelegenheit im Sinne des § 15 RVG vor Inkrafttreten des 2. KostRMoG am 1.8.2013 erteilt oder er vor diesem Zeitpunkt gerichtlich bestellt oder beigeordnet worden ist. 71

Die Überprüfung, nach welchem Recht der Kostenansatz erfolgt, hat für jede gebührenrechtliche Angelegenheit gesondert zu erfolgen; es ist auf die jeweilige unbedingte Auftragserteilung abzustellen. Die Klärung der Frage, welche Tätigkeiten des Rechtsanwalts dieselbe Angelegenheit (§§ 16, 19 RVG) darstellen mit der Folge, dass Gebühren nur einmal in Ansatz gebracht werden können und welche Tätigkeiten verschiedene oder besondere gebührenrechtliche Angelegenheiten (§§ 17, 18 RVG) bilden, für die jeweils gesonderte Gebühren in Rechnung gestellt werden können, ist daher nicht zu unterschätzen. Zur Vermeidung von Wiederholungen wird auf die weiteren Ausführungen (siehe § 4 Rn 1 ff.) verwiesen.

Lediglich ausnahmsweise kommt es in Rechtsmittelverfahren nicht auf die unbedingte Auftragserteilung an, sondern auf den Zeitpunkt der Einlegung, wenn der Rechtsanwalt bereits zuvor in derselben Angelegenheit tätig war, § 60 Abs. 1 S. 2 RVG.

---

23 Unterstreichungen durch die Verfasserin.

72 *Beispiel*

■ **Außergerichtlicher Auftrag**

Rechtsanwalt R erhält am 30.7.2013 den Auftrag von seinem Mandanten M, den Gegner S zur Zahlung eines Betrages von 12.000,00 EUR anzumahnen. Am 2.8.2013 wird S durch R angeschrieben und zur Zahlung der Forderung aufgefordert. S setzt sich daraufhin mit R telefonisch in Verbindung und bespricht die Angelegenheit. S zahlt darauf hin. Die Angelegenheit ist erledigt.

Da der unbedingte Auftrag vor Inkrafttreten des 2. KostRMoG erteilt worden ist, ist die Abrechnung nach altem Recht (RVG-Fassung bis zum 1.8.2013) zu erstellen, auch wenn der RA erst nach Inkrafttreten nach außen hin tätig geworden ist.

73 *Beispiel*

■ **Gerichtlicher Auftrag**

Rechtsanwalt R erhält Ende Juli 2013 den Auftrag, den Scheidungsantrag einzureichen. Im August 2013 wird beim Amtsgericht München der Scheidungsantrag eingereicht. Die Folgesache nacheheliche Unterhalt wird ebenfalls im Verfahren mit geltend gemacht. Der unbedingte Auftrag zur Einreichung des Scheidungsantrags wurde bereits im Juli 2013 – also vor Inkrafttreten des 2. KostRMoG erteilt – daher erfolgt die Abrechnung nach altem Recht; dies gilt auch für die Folgesache, da es sich um dieselbe Angelegenheit nach § 16 Nr. 4 RVG handelt.[24]

74 *Beispiel*

■ **Gerichtlicher Auftrag mit mehreren Gebühren**

Rechtsanwalt R erhält im Juni 2013 den unbedingten Auftrag, ein Verfahren für den Mandanten zu führen. Der Antrag wird im Juni 2013 eingereicht. Im August erfolgt eine mündliche Verhandlung. Im September 2013 findet ein Termin zur Beweisaufnahme statt. Der Rechtsanwalt hat seine gesamten Gebühren nach altem Recht zu berechnen, da der unbedingte Auftrag für die Durchführung des gesamten Verfahrens vor dem 1.8.2013 erteilt worden ist. Da der Mandant grundsätzlich bei Erteilung des Verfahrensauftrages die Durchführung des gesamten Verfahrens bis zur Beendigung wünscht, sind auch die Gebühren einheitlich nach dem gleichen Gebührenrecht zu berechnen. Es ist nicht auf den Zeitpunkt der Erfüllung des jeweiligen Gebührentatbestands abzustellen.

75 *Beispiel*

■ **Einstweilige Anordnung**

Der Rechtsanwalt reicht im Juli 2013 Scheidungsantrag ein, beantragt die Durchführung des Versorgungsausgleichs und beantragt Ehegatten- und Kindesunterhalt. Im September 2013 erhält er den Auftrag, den Kindesunterhalt im Wege der einstweiligen Anordnung regeln zu lassen. Während sich das Scheidungsverfahren mit den Folgesachen nach § 60 RVG nach altem Recht richtet, stellt die einstweilige Anordnung im Verhältnis zum Scheidungsverbund eine eigene Angelegenheit dar (§ 17 Nr. 4 lit. b RVG), so dass für die einstweilige Anordnung die Abrechnung nach dem RVG in der Fassung ab dem 1.8.2013 zu erfolgen hat.[25]

---

24 *Gerold/Schmidt/Mayer*, § 60 Rn 32.
25 *Gerold/Schmidt/Mayer*, § 60 Rn 19.

3. Gerichtliche Bestellung oder Beiordnung

Wurde der Rechtsanwalt vor dem 1.8.2013 gerichtlich bestellt oder beigeordnet, ist nach altem Recht abzurechnen.

Beispiel

■ **Verfahrensauftrag erst bei VKH-Bewilligung**
Rechtsanwalt R erhält Ende April 2013 den Auftrag, gegenüber dem Gegner S einen Antrag einzureichen, sofern das Gericht die begehrte Verfahrenskostenhilfe bewilligt. Anfang Mai wird ein entsprechender Antrag gestellt, der Antrag (vormals Klage) wird im Entwurf beigefügt. Das Gericht bewilligt schließlich die VKH im Juni 2013. Der Antrag wird im Juli 2013 eingereicht. Die Abrechnung hat nach RVG in der Fassung vor dem 1.8.2013 zu erfolgen.

Beispiel

■ **Unbedingter Verfahrensauftrag**
Rechtsanwalt R erhält Ende Juli 2013 den Auftrag, einen Antrag einzureichen und gleichzeitig Antrag auf VKH zu stellen. Die VKH wird im September 2013 bewilligt. Der Auftrag zur Durchführung des gerichtlichen Verfahrens war jedoch ohne die Bedingung einer Bewilligung von VKH bereits im Juli 2013 erteilt worden. Der Rechtsanwalt hat somit nach dem „alten" RVG abzurechnen, da der erste Tatbestand „unbedingter Auftrag" vor dem zweiten Tatbestand „Beiordnung" erfüllt war.

Beispiel

■ **Bedingter Verfahrensauftrag**
Der Mandant beauftragt den Rechtsanwalt vor dem 1.8.2013, Verfahrenskostenhilfe zu beantragen. Das Verfahren soll nur durchgeführt werden, wenn die Verfahrenskostenhilfe bewilligt wird. Diese wird nach dem 1.8.2013 bewilligt und der Rechtsanwalt beigeordnet. Der Rechtsanwalt hat seine Gebühren für das Verfahren nach neuem Recht abzurechnen.

Das VKH-Bewilligungsverfahren und das folgende Verfahren, für das VKH beantragt worden ist, stellen gem. § 16 Nr. 2 RVG dieselbe gebührenrechtliche Angelegenheit dar: Dies ändert jedoch nichts daran, dass dem Rechtsanwalt zwei Aufträge erteilt worden sind, nämlich der unbedingte Auftrag, Verfahrenskostenhilfe zu beantragen (Verfahrensgebühr 3335 VV RVG) sowie den bedingten Auftrag, das gerichtliche Verfahren durchzuführen sofern VKH bewilligt wird (Verfahrensgebühr 3100 VV RVG). Erfolgt die Beiordnung nach dem Stichtag (1.8.2013), ist erst zu diesem Zeitpunkt die Bedingung für die Durchführung des Auftrags eingetreten, so dass die Gebühren für das Verfahren wegen des Hauptgegenstands nach neuem Recht abzurechnen sind.[26] Die Gebühren, die der Rechtsanwalt für das VKH-Bewilligungsverfahren in Ansatz bringen kann, richten sich nach altem Recht, da die unbedingte Auftragserteilung vor dem 1.8.2013 erfolgt ist. Dies würde jedoch nur dann eine Rolle spielen, wenn VKH abgelehnt worden wäre und der Rechtsanwalt keine Gebühren für das Verfahren wegen des Hauptgegenstands abrechnen könnte. Da im vorliegenden Fall VKH bewilligt worden ist, können die Gebühren des VKH-Bewilligungsverfahren nicht gesondert abgerechnet werden, nachdem dieselbe Angelegenheit gemäß § 16 Nr. 2 RVG vorliegt.

---

26 *Gerold/Schmidt/Mayer,* § 60 Rn 56; *Mayer/Kroiß,* § 60 Rn 13; **a.A.** *Enders,* JurBüro 2013, 286.

4. Einlegung eines Rechtsmittels

80 Ist der Rechtsanwalt am 1.8.2013 in derselben Angelegenheit und, wenn ein gerichtliches Verfahren anhängig ist, in demselben Rechtszug **bereits tätig**, gilt für das Verfahren über ein Rechtsmittel, das nach diesem Zeitpunkt eingelegt worden ist, das RVG in der Fassung nach Inkrafttreten des 2. KostRMoG.

81 *Beispiel*

■ **Einlegung eines Rechtsmittels durch erstinstanzlich tätigen Rechtsanwalt**
Rechtsanwalt R, der den Mandanten bereits erstinstanzlich vertreten hat, erhält Ende Juli 2013 den Auftrag, für seinen Mandanten Berufung gegen ein Urteil des Landgerichts einzulegen. Die Berufung wird kurz vor Ablauf der Frist im August 2013 eingelegt. Die Abrechnung des Berufungsverfahrens erfolgt nach dem RVG in der Fassung ab dem 1.8.2013, da es in Rechtsmittelverfahren auf die Einlegung des Rechtsmittels, nicht aber auf den erteilten Auftrag ankommt.

82 *Beispiel*

■ **Einlegung eines Rechtsmittels durch neuen Rechtsanwalt**
Rechtsanwalt R erhält im Juli 2013 den Auftrag, für seinen Mandanten ein Rechtsmittel einzulegen. Rechtsanwalt R war in erster Instanz noch nicht mit der Sache befasst. Das Rechtsmittel wird Mitte August 2013 eingelegt. Die Abrechnung des Berufungsverfahrens erfolgt in diesem Fall nach dem RVG in der alten Fassung vor dem 1.8.2013, da es nach dem Wortlaut des § 60 Abs. 1 S. 2 RVG auf den Zeitpunkt der Einlegung des Rechtsmittels nur für den Rechtsanwalt ankommt, der bereits erstinstanzlich tätig geworden ist. Für den Rechtsanwalt, der in erster Instanz noch nicht tätig geworden ist, gilt der Zeitpunkt der Auftragserteilung. Es kann sich somit in der Praxis ergeben, dass der anwaltliche Vertreter eines Beteiligten nach dem „alten" RVG abrechnen muss und der Vertreter des anderen Beteiligten bereits nach „neuem" RVG.

5. Mehrere Gegenstände

83 Sind Gebühren nach dem zusammengerechneten Wert mehrerer Gegenstände zu berechnen, ist für die gesamte Vergütungsberechnung das RVG in der Fassung vor dem 1.8.2013 heranzuziehen, wenn der Auftrag über einen Teil der Gegenstände vor Inkrafttreten des 2. KostRMoG erteilt worden ist; § 60 Abs. 2 RVG.

84 *Beispiel*
Rechtsanwalt R erhält Ende Juli 2013 den Auftrag, einen Antrag einzureichen auf Zahlung eines Betrags i.H.v. 20.000,00 EUR. Nach streitiger Verhandlung im September 2013 erhöht Rechtsanwalt R die Antragsforderung auftragsgemäß um weitere 25.000,00 EUR. Die Abrechnung erfolgt nach dem „alten" RVG, da der erste Teil des Auftrags vor Inkrafttreten des 2. KostRMoG erfolgt ist.[27]

6. Beratung

85 Für einen mündlichen oder schriftlichen Rat oder eine Auskunft (Beratung), die nicht mit einer anderen gebührenpflichtigen Tätigkeit zusammenhängen, soll der Rechtsanwalt auf den Abschluss einer Gebührenvereinbarung hinwirken (§ 34 Abs. 1 S. 1 RVG). Ist eine solche Vereinbarung nicht

---

27 *Mayer/Kroiß*, § 60 Rn 19.

B. Übergangsvorschriften § 1

getroffen worden, erhält der Rechtsanwalt seine Gebühren nach den Vorschriften des bürgerlichen Rechts (§ 612 Abs. 2 BGB). § 34 RVG ist im Rahmen des 2. KostRMoG nicht geändert worden. Aus diesem Grund ist es für die Abrechnung einer Beratung ohne Belang, ob diese nun vor oder nach dem 1.8.2013 erfolgt ist.

7. Abtrennung

Erfolgt eine Abtrennung einer Folgesache nach § 137 Abs. 2 FamFG (eine sogenannte „unechte" Abtrennung), bedeutet dies, dass der Gebührenverbund aufrechterhalten bleibt und auch für die abgetrennten Teile weiter das bisherige RVG in der Fassung vor dem 1.8.2013 Anwendung findet, wenn der unbedingte Auftrag zur Vertretung vor dem 1.8.2013 erteilt wurde.[28] Bei der Abtrennung einer Folgesache nach § 137 Abs. 3 FamFG werden die Folgesachen als selbstständige Verfahren fortgeführt; § 137 Abs. 5 S. 2 FamFG. Zur Frage, wie der Rechtsanwalt in solchen Fällen abzurechnen hat, gehen die Meinungen auseinander.[29]

86

8. Gebührenrecht und Verfahrenswert

§ 71 Abs. 1 GKG und § 63 Abs. 1 FamGKG regeln die Übergangsvorschriften für die Streit-/Verfahrenswerte und sind in Familiensachen von besonderer Bedeutung. Danach wird für die Frage, ob neues Recht anwendbar ist, einheitlich darauf abgestellt, wann ein Verfahren anhängig gemacht wurde bzw. ein Rechtsmittel eingelegt wurde. Im neu in Kraft getretenen Gerichts- und Notarkostengesetz (GNotKG) findet sich in § 136 eine spezielle Übergangsvorschrift zum Inkrafttreten des 2. KostRMoG. § 136 Abs. 1 GNotKG stellt ebenfalls darauf ab, wann ein Verfahren anhängig gemacht oder ein Rechtsmittel eingelegt wurde. Ist dies vor dem 1.8.2013 geschehen, sind die Vorschriften der Kostenordnung (KostO), die zum 1.8.2013 aufgehoben wurde, weiterhin anzuwenden.

87

Die Wertbestimmungen gelten in der Fassung, die auf das entsprechende Gebührenrecht Anwendung finden. Dies bedeutet: Rechnet der Rechtsanwalt nach dem bisherigen RVG ab, bestimmt sich der Gegenstandswert nach den alten Wertvorschriften des GKG und der KostO. Berechnet der Rechtsanwalt seine Gebühren nach dem RVG in der Fassung ab dem 1.8.2013, bestimmt sich der Wert nach den neuen Wertvorschriften von GKG und GNotKG.[30]

88

II. Übergangsvorschriften zum 1.9.2009

1. FGG-Reform-Gesetz

In Art. 111 FGG-RG (FGG-Reformgesetz) finden sich die Übergangsvorschriften zur Klärung der Frage, ob für ein Verfahren die bisherigen Vorschriften vor Inkrafttreten des FGG-RG gelten oder ob die Regelungen des neuen Verfahrensrechts anzuwenden sind.

89

Artikel 111 Übergangsvorschrift

(1) Auf Verfahren, die bis zum Inkrafttreten des Gesetzes zur Reform des Verfahrens in Familiensachen und in den Angelegenheiten der freiwilligen Gerichtsbarkeit eingeleitet worden sind oder deren Einleitung bis zum Inkrafttreten des Gesetzes zur Reform des Verfahrens in Familiensachen und in den Angelegenheiten der freiwilligen Gerichtsbarkeit beantragt wurde, sind weiter die vor Inkrafttreten des

---

28 *Gerold/Schmidt/Mayer*, § 60 Rn 32.
29 Die Folgesache ist so zu behandeln, als hätte sie nie zum Verbund gehört (kein „Abrechnungswahlrecht" des Anwalts): *Gerold/Schmidt/Mayer*, § 21 Rn 16; **a.A.** (für ein Wahlrecht des Rechtsanwalts): *Enders*, JurBüro 2010, 393 ff.; *Schneider/Wolf*, § 21 Rn 92; *Garbe/Ullrich*, § 15 Rn 394; *Mayer/Kroiß*, § 16 Rn 21.
30 *Mayer/Kroiß*, § 60 Rn 20; *Gerold/Schmidt/Mayer*, § 60 Rn 38.

§ 1 Allgemeines

Gesetzes zur Reform des Verfahrens in Familiensachen und in den Angelegenheiten der freiwilligen Gerichtsbarkeit geltenden Vorschriften anzuwenden. Auf Abänderungs-, Verlängerungs- und Aufhebungsverfahren finden die vor Inkrafttreten des Gesetzes zur Reform des Verfahrens in Familiensachen und in den Angelegenheiten der freiwilligen Gerichtsbarkeit geltenden Vorschriften Anwendung, wenn die Abänderungs-, Verlängerungs- und Aufhebungsverfahren bis zum Inkrafttreten des Gesetzes zur Reform des Verfahrens in Familiensachen und in den Angelegenheiten der freiwilligen Gerichtsbarkeit eingeleitet worden sind oder deren Einleitung bis zum Inkrafttreten des Gesetzes zur Reform des Verfahrens in Familiensachen und in den Angelegenheiten der freiwilligen Gerichtsbarkeit beantragt wurde.

(2) Jedes gerichtliche Verfahren, das mit einer Endentscheidung abgeschlossen wird, ist ein selbstständiges Verfahren im Sinne des Absatzes 1 Satz 1.

(3) Abweichend von Absatz 1 Satz 1 sind auf Verfahren in Familiensachen, die am 1.9.2009 ausgesetzt sind oder nach dem 1.9.2009 ausgesetzt werden oder deren Ruhen am 1.9.2009 angeordnet ist oder nach dem 1.9.2009 angeordnet wird, die nach Inkrafttreten des Gesetzes zur Reform des Verfahrens in Familiensachen und in den Angelegenheiten der freiwilligen Gerichtsbarkeit geltenden Vorschriften anzuwenden.

(4) Abweichend von Absatz 1 Satz 1 sind auf Verfahren über den Versorgungsausgleich, die am 1.9.2009 vom Verbund abgetrennt sind oder nach dem 1.9.2009 abgetrennt werden, die nach Inkrafttreten des Gesetzes zur Reform des Verfahrens in Familiensachen und in den Angelegenheiten der freiwilligen Gerichtsbarkeit geltenden Vorschriften anzuwenden. Alle vom Verbund abgetrennten Folgesachen werden im Fall des Satzes 1 als selbstständige Familiensachen fortgeführt.

(5) Abweichend von Absatz 1 Satz 1 sind auf Verfahren über den Versorgungsausgleich, in denen am 31.8.2010 im ersten Rechtszug noch keine Endentscheidung erlassen wurde, sowie auf die mit solchen Verfahren im Verbund stehenden Scheidungs- und Folgesachen ab dem 1.9.2010 die nach Inkrafttreten des Gesetzes zur Reform des Verfahrens in Familiensachen und in den Angelegenheiten der freiwilligen Gerichtsbarkeit geltenden Vorschriften anzuwenden.

90 Im Hinblick auf das neue Rechtsmittelrecht soll das FG-Reformgesetz auf laufende Verfahren keine Anwendung finden. Mit dem Begriff „Verfahren" meint Art. 111 FGG-RG nicht nur das Verfahren bis zum Abschluss einer Instanz, sondern bei Einlegung eines Rechtsmittels auch die mehrere Instanzen umfassende gerichtliche Tätigkeit in einer Sache.[31] Die Durchführung des Rechtsmittelverfahrens erfolgt daher nach dem bisher geltenden Recht, wenn das Verfahren in erster Instanz vor dem 1.9.2009 eingeleitet worden ist.

91 Sofern nach Einleitung einer einstweiligen Anordnung nach altem Recht ein Hauptsacheverfahren nach Inkrafttreten des neuen Rechts anhängig gemacht wird, soll für das Hauptsacheverfahren ebenfalls altes Recht zur Anwendung kommen (beachte hierzu auch die Änderung, dass einstweilige Anordnungen nach neuem Recht einer Hauptsache nicht mehr bedürfen).

92 Wird die Folgesache Versorgungsausgleich vom Scheidungsverbund abgetrennt, bleibt das abgetrennte Versorgungsausgleichsverfahren nach einer Entscheidung des BGH[32] grundsätzlich eine Folgesache; dabei komme es nicht darauf an, ob es sich um Verfahren nach neuem oder altem Recht handle. Eine Ausnahme gilt lediglich für Versorgungsausgleichsverfahren, die nach Art. 111 Abs. 4 FGG-RG als selbstständige Familiensache nach neuem Recht fortzuführen sind.

---

31 *Bumiller/Harders*, Art. 111 Rn 1; BGH, Beschl. v. 1.3.2010 – II ZB 1/10 = FamRZ 2010, 639; BGH, Beschl. v. 3.11.2010 – XII ZB 197/10 = NJW 2011, 386. Dies gilt auch für Beschwerden gegen die Folgesache Versorgungsausgleich: BGH, Beschl. v. 14.3.2012 – XII ZB 436/11 = NJW 2012, 1508.
32 BGH, Beschl. v. 16.2.2011 – XII ZB 261/10 = NJW 2011, 1141.

B. Übergangsvorschriften §1

Im Zuge des Inkrafttretens des FGG-RG hat sich zur Frage, ob für das jeweilige Verfahren nun das alte oder das neue Recht zur Anwendung kommt, eine umfangreiche Rechtsprechung entwickelt. Im Hinblick auf die teilweise recht komplexen Übergangsvorschriften, insbesondere zum Versorgungsausgleich, soll die nachfolgende Zusammenstellung zu einer besseren Übersichtlichkeit beitragen.

93

94

Überblick	
Übergangsvorschrift Art. 111 FGG-RG	
Grundsatz	
Art. 111 Abs. 1 FGG-RG Verfahren wurde vor dem 1.9.2009 eingeleitet (inkl. Abänderungs-, Verlängerungs- und Aufhebungsverfahren).	Altes Recht (bis 1.9.2009) ist anwendbar.
Abweichungen	
Art. 111 Abs. 3 FGG-RG Verfahren **in einer Familiensache**, die am/nach dem 1.9.2009 ausgesetzt oder für die am/nach dem 1.9.2009 das Ruhen angeordnet wurden.	Für das an sich „alte" Verfahren ist das neue Recht (ab 1.9.2009) anzuwenden.[33] **Hinweis:** Lt. BGH[34] steht das Nichtbetreiben eines Verfahrens nicht der Anordnung des Ruhens gleich!
Art. 111 Abs. 4 FGG-RG Folgesache *Versorgungsausgleich* wird am/nach dem 1.9.2009 vom Verbund abgetrennt.	Für das an sich „alte" Verfahren ist das neue Recht (ab 1.9.2009) anzuwenden. Die abgetrennte Folgesache Versorgungsausgleich wird als selbstständige Familiensache fortgeführt![35]
Folgesache *Versorgungsausgleich* wird vor dem 1.9.2009 vom Verbund abgetrennt.	Erfolgt die Aufnahme des Verfahrens vor dem 1.9.2009, ist das „alte" Recht anwendbar.[36] Wird das Verfahren erst nach dem 31.8.2009 wieder aufgenommen, ist das „neue" Verfahrensrecht anzuwenden.[37]
Art. 111 Abs. 5 FGG-RG Über selbstständiges „altes" Versorgungsausgleichsverfahren liegt bis zum 31.8.2010 noch keine Endentscheidung vor. Über „alte" Scheidungs- und Folgesachen, die im Verbund mit einem Versorgungsausgleichsverfahren stehen, liegt bis zum 31.8.2010 noch keine Endentscheidung vor.	Auf diese Verfahren ist **ab dem 1.9.2010** das „neue" Recht anzuwenden.[38]

---

[33] OLG Hamburg NJW-RR 2010, 1084; OLG Karlsruhe FamRZ 2010, 325.
[34] BGH, Beschl. v. 30.1.2013 – XII ZB 74/11 = NJW-RR 2013, 515; OLG Celle, Beschl. v. 10.11.2010 – 10 UF 222/10.
[35] BGH, Beschl. v. 16.2.2011 – XII ZB 261/10 = NJW 2011, 1141; *Schael*, FamRZ 2010, 2042.
[36] BGH, Beschl. v. 26.10.2011 – XII ZB 567/10 = NJW 2012, 391.
[37] BGH, Beschl. v. 16.2.2011 – XII ZB 261/10 = NJW 2011, 1141.
[38] Für eine Vereinbarung über den Versorgungsausgleich, die vor dem 1.9.2009 geschlossen wurde, über welche aber erst nach dem 31.8.2010 eine Entscheidung das Familiengericht ergeht, das neue Verfahrensrecht anwendbar: OLG Koblenz, Beschl. v. 26.5.2011 – 11 UF 138/11.

§ 1 Allgemeines

> **Achtung!**
> Nach der Rechtsprechung des BGH[39] ist mit Verfahren i.S. des Art. 111 Abs. 2 FGG-RG das gesamte Verfahren (einschließlich Beschwerdeverfahren) gemeint und nicht der einzelne Rechtszug!

2. FamGKG

95 Die Übergangsvorschrift des § 63 FamGKG gilt m.E. erst für künftige Änderungen des FamGKG:

§ 63 FamGKG

(1) In Verfahren, die vor dem Inkrafttreten einer Gesetzesänderung anhängig geworden oder eingeleitet worden sind, werden die Kosten nach bisherigem Recht erhoben. Dies gilt nicht im Verfahren über ein Rechtsmittel, das nach dem Inkrafttreten einer Gesetzesänderung eingelegt worden ist. Die Sätze 1 und 2 gelten auch, wenn Vorschriften geändert werden, auf die dieses Gesetz verweist.

(2) In Verfahren, in denen Jahresgebühren erhoben werden, und in Fällen, in denen Absatz 1 keine Anwendung findet, gilt für Kosten, die vor dem Inkrafttreten einer Gesetzesänderung fällig geworden sind, das bisherige Recht.

3. Änderungen im RVG

96 Für Änderungen des RVG gilt die Übergangsvorschrift des § 60 RVG. Zur Vermeidung von Wiederholungen wird auf die Ausführungen zum 2. KostRMoG (siehe § 1 Rn 68 ff.) verwiesen.

C. Grundlagen der anwaltlichen Vergütungsrechnung

I. Abgeltungsbereich des RVG

97 Anspruchsgrundlage des anwaltlichen Vergütungsanspruchs finden sich im BGB, dort: Geschäftsbesorgungsvertrag §§ 611, 675 BGB.

98 **Ausnahmen:** Anspruchsgrundlage des Pflichtverteidigers, im Rahmen der PKH/VKH beigeordneten RA und des Beratungshilfe gewährenden RA durch §§ 44, 45, 55 RVG.

99 Einige Sonderbestimmungen des RVG verdrängen das BGB, so z.B. § 8 (Fälligkeit), § 9 (Vorschuss), § 10 (Einforderbarkeit), § 11 Abs. 7 (Sondertatbestand zur Verjährungshemmung).

100 Wer nach RVG abrechnen kann, bestimmt § 1 Abs. 1 RVG (und ergänzend § 5 RVG). Hier findet sich auch die Legaldefinition für den Begriff der **Vergütung** (**Gebühren** und **Auslagen**). Nach RVG können damit Rechtsanwältinnen und Rechtsanwälte ihre anwaltliche Tätigkeit abrechnen. Dies gilt auch für eine Tätigkeit als Prozesspfleger nach den §§ 57 u. 58 ZPO. Andere Mitglieder einer Rechtsanwaltskammer, Partnerschaftsgesellschaften und sonstige Gesellschaften stehen nach § 1 Abs. 1 S. 3 RVG einem Rechtsanwalt im Sinne des RVG gleich.

101 § 1 Abs. 2 BRAGO zählte eine Reihe von Tätigkeiten auf, für welche das RVG **nicht** gilt. Die Vorschriften des RVG finden somit keine Anwendung, wenn der RA in einer der dort aufgezählten oder ähnlichen Eigenschaft tätig wird. Es handelt sich hier teils um ehrenamtliche Tätigkeiten, die von allen Staatsbürgern und daher auch von einem RA in der Regel unentgeltlich zu übernehmen sind (z.B. Vormund) bzw. um Tätigkeiten, die auch Nicht-Rechtsanwälten übertragen werden und deren Vergütung nach besonderen Vorschriften (z.B. § 1835 Abs. 3 BGB) festgesetzt werden. Dabei handelt es sich um folgende Tätigkeiten: Vormund, Betreuer, Pfleger, Verfahrenspfleger, Verfahrensbeistand, Testamentsvollstrecker, Insolvenzverwalter, Sachverwalter, Mitglied des Gläubi-

---

39 *Bumiller/Harders*, Art. 111 Rn 1; BGH, Beschl. v. 1.3.2010 – II ZB 1/10 = FamRZ 2010, 639; BGH, Beschl. v. 3.11.2010 – XII ZB 197/10 = NJW 2011, 386. Dies gilt auch für Beschwerden gegen die Folgesache Versorgungsausgleich: BGH, Beschl. v. 14.3.2012 – XII ZB 436/11 = NJW 2012, 1508.

gerausschusses, Nachlassverwalter, Zwangsverwalter, Treuhänder, Schiedsrichter oder eine ähnliche Tätigkeit.

II. Gebührenarten

Bei den anwaltlichen Gebühren werden verschiedene Gebührenarten unterschieden. 102

1. Wertgebühren

Die *Wertgebühren* sind in § 13 RVG geregelt. Das RVG erhält zu § 13 Abs. 1 eine *Anlage 2*, aus der sich in einer Tabelle die Gebühren entnehmen lassen. Wird der RA als VKH-Anwalt tätig, richten sich seine Gebühren nach der Tabelle zu § 49 RVG, wenn der Gegenstandswert 4.000,00 EUR übersteigt. 103

2. Rahmengebühren

a) § 14 RVG

Bei Rahmengebühren muss der Rechtsanwalt die Höhe seiner Gebühr innerhalb des vorgegebenen Rahmens unter Berücksichtigung der Kriterien des § 14 Abs. 1 RVG nach billigem Ermessen selbst bestimmen. Man unterscheidet Betragsrahmengebühren und Satzrahmengebühren. Betragsrahmengebühren finden sich zum Beispiel bei den Straf- und Bußgeldsachen, so z.B. die Grundgebühr nach Nr. 4100 VV RVG in Höhe von 40,00 bis 360,00 EUR. Ein Beispiel für eine Satzrahmengebühr ist die Geschäftsgebühr nach Nr. 2300 VV RVG von 0,5 bis 2,5. Satzrahmengebühren sind zugleich auch immer Wertgebühren. 104

b) Kriterien zur Ausübung des Ermessens

Unter welchen Kriterien eine Rahmengebühr bestimmt wird, regelt § 14 Abs. 1 RVG. Bei *Rahmengebühren* bestimmt sich die Gebühr im Einzelfall unter **Berücksichtigung aller Umstände, vor allem** 105
- Umfang der Angelegenheit
- Schwierigkeit der Angelegenheit
- Bedeutung der Angelegenheit für den Auftraggeber
- Einkommens- und Vermögensverhältnisse des Auftraggebers

Ein besonderes Haftungsrisiko *kann* bei der Bemessung herangezogen werden und bei Rahmengebühren, die sich nicht nach dem Gegenstandswert richten, es ist grundsätzlich zu berücksichtigen. 106

Gibt es in einem Rechtsstreit Streit über **die Höhe** der Vergütung, **hat** (nicht kann!) das Gericht ein **Kammergutachten** einzuholen, auch bei Bagatellstreitigkeiten (bis 600,00 EUR) nach § 495a ZPO! 107

Die herrschende Meinung geht davon aus, dass das Kammergutachten nur in einem **Prozess zwischen Anwalt und Mandant** einzuholen ist[40] und nicht auch in einem Prozess Mandant gegen einen etwaigen erstattungspflichtigen Dritten. Grundsätzlich regelt das RVG das Verhältnis Anwalt/Mandant, so dass rechtlich eine Verpflichtung der Kammern nicht gegeben ist, ein derartiges Gutachten zu erstatten. Da die Kammern aber ihre Mitglieder unterstützen wollen, erstatten sie in 108

---

40 *Jungbauer* in Bischof/Jungbauer u.a., Rn 131; BFH RVGreport 2006, 20; OLG Frankfurt FamRZ 1992, 711; BVerwG RVGreport 2006, 21; AG Köln AGS 2006, 71; OLG Hamm ZfS 1992, 24; *Norbert Schneider*, NJW 2004, 193; *Römermann* in Hartung/Römermann/Schons, § 14 Rn 96; **a.A.** *Schons*, NJW 2005, 1024 f.; *ders.*, NJW 2005, 3089, 3091.

der Regel auch dann Kammergutachten, wenn der Richter ein solches anordnet und verweigern sich im Interesse ihrer Mitglieder nicht. Einige Kammern berechnen hierfür aber Gebühren, denn nur das Kammergutachten im Vergütungsprozess zwischen dem Rechtsanwalt und seinem früheren Mandanten ist kostenlos zu erstatten, § 14 Abs. 2 S. 2 RVG ist.

c) Nachliquidation

109 Der RA kann bei Rahmengebühren in der Höhe nur dann nachliquidieren, wenn er sich in der Rechnung eine Nachliquidation hinsichtlich des Gebührensatzes **ausdrücklich vorbehalten** hat. Im Übrigen ist der RA an sein einmal ausgeübtes Ermessen gebunden, wenn die entsprechende Erklärung (Vergütungsrechnung) dem Auftraggeber zugegangen ist.[41] Ist der Rechtsanwalt von seinem Auftraggeber über die Bemessungskriterien getäuscht worden, ist er ebenfalls nicht mehr an sein ausgeübtes Ermessen gebunden.

110 Da nach § 14 UStG der Leistungszeitraum auf der Rechnung anzugeben ist, müsste es nach Ansicht der Verfasserinnen möglich sein, nach weitergehenden Tätigkeiten des Rechtsanwalts, die er nach Rechnungsstellung erbringt, den Gebührensatz anzuheben. Es ist jedoch zu berücksichtigen, dass der Mandant sich möglicherweise darauf berufen wird, er sei davon ausgegangen, dass weitere Kosten nicht auf ihn zukommen.

111 *Praxistipp*
Im Hinblick darauf, dass die Rechtsprechung bisher davon ausgeht, dass der Rechtsanwalt an sein einmal ausgeübtes Ermessen gebunden ist, sollte prinzipiell – wenn eine weitergehende Tätigkeit nicht ausgeschlossen werden kann – ein Vorbehalt hinsichtlich der Nachliquidation in die Rechnung aufgenommen werden (z.B. „Nachliquidation hinsichtlich des Gebührensatzes bleibt (bei weitergehender Tätigkeit) ausdrücklich vorbehalten.").

3. Festgebühren

112 Auch das RVG kennt eine Reihe von Festgebühren. So z.B. die Gebühren in der Beratungshilfe, Teil 2 Abschnitt 6 des Vergütungsverzeichnisses. Diese Gebühren entstehen immer in einer bestimmten Höhe und sind nicht vom Gebührensatz oder dem Gegenstandswert abhängig.

4. Höhe der Vergütung

113 Die Höhe der anwaltlichen Vergütung bestimmt sich nach dem Vergütungsverzeichnis der Anlage 1 zum RVG. Gebühren werden auf den nächstliegenden Cent auf- oder abgerundet; 0,5 Cent werden aufgerundet, § 2 Abs. 2 S. 2 RVG. Die Mindestgebühr beträgt seit dem 1.8.2013 15,00 EUR, § 13 Abs. 2 RVG.

III. Vergütung für Tätigkeiten von Vertretern des RA

114 Der Rechtsanwalt hat gemäß § 613 BGB seine Dienste persönlich zu leisten. Dies ist nicht immer möglich. Überträgt der Rechtsanwalt die Ausübung der Dienste auf andere Personen, so handelt er auf eigenes Risiko mit den sich daraus ergebenden Haftungsfolgen. Er kann deshalb z.B. bei Verhinderung sich von einem anderen Rechtsanwalt vertreten lassen. Die Vergütung für eine Tätigkeit, die der Rechtsanwalt nicht persönlich vornimmt, wird nach dem RVG bemessen, wenn der Rechts-

---

[41] §§ 315 Abs. 2, 130 Abs. 1 S. 1 BGB; BGH AnwBl 1987, 489; KG JurBüro 2004, 484; OLG Koblenz AGS 2000, 88; OLG Düsseldorf JurBüro 1998, 412; LG Köln DAR 1988, 392; *Jungbauer* in Bischof/Jungbauer, u.a., RVG Kommentar, § 14 Rn 118.

anwalt durch einen Rechtsanwalt, den allgemeinen Vertreter, einen Assessor bei einem Rechtsanwalt oder einen zur Ausbildung zugewiesenen Referendar vertreten wird.

Weder der Rechtsfachwirt noch der Bürovorsteher sind in § 5 RVG berücksichtigt. Dies bedeutet nach Ansicht der Verfasserinnen aber nicht, dass diese nicht für den Anwalt gebührenauslösend tätig werden können.[42] Angesichts der Bedeutung der Stellung eines Rechtsfachwirtes in der RA-Kanzlei ist die fehlende (klarstellende) Aufnahme in § 5 RVG zu bedauern, da der Rechtsfachwirt dem Rechtsanwalt wichtige Tätigkeiten abnehmen kann, so z.B. die Wahrnehmung von Versteigerungsterminen, eidesstattlichen Versicherungs-Terminen im Rahmen der Zwangsvollstreckung oder die außergerichtliche Sachbearbeitung bei Unfallschadenregulierung. Hierfür ist er auch speziell ausgebildet. Hinzu kommt, dass derartige Tätigkeiten schon seit Jahrzehnten von Rechtsfachwirten (früher: Bürovorstehern) ausgeübt werden und Rechtsfachwirte dem Anwalt, ähnlich wie Rechtspfleger dem Richter, entlastend zur Seite stehen. Im Familienrecht ist dies aufgrund der komplexen Materie wohl aber eher selten der Fall.

Der RA darf seine Vertretung anderen Personen, vor allem Kanzleiangestellten, im Zweifel nur dann übertragen, wenn der Auftraggeber ausdrücklich oder stillschweigend damit einverstanden ist. Es kommt hierbei auch nicht darauf an, ob der Auftraggeber mit der Vertretung einverstanden ist. Für durch die in § 5 RVG nicht genannten Hilfspersonen ausgeübte Tätigkeiten kann nach § 612 BGB die vereinbarte oder angemessene Vergütung berechnet werden.

> *Praxistipp*
> Es gibt natürlich die Möglichkeit, im Vorfeld mit dem Mandanten zu vereinbaren, dass der RA auch dann die Vergütung nach RVG berechnen darf, wenn er sich im Einzelfall durch eine im § 5 RVG nicht genannte Person vertreten lässt, soweit dies rechtlich zulässig ist.

IV. Mehrere Rechtsanwälte

Wurde der Auftrag mehreren Rechtsanwälten zur gemeinschaftlichen Erledigung übertragen, erhält jeder Rechtsanwalt für seine Tätigkeit die volle Vergütung. Diesen Fall findet man sehr häufig in Strafverfahren.

V. Der erteilte Auftrag

Grundsätzlich ist der erteilte Auftrag dafür entscheidend, welche Gebühren anfallen (z.B. Geschäftsgebühr Nr. 2300 VV RVG oder vorzeitige Beendigung bei Verfahrensauftrag Nr. 3101 Nr. 1 VV RVG). Die Frage nach dem erteilten Auftrag ist daher für die Inansatzbringung der richtigen Gebühr maßgeblich. Notwendig ist darüber hinaus die Unterscheidung zwischen Angelegenheit und Gegenstand sowie zwischen einer und mehreren Angelegenheiten, um eine korrekte Abrechnung vornehmen zu können. Die Definition bereitet in der Praxis manchmal Schwierigkeiten.

> *Praxistipp*
> Es ist zu empfehlen, dass der Anwalt den erteilten Auftrag schriftlich festhält, und zwar durch Vermerk in der Akte (so dass er sich bei einer Vielzahl von Mandaten auch später ohne Schwierigkeiten an die „Richtung der Auftragserteilung" erinnern kann), aber auch gegenüber dem Mandanten. Das kann in wenigen freundlichen Worten geschehen, so z.B.: „ ...komme ich zurück auf unsere Besprechung vom ..., in der Sie darum baten .... Entsprechend Ihrer Bitte habe ich nunmehr.... Zu gegebener Zeit komme ich auf die Angelegenheit zurück."

---

[42] Vgl. dazu sehr ausführlich der Aufsatz von *Jungbauer*, JurBüro 2008, 288.

§ 1 Allgemeines

121 Viele Vergütungsansprüche lassen sich oft nicht durchsetzen, weil es an einer Konkretisierung des erteilten Auftrags mangelt. Eine weitere *„Gefahrenquelle für die Gebühren"* stellt die Frage nach der richtigen Gebühr dar. Ist der RA z.B. mit der *„außergerichtlichen Vertretung gegenüber ..."* beauftragt worden, so kann in der Regel davon ausgegangen werden, dass Nr. 2300 VV RVG (Geschäftsgebühr) einschlägig ist.

122 Handelt es sich jedoch um eine **reine** Ratserteilung, die nicht mit einer anderen gebührenpflichtigen Tätigkeit zusammenhängt, regelt § 34 RVG, dass der Rechtsanwalt auf eine Gebührenvereinbarung hinwirken soll (vgl. dazu § 3 Rn 6 ff. sowie § 4 Rn 54 ff.).

123 *Praxistipp*
Gerade im Familienrecht erleben Rechtsanwälte häufig eine Überraschung, wenn sie – in Erwartung eines Vertretungsmandats und daher ohne Gebührenvereinbarung – mehrmals (z.B. weil fehlende Unterlagen nur zögerlich und verspätet kommen) umfangreiche und mehrfache Unterhaltsberechnungen vornehmen, um dann vom Auftraggeber nach Mitteilung der Unterhaltshöhe zu hören: „Ach so. Na dann ... ok, ... mehr wollte ich gar nicht wissen. Vielen Dank. Schicken Sie mir doch bitte Ihre Rechnung über diese Erstberatung. Ich hab ja gelesen, das sind nicht mehr als 190,00 EUR."

124 Hat der RA dagegen bereits Verfahrensauftrag, kann er nach dem neuen RVG auch eine Terminsgebühr verdienen (z.B. neben einer 0,8 Verfahrensgebühr Nr. 3101 Nr. 1 VV RVG für die vorzeitige Beendigung). Bei einer außergerichtlichen Vertretung ohne Verfahrensauftrag ist dies nicht möglich. Da bleibt es bei einer Geschäftsgebühr mit einem Satzrahmen von 0,5 bis 2,5 nach Nr. 2300 VV RVG. Über 1,3 kann der RA nach der Anmerkung jedoch nur fordern, wenn die Tätigkeit umfangreich oder schwierig war, dazu jedoch später mehr (siehe § 4 Rn 132 ff.).

125 (Zur Auftragserteilung betreffend die Scheidungsvereinbarung siehe § 4 Rn 577 ff.)

VI. Geschäftsführung ohne Auftrag

126 Wird der RA ohne Auftrag tätig, so kann ein Vergütungsanspruch aus Geschäftsführung ohne Auftrag nach den §§ 677 ff. BGB entstehen. Genehmigt der Auftraggeber die Geschäftsführung im Nachhinein, so hat der RA Anspruch auf Ersatz der Aufwendungen, die er den Umständen nach für erforderlich hielt. Genehmigt der „Auftraggeber" die Geschäftsführung nicht, hat er aber objektiv gesehen Vorteile aus der Geschäftsführung des Anwaltes und konnte der RA subjektiv betrachtet davon ausgehen, dass er im Willen des „Auftraggebers" gehandelt hat, sind ebenfalls die Gebühren nach RVG zu zahlen.

VII. Fälligkeit, Hemmung der Verjährung

127 Begrifflich muss zwischen Entstehen und Fälligkeit der Vergütung unterschieden werden. So entsteht der Vergütungsanspruch des Rechtsanwalts bereits mit vertragsgemäßer Vornahme seiner Tätigkeit. In Rechnung stellen darf der Rechtsanwalt seinen Vergütungsanspruch aber erst, wenn er »fällig« ist (Ausnahme: angemessener Vorschuss, § 9 RVG). Die Fälligkeit tritt gem. § 8 Abs. 1 S. 1 RVG erst ein, wenn die Angelegenheit beendigt oder der Auftrag in anderer Weise, z.B. durch Kündigung des Mandats erledigt ist. Sofern der Rechtsanwalt in einem gerichtlichen Verfahren tätig wird, wird sein Vergütungsanspruch bereits vor Beendigung fällig, nämlich gem. § 8 Abs. 1 S. 2 RVG alternativ mit Erlass einer gerichtlichen Kostenentscheidung oder Beendigung der Instanz oder wenn das Verfahren im Rechtssinne tatsächlich länger als drei Monate »ruht«.

128 Die Verjährung der Vergütung für eine Tätigkeit in einem gerichtlichen Verfahren wird gehemmt, solange das Verfahren anhängig ist, § 8 Abs. 2 S. 1 RVG. Die Hemmung endet mit rechtskräftiger Entscheidung oder anderweitiger Beendigung des Verfahrens, § 8 Abs. 2 S. 2 RVG. Ruht das Verfahren, endet die Hemmung drei Monate nach Eintritt der Fälligkeit, § 8 Abs. 2 S. 3 RVG. Die Hemmung beginnt erneut, wenn das Verfahren weiter betrieben wird, § 8 Abs. 2 S. 4 RVG.

Durch einen Antrag auf Festsetzung der Vergütung gegen den eigenen Auftraggeber wird die Verjährung wie durch Klageerhebung gehemmt, § 11 Abs. 7 RVG. 129

> *Praxistipp* 130
> Der Lauf der Verjährung hängt nicht von der Mitteilung der Berechnung ab, wie viele glauben, vgl. dazu § 10 Abs. 1 S. 2 RVG. Ist z.B. ein Rechtszug im Dezember eines Jahres beendet, wird die Vergütung für diesen Rechtszug fällig, die Verjährung beginnt mit dem Schluss dieses Jahres, auch wenn der Rechtsanwalt die Rechnung erst im neuen Jahr an den Auftraggeber sendet!

VIII. Vorschuss

Bereits vor Fälligkeit kann der Rechtsanwalt von seinem Auftraggeber für die entstandenen und die voraussichtlich entstehenden Gebühren und Auslagen einen angemessenen Vorschuss verlangen, § 9 RVG. 131

> *Praxistipp* 132
> Reicht der Rechtsanwalt beispielsweise einen Antrag für seinen Auftraggeber bei Gericht ein, könnte er neben den Gerichtskosten – im Hinblick darauf, dass eine mündliche Verhandlung zu erwarten ist – eine 1,3 Verfahrensgebühr nach Nr. 3100 VV RVG sowie eine 1,2 Terminsgebühr nach Nr. 3104 VV RVG abrechnen. Das Vorschussrecht des PKH/VKH-Anwalts ist in § 47 RVG gesondert geregelt.

IX. Berechnung

Der Rechtsanwalt kann die Vergütung nur aufgrund einer von ihm (und nicht seinen Mitarbeitern!) unterzeichneten und dem Auftraggeber mitgeteilten Berechnung einfordern, § 10 Abs. 1 S. 1 RVG. Der Lauf der Verjährungsfrist ist von der Mitteilung der Berechnung nicht abhängig, § 10 Abs. 1 S. 2 RVG. 133

In die Berechnung ist folgendes aufzunehmen: 134
- Beträge der einzelnen Gebühren u. Auslagen
- Vorschüsse
- kurze Bezeichnung des jeweiligen Gebührentatbestands
- Bezeichnung der Auslagen
- angewandte Nummern des VV
- Gegenstandswert, soweit nach diesem berechnet wird
- Gesamtbetrag Post- u. Telek.dl.
- eigenhändige Unterschrift des Rechtsanwalts
- Leistungszeitraum (nach § 14 UStG = Umsatzsteuergesetz)
- Steuernummer oder UID-Nummer (nach § 14 UStG)
- fortlaufende Rechnungsnummer (nach § 14 UStG)

X. Kostenfestsetzung gem. § 11 RVG und Gebührenklage

Man muss bei der Kostenfestsetzung diejenige des Rechtsanwalts gegen seinen Mandanten gem. § 11 RVG von der Kostenfestsetzung der Prozesskosten gegen den unterlegenen Gegner gem. § 104 ZPO unterscheiden. Sofern der Rechtsanwalt anlässlich eines gerichtlichen Verfahrens als Prozessbevollmächtigter, Beistand, Unterbevollmächtigter oder Verkehrsanwalt tätig war, kann er sich seinen fälligen gesetzlichen Vergütungsanspruch gegen seinen eigenen Mandanten gem. § 11 Abs. 1 135

§ 1 Allgemeines

RVG gerichtlich festsetzen lassen. Nach § 11 Abs. 1 RVG kann der Rechtsanwalt auch die zu ersetzenden Aufwendungen festsetzen lassen, wozu von ihm verauslagte Gerichtskosten gehören.

136 Zuständig ist der Rechtspfleger beim Gericht des ersten Rechtszugs, in Verwaltungsgerichts-, Finanzgerichts- und Sozialgerichtsverfahren gem. § 11 Abs. 3 RVG der Urkundsbeamte der Geschäftsstelle. Aus diesem Titel kann dann notfalls gegen den Mandanten wegen des Vergütungsanspruchs die Zwangsvollstreckung betrieben werden.

137 Nicht statthaft ist das Kostenfestsetzungsverfahren gem. § 11 Abs. 1 RVG, soweit der Rechtsanwalt nur außerhalb eines Gerichtsverfahrens tätig war, bzw., soweit es um eine vereinbarte Vergütung geht. In diesen Fällen bleibt dem Rechtsanwalt »nur« die normale Gebührenklage gegen seinen Mandanten an dessen allgemeinen Gerichtsstand (§§ 12, 13 ZPO), beim Gericht des ersten Rechtszuges (§ 34 ZPO) oder aber die Beantragung eines Mahnbescheides.

138 Rahmengebühren kann der Rechtsanwalt gegen seinen eigenen Mandanten nur dann festsetzen lassen, wenn er die Mindestgebühren geltend macht oder der Auftraggeber der Höhe der Gebühren ausdrücklich zugestimmt hat, § 11 Abs. 8 RVG. Die Festsetzung auf Antrag des Rechtsanwalts ist abzulehnen, wenn er die Zustimmungserklärung des Auftraggebers nicht mit dem Antrag vorlegt, § 11 Abs. 8 S. 2 RVG.

139 *Praxistipp*
Eine gerichtliche Geltendmachung des Vergütungsanspruchs durch Gebührenklage oder Mahnbescheid ist jedoch wegen Fehlens des Rechtsschutzbedürfnisses unzulässig, falls (und soweit) der Rechtsanwalt seine Vergütung im Verfahren gem. § 11 Abs. 1 RVG festsetzen lassen kann. Durch den Antrag auf Festsetzung der Vergütung wird die Verjährung wie durch Klageerhebung gehemmt, § 11 Abs. 7 RVG.

140 Sofern vom Antragsgegner (früheren Mandanten) Einwendungen oder Einreden erhoben werden, die nicht im Gebührenrecht begründet sind, wird die Festsetzung durch das Gericht abgelehnt. Beispiele für außergebührenrechtliche Einwendungen sind z.B. »Der Anwalt habe den Verlust des Prozesses verschuldet.«, »Der Anwalt habe nicht auf den möglichen Anspruch von PKH/VKH hingewiesen.« usw. Gebührenrechtliche Einreden hindern die Festsetzung nicht, da diese Einreden vom Rechtspfleger oder UdG überprüft werden können. Lehnt der Rechtspfleger oder der UdG die Festsetzung ab, bleibt nur die Gebührenklage oder ein Mahnbescheid.

141 *Praxistipp*
Herrscht Streit zwischen Anwalt und Mandant über den Vergütungsanspruch und liegen die Voraussetzungen des § 11 RVG vor, kann der Rechtsanwalt seinem Mandanten auch empfehlen, die Festsetzung nach § 11 RVG „einvernehmlich" zu betreiben, damit die Rechnung kostengünstig durch eine unabhängige dritte Person mit Sachkunde (den Rechtspfleger) einer Überprüfung zugeführt wird.

§ 2 Wertermittlung und Gerichtskosten in Familiensachen

A. Grundsätze

I. Allgemeines

Die meisten Gebühren – mit Ausnahme z.B. der Betragsrahmen- und Festgebühren – berechnen sich nach einem Gegenstandswert. Im nachfolgenden Kapitel soll das Thema „Wertberechnung" behandelt werden.

Auch in den Fällen, in denen der Rechtsanwalt eine Vergütungsvereinbarung abschließt, ist eine fundierte Kenntnis der Gegenstandswertberechnung notwendig, da er nur so ermitteln kann, ob und wann für ihn der Abschluss einer Vergütungsvereinbarung wirtschaftlich sinnvoll ist. Darüber hinaus darf mit der Vergütungsvereinbarung keine Unterschreitung der gesetzlichen Gebühren erfolgen, wenn es sich um ein gerichtliches Verfahren handelt, § 49b Abs. 1 BRAO, und kein erlaubtes Erfolgshonorar vereinbart wird, vgl. dazu § 4a RVG.

II. Hinweispflicht zur Abrechnung nach Gegenstandswert

§ 49b BRAO hat mit dem KostRMoG zum 1.7.2004 einen neuen Absatz 5 erhalten, der für die Abrechnung in Familiensachen von großer Wichtigkeit ist, da sich die gesetzlichen Gebühren hier stets nach dem Gegenstandswert richten. § 49b Abs. 5 BRAO lautet:

> (5) Richten sich die zu erhebenden Gebühren nach dem Gegenstandswert, hat der Rechtsanwalt vor Auftragsannahme den Auftraggeber hierauf hinzuweisen.

Der Gesetzgeber wollte durch diese Bestimmung die Anwaltschaft veranlassen, über ihre Vergütung mit dem Auftraggeber zu sprechen.[1]

Der Gesetzgeber fordert, dass der Hinweis „vor" Auftragserteilung erfolgt. In der Praxis herrscht Einigkeit darüber, dass dies nur selten umsetzbar ist. Denn in der Regel spricht der Rechtsanwalt mit seinem Mandanten zunächst über sein Anliegen (und ist bereits mitten in der Beratung) statt ihn überfallartig nach dem Grund seines Besuchs zu fragen, um dann sofort einen Hinweis auf die Vergütung zu geben. Dies bedeutet nach Ansicht der Verfasserinnen jedoch, dass dann, wenn der Hinweis erst am Ende des Beratungsgesprächs erteilt wird und der Mandant daraufhin keinen Auftrag erteilt, eine Vergütung nicht gefordert werden kann.

Nicht notwendig ist der Hinweis auf die konkrete Höhe des Gegenstandswertes! Dieser kann oft vor Auftragsannahme auch gar nicht beziffert werden, da sich erst im Laufe des Gesprächs oder gar später herausstellt, wo der Gegenstandswert anzusiedeln ist. Dies gilt insbesondere beim Zugewinnausgleich.

Welche Folgen hat eine Verletzung dieser Hinweispflicht? In 95 % der Fälle keine, weil der Mandant die Vergütung bezahlt. In den anderen Fällen kommt es unter Umständen zu einem Vergütungsprozess. Der ehemalige Mandant – inzwischen anderweitig anwaltlich vertreten – wird im Vergütungsprozess möglicherweise den Einwand bringen, dass der Hinweis nicht erteilt wurde. Der Rechtsanwalt wird darlegen müssen, dass er den Hinweis erteilt hat. In der Literatur waren

---

1 BT-Drucks 15/1971, zu § 49b Abs. 5 BRAO, S. 232.

zunächst Diskussionen darüber entbrannt, welche Folgen eine Verletzung der Hinweispflicht für den Rechtsanwalt hat.[2]

8   Durch Rechtsprechung des BGH ist inzwischen klargestellt, dass eine Verletzung der Hinweispflicht zur Abrechnung nach dem Gegenstandswert möglicherweise zu einem Schadensersatzanspruch des Mandanten führt.

9   *„Der Rechtsanwalt, der den Mandanten vor Übernahme des Auftrags schuldhaft nicht darauf hinweist, dass sich die für seine Tätigkeit zu erhebenden Gebühren nach dem Gegenstandswert richten, ist dem Mandanten zum Ersatz des hierdurch verursachten Schadens verpflichtet."*[3]

10   Der Anwalt haftet nach den Grundsätzen zum Verschulden bei Vertragsschluss nach § 311 Abs. 2 BGB. Der BGH stellte klar, dass auch die Verletzung von Berufspflichten Schadensersatzansprüche des Mandanten begründet, wenn sie seinem Schutz dienen. Nach Ansicht des BGH reicht ein allgemeiner Hinweis darauf, dass sich die Gebühren nach dem Gegenstandswert richten; eine konkrete Berechnung muss nicht vorgenommen werden. Vor allem ist der Anwalt nicht verpflichtet, ohne weitere Nachfrage des Mandanten weitere Angaben zur Höhe der Gebühren oder des Gegenstandswertes zu machen. Der BGH weist darauf hin, dass zwar Schadensersatzansprüche bei fehlendem Hinweis begründet werden könnten, allerdings § 49b Abs. 5 BRAO kein gesetzliches Verbot enthalte. § 134 BGB finde deshalb keine Anwendung, so dass der Vergütungsanspruch des Rechtsanwalts nicht durch einen Verstoß gegen die vorvertragliche Hinweispflicht entfalle.

11   Im Übrigen hielt der BGH fest, dass der Mandant vortragen und ggfs. unter Beweis stellen muss, wie er auf eine allgemeine Information des Anwalts zur Abrechnung nach dem Gegenstandswert reagiert hätte.

12   Zur Beweislast hat der BGH in einer weiteren Entscheidung festgehalten.[4]

„Den Mandanten trifft die Beweislast dafür, dass der Rechtsanwalt seiner Hinweispflicht aus § 49 V BRAO nicht nachgekommen ist. Der Anwalt muss allerdings konkret darlegen, in welcher Weise er belehrt haben will.

Aus den Gründen:

... Nach ständiger Rechtsprechung des BGH trägt derjenige, der eine Aufklärungs- oder Beratungspflichtverletzung behauptet, dafür die Beweislast. Die mit dem Nachweis einer negativen Tatsache verbundenen Schwierigkeiten werden dadurch ausgeglichen, dass die andere Partei die behauptete Fehlberatung substanziiert bestreiten und darlegen muss, wie im Einzelnen beraten bzw. aufgeklärt worden sein soll. Dem Anspruchsteller obliegt dann der Nachweis, dass diese Darstellung nicht zutrifft (BGHZ 126, 217 [225] = NJW 1994, 3295; BGHZ 166, 56 [60]; BGH, NJW 1982, 1147 = WM 1982, 13 [16]; NJW 1987, 1322 = WM 1987, 590 [591]; NJW 1990, 1242 = WM 1990, 115; NJW 1993, 1139; NJW-RR 1999, 641).

Eine Beweislastumkehr oder Beweiserleichterung ergibt sich auch nicht aus dem Gesichtspunkt der Verletzung einer Dokumentationsobliegenheit. Nach dem Sachvortrag der Parteien hat der Kl. zu 2 die Erfüllung seiner Hinweispflicht aus § 49b V BRAO zwar nicht schriftlich dokumentiert. Eine Obliegenheit oder Pflicht zur Dokumentation bestand aber auch nicht. Sie ergibt

---

2   Nur berufsrechtliche Auswirkungen, sondern auch zivilrechtliche Bedeutung: *Schneider/Wolf,* § 2 Rn 72 ff.; *Gerold/Schmidt/Müller-Rabe,* § 1 Rn 147 ff.; *Hartmann,* NJW 2004, 2484; *Kleine-Cosack,* § 49b Rn 66.
3   BGH, Urt. v. 24.5.2007 – IX ZR 89/06; BeckRS 2007, 10345 = RVGreport 2007, 316 = JurBüro 2007, 478 = NJW 2007, 2332.
4   BGH, Urt. v. 11.10.2007 – IX ZR 105/06, JurBüro 2008, 145 = MDR 2008, 235 = NJW 2008, 371 = VersR 2008, 556 = WM 2007, 2351.

sich weder aus dem Anwaltsvertrag noch aus dem ihm vorausgehenden vorvertraglichen Schuldverhältnis.

Aus einem Schuldverhältnis kann sich zwar gem. § 242 BGB eine Dokumentationspflicht des Vertragspartners ergeben, der die Belange des anderen wahrzunehmen hat und dabei Maßnahmen oder Feststellungen trifft, die der andere nicht selbst erkennen oder beurteilen kann (vgl. BGH, NJW 1986, 59 = WM 1985, 138 [139]). Eine solche Pflicht, die etwa Ärzte trifft (BGHZ 72, 132 [138] = NJW 1978, 2337; BGH, NJW 1999, 3408 [3409]), besteht aber bei der Beratung durch Rechtsanwälte und Steuerberater (vgl. BGH, NJW 1988, 200 [203], und NJW 1992, 1695 [1696]; ferner Sieg, in: Zugehör/Fischer/Sieg/Schlee, Rn 782f.) ebenso wenig wie bei der Anlageberatung durch Kreditinstitute (BGHZ 166, 56 [61])."

Kein anwaltlicher Honoraranspruch bei unterlassenem Hinweis auf die exorbitante Höhe des Honorars (hier: Erkennbares Aufklärungsbedürfnis des Mandanten), urteilte das OLG Saarbrücken.[5] Im vorliegenden Fall hatten sich die Gebühren um das 50fache gegenüber einer Gebührenforderung im vergleichbaren Fall des Mandanten erhöht. Beachtlich war dabei, dass erst in der Berufungsinstanz vorgetragen wurde, welche Stunden für die Bearbeitung des Mandats aufgewendet worden sind und dass das Berufungsgericht diesen Vortrag in der Berufungsinstanz als verspätet zurückgewiesen hat.

Praxistipp
Gerade bei sehr hohen Werten, z.B. bei Zugewinnausgleichsansprüchen, sollte die Hinweispflicht beachtet werden, um sich Diskussionen und Streit mit dem Mandanten zu ersparen. Denn erfahrungsgemäß ist es häufig der von hohen Gebühren aufgrund eines hohen Gegenstandswerts überraschte Mandant, der sich weigert, die Vergütungsrechnung auszugleichen.

III. Wertgebühren

Die Wertgebühren sind in § 13 RVG geregelt. Das RVG erhält zu § 13 Abs. 1 eine Anlage 2, aus der sich in einer Tabelle die Gebühren entnehmen lassen. Die Gebührenbeträge dieser Tabelle wurden durch das 2. KostRMoG angepasst und zumeist auch – mal mehr, mal weniger deutlich – erhöht. Dabei haben sich aufgrund der Neustrukturierung der Wertsprünge jedoch nicht in jedem Fall höhere Gebühren ergeben (so z.B. beim Wert von 1.000 EUR beträgt die 1,0 Gebühr 6,00 EUR weniger nach der neuen Tabelle im Vergleich zur Tabelle, die bis zum 31.7.2013 galt). Welche Tabelle der Vergütungsrechnung des Rechtsanwalts zugrunde zu legen ist, ist anhand der Übergangsvorschrift des § 60 RVG zu klären; insoweit wird auf die obigen Ausführungen verwiesen (siehe § 1 Rn 68 ff.).

Die verschiedenen Fassungen der Gebühren- und Gerichtskostentabellen (zu §§ 13, 49 RVG sowie § 28 FamGKG) vor und nach dem 1.8.2013 sind im Anhang zu finden.

IV. Geltungsbereich des FamGKG

Nach § 1 FamGKG gilt das FamGKG
- in Familiensachen
- in Vollstreckungssachen durch das Familiengericht
- für Verfahren in Familiensachen vor dem OLG nach § 107 FamFG
- in Angelegenheiten der freiwilligen Gerichtsbarkeit
- Beschwerden in den obigen genannten Angelegenheiten

soweit nichts anderes bestimmt ist.

---

5 OLG Saarbrücken, Urt. v. 12.9.2007 – 1 U 676/06, NJW-RR 2008, 510 = JurBüro 2008, 30.

§ 2 Wertermittlung und Gerichtskosten in Familiensachen

17 Die Gerichtskosten für ein Mahnverfahren richten sich nach dem GKG.

Da auch die Mahnverfahren in Familiensachen von den zentralen Mahngerichten bearbeitet werden sollen und eine Einführung gesonderter Formulare vermieden werden sollte, wurde entschieden, die Gerichtskosten für das Mahnverfahren in Familiensachen nach dem GKG zu bestimmen.[6]

18 *Hinweis*
Für Angelegenheiten der freiwilligen Gerichtsbarkeit i.S.d. § 1 Absatz 1 u. 2 GNotKG gilt seit Inkrafttreten des 2. KostRMoG das Gerichts- und Notarkostengesetz (GNotKG). Für Familiensachen gilt § 1 Abs. 3 GNotKG; dieser lautet: „Dieses Gesetz gilt nicht in Verfahren, in denen Kosten nach dem Gesetz über Gerichtskosten in Familiensachen zu erheben sind."

19 In Lebenspartnerschaftssachen nach § 269 FamFG und in den Angelegenheiten der freiwilligen Gerichtsbarkeit sind nach § 5 FamGKG für
1. Verfahren nach Absatz 1 Nr. 1 die Vorschriften für das Verfahren auf Scheidung der Ehe,
2. Verfahren nach Absatz 1 Nr. 2 die Vorschriften für das Verfahren auf Feststellung des Bestehens oder Nichtbestehens einer Ehe zwischen den Beteiligten,
3. Verfahren nach Absatz 1 Nr. 3 bis 12 die Vorschriften für Familiensachen nach § 111 Nr. 2, 4, 5 und 7 bis 9 des Gesetzes über das Verfahren in Familiensachen und in den Angelegenheiten der freiwilligen Gerichtsbarkeit und
4. Verfahren nach den Absätzen 2 und 3 die Vorschriften für sonstige Familiensachen nach § 111 Nr. 10 des Gesetzes über das Verfahren in Familiensachen und in den Angelegenheiten der freiwilligen Gerichtsbarkeit

entsprechend anzuwenden.

V. Verfahrenswert statt Streitwert

20 Die Gebühren richten sich nach dem Wert des Verfahrensgegenstands (Verfahrenswert), soweit nichts anderes bestimmt ist, § 3 FamGKG. Die Kosten werden nach dem Kostenverzeichnis der Anlage 1 zum FamGKG erhoben, § 3 Abs. 2 FamGKG.

21 Auch im Kostenrecht wurden durch das FGG-ReformG neue Begrifflichkeiten definiert. Statt Streitwert heißt es „Verfahrenswert" (siehe dazu die Legaldefinition in § 3 Abs. 1 FamGKG). Der Begriff kann m.E. zu Verwirrungen führen, weil unter „Verfahrenswert" früher der sogenannte Zulässigkeits- oder Zuständigkeitswert verstanden wurde (§§ 3–9 ZPO).

B. Gerichtskosten in Familiensachen

I. Fälligkeit und Kostenschuldner nach FamGKG

1. Fälligkeit der Gerichtskosten

22 Die Fälligkeit der Gerichtskosten richtet sich nach den §§ 9–12 FamGKG. Im Einzelfall gilt:

23 **Verfahrensgebühr**
- In Ehesachen und in selbstständigen Familienstreitsachen wird die Verfahrensgebühr mit der Einreichung der Antragsschrift, der Einspruchs- oder Rechtsmittelschrift oder mit der Abgabe der entsprechenden Erklärung zu Protokoll fällig (§ 9 Abs. 1 FamGKG).

24 Die Fälligkeitsregelung soll im Verbundverfahren nur hinsichtlich der Ehesache gelten.[7]

---

6 BT-Drucks 16/6308, S. 301.
7 *Schneider/Wolf/Volpert*, § 9 Rn 12.

Die Vorschusspflicht entfällt, soweit dem Antragsteller Verfahrenskostenhilfe bewilligt ist, § 15 Nr. 1 FamGKG.

Entscheidungsgebühr

- Soweit die Gebühr eine Entscheidung oder sonstige gerichtliche Handlung voraussetzt, wird sie mit dieser fällig, § 9 Abs. 2 FamGKG.

Vormundschaftssachen und **Dauerpflegschaften**

- Die Gebühren nach den Nrn. 1311 u. 1312 KV FamGKG werden erstmals bei Anordnung und später jeweils zu Beginn eines Kalenderjahres, Auslagen sofort nach ihrer Entstehung fällig.

Im Übrigen werden die Gebühren und die Auslagen fällig, § 11 Abs. 1 FamGKG wenn
1. eine unbedingte Entscheidung über die Kosten ergangen ist,
2. das Verfahren oder der Rechtszug durch Vergleich oder Zurücknahme beendet ist,
3. das Verfahren sechs Monate ruht oder sechs Monate nicht betrieben worden ist,
4. das Verfahren sechs Monate unterbrochen oder sechs Monate ausgesetzt war oder
5. das Verfahren durch anderweitige Erledigung beendet ist.

- **Dokumentenpauschale/Aktenversendungspauschale**

Die Dokumentenpauschale sowie die Auslagen für die Versendung und die elektronische Übermittlung von Akten werden sofort nach ihrer Entstehung fällig, § 11 Abs. 2 FamGKG.

Zu den anfallenden Kosten für die Herstellung und Überlassung von Dokumenten, vgl. nachfolgender Auszug aus dem Kostenverzeichnis zum FamGKG unter Berücksichtigung der Änderungen aufgrund des 2. KostRMoG.

Nr.	Gebührentatbestand	Gebühr oder Satz der Gebühr nach § 28 FamGKG

2000	Pauschale für die Herstellung und Überlassung von Dokumenten:
	1. Ausfertigungen, Kopien und Ausdrucke bis zur Größe von DIN A3, die
	    a) auf Antrag angefertigt oder auf Antrag per Telefax übermittelt worden sind
	    oder
	    b) angefertigt worden sind, weil die Partei oder ein Beteiligter es unterlassen hat, die erforderliche Zahl von Mehrfertigungen beizufügen; der Anfertigung steht es gleich, wenn per Telefax übermittelte Mehrfertigungen von der Empfangseinrichtung des Gerichts ausgedruckt werden:	

	für die ersten 50 Seiten je Seite	0,50 EUR
	für jede weitere Seite	0,15 EUR
	für die ersten 50 Seiten in Farbe je Seite	1,00 EUR
	für jede weitere Seite in Farbe	0,30 EUR
	2. Entgelte für die Herstellung und Überlassung der in Nummer 1 genannten Kopien oder Ausdrucke in einer Größe von mehr als DIN A3	in voller Höhe
	oder pauschal je Seite	3,00 EUR
	oder pauschal je Seite in Farbe	6,00 EUR

§ 2 Wertermittlung und Gerichtskosten in Familiensachen

Nr.	Gebührentatbestand	Gebühr oder Satz der Gebühr nach § 28 FamGKG
	3. Überlassung von elektronisch gespeicherten Dateien oder deren Bereitstellung zum Abruf anstelle der in den Nummern 1 und 2 genannten Ausfertigungen, Kopien und Ausdrucke je Datei	1,50 EUR
	für die in einem Arbeitsgang überlassenen, bereitgestellten oder in einem Arbeitsgang auf denselben Datenträger übertragenen Dokumente insgesamt höchstens	5,00 EUR
	(1) Die Höhe der Dokumentenpauschale nach Nummer 1 ist in jedem Rechtszug, bei Vormundschaften und Dauerpflegschaften in jedem Kalenderjahr und für jeden Kostenschuldner nach § 23 Abs. 1 FamGKG gesondert zu berechnen; Gesamtschuldner gelten als ein Schuldner. (2) Werden zum Zweck der Überlassung von elektronisch gespeicherten Dateien Dokumente zuvor auf Antrag von der Papierform in die elektronische Form übertragen, beträgt die Dokumentenpauschale nach Nummer 2 nicht weniger, als die Dokumentenpauschale im Fall der Nummer 1 betragen würde. (3) Frei von der Dokumentenpauschale sind für jeden Beteiligten und seine bevollmächtigten Vertreter jeweils 1. eine vollständige Ausfertigung oder Kopie oder ein vollständiger Ausdruck jeder gerichtlichen Entscheidung und jedes vor Gericht abgeschlossenen Vergleichs, 2. eine Ausfertigung ohne Begründung und 3. eine Kopie oder ein Ausdruck jeder Niederschrift über eine Sitzung. § 191a Abs. 1 Satz 2 GVG bleibt unberührt.	

31 Die Gebühren richten sich nach dem Wert des Verfahrensgegenstands (**Verfahrenswert**), soweit nichts anderes bestimmt ist, § 3 FamGKG. Die Kosten werden nach dem Kostenverzeichnis der Anlage 1 zum FamGKG erhoben, § 3 Abs. 2 FamGKG.

32 In **Ehesachen** und **selbstständigen Familienstreitsachen** soll die Antragsschrift erst nach Zahlung der Gebühr für das Verfahren im Allgemeinen zugestellt werden, § 14 Abs. 1 FamGKG. Bei einer Erweiterung des Antrags soll ebenfalls vor Zahlung der Gebühr für das Verfahren im Allgemeinen keine gerichtliche Handlung vorgenommen werden, § 14 Abs. 1 S. 2 FamGKG und zwar auch nicht in Rechtsmittelverfahren.

33 Dies gilt nicht,
- für den Widerantrag, den Antrag auf Erlass einer einstweiligen Anordnung und für den Antrag auf Anordnung eines Arrestes, § 14 Abs. 2 FamGKG
- in Verfahren nach dem Internationalen Familienrechtsverfahrensgesetz, § 13 FamGKG

2. Kostenschuldner

34 Die Kostenhaftung ist in den § 21–27 FamGKG geregelt. Wichtigste Unterscheidung ist die Kostenschuldnerschaft für Antragsverfahren und bei Vergleichen (§ 21 FamGKG) sowie die Kostenschuldnerschaft nach § 24 FamGKG (u.a. Entscheidungsschuldner etc.).

35 § 21 FamGKG regelt, wer Kostenschuldner der Gerichtskosten in **Antragsverfahren** ist.

In Verfahren, die nur durch **Antrag** eingeleitet werden, schuldet die Kosten,
- wer das Verfahren des Rechtszugs beantragt hat.

Ausnahmen, § 21 Abs. 1 S. 2 Nr. 1–4 FamGKG:
- Gewaltschutzverfahren in 1. Instanz
- Verfahren auf Erlass einer gerichtlichen Anordnung auf Rückgabe des Kindes oder über das Recht zum persönlichen Umgang nach dem Internationalen Familienrechtsverfahrensgesetz
- Antragsteller ist minderjährig
- Verfahrensbeistand

Kostenschuldner im **streitigen Verfahren**, das dem Mahnverfahren nach Einspruch folgt: 36
- im streitigen Verfahren der Antragsteller des Vollstreckungsbescheides, § 21 Abs. 1 S. 3 FamGKG.

Kostenschuldner bei **Vergleichen**: 37
- jeder, der am Abschluss des Vergleichs beteiligt ist, § 21 Abs. 2 FamGKG.

Kostenschuldner ist nach § 24 FamGKG **ferner**: 38
- wem durch gerichtliche Entscheidung die Kosten des Verfahrens **auferlegt** sind, § 24 Nr. 1 FamGKG;
- wer sie durch eine vor Gericht abgegebene oder dem Gericht mitgeteilte Erklärung oder in einem vor Gericht abgeschlossenen oder dem Gericht mitgeteilten Vergleich übernommen hat; dies gilt auch, wenn bei einem Vergleich ohne Bestimmung über die Kosten diese als von beiden Teilen je zur Hälfte übernommen anzusehen sind, § 24 Nr. 2 FamGKG;
- wer für die Kostenschuld eines anderen kraft Gesetzes haftet, § 24 Nr. 3 FamGKG und
- der Verpflichtete für die Kosten der Vollstreckung, § 24 Nr. 4 FamGKG; dies gilt nicht für einen Minderjährigen in Verfahren, die seine Person betreffen.

Mehrere Kostenschuldner haften nach § 26 Abs. 1 FamGKG als Gesamtschuldner. 39

§ 26 Abs. 2 u. 3 FamGKG regelt das Verhältnis mehrerer Kostenschuldner.

So sollen Gerichtskosten gegenüber einem Erstschuldner (Antragsteller) nur dann geltend gemacht werden, wenn eine Zwangsvollstreckung in das bewegliche Vermögen des Zweitschuldners (Entscheidungsschuldner) erfolglos geblieben ist oder aussichtslos erscheint, § 26 Abs. 2 FamGKG.

§ 26 Abs. 3 regelt die Frage der Gerichtskosten, wenn einem Beteiligten **Verfahrenskostenhilfe** 40 bewilligt worden ist:

> (3) [1]Soweit einem Kostenschuldner, der aufgrund von § 24 Nr. 1 haftet (Entscheidungsschuldner), Verfahrenskostenhilfe bewilligt worden ist, darf die Haftung eines anderen Kostenschuldners nicht geltend gemacht werden; von diesem bereits erhobene Kosten sind zurückzuzahlen, soweit es sich nicht um eine Zahlung nach § 13 Abs. 1 und 3 des Justizvergütungs- und -entschädigungsgesetzes handelt und die Partei, der die Verfahrenskostenhilfe bewilligt worden ist, der besonderen Vergütung zugestimmt hat. [2]Die Haftung eines anderen Kostenschuldners darf auch nicht geltend gemacht werden, soweit dem Entscheidungsschuldner ein Betrag für die Reise zum Ort einer Verhandlung, Anhörung oder Untersuchung und für die Rückreise gewährt worden ist.

Durch das 2. KostRMoG wurde § 26 FamGKG um einen Absatz 4 ergänzt: 41

> (4) Absatz 3 ist entsprechend anzuwenden, soweit der Kostenschuldner aufgrund des § 24 Nummer 2 haftet, wenn
> 1. der <u>Kostenschuldner die Kosten in einem</u>[8] vor Gericht abgeschlossenen, gegenüber dem Gericht angenommenen oder in einem gerichtlich gebilligten <u>Vergleich übernommen</u> hat,
> 2. der <u>Vergleich</u> einschließlich der Verteilung der Kosten, bei einem gerichtlich gebilligten Vergleich allein die Verteilung der Kosten, <u>von dem Gericht vorgeschlagen</u> worden ist **und**

---

[8] Unterstreichungen und Fettdruck durch die Verfasserin.

§ 2 Wertermittlung und Gerichtskosten in Familiensachen

3. das Gericht in seinem Vergleichsvorschlag ausdrücklich festgestellt hat, dass die Kostenregelung der sonst zu erwartenden Kostenentscheidung entspricht.

42 Mit dieser Ergänzung des § 26 FamGKG wird der Kostenschuldner aufgrund eines Vergleiches (nachfolgend zur besseren Verständlichkeit „Vergleichsschuldner" genannt) dem Entscheidungsschuldner bei Vorliegen bestimmter Voraussetzungen gleichgestellt. Im GKG findet sich eine solche Regelung in § 31 Abs. 4 GKG.

Der Gesetzgeber begründet diese Änderung wie folgt:

„Die auf den Entscheidungsschuldner beschränkte Regelung des § 31 Absatz 3 GKG erschwert einer Partei, der die Prozesskostenhilfe bewilligt ist, den Abschluss eines gerichtlichen Vergleichs ganz erheblich. Liegen die Voraussetzungen zum Abschluss eines Vergleiches vor, muss die PKH-Partei entweder in Kauf nehmen, dass ihr durch die Kostenregelung im Vergleich insoweit der Schutz vor Zahlung von Gerichtskosten verloren geht, oder sie muss die Kostenregelung ausdrücklich ausklammern und insoweit auf gerichtlicher Entscheidung bestehen. Dies führt jedoch dazu, dass auch der Prozessgegner, dem keine Prozesskostenhilfe bewilligt ist, durch den Vergleich nicht in den Genuss der Gebührenermäßigung, insbesondere nach Nummer 1211 Nummer 3 KV GKG, kommt. Hierdurch ist dessen Vergleichsbereitschaft eingeschränkt.

Die Regelung erschwert es auch dem Gericht, ein Verfahren auf der Grundlage eines gerichtlichen Vergleichsvorschlages zum Abschluss zu bringen. Die vorgeschlagene Regelung soll die Vergleichsbereitschaft auch bei bewilligter Prozesskostenhilfe stärken. Sie entspricht einer Entscheidung des OLG Zweibrücken vom 1.3.2010 – 5 UF 147/08 – (zitiert in juris).

Die Belastung der Staatskasse dürfte sich in Grenzen halten, weil die Wirkungen denjenigen entsprechen, die im Fall einer Streitentscheidung ohnehin eintreten würden. Im Übrigen würden mögliche Mindereinnahmen durch die Entlastung der Gerichte ausgeglichen. Ein mögliches Missbrauchspotential ist sehr gering, weil ein eigener Spielraum der Parteien, für die Kostenverteilung nicht besteht. Jede Abweichung von dem Vorschlag des Gerichts würde die Schutzwirkung der Vorschrift für die PKH-Partei entfallen lassen."

43 Am besten lassen sich die gesetzlichen Änderungen anhand von Berechnungsbeispielen veranschaulichen:

Rechtslage bis zum 31.7.2013	Rechtslage ab dem 1.8.2013
Entscheidungsschuldner = Vergleichsschuldner	Entscheidungsschuldner = Vergleichsschuldner (sofern die Voraussetzungen des § 31 Abs. 4 GKG bzw. § 26 Abs. 4 FamGKG erfüllt sind)
Beispiel 1 a.F.	**Beispiel 1 n.F.**
Forderung Zugewinnausgleich 15.000,00 EUR, Antragsgegner erhält VKH bewilligt u. RA beigeordnet, Vergleichsabschluss unter Kostenaufhebung Die Situation stellte sich wie folgt dar: Von der Antragstellerin wurde ein Vorschuss von 3,0 Gebühren, somit 879,00 EUR geleistet. Aufgrund des Vergleichsabschlusses erhält sie aufgrund der Reduzierung der Gerichtskosten 2,0 Gebühren in Höhe von 586,00 EUR durch die Gerichtskasse erstattet.	Forderung Zugewinnausgleich 15.000,00 EUR, Antragsgegner erhält VKH bewilligt u. RA beigeordnet, Vergleichsabschluss unter Kostenaufhebung Die Situation stellt sich nun wie folgt dar: Von der Antragstellerin wurde ein Vorschuss von 3,0 Gebühren, somit 879,00 EUR geleistet. Aufgrund des Vergleichsabschlusses erhält sie aufgrund der Reduzierung der Gerichtskosten 2,0 Gebühren in Höhe von 586,00 EUR durch die Gerichtskasse erstattet.

B. Gerichtskosten in Familiensachen § 2

Da der Antragsgegner nicht Entscheidungsschuldner ist, erhält die Antragstellerin <u>keine</u> weitere Erstattung durch die Staatskasse in Höhe von 146,50 EUR (= 0,5 Gebühr) entsprechend § 26 Abs. 3 FamGKG. Die Antragstellerin hat lediglich gegen den Antragsgegner einen Kostenerstattungsanspruch (§ 123 ZPO), mit der Folge, dass gegen den VKH-Antragsgegner ein KfB über 146,50 EUR ergeht. Die Kostenfestsetzung bringt zwei entscheidende Nachteile mit sich. Zum einen verliert die VKH-Partei ihren Schutz vor Gerichtskostenzahlung nach § 122 Abs. 1 Nr. 1a ZPO und zum anderen, ist für die Antragsstellerin trotz Vorliegen des KfBs keineswegs sicher, dass sie auch zu ihrem Geld kommt. Denn aufgrund der VKH-Bewilligung auf Seiten des Antragsgegners ergibt sich schon die Tatsache, dass dieser offensichtlich nicht in der Lage ist, Zahlungen zu leisten.	Da der Antragsgegner als „Vergleichsschuldner" nunmehr dem Entscheidungsschuldner gleichgestellt ist, kann die Antragstellerin die 0,5 Gebühr in Höhe von 146,50 EUR gemäß § 26 Abs. 3 und 4 FamGKG aus der Staatskasse erstattet verlangen. Dies hat den Vorteil, dass zum einen der VKH-Antragsgegner nicht seinen Schutz vor Gerichtskostenzahlung (§ 122 Abs. 1 Nr. 1a ZPO verliert und zum anderen, dass die Antragstellerin nicht auf die Kostenfestsetzung gegen den VKH-Antragsgegner angewiesen ist (geringe Zahlungswahrscheinlichkeit). Im Ergebnis verbleibt zu Lasten der Antragstellerin lediglich eine 0,5-Gebühr in Höhe von 146,50 EUR, zu deren Zahlung sie sich mit Vergleichsabschluss auch verpflichtet hat.
Alternative Hätten die Beteiligten die Hauptsache für erledigt erklärt und auf einer Kostenentscheidung des Gerichts bestanden, damit der Antragsgegner Entscheidungsschuldner wird, hätte dies zur Folge gehabt, dass die Gerichtskosten mangels „Erledigung des gesamten Verfahrens" nicht reduziert worden wären. Das hätte zum einen zu einer Benachteiligung der Antragstellerin und unter Umständen auch des VKH-Antragsgegners (bei Bewilligung von VKH mit Ratenzahlungen) geführt und zum anderen zu einem unnötigen Arbeitsaufwand des Gerichts im Hinblick auf die zu treffende Kostenentscheidung.	
Beispiel 2 a.F. Antragstellerin erhält VKH bewilligt, Zugewinnausgleichsforderung über 20.000,00 EUR, der Antragsgegner hat Sachverständigenkosten in Höhe von 3.000,00 EUR bezahlt, Vergleichsabschluss unter Kostenaufhebung Die Situation stellte sich wie folgt dar: Aufgrund der Schutzwirkung des § 122 Abs. 1 Nr. 1a ZPO ist die Antragstellerin von der Gerichtskostenzahlung befreit. Dem Antragsgegner wird durch die Staatskasse sein 0,5-Gerichtskostenanteil in Höhe von 172,50 EUR	**Beispiel 2 n.F.** Antragstellerin erhält VKH bewilligt, Zugewinnausgleichsforderung über 20.000,00 EUR, der Antragsgegner hat Sachverständigenkosten in Höhe von 3.000,00 EUR bezahlt, Vergleichsabschluss unter Kostenaufhebung Die Situation stellt sich nun wie folgt dar: Aufgrund der Schutzwirkung des § 122 Abs. 1 Nr. 1a ZPO ist die Antragstellerin von der Gerichtskostenzahlung befreit. Dem Antragsgegner wird durch die Staatskasse sein 0,5-Gerichtskostenanteil in Höhe von 172,50 EUR

in Rechnung gestellt; insoweit steht ihm kein Kostenerstattungsanspruch zu. Allerdings kann er die hälftigen Sachverständigenkosten in Höhe von 1.500,00 EUR gegen die VKH-Antragstellerin festsetzen lassen (§ 123 ZPO). Wie schon bei Beispiel 1 a.F. kann der Antragsgegner keine hälftige Erstattung aus der Staatskasse verlangen, nachdem die VKH-Antragstellerin nicht Entscheidungsschuldnerin ist (zu den Nachteilen, vgl. Ausführungen unter Beispiel 1 a.F.).	in Rechnung gestellt; insoweit steht ihm kein Kostenerstattungsanspruch zu. Da die VKH-Antragstellerin als „Vergleichsschuldnerin" nunmehr dem Entscheidungsschuldner gleichgestellt ist, kann der Antragsgegner nun die hälftigen Sachverständigenkosten in Höhe von 1.500,00 EUR gemäß § 26 Abs. 3 und 4 FamGKG aus der Staatskasse erstattet verlangen (zu den Vorteilen, vgl. Ausführungen unter Beispiel 1 n.F.). Im Ergebnis verbleiben zu Lasten des Antragsgegners lediglich eine 0,5-Gebühr in Höhe von 172,50 EUR sowie die andere Hälfte der Sachverständigenkosten in Höhe von 1.500,00 EUR, zu deren Zahlung er sich mit Vergleichsabschluss auch verpflichtet hat.

44 *Praxistipp*
WICHTIG – Haftungsrisiko des Rechtsanwalts!

Der Anwalt muss bei Abschluss eines durch das Gericht vorgeschlagenen Vergleichs unbedingt darauf achten, dass das Gericht in seinem Vergleichsvorschlag ausdrücklich feststellt, dass die Kostenregelung der sonst zu erwartenden Kostenentscheidung entspricht. Schließt der Anwalt einen Vergleich, ohne dass zuvor der entsprechende Hinweis erteilt worden ist, macht er sich schadensersatzpflichtig, wenn die Partei dann auf Kostenerstattung in Anspruch genommen wird.[9] Dies gilt auch, wenn die Gegenseite vertreten wird und der Kostenfestsetzungsbeschluss (§ 123 ZPO) bei der bedürftigen Partei nicht beigetrieben werden kann und der Mandant „auf diesen Kosten sitzen bleibt".

Nach Ansicht von *Schneider/Thiel*[10] dürfte eine nachträgliche Feststellung nicht ausreichend sein. Das Gericht kann also nicht nachträglich einen Vergleich mit der Folge „genehmigen", dass die Kostenhaftung der bedürftigen Partei entfällt.

Praxistipp
Tipp 1

Da nicht zu erwarten ist, dass alle Richter diese Neuregelung kennen, wird vorgeschlagen, den Gesetzestext des § 26 FamGKG mit Begründung in 3facher Ausfertigung mit zu Gericht zu nehmen, um dem Gericht so erläutern zu können, warum man darauf besteht, dass der Vergleichsvorschlag des Gerichts die erforderliche Bestätigung erhält.

Tipp 2

Will ein Mandant den vom Gericht vorgeschlagenen Vergleich so nicht schließen und besteht auf dem „eigenen Vorschlag", sollte der anwaltliche Vertreter/die anwaltliche Vertreterin den Mandanten darauf hinweisen, dass er mit einer Gerichtskostenbelastung zu rechnen hat. Sicherheitshalber wird empfohlen, den ggf. im Gerichtssaal dem Mandanten erteilten Hinweis pro-

---

9 Vgl. auch *Schneider/Thiel*, AnwBl Online 2013, 298 ff.
10 *Schneider/Thiel*, AnwBl Online 2013, 298 ff.

tokollieren zu lassen oder aber schriftlich gegenüber dem Mandanten festzuhalten: *„Ich hatte Sie ausdrücklich darauf hingewiesen, dass . . . . . ; Sie wünschen jedoch dennoch . . . . ."*

Streitgenossen haften im Übrigen nach § 27 FamGKG als Gesamtschuldner, wenn die Kosten nicht durch gerichtliche Entscheidung unter sie verteilt worden sind; die Begrenzung liegt für jeden Streitgenossen bei seinem Anteil am Gesamtverfahrenswert.

II. Kostenverzeichnis nach FamGKG

1. Gebührentabelle

§ 28 FamGKG

(1) Wenn sich die Gebühren nach dem Verfahrenswert richten, beträgt die Gebühr bei einem Verfahrenswert bis 500 EUR 35 EUR. Die Gebühr erhöht sich bei einem

Verfahrenswert bis ... Euro[11]	für jeden angefangenen Betrag von weiteren ... Euro	um ... Euro
2.000	500	18
10.000	1.000	19
25.000	3.000	26
50.000	5.000	35
200.000	15.000	120
500.000	30.000	179
über 500.000	50.000	180

Eine Gebührentabelle für Verfahrenswerte bis 500.000 EUR ist diesem Gesetz als Anlage 2 beigefügt.

Der Mindestbetrag einer Gebühr ist 15 EUR, § 28 Abs. 2 FamGKG. (Aktuelle Gerichtskostentabelle in der Fassung nach dem 1.8.2013, vgl. Anhang III.)

Durch das 2. KostRMoG wurden unter anderem auch die Tabellenbeträge der Anlage 2 zu § 28 FamGKG erhöht. Welche Tabelle im konkreten Fall anwendbar ist, d.h. die Anlage 2 in der Fassung vor dem 1.8.2013 oder nach diesem Stichtag, ergibt sich aus § 63 FamGKG (vgl. auch § 1 Rn 95).

Im Anhang sind die Kosten- und Gebührentabellen des FamGKG und RVG (Tabellen zu § 13 und § 49) in der jeweils geltenden Fassung vor und nach dem 1.8.2013 zu finden.

2. Auszüge aus dem Kostenverzeichnis des FamGKG

Nachfolgend werden wichtige Regelungen im FamGKG zur Höhe der Gerichtskosten abgedruckt. Dabei sind die Änderungen infolge des 2. KostRMoG bereits berücksichtigt worden. Neben der Erhöhung der Betragsgebühren wurden im Kostenverzeichnis einige Überschriften um den Zusatz „wegen des Hauptgegenstands" ergänzt. Diese Änderung begründet der Gesetzgeber wie folgt:[12]

> *„Die Änderung dient der systematischen Abgrenzung zwischen „Hauptsache" und „einstweiligem Rechtsschutz" einerseits und dem Verfahren „wegen des Hauptgegenstands" und zum Beispiel wegen der Kosten oder wegen der Festsetzung einer Vergütung für einen Vormund andererseits. Diese Abgrenzung ist insbesondere bei den Gebührenregelungen für die Rechtsmittelverfahren im Kostenverzeichnis von Bedeutung."*

---

11 Tabelle in der Fassung **vor** dem 1.8.2013, vgl. Anhang V.
12 BT-Drucks 17/11471 v. 14.11.2012, S. 391, 388.

§ 2 Wertermittlung und Gerichtskosten in Familiensachen

Nr.	Gebührentatbestand	Gebühr oder Satz der Gebühr nach § 28 FamGKG
	Hauptabschnitt 1	
	Hauptsacheverfahren in Ehesachen einschließlich aller Folgesachen	
	Abschnitt 1	
	Erster Rechtszug	
1110	Verfahren im Allgemeinen	2,0

1111	Beendigung des Verfahrens hinsichtlich der Ehesache oder einer Folgesache durch
	1. Zurücknahme des Antrags
	   a) vor dem Schluss der mündlichen Verhandlung,
	   b) in den Fällen des § 128 Abs. 2 ZPO vor dem Zeitpunkt, der dem Schluss der mündlichen Verhandlung entspricht,
	   c) im Falle des § 331 Abs. 3 ZPO vor Ablauf des Tages, an dem die Endentscheidung der Geschäftsstelle übermittelt wird,
	2. Anerkenntnis- oder Verzichtsentscheidung oder Endentscheidung, die nach § 38 Abs. 4 Nr. 2 und 3 FamFG keine Begründung enthält oder nur deshalb eine Begründung enthält, weil zu erwarten ist, dass der Beschluss im Ausland geltend gemacht wird (§ 38 Abs. 5 Nr. 4 FamFG), mit Ausnahme der Endentscheidung in einer Scheidungssache,
	3. gerichtlichen Vergleich oder
	4. Erledigung in der Hauptsache, wenn keine Entscheidung über die Kosten ergeht oder die Entscheidung einer zuvor mitgeteilten Einigung über die Kostentragung oder einer Kostenübernahmeerklärung folgt,
	es sei denn, dass bereits eine andere Endentscheidung als eine der in Nummer 2 genannten Entscheidungen vorausgegangen ist:
	Die Gebühr 1110 ermäßigt sich auf
	(1) Wird im Verbund nicht das gesamte Verfahren beendet, ist auf die beendete Ehesache und auf eine oder mehrere beendete Folgesachen § 44 FamGKG anzuwenden und die Gebühr nur insoweit zu ermäßigen.
	(2) Die Vervollständigung einer ohne Begründung hergestellten Endentscheidung (§ 38 Abs. 6 FamFG) steht der Ermäßigung nicht entgegen.
	(3) Die Gebühr ermäßigt sich auch, wenn mehrere Ermäßigungstatbestände erfüllt sind.
		0,5

52 Die Gebühr Nr. 1110 entspricht der früheren Gebühr Nr. 1310 KV GKG.

Der Gesetzgeber übernahm weitgehend die früheren Regelungen aus Nr. 1311 KV GKG. Das Wort „gesamten" ist allerdings weggefallen. Somit wurde zum 1.9.2009 klargestellt, dass für den Eintritt der Gebührenermäßigung nicht zwingend das gesamte Verbundverfahren erledigt sein muss. Es reicht, wenn ein Gegenstand (dieser dann aber gesamt und nicht nur teilweise) sich erledigt, um aus diesem Wert die Gerichtsgebührenermäßigung zu erreichen.

53

	Abschnitt 2	
	Beschwerde gegen die Endentscheidung wegen des Hauptgegenstands	
	Vorbemerkung 1.1.2:	
	Dieser Abschnitt ist auch anzuwenden, wenn sich die Beschwerde auf eine Folgesache beschränkt.	
1120	Verfahren im Allgemeinen	3,0
1121	Beendigung des gesamten Verfahrens durch Zurücknahme der Beschwerde oder des Antrags, bevor die Schrift zur Begründung der Beschwerde bei Gericht eingegangen ist: Die Gebühr 1120 ermäßigt sich auf Die Erledigung in der Hauptsache steht der Zurücknahme gleich, wenn keine Entscheidung über die Kosten ergeht oder die Entscheidung einer zuvor mitgeteilten Einigung über die Kostentragung oder einer Kostenübernahmeerklärung folgt.	0,5

1122	Beendigung des Verfahrens hinsichtlich der Ehesache oder einer Folgesache, wenn nicht Nummer 1121 erfüllt ist, durch
	1. Zurücknahme der Beschwerde oder des Antrags
	    a) vor dem Schluss der mündlichen Verhandlung oder,
	    b) falls eine mündliche Verhandlung nicht stattfindet, vor Ablauf des Tages, an dem die Endentscheidung der Geschäftsstelle übermittelt wird,
	2. Anerkenntnis- oder Verzichtsentscheidung,
	3. gerichtlichen Vergleich oder
	4. Erledigung in der Hauptsache, wenn keine Entscheidung über die Kosten ergeht oder die Entscheidung einer zuvor mitgeteilten Einigung über die Kostentragung oder einer Kostenübernahmeerklärung folgt,
	es sei denn, dass bereits eine andere als eine der in Nummer 2 genannten Endentscheidungen vorausgegangen ist:
	Die Gebühr 1120 ermäßigt sich auf
	(1) Wird im Verbund nicht das gesamte Verfahren beendet, ist auf die beendete Ehesache und auf eine oder mehrere beendete Folgesachen § 44 FamGKG anzuwenden und die Gebühr nur insoweit zu ermäßigen.
	(2) Die Gebühr ermäßigt sich auch, wenn mehrere Ermäßigungstatbestände erfüllt sind.
		1,0

Abschnitt 2 regelt die Beschwerdeverfahren in Ehesachen und allen Folgesachen. In Abschnitt 2 wurden im Wesentlichen die früher (bis 31.8.2009) in den Nrn. 1320 bis 1322 geregelten Gebühren übernommen. **54**

Abschnitt 3 **55**
Rechtsbeschwerde gegen die Endentscheidung wegen des Hauptgegenstands

Vorbemerkung 1.1.3:
Dieser Abschnitt ist auch anzuwenden, wenn sich die Rechtsbeschwerde auf eine Folgesache beschränkt.

1130	Verfahren im Allgemeinen	4,0
1131	Beendigung des gesamten Verfahrens durch Zurücknahme der Rechtsbeschwerde oder des Antrags, bevor die Schrift zur Begründung der Rechtsbeschwerde bei Gericht eingegangen ist: Die Gebühr 1130 ermäßigt sich auf Die Erledigung in der Hauptsache steht der Zurücknahme gleich, wenn keine Entscheidung über die Kosten ergeht oder die Entscheidung einer zuvor mitgeteilten Einigung über die Kostentragung oder Kostenübernahmeerklärung folgt.	1,0
1132	Beendigung des Verfahrens hinsichtlich der Ehesache oder einer Folgesache durch Zurücknahme der Rechtsbeschwerde oder des Antrags vor Ablauf des Tages, an dem die Endentscheidung der Geschäftsstelle übermittelt wird, wenn nicht Nummer 1131 erfüllt ist: Die Gebühr 1130 ermäßigt sich auf Wird im Verbund nicht das gesamte Verfahren beendet, ist auf die beendete Ehesache und auf eine oder mehrere beendete Folgesachen § 44 FamGKG anzuwenden und die Gebühr nur insoweit zu ermäßigen.	2,0

Im nachfolgenden Abschnitt 2 werden die Verfahren im Übrigen dargestellt, d.h. z.B. selbstständige Familienstreitsachen wie Zugewinnausgleichsanträge oder Unterhaltsanträge. **56**

§ 2 Wertermittlung und Gerichtskosten in Familiensachen

57

Nr.		Gebühr
	Abschnitt 2	
	Verfahren im Übrigen	
	Unterabschnitt 1	
	Erster Rechtszug	
1220	Verfahren im Allgemeinen	3,0
	Soweit wegen desselben Verfahrensgegenstands ein Mahnverfahren vorausgegangen ist, entsteht die Gebühr mit dem Eingang der Akten beim Familiengericht, an das der Rechtsstreit nach Erhebung des Widerspruchs oder Einlegung des Einspruchs abgegeben wird; in diesem Fall wird eine Gebühr 1100 des Kostenverzeichnisses zum GKG nach dem Wert des Verfahrensgegenstands angerechnet, der in das Streitverfahren übergegangen ist.	
1221	Beendigung des gesamten Verfahrens durch	
	1. Zurücknahme des Antrags	
	a) vor dem Schluss der mündlichen Verhandlung,	
	b) in den Fällen des § 128 Abs. 2 ZPO vor dem Zeitpunkt, der dem Schluss der mündlichen Verhandlung entspricht,	
	c) im Falle des § 331 Abs. 3 ZPO vor Ablauf des Tages, an dem die Endentscheidung der Geschäftsstelle übermittelt wird,	
	wenn keine Entscheidung nach § 269 Abs. 3 Satz 3 ZPO über die Kosten ergeht oder die Entscheidung einer zuvor mitgeteilten Einigung über die Kostentragung oder einer Kostenübernahmeerklärung folgt,	
	2. Anerkenntnis- oder Verzichtsentscheidung oder Endentscheidung, die nach § 38 Abs. 4 Nr. 2 oder 3 FamFG keine Begründung enthält oder nur deshalb eine Begründung enthält, weil zu erwarten ist, dass der Beschluss im Ausland geltend gemacht wird (§ 38 Abs. 5 Nr. 4 FamFG),	
	3. gerichtlichen Vergleich oder	
	4. Erledigung in der Hauptsache, wenn keine Entscheidung über die Kosten ergeht oder die Entscheidung einer zuvor mitgeteilten Einigung über die Kostentragung oder einer Kostenübernahmeerklärung folgt,	
	es sei denn, dass bereits eine andere Endentscheidung als eine der in Nummer 2 genannten Entscheidungen vorausgegangen ist:	1,0
	Die Gebühr 1220 ermäßigt sich auf	
	(1) Die Zurücknahme des Antrags auf Durchführung des streitigen Verfahrens (§ 696 Abs. 1 ZPO), des Widerspruchs gegen den Mahnbescheid oder des Einspruchs gegen den Vollstreckungsbescheid stehen der Zurücknahme des Antrags (Nummer 1) gleich.	
	(2) Die Vervollständigung einer ohne Begründung hergestellten Endentscheidung (§ 38 Abs. 6 FamFG) steht der Ermäßigung nicht entgegen.	
	(3) Die Gebühr ermäßigt sich auch, wenn mehrere Ermäßigungstatbestände erfüllt sind.	

58 Im nachfolgenden Unterabschnitt ist die Beschwerde gegen die Endentscheidung wegen des Hauptgegenstands in übrigen Verfahren geregelt.

59

Nr.		Gebühr
	Unterabschnitt 2	
	Beschwerde gegen die Endentscheidung wegen des Hauptgegenstands	
1222	Verfahren im Allgemeinen	4,0
1223	Beendigung des gesamten Verfahrens durch Zurücknahme der Beschwerde oder des Antrags, bevor die Schrift zur Begründung der Beschwerde bei Gericht eingegangen ist:	1,0
	Die Gebühr 1222 ermäßigt sich auf	
	Die Erledigung in der Hauptsache steht der Zurücknahme gleich, wenn keine Entscheidung über die Kosten ergeht oder die Entscheidung einer zuvor mitgeteilten Einigung über die Kostentragung oder einer Kostenübernahmeerklärung folgt.	

1224	Beendigung des gesamten Verfahrens, wenn nicht Nummer 1223 erfüllt ist, durch
	1. Zurücknahme der Beschwerde oder des Antrags
	   a) vor dem Schluss der mündlichen Verhandlung oder,
	   b) falls eine mündliche Verhandlung nicht stattfindet, vor Ablauf des Tages, an dem die Endentscheidung der Geschäftsstelle übermittelt wird,
	2. Anerkenntnis- oder Verzichtsentscheidung,
	3. gerichtlichen Vergleich oder
	4. Erledigung in der Hauptsache, wenn keine Entscheidung über die Kosten ergeht oder die Entscheidung einer zuvor mitgeteilten Einigung über die Kostentragung oder einer Kostenübernahmeerklärung folgt,
	es sei denn, dass bereits eine andere Endentscheidung als eine der in Nummer 2 genannten Entscheidungen vorausgegangen ist:
	Die Gebühr 1222 ermäßigt sich
	Die Gebühr ermäßigt sich auch, wenn mehrere Ermäßigungstatbestände erfüllt sind.
		2,0

	Unterabschnitt 3 *Rechtsbeschwerde gegen die Endentscheidung wegen des Hauptgegenstands*	
1225	Verfahren im Allgemeinen	5,0
1226	Beendigung des gesamten Verfahrens durch Zurücknahme der Rechtsbeschwerde oder des Antrags, bevor die Schrift zur Begründung der Rechtsbeschwerde bei Gericht eingegangen ist: Die Gebühr 1225 ermäßigt sich auf Die Erledigung in der Hauptsache steht der Zurücknahme gleich, wenn keine Entscheidung über die Kosten ergeht oder die Entscheidung einer zuvor mitgeteilten Einigung über die Kostentragung oder einer Kostenübernahmeerklärung folgt.	1,0
1227	Beendigung des gesamten Verfahrens durch Zurücknahme der Rechtsbeschwerde oder des Antrags vor Ablauf des Tages, an dem die Endentscheidung der Geschäftsstelle übermittelt wird, wenn nicht Nummer 1226 erfüllt ist: Die Gebühr 1225 ermäßigt sich auf	3,0

Hauptabschnitt 3 regelt die Hauptsacheverfahren in selbstständigen Familiensachen der freiwilligen Gerichtsbarkeit z.B. für Kindschaftssachen (Pflegschaft für eine Leibesfrucht; Verfahren auf freiheitsentziehende Unterbringung eines Minderjährigen und Verfahren nach dem Jugendgerichtsgesetz). **60**

Für Familiensachen der freiwilligen Gerichtsbarkeit, die die **61**

- Abstammungssachen
- Adoptionssachen Volljähriger
- Ehewohnungs- und Haushaltssachen
- Gewaltschutzsachen
- Versorgungsausgleichssachen
- sowie Unterhaltssachen, Güterrechtssachen und sonstige Familiensachen nach § 111 Nr. 10 FamFG, die nicht Familienstreitsachen sind

betreffen, berechnen sich die Gerichtskosten nach Nrn. 1320 (2,0) – 1328 KV FamGKG.

Einstweilige Anordnungen werden betreffend der Gerichtskosten nach dem unten stehenden Hauptabschnitt 4 berechnet. **62**

63

Hauptabschnitt 4
Einstweiliger Rechtsschutz

Vorbemerkung 1.4:

Im Verfahren über den Erlass einer einstweiligen Anordnung und über deren Aufhebung oder Änderung werden die Gebühren nur einmal erhoben. Dies gilt entsprechend im Arrestverfahren.

Abschnitt 1
Einstweilige Anordnung in Kindschaftssachen
Unterabschnitt 1
Erster Rechtszug

Nr.		
1410	Verfahren im Allgemeinen	0,3
	Die Gebühr entsteht nicht für Verfahren, die in den Rahmen einer Vormundschaft oder Pflegschaft fallen, und für Verfahren, die die freiheitsentziehende Unterbringung eines Minderjährigen betreffen.	

Unterabschnitt 2
Beschwerde gegen die Endentscheidung wegen des Hauptgegenstands

1411	Verfahren im Allgemeinen	0,5
1412	Beendigung des gesamten Verfahrens ohne Endentscheidung:	0,3
	Die Gebühr 1411 ermäßigt sich auf	
	(1) Wenn die Entscheidung nicht durch Vorlesen der Entscheidungsformel bekannt gegeben worden ist, ermäßigt sich die Gebühr auch im Falle der Zurücknahme der Beschwerde vor Ablauf des Tages, an dem die Endentscheidung der Geschäftsstelle übermittelt wird.	
	(2) Eine Entscheidung über die Kosten steht der Ermäßigung nicht entgegen, wenn die Entscheidung einer zuvor mitgeteilten Einigung über die Kostentragung oder einer Kostenübernahmeerklärung folgt.	

Abschnitt 2
Einstweilige Anordnung in den übrigen Familiensachen und Arrest

Vorbemerkung 1.4.2:

Dieser Abschnitt gilt für Familienstreitsachen und die in Vorbemerkung 1.3.2 genannten Verfahren.

Unterabschnitt 1
Erster Rechtszug

1420	Verfahren im Allgemeinen	1,5
1421	Beendigung des gesamten Verfahrens ohne Endentscheidung:	0,5
	Die Gebühr 1420 ermäßigt sich auf	
	(1) Wenn die Entscheidung nicht durch Vorlesen der Entscheidungsformel bekannt gegeben worden ist, ermäßigt sich die Gebühr auch im Falle der Zurücknahme des Antrags vor Ablauf des Tages, an dem die Endentscheidung der Geschäftsstelle übermittelt wird.	
	(2) Eine Entscheidung über die Kosten steht der Ermäßigung nicht entgegen, wenn die Entscheidung einer zuvor mitgeteilten Einigung über die Kostentragung oder einer Kostenübernahmeerklärung folgt.	

Unterabschnitt 2
Beschwerde gegen die Endentscheidung wegen des Hauptgegenstands

1422	Verfahren im Allgemeinen	2,0
1423	Beendigung des gesamten Verfahrens durch Zurücknahme der Beschwerde oder des Antrags, bevor die Schrift zur Begründung der Beschwerde bei Gericht eingegangen ist:	0,5
	Die Gebühr 1422 ermäßigt sich auf	
1424	Beendigung des gesamten Verfahrens ohne Endentscheidung, wenn nicht Nummer 1423 erfüllt ist:	1,0
	Die Gebühr 1422 ermäßigt sich auf	
	(1) Wenn die Entscheidung nicht durch Vorlesen der Entscheidungsformel bekannt gegeben worden ist, ermäßigt sich die Gebühr auch im Falle der Zurücknahme der Beschwerde vor Ablauf des Tages, an dem die Endentscheidung der Geschäftsstelle übermittelt wird.	
	(2) Eine Entscheidung über die Kosten steht der Ermäßigung nicht entgegen, wenn die Entscheidung einer zuvor mitgeteilten Einigung über die Kostentragung oder einer Kostenübernahmeerklärung folgt.	

B. Gerichtskosten in Familiensachen § 2

	Hauptabschnitt 5	
	Besondere Gebühren	
1500	Abschluss eines gerichtlichen Vergleichs:	0,25
	Soweit ein Vergleich über nicht gerichtlich anhängige Gegenstände geschlossen wird	
	Die Gebühr entsteht nicht im Verfahren über die Verfahrenskostenhilfe. Im Verhältnis zur Gebühr für das Verfahren im Allgemeinen ist § 30 Abs. 3 FamGKG entsprechend anzuwenden.	
1501	Auferlegung einer Gebühr nach § 32 FamGKG wegen Verzögerung des Verfahrens	wie vom Gericht bestimmt
1502	Anordnung von Zwangsmaßnahmen durch Beschluss nach § 35 FamFG: je Anordnung	20,00 EUR

Die Anmerkung zu Nr. 1500 KV FamGKG wurde durch das 2. KostRMoG dahingehend ergänzt, dass im Verhältnis zur Gebühr für das Verfahren im Allgemeinen § 30 Abs. 3 FamGKG anwendbar, d.h. eine Begrenzung der Gerichtskosten vorzunehmen ist. Diese Ergänzung der Nr. 1500 KV FamGKG begründet der Gesetzgeber unter Verweis auf die vergleichbare Regelung der Nr. 17005 KV GNotKG wie folgt:[13]

„Die vorgeschlagene Regelung entspricht im Wesentlichen den Regelungen in den Nummern 1900, 5600 und 7600 KV GKG sowie Nummer 1500 KV FamGKG. Durch die geänderte Formulierung des Gebührentatbestands soll klargestellt werden, dass die Gebühr insoweit entstehen soll, wie der Gegenstand auch nicht in einem anderen Verfahren anhängig ist. Damit ist ausgeschlossen, dass der gemeinsame Vergleich teurer ist als einzeln abgeschlossene Vergleiche. Die Mehrvergleichsgebühr soll lediglich die entgangene Verfahrensgebühr abgelten.

Neu ist Satz 2 der Anmerkung. Hierbei geht es um die Frage, ob § 56 Absatz 3 GNotKG-E im Verhältnis zur Gebühr für das Verfahren im Allgemeinen entsprechend anwendbar ist. Das OLG Köln hat mit Beschl. v. 22.4.2010 (AGS 2010, 337) die Anwendbarkeit der entsprechenden Vorschrift für das GKG (§ 36 Absatz 3) bejaht. Danach ist bei einem Mehrvergleich die hierfür anfallende Gebühr wie ein Teil der Verfahrensgebühr zu behandeln mit der Folge, dass die Summe aus der Gebühr für das Verfahren im Allgemeinen für die anhängigen Teile und der Vergleichsgebühr für die nichtanhängigen Teile des Vergleichs eine Verfahrensgebühr aus der Summe der Wertteile nicht überschreiten darf. Diese Auslegung ist sachgerecht und soll nunmehr ausdrücklich im Gesetzeswortlaut umgesetzt werden."

Rechenbeispiel
Antrag auf Zugewinn in Höhe von 100.000,00 EUR, Vergleich über Zugewinnanspruch sowie über nichtanhängige Unterhaltsansprüche in Höhe von 10.000,00 EUR.

Bislang wurden die Gerichtskosten wie folgt angesetzt:

1.	1,0-Gebühr aus 100.000,00 EUR (Nrn. 1220, 1221 Nr. 3 KV FamGKG)	1.026,00 EUR
2.	0,25-Gebühr aus 10.000,00 EUR (Nr. 1500 KV FamGKG)	60,25 EUR
Summe		**1.086,25 EUR**

Nach Ergänzung der Anmerkung zu Nr. 1500 KV FamGKG ergibt sich nun folgende Abrechnung unter Anwendung des § 30 Abs. 3 FamGKG:

1.	1,0-Gebühr aus 100.000,00 EUR (Nrn. 1220, 1221 Nr. 3 KV FamGKG)	1.026,00 EUR

---

[13] BT-Drucks 17/11471 vom 14.11.2012, S. 331 f.

§ 2 Wertermittlung und Gerichtskosten in Familiensachen

2.	0,25-Gebühr aus 10.000,00 EUR (Nr. 1500 KV FamGKG)	60,25 EUR
	Zwischensumme	1.086,25 EUR
	Begrenzung der Gerichtsgebühren gemäß Anm. S. 2 zu Nr. 1500 KV FamGKG, nicht mehr als 1,0 aus 75.000,00 EUR =	**1.026,00 EUR**

65

Hauptabschnitt 6
Vollstreckung

Vorbemerkung 1.6:
Die Vorschriften dieses Hauptabschnitts gelten für die Vollstreckung, nach Buch 1 Abschnitt 8 FamFG, soweit das Familiengericht zuständig ist. Für Handlungen durch das Vollstreckungs- oder Arrestgericht werden Gebühren nach dem GKG erhoben.

1600	Verfahren über den Antrag auf Erteilung einer weiteren vollstreckbaren Ausfertigung (§ 733 ZPO) Die Gebühr wird für jede weitere vollstreckbare Ausfertigung gesondert erhoben. Sind wegen desselben Anspruchs in einem Mahnverfahren gegen mehrere Personen gesonderte Vollstreckungsbescheide erlassen worden und werden hiervon gleichzeitig mehrere weitere vollstreckbare Ausfertigungen beantragt, wird die Gebühr nur einmal erhoben.	20,00 EUR
1601	Anordnung der Vornahme einer vertretbaren Handlung durch einen Dritten	20,00 EUR
1602	Anordnung von Zwangs- oder Ordnungsmitteln: je Anordnung Mehrere Anordnungen gelten als eine Anordnung, wenn sie dieselbe Verpflichtung betreffen. Dies gilt nicht, wenn Gegenstand der Verpflichtung die wiederholte Vornahme einer Handlung oder eine Unterlassung ist.	20,00 EUR
1603	Verfahren zur Abnahme einer eidesstattlichen Versicherung (§ 94 FamFG) Die Gebühr entsteht mit der Anordnung des Gerichts, dass der Verpflichtete eine eidesstattliche Versicherung abzugeben hat, oder mit dem Eingang des Antrags des Berechtigten.	35,00 EUR

C. Berechnung des Gegenstandswertes

66 Bestimmungen zur Berechnung des Gegenstandswertes und der Wertfestsetzung finden sich in den §§ 22 bis 33 RVG (4. Abschnitt des Gesetzesteils im RVG). Eine für Familiensachen wichtige Wertbestimmung ist im Vergütungsverzeichnis in Abs. 1 der Anmerkung zu Nr. 3335 VV RVG (Verfahrenskostenhilfeverfahren) bis zum 31.7.2013 enthalten gewesen. Diese Wertregelung wurde zum 1.8.2013 in § 23a RVG verschoben.

§ 23a Gegenstandswert im Verfahren über die Prozesskostenhilfe

(1) Im Verfahren über die Bewilligung der Prozesskostenhilfe oder die Aufhebung der Bewilligung nach § 124 Nummer 1 der Zivilprozessordnung bestimmt sich der Gegenstandswert nach dem für die Hauptsache maßgebenden Wert; im Übrigen ist er nach dem Kostenintereresse nach billigem Ermessen zu bestimmen.

(2) Der Wert nach Absatz 1 und der Wert für das Verfahren, für das die Prozesskostenhilfe beantragt worden ist, werden nicht zusammengerechnet.

I. Addition mehrerer Gegenstände

67 § 22 Abs. 1 RVG behandelt den Grundsatz, dass in derselben Angelegenheit mehrere Gegenstände zusammengerechnet werden. Gleiches gilt für die Gerichtskosten über § 33 Abs. 1 FamGKG.

Beispiel 68

Es wird eine ein Unterhaltsantrag eingereicht. In diesem Schriftsatz werden mehrere Anträge gestellt: 1. Zahlung von Unterhalt für die Ehegattin, 2. Zahlung von Unterhalt für das Kind. Hier treffen in derselben Angelegenheit mehrere Gegenstände aufeinander. Die Werte (Ehegattenunterhalt und Kindesunterhalt) sind zu addieren. § 22 Abs. 1 RVG ist beim Gegenstandswert in der Anwaltsrechnung zu zitieren.

II. Wertbegrenzung

In § 22 Abs. 2 RVG ist eine Gegenstandswertbegrenzung auf 30 Mio. EUR enthalten, die für alle Fälle gilt, soweit durch Gesetz nichts anderes bestimmt ist. Sind in derselben Angelegenheit mehrere Personen Auftraggeber wegen verschiedener Gegenstände, beträgt der Wert für jede Person höchstens 30 Mio. EUR, insgesamt jedoch nicht mehr als 100 Mio. EUR.[14] 69

Die Wertbegrenzung in § 22 Abs. 2 RVG entspricht der Wertbegrenzung in § 33 Abs. 2 FamGKG, wobei im GKG der Wert von 30 Mio. EUR als Höchstgrenze gilt, unabhängig von der Anzahl der Auftraggeber. Ist mit einem nichtvermögensrechtlichen Anspruch ein aus ihm hergeleiteter vermögensrechtlicher Anspruch verbunden, ist nur ein Anspruch, und zwar der höhere, maßgebend, § 33 Abs. 1 S. 2 FamGKG. 70

Diese Wertgrenze spielt bei Ehe- und Lebenspartnerschaftssachen keine Rolle, da der Gegenstandswert hier aufgrund des § 43 FamGKG ohnehin auf max. 1 Mio. EUR beschränkt ist. 71

Auch wenn mit einem Familienrechtsmandat oft ein Erbrechtsmandat einhergeht, wird die Wertgrenze von 30 Mio. EUR hier wohl eher selten erreicht werden.

III. Verweis auf das FamGKG

Der Gegenstandswert für die Berechnung der Anwaltsvergütung richtet sich grundsätzlich zunächst einmal nach dem **RVG**. Bestimmungen zur Berechnung des Gegenstandswertes und der Wertfestsetzung im RVG finden sich in den §§ 22 bis 33 RVG. 72

§ 24 RVG (einstweilige Anordnungen) wurde zum 1.9.2009 **aufgehoben**. Hier war bis zum 31.8.2009 eine eigene Regelung im RVG erforderlich, da mangels Gerichtskosten für z.B. einstweilige (vorläufige) Anordnungsverfahren keine Wertbestimmung im GKG vorhanden war. Die Wertbestimmung für einstweilige Anordnungen befindet sich seit dem 1.9.2009 in § 41 FamGKG, der über § 23 Abs. 1 S. 2 RVG auch für die Abrechnung der Anwaltsgebühren zur Anwendung gelangt. 73

Soweit im RVG **keine** Bestimmung getroffen ist, gelten über § 23 Abs. 1 RVG für eine gerichtliche Tätigkeit oder eine Tätigkeit, die gerichtlich sein könnte, die für die Gerichtsgebühren geltenden Wertvorschriften. In Verfahren, in denen Kosten nach dem Gerichtskostengesetz oder dem Gesetz über Gerichtskosten in Familiensachen erhoben werden, sind die Wertvorschriften des jeweiligen Kostengesetzes entsprechend anzuwenden, wenn für das Verfahren keine Gerichtsgebühr oder eine Festgebühr bestimmt ist.[15] Dies bedeutet für Familiensachen seit 1.9.2009 eine Anwendung des FamGKG (vgl. auch Rn 227 ff.). 74

---

14 Diese Regelung ist nach Ansicht des BVerfG auch nicht verfassungswidrig: BVerfG NJW 2007, 2098.
15 Änderung in § 23 Abs. 1 RVG durch Art. 47 Abs. 6 FGG-RG.

IV. Vertragsentwürfe

75 In anderen Angelegenheiten (solchen, die nicht gerichtlich sind und auch nicht gerichtlich sein könnten, z.B. Vertragsentwürfe) bestimmt § 23 Abs. 3 RVG, dass einige Vorschriften aus der KostO anzuwenden sind. Bis zum 31.7.2013 fanden sich in § 23 Abs. 3 RVG der Verweis auf die Vorschrift für den Ehevertrag (§ 39 Abs. 3 KostO) und den Erbvertrag (§ 46 Abs. 4 KostO). Seit dem 1.8.2013 wird hier auf die §§ 100 u. 102 GNotKG verwiesen.

1. Erstellung eines Ehevertrags

76 § 100 Güterrechtliche Angelegenheiten
(1) Der Geschäftswert
1. bei der Beurkundung von Eheverträgen im Sinne des § 1408 des Bürgerlichen Gesetzbuchs, die sich nicht auf Vereinbarungen über den Versorgungsausgleich beschränken und
2. bei der Beurkundung von Anmeldungen aufgrund solcher Verträge

ist die Summe der Werte der gegenwärtigen Vermögen beider Ehegatten. Betrifft der Ehevertrag nur das Vermögen eines Ehegatten, ist nur dessen Vermögen maßgebend. Bei Ermittlung des Vermögens werden Verbindlichkeiten bis zur Hälfte des nach Satz 1 oder 2 maßgeblichen Werts abgezogen. Verbindlichkeiten eines Ehegatten werden nur von seinem Vermögen abgezogen.
(2) Betrifft der Ehevertrag nur bestimmte Vermögenswerte, auch wenn sie dem Anfangsvermögen hinzuzurechnen wären, oder bestimmte güterrechtliche Ansprüche, so ist deren Wert, höchstens jedoch der Wert nach Absatz 1 maßgebend.
(3) Betrifft der Ehevertrag Vermögenswerte, die noch nicht zum Vermögen des Ehegatten gehören, werden sie mit 30 Prozent ihres Werts berücksichtigt, wenn sie im Ehevertrag konkret bezeichnet sind.
(4) Die Absätze 1 bis 3 gelten entsprechend bei Lebenspartnerschaftsverträgen."[16]

77 Neu zum 1.8.2013 ist damit, dass die Verbindlichkeiten maximal bis zur Höhe des hälftigen Vermögens abgezogen werden, bei entsprechend hohen Verbindlichkeiten diese also nicht mehr komplett abgezogen werden, sondern nur solange, bis zumindest noch der hälftige Vermögenswert verbleibt.

78 Ebenso ist neu, dass im Ehevertrag konkret bezeichnete künftige Vermögenswerte mit einem Wert von 30 % angesetzt werden können.

79 *Praxistipp*
Da die Ermittlung des Werts künftiger Vermögenswerte in der Praxis Schwierigkeiten bereiten kann, wird im Zweifelfall empfohlen, eine Vergütungsvereinbarung zu treffen, mit der der anzusetzende Wert für diese künftigen Vermögenswerte nach § 100 Abs. 3 GNotKG festgelegt wird.

80 Der Gesetzgeber begründet die vorgenommenen Änderungen wie folgt:

„Absatz 1 soll an die Stelle des § 39 Absatz 3 KostO und, soweit die Beurkundung von Anmeldungen zum Güterrechtsregister betroffen ist, an die Stelle des § 28 KostO treten.

Die Nummer 1 betrifft die Beurkundung von Eheverträgen. Durch den Verweis auf § 1408 BGB soll klargestellt werden, dass diese Bestimmung nur dann gilt, wenn ein Ehevertrag die güterrechtlichen Verhältnisse betrifft. Wenn lediglich Vereinbarungen über den Versorgungsausgleich getroffen werden, soll sich der Geschäftswert nach § 36 Absatz 1 GNotKG-E bestimmen. Weitere ehebezogene Vereinbarungen, wie beispielsweise Unterhaltsregelungen, fallen nicht

---

16 BT-Drucks 17/11471 v. 14.11.2012, 2. KostRMoG, Art. 1 Kap. 3 Abschnitt 4 Unterabschnitt 2.

unter den Begriff „Ehevertrag". § 111 Nummer 2 GNotKG-E bestimmt, dass ein Ehevertrag im engeren Sinn stets gegenstandsverschieden zu anderen Erklärungen sein soll.

Die Nummer 2 umfasst den Tatbestand des § 28 KostO, soweit es sich um Anmeldungen zum Güterrechtsregister aufgrund von Eheverträgen handelt. Der Geschäftswert anderer eintragungsfähiger Tatsachen bestimmt sich nach § 36 Absatz 1 GNotKG-E.

Absatz 1 Satz 1 und 2 soll bestimmen, dass der Geschäftswert die Summe der Werte der gegenwärtigen Vermögen beider Ehegatten ist und, wenn nur das Vermögen eines Ehegatten betroffen ist, nur dieser Wert maßgeblich sein soll.

Satz 3 ist neu. Er soll den Schuldenabzugs auf die Höhe der Hälfte des nach Satz 1 oder 2 maßgeblichen Werts begrenzen. Der Schuldenabzug soll nicht grundsätzlich in Frage gestellt werden. Es erscheint jedoch nicht sachgerecht, dass es wegen hoher Verbindlichkeiten zu einem unangemessen niedrigen Geschäftswert kommt. Gerade wegen vorhandener Verbindlichkeiten können in einem Ehevertrag komplizierte Regelungen erforderlich sein. Mit der vorgeschlagenen Regelung sollen ferner Missbräuche durch die Angabe fiktiver Verbindlichkeiten, die kaum nachprüfbar sind, vermieden werden.

Durch Satz 4 soll deutlich zum Ausdruck kommen, dass Verbindlichkeiten nur vom Vermögen des jeweiligen Schuldners abgezogen werden dürfen; ein Abzug beim anderen Ehegatten soll nicht stattfinden. Dies entspricht der derzeit ganz herrschenden Meinung und soll nun im Gesetzeswortlaut verankert werden (vgl. Korintenberg/Lappe/Bengel/Reimann, KostO, 18. Aufl., § 39 Rn 120).

Absatz 2 übernimmt den Regelungsgehalt des § 39 Absatz 3 Satz 3 KostO, ergänzt ihn aber in verschiedener Hinsicht. Der Begriff „Gegenstand", der im geltenden § 39 Absatz 3 KostO verwendet wird, soll nicht verwendet werden, um Überschneidungen mit dem Gegenstandsbegriff im Sinne eines Rechtsverhältnisses (§ 86 Absatz 1 GNotKG-E) zu vermeiden. An seine Stelle sollen die Begriffe „Vermögenswerte" oder „güterrechtliche Ansprüche" treten. Neu ist auch die Klarstellung, dass es für die Geschäftswertermittlung keine Rolle spielen soll, ob ein bestimmter Vermögenswert, der im Zugewinnausgleich unberücksichtigt bleiben soll, schon kraft Gesetzes als privilegiertes Vermögen (§ 1374 Absatz 2 BGB) dem Anfangsvermögen zugerechnet würde. Durch eine solche Regelung wird regelmäßig ausgeschlossen, dass eine Wertsteigerung während der Ehezeit beim Zugewinnausgleich zu berücksichtigen ist. Schließlich soll ausdrücklich klargestellt werden, dass auch dann, wenn sich der Geschäftswert nach dem Wert eines bestimmten Gegenstands bemisst, eine Wertbegrenzung auf den Geschäftswert erfolgen soll, der für einen Ehevertrag, der das Gesamt-vermögen betrifft, maßgeblich wäre. Dies entspricht schon gegenwärtiger Handhabung (Korintenberg/Lappe/Bengel/Reimann, KostO, 18. Aufl., § 39 Rn 112; BayObLGZ 1982, 191 in JurBüro 1982, 1236).

Absatz 3 ist neu. Der Vorschlag soll dem Umstand Rechnung tragen, dass Eheverträge häufig im Hinblick auf den bevorstehenden Erwerb eines bestimmten Vermögenswerts abgeschlossen werden. In der Praxis handelt es sich dabei meist um Zuwendungen im Wege der vorweggenommenen Erbfolge, bei denen der Zuwendende Wert darauf legt, dass der Ehepartner des Empfängers im Fall der Scheidung in keiner Weise von der Zuwendung profitiert und dies vor der Zuwendung zwischen den Eheleuten geregelt haben möchte. Nicht selten machen auch Gesellschafter die Aufnahme eines neuen Gesellschafters davon abhängig, dass dieser vor Aufnahme eheverträglich sicherstellt, dass güterrechtliche Ansprüche keinen Geldabfluss aus dem Unternehmen bedingen. In derartigen Fällen liegt der Gestaltungsschwerpunkt auf diesem Vermögenswert und nicht auf dem Vermögen, das den Eheleuten zum Zeitpunkt des Vertragsabschlusses schon gehört. Diesen Umstand soll Absatz 3 durch eine Hinzurechnung berücksichtigen, die aber nur dann eingreifen soll, wenn sich der Ehevertrag ausdrücklich auf diesen

§ 2 Wertermittlung und Gerichtskosten in Familiensachen

Vermögenswert bezieht und dies durch dessen Benennung zum Ausdruck kommt. Die Tatsache, dass es sich um einen zukünftigen, womöglich noch nicht gesicherten Erwerb handelt, soll durch die Hinzurechnung mit einem Teilwert berücksichtigt werden.

Absatz 4 soll die entsprechende Anwendung dieser Regelung auf Lebenspartnerschaftsverträge anordnen." [17]

81 Maßgeblich für die Wertberechnung ist der Zeitpunkt der Beurkundung.[18] Betrifft der Ehevertrag das Vermögen beider Ehegatten, ist das gesamte gegenwärtige Vermögen beider Ehegatten maßgebend, z.B.
- Vereinbarung oder Aufhebung der Gütergemeinschaft (§ 1415 ff. BGB)[19]
- Ausschluss oder Aufhebung des gesetzlichen Güterstandes der Zugewinngemeinschaft (§ 1363 ff. BGB) mit der Folge der Gütertrennung (§ 1414 BGB).[20]

Dies gilt auch für Eheverträge künftiger Ehegatten.[21]

82 Das Vermögen nur eines Ehegatten kommt als Wert in Betracht, wenn ein ehevertraglicher Verzicht auf die Zurechnung zum Endvermögen für künftige unentgeltliche Verfügung nur eines Ehegatten an die Abkömmlinge erfolgt.[22]

83 Schulden werden abgezogen bis max. die Hälfte des Vermögens noch verbleibt, und zwar nur von dem Vermögen, auf dem sie lasten; Gesamtschulden von dem Vermögen, das sie im Innenverhältnis belasten, sonst nach § 426 (Gesamtschuldnerausgleich) je zur Hälfte. Überschuldetes Vermögen eines Ehegatten bleibt außer Betracht, da die Überschuldung nicht vom Vermögen des anderen in Abzug zu bringen ist.

84 Soll nur ein bestimmter Gegenstand durch Ehevertrag geregelt werden, so gilt dessen Wert, § 100 Abs. 2 S. 1 GNotKG. In der Praxis kommt der modifizierte Zugewinnausgleich recht häufig vor. Hier werden beispielsweise oft Geschäfts-, Gesellschafts- oder Erbanteile aus dem zukünftigen Zugewinnausgleich ausgeklammert.

85 Es gilt jedoch der Grundsatz, dass bei Regelung mehrerer Teile des Gesamtvermögens insgesamt kein höherer Wert angenommen werden darf, als sich bei einer Vereinbarung über das gesamte gegenwärtige Vermögen nach Abzug der Schulden bis max. zur Hälfte des Vermögens ergeben hätte.[23]

86 Für Lebenspartnerschaftsverträge gilt das oben Gesagte ebenso, § 100 Abs. 4 GNotKG.

87 *Praxistipp*
In der Praxis hat es sich bewährt, vor der Abrechnung gegenüber dem Mandanten bei notariell beurkundeten Eheverträgen sich mit dem Notar bezüglich des Wertes abzustimmen, sonst sind Rückfragen des Mandanten vorprogrammiert. Dabei ist jedoch zu berücksichtigen, dass die anwaltliche Tätigkeit möglicherweise insgesamt mehr umfasst hat, als lediglich die Beurkundung des Ehevertrags.

---

17 BT-Drucks 17/11471 v. 14.11.2012, 2. KostRMoG, Begründung zu § 100 GNotKG, S. 277 f.
18 *Göttlich/Mümmler/Assenmacher/Mathias,* KostO, Ehevertrag, 1.2, S. 244.
19 So auch OLG Hamm DNotZ 1959, 99; vgl. dazu auch: *Korinthenberg/Lappe/Reimann/Bengel,* KostO, § 39 Rn 109a m.w.w.N.
20 Hier ist ebenfalls das Vermögen beider Ehegatten betroffen.
21 *Korinthenberg/Lappe/Reimann/Bengel,* KostO, § 39 Rn 109b – eine Anwendung von § 30 Abs. 1 KostO kommt nicht in Betracht.
22 *Korinthenberg/Lappe/Reimann/Bengel,* KostO, § 39 Rn 114.
23 BayObLG JurBüro 1982, 1060 = MittBayNot 1982, 144; OLG Stuttgart JurBüro 1990, 372.

C. Berechnung des Gegenstandswertes § 2

Die Notarkosten für die Beurkundung eines Ehevertrags belaufen sich auf eine 2,0 Gebühr nach Nr. 21100 KV GNotKG. **88**

Der Wert nach § 100 Abs. 1 GNotKG gilt auch für sogenannte modifizierte Zugewinngemeinschaften.[24] Lediglich Modifikationen, die den Ausschluss von Verfügungsbeschränkungen (§§ 1365, 1369 BGB) allein betreffen, sind nicht nach § 100 Abs. 1 GNotKG sondern vielmehr nach § 51 Abs. 2 GNotKG (= 30 % des betroffenen Gegenstands) zu bewerten (wobei letzterer für die Anwaltsgebühren in § 23 Abs. 3 RVG nicht – wie § 100 GNotKG – für anwendbar erklärt wird).[25] **89**

Berechnungsbeispiel **90**

Aktivvermögen Ehefrau	10.000,00 EUR	
abzüglich Verbindlichkeiten ./.	40.000,00 EUR	
Reinvermögen	0,00 EUR	
berücksichtigungsfähiger Wert nach § 100 Abs. 1 GNotKG		5.000,00 EUR
Berechnungsbeispiel:		
Aktivvermögen Ehemann	60.000,00 EUR	
abzüglich Verbindlichkeiten ./.	10.000,00 EUR	
Reinvermögen	50.000,00 EUR	
berücksichtigungsfähiger Wert nach § 100 Abs. 1 GNotKG		50.000,00 EUR
Wert Ehevertrag gesamt		55.000,00 EUR

§ 100 Abs. 3 GNotKG, der regelt, dass künftiges Vermögen bei konkreter Bezeichnung im Ehevertrag mit 30 % berücksichtigt werden kann, führt dazu, dass die Addition erst nach Ermittlung des Wertes des Ehevertrags nach § 100 Abs. 1 GNotKG erfolgt. Würde die Addition bereits vorher erfolgen, könnte sich ein höherer Schuldenabzug ergeben, da man vom falschen modifizierten Reinvermögen ausgeht.[26] (Zum Bodenrichtwert siehe Rn 100). **91**

Sofern Grundstücke zum Vermögen gehören, erfolgt ihre Bewertung nach dem Verkehrswert (§ 46 Abs. 2 u. 3 GNotKG). **92**

Kapitallebensversicherungen sind mit dem Rückkaufswert zum Zeitpunkt der Beurkundung zu berücksichtigen; der aktuelle Wert kann bei der Versicherung abgefragt werden. Reine Risikolebensversicherungen, die keinen Kapital- oder Rückkaufswert haben, bleiben unberücksichtigt, da sie keinen Vermögenswert haben. **93**

Wird das Vermögen durch Bargeld oder Sparguthaben gebildet, so ist das Guthaben am Tag der Beurkundung maßgebend. Eine frühzeitige Abfrage beim Mandanten beim ersten Beratungsgespräch bietet sich an. **94**

Kraftfahrzeuge, Haushaltsgegenstände usw. sind mit ihrem zu schätzenden Sachwert anzusetzen.[27] **95**

Aktien und Wertpapiere sind mit dem Kurswert (auch hier: Zeitpunkt der Beurkundung) zu berücksichtigen. **96**

In der Praxis hat es sich bewährt, bei schwigen Wertberechnungen mit dem Auftraggeber offen über die Honorarvorstellungen zu sprechen und zur Vermeidung eines späteren Streits ggf. eine Vergütungsvereinbarung für diese Tätigkeit zu treffen. Gleichwohl kann die Bewertung über § 100 **97**

---

24 So auch: *Diehn/Sikora/Tiedtke*, Das neue Notarkostenrecht, Rn 591 f.
25 *Diehn/Sikora/Tiedtke*, Das neue Notarkostenrecht, Rn 591.
26 So auch: *Diehn/Sikora/Tiedtke*, Das neue Notarkostenrecht, Rn 600 f.
27 *Diehn/Sikora/Tiedtke*, Das neue Notarkostenrecht, Rn 605 f.

GNotKG Anhaltspunkte für die eigene Vergütungsvereinbarung geben. Denn häufig werden solche Vergütungsvereinbarungen „aus dem Bauch heraus" getroffen, ohne dass sich der Anwalt oder die Anwältin im Klaren darüber ist, was nach dem Gesetz abgerechnet werden könnte. Darüber hinaus stellt sich die Frage, wie der Anwalt sein Auskunftsrecht gegenüber dem Auftraggeber durchsetzen kann/möchte, wenn er das Gefühl hat, dass dieser nicht alle Vermögenswerte korrekt angibt. Es sollte daher immer recht frühzeitig die Honorarfrage geklärt werden.

98 Wird ein Ehevertrag aufgehoben, ist dieser ebenfalls nach § 100 GNotKG zu bewerten, da diese Aufhebung zum Entstehen eines neuen Güterstandes oder zu einer Modifikation des gesetzlichen Güterstandes führt. Sofern ein neuer Güterstand unter Aufhebung des vorherigen vereinbart wird (z.B. Gütergemeinschaft statt Gütertrennung), ist nur einmal zu bewerten.

99 Nach *Diehn/Sikora/Tiedtke* verdrängt § 111 Nr. 2 GNotKG die Grundnorm des § 109 Abs. 1 GNotKG mit der Folge, dass die *„mit einem Ehevertrag verbundenen Übertragungsgeschäfte auch dann einen anderen Gegenstand darstellen, wenn sie der Durchführung und Erfüllung z.B. von Zugewinnausgleichsansprüchen dienen."*[28]

Verträge über den Versorgungsausgleich sind nicht als Eheverträge einzustufen, da in § 100 Abs. 1 GNotKG lediglich auf § 1408 Abs. 1 BGB Bezug genommen wird. Werden weitere Gegenstände mit geregelt, wie dies häufig in Scheidungsvereinbarungen der Fall ist, können diese einer gesonderten Bewertung zugeführt werden. Hierzu zählen:
- Vereinbarungen über den Versorgungsausgleich
- Vereinbarungen über Kindes- und/oder Ehegattenunterhalt
- Sorgerechtserklärungen
- Erb-/Pflichtteilsverzichtserklärungen
- gesonderte Regelungen zur Übertragung von Grundstücken oder anderen Vermögenswerten; ggf. einschließlich ihrer Auseinandersetzung und zwar unabhängig davon, ob sie ganz oder teilweise der Erfüllung von Zugewinnausgleichsansprüchen dienen oder nicht,[29] (zur Bewertung von Grundstücken etc. siehe Rn 92).

100 Hilfreich kann auch die Einholung von Bodenrichtwerten der jeweiligen Gemeinde sein. Die meisten Gemeinden veröffentlichen entsprechende Bodenrichtwerte im Internet.

2. Erstellung eines Erbvertrags

101 **§ 102 Erbrechtliche Angelegenheiten**
(1) Geschäftswert bei der Beurkundung einer Verfügung von Todes wegen ist, wenn über den ganzen Nachlass oder einen Bruchteil verfügt wird, der Wert des Vermögens oder der Wert des entsprechenden Bruchteils des Vermögens. Verbindlichkeiten des Erblassers werden abgezogen, jedoch nur bis zur Hälfte des Werts des Vermögens. Vermächtnisse und Auflagen werden nur bei Verfügung über einen Bruchteil und nur mit dem Anteil ihres Werts hinzugerechnet, der dem Bruchteil entspricht, über den nicht verfügt wird.
(2) Verfügt der Erblasser außer über die Gesamtrechtsnachfolge daneben über Vermögenswerte, die noch nicht zu seinem Vermögen gehören, jedoch in der Verfügung von Todes wegen konkret bezeichnet sind, wird deren Wert hinzugerechnet. Von dem Begünstigten zu übernehmende Verbindlichkeiten werden abgezogen, jedoch nur bis zur Hälfte des Vermögenswerts. Die Sätze 1 und 2 gelten bei gemeinschaftlichen Testamenten und gegenseitigen Erbverträgen nicht für Vermögenswerte, die bereits nach Absatz 1 berücksichtigt sind.
(3) Betrifft die Verfügung von Todes wegen nur bestimmte Vermögenswerte, ist deren Wert maßgebend; Absatz 2 Satz 2 gilt entsprechend.

---

28 *Diehn/Sikora/Tiedtke*, Das neue Notarkostenrecht, Rn 615 f.
29 *Diehn/Sikora/Tiedtke*, Das neue Notarkostenrecht, Rn 617 f.

(4) Bei der Beurkundung eines Erbverzichts-, Zuwendungsverzichts- oder Pflichtteilsverzichtsvertrags gilt Absatz 1 Satz 1 und 2 entsprechend; soweit der Zuwendungsverzicht ein Vermächtnis betrifft, gilt Absatz 3 entsprechend.[30] Das Pflichtteilsrecht ist wie ein entsprechender Bruchteil des Nachlasses zu behandeln.

(5) Die Absätze 1 bis 3 gelten entsprechend für die Beurkundung der Anfechtung oder des Widerrufs einer Verfügung von Todes wegen sowie für den Rücktritt von einem Erbvertrag. Hat eine Erklärung des einen Teils nach Satz 1 im Fall eines gemeinschaftlichen Testaments oder eines Erbvertrags die Unwirksamkeit von Verfügungen des anderen Teils zur Folge, ist der Wert der Verfügungen des anderen Teils dem Wert nach Satz 1 hinzuzurechnen."[31]

Der Gesetzgeber begründet die Regelung wie folgt:

„Dieser Vorschlag soll den Geschäftswert für Verfügungen von Todes wegen sowie für Erb- und Pflichtteilsverzichtsverträge regeln. Neu ist hierbei insbesondere die Absicht, Widersprüche zu vermeiden, die sich derzeit aus dem Prinzip des Schuldenabzugs bei Gesamtrechtsnachfolge einerseits und des Bruttoprinzips bei gegenständlicher Zuwendung andererseits ergeben.

102

§ 102 ist keine abschließende Wertvorschrift für den Bereich der erbrechtlichen Angelegenheiten. Die Vorschrift ist nur anzuwenden, wenn über den gesamten Nachlass, einen Bruchteil oder bestimmte Vermögensgegenstände verfügt wird. In anderen Fällen soll sich der Wert nach § 36 GNotKG-E richten. So ist beispielsweise die isolierte Anordnung einer Testamentsvollstreckung bzw. die Änderung der Person des Testamentsvollstreckers nicht als Verfügung über den Nachlass anzusehen. Ebenso wäre es keine Verfügung über den Nachlass oder über einzelne Vermögenswerte, wenn in einer ergänzenden Verfügung von Todes wegen frühere Verfügungen lediglich erläutert werden.

Absatz 1 soll an die Stelle des § 46 Absatz 4 KostO treten und für Verfügungen von Todes wegen gelten, mit denen zur Gesamtrechtsnachfolge verfügt wird. Die Grundsätze der geltenden Regelung sollen unangetastet bleiben. Neu sind die Regelungen in Satz 2 und 3. Es erscheint sachgerecht, den Abzug von Verbindlichkeiten nur noch bis zur Höhe der Hälfte des Aktivvermögens vorzusehen. Auf die Begründung der Parallelregelung zu Eheverträgen in § 100 GNotKG-E wird verwiesen. Bei der Gestaltung von Verfügungen von Todes wegen verursachen vorhandene Verbindlichkeiten oft einen zusätzlichen Regelungsaufwand und ein höheres Haftungsrisiko. Die Regelung des § 46 Absatz 4 Satz 2 KostO, wonach Erbfall-schulden nicht abzugsfähig sind, wurde nicht ausdrücklich übernommen, da sie nicht erforderlich ist. Maßgeblich ist die Bewertung des Nachlasses im Zeitpunkt der Beurkundung (§ 96 GNotKG-E). Erbfallschulden können in diesem Zeitpunkt naturgemäß nicht entstanden sein. Satz 3 betrifft den Sachverhalt, dass in einer Verfügung von Todes wegen nur über einen Teil des Nachlasses durch Erbeinsetzung verfügt wird, daneben aber die Zuwendung eines bestimmten Gegenstands im Rahmen eines Vermächtnisses erfolgt. In diesem Fall treffen die Geschäftswertvorschriften von Satz 1 und 2 mit den Sachwertvorschriften und dem Schuldenabzugsverbot des § 38 GNotKG-E zusammen. Der Vorschlag sieht vor, dass in diesem Fall zum Wert des Nettonachlassbruchteils der Wert des Vermächtnisses in Höhe des Bruchteils hinzugerechnet wird, der dem Bruchteil entspricht, über den nicht verfügt worden ist.

Beispiel: Der im Rahmen des § 102 Absatz 1 zugrunde zu legende Nachlasswert beträgt 200 000 EUR. Verfügt der Erblasser in seinem Testament lediglich über 1/2 des Nachlasses (100 000 EUR) zugunsten der X und wendet darüber hinaus dem Y im Wege des Vermächtnisses weitere 50 000 EUR zu, so ist der Geschäftswert die Summe aus dem Nachlassbruchteil, über

---

30 Der Zuwendungsverzicht wurde mit BT-Drucks 17/13537 v. 15.5.2013 aufgenommen.
31 BT-Drucks 17/11471 v. 14.11.2012, 2. KostRMoG, Art. 1 Kap. 3 Abschnitt 4 Unterabschnitt 2.

den verfügt wurde (100 000 EUR) und 1/2 des Vermächtniswerts (25 000 EUR), da der Anteil des Nachlasses, über den nicht verfügt wurde, 1/2 beträgt. Im Ergebnis beträgt der Geschäftswert somit 125 000 EUR.

Auflagen sollen wie Vermächtnisse behandelt werden. Ausgangspunkt dieses Vorschlags ist der Umstand, dass bei einer Verfügung über den gesamten Nachlass Vermächtnisse und Auflagen nicht abgezogen werden.

Absatz 2 hat im geltenden Recht keine Entsprechung. Der Vorschlag betrifft Sachverhalte, in denen der Erblasser neben einer Erbeinsetzung gegenständliche Zuwendungen vornimmt, die fremde Vermögenswerte betreffen. Hierher gehört zum Beispiel die Anordnung eines Vermächtnisses bezüglich eines konkreten Gegenstands, dessen Übertragung auf den Erblasser bevorsteht. Diese Konstellation unterscheidet sich von den Fällen, in denen diese Vermögenswerte kostenrechtlich bereits im Rahmen der Verfügung über das gegenwärtige Vermögen enthalten sind. Ist dies nicht der Fall, erscheint es sachgerecht, diese Vermögenswerte dem gegenwärtigen Nachlass hinzuzurechnen, wie es in Satz 1 vorgesehen ist.

Satz 2 soll im Rahmen der Hinzurechnung den Grundsatz des beschränkten Schuldenabzugs fortschreiben, um einen Widerspruch zu den Regelungen, die für die Gesamtrechtsnachfolge nach Absatz 1 gelten, zu vermeiden. Daher sollen Verbindlichkeiten abzugsfähig sein, die der Zuwendungsempfänger zu übernehmen hat (beispielsweise nach § 2165 BGB), allerdings auch hier begrenzt auf die Hälfte des Werts des zugewandten Vermögenswerts.

Eine doppelte kostenrechtliche Berücksichtigung eines fremden Vermögenswerts soll allerdings ausgeschlossen sein. Daher ordnet Satz 3 an, dass eine Hinzurechnung eines fremden Vermögenswerts dann nicht vorzunehmen ist, wenn bei einem gemeinschaftlichen Testament oder einem gegenseitigen Erbvertrag dieser Wert schon bei der Erbfolge des Erstversterbenden berücksichtigt worden ist. Ein Anwendungsbeispiel ist das Berliner Testament. Soll in der Verfügung des Längstlebenden ein Vermächtnis hinsichtlich eines konkreten Gegenstands angeordnet werden, der ganz oder zum Teil einem der Ehegatten gehört, träfe die Hinzurechnungsregelung für den Längstlebenden zwar zu, soll aber nicht zur Anwendung kommen, weil der Gegenstand bereits jetzt zum gemeinsamen Vermögen gehört.

Absatz 3 betrifft zunächst die gegenständliche Zuwendung von Vermögenswerten, also die Vermächtnisanordnung oder die Begünstigung durch eine Auflage. Grundsätzlich erfolgt eine Bewertung nach den allgemeinen Bewertungsvorschriften, also mit dem Verkehrswert. Neu an diesem Vorschlag ist die Einführung eines beschränkten Schuldenabzugs auch im Fall der gegenständlichen Zuwendung. Während derzeit kein Schuldenabzug stattfindet (§ 18 Absatz 3 KostO) und dadurch der Nettowert des Nachlasses überschritten werden kann (Korintenberg/Lappe/Bengel/Reimann, KostO, 18. Aufl., § 46 Rn 22), soll das zu Absatz 2 entwickelte Modell zukünftig auch auf die gegenständliche Zuwendung angewandt werden. Diese Vorschrift soll jedoch auch für die Fälle der nachträglichen Anordnung einer Ausgleichungs- oder Anrechnungspflicht nach den §§ 2050, 2053 oder 2315 BGB in der Fassung des noch in der Beratung befindlichen Gesetzes zur Änderung des Erb- und Verjährungsrechts (Bundestags-Drs. 16/8954) gelten. Derartige Anordnungen erfolgen durch Verfügung von Todes wegen. Maßgeblicher Wert ist demnach der Betrag, um den sich der Auseinandersetzungs- bzw. Pflichtteilsanspruch durch die nachträgliche Anordnung mindert.

Der Vorschlag in Absatz 4 ist neu. Die Bewertung eines Erb- oder Pflichtteilsverzichtsvertrags ist gegenwärtig uneinheitlich (Korintenberg/Lappe/Bengel/Reimann, KostO, 18. Aufl., § 39 Rn 30 ff.). Durch den Verweis auf Absatz 1 soll bestimmt werden, dass sich der Geschäftswert nach den Verhältnissen im Zeitpunkt des Verzichts bestimmt. Wahrscheinlichkeitserwägungen bezüglich des Überlebens des Verzichtenden oder der Entwicklung der Vermögensverhältnisse *des Erblassers sollen keine Rolle spielen. Durch den ausdrücklichen Verweis auch auf Satz 2 von Absatz 1 soll klargestellt werden, dass Verbindlichkeiten in gleicher Weise wie bei der Errichtung einer Verfügung von Todes wegen berücksichtigt werden sollen.*

Absatz 5 ist neu. Er soll den Geschäftswert für Erklärungen regeln, die zwar keine Verfügungen von Todes wegen sind, aber erbrechtlich gestaltende Wirkungen haben. Daher sollen gemäß Satz 1 für solche Erklärungen auch die Geschäftswertvorschriften für Verfügungen von Todes wegen anwendbar sein. Satz 2 soll klarstellen, dass im Fall wechselbezüglicher Verfügungen in einem gemeinschaftlichen Testament oder erbvertraglich bindender Verfügungen die gesetzlichen Auswirkungen auf die Verfügungen des anderen Erblassers kosten-rechtlich durch Hinzurechnung zu berücksichtigen sind (so zum geltenden Recht Korintenberg/Lappe/Bengel/Reimann, KostO, 18. Aufl., § 46 Rn 12)."[32]

Verfügt ein Erblasser über seinen Nachlass insgesamt oder einen rechnerischen Bruchteil hiervon, so kommt der Wert des nach Abzug der Verbindlichkeiten verbleibenden reinen Vermögens des Erblassers in Betracht. Im erstgenannten Fall handelt es sich um den Wert des ganzen reinen Nachlasses, im letztgenannten Fall um den Wert des entsprechenden Bruchteils. Etwaige Vermächtnisse, Teilungsanordnung, Auflagen, Testamentsvollstreckung, etc., die im Erbvertrag einer Regelung unterworfen sind, bleiben wertmäßig außen vor. Nur Erblasserschulden sind berücksichtigungsfähige Verbindlichkeiten. Dies bedeutet, dass Vermächtnisse, etc., die im Erbvertrag geregelt sind, nicht zum Abzug führen.

3. Ehevertrag in Verbindung mit einem Erbvertrag

Wird ein Ehe- oder Lebenspartnerschaftsvertrag gleichzeitig mit einem Erbvertrag erstellt, so galt bis zum 31.7.2013 bei der Wertberechnung der Vertrag mit dem höheren Wert, § 46 Abs. 3 KostO. Aus diesem Grund waren zunächst die Werte für beide Verträge zu ermitteln, um feststellen zu können, welcher Wert der höhere ist.

Diese Regelung wurde jedoch mit Einführung des GNotKG zum 1.8.2013 aufgegeben. § 111 Abs. 2 GNotKG bestimmt, dass Eheverträge immer ein besonderer Beurkundungsgegenstand sind. Dies führt dazu, dass der Wert für Ehe- und Erbvertrag gesondert zu ermitteln und sodann zu addieren sind.

4. Annahme als Kind

In § 23 Abs. 3 wird für entsprechende Tätigkeiten, die die Annahme als Kind regeln auf § 101 GNotKG verwiesen:

> **§ 101 Annahme als Kind**
>
> In Angelegenheiten, die die Annahme eines Minderjährigen betreffen, beträgt der Geschäftswert 5 000 EUR."[33]

Der Gesetzgeber begründet diese Neuregelung wie folgt:

„Dieser Vorschlag soll an die Stelle des § 39 Absatz 4 KostO treten. Mit der Anhebung des Betrags von 3 000 EUR auf 5 000 EUR und der Ausgestaltung als Höchstwert soll ein Gleichlauf zu der Vorschrift des § 36 Absatz 3 GNotKG-E erreicht werden. Angesichts der Mindestgebühr von 30 EUR (Gebühr 21201) kommt dieser Erhöhung lediglich systematische Bedeutung zu."[34]

---

32 BT-Drucks 17/11471 v. 14.11.2012, 2. KostRMoG, Begründung zu § 102 GNotKG, S. 278 ff.
33 BT-Drucks 17/11471 v. 14.11.2012, 2. KostRMoG, Art. 1 Kap. 3 Abschnitt 4 Unterabschnitt 2.
34 BT-Drucks 17/11471 v. 14.11.2012, 2. KostRMoG, Begründung zu § 101 GNotKG, S. 278.

V. Allgemeine Wertvorschriften des FamGKG

1. Grundsatz der Wertberechnung, § 33 FamGKG

106 Nach § 33 Abs. 1 S. 1 FamGKG werden in demselben Verfahren und in demselben Rechtszug die Werte mehrerer Verfahrensgegenstände zusammengerechnet, soweit nichts anderes bestimmt ist. Diese Regelung im FamGKG entspricht die für RA-Gebühren geltende Vorschrift in § 22 Abs. 1 RVG.

107 Ist mit einem nichtvermögensrechtlichen Anspruch ein aus ihm hergeleiteter vermögensrechtlicher Anspruch verbunden, ist nur ein Anspruch, und zwar der höhere, maßgebend, § 33 Abs. 1 S. 2 FamGKG (vgl. auch § 2 Rn 278).

108 Der Verfahrenswert beträgt höchstens 30 Millionen EUR, soweit kein niedrigerer Höchstwert bestimmt ist, § 33 Abs. 2 FamGKG. Diese Bestimmung gilt jedoch nur für die Gerichtsgebühren, da § 22 Abs. 2 RVG für die Anwaltsgebühren eine eigene Regelung vorsieht (Wertgrenze: 30 Mio., bei mehreren Auftraggebern 100 Mio.).

2. Zeitpunkt der Wertberechnung, § 34 FamGKG

109 Für die Wertberechnung ist der Zeitpunkt der den jeweiligen Verfahrensgegenstand betreffenden ersten Antragstellung in dem jeweiligen Rechtszug entscheidend, § 34 S. 1 FamGKG. In Verfahren, die von Amts wegen eingeleitet werden, ist der Zeitpunkt der Fälligkeit der Gebühr maßgebend, § 34 S. 2 FamGKG.

110 *Praxistipp*
Grundsätzlich ist für jeden Verfahrensgegenstand auf § 34 FamGKG abzustellen. Wird z.B. ein Versorgungsausgleichsverfahren erst später in das Verbundverfahren eingebracht, weil die Beteiligten möglicherweise erst später Kenntnis von derartigen Ansprüchen bekommen haben, gilt der Zeitpunkt der den jeweiligen Verfahrensgegenstand betreffenden ersten Antragstellung. Es kann also nicht immer automatisch auch für Folgesachen auf das Nettoeinkommen der Beteiligten zum Zeitpunkt des Scheidungsantrags abgestellt werden (vgl. dazu auch § 2 Rn 311).

3. Bezifferte Geldforderungen, § 35 FamGKG

111 Sofern eine bezifferte Geldforderung Gegenstand des Verfahrens ist, bemisst sich der Verfahrenswert nach deren Höhe, soweit nichts anderes bestimmt ist, § 35 FamGKG.

112 Diese Regelung betrifft beispielsweise **Zugewinnausgleichsforderungen**.

113 *Beispiel*
In einem selbstständigen Verfahren wird ein Zugewinnausgleichsanspruch in Höhe von 25.000,00 EUR gefordert. Wert für dieses Verfahren: 25.000,00 EUR, §§ 23 Abs. 1 S. 2 RVG, § 35 FamGKG.

114 *Praxistipp*
Oft müssen hohe Beträge geprüft werden und es ergibt sich dann nur ein relativ geringer Ausgleichsbetrag. Da die Prüfung hoher Werte i.d.R. auch arbeitsintensiv ist, sollte ggf. frühzeitig über den Abschluss einer Vergütungsvereinbarung nachgedacht werden.

115 Bei einem Antrag auf **vorzeitigen Zugewinnausgleich** ist i.d.R. ein Viertel des zu erwartenden Zugewinnausgleichsanspruchs als Interesse anzusehen.[35] Nach der Rechtsprechung des BGH kann

---

35 BGH FamRZ 1973, 133.

die Quote geringer sein, wenn der Ehescheidungsantrag schon eingereicht und baldige Scheidung zu erwarten ist.[36] Im Hinblick auf die Vorverlegung des Zeitpunkts für die Berechnung des Zugewinnausgleichsanspruchs durch die Güterrechtsreform wird diese Einschränkung jedoch kaum noch zum Tragen kommen.

Zur Bewertung von Antrag und Widerantrag beim Zugewinnausgleich (vgl. § 2 Rn 128 ff.). 116

4. Genehmigung einer Erklärung oder deren Ersetzung, § 36 FamGKG

Wenn in einer vermögensrechtlichen Angelegenheit Gegenstand des Verfahrens die Genehmigung einer Erklärung oder deren Ersetzung ist, bemisst sich der Verfahrenswert nach dem Wert des zugrunde liegenden Geschäfts; 36 Abs. 1 S. 1 FamGKG. § 38 des Gerichts- und Notarkostengesetzes und die für die Beurkundung geltenden besonderen Geschäfts- und Bewertungsvorschriften des Gerichts- und Notarkostengesetzes sind entsprechend anzuwenden, § 36 Abs. 1 S. 2 FamGKG. 117

§ 36 FamGKG verweist neben § 38 GNotKG auf die für eine Beurkundung geltenden besonderen Geschäftswert- und Bewertungsvorschriften des Gerichts- und Notarkostengesetzes. Nach Schneider/Thiel fallen darunter die Wertvorschriften der §§ 40 – 54 sowie 97 – 111 GNotKG.[37] Diese Vorschriften regeln unter Anderem folgende Gegenstände (keine abschließende Aufzählung):

§ 38 GNotKG	– Belastung mit Verbindlichkeiten (Schuldenabzugsverbot)
§ 46 GNotKG	– Sachen
§§ 47, 51 Abs. 1 GNotKG	– Kauf-, Vorkaufs- und Wiederkaufsrecht
§§ 42, 43 GNotKG	– Wohnungs- und Teileigentum, Erbbaurecht
§ 50 GNotKG	– Bestimmte schuldrechtliche Verpflichtungen
§ 52 Abs. 1 GNotKG	– Grunddienstbarkeiten
§ 53 GNotKG	– Grundpfandrecht und sonstige Sicherheiten
§ 52 GNotKG	– Wiederkehrende Nutzungen oder Leistungen
§ 98 GNotKG	– Zustimmungserklärungen
§ 99 GNotKG	– Miet-, Pacht- und Dienstverträge
§ 100 GNotKG	– Güterrechtliche Angelegenheiten
§ 101 GNotKG	– Annahme als Kind
§ 102 GNotKG	– Erbrechtliche Angelegenheiten

Durch das Inkrafttreten des 2. KostRMoG zum 1.8.2013 und der damit verbundenen Aufhebung der Kostenordnung, wurde auch § 36 FamGKG neu gefasst. Bislang verwies § 36 FamGKG noch auf einzelne Wertvorschriften der Kostenordnung (§§ 18 Abs. 3, 19 bis 25, 39 Abs. 2, 40 Abs. 2 und § 46 Abs. 4 KostO); diese wurden durch die oben genannten Wertvorschriften des Gerichts- und Notarkostengesetzes ersetzt. 118

§ 36 FamGKG findet sowohl für Angelegenheiten, die dem Schutz des Kindesvermögens dienen, als auch auf Genehmigungserfordernisse im ehelichen Güterrecht Anwendung.[38] 119

Mehrere Erklärungen, die denselben Gegenstand betreffen, insbesondere der Kauf und die Auflassung oder die Schulderklärung und die zur Hypothekenbestellung erforderlichen Erklärungen, sind als ein Verfahrensgegenstand zu bewerten, § 36 Abs. 2 FamGKG. 120

---

36 BGH FamRZ 1973, 133.
37 *Schneider/Thiel*, AnwBl Online 2013, 303.
38 *Schulte-Bunert/Weinreich*, FamFG Kommentar, § 36 FamGKG Rn 3.

121 *Beispiel*
Die Genehmigung eines Grundstückskaufvertrags durch das Familiengericht sowie Genehmigung der Auflassung (§ 1821 Abs. 1 Nr. 1 u. 4 BGB i.V.m. § 1643 Abs. 1 BGB) löst eine Verfahrensgebühr für beide Genehmigungen nach den einfachen Wert des Kaufpreises aus.

122 § 36 Abs. 2 FamGKG ist damit zu § 33 FamGKG (Addition der Werte bei mehreren Gegenständen) eine Spezialnorm.

123 Der Wert beträgt in jedem Fall höchstens eine Million EUR, § 36 Abs. 3 FamGKG. Der Gesetzgeber hält die Begrenzung auf eine Million EUR im Hinblick auf die gleiche Wertgrenze für Ehesachen für angemessen.[39]

5. Nebenforderungen, § 37 FamGKG

124 Nebenforderungen (Früchte, Nutzungen, Zinsen oder Kosten) werden bei der Wertberechnung nicht berücksichtigt, § 37 Abs. 1 FamGKG. Soweit diese Nebenforderungen allerdings ohne den Hauptgegenstand betroffen sind, gilt deren Wert, § 37 Abs. 2 FamGKG, soweit er den Wert des Hauptgegenstands nicht übersteigt.

125 Sind die Kosten des Verfahrens ohne den Hauptgegenstand betroffen, ist der Betrag der Kosten maßgebend, soweit er den Wert des Hauptgegenstands nicht übersteigt, § 37 Abs. 3 FamGKG.

126 Zur Frage, ob und wann die im Verfahren geltend gemachte außergerichtlich entstandene Geschäftsgebühr Neben- oder Hauptforderung ist (vgl. § 4 Rn 221 ff.)

6. Stufenantrag, § 38 FamGKG

127 Der Stufenantrag ist im FamGKG unter den allgemeinen Wertvorschriften geregelt. Im Hinblick auf den Zusammenhang mit Unterhaltsverfahren ist der Stufenantrag im Kapitel Wertberechnung in Unterhaltssachen (siehe § 2 Rn 211) kommentiert. (Für Zugewinnausgleichsansprüche siehe § 2 Rn 356)

7. Antrag und Widerantrag, Aufrechnung etc., § 39 FamGKG

128 Antrag, Widerantrag, Hilfsanspruch, wechselseitige Rechtsmittel und hilfsweise Aufrechnung sind in § 39 FamGKG geregelt.

129 Mit einem Antrag und einem Widerantrag geltend gemachte Ansprüche, die nicht in getrennten Verfahren verhandelt werden, werden zusammengerechnet, § 39 Abs. 1 S. 1 FamGKG.

130 Ein hilfsweise geltend gemachter Anspruch wird mit dem Hauptanspruch zusammengerechnet, soweit eine Entscheidung über ihn ergeht, § 39 Abs. 1 S. 2 FamGKG.

131 Betreffen die Ansprüche im Fall des Satzes 1 oder des Satzes 2 denselben Gegenstand, ist nur der Wert des höheren Anspruchs maßgebend, § 39 Abs. 1 S. 3 FamGKG.[40]

Derselbe Gegenstand ist dann anzunehmen, wenn dasselbe wirtschaftliche Interesse verfolgt wird.[41] Dies ist z.B. dann anzunehmen, wenn eine negative Feststellungsklage bzw. negativer Feststellungsantrag einem Leistungsanspruch (**Unterhalt**) gegenüber steht.[42]

---

[39] BT-Drucks 16/6308, S. 304, 305.
[40] Eine sehr ausführliche Aufstellung, was in strittigen Fällen nach der Rechtsprechung derselbe und was verschiedene Gegenstände sind, findet sich in *Meyer*, GKG Kommentar, § 45 Rn 13 u. 14.
[41] BGH NJW-RR 2005, 506.
[42] OLG Brandenburg FamRZ 2004, 962.

C. Berechnung des Gegenstandswertes § 2

Werden in einem **Güterrechtsstreit** gegenläufige Leistungsanträge gestellt, weil jeder der Ehegatten/Lebenspartner einen Ausgleichsanspruch behauptet, liegen verschiedene Gegenstände vor, die Werte sind zu addieren.[43] (Zur Vermeidung von Wiederholungen vgl. § 2 Rn 346 ff.)

132

Für wechselseitig eingelegte Rechtsmittel, die nicht in getrennten Verfahren verhandelt werden, ist § 39 Abs. 1 S. 1 und 3 FamGKG entsprechend anzuwenden.

133

Macht ein Beteiligter hilfsweise die Aufrechnung mit einer bestrittenen Gegenforderung geltend, erhöht sich der Wert um den Wert der Gegenforderung, soweit eine der Rechtskraft fähige Entscheidung über sie ergeht, § 39 Abs. 3 FamGKG.

134

Beispiel
Ein getrennt lebendes Ehepaar wird geschieden. Die Geschiedenen hatten noch ein gemeinsames Konto unterhalten, von dem die monatlichen Ratenzahlungen für das Haus bezahlt wurden. Die Frau lebte noch weiter in dem Haus. Vereinbart war, dass sie sich um den Hausverkauf kümmern sollte. Für ihre Bemühungen sollte sie den sich nach Abzug der Verbindlichkeiten ergebenden Restkaufpreiserlös behalten dürfen. Eine schriftliche Abmachung wurde allerdings nicht getroffen. Die Frau bestritt während der Verkaufsphase sämtliche Nebenkosten sowie Reparaturkosten am Haus.

135

Nach rechtskräftiger Scheidung waren die geschiedenen Eheleute aufgrund eines harten Unterhaltsverfahrens dermaßen zerstritten, dass der Ehemann von der Vereinbarung nichts mehr wissen wollte. Er macht daraufhin einen Betrag von 9.000,00 EUR (hälftiger Restkaufpreiserlös) gerichtlich geltend. Die Frau bestritt die Forderung unter Verweis auf die getroffene Vereinbarung; im Übrigen erklärte sie hilfsweise die Aufrechnung mit den von ihr geleisteten Zahlungen:

Steuern 500,00 EUR; Reparaturkosten 6.200,00 EUR; Schneeräumung 150,00 EUR; Abwasserkosten 400,00 EUR; Strom 420,00 EUR; Kosten für den Gärtner 320,00 EUR; Kaminkehrerkosten 105,00 EUR; „Weihnachtsgeld Zeitungsmann" 20,00 EUR; Ersatz für Blumenkübel 35,00 EUR; Dachrinnenreinigung 240,00 EUR; Marderbeseitigung 1.670,00 EUR.

Die Antragsgegnerin kann die Absprache nicht nachweisen, so dass das Gericht von einer hälftigen Teilung der berechtigten Kosten und hälftigen Teilung des Restkaufpreiserlöses ausgeht. Es beschließt wie folgt:

Der Antrag auf Zahlung des hälftigen Restkaufpreiserlöses ist berechtigt und die Antragsgegnerin ist diesbezüglich zur Zahlung verpflichtet. Der Anspruch ist allerdings aufgrund der teilweise berechtigten hilfsweise zur Aufrechnung gestellten Gegenforderungen in Höhe von 8.610,00 EUR erloschen, so dass die Antragsgegnerin nur noch zur Zahlung eines Betrages von 390,00 EUR nebst Zinsen verpflichtet ist. Das Gericht hat folgende Forderungen für berechtigt erkannt: Steuern 500,00 EUR; Reparaturkosten 6.200,00 EUR; Dachrinnenreinigung 240,00 EUR; Marderbeseitigung 1.670,00 EUR = 8.610,00 EUR.

---

43 **Für** eine Zusammenrechnung der Leistungsansprüche haben sich ausgesprochen (herrschende Rechtsprechung): OLG Celle NJW-RR 2011, 223; OLG Stuttgart FamRZ 2006, 1055; OLG München FamRZ 2007, 750; OLG Hamm AGS 2004, 30; OLG Bamberg FamRZ 1995, 492; OLG Düsseldorf MDR 2003, 236; OLG Köln OLGR 2001, 203; OLG Köln OLGR 2001, 9; OLG Köln MDR 2001, 941 = NJW-FER 2001, 271 = FamRZ 2001, 1368; OLG Hamburg AGS 2000, 230; OLG Karlsruhe FamRZ 1998, 574; OLG München FamRZ 1997, 41 = KostRspr. GKG § 19 Nr. 197; AGS 1994, 19; OLG Bamberg FamRZ 1995, 492; *Gross*, Anwaltsgebühren in Ehe- und Familiensachen, § 8 Rn 79; *Kindermann*, Rn 256 ff.; *Madert/Müller-Rabe*, Kostenhandbuch Familiensachen, VIII. Rn 87 *Schneider/Herget*, Streitwertkommentar, „Klage und Widerklage", Rn 3101; *Binz/Dörndorfer/Petzold/Zimmermann*, § 39 FamGKG Rn 2; *Mayer/Kroiß*, IV. Verfahrenswerte in Familienrecht, Rn 82; **Gegen** eine Addition waren: OLG Düsseldorf FamRZ 1994, 640; OLG Köln MDR 1994; OLG Köln (14. ZS) FamRZ 1994, 641; OLG Koblenz JurBüro 1985, 917, 316; OLG Zweibrücken JurBüro 1985, 1360 – diese Auffassungen sind jedoch nach allgemeiner Ansicht überholt: *Schneider/Herget*, Zugewinn, Rn 6384.

Die übrigen hilfsweise zur Aufrechnung gestellten Gegenforderungen hat das Gericht nicht für berechtigt anerkannt, da die Antragsgegnerin das Haus während der maßgeblichen Zeiten alleine bewohnte und damit für die laufenden Kosten auch alleine aufzukommen habe. Es handelte sich dabei um die folgenden – hilfsweise zur Aufrechnung gestellten – Gegenforderungen: Schneeräumung 150,00 EUR; Abwasserkosten 400,00 EUR; Strom 420,00 EUR; Kosten für den Gärtner 320,00 EUR; Kaminkehrerkosten 105,00 EUR; „Weihnachtsgeld Zeitungsmann" 20,00 EUR; Ersatz für Blumenkübel 35,00 EUR, somit insgesamt: 1.450,00 EUR.

Der Gegenstandswert setzte sich wie folgt zusammen:

Forderung Restkaufpreiserlös	9.000,00 EUR
Steuern	500,00 EUR
Reparaturkosten	6.200,00 EUR
Schneeräumung	150,00 EUR
Abwasserkosten	400,00 EUR
Strom	420,00 EUR
Gärtner	320,00 EUR
Kaminkehrerkosten	105,00 EUR
Weihnachtsgeld Zeitungsmann	20,00 EUR
Ersatz für Blumenkübel	35,00 EUR
Dachrinnenreinigung	240,00 EUR
Marderbeseitigung	1.670,00 EUR
Gesamt, §§ 23 Abs. 1 RVG, 39 Abs. 3 FamGKG:	**19.060,00 EUR**

Da über alle hilfsweise zur Aufrechnung gestellten Gegenforderungen eine der Rechtskraft fähige Entscheidung ergangen ist, sind alle Gegenforderungen zu addieren. Hierbei ist zu berücksichtigen, dass einzelne Gegenforderungen maximal in der Höhe der „eingeklagten" Forderung zu addieren sind, § 322 Abs. 2 ZPO; die Begrenzung greift aber vorliegend nicht, da die einzelnen Gegenforderungen die „eingeklagte" Forderung nicht übersteigen.

136 Bei einer Erledigung des Verfahrens durch Vergleich sind die Absätze 1 bis 3 entsprechend anzuwenden, § 39 Abs. 4 FamGKG.

137 Zu beachten ist insoweit, dass wenn der Rechtsanwalt mit hohen Forderungen hilfsweise aufrechnet, das Gericht aber, wenn es die Antrags(Klage-)forderung für unbegründet hält, über die Gegenforderungen nicht mehr entscheiden wird. Dies bedeutet einen erheblichen Arbeitsaufwand für den Anwalt, ohne dass er diese Tätigkeit vergütet erhält. Der Bundesgerichtshof hält dies für sachlich gerechtfertigt, da über § 23 Abs. 1 RVG die Vorschriften des GKG u. FamGKG zur Anwendung gelangen, somit auch für die Berechnung der Anwaltsgebühren gelten.

„Zur Bestimmung des Gegenstandswerts der anwaltlichen Tätigkeit wird der Wert einer nicht beschiedenen Hilfsaufrechnung dem Wert der Klageforderung nicht hinzugerechnet."[44]

Was dabei vom BGH verkannt wird, ist, dass der Anwalt aber, im Gegensatz zum Gericht (weshalb eine Nichtaddition der Werte für die Gerichtskosten auch gerechtfertigt ist) einen erheblichen Arbeitsaufwand hat, d.h. er muss die Gegenforderungen genauso sorgfältig begründen wie einen Antrag oder eine Antragserwiderung. Unglücklicherweise wird im Hinblick auf ein hohes Haftungsrisiko bei fehlendem Gebührenausgleich in Zweifelsfällen der Anwalt durch die BGH-Entscheidung in den Widerantrag getrieben. Diese führt in solchen Fällen auf jeden Fall zur Wert-

---

[44] BGH, Beschl. v. 25.9.2008 – VII ZB 99/07, NJW 2009, 231 = FamRZ 2009, 43 = DAR 2009, 175 m. Anm. *Jungbauer.*

addition. Eine Wertaddition ist auch über einen gesonderten Festsetzungsantrag des Rechtsanwalts nach § 33 RVG nicht möglich.[45]

8. Rechtsmittelverfahren, § 40 FamGKG

Im Rechtsmittelverfahren bestimmt sich der Verfahrenswert nach den Anträgen des Rechtsmittelführers; endet das Verfahren, ohne dass solche Anträge eingereicht werden, oder werden, wenn eine Frist für die Rechtsmittelbegründung vorgeschrieben ist, innerhalb dieser Frist Rechtsmittelanträge nicht eingereicht, ist die Beschwer maßgebend, § 40 FamGKG. 138

Der Wert des Rechtsmittelverfahrens ist auf den Wert des Verfahrensgegenstands des ersten Rechtszugs begrenzt; außer in den Fällen, wenn der Gegenstand erweitert wird, § 40 Abs. 2 FamGKG. 139

Im Verfahren über den Antrag auf Zulassung der Sprungrechtsbeschwerde ist Verfahrenswert der für das Rechtsmittelverfahren maßgebende Wert, § 40 Abs. 3 FamGKG. 140

> *Praxistipp* 141
> Hat der Mandant den Auftrag erteilt, das Rechtsmittel zu beschränken, sollte an eine rechtzeitige Antragstellung gedacht werden. Im Hinblick auf das Kostenrisiko einer Rücknahme eines Rechtsmittels vor Antragstellung, ist generell vor Einreichung des Rücknahmeschriftsatzes zu prüfen, ob auftragsgemäß eine Beschränkung des Rechtsmittels erfolgte.

Aber Achtung 142

Wird allein zur Reduzierung der Kostenlast ohne sachlich rechtfertigenden Grund ein reduzierender Antrag gestellt, kann dieser wegen der Rechtsmissbräuchlichkeit unbeachtlich sein.[46]

9. Auffangwert, § 42 FamGKG

Soweit in einer vermögensrechtlichen Angelegenheit der Verfahrenswert sich aus den Vorschriften dieses Gesetzes nicht ergibt und auch sonst nicht feststeht, ist er nach billigem Ermessen zu bestimmen, § 42 Abs. 1 FamGKG. 143

Soweit in einer nichtvermögensrechtlichen Angelegenheit der Verfahrenswert sich aus den Vorschriften dieses Gesetzes nicht ergibt, ist er unter Berücksichtigung aller Umstände des Einzelfalls, insbesondere des Umfangs und der Bedeutung der Sache und der Vermögens- und Einkommensverhältnisse der Beteiligten, nach billigem Ermessen zu bestimmen, jedoch nicht über 500.000 EUR, § 42 Abs. 2 FamGKG. 144

Bestehen in den Fällen der Absätze 1 und 2 des § 42 FamGKG keine genügenden Anhaltspunkte, ist von einem Wert von 5.000 EUR auszugehen, § 42 Abs. 3 FamGKG. Der Wert wurde zum 1.8.2013 durch das 2. KostRMoG von 3.000 EUR auf 5.000 EUR angehoben.[47] 145

§ 42 FamGKG übernimmt weitgehend die Regelung in § 36 Abs. 3 GNotKG (bis zum 1.8.2013 galt § 30 Abs. 2 KostO). Sofern der konkrete Wert sich nicht aus den §§ 35, 36, 43 u. 52 FamGKG ergibt, kommt der Auffangwert nach § 42 FamGKG zur Anwendung, wobei dieser Wert Ausgangswert für eine individuelle Festsetzung sein soll, eine Abweichung nach oben ist also möglich.[48] 146

---

45   KG, Beschl. v. 11.6.2007, Az.: 20 U 150/04 = JurBüro 2007, 488; OLG Brandenburg NJOZ 2006, 3384; OLG Karlsruhe AGS 2007, 470; OLG Köln, Beschl. v. 23.7.2008, Az. 22 U 141/07 bei juris.
46   OLG Koblenz FamRZ 2005, 1767; OLG Schleswig JurBüro 2004, 140; BGH NJW-RR 1998, 355; vgl. ausführlich dazu auch: *Meyer*, Gerichtskostengesetz, § 47 Rn 4.
47   BGBl I 2013, S. 2586–2712.
48   BT-Drucks 16/6308, S. 305, zu § 42 FamGKG.

§ 2 Wertermittlung und Gerichtskosten in Familiensachen

147 Sofern § 42 FamGKG für die Hauptsache zur Anwendung käme, wäre der nach § 42 FamGKG zu bestimmende Wert maßgebend für den Wert der einstweiligen Anordnung (1/2 – vgl. § 41 FamGKG).

148 *Hinweis*
§ 42 Abs. 1 bezieht sich auf vermögensrechtliche Angelegenheiten; § 42 Abs. 2 auf nicht vermögensrechtliche Angelegenheiten. Damit gilt die Wertgrenze von 500.000,00 EUR auch nur für nicht vermögensrechtliche Angelegenheiten!

VI. Bewertung der Ehe- und Lebenspartnerschaftssache
1. Gesetzliche Grundlage

149 Die Bewertung der Ehe- und Lebenspartnerschaftssachen nach § 111 Nr. 1 u. Nr. 11 FamFG erfolgt, wenn diese ab dem 1.9.2009 oder später eingeleitet worden sind, über §§ 23 Abs. 1 S. 1 RVG, 43 FamGKG. Von dem Begriff „Ehesachen" sind gemäß § 121 FamFG sowohl das klassische Scheidungsverfahren an sich als auch die Aufhebung der Ehe und die Feststellung des Bestehens oder Nichtbestehens einer Ehe mit umfasst (bezgl. Lebenspartnerschaften, vgl. § 5 FamGKG).

150 § 43 Ehesachen

(1) In Ehesachen ist der Verfahrenswert unter Berücksichtigung aller Umstände des Einzelfalls, insbesondere des Umfangs und der Bedeutung der Sache und der Vermögens- und Einkommensverhältnisse der Ehegatten, nach Ermessen zu bestimmen. Der Wert darf nicht unter 3.000 EUR und nicht über 1 Million EUR angenommen werden.

(2) Für die Einkommensverhältnisse ist das in drei Monaten erzielte Nettoeinkommen der Ehegatten einzusetzen.

151 Der in § 43 Abs. 1 S. 2 FamGKG bestimmte Mindestverfahrenswert wurde durch den Gesetzgeber im Rahmen des 2. KostRMoG von bislang 2.000,00 EUR auf 3.000,00 EUR angehoben[49] mit dem Hinweis, dass dieser Wert seit 1976 nicht mehr erhöht worden ist.[50] Es ist bedauerlich, dass der Wert nur so wenig angehoben wurde; zumindest eine Anhebung auf 4.000 EUR (Wertgrenze für Wahlanwaltsgebühren) wäre wünschenswert gewesen. Des Weiteren wird nachfolgend auf die bisher ergangene Rechtsprechung zur Bewertung einer Ehe- bzw. Lebenspartnerschaftssache eingegangen.

2. Bewertungskriterien

152 Die Bewertungskriterien für den Wert einer Ehe- oder Lebenspartnerschaftssache sind:
- Berücksichtigung aller Umstände des Einzelfalls, insbesondere
- des Umfangs und
- der Bedeutung der Sache für die Ehegatten
- der Vermögens- und Einkommensverhältnisse der Ehegatten
- nach Ermessen zu bestimmen.

153 § 43 Abs. 1 u. 2 FamGKG weisen mehrere Kriterien aus. In der Praxis ist jedoch zu beobachten, dass die Gerichte oft allein von den Einkommensverhältnissen und bei diesen dann allein von dem dreifachen Nettoeinkommen vor Antragstellung ausgehen. Zu der Frage wie die Bewertung der Ehesache vorzunehmen ist, hat die Rechtsprechung zahlreiche Entscheidungen hervorgebracht. Umso erstaunlicher ist dabei, dass viele Gerichte – abhängig von der Region – sich mit der im Gesetz geregelten Wertbemessung und der dazu ergangenen umfangreichen Rechtsprechung überhaupt nicht auseinandersetzen, was dazu führt, dass die Werte für Ehe- und Lebenspartnerschaftssache häufig zu niedrig festgesetzt werden.

---

49 BGBl I 2013, S. 2586–2712.
50 BT-Drucks 17/11471 vom 14.11.2012, S. 390.

Praxistipp
Legen Sie dem Gericht bereits im Scheidungsantrag Ihre Berechnung des richtigen Verfahrenswerts dar. Es ist Aufgabe des Anwalts, den von ihm vorläufig ermittelten Verfahrenswert zu erklären. Keinesfalls sollte, um den Mandanten – vorübergehend – mit nur geringen Gerichtskosten zu belasten, vom Mindestwert ausgegangen werden, denn die Frage nach dem Verfahrenswert im Scheidungstermin ist nicht nur gegenüber dem anwesenden Mandanten peinlich, sondern kommt darüber hinaus auch oft zu spät.

154

a) Umstände des Einzelfalls

Die Zahl und das Alter der unterhaltsberechtigten Kinder können nach Auffassung der Rechtsprechung unter dem Kriterium „Umstände des Einzelfalls" zu einer Absenkung des Werts führen.[51] Es wird als angemessen erachtet, für Kinder einen Abzug vom Nettoeinkommen vorzunehmen, da trotz steuerlicher Freibeträge die Aufwendungen für Kinder erheblich sind.[52]

155

Einkommen mindernd können auch Unterhaltszahlungen an eine geschiedene Frau, an die Eltern oder notwendige Mehraufwendungen für die Pflege von Angehörigen etc. sein. Das gleiche gilt für tatsächlich gezahlte Raten auf Verbindlichkeiten.[53]

156

Gegenstandswert erhöhend können sich die nachfolgend aufgeführten Einkunftsarten auswirken (siehe § 2 Rn 169).

157

Für eine besonders aufwendige Ehesache kann ein prozentualer Zuschlag in Frage kommen, wobei aber auch hier eine Einzelfallbetrachtung erforderlich ist.[54]

158

b) Umfang

Berücksichtigung des Umfangs dann, wenn er aus dem Rahmen dessen fällt, was in vergleichbaren Fällen üblich ist.[55]

159

Die Auffassung, eine einvernehmliche Scheidung sei unterdurchschnittlich und führe daher zu einer Minderung des Werts um 20–25 %, wird nicht geteilt. Eine Reduzierung des Gegenstandswerts ist nicht deshalb gerechtfertigt, weil es sich um eine unstreitige Scheidung handelt, der Antragsgegner mit der Scheidung also einverstanden ist.[56] Die einvernehmliche Scheidung ist der „Normalfall" und wird es aufgrund der mit dem FamFG herabgesetzten Anforderungen an die Vermutung einer Zerrüttung der Ehe künftig erst recht sein. Eine Minderung ist daher nicht gerechtfertigt.[57]

160

Die Anwendung ausländischen Rechts rechtfertigt bei besonderem Aufwand eine Anhebung des Verfahrenswerts für die Ehe- oder Lebenspartnerschaftssache (vgl. § 2 Rn 194).[58]

161

---

51 KG JR 1962, 426.
52 Literatur und Rechtsprechung sind zur Höhe uneinheitlich (vgl. dazu: *Lappe,* Kosten in Familiensachen, Rn 15; *Schneider/Herget,* Ehesachen, Rn 1285 ff.; *Kindermann,* Die Abrechnung in Ehe- und Familiensachen, Rn 101; *Madert/Müller-Rabe* B. II. 5., Rn 19; *Göttlich/Mümmler,* BRAGO, „Familien- und Lebenspartnerschaftssachen" B. 2.2.). *Enders,* RVG für Anfänger, Rn 1617 legt eine Pauschale pro Kind von 255,00 EUR, basierend auf früheren 500,00 DM zugrunde.
53 OLG Hamm, Beschl. v. 27.6.2006 – 11 WF 333/05 FamRZ 2006, 718; vgl. dazu auch *Schneider/Herget,* Ehesachen, Rn 1290 ff unter Hinweis darauf, dass einige Gerichte Schulden nicht für wertmindernd erachten, wenn sie der Vermögensbildung dienen; *Mayer/Kroiß,* Anhang IV Rn 25.
54 *Enders,* RVG für Anfänger, Rn 1622.
55 OLG Koblenz JurBüro 1979, 1675; vgl. dazu auch *Meyer,* GKG Kommentar, § 48 Rn 14 mit ausführlichen Rechtsprechungshinweisen.
56 Vgl. *Mayer/Kroiß,* Rn 28 mit weiteren Rechtsprechungsnachweisen.
57 Ebenso: *Enders,* RVG für Anfänger, Rn 1622.
58 OLG Karlsruhe AGS 2007, 583.

§ 2 Wertermittlung und Gerichtskosten in Familiensachen

c) Bedeutung der Sache

162 Die Bedeutung der Sache ist danach zu beurteilen, welchen Wert ihr die Ehegatten oder Lebenspartner zuordnen, beispielsweise auch im Hinblick auf die mit dieser Sache verbundenen wirtschaftlichen Folgen.[59]

163 Allein der Umstand, dass beide Ehegatten einen Scheidungsantrag gestellt haben, rechtfertigt keinen generellen Abschlag vom Wert.[60]

164 Eine besondere Bedeutung der Sache kann sich auch aus folgenden Umständen ergeben:
- es handelt sich um Personen mit einer herausragenden Stellung in der Öffentlichkeit
- die Ehe war von besonders langer Dauer
- die Ehegatten haben gemeinsam ein Geschäft/einen Betrieb aufgebaut
- mit der Scheidung geht der Verlust einer gesellschaftlichen Stellung einher
- die Scheidung hat möglicherweise berufliche Konsequenzen, z.B. da eine Tätigkeit in einer katholischen Einrichtung ausgeübt wird.

d) Ermessen

165 Bei der Bewertung des Verfahrens in Ehe- und Lebenspartnerschaftssachen hat eine Gesamtabwägung aller in § 48 GKG (nunmehr § 43 FamGKG) aufgeführten Kriterien stattzufinden.[61]

166 Ausländisches Recht hat keinen Einfluss auf den Wert, sofern kein besonderer Aufwand erforderlich war[62] (vgl. hierzu auch § 2 Rn 194).

e) Einkommensverhältnisse

167 Zunächst ist für die Bewertung das in drei Monaten **vor Antragstellung** erzielte Nettoeinkommen zugrunde zu legen.[63]

168 Tritt während des Verfahrens eine Steigerung oder Minderung des Nettoeinkommens ein, ist dies bei der Wertberechnung nicht zu berücksichtigen.[64] Etwas anderes gilt nur dann, wenn der Wert für das Rechtsmittelverfahren zu berechnen ist; hier gilt das Einkommen in den letzten drei Monaten vor Einlegung des Rechtsmittels.[65]

169 Zu berücksichtigen sind bei der Ermittlung des dreimonatigen Nettoeinkommens auch Sonderzahlungen, wie beispielsweise Weihnachtsgeld, 13. oder 14. Gehalt mit dem Wert von drei Monaten sowie anderweitige Einkünfte.

Hierunter fallen:
- Einnahmen aus selbstständiger und unselbstständiger Tätigkeit[66]
- Lohn oder Gehalt[67]

---

59 OLG Schleswig JurBüro 2002, 316.
60 OLG Schleswig JurBüro 2002, 316.
61 BVerfGE 80, 107 ff.; OLG München JurBüro 1992, 350.
62 OLG Stuttgart FamRZ 1999, 604.
63 OLG Dresden JurBüro 2003, 140 u. 474 = FamRZ 2003, 1676; OLG Koblenz JurBüro 2003, 474; OLG Koblenz JurBüro 1999, 475; OLG München FamRZ 1997, 34; OLG Bamberg JurBüro 1976, 217; KG NJW 1976, 899; vgl. dazu auch *Mayer/Kroiß*, RVG, Anhang IV Rn 20.
64 OLG Dresden JurBüro 2003, 472; OLG Zweibrücken FamRZ 2008, 2052; OLG Dresden FamRZ 2003,1679; OLG Karlsruhe JurBüro 2003, 141; OLG Koblenz JurBüro 2003,474; OLG München FamRZ 1997, 34; Dies ergibt sich jedoch auch bereits aus § 34 FamGKG (Zeitpunkt der Wertberechnung). **a.A.** OLG Zweibrücken FamRZ 2002, 255, das eine Erhöhung des Einkommens berücksichtigt.
65 *Meyer*, GKG Kommentar, § 40 Rn 3, inhaltsgleich mit § 34 FamGKG.
66 Nach Bereinigung um die Betriebsausgaben, anfallenden Steuern, angemessene Vorsorgeaufwendungen für das Alter, die Pflege- und Krankenversicherung: *Mayer/Kroiß*, RVG, Anhang I Rn 186.
67 *Meyer*, GKG Kommentar, § 48 Rn 19.

- Urlaubs- und Weihnachtsgeld sowie andere Gratifikationen (anteilsmäßig für drei Monate)[68]
- Unterhaltsgeld nach § 153 SGB III[69]
- Mietvergünstigungen durch Dienst- oder Werkwohnungen und andere Sachbezüge (Dienstwagen, Handy, etc.)[70]
- Kindergeld (da dieses nach steuerlichen Regeln als Einkommen zu betrachten ist);[71]
- Elterngeld, soweit der Betrag von 300,00 EUR überschritten wird; insoweit kommt dem Elterngeld die Funktion eines Einkommensersatzes zu[72]
- Arbeitslosengeld I[73]
- Sozialhilfeleistungen[74]
- Krankengeld;
- Blindenhilfe[75]
- BAföG-Leistungen soweit nicht darlehensweise[76]
- Einkünfte aus Miet- oder Pachteinnahmen[77]
- Einkünfte aus Kapitalvermögen;
- Steuerrückzahlungen mit dem anteiligen Betrag für drei Monate;[78]
- Spesen, wenn diesen keine Aufwendungen gegenüber stehen.[79]
- Wohngeld[80]

---

68 OLG Zweibrücken JurBüro 2004, 138 f., das in seinen Beschlussgründen (Beschl. v. 19.11.2003 – 5 WF 138/03) zum Begriff des Nettoeinkommens auf die Internetseite des Bundesamtes für Statistik Wiesbaden 2003 verweist; *Schneider/Herget*, Streitwert-Kommentar, Ehesachen, Rn 1267; *Mayer/Kroiß*, Anhang I Rn 184.
69 OLG Karlsruhe NJW-FER 1999, 306.
70 OLG Dresden JurBüro 2003, 141 = MDR 2003, 535; *Schneider/Herget*, Streitwert-Kommentar, Ehesachen, Rn 1266; *Mayer/Kroiß*, Anhang I Rn 184.
71 OLG Hamm, Beschl. v. 30.12.2011 – II-5 WF 173/11, BeckRS 2012, 10987; OLG Hamm FamRZ 2006, 806; OLG Brandenburg FamRZ 2008, 1206; OLG Köln FamRZ 2008, 205, OLG Dresden FamRZ 2006, 1053; OLG Karlsruhe OLG-Report 2002, 223; OLG Hamm FamRZ 2006, 716; *Schneider/Herget*, Streitwert-Kommentar, Ehesachen, Rn 1273; **a.A.** *Kindermann*, Rn 100 (mit Verweis auf § 82 Abs. 1 S. 2 SGB XII, der ab 1.1.2005 gilt); vgl. dazu auch die Entscheidung des BGH v. 26.1.2005 – XII ZB 234/03 – OLG München, AG Rosenheim: Danach ist Kindergeld, das die um PKH nachsuchende Partei bezieht, als deren Einkommen im Sinne des § 115 Abs. 1 S. 2 ZPO zu berücksichtigen, soweit es nicht zu Bestreitung des notwendigen Lebensunterhalts eines minderjährigen Kindes zu verwenden ist; sowie OLG Düsseldorf FamRZ 2006, 807.
72 Vgl. dazu *Scholz*, FamRZ 2007, 7; *Mayer/Kroiß*, Anhang IV Rn 21; **a.A.** *Born*, Wertfestsetzung für Scheidungsverfahren ohne Berücksichtigung von Sozialhilfe und ALG II, FPR 2009, 187 mit Hinweis darauf, dass es sich bei Erziehungsgeld (Elterngeld) nicht um eine Sozialleistung handelt unter Verweis auf OLG Schleswig Beck RS 2007, 03475 – gebührenrechtlich nicht berücksichtigt werden dürfen nur reine staatliche Sozialleistungen, die Ausdruck fehlender eigener Mittel der Empfänger sind, wie z.B. Sozialhilfe und ALG II, nicht aber Erziehungsgeld.
73 OLG Köln FamRZ 1998, 311; zur seinerzeitigen **Arbeitslosenhilfe**: OLG Dresden FamRZ 2002; 1640; **a.A.** OLG Celle FamRZ 2003, 1677.
74 *Hartmann*, § 48 GKG Rn 38; **a.A.** OLG Karlsruhe FamRZ 2002, 1135; OLG Nürnberg FamRZ 1997, 35; OLG Bremen JurBüro 1992, 113; AG Pankow JurBüro 2000, 311.
75 OLG Saarbrücken JurBüro 1991, 983.
76 OLG München JurBüro 1980, 892.
77 *Meyer*, GKG Kommentar, § 48 GKG Rn 19.
78 *Kindermann*, Rn 99; *Mayer/Kroiß*, Anhang I Rn 184.
79 *Mayer/Kroiß*, RVG, Anhang I Rn 184.
80 OLG Karlsruhe FamRZ 2006, 1055; *Mayer/Kroiß*, RVG, Anhang I Rn 184; **a.A.** OLG Hamm FamRZ 2006, 718.

§ 2 Wertermittlung und Gerichtskosten in Familiensachen

170 **Unberücksichtigt** bleiben:
- Ratenzahlungen[81]
- Erziehungsgeld (§ 8 BErzGG)/Elterngeld, soweit es den Betrag von 300,00 EUR nicht überschreitet[82]
- Arbeitslosengeld II

171 Nach der herrschenden Auffassung ist Arbeitslosengeld II (ALG II) **nicht** als Einkommen bei der Ermittlung des Verfahrenswertes zu berücksichtigen;[83] nach Ansicht der Verfasserinnen ist dieser Ansicht jedoch nicht zu folgen, denn diese Auffassung führt dazu, dass bei ALG-II-Bezug vom Mindestwert in Höhe von 3.000 EUR auszugehen wäre. Zwar hat das BVerfG[84] 2006 entschieden, dass die Auslegung des Merkmals „Nettoeinkommen" im seinerzeitigen (wortidentischen) § 48 Abs. 3 S. 1 GKG dahin, dass ohne Gegenleistung erhaltene Sozialleistungen, sogenannte Transferzahlungen, wie insbesondere Sozialhilfe oder ALG II, nicht zum Einkommen zählen, keinen verfassungsrechtlichen Bedenken begegnet. Dabei dreht sich der Streit auch um die Frage, ob das in § 43 FamGKG angesprochene „Einkommen" ein „Erwerbseinkommen" sein muss, oder aber jede Art von „Einkommen" Berücksichtigung findet.

Das OLG Celle (15. Senat) hat in einer Entscheidung vom 1.9.2010 beschlossen, dass bei der Wertberechnung in Ehesachen auch die Leistungen nach dem SGB II zu berücksichtigen sind.[85] Bedauerlicherweise vertreten der 10. und der 12. Senat genau die gegenteilige Auffassung. Inzwischen haben sich jedoch das OLG Brandenburg und das OLG Zweibrücken der Ansicht des OLG Celle angeschlossen.

---

81 OLG Zweibrücken JurBüro 2004, 138.
82 Vgl. dazu *Scholz*, FamRZ 2007, 7 (über 300,00 EUR kommt dem Elterngeld die Funktion eines Einkommensersatzes zu), **a.A.** *Born*, Wertfestsetzung für Scheidungsverfahren ohne Berücksichtigung von Sozialhilfe und ALG II, FPR 2009, 187 mit Hinweis darauf, dass es sich bei Erziehungsgeld (Elterngeld) nicht um eine Sozialleistung handelt unter Verweis auf OLG Schleswig Beck RS 2007, 03475 – gebührenrechtlich nicht berücksichtigt werden dürfen nur reine staatliche Sozialleistungen, die Ausdruck fehlender eigener Mittel der Empfänger sind, wie z.B. Sozialhilfe und ALG II, nicht aber Erziehungsgeld.
83 BVerfG FamRZ 2006, 841 = NJW 2006, 1581; OLG Hamm, Beschl. v. 30.12.2011 – II-5 WF 173/11 BeckRS 2012, 10987; OLG Hamm FamRZ 2011, 1422; OLG Hamm NJW 2011, 1235; OLG Celle, Beschl. v. 15.8.2011 – 12 WF 104/11 BeckRS 2011, 22264; OLG Hamm, Beschl. v. 30.12.2011 – II-5 WF 173/11, BeckRS 2012, 10987; OLG Bremen, Beschl. v. 27.9.2011 – 4 WF 103/11 FamRZ 2012, 239 = MDR 2011, 1385 = BeckRS 2011, 23609, = FamFR 2011, 518; OLG Celle (12. Senat), BeckRS 2011, = FamRZ 2012, 240; OLG Celle (10. Senat), Beschl. v. 8. 6. 2011 – 10 WF 39/11 = BeckRS 2011, 27419; OLG Naumburg FamRZ 2009, 639; OLG Naumburg, Beschl. v. 6. 6. 2011 – 3 WF 150/11 = BeckRS 2011, 27396; OLG Stuttgart BeckRS 2011, 07432 = FamRZ 2011, 1810; OLG Dresden FamRZ 2004, 1225; OLG Karlsruhe FamRZ 1998, 572; OLG Oldenburg, Beschl. v. 20.1.2009 – 13 WF 4/09 FPR 2009, 251 (ALG I gilt aber schon als Einkommen); OLG Naumburg, Beschl. v. 27.10.2008 – 8 WF 222/08 FPR 2009, 187; OLG Schleswig JurBüro 2009, 193 u. FamRZ 2010, 1939; OLG Schleswig FamRZ 2010, 1539; OLG Dresden NJW-RR 2007, 1161 ff. u. FamRZ 2004, 1225; OLG Rostock FamRZ 2007, 1760 f.; OLG Düsseldorf FamRZ 2006, 807; OLG Hamburg OLGR 2006, 269 f. OLG Celle FamRZ 2006, 1690f.; OLG Brandenburg FamRZ 2008, 535 ff.; OLGR Hamburg 2006, 269; OLG Köln FamRZ 2009, 638 f.; OLG Düsseldorf FamRZ 2009, 453; OLGR Brandenburg 2003, 352 KG, FamRZ 2009, 1854; OLG Saarbrücken 2009, 846 **a.A.** OLG Schleswig (1. Senat für Familiensachen) SchlHA 2008, 319; OLG Frankfurt FamRZ 2008, 55; OLG Hamm FamRZ 2006, 632.
84 BVerfG, Beschl. v. 22.2.2006 – 1 BvR 144/06 = FamRZ 2006, 841 = NJW 2006, 1581; vgl. hierzu auch *Mayer/Kroiß*, Anhang IV Rn 22 mit weiteren Rechtsprechungshinweisen unter Fn 24.
85 OLG Celle, Beschl. v. 1.9.2010 – 15 WF 215/10, NJW 2010, 3587 = FamFR 2010, 471 = BeckRS 2010, 21812; ebenso (ALG II ist berücksichtigungsfähig): OLG Zweibrücken NJW 2011, 1234; OLG Brandenburg NJOZ 2011, 1519 = FamRZ 2011, 1423 = BeckRS 2011, 06411; OLG Celle (15. Senat), NJW 2010, 3587; OLG Köln FamRZ 2009, 638; OLG Düsseldorf FamRZ 453 = BeckRS 2009, 08665; OLG Hamm FamRZ 2006, 632 = BeckRS 2006, 02072, das auf den Wortlaut der Regelung abstellt und keinen Grund für eine einschränkende Auslegung sieht; OLG Schleswig FamRZ 2009, 75 = JurBüro 2008, 594 L = BeckRS 2008, 13998.

Rieck weist in seiner Anmerkung zur Entscheidung des OLG Celle vom 1.9.2010[86] zu Recht darauf hin, dass auch im Unterhaltsrecht die Leistungen nach dem SGB II als Einkommen zählen.[87] Dabei gibt *Rieck* den wertvollen Praxistipp, dass die fehlende Notwendigkeit zur Einzahlung von Gerichtskosten bei einem VKH-Antrag nicht dazu verleiten sollte, auf eine Wertangabe zu verzichten. Vielmehr seien folgende Fragen zu prüfen:[88]

172

> „1. Wie setzen sich die Einkünfte der Parteien zusammen und ist die Sache schwierig oder umfangreich?
> 2. Ggf. ist in die Antragsschrift ein Hinweis auf Ermessen nach § 43 Abs. 1 FamGKG aufzunehmen und ein höherer Wert vorzuschlagen.
> 3. Welche Folgesachen sind mit der Ehesache zu verbinden und mit welchen Werten?
> 4. Ist eine Erhöhung des Verfahrenswertes nach § 44 Abs. 2 FamGKG veranlasst?"

Nach Ansicht von *Thiel* sind Leistungen nach dem SGB II bei der Bestimmung des Verfahrenswertes zu berücksichtigen:

> *„Der Gesetzgeber hat ausdrücklich normiert, was gewollt ist. Hätte er nur das Nettoerwerbseinkommen gemeint, so wäre es ihm ein leichtes gewesen, bereits bei der damaligen Änderung, spätestens aber zum 1. 9. 2009 diesen Umstand in die Gesetzesreform einzuführen. Das hat der Gesetzgeber gerade nicht getan. Die Einkommensquelle ist unerheblich. Nettoeinkommen bedeutet Nettoeinkommen und nicht Nettoerwerbseinkommen. Der kleine aber feine Unterschied ist offenkundig gewollt. [...] Die Einkünfte der Beteiligten bilden dabei die Grundlage für die ehelichen Lebensverhältnisse. Deshalb kann es unter keinem Gesichtspunkt darauf ankommen, aus welchen Quellen die Einkünfte resultieren, aus denen der Lebensunterhalt bestritten wird. [...] Auch eine etwaige „Aushöhlung" des Mindestwertes steht der Berücksichtigung von Leistungen nach dem SGB II nicht entgegen. Die Gegenauffassung argumentiert, er würde bei der Berücksichtigung an Bedeutung verlieren. Die Folge beruht aber allein, jedenfalls vor allem darauf, dass die kostenrechtlichen Vorschriften nicht in Einklang gebracht worden sind mit der in den letzten Jahren erfolgten Erhöhung der Lebenshaltungskosten. [...] Darüber hinaus darf ein seit 35 Jahren herangezogener unveränderter Mindestwert keine tragende Argumentationskette mehr hervorbringen können."*[89]

Ob Abzüge vom ermittelten Einkommen zu machen sind, wird regional sehr unterschiedlich betrachtet. Zu berücksichtigen ist dabei, dass in § 43 FamGKG das Nettoeinkommen angesprochen ist, Sozialabgaben hiervon in der Regel bereits abgezogen sind. Sind Kinder vorhanden, so werden diese regelmäßig als Abzugsposten berücksichtigt. Über die konkrete Höhe herrscht jedoch in der Rechtsprechung keine Einigkeit.

173

---

86 OLG Celle FamFR 2010, 471.
87 Vgl. dazu BGH NJW-RR 1993, 322.
88 *Rieck*, FamFR 2010, 471.
89 So *Schneider/Herget/Thiel*, Rn 7149 ff.

§ 2 Wertermittlung und Gerichtskosten in Familiensachen

174 **Abgezogen** werden:
- Pauschalbeträge für jedes unterhaltsberechtigte Kind[90]
- der tatsächlich geleistete Unterhalt[91]
- der Mindestbetrag nach der Düsseldorfer Tabelle[92]
- der volle Tabellenbetrag nach der Düsseldorfer Tabelle[93]
- Kindergeld ist gegenzurechnen[94]
- ein Freibetrag für ein Kind, das erst nach Einreichung des Scheidungsantrags geboren wird (weil es nach Ansicht des Gerichts die wirtschaftlichen Verhältnisse bereits im Zeitpunkt der Einreichung des Scheidungsantrags geprägt hat)[95]

175 Ob Ratenzahlungen auf Kreditverbindlichkeiten zu einem Abschlag bei den Einkommensverhältnissen führen können, wird ebenfalls unterschiedlich bewertet.[96] Dabei wird teilweise nur die monatlich zu leistende Rate abgezogen,[97] teilweise erfolgt ein Abschlag in angemessener Höhe.[98]

176 Bei Selbstständigen sind deren Kosten für eine angemessene Altersversorgung abschlagsweise zu berücksichtigen.[99]

177 Erwähnenswert ist eine Entscheidung des **Bundesverfassungsgerichts** vom 17.12.2008. Das Bundesverfassungsgericht hat es für verfassungsrechtlich nicht bedenklich erachtet, wenn bei der Bemessung des Verfahrenswerts für eine einverständliche Scheidung mit deswegen geringem Umfang vom dreifachen Nettoeinkommen nach § 48 Abs. 3 S. 1 GKG (jetzt § 43 Abs. 2 FamGKG) abgewichen wird, wenn diese Abweichung unter Abwägung aller Umstände mit vertretbarer Begründung vorgenommen wird.[100] Allerdings dürfe es, so das BVerfG in dieser Entscheidung, nicht an einer nachvollziehbaren Grundlage fehlen. Hieran fehle es (und damit sei ein Verstoß gegen das Willkürgebot nach Art. 3 Abs. 1 GG gegeben), wenn bei einem dreifachen Nettoeinkommen von 8.250,00 EUR der Wert auf 2.500,00 EUR mit der Begründung festgesetzt würde, es habe sich um

---

90 Je Kind **300,00 EUR**: OLG Hamm, Beschl. v. 30.12.2011 – II-5 WF 137/11, BeckRS 2012, 10987; OLG Zweibrücken FamRZ 2008, 2052; OLG Brandenburg MDR 2007, 1321; OLG Bremen nach Kindermann, Rn 101; OLG Zweibrücken FamRZ 2008, 2052; OLG Brandenburg FamRZ 2008, 1206: 300,00 EUR je Kind, Kindergeld ist jedoch gegenzurechnen; **250 EUR** je Kind und Monat: OLG Dresden OLG-NL 2005, 234; OLG Karlsruhe FamRZ 2006, 1055; OLG Karlsruhe FamRZ 2008, 2050, 2051; OLG München nach FA-FamR/*Keske*, Kap 17. Rn 22; OLG München FamRZ 2009, 1703; OLG Düsseldorf FamRZ 2006, 807; **600,00 DM** je Kind und Monat: OLG Koblenz JurBüro 1999, 475; pro Kind und Monat zwischen **300,00 und 500,00 DM**: OLG Karlsruhe FamRZ 1999, 606; OLG Nürnberg FamRZ 1986, 706.
91 OLG Schleswig OLG-Report 2004, 306 (es werden die im Rahmen der PKH nach § 115 ZPO zu berücksichtigenden Beträge abgezogen); OLG Hamburg FamRZ 2003, 1681; OLG Stuttgart AGS 2001, 12; OLG Celle FamRZ 1999, 604; Kindergartenkosten: OLG Schleswig AGS 2000, 54, 55.
92 OLG Hamm FamRZ 1997, 36.
93 OLG Schleswig OLGR 2003, 272; OLG Brandenburg FamRZ 2003, 1676; OLG Brandenburg FamRZ 2008, 1206.
94 OLG Hamm FamRZ 2006, 718.
95 OLG Karlsruhe OLG-Report 2003, 118 f.
96 Bejahend, sofern eine nachhaltige Beeinträchtigung der Lebensverhältnisse eintritt: OLG Dresden JurBüro 1997, 479, 480; ablehnend (kein Abzug): OLG München JurBüro 1980, 894. OLG Karlsruhe OLG-Report 2002, 223; OLG Koblenz JurBüro 1999, 475; OLG Düsseldorf AnwBl. 1986, 250; vgl. dazu auch *Schneider/Herget*, Streitwert-Kommentar, Ehesachen, Rn 1290–1298.
97 OLG Hamburg FamRZ 2003, 1681; OLG Celle, AGS 2002, 231; OLG Karlsruhe OLG-Report 2002, 223 = FamRZ 2002, 1135; OLG Stuttgart AGS 2001, 12; OLG Koblenz JurBüro 1999, 475; OLG Düsseldorf AnwBl 1986, 250; **abl.** (kein Abzug): OLG München JurBüro 1980, 894.
98 OLG Saarbrücken JurBüro 1985, 1673; OLG Bamberg JurBüro 1983, 1539 (15 %).
99 *Kindermann*, Rn 102.
100 BVerfG, Beschl. v. 17.12.2008 – 1 BvR 177/08 NJW 2009, 1197 = FuR 2009, 334.

eine einvernehmliche Scheidung mit geringem Umfang durchschnittlicher Bedeutung und durchschnittlicher Einkommens- und Vermögenssituation der Eheleute gehandelt.[101]

f) Vermögensverhältnisse

Vermögen kann nur soweit berücksichtigt werden, als es nicht schon beim Einkommen (z.B. durch Erträge) berücksichtigt worden ist. Die Vermögensverhältnisse der Beteiligten sind, wie sie sich auf der Grundlage ihres Vermögens objektiv ergeben, zu berücksichtigen.[102]

178

Einheitlich wird in Schrifttum und Judikatur davon ausgegangen, dass bei der Bewertung des Vermögens **Freibeträge** abzuziehen sind.

179

Die Rechtsprechung geht dabei von unterschiedlichen Abzügen aus:

- Abzug von Freibeträgen nach dem früheren § 6 VermStG (Vermögenssteuergesetz) in Höhe von 70.000,00 DM je Ehegatte (sofern Vermögen bei diesem vorhanden ist) und 35.000,00 DM pro Kind[103]
- 30.000,00 EUR je Ehegatte und 10.000,00 EUR pro Kind[104]
- 30.000,00 EUR je Ehegatte und 15.000,00 EUR je Kind[105]
- Pro Ehegatte 60.000,00 EUR und zusätzlich 30.000,00 EUR je Kind[106]
- 30.000,00 DM je Ehegatte und weitere 15.000,00 DM pro Kind[107]
- 60.000,00 EUR für den Ehegatten und 30.000,00 EUR je Kind[108]
- 20.000,00 EUR für jeden Ehegatten und 10.000,00 EUR pro Kind[109]
- Für jeden Ehegatten 60.000,00 EUR, für auswärts wohnende Kinder kein zusätzlicher Abzug[110]
- 30.000,00 EUR je Ehegatte[111]

Während jedoch die Rechtsprechung teilweise die früher geltenden Vermögenssteuerfreibeträge mit oder ohne prozentuale Abschläge schematisch übernommen, teilweise nur vermögenssteuerpflichtiges Einkommen bei der Bewertung herangezogen hat,[112] oder gar vermögenssteuerrechtliche Freibeträge grundsätzlich unbeachtet ließ,[113] wird andererseits die Meinung vertreten, dass unter einer „*wirtschaftlichen Gesamtbetrachtung der vermögensrechtlichen Situation i.V.m. den anderen Bewertungsfaktoren eine die Interessen des Justizfiskus und der Parteien billig erscheinende Bewertung*" entscheidend ist.[114]

180

---

101 BVerfG, a.a.O.; vgl. dazu auch die Entscheidung des BVerfG vom selben Tag unter Az.: 1 BvR 1369/08.
102 OLG Düsseldorf FamRZ 1994, 249.
103 OLG Bamberg JurBüro 1981, 1543; OLG Braunschweig JurBüro 1980, 239, OLG Hamm JurBüro 1984, 1543; OLG Nürnberg FamRZ 1986, 194; FuR 1999, 95; OLG Dresden FamRZ 2003, 1679.
104 OLG Dresden OLG-NL 2005, 234.
105 KG FamRZ 2010, 829; OLG Frankfurt FamRZ 2009, 74.
106 OLG Koblenz FamRZ 2003, 1681.
107 OLG Karlsruhe FamRZ 1999, 1288.
108 OLG München FamRZ 2009, 1703.
109 OLG Zweibrücken FamRZ 2008, 2052.
110 OLG Stuttgart FamRZ 2010, 1940.
111 OLG Celle FamRZ 2013, 149.
112 OLG Dresden JurBüro 2003, 474; OLG Braunschweig JurBüro 1980, 239.
113 OLG Nürnberg JurBüro 1977, 376; OLG Bamberg JurBüro 1977, 1423; LG Bayreuth JurBüro 1976, 796.
114 *Meyer,* GKG Kommentar, § 48 Rn 18.

181 Die auf dem Vermögen ruhenden **Belastungen** sowie erhebliche tatsächliche Schulden sind abzuziehen.[115] Grundbesitz ist mit dem Verkehrswert, nicht mit dem Einheitswert anzusetzen.[116] Kann der Verkehrswert nicht festgestellt werden, ist die mit dem Bewohnen des Eigenheims verbundene Mietersparnis heranzuziehen.[117]

182 Nach Kindermann zählen zum Vermögen: Grundbesitz, Kapitallebensversicherungen, Wertpapiere, Sparkonten, Betriebsvermögen.[118] Kurzlebige Wirtschaftsgüter[119] werden in der Praxis in der Regel nicht bewertet. Hierzu zählen beispielsweise das Familien-Auto,[120] kleinere Sparguthaben, Schmuck in „normalem" Umfang, Haushaltsgegenstände etc.

183 Von dem berechneten Nettovermögen abzüglich der **Freibeträge** werden in der Rechtsprechung 5 bis 10 % zum ermittelten Einkommenswert hinzuaddiert. Nach der Rechtsprechung werden vom Betriebsvermögen 5 %[121] und vom frei verfügbaren Privatvermögen 10 % zugeschlagen.[122]

184 Dieser pauschale prozentuale Zuschlag begegnet aber auch Bedenken, da er der Berücksichtigung aller Umstände des Einzelfalls nicht gerecht wird.[123]

185 Ein **Einfamilienhaus** ist unter dem Kriterium „Vermögen" zu bewerten. Strittig ist, in welcher Höhe ein solches beim Verfahrenswert zu Buche schlägt. Zumeist werden von der Rechtsprechung 5 bis 10 % des Verkehrswertes für angemessen erachtet, wenn das Objekt selbst bewohnt wird.[124] Es wird jedoch teilweise auch die Auffassung vertreten, dass bei einem Hausgrundstück, das von den Beteiligten selbst genutzt wird, lediglich dessen Nutzungswert, d.h. die ersparte Miete, berücksichtigt wird.[125]

186 Die Probleme bei der Bewertung des Gegenstands „Ehesache" werden darauf zurückgeführt, dass für eine nicht vermögensrechtliche Angelegenheit vermögensrechtliche Aspekte heranzuziehen sind.[126] Das Bundesverfassungsgericht hat jedoch § 12 a.F. GKG (Fassung bis zum 30.6.2004; nahezu wortidentisch mit § 48 Abs. 2 u. 3 GKG sowie nun § 43 FamGKG) nicht für verfassungswidrig erachtet.[127]

---

115 OLG München JurBüro 1980, 894.
116 OLG München AnwBl 1985, 203.
117 OLG Dresden JurBüro 2003, 140 = MDR 2003, 535.
118 *Kindermann,* Rn 105.
119 OLG Frankfurt/Main JurBüro 1977, 703.
120 *Mümmler,* JurBüro 1976, 4.
121 OLG Frankfurt/Main FamRZ 1994, 250; OLG Köln FamRZ 1997, 37.
122 *Schneider/Herget,* Streitwertkommentar, Ehesachen, Rn 1091; *Madert/Müller-Rabe,* B. II. 7. Rn 21; *Göttlich/Mümmler,* BRAGO, Familiensachen, B. 2.2.3; **a.A.** OLG Frankfurt FamRZ 1994, 250; OLG Köln FamRZ 1997, 37; OLG Schleswig FamRZ 1997, 36.
123 *Meyer,* GKG Kommentar, § 48 Rn 18.
124 OLG Karlsruhe JurBüro 1999, 420, 421; OLG Schleswig FamRZ 1997, 36 f. (5 % Verkehrswert nach Abzug der Verbindlichkeiten); OLG Köln FamRZ 1997, 37 (dreifacher Monatsbetrag der Kaltmiete); OLG München AnwBl 1985, 203 (bei Selbstnutzung 5 %; bei Anlagevermögen 10 %).
125 OLG Celle FamRZ 2013, 149; vgl. auch *Mayer/Kroiß,* Anhang IV Rn 26.
126 *Schneider/Herget,* Ehesachen, Rn 1242 f.
127 BVerfGE 80, 103 = FamRZ 1989, 944 = NJW 1989, 1985 = JurBüro 1990, 248.

C. Berechnung des Gegenstandswertes § 2

g) Bewertung bei Verfahrenskostenhilfe

Haben die Ehegatten ratenfreie VKH (Verfahrenskostenhilfe) bewilligt erhalten, rechtfertigt dies keine Festsetzung des Wertes für die Ehesache auf den Mindestwert von pauschal 3.000,00 EUR (bis zum 1.8.2013: 2.000 EUR).[128] (Zum Begriff der Verfahrenskostenhilfe siehe auch § 7 Rn 1 ff.)

187

Das **BVerfG** in seiner Entscheidung vom 23.8.2005:

188

> „Die durch Art. 12 GG geschützte Freiheit einen Beruf auszuüben, ist untrennbar mit der Freiheit verbunden, eine angemessene Vergütung zu fordern. Dabei ist das Ziel der Schonung öffentlicher Kassen bei der Gebührenregelung der PKH/VKH bereits berücksichtigt und kann daher nicht nochmals die Reduzierung des Streitwerts (hier Reduzierung auf den Mindestwert von 2.000,00 EUR) rechtfertigen, um die Vergütung der Rechtsanwälte noch weiter abzusenken."

Die bisher ergangene gegenteilige Rechtsprechung ist überholt![129]

189

h) Berechnungsbeispiel

Beispiel

190

■ **Bewertung einer Ehesache**

Bewertet werden soll die Ehesache. Zu beachten ist, dass die Zu- und Abschläge je nach Gericht stark variieren können. Es wird daher auf die vorherigen Ausführungen (siehe § 2 Rn 149 ff.) verwiesen.

Folgende Einkommens- und Vermögensverhältnisse sind anzunehmen:

Einkommen Ehemann netto monatlich aus unselbstständiger Arbeit	4.500,00 EUR
13. Gehalt des Ehemannes netto	4.500,00 EUR
Einkommen Ehemann (nach Steuern und Abzug von angemessener Vorsorge-Aufwendungen) aus selbstständiger Tätigkeit jährlich	44.000,00 EUR
Einkommen Ehefrau netto monatlich aus unselbstständiger Arbeit	1.200,00 EUR
13. Gehalt der Ehefrau netto	1.200,00 EUR
Urlaubsgeld der Ehefrau netto	1.200,00 EUR
ein vorhandenes minderjähriges Kind	
Barvermögen Ehegatten	20.000,00 EUR
Verkehrswert des Wohnhauses	600.000,00 EUR
Privatvermögen Ehegatten	140.000,00 EUR

Berechnung des Verfahrenswerts für die Ehesache:

1. Einkommen

3-faches Nettoeinkommen des Ehemannes unselbstständige Tätigkeit:
(4.500 EUR × 3 = 13.500 EUR + anteiliges 13. Gehalt 1.125 EUR)   14.625,00 EUR

---

[128] BVerfG, Beschl. v. 23.8.2005 – 1 BvR 46/05, NJW 2005, 2980 = FamRZ 2006, 34 = AGS 2006, 352; ebenso: BVerfG JurBüro 2009, Heft 6 = NJW 2009, 1197 = FuR 2009, 334: „keine nachvollziehbare Grundlage bei Festsetzung auf 2.500 EUR bei ratenfreier PKH, wenn das 3-fache Nettoeinkommen der Parteien 8.520 EUR beträgt"; vgl. dazu auch OLG München FamRZ 2002, 683; *Sarres*, JurBüro 2004, 4; OLG Dresden JurBüro 2003, 142; OLG Zweibrücken JurBüro 2004, 138 = RVG-Letter 2004, 20; *Schleswig-Holsteinisches OLG* FamRZ 2004, 1297.

[129] So z.B. OLG Stuttgart FamRZ 2000, 1518; OLG Düsseldorf, Urt. v. 10.3.2003 – 1 WF 25/03, OLG Hamm FamRZ 2004, 1297.

3-faches Nettoeinkommen der Ehefrau unselbstständige Tätigkeit (1.200 EUR × 3 = 3.600 EUR + anteiliges 13. Gehalt und Urlaubsgeld 600 EUR)	4.200,00 EUR
Kindergeld für 3 Monate 184 EUR × 3 =	552,00 EUR
Summe 3-monatiges Einkommen	19.377,00 EUR

2. Vermögen

Barvermögen der Ehegatten		20.000,00 EUR
Verkehrswert des Wohnhauses		600.000,00 EUR
Privatvermögen der Ehegatten		140.000,00 EUR
Summe		760.000,00 EUR
abzüglich Freibeträge 2 × 60.000 EUR je Ehegatten	./.	120.000,00 EUR
abzüglich Freibetrag 1 × 30.000 EUR Kind	./.	30.000,00 EUR
Vermögen nach Abzug		610.000,00 EUR
hiervon 10 %		61.000,00 EUR
Summe Vermögen		61.000,00 EUR

3. Summe Einkommen und Vermögen	80.377,00 EUR
abzüglich 300 EUR für das Kind × 3 =	900,00 EUR
Summe	79.477,00 EUR
Wert der Ehesache in diesem Fall:	**79.477,00 EUR**

3. Mindest- und Höchstwert

191 Der Wert darf in Ehe- und Lebenspartnerschaftssachen nicht über 1.000.000,00 EUR angenommen werden, (§ 43 Abs. 1 S. 2 FamGKG; der Mindestwert beträgt 3.000,00 EUR, § 43 Abs. 1 S. 2 FamGKG (bis 31.7.2013: 2.000,00 EUR; Anhebung durch das 2. KostRMoG zum 1.8.2013. Zum Mindestbetrag bei ratenfreier VKH siehe auch § 2 Rn 188.)

4. Eheaufhebung und Ehescheidung

192 Es kommt vor, dass zunächst Antrag auf Eheaufhebung gestellt wird, (z.B. bei Eingehung einer Schein-Ehe) und dann, wenn absehbar ist, dass dieser Antrag nicht zum gewünschten Erfolg führt, der Antrag auf Scheidung der Ehe umgestellt wird. In solchen Fällen sind zwei verschiedene Ansprüche Gegenstand des gerichtlichen Verfahrens mit der Folge, dass eine Addition der Werte zu erfolgen hat, § 22 Abs. 1 RVG (für die Anwaltsgebühren; für die Gerichtskosten: § 33 Abs. 1 S. 1 FamGKG).[130]

5. Wechselseitige Scheidungsanträge

193 Auch wenn wechselseitige Anträge auf Scheidung gestellt werden, ist nur von dem 1-fachen Wert auszugehen; es liegt insoweit Gegenstandsidentität im Sinne des § 39 Abs. 1 S. 3 FamGKG vor (vgl. dazu auch § 2 Rn 131).[131]

---

130 OLG Zweibrücken, Beschl. v. 27.6.2001 – 5 WF 40/01; OLG Zweibrücken OLG-Report 2001, 492.
131 *Schneider/Herget*, Ehesachen, Rn 1263.

6. Anwendung ausländischen Rechts

Solange eine Ehe- oder LPartsache vor einem deutschen Gericht anhängig gemacht wird, gelten für die Wertberechnung die Vorschriften des § 43 FamGKG. Nach Ansicht der Verfasserinnen ist dem Umstand Rechnung zu tragen, dass in der Regel die Anwendung ausländischen Rechts Spezialkenntnisse des Rechtsanwalts im IPR erfordert. Das Haftungsrisiko des Anwalts ist höher, ebenso wie der Tätigkeitsumfang aufgrund entsprechender notwendiger Recherche. Dies rechtfertigt – unter Berücksichtigung des in § 43 FamGKG genannten Kriteriums „Einzelfallumstände" eine Erhöhung des Verfahrenswerts. Dies wird auch von der herrschenden Rechtsprechung bejaht.[132]

194

Praxistipp
Der Rechtsanwalt sollte entsprechend vortragen, wenn er durch die Anwendung ausländischen Rechts einen Mehraufwand hatte.

195

VII. Unterhaltsansprüche

Die Bewertung von Unterhaltsansprüchen ist mannigfaltig. Hier werden oft Gebühren „verschenkt". Es lohnt sich daher, sich mit diesem Thema genauer zu befassen.

196

1. Gesetzliche Grundlage

§ 51 Unterhaltssachen und sonstige den Unterhalt betreffende Familiensachen

197

(1) In Unterhaltssachen und in sonstigen den Unterhalt betreffenden Familiensachen, soweit diese jeweils Familienstreitsachen sind und wiederkehrende Leistungen betreffen, ist der für die ersten zwölf Monate nach Einreichung des Antrags geforderte Betrag maßgeblich, höchstens jedoch der Gesamtbetrag der geforderten Leistung. Bei Unterhaltsansprüchen nach den §§ 1612a bis 1612c des Bürgerlichen Gesetzbuchs ist dem Wert nach Satz 1 der Monatsbetrag des zum Zeitpunkt der Einreichung des Antrags geltenden Mindestunterhalts nach der zu diesem Zeitpunkt maßgebenden Altersstufe zugrunde zu legen.

(2) Die bei Einreichung des Antrags fälligen Beträge werden dem Wert hinzugerechnet. Der Einreichung des Antrags wegen des Hauptgegenstands steht die Einreichung eines Antrags auf Bewilligung der Verfahrenskostenhilfe gleich, wenn der Antrag wegen des Hauptgegenstands alsbald nach Mitteilung der Entscheidung über den Antrag auf Bewilligung der Verfahrenskostenhilfe oder über eine alsbald eingelegte Beschwerde eingereicht wird. Die Sätze 1 und 2 sind im vereinfachten Verfahren zur Festsetzung von Unterhalt Minderjähriger entsprechend anzuwenden.

(3) In Unterhaltssachen, die nicht Familienstreitsachen sind, beträgt der Wert 500 EUR. Ist der Wert nach den besonderen Umständen des Einzelfalls unbillig, kann das Gericht einen höheren Wert festsetzen.

2. Berechnung des Wertes Unterhalt

Durch das 2. KostRMoG wurde § 51 FamGKG wie diverse andere Vorschriften dahingehend abgeändert, dass Begriffe wie „Klage" oder „Prozesskostenhilfe" aus redaktionellen Gründen geändert worden sind, vgl. dazu auch § 113 Abs. 5 FamFG. Ferner wurde Absatz 1 dahingehend erweitert, dass § 51 FamGKG sowohl in Unterhaltssachen als auch <u>in sonstigen den Unterhalt betreffenden Familiensachen</u> anzuwenden ist. Diese Erweiterung ist deshalb erfolgt, weil der Gesetzgeber klarstellen wollte, dass diese Wertvorschrift nicht nur für den gesetzlichen Unterhalt gilt, sondern auch

198

---

132 OLG Zweibrücken JurBüro 1984, 899 (Anwendung italienischen Rechts = 20iger Zuschlag); OLG Hamm FamRZ 1996, 501 (Anwendung griechischen Rechts = angemessene Erhöhung); OLG Karlsruhe AGS 2007, 316; **a.A.** OLG Stuttgart FamRZ 1999, 604 (Erhöhung nur bei Mehraufwand).

bei vertraglichen Unterhaltsansprüchen Anwendung findet. Zur Vermeidung von Wiederholungen darf hierzu auf die ausführlichen Ausführungen verwiesen werden (siehe § 2 Rn 248 ff.).

199 Bei Unterhaltsstreitsachen, die wiederkehrende Leistungen betreffen, ist der für die ersten zwölf Monate nach Einreichung des Antrags geforderte Betrag maßgeblich, höchstens jedoch der Gesamtbetrag der geforderten Leistung, § 51 Abs. 1 S. 1 FamGKG. Einreichung bedeutet: Maßgeblich ist der Zeitpunkt der Anhängigkeit eines Antrags, nicht Rechtshängigkeit (d.h. Zustellung an den Antragsgegner).[133]

200 Es kommt nicht auf den zugesprochenen, den anerkannten oder den freiwillig gezahlten Betrag an, vielmehr bestimmt der im Antrag geforderte Unterhalt den Wert, § 51 Abs. 1 S. 1 FamGKG.[134]

201 *Beispiel*
Es wird ein Unterhaltsbetrag von monatlich 1.000,00 EUR gefordert; das Familiengericht beschließt, dass der Unterhaltspflichtige monatlich 800,00 EUR zu zahlen hat.
Wert: 12 × 1.000,00 EUR = 12.000,00 EUR; §§ 23 Abs. 1 S. 2 RVG, 51 Abs. 1 S. 1 FamGKG.

202 Bei außergerichtlicher Vertretung gibt es keinen Zeitpunkt der Antragseinreichung. Bei Beendigung des Mandats (z.B. durch Vergleich) sind die künftigen Unterhaltsbeträge (maximal für zwölf Monate) heranzuziehen und alle zu diesem Zeitpunkt fällig gewordenen Beträge hinzuzurechnen.[135]

203 *Beispiel*
Es wird ein Unterhaltsbetrag von monatlich 800,00 EUR seit 01. Mai des Jahres gefordert. Im Dezember desselben Jahres schließen die Eheleute einen Vergleich, wonach ein monatlicher Unterhalt von 700,00 EUR zu bezahlen ist sowie die bis dato fälligen Unterhaltsrückstände seit Mai.
Wert:
Laufender Unterhalt:
12 x 800,00 EUR =   9.600,00 EUR, §§ 23 Abs. 1 S. 2 RVG, 51 Abs. 1 FamGKG
Rückstände:
8 x 800,00 EUR =   6.400,00 EUR, §§ 23 Abs. 1 S. 2 RVG, 51 Abs. 2 FamGKG
Addiert   16.000,00 EUR, § 22 Abs. 1 RVG

3. Unterhalt für weniger als 1 Jahr

204 Wird der Unterhalt für weniger als ein Jahr verlangt, so ist als Gegenstandswert der geforderte Gesamtbetrag an Unterhalt maßgebend, § 51 Abs. 1 S. 1 FamGKG. Wird für mindestens ein Jahr oder länger Unterhalt geltend gemacht, gilt der Jahresbetrag.

205 *Beispiel*
Es wird Trennungsunterhalt für 7 Monate geltend gemacht in Höhe von 720,00 EUR. Das Gericht beschließt, dass der Unterhaltspflichtige 600,00 EUR monatlich laufend zu zahlen hat.
Wertberechnung: 7 × 720,00 EUR = 5.040,00 EUR, §§ 23 Abs. 1 S. 2 RVG, 51 Abs. 1 S. 1 FamGKG
Berechnungsgrundlage ist der geforderte, nicht der zugesprochene Betrag. Der geforderte Betrag ist geringer als der Jahresbetrag, daher zählt dieser.

---

133 OLG Hamburg FamRZ 2003, 1198; ebenso für den **Abänderungsantrag**: OLG Köln FamRZ 2001, 1386.
134 Die ergibt sich bereits aus dem Wortlaut der Vorschrift. Vgl. dazu aber auch in diesem Sinne: OLG Brandenburg JurBüro 2001, 417; OLG Thüringen AGS 2001, 203; OLG Köln FamRZ 2002, 684.
135 *Schneider*, NJW-Spezial 2013, 283 f.

4. Unterhalt nach §§ 1612a–1612c BGB

Ein minderjähriges Kind kann von einem Elternteil, mit dem es nicht in einem Haushalt lebt, den Unterhalt als Prozentsatz des jeweiligen Mindestunterhaltes verlangen, § 1612a BGB. Dieser Mindestunterhalt richtet sich nach dem doppelten Kinderfreibetrag des § 32 Abs. 6 S. 1 EStG (Einkommensteuergesetz) und ist nach dem Alter des Kindes gestaffelt. Bei Unterhaltsansprüchen nach den §§ 1612a bis 1612c des Bürgerlichen Gesetzbuchs ist dem Wert nach Satz 1 der Monatsbetrag des Unterhalts nach dem Regelbetrag und der Altersstufe zugrunde zu legen, die im Zeitpunkt der Einreichung des Antrags maßgebend sind, § 51 Abs. 1 S. 2 FamGKG.[136]

206

Zu beachten ist, dass sich damit bei einer Anhebung des Mindestunterhalts aufgrund einer Änderung der Altersstufe während des laufenden Verfahrens, dieser höhere verlangte Unterhalt bei der Wertberechnung keine Rolle spielt.[137]

207

Die bei Antragseinreichung fälligen Beträge sind hinzuzuaddieren, § 51 Abs. 2 S. 1 FamGKG. Der Einreichung des Antrags wegen des Hauptgegenstands steht die Einreichung eines Antrags auf Bewilligung der Verfahrenskostenhilfe gleich, wenn der Antrag wegen des Hauptgegenstands alsbald nach Mitteilung der Entscheidung über den Antrag auf Bewilligung der Verfahrenskostenhilfe oder über eine alsbald eingelegte Beschwerde eingereicht wird, § 51 Abs. 2 S. 2 FamGKG. Werden z.B. 150 % geltend gemacht, ist auch mit 150 % zu rechnen.[138]

208

Das Kindergeld, das gem. § 1612b, c BGB bedarfsdeckend anzurechnen ist, ist auch dann in Abzug zu bringen, wenn es nicht beantragt worden ist.[139]

209

5. Teilweise freiwillige Leistungen

Auch dann, wenn bereits freiwillig ein Teil des Unterhalts gezahlt wird, ist der mit dem Antrag geforderte Betrag für die Berechnung des Wertes maßgebend. Freiwillig gezahlte Beträge sind also beim Wert nicht abzusetzen, da der Unterhaltsberechtigte ein schutzwürdiges Interesse an der Titulierung seiner vollen Unterhaltsansprüche hat.[140] Aus diesem Grund kann immer der volle Betrag geltend gemacht werden. Nur in den Fällen, wenn aus Antrag und Antragsbegründung eindeutig hervorgeht, dass nur der über den vom Unterhaltsschuldner freiwillig gezahlten Betrags hinausgehende Anspruch geltend gemacht wird, ist auch nur dieser Betrag für die Berechnung des Gegenstandswerts maßgebend. Der Rechtsanwalt wird aber i.d.R. zur Titulierung der vollständigen Unterhaltszahlungen anraten.

210

6. Stufenantrag, § 38 FamGKG

Wird mit dem Antrag

211

- auf Rechnungslegung oder
- auf Vorlegung eines Vermögensverzeichnisses oder
- auf Abgabe einer eidesstattlichen Versicherung

---

136 *Mayer/Kroiß*, Anhang IV Rn 131.
137 *Schulte-Bunert/Weinreich*, FamFG-Kommentar, § 51 FamGKG Rn 10.
138 OLG Karlsruhe JurBüro 2001, 254; OLG Köln FamRZ 2002, 684; *Madert/Müller-Rabe*, Kap. B Rn 43; **a.A.** *Enders*, JurBüro 1998, 450, 579 (legt aber bei Rückständen die tats. verlangten Beträge zugrunde).
139 OLG Köln FamRZ 2008, 1645; OLG München FamRZ 2005, 1766.
140 OLG Celle FamRZ 2003, 465 u. 1683; OLG München FamRZ 1990, 778; OLG Hamm FamRZ 207, 163 (letzteres zum Auskunftsanspruch).

der Antrag

- auf Herausgabe desjenigen verbunden, was der Antragsgegner aus dem zugrunde liegenden Rechtsverhältnis schuldet,

ist für die Wertberechnung nur einer der verbundenen Ansprüche, und zwar der höhere, maßgebend, § 38 FamGKG.

212 Bei dieser Regelung ergibt sich – bis auf redaktionelle Anpassungen – keine Änderung zum bisherigen Recht vor Inkrafttreten des 2. KostRMoG (Stufenklage = Stufenantrag).

213 Der Stufenantrag hat damit (mindestens) 2 Werte (Auskunfts- und Leistungsantrag). Jeder Gegenstand ist gesondert zu bewerten; es gilt nach § 38 FamGKG der höhere Wert.

214 *Beispiel*

- **Bewertung Stufenantrag**

RA R. reicht einen Stufenantrag (Antrag auf Auskunftserteilung, Belegvorlage und noch zu beziffernde Leistung) ein. Im Stufenantrag weist er darauf hin, dass seine Mandantin sich einen Unterhaltsanspruch von monatlich 1.400,00 EUR erhofft. Nach Vorlage der Auskunft und Belege wird der Unterhaltsanspruch auf 1.440,00 EUR monatlich beziffert. Das Gericht beschließt, dass ein monatlich zu zahlender Unterhalt in Höhe von 1.100,00 EUR zu zahlen ist.

Wert des Auskunftsantrags:

12 × 1.400,00 EUR = 16.800,00 EUR

(§§ 23 Abs. 1 S. 2 RVG, 38 FamGKG, 51 Abs. 1 S. 1 FamGKG)

Wert des Leistungsantrags:

12 × 1.440,00 EUR = 17.280,00 EUR

(§§ 23 Abs. 1 S. 2 RVG, 38 FamGKG, 51 Abs. 1 S. 1 FamGKG)

Es gilt der höhere Wert, § 38 FamGKG. Der zugesprochene Betrag spielt keine Rolle (siehe § 2 Rn 199).

215 Der Wert der Auskunft ist mit einem Bruchteil (1/10 bis 1/2) des Leistungsanspruchs anzunehmen.[141]

216 Kommt es in einem Verfahren zu keiner Bezifferung des Leistungsanspruchs (= sog. „steckengebliebener" Stufenantrag), weil ein solcher z.B. nicht besteht, ist bei der Wertermittlung dennoch auf den höheren Wert, nämlich den des Leistungsanspruchs abzustellen.[142] In diesem Fall ist der Wert anhand der sich aus dem objektiven Vortrag ergebenden Erwartungen des Antragstellers zu schätzen.[143] Fehlt es zum Zeitpunkt der Anhängigkeit an genügend Anhaltspunkten für eine Wert-

---

141 OLG Stuttgart, Beschl. v. 7.7.2008 – 16 WF 173/08 FÜR 2009, 194; OLG Schleswig FamRZ 1997, 40; *Schneider/Herget,* Streitwertkommentar, Auskunftsanspruch, Rn 652; für eine Bewertung mit 1/10 bis 1/4: *Schneider/Wolf/Volpert,* Familiengerichtskostengesetz, § 42 Rn 88; *Gerold/Schmidt,* Anhang VI Rn 44.
142 OLG Saarbrücken AGS 2011, 91 = NJW-Spezial 2011, 71; OLG Karlsruhe ZEV 2009, 40; OLG Brandenburg AGS 2009, 134 = FPR 2009, 326; KG KGR 2006, 1005 = FamRZ 2007, 69 = RVGreport 2006, 475; OLG Celle, Beschl. v. 17.6.2011 – 10 WF 164/11; OLG Hamm FamRZ 2011, 582 = FamFR 2011, 41 = FF 2011, 219; OLG Brandenburg FamRZ 2007, 71; KG FamRZ 2007, 69; OLG Stuttgart (11. ZS) FamRZ 2008, 534; OLG Stuttgart (8. ZS) FamRZ 2008, 533 m.w.N.; vgl. auch *Schneider/Wolf,* Anhang II Rn 253 ff.
143 OLG Saarbrücken AGS 2011, 91 = NJW-Spezial 2011, 71; OLG Karlsruhe ZEV 2009, 40; OLG Brandenburg AGS 2009, 134 = FPR 2009, 326; KG KGR 2006, 1005 = FamRZ 2007, 69 = RVGreport 2006, 475; OLG Celle, Beschl. v. 17.6.2011 – 10 WF 164/11; OLG Hamm FamRZ 2011, 582 = FamFR 2011, 41 = FF 2011, 219; OLG Brandenburg FamRZ 2007, 71; KG FamRZ 2007, 69; OLG Stuttgart (11. ZS) FamRZ 2008, 534; OLG Stuttgart (8. ZS) FamRZ 2008, 533 m.w.N.; vgl. auch *Schneider/Wolf,* Anhang II, Rn 253 ff.; es kommt ganz wesentlich, aber nicht allein auf die Vorstellungen des Antragstellers an: *Gerold/Schmidt,* Anhang VI Rn 45.

ermittlung, ist diesbezüglich der Auffangwert des § 42 Abs. 3 FamGKG in Höhe von 5.000,00 EUR (bis zum 1.8.2013: 3.000,00 EUR) heranzuziehen.[144] Bei Auskunftsverlangen betreffend Unterhalt kann dies m.E. eine gute Lösung bieten; erscheint jedoch bei hohen Erwartungshaltungen z.B. bei Zugewinnausgleichsansprüchen in 6-stelliger Höhe nicht sachgerecht.

Wie ein „steckengebliebener" Stufenantrag zu bewerten ist, ist umstritten. Teilweise werden auch die Auffassungen vertreten, dass nur auf den Bruchteil des zu erwartenden Unterhalts abzustellen ist[145] oder, dass der Leistungsantrag gar nicht zu bewerten ist.[146]

> *Praxistipp* **217**
> Kommt am Ende „Null" heraus, kann natürlich der Wert nicht „Null" sein. Es wird empfohlen, bereits mit dem Antrag den Betrag anzugeben, den sich der Mandant/die Mandantin mindestens vorstellt. Ein späteres „Nachbessern", wenn der Wert erst einmal niedrig festgesetzt ist, ist in der Praxis schwierig, wenn nicht unmöglich. Dies gilt insbesondere in Verfahren, für die Verfahrenskostenhilfe beantragt wird.

Stellt sich heraus, dass der Anspruch geringer ist als zunächst erwartet, wird die Auffassung in der Literatur vertreten, dass von diesem geringeren Wert auszugehen ist.[147] Soweit die Wertunterschiede nicht gravierend sind, kann dies für vertretbar gehalten werden. Was aber ist, wenn z.B. der Mandant sich aufgrund existierender Auslandskonten einen hohen Zugewinnausgleichsanspruch in Höhe von 150.000,00 EUR erhofft, mangels Nachweises aber nichts zugesprochen erhält. Nach unserer Auffassung ist es nicht vertretbar, wenn die Bemühungen des Anwalts zur Begründung des hohen Ausgleichsanspruchs damit „belohnt" wird, dass er – wie in solchen Fällen vielfach von Gerichten festgesetzt – nur aus 500,00 EUR oder 1.000,00 EUR abrechnen kann. Stützen kann man die Auffassung, dass der erhoffte Betrag Gegenstandswert für den Auskunftsanspruch sein muss, auf § 51 Abs. 1 S. 1 FamGKG, der ebenfalls auf den geforderten und nicht den zugesprochenen Betrag abstellt. Von diesem geforderten Betrag ist der Bruchteil als Wert anzunehmen; hier somit – ausgehend von 20% – von 30.000,00 EUR. Ergänzend wird auf die Ausführungen zum Stufenantrag bei Güterrechtssachen verwiesen (siehe § 2 Rn 356). **218**

Wird für verschiedene Unterhaltsberechtigte Auskunft verlangt, ist jedes Auskunftsverlangen gesondert zu bewerten; die Werte sind sodann zu addieren.[148] **219**

7. Rückstände, § 51 Abs. 2 FamGKG

Unterhaltsrückstände, die mit dem Unterhaltsantrag für laufende Unterhaltsansprüche geltend gemacht werden, werden bei der Berechnung des Gegenstandswertes addiert. Nach § 51 Abs. 2 S. 1 FamGKG sind die bei Einreichung des Antrags (somit Anhängigkeit, nicht notwendig Rechtshängigkeit) fälligen Beträge dem Verfahrenswert hinzuzurechnen. Der Unterhaltsrückstand berechnet sich ab dem Zeitpunkt, mit welchem dem Unterhaltsverpflichteten die Aufforderung über die Auskunftserteilung über seine Einkünfte und sein Vermögen zugegangen ist. Da der Unterhalt immer im Voraus zu zahlen ist (§ 1612 Abs. 3 S. 1 BGB), gilt der Unterhalt für den Monat, in dem der Antrag eingereicht wird, bereits als Rückstand.[149] Die Auffassung des OLG Naumburg, zumindest **220**

---

144 OLG Hamm FamRZ 2011, 582 = FamFR 2011, 41 = FF 2011, 219.
145 OLG Karlsruhe AGS 99, 156; OLG Hamm FamRZ 1998, 1308.
146 OLG Stuttgart (16. ZS) FF 2008, 158; KG MDR 1997, 598.
147 OLG Dresden NJW-RR 1997, 1430; KG JurBüro 1997, 595; *Madert/Müller-Rabe,* Rn 58 m.w.N.
148 *Schneider/Herget,* Streitwertkommentar, Unterhalt, Rn 5409.
149 OLG Naumburg FuR 2004, 379; OLG Brandenburg FamRZ 2004, 962 sowie JurBüro 2001, 417; OLG Hamm FamRZ 1998, 312; *von König,* JurBüro 2001, 235; *Meyer,* JurBüro 2001, 522, 580; vgl. auch *Mayer/Kroiß,* Anhang IV Rn 114.

beim Kindesunterhalt seien aus sozialpolitischen Gründen die Rückstände ebenfalls auf einen Jahresbetrag wie der laufende Unterhalt beschränkt, ist abzulehnen.[150] Es mag bei der Zwangsvollstreckung eine Rolle spielen, dass überjährige Rückstände bei einer verschärften Pfändung nach § 850f ZPO nur unter bestimmten Voraussetzungen zu berücksichtigen sind; für laufende Unterhaltsverfahren lässt der Wortlaut des § 51 Abs. 2 FamGKG m.E. keine Auslegungsmöglichkeit.

221   *Beispiel*
Es wird nachehelicher Unterhalt (laufend): 720,00 EUR, ab 1.1. eines Jahres geltend gemacht; Antragseinreichung erfolgt am 5.2. desselben Jahres.

Wertberechnung:

12 × 720,00 EUR (Jahresunterhalt) = §§ 23 Abs. 1 S. 2 RVG, 51 Abs. 1 FamGKG,	8.640,00 EUR
zzgl. Rückstände für 2 Monate, 2 × 720,00 EUR = §§ 23 Abs. 1 RVG, 51 Abs. 2 S. 1 FamGKG,	1.440,00 EUR
gesamt:	10.080,00 EUR

222   Wird der Antrag während des laufenden Verfahrens erweitert, so ist strittig, ob die Erweiterung dazu führt, dass sämtliche bis zur Antragserweiterung aufgelaufenen Rückstände in der nun geltend gemachten Höhe erweitert werden können, oder aber nur die bei Antragseinreichung bereits fälligen Beträge und der Jahresbetrag entsprechend der Antragserweiterung erhöht werden.[151] *Kindermann* bietet zu dieser Frage ein gutes Berechnungsbeispiel an.[152] Die Verfasserinnen sprechen sich dafür aus, dass lediglich die bei Antragseinreichung fälligen Rückstände sowie der Jahresbetrag entsprechend der Antragserweiterung zu erhöhen sind, nicht aber sämtliche bis zum Zeitpunkt der Antragserweiterung weiter angefallenen Rückstände.[153] Denn dies würde im Ergebnis ein nur noch schwer kalkulierbares Prozesskostenrisiko für die Beteiligten bedeuten.

223   Der Einreichung des Antrags wegen des Hauptgegenstands steht die Einreichung eines Antrags auf Bewilligung der Verfahrenskostenhilfe (VKH) gleich, wenn der Antrag wegen des Hauptgegenstands alsbald (d.h. ohne schuldhaftes Zögern) nach Mitteilung der Entscheidung über den VKH-Antrag oder über eine alsbald eingelegte Beschwerde eingereicht wird. Daraus folgt, dass in VKH-Sachen nur die Rückstände zum Gegenstandswert addiert werden, die bis zur Einreichung des VKH-Antrags bei Gericht fällig sind, nicht bis zum formellen Zahlungsantrag.

224   Bei der gleichzeitigen außergerichtlichen Geltendmachung von Trennungsunterhalt und nachehelichem Unterhalt ist zu beachten, dass hier eine Gegenstandsverschiedenheit (beide Ansprüche basieren auf verschiedenen Anspruchsgrundlagen (vgl. §§ 1361, 1569 ff. BGB) vorliegt, welche zur Folge hat, dass die verschiedenen Gegenstände zu addieren sind (§ 22 Abs. 1 RVG).[154] Die Gegenstandsverschiedenheit lässt sich auch daran erkennen, dass der nacheheliche Unterhalt im Gegensatz zum Trennungsunterhalt Folgesache im Scheidungsverbund sein kann, weil lediglich der nacheheliche Unterhalt **für den Fall der Scheidung** geltend gemacht werden kann. Der Trennungsunterhalt betrifft – wie der Name schon sagt – lediglich die Zeit während des Getrenntlebens und kann aus diesem Grund heraus nicht Scheidungsfolgesache sein.[155]

---

150   OLG Naumburg FuR 2004, 379.
151   **Für eine Addition:** OLG Köln FamRZ 2004, 1226; **gegen eine Addition**: OLG Saarbrücken OLGR 2005, 924; OLG Brandenburg MDR 2003, 335; OLG Karlsruhe FuR 1999, 440.
152   *Kindermann*, Rn 128 f.
153   So im Übrigen auch bereits BGH NJW 1960, 1459.
154   BGH, Urt. v. 14.1.1981 – IVb ZR 575/80, NJW 1981, 978.
155   *Musielak/Borth,* FamFG, § 137, Rn 7.

Praxistipp 225
Sinnvoll ist die korrekte Antragstellung, damit das Gericht bei der Wertfestsetzung nicht übersieht, dass neben laufendem Unterhalt auch Rückstände geltend gemacht worden sind.

Beispiel 226
Antrag Mitte Januar 2014:
1. Der Antragsgegner wird verpflichtet, an die Antragstellerin monatlich im Voraus zu leistenden laufenden Unterhalt in Höhe von xy EUR ab 1.2.2014 zu bezahlen.
2. Der Antragsgegner wird verpflichtet, Unterhaltsrückstand in Höhe von xy EUR für den Monat Januar 2014 an die Antragstellerin zu leisten.

8. Kapitalabfindung

Bei einer Kapitalabfindung, bei der sich der Unterhaltsverpflichtete dazu bereit erklärt, anstelle des gesetzlichen Unterhalts eine konkrete Abfindung zu zahlen, ist der Abfindungsanspruch und nicht der Abfindungsgegenstand maßgebend, wenn zunächst nur der laufende Unterhalt beantragt wird. 227

Dies hat zur Folge, dass der Gegenstandswert durch den Jahresbetrag der gesetzlich geregelten Unterhaltsansprüche bestimmt wird.[156] 228

Zu beachten ist jedoch, dass nach § 1585 Abs. 2 BGB eine Kapitalabfindung des Unterhaltsanspruchs geltend gemacht werden kann. Wird nicht laufender Unterhalt geltend gemacht und anschließend eine Kapitalabfindung vereinbart, sondern vielmehr von vornherein der gesetzlich geregelte Kapitalabfindungsanspruch geltend gemacht, so ist dieser auch als Gegenstandswert zugrunde zu legen.[157] 229

Strittig ist, wie die Bewertung zu erfolgen hat, wenn laufender Unterhalt gerichtlich geltend gemacht ist und man – ohne den Antrag auf Zahlung eines Kapitalbetrags (§ 1585 Abs. 2 BGB) umzustellen – eine Kapitalabfindung vereinbart. Der alte Grundsatz „Streitwert des Vergleichs ist der Betrag, **über** den man sich vergleicht und nicht der, **auf** den man sich vergleicht" ist bei der Bewertungsfrage auch in diesen Fällen heranzuziehen. Dabei stellt die herrschende Meinung darauf ab, ob eine Umstellung des Antrags von laufendem Unterhalt hin zu einem Unterhaltsabfindungsbetrag erfolgt ist.[158] Denn im Falle des Scheiterns von Vergleichsverhandlungen wird gerichtlich der geltend gemachte laufende Unterhaltsanspruch verfolgt. *Kindermann* führt zu dieser Problematik umfassend aus. Sie hält die Argumentation für zu kurzsichtig, da bei einer Einigung in der Praxis der Antragsteller kaum noch an eine Umstellung seines Antrags denke, auch, um nicht unnötig Gerichtskosten zu produzieren. In ihrer Argumentation stützt sich *Kindermann* auch auf eine Entscheidung des OLG Frankfurt, das bei derartigen Vergleichen eine Einigung über ein anderes Schuldverhältnis sieht, zumal ein solcher Vergleich mit einem Abänderungsantrag nicht mehr angefochten werden könnte.[159] Folgt man der nachvollziehbaren Argumentation des OLG Frankfurt, dass die Beteiligten eine Einigung über ein anderes Schuldverhältnis getroffen haben, müsste 230

---

156 **H.M.** OLG Bamberg JurBüro 1992, 51; OLG München JurBüro 2001, 141 (Rente); OLG Düsseldorf JurBüro 1992, 51; OLG Hamburg FamRZ 1987, 184; *Göttlich/Mümmler*, RVG, Unterhaltsvergleich, Ziff. 1.6; *Mayer/Kroiß*, Anhang IV Rn 124; OLG Frankfurt/Main Rpfleger 1971, 116; **a.A.** OLG Frankfurt JurBüro 1980, 1215 = Rpfleger 1980, 239, das den verlangten Abfindungsbetrag als Streitwert ansetzt. Rückstände werden diesem Betrag hinzugerechnet (§ 42 Abs. 1, 5 GKG).
157 OLG Frankfurt JurBüro 1980, 1215 Fn 60 = Rpfleger 1980, 239; *Kindermann*, Rn 143; *Mayer/Kroiß,* Anhang IV Rn 124.
158 *Madert/Müller-Rabe,* B. Rn 72.
159 *Kindermann*, Rn 146; OLG Frankfurt JurBüro 1980, 1215 = RPfleger 1980, 239.

jedoch konsequenterweise gebührenrechtlich eine Einigung über nicht rechtshängige Ansprüche angenommen werden mit der Folge, dass die Abfindung als nicht-rechtshängiger Anspruch (Mehrvergleich über den Abfindungsbetrag) abgerechnet wird. Zwar schließen sich die rechtshängigen Ansprüche (laufender Unterhalt) und die nicht rechtshängigen (Abfindung) gegenseitig aus. Aber wie bei Trennungs- und nachehelichem Unterhalt handelt es sich um verschiedene Anspruchsgrundlagen. Sofern daher der Antrag auf Zahlung des laufenden Unterhalts für den Fall der Einigung über den Abfindungsbetrag zurückgenommen wird, könnte der Abfindungsbetrag als nicht rechtshängiger Anspruch (1. Instanz: 0,8 Differenzverfahrensgebühr; 1,5 Einigungsgebühr jeweils unter Beachtung von § 15 Abs. 3 RVG) in die Abrechnung einbezogen werden. Die Rücknahme des Antrags betreffend den Unterhalt würde darüber hinaus (wie eine Einigung) zu einer Gerichtskostenreduzierung führen. Um späteren Streit vorzubeugen, sollte aus der Vereinbarung unmissverständlich hervorgehen, dass die Kapitalabfindung nach § 1585 Abs. 2 BGB gemeint ist.

231 *Praxistipp*
Zur Vermeidung von Streitigkeiten muss der Abschluss einer Vergütungsvereinbarung empfohlen werden.

232 Ist der Kapitalabfindungsbetrag Grundlage des Verfahrenswerts, so ist der höchste geforderte Betrag bei der Berechnung heranzuziehen. Kann ein solcher Höchstbetrag nicht ermittelt werden, richtet sich der Wert nach dem vereinbarten Kapitalabfindungsbetrag, mindestens aber nach dem Jahresbetrag des laufenden Unterhalts.[160]

233 Zu beachten ist, dass bei VKH-Mandanten bei einer derartigen Kapitalabfindung möglicherweise mit einer Rückforderung der Staatskasse nach § 120 Abs. 4 ZPO gerechnet werden muss. Die hierzu ergangene Rechtsprechung berücksichtigt den Zweck der Kapitalabfindung, das notwendige Bestreiten des laufenden Unterhalts über unter Umständen einen langen Zeitraum.[161]

9. Titulierung unstreitiger Beträge

234 Nicht selten streiten die Beteiligten nicht über den gesamten Unterhaltsanspruch, sondern nur über einen Teilbetrag. Es stellt sich die Frage, wie die Bewertung vorzunehmen ist, wenn bei der gerichtlichen Geltendmachung ein Teil des Unterhalts unstreitig gestellt wird und lediglich aufgrund des Titulierungsinteresses der Gesamtbetrag geltend gemacht wurde. Abschläge vom Wert sind nur dann vorzunehmen, wenn aus dem Antrag das Titulierungsinteresse hervorgeht.[162] In der Regel beträgt das Titulierungsinteresse einen Prozentsatz des geltend gemachten Jahres-Unterhalts nach § 51 Abs. 1 FamGKG. Dabei schwanken die Prozentsätze teilweise erheblich (zwischen 5–50 %) und sind vom Einzelfall abhängig.[163]

10. Unterhaltsverzicht

235 In der Praxis kommt es häufig vor, dass ein Ehegatte oder auch beide auf jeglichen Unterhalt verzichten. Der Wert bestimmt sich hierbei nach dem Anspruch, auf den verzichtet wird, selbst wenn sich dieser erst in der Zukunft ergibt. Bildet ein möglicher oder unsicherer Anspruch den Gegenstand des Verzichts, so wird hierbei lediglich ein Bruchteil des Wertes nach § 51 Abs. 1 S. 1

---

160 *Kindermann*, Rn 149.
161 *Kindermann*, Rn 149 m.w.N.
162 OLG Celle FamRZ 2003, 465 f.; FamRZ 2003, 1683 f.; OLG Braunschweig FamRZ 1997, 38 f.
163 *Kindermann*, Rn 131.

FamGKG berechnet; er ist umso geringer, je unwahrscheinlicher das Entstehen und je unsicherer die zu schätzende Höhe ist.[164]

Da es oftmals sehr schwierig sein wird, den Wert zu bestimmen, hat die Rechtsprechung in der Vergangenheit bei der Bemessung des Unterhaltsverzichts Beträge von 1.200,00 EUR bis 1.800,00 EUR angenommen.[165] Zu Recht wird davon ausgegangen, dass die Entscheidungen, welche von einem Wert von 1.200,00 EUR ausgehen und bereits seit Jahrzehnten bestehen, nicht mehr generell heranzuziehen sind. Es ist daher gerechtfertigt, die gestiegenen Lebenshaltungskosten in diese Berechnung mit einzubeziehen. Es werden Beträge von z.B. 75,00 EUR monatlich (= 900,00 EUR pro Verzicht × 2 = 1.800,00 EUR)[166] bis zu 2.400,00 EUR angenommen.[167] Ein Unterhaltsverzicht kann mit zwölf Monatsbeträgen angesetzt werden[168] oder auch mit einem höheren Wert.[169]

236

Erfolgt der Verzicht hinsichtlich Trennungs- und nachehelichem Unterhalt, handelt es sich um verschiedene Gegenstände, die gesondert zu bewerten sind.[170] Von einem derartigen Verzicht ist bei der Formulierung: *„Die Parteien verzichten für Vergangenheit, Gegenwart und Zukunft auf jegliche Unterhaltsansprüche, gleich aus welchem Rechtsgrund."* auszugehen.[171]

237

11. Trennungsunterhalt

Trennungsunterhalt entspringt einer eigenen Anspruchsgrundlage (§ 1361 BGB) und ist daher abgegrenzt vom nachehelichen Unterhalt (§ 1569 ff. BGB) gesondert zu bewerten.[172] Werden Trennungsunterhalt und nachehelicher Unterhalt in einem Verfahren geltend gemacht, handelt es sich um unterschiedliche Ansprüche, die jeweils mit einem eigenen Verfahrenswert zu bewerten sind.[173] Die jeweiligen Werte sind zu addieren.[174]

238

Es stellt sich regelmäßig die Frage, ob beim Trennungsunterhalt auf den Jahresbetrag der geforderten Leistung abzustellen ist, oder aber auf einen geringeren Zeitraum, da beispielsweise bereits 3 Monate später Scheidungsantrag eingereicht wird, mit dem nachehelicher Unterhalt gefordert wird. Die herrschende Meinung stellt dabei auf die Prognose bei Einreichung des Antrags ab, d.h. darauf, ob die Ehe voraussichtlich vor Ablauf eines Jahres rechtskräftig geschieden sein wird oder nicht.[175] *Kindermann* weist zu Recht darauf hin, dass eine solche Prognose in den seltensten Fällen klar vorhergesagt werden kann, da gerade in Scheidungsangelegenheiten die menschliche Kom-

239

---

164 *Lappe,* Rn 492.
165 *Göttlich/Mümmler,* RVG, Unterhaltsverzicht, Ziff. 1.5 m.w.N.; OLG Köln FamRZ 1998, 310.
166 OLG Köln FamRZ 1998, 310 f.; OLG Düsseldorf JurBüro 1979, 250; JurBüro 1977, 796; OLG Bamberg JurBüro 1977, 796; OLG Schleswig JurBüro 1977, 79.
167 OLG Karlsruhe Beschl. v. 3.5.1999 – 16 UF 226, 96, (4.800,00 DM).
168 OLG Düsseldorf JurBüro 1990, 52.
169 OLG Dresden FamRZ 1999, 1290; OLG Naumburg FamzRZ 2001, 433 (18 Monatsbeträge).
170 OLG Hamm FamRZ 1988, 402.
171 *Kindermann,* Rn 140.
172 So auch: BGH FamRZ 1981, 242; OLG Hamm FamRZ 1988, 402.
173 OLG Bamberg, Beschl. v. 13.5.2011 – 2 WF 121/11 = JurBüro 2011, 418 = BeckRS 2011, 21193 = FamRZ 2011, 1894 L.
174 *Gerhardt/Heintschel-Heinegg/Klein,* 17. Kap. Rn 35.
175 OLG Hamm FamRZ 2005, 1766 (das auf überwiegende Wahrscheinlichkeit abstellt); OLG Bamberg FamRZ 1996, 502 f; OLG Frankfurt FamRZ 2007, 749; OLG München FamRZ 1998, 573; OLG Köln JurBüro 1993, 164 (die letzten drei OLGs stellen darauf ab, ob eine rechtskräftige Scheidung vor Ablauf von 12 Monaten ab Einreichung des Trennungsunterhaltsantrags „absehbar" ist.); OLG Schleswig FamRZ 2006, 1560; OLG Hamburg FamRZ 2002, 1136; OLG Bremen OLGR 2000, 151 (die auf eine bereits immanente Beschränkung des Trennungsunterhalts bis zur Rechtskraft der Scheidung abstellen).

ponente, die aus verschiedensten Gründen zu einer Verfahrensverzögerung führen kann, selten kalkulierbar ist und spricht sich daher dafür aus, generell vom Jahresbetrag auszugehen.[176] Sofern es während des laufenden Verfahrens zur rechtskräftigen Scheidung komme und zwischen Antragseinreichung und Termin weniger als ein Jahr liege, biete sich aus gebührenrechtlicher Sicht an, den Antrag in der mündlichen Verhandlung auf den Zeitraum zu begrenzen.[177] *Kindermann* widerspricht der Auffassung einiger Gerichte, der Verfahrenswert sei, um das Prognoseproblem umgehen zu können, entsprechend zu berichtigen, wenn es zur rechtskräftigen Scheidung komme und hält den Jahreswert für gerechtfertigt, wenn der Antrag auf Zahlung von Trennungsunterhalt für eine unbestimmte Dauer erhoben wird.[178]

240 *Praxistipp*
Bevor man es auf einen aufwändigen Streit mit dem Gericht ankommen lässt, sollte geprüft werden, ob durch eine Berichtigung des Verfahrenswerts überhaupt ein Gebührensprung erfolgt, wenn Streit nur über ein oder zwei Monate Differenz herrscht.

241 Die Auffassung, dass bei einem Vergleich für die Einigungsgebühr ein geringerer Wert anzunehmen sein kann, wenn sich der Vergleich auf einen Zeitraum von weniger als einem Jahr erstreckt, die Verfahrens- und Terminsgebühr aber aus dem Jahresbetrag zu berechnen sind,[179] ist m.E. praxisnah, denn zum Zeitpunkt des Unterhaltsantrags kann eben oft noch nicht gesagt werden, wie lange der Trennungsunterhalt zu zahlen sein wird; steht dann zum Vergleichszeitpunkt fest, dass es weniger als 1 Jahr ist, scheint die Differenzierung gerechtfertigt.

242 Wird nach Anhängigkeit des Trennungsunterhaltsanspruchs nur noch über die Befristung oder die Dauer gestritten, erfolgt eine Reduzierung auf den Jahreswert nicht.[180]

12. Wertsicherungsklausel

243 Eine Wertsicherungsklausel führt zu einer Erhöhung des Unterhaltsanspruchs und ist daher in die Bewertung mit einzubeziehen. *Groß* hält eine Anpassung des Verfahrenswerts entsprechend der Bewertung durch Notare für angemessen (Zuschlag 5–20 %).[181]

13. Einstweilige Anordnung

244 Grundsätzlich gilt, dass nach § 41 FamGKG für Verfahren der einstweiligen Anordnung der Wert in der Regel unter Berücksichtigung der geringeren Bedeutung gegenüber der Hauptsache zu ermäßigen ist; dabei ist von der Hälfte des für die Hauptsache bestimmten Werts auszugehen, § 41 S. 1 u. 2 FamGKG. (Zur Wertberechnung der einstweiligen Anordnungen betreffend Unterhalt vgl. § 2 Rn 362 und 371).

14. Vertragsentwurf über Unterhaltsansprüche

245 Da der Vertragsabschluss, aufgrund dessen sich eine Person verpflichtet, an den Anderen eine monatliche Unterhaltsrente zu zahlen, nicht Gegenstand eines gerichtlichen Verfahrens sein kann, bestimmt sich in Folge dessen der Wert für den Entwurf nach §§ 23 Abs. 3 S. 1 RVG, 52 GNotKG.

---

176 *Kindermann*, Rn 175.
177 *Kindermann*, Rn 175.
178 *Kindermann*, Rn 175 m. Verweis auf OLG Hamm FamRZ 1996, 502 u. FamRZ 1987, 405.
179 OLG Braunschweig OLGR 1995; 295; OLG Düsseldorf FamRZ 1990, 1379.
180 OLG Oldenburg FamRZ 2009, 73; OLG Stuttgart FamRZ 2008, 1205.
181 *Groß*, Rn 198.

Bislang verwies § 23 Abs. 3 S. 1 RVG auf die Wertvorschriften der Kostenordnung (hier: § 24 KostO). Nachdem die KostO jedoch im Zuge des 2. KostRMoG zum 1.8.2013 aufgehoben wurde, sind an die Stelle der Regelungen der KostO die des Gerichts- und Notarkostengesetzes getreten. Absatz 3 S. 1 des § 23 RVG lautet nunmehr wie folgt: *„Soweit sich aus diesem Gesetz nichts anderes ergibt, gelten in anderen Angelegenheiten für den Gegenstandswert die Bewertungsvorschriften des Gerichts- und Notarkostengesetzes und die §§ 37, 38, 42 bis 45 sowie 99 bis 102 des Gerichts- und Notarkostengesetzes entsprechend."* Die Bewertungsvorschriften finden sich in den §§ 46–54 GNotKG.

246

§ 52 GNotKG unterscheidet zwischen

247

- Unterhalt, der auf eine bestimmte Zeit beschränkt ist (§ 52 Abs. 2 GNotKG); maßgeblich ist der auf die Dauer des Rechts entfallende Wert, höchstens jedoch 20 Jahre. Ist der Unterhalt auf die Lebensdauer einer Person beschränkt (§ 52 Abs. 4 GNotKG) darf dieser bemessene Wert nicht überschritten werden.
- Unterhalt von un**beschränkter** Dauer (§ 52 Abs. 3 S. 1 GNotKG); maßgeblich ist der auf die ersten 20 Jahre entfallende Wert.
- Unterhalt von un**bestimmter** Dauer (§ 52 Abs. 3 S. 2 GNotKG); maßgeblich ist der auf die ersten 10 Jahre entfallende Wert, soweit sich aus Absatz 4 nichts anderes ergibt.
- Unterhalt, der die Lebensdauer einer Person beschränkt ist (§ 52 Abs. 4 GNotKG); der Geschäftswert ist hier abhängig vom Lebensalter des Berechtigten.

15. Vertragliche Unterhaltsansprüche

Bis zum 31.8.2009 wurden vertragliche Unterhaltsansprüche über §§ 23 Abs. 1 RVG, 48 Abs. 1 S. 1 GKG, 9 ZPO mit dem 3,5fachen Jahresbetrag der geforderten Leistung bewertet, da § 42 GKG a.F. nur für gesetzliche Unterhaltsansprüche galt. Nach Inkrafttreten des FGG-RG zum 1.9.2009 sollten auch die vertraglichen Unterhaltsansprüche (§ 112 Nr. 3 i.V.m. § 266 Abs. 1 FamFG) nach dem Willen des Gesetzgebers[182] gemäß § 51 FamGKG (entspricht § 42 GKG) bewertet werden.

248

Damit sollte eine Unterscheidung zwischen gesetzlichen und vertraglichen Unterhaltsansprüchen entfallen. Denn gesetzliche Unterhaltsansprüche wurden gebührenrechtlich nicht zu vertraglichen, nur weil die Beteiligten einen Vertrag geschlossen hatten. Vertragliche Unterhaltsansprüche waren dann anzunehmen, wenn z.B. ein über dem gesetzlichen Unterhalt liegender Betrag gezahlt wurde, der Gegenstand einer Vereinbarung war. In solchen Fällen konnte dann auch eine differenzierte Wertberechnung erfolgen (Jahresbetrag für den gesetzlichen Unterhaltsbetrag; 3,5facher Jahresbetrag für den darüber hinausgehenden Betrag).

Nach dem bisherigen Wortlaut des § 51 FamGKG galt auch diese Vorschrift jedoch wiederum nur für gesetzliche Unterhaltsansprüche, nachdem § 51 lediglich auf „Unterhaltssachen" (vgl. Legaldefinition in § 231 Abs. 1 FamFG) abstellte. Vertragliche Unterhaltsansprüche sind jedoch keine Unterhaltssachen i.S.d. § 231 Abs. 1 FamFG, sondern gemäß §§ 266 Abs. 1 i.V.m. 112 Nr. 3 FamFG sonstige Familienstreitsache und damit nicht von § 51 FamGKG mit umfasst.

249

Es war daher bislang umstritten, ob vertragliche Unterhaltsansprüche nun über § 51 FamGKG (entsprechend dem eigentlichen Willen des Gesetzgebers) oder wie bisher mit dem 3,5fachen Jahreswert zu bewerten sind.

Diese Unklarheit hat der Gesetzgeber im Rahmen des 2. KostRMoG zum 1.8.2013 beseitigt und durch Ergänzung des § 51 FamGKG klargestellt, dass diese Vorschrift sowohl in Unterhaltssachen

250

---

[182] BT-Drucks 16/6308, S. 307.

als auch *in sonstigen den Unterhalt betreffenden Familiensachen* anwendbar ist, *soweit diese jeweils Familienstreitsachen sind und wiederkehrende Leistungen betreffen.*

Diese Ergänzung in § 51 FamGKG begründet der Gesetzgeber wie folgt:[183]

„*Zu Buchstabe a*

Die Änderung der Überschrift ist eine Folge der in Buchstabe b Doppelbuchstabe aa vorgeschlagenen Ergänzung von Absatz 1 Satz 1.

Zu Buchstabe b

Im Regierungsentwurfs zum FGG-Reformgesetz hat der Gesetzgeber zum Ausdruck gebracht, dass die Regelung des § 51 auch Familienstreitsachen über vertragliche Unterhaltsansprüche erfassen soll, sofern sie wiederkehrende Leistungen betreffen (vgl. Bundestags-Drs. 16/6308, S. 307). Vertragliche Unterhaltsansprüche können jedoch auch sonstige Familiensachen nach § 266 Absatz 1 FamFG sein. Die vorgeschlagene Ergänzung von § 51 Absatz 1 Satz 1 dient der ausdrücklichen Klarstellung, dass auch in diesen Fällen die Vorschrift anwendbar ist, sofern es um wiederkehrende Leistungen geht.

Die weiteren Änderungen des Absatzes 1 dienen der redaktionellen Vereinheitlichung des Sprachgebrauchs. Auf die Begründung zu Nummer 5 und zu Nummer 8 wird verwiesen.

Zu Buchstabe c

Die vorgeschlagenen Änderungen dienen der redaktionellen Vereinheitlichung des Sprachgebrauchs. Auf die Begründung zu Nummer 5 und zu Nummer 8 wird verwiesen.

Zu Buchstabe d

Die Änderung ist eine Folge der geänderten Tabellenstruktur (Nummer 14 Buchstabe a). Nach der neuen Tabelle beträgt die unterste Wertstufe 500 EUR."

251 Folgt man dem Wortlaut des § 51 Abs. 1 FamGKG dürfte nach Ansicht der Verfasserinnen die Vorschrift nicht auf Unterhaltsansprüche anwendbar sein, die aus einem Vertrag zwischen zwei Personen resultieren, die bislang in „wilder Ehe" (d.h. ohne Verlobung) gelebt haben. Denn aus § 266 Abs. 1 Nr. 1–3 FamFG ergibt sich eindeutig, dass sonstige Familiensachen lediglich Verfahren sind,

- die Ansprüche zwischen miteinander verlobten oder ehemals verlobten Personen im Zusammenhang mit der Beendigung des Verlöbnisses sowie in den Fällen der §§ 1298 und 1233 BGB zwischen einer solchen und einer dritten Person,
- aus der Ehe herrührende Ansprüche oder
- Ansprüche zwischen miteinander verheirateten oder ehemals miteinander verheirateten Personen oder zwischen einer solchen und einem Elternteil im Zusammenhang mit Trennung oder Scheidung oder Aufhebung der Ehe

betreffen, so dass vertragliche Unterhaltsansprüche aus „wilder Ehe" hiervon nicht umfasst sein dürften.

16. Unterhaltssachen – Kindergeld

252 Unterhaltssachen nach § 51 Abs. 3 FamFG betreffen Verfahren nach § 3 Abs. 2 Bundeskindergeldgesetz (§ 231 Abs. 2 FamFG): „*Ist ein Kind in den gemeinsamen Haushalt von Eltern, einem Elternteil und dessen Ehegatten, Pflegeeltern oder Großeltern aufgenommen worden, bestimmen nach diesen Vorschriften diese untereinander den Berechtigten; wird eine Bestimmung nicht getrof-*

---

[183] BT-Drucks 17/11471 v. 14.11.2012, 2. KostRMoG, Begründung zu Art. 5 Abs. 1 Nr. 22, S. 390 f.

fen, bestimmt das Gericht auf Antrag den Berechtigten." Für derartige Verfahren, die vor dem 1.9.2009 noch gerichtsgebührenfrei waren, entstehen nunmehr Gerichtskosten. Der bisherige Festwert von 300,00 EUR wurde durch das 2. KostRMoG auf 500,00 EUR erhöht. In der Praxis wird sich diese Werterhöhung jedoch nicht auswirken, da der Betrag von 500,00 EUR der untersten Wertstufe der Gebührentabelle entspricht und es daher unerheblich ist, ob der Verfahrenswert mit 300,00 EUR oder 500,00 EUR angesetzt wird. Der Festwert mit 500,00 EUR (vormals: 300,00 EUR) ist angesichts der geringen Bedeutung dieser Verfahren nach Ansicht des Gesetzgebers gerechtfertigt.[184]

17. Mehrere Unterhaltsgläubiger

Wenn mehrere Unterhaltsberechtigte ihre Ansprüche in demselben Verfahren geltend machen, führt dies nicht zu einer Berechnung der Erhöhung nach Nr. 1008 VV RVG für die Vertretung mehrerer Auftraggeber, da Unterhaltsansprüche höchstpersönlich sind, und somit nicht „derselbe Gegenstand" vorliegt. Dieser ist aber bei Wertgebühren Voraussetzung für den Anfall einer Erhöhung nach Nr. 1008 VV RVG. Eine Erhöhung kommt nur bei Festgebühren nach Beratungshilfe (Nrn. 2501 ff. VV RVG) in Betracht.

253

Allerdings handelt es sich dann um mehrere Gegenstände, deren Werte nach § 33 Abs. 1 FamGKG zu addieren sind.

254

> *Beispiel*
> 1. Geltendmachung von Kindesunterhalt in Prozessstandschaft durch die Mutter und gleichzeitige Geltendmachung von Trennungs- oder nachehelichen Unterhaltsansprüchen.
> 2. Geltendmachung anteiligen Kindesunterhalts gegen beide Eltern (hier: Addition der beiden „hälftigen Ansprüche".
> 3. Geltendmachung des bei der Mutter lebenden und in Ausbildung befindlichen volljährigen Kindes neben dem Unterhaltsanspruch für ein weiteres minderjähriges Kind und für die Mutter gegen den unterhaltspflichtigen Vater.

255

18. Erhöhung während des laufenden Verfahrens

Wird der Unterhaltsantrag während des laufenden Verfahrens erhöht, gilt der Jahresbetrag des erhöhten Unterhaltsbetrags ab Einreichung des Antrags, vgl. dazu auch § 34 FamGKG.[185] Dies gilt natürlich nur, sofern nicht der geforderte Zeitraum für den erhöhten Unterhaltsbetrag unter einem Jahr liegt (vgl. dazu § 2 Rn 204). Die Auffassung, eine Erhöhung sei nur und nur soweit zu berücksichtigen, wie sie in den Zeitraum von 12 Monaten ab der ersten Antragseinreichung erfolgt, ist m.E. abzulehnen.[186]

256

19. Kindergeldauszahlung an unterhaltsberechtigtes Kind

Der Anspruch des Kindes auf Weiterleitung des Kindergeldes im Rahmen des unterhaltsrechtlichen Anspruchs wird ebenfalls nach § 51 Abs. 1, 2 FamGKG bewertet.[187]

257

---

184 BT-Drucks 16/6308, S. 307.
185 OLG Celle FamRZ 2008, 74 m.w.N.; OLG Hamburg FamRZ 2003, 1198.
186 OLG Saarbrücken OLGR 2005, 924 m.w.N.; vgl. dazu auch zu Recht ablehnend *Keske* in Schulte-Bunert/Weinreich, FamFG-Kommentar, § 51 Rn 16.
187 Vgl. dazu: BGH FamRZ 2006, 99; BFH NJW 2006, 256.

20. Abänderungsanträge

258 Bei Unterhaltsabänderungsanträgen betreffend eines bestehenden Unterhaltstitels gilt der Jahresbetrag der geforderten Differenz bzw. des geltend gemachten Minderungsbetrags, § 51 Abs. 1 S. 1 FamGKG.[188] Wird von beiden Beteiligten ein Abänderungsverfahren betrieben (einerseits also auf Erhöhung, andererseits auf Ermäßigung des titulierten Betrages), sind die beiden jeweiligen Abweichungswerte zu ermitteln und zu addieren.[189]

259 Wird Abänderung für die Vergangenheit beantragt, werden die in der Vergangenheit liegenden Beträge wie Rückstände – und zwar ohne zeitliche Befristung – hinzuaddiert.[190]

21. Rückforderung zu viel gezahlter Unterhaltsbeträge

260 Die Rechtshängigkeit eines auf Herabsetzung gerichteten Abänderungsantrags steht bei der Anwendung des § 818 Abs. 4 BGB der Rechtshängigkeit eines Antrags auf Rückzahlung der geleisteten Beträge gleich, § 241 FamFG. Mit § 241 FamFG führt der Gesetzgeber somit die verschärfte Haftung ein, so dass vom Unterhaltsberechtigten hinsichtlich zu viel erhaltener Beträge Entreicherung nicht mehr eingewandt werden kann.

261 Wird der Rückzahlungsanspruch rechtshängig gemacht, ist fraglich, ob über § 35 FamGKG der geforderte Geldbetrag[191] oder aber max. der Jahresbetrag[192] als Wert anzunehmen sind. M.E. kommt § 51 FamGKG (Jahresbetrag, ggf. geringerer Betrag als Jahresbetrag, wenn nur geringere Beträge gefordert werden) zur Anwendung, da sich der Rückforderungsanspruch auf zu viel gezahlte Unterhaltsbeträge stützt und damit als Unterhaltssache im Sinne des § 231 FamFG anzusehen ist. Auch ist § 241 FamFG, auf den sich der Rückforderungsanspruch stützt, in Abschnitt 9 „Unterhaltssachen" geregelt.

262 Ein Feststellungsantrag, der sich auf Unterhaltsforderungen für die **Vergangenheit** bezieht, wirkt sich nicht werterhöhend aus. Wird jedoch ein negativer Feststellungsantrag auf die Zukunft bezogen zusammen mit einem Rückforderungsantrag gestellt, so sind die mit Leistungsantrag geltend gemachten Rückzahlungsbeträge mit dem entsprechenden Wert gemäß § 35 FamGKG (strittig, vgl. hierzu die vorherigen Ausführungen) zu berücksichtigen[193] und dem Verfahrenswert der negativen Feststellung hinzu zu rechnen.[194] Allerdings gilt dies nur für Forderungen, die bereits vor Anhängigkeit des Feststellungsantrags fällig waren. Bezieht sich der Rückforderungsanspruch auf Unterhaltsbeträge, die erst nach Anhängigkeit des Antrags geleistet wurden, so ist der Leistungsanspruch mit dem Gegenstand des negativen Feststellungsantrags wirtschaftlich identisch mit der Folge, dass eine Addition unterbleibt.[195]

VIII. Kindschaftssachen, § 45 Abs. 1 FamGKG

263 In einer Kindschaftssache, die
- die Übertragung oder Entziehung der elterlichen Sorge oder eines Teils der elterlichen Sorge, § 45 Abs. 1 Nr. 1 FamGKG

---

188 OLG Karlsruhe, Beschl. v. 13.2.2012 – 18 WF 169/11.
189 *Mayer/Kroiß*, Anhang IV Rn 145.
190 *Madert*, AGS 2005, 32; OLG Karlsruhe FamRZ 1999, 1289.
191 *Mayer/Kroiß*, Anhang IV Rn 148; *Schneider/Wolf/Volpert*, § 51 Rn 149.
192 OLG Hamburg FamRZ 1998, 311 (noch zu § 17 GKG aF).
193 *Schneider/Wolf/Volpert*, § 51 Rn 149.
194 *Mayer/Kroiß*, Anhang IV Rn 148.
195 *Mayer/Kroiß*, Anhang IV Rn 148.

- das Umgangsrecht einschließlich der Umgangspflegschaft, § 45 Abs. 1 Nr. 2 FamGKG,
- das Recht auf Auskunft über die persönlichen Verhältnisse des Kindes, § 45 Abs. 1 Nr. 3 FamGKG oder
- die Kindesherausgabe, § 45 Abs. 1 Nr. 4 FamGKG

betrifft, beträgt der Verfahrenswert 3.000,00 EUR.

Eine Kindschaftssache nach Absatz 1 ist auch dann als ein Gegenstand zu bewerten, wenn sie mehrere Kinder betrifft, § 45 Abs. 2 FamGKG. 264

Ist der nach Absatz 1 bestimmte Wert nach den besonderen Umständen des Einzelfalls unbillig, kann das Gericht einen höheren oder einen niedrigeren Wert festsetzen, § 45 Abs. 3 FamGKG. 265

Die obige Wertregelung gilt in isolierten Verfahren, d. h., solchen, die nicht im Verbund mit anhängig gemacht werden. Bei dem Wert des § 45 FamGKG handelt es sich nicht um einen Festwert. Vielmehr bestimmt § 45 Abs. 3 FamGKG, dass der Wert höher oder niedriger festgesetzt werden kann, wenn er nach den besonderen Umständen des Einzelfalls unbillig wäre. In besonders schwierigen oder umfangreichen Verfahren wird man daher ggf. auch einen höheren Wert annehmen können. Eine Herabsetzung kommt m.E. nur dann in Betracht, wenn der Fall außerordentlich einfach gelagert ist. Die wirtschaftlichen Verhältnisse dürften dagegen weniger eine Rolle spielen, denn wenn die wirtschaftlichen Verhältnisse schlecht sind, wird i.d.R. Anspruch auf Bewilligung von VKH bestehen und es wäre unzumutbar, den Anwalt, der in VKH-Angelegenheiten ohnehin nur geringere Gebühren erhält, mit einer Herabsetzung des Werts weiter zu belasten. 266

Nach *Otto/Klüsener/Killmann* wird man in ca. 90 % der Fälle bei der Bewertung von 3.000 EUR ausgehen können.[196] Das OLG Celle[197] hat in seiner Entscheidung vom 11.2.2011 ausgeführt, dass die Anhebung des Verfahrenswerts regelmäßig angezeigt erscheint, wenn in einem Sorgerechtsverfahren die Einholung eines schriftlichen Sachverständigengutachtens geboten ist und das Amtsgericht die Beteiligten – unabhängig von einer gesonderten Kindesanhörung – in mehr als einem Termin anhört. Daneben kann nach Ansicht des KG[198] eine Abweichung vom Regelwert in Betracht kommen, wenn der zu entscheidende Fall von einer durchschnittlichen Konstellation wesentlich abweicht; beispielsweise, weil der Arbeitsaufwand des Familiengerichts aufgrund der besonderen Umstände des Einzelfalles das in durchschnittlichen Umgangsfällen übliche Maß deutlich übersteigt, etwa, weil sich die Sachverhaltsaufklärung besonders (arbeits- oder zeit-) aufwändig gestaltet. 267

Zu den Möglichkeiten, den Wert bei mehreren Kindern wegen des erhöhten Aufwands etc. zu erhöhen wird bei den einstweiligen Anordnungen ergänzend vorgetragen und Rechtsprechung zitiert (vgl. dazu § 2 Rn 373 ff.). 268

Sind die in § 137 Abs. 3 FamFG genannten Kindschaftssachen (Übertragung oder Entziehung der elterlichen Sorge, das Umgangsrecht, die Herausgabe eines gemeinschaftlichen Kindes der Ehegatten oder das Umgangsrecht eines Ehegatten mit dem Kind des anderen Ehegatten) Gegenstand eines Verbundverfahrens, erhöht sich der Verfahrenswert nach § 43 FamGKG für jede Kindschaftssache um 20 Prozent, höchstes um jeweils 3.000,00 EUR; eine Kindschaftssache ist auch dann als ein Gegenstand zu bewerten, wenn sie mehrere Kinder betrifft, § 44 Abs. 2 S. 1 FamGKG (vgl. dazu auch § 2 Rn 323). 269

---

196 *Otto/Klüsener/Killmann*, Die FGG-Reform: Das neue Kostenrecht, S. 94/95.
197 OLG Celle, Beschl. v. 11.2.2011 – 10 WF 399/10 = NJW 2011, 1373.
198 KG, Beschl. v. 25.9.2012 – 17 WF 268/12 = BeckRS 2013, 01484.

IX. Übrige Kindschaftssachen, § 46 FamGKG

270 Wenn Gegenstand einer Kindschaftssache eine vermögensrechtliche Angelegenheit ist, gelten § 38 des Gerichts- und Notarkostengesetzes und die für eine Beurkundung geltenden besonderen Geschäftswert- und Bewertungsvorschriften des Gerichts- und Notarkostengesetzes entsprechend, § 46 Abs. 1 FamGKG.

Bislang verwies § 46 Abs. 1 FamGKG auf die Wertvorschriften der Kostenordnung. Nachdem die KostO jedoch im Zuge des 2. KostRMoG zum 1.8.2013 aufgehoben wurde, sind an die Stelle der Regelungen der KostO die des Gerichts- und Notarkostengesetzes getreten.

271 Bei Pflegschaften für einzelne Rechtshandlungen bestimmt sich der Verfahrenswert nach dem Wert des Gegenstands auf den sich die Rechtshandlung bezieht, § 46 Abs. 2 S. 1 FamGKG. Bezieht sich die Pflegschaft auf eine gegenwärtige oder künftige Mitberechtigung, ermäßigt sich der Wert auf den Bruchteil, der dem Anteil der Mitberechtigung entspricht, § 46 Abs. 2 S. 2 FamGKG. Bei Gesamthandsverhältnissen ist der Anteil entsprechend der Beteiligung an dem Gesamthandvermögen zu bemessen, § 46 Abs. 2 S. 3 FamGKG.

272 Der Wert beträgt in jedem Fall höchstens eine Million EUR, § 46 Abs. 3 FamGKG.

Das zunächst geplante Vorhaben, den Wert bei 500.000 EUR zu begrenzen, wurde von der Bundesregierung auf Vorschlag des Bundesrates nicht umgesetzt, vielmehr wurde die Wertgrenze bei 1 Mio. EUR angesetzt.[199]

X. Abstammungssachen, § 47 FamGKG

273 In Abstammungssachen nach § 169 Nr. 1 und 4 FamFG beträgt der Verfahrenswert 2.000 EUR, in den übrigen Abstammungssachen 1.000 EUR, § 47 Abs. 1 FamGKG.

274 Ist der nach § 47 Abs. 1 FamGKG bestimmte Wert nach den besonderen Umständen des Einzelfalls unbillig, kann das Gericht einen höheren oder einen niedrigeren Wert festsetzen, § 47 Abs. 2 FamGKG.

275 Der Wert beträgt damit 2.000 EUR in folgenden Angelegenheiten:
- Feststellung des Bestehens oder Nichtbestehens einer Eltern-Kind-Verhältnisses, insbesondere Wirksamkeit oder Unwirksamkeit einer Anerkennung der Vaterschaft (§ 169 Nr. 1 FamFG)
- Vaterschaftsanfechtung (§ 169 Nr. 4 FamFG).

276 Der Wert beträgt damit 1.000 EUR in folgenden Angelegenheiten:
- Ersetzung der Einwilligung in eine genetische Abstammungsuntersuchung und Anordnung der Duldung einer Probenentnahme (§ 169 Nr. 2 FamFG)
- Einsicht in ein Abstammungsgutachten oder Aushändigung einer Abschrift (§ 169 Nr. 3 FamFG).

277 Der Gesetzgeber hat die Wertvorschrift des § 48 Abs. 3 S. 3 GKG (dort noch Kindschaftssachen genannt) teilweise übernommen. Für die Angelegenheiten nach § 169 Nr. 2 u. 3 FamFG hält der Gesetzgeber eine Halbierung des Werts für angemessen. Diese beiden Verfahrensarten wurden durch das am 1.4.2008 in Kraft getretene Gesetz zur Klärung der Vaterschaft unabhängig vom Anfechtungsverfahren neu geschaffen.[200]

278 Ist mit einem nichtvermögensrechtlichen Anspruch (z.B. Vaterschaftsfeststellung) ein aus ihm hergeleiteter vermögensrechtlicher Anspruch (z.B. Unterhalt) verbunden (§§ 237 i.V.m. 179 Abs. 1

---

[199] Vgl. dazu BT-Drucks 16/6308, S. 306; S. 395 (Stellungnahme Bundesrat); S. 424 (Gegenäußerung Bundesregierung).
[200] BGBl 2008 I, S. 441.

FamFG), ist nur ein Anspruch, und zwar der höhere, maßgebend, § 33 Abs. 1 S. 2 FamGKG.[201] Im Hinblick auf die zurzeit geltenden Mindestunterhaltsbeträge dürfte in der Regel der Unterhaltswert über dem Wert des § 47 FamGKG für z.B. die Vaterschaftsfeststellung liegen. Wird die Vaterschaft nicht festgestellt (und geht dem der Unterhaltsanspruch ins Leere), gilt dennoch das, was beantragt war, somit der Unterhaltswert.[202]

> *Praxistipp*
> Bei der Überlegung, ob der Unterhaltsantrag sofort mit dem Vaterschaftsstellungsantrag oder aber erst nach erfolgter Beweisaufnahme gestellt wird, sind die kostenrechtlichen Konsequenzen hinsichtlich des Wertes zu bedenken.

279

XI. Ehewohnungs- und Haushaltssachen, § 48 FamGKG

Ehewohnungssachen sind Verfahren

280

- nach § 1361b BGB (Zuweisung der Ehewohnung), § 200 Abs. 1 Nr. 1 FamFG
- nach den § 1586a BGB (Zuweisung der Ehewohnung bei Eigentum, Dienst- oder Werkwohnung, Mietwohnung etc.), § 200 Abs. 1 Nr. 2 FamFG

In Ehewohnungssachen nach § 200 Abs. 1 Nr. 1 FamFG beträgt der Wert 3.000 EUR, in Ehewohnungssachen nach § 200 Abs. 1 Nr. 2 FamFG 4.000 EUR, § 48 Abs. 1 FamGKG.

Haushaltssachen sind Verfahren

281

- nach § 1361a BGB (Haushaltssachenverteilung bei Getrenntleben zwischen Ehegatten), § 200 Abs. 2 Nr. 1 FamFG
- nach § 1586b BGB (Haushaltssachenverteilung bei gemeinschaftlichem Eigentum, Alleineigentum sowie Regelung von Gläubigerrechten betreffend Haushaltssachen), § 200 Abs. 2 Nr. 2 FamFG

In Haushaltssachen nach § 200 Abs. 2 Nr. 1 FamFG beträgt der Wert 2.000 EUR; in Haushaltssachen nach § 200 Abs. 2 Nr. 2 FamFG beträgt der Wert 3.000 EUR, § 48 Abs. 2 FamGKG.

Ist der nach den Absätzen 1 und 2 bestimmte Wert nach den besonderen Umständen des Einzelfalls unbillig, kann das Gericht einen höheren oder einen niedrigeren Wert festsetzen, § 48 Abs. 3 FamGKG.

282

§ 48 FamGKG hat bereits durch den Entwurf eines Gesetzes zur Änderung des Zugewinnausgleichs- und Vormundschaftsrechts[203] eine Änderung erfahren, bevor er in Kraft getreten ist.

283

Es handelt sich beim neuen § 48 FamGKG um Folgeänderungen aufgrund der Verlagerung der Regelungen über die Behandlung der Ehewohnung und der Haushaltsgegenstände in das BGB und aufgrund der geänderten Begriffe.[204]

284

XII. Gewaltschutzsachen, § 49 FamGKG

1. Allgemeines zum GewSchG

Am 1.1.2002 ist das „Gesetz zur Verbesserung des zivilgerichtlichen Schutzes bei Gewalttaten und Nachstellungen sowie zur Erleichterung der Überlassung der Ehewohnung"[205] (GewSchG) in

285

---

[201] Vgl. dazu auch zu § 48 Abs. 3 GKG: OLG Naumburg FamRZ 2008, 1645; OLG Köln FamRZ 2001, 779 m.w.N.
[202] OLG Naumburg FamRZ 2008, 1645; OLG Saarbrücken AGS 2002, 185; OLG Karlsruhe FamRZ 1995, 492.
[203] BR-Drucks 635/08 – zum 1.9.2009.
[204] *Otto/Klüsener/Killmann,* Die FGG-Reform: Das neue Kostenrecht, S. 98.
[205] BT-Drucks 14/5429, BGBl I, 3513 vom 11.12.2001.

Kraft getreten. Hintergrund dieses Gesetzes ist eine Initiative der Bundesregierung, durch verschiedenste geeignete Maßnahmen vor allem Gewalt gegen Frauen und Kinder einzudämmen und entsprechende rechtliche Mittel zur Durchsetzung des Schutzes von Opfern vor Gewalt zu etablieren.

286 Die bis 2002 geltenden rechtlichen Möglichkeiten bei Gewalt gegen Ehegatten auf Zuweisung der ehelichen Wohnung setzten zum einen Trennung oder Trennungsabsicht voraus, zum anderen waren die Vollstreckungstitel, die auf Zahlung eines Ordnungsgeldes lauteten, bei mittellosen Tätern oft wirkungslos. Da ein erneutes Verfahren bei wiederholter Gewalt notwendig und die Vollstreckung aus den erwirkten Titeln wenig effektiv war, wurde von vielen Opfern aufgrund des fehlenden Präventions- und Schutzeffektes überhaupt kein Verfahren angestrengt. Auch diese Misere sollte durch das neue Gewaltschutzgesetz behoben werden. Dem Täter droht nun bei Verstoß gegen gerichtliche Schutzanordnungen nach dem GewSchG eine Freiheitsstrafe von bis zu einem Jahr oder eine Geldstrafe. Damit hebt das GewSchG die Grenze zwischen Zivil- und Strafrecht auf, wobei das Recht, den Täter daneben auch nach anderen Strafvorschriften z.B. wegen Körperverletzung, Freiheitsberaubung, Nötigung, Beleidigung etc. zu belangen, unberührt bleibt.

287 Zum Hintergrund der Initiative der Bundesregierung, zu den weiteren Maßnahmen, die im Rahmen dieser Initiative ergriffen worden sind und werden sowie zu Ursachen, Ausmaß und Folgen häuslicher Gewalt wird auf entsprechende Literatur zu diesem Thema verwiesen.[206] Am 31.3.2007 ist auch § 238 StGB zur Strafbarkeit von „Nachstellungen" in Kraft getreten.

2. Verfahren nach § 1 GewSchG

288 Bei den Schutzanordnungen nach § 1 Abs. 1 GewSchG handelt es sich um die Maßnahmen, die getroffen werden können, wenn es zu einer Verletzung von Gesundheit oder Freiheit des Opfers gekommen ist.

289 **§ 1 GewSchG**

(1) Hat eine Person vorsätzlich den Körper, die Gesundheit oder die Freiheit einer anderen Person widerrechtlich verletzt, hat das Gericht auf Antrag der verletzten Person die zur Abwendung weiterer Verletzungen erforderlichen Maßnahmen zu treffen. Die Anordnungen sollen befristet werden; die Frist kann verlängert werden. Das Gericht kann insbesondere anordnen, dass der Täter es unterlässt,
1. die Wohnung der verletzten Person zu betreten,
2. sich in einem bestimmten Umkreis der Wohnung der verletzten Person aufzuhalten,
3. zu bestimmende andere Orte aufzusuchen, an denen sich die verletzte Person regelmäßig aufhält,
4. Verbindung zur verletzten Person, auch unter Verwendung von Fernkommunikationsmitteln (red. Anmerkung: Fax, Handy, Telefon, e-mail, etc.), aufzunehmen,
5. Zusammentreffen mit der verletzten Person herbeizuführen,

soweit dies nicht zur Wahrnehmung berechtigter Interessen erforderlich ist.

290 § 1 Abs. 2 GewSchG erklärt die Maßnahmen des § 1 GewSchG für anwendbar, wenn es zwar nicht zu einer Verletzung der Gesundheit oder Freiheit gekommen ist, der Täter jedoch sein Opfer entsprechend bedroht oder ihm nachgestellt hat sowie in den Fällen, wenn der Täter widerrechtlich in die Wohnung einer anderen Person oder deren befriedetes Besitztum eindringt.

291 § 1 Abs. 1 und 2 GewSchG gelten im Übrigen gemäß § 1 Abs. 3 auch dann, wenn der Täter aufgrund krankhafter Störung der Geistestätigkeit oder aufgrund eines Rausches gehandelt hat. Diese Regelung schützt das Opfer davor, dass sich der Täter entsprechender Rechtsverfolgung entzieht,

---

206 *Schweikert/Baer*; *Löhnig/Sachs*; Studie zum Ausmaß häuslicher Gewalt, die 2002 vom Bundesministerium für Familie, Senioren, Frauen und Jugend für Deutschland als repräsentative Untersuchung in Auftrag gegeben wurde; *Hermann*, NJW 2002, 3062 ff.

indem er z.B. seinen alkoholisierten oder unter Drogeneinfluss befindlichen Zustand als Entschuldigung für sein Verhalten anführt.

Von großer Bedeutung ist die Tatsache, dass § 1 GewSchG sich nicht auf eine bestehende Beziehung zwischen Täter und Opfer bezieht, sondern auch in den Fällen Anwendung findet, wo eine solche Beziehung eben nicht gerade besteht. Dem Leser ist sicherlich bekannt, dass insbesondere das bekannte Nachstellen von Stars durch einen Fan, bezeichnet als sogenanntes „Stalking", in Amerika schon lange rechtlich geahndet werden kann, während diese Möglichkeit in Deutschland erst seit Inkrafttreten des Gewaltschutzgesetzes seit 1.1.2002 gegeben ist. Durch das GewSchG können sich Opfer nun effektiv gegen unerwünschte Überwachung und Beobachtung, ständige demonstrative Anwesenheit des Täters in Opfernähe, Telefonterror, ständigen Mitteilungen über Telefax, Mobiltelefon oder per E-Mail wehren.

Es war zwar schon in der Vergangenheit möglich, nach den Vorschriften des Rechts der unerlaubten Handlung gemäß § 823 ff. BGB Ansprüche geltend zu machen, § 1 GewSchG stellt die von den Gerichten jedoch früher eher zurückhaltend aus dem Deliktsrecht hergeleiteten Ansprüche nun auf eine ausdrückliche gesetzliche Grundlage.

Mit dem neuen FamFG wird das Familiengericht in Zukunft für jedes Verfahren nach dem Gewaltschutzgesetz zuständig sein. Bisher war die Zuständigkeit auf Personen, die aus dem sogenannten sozialen Nahbereich stammten, beschränkt (vgl. dazu auch § 1 Rn 12 a.E.).

3. Verfahren nach § 2 GewSchG

§ 2 Abs. 1 und 6 Gewaltschutzgesetz bestimmen, dass in den Fällen, in denen es zu einer Verletzung der Gesundheit oder Freiheit des Opfers entsprechend § 1 Abs. 1 S. 1 GewSchG gekommen ist, sowie in den Fällen einer Drohung nach § 1 Abs. 2 S. 1 Nr. 1 um unbillige Härten zu vermeiden (z.B. zum Schutz der im Haushalt lebenden Kinder), die verletzte Person vom Täter verlangen kann, ihr die gemeinsam genutzte Wohnung zur alleinigen Benutzung zu überlassen. Dies gilt wiederum auch für die Fälle, in denen der Täter unter Alkohol- oder Drogeneinfluss gehandelt hat. Da § 2 GewSchG nur auf den gemeinsamen Haushalt, nicht aber auf den Familienstand abstellt, gilt § 2 GewSchG in allen Fällen, in denen zwei Personen einen auf Dauer angelegten gemeinsamen Haushalt führen und es zu einer Gewalttat kommt.

Zu beachten ist: Für Eheleute besteht dieser Anspruch nach § 2 GewSchG neben dem Anspruch aus § 1361b BGB (betreffend die Ehewohnung bei Getrenntleben). § 1361b BGB ist gegenüber § 2 GewSchG bei Getrenntleben von Eheleuten lex specialis und geht § 2 GewSchG vor. Leben die Eheleute zum Zeitpunkt der Gewalttat noch nicht getrennt und besteht auch keine Trennungsabsicht, ist § 2 GewSchG die speziellere Vorschrift.

Sofern das Opfer allein oder mit einer dritten Person Rechte an der Wohnung hat, ist die dauerhafte Überlassung der Wohnung möglich. Eine befristete Wohnungsüberlassung erfolgt, wenn Opfer und Täter gemeinsam oder der Täter allein an der Wohnung berechtigt ist. § 2 Abs. 2 S. 2 GewSchG bestimmt, dass die Wohnung in der alleinigen Rechtsinhaberschaft des Täters dem Opfer höchstens sechs Monate zugewiesen werden kann. Diese Frist kann in besonderen Ausnahmefällen, siehe dazu § 2 Abs. 2 S. 3 GewSchG, um weitere sechs Monate verlängert werden. Bei einer gemeinsamen Rechtsinhaberschaft ist – wie ausgeführt – ebenfalls nur eine befristete Wohnungsüberlassung möglich, wobei das Gesetz keine Höchstgrenze nennt. Die Wohnungszuweisung hat ggf. zur Folge, dass das Opfer eine Nutzungsentschädigung zu entrichten hat. Dies ergibt sich aus § 2 Abs. 5 GewSchG. Die Vorschriften des GewSchG gehen sehr weit. So hat der Täter während der Wohnungszuweisung alles zu unterlassen, was die Nutzung der Wohnung durch das Opfer einschränken oder verhindern könnte. Das Gericht kann daher dem Täter untersagen, einen bestehenden Mietvertrag zu kündigen, etc.

298 Eine Wohnungszuweisung kann nur in begründeten Ausnahmenfällen nicht erfolgen, nämlich dann, wenn weitere Verletzungen nicht zu befürchten sind, die verletzte Person nicht innerhalb von drei Monaten nach der Tat die Wohnungsüberlassung schriftlich vom Täter verlangt oder wenn der Wohnungsüberlassung schwerwiegende Belange des Täters gegenüberstehen (schwere Behinderung, Erkrankung, etc.).

4. Bewertung der Verfahren nach GewSchG

299 In Gewaltschutzsachen nach § 1 GewSchG beträgt der Verfahrenswert 2.000 EUR (Annäherungs-, Betretungs-, Kontaktaufnahmeverbot u.a.), in Gewaltschutzsachen nach § 2 GewSchG, 3.000 EUR (Zuweisung einer Wohnung), § 49 Abs. 1 FamGKG.

300 Ist der nach Absatz 1 bestimmte Wert nach den besonderen Umständen des Einzelfalls unbillig, kann das Gericht einen höheren oder einen niedrigeren Wert festsetzen, § 49 Abs. 2 FamGKG.

5. Mehrere Gegenstände nach § 1 und § 2 GewSchG

301 Grundsätzlich gilt: Werden in einem Verfahren mehrere Anordnungen nach § 1 GewSchG beantragt (z.B. Annäherungsverbot und Kontaktaufnahmeverbot), handelt es sich um einen Gegenstand, da alle Anordnungen in § 1 GewSchG geregelt sind. Es erfolgt keine Addition/Multiplikation der Werte.

302 Werden in einem gemeinsamen Verfahren jedoch sowohl Anordnungen nach § 1 GewSchG als auch eine Wohnungszuweisung nach § 2 GewSchG behandelt, handelt es sich um verschiedene Gegenstände; die Werte sind nach § 22 Abs. 1 RVG zu addieren.[207]

303 Die Verlängerung der Frist als gesondertes Verfahren nach § 48 FamFG hat ihren eigenen Wert; es ist regelmäßig der gleiche Wert anzunehmen, den auch das ursprüngliche Verfahren hatte.[208] Nach Ansicht des OLG Zweibrücken[209] ist ein Verlängerungsantrag für ergangene einstweilige Maßnahmen im Rahmen des GewSchG gesondert zu vergüten, nachdem dieselbe Angelegenheit nach § 16 Nr. 5 RVG nur in den Fällen einer Abänderung oder Aufhebung vorliegt. Mit einem Verlängerungsantrag werde ein eigenständiger Anspruch geltend gemacht, der nicht von § 16 Nr. 5 RVG erfasst wird und deshalb gesondert zu vergüten ist.

XIII. Versorgungsausgleichssachen, § 50 FamGKG

1. Gesetzliche Grundlage

304 § 50 Versorgungsausgleichssachen

(1) In Versorgungsausgleichssachen beträgt der Verfahrenswert für jedes Anrecht 10 Prozent, bei Ausgleichsansprüchen nach der Scheidung für jedes Anrecht 20 Prozent des in drei Monaten erzielten Nettoeinkommens der Ehegatten. Der Wert nach Satz 1 beträgt insgesamt mindestens 1.000 EUR.

(2) In Verfahren über einen Auskunftsanspruch oder über die Abtretung von Versorgungsansprüchen beträgt der Verfahrenswert 500 EUR.

(3) Ist der nach den Absätzen 1 und 2 bestimmte Wert nach den besonderen Umständen des Einzelfalls unbillig, kann das Gericht einen höheren oder einen niedrigeren Wert festsetzen.

---

207 OLG Nürnberg FamRZ 2008, 1468; OLG Dresden FamRZ 2006, 803; vgl. auch *Schneider/Wolf/Volpert*, § 49 Rn 10.
208 OLG Frankfurt FamRZ 2007, 849.
209 OLG Zweibrücken, Beschl. v. 31.5.2012 – 6 WF 83/12 = BeckRS 2012, 14157 = NJW 2012, 3045 L, NJW-RR 2012, 1094 = FamRZ 2013, 324 = JurBüro 2012, 523 = MDR 2012, 1438.

2. Gesetzgebungsverfahren

Auch § 50 FamGKG gehört zu den Bestimmungen, die bereits vor Inkrafttreten eine Änderung erfahren haben. Grund ist das Gesetz zur Strukturreform des Versorgungsausgleiches, das ebenfalls am 1.9.2009 in Kraft getreten ist.[210] Durch die Strukturreform des Versorgungsausgleiches war zunächst geplant, den Wert nach § 50 Abs. 1 FamGKG auf 5.000,00 EUR zu begrenzen. Diese Begrenzung ist jedoch nicht (!) verabschiedet worden.

305

In der BR-Drucks 343/08[211] wird festgehalten, dass die zunächst/bislang vorgesehenen Festwerte dem konkreten Aufwand der Gerichte und den Leistungen der Anwältinnen und Anwälte im Versorgungsausgleich nicht immer hinreichend Rechnung tragen. Auch hat man (im Gegensatz noch zur Einführung des § 49 GKG zum 1.7.2004 durch das KostRMoG[212]) erkannt, dass neben den Regelsicherungssystemen künftig auch betriebliche und private Versorgungen eine Rolle spielen, wie z.B. auch Riester-Verträge. Durch das neue Teilungsprinzip durch die Versorgungsausgleich-Struktur-Reform (Grundsatz der Teilung jedes Anrechts) – tritt die Bedeutung des einzelnen Anrechts in den Vordergrund. Es wird daher für sachgerecht gehalten, den Wert in Versorgungsausgleichssachen künftig ähnlich wie in Ehesachen (§ 43 FamGKG) an den Einkünften der Ehegatten zu orientieren.

306

§ 50 FamGKG gilt nicht nur für alle Versorgungsausgleichsverfahren nach dem Versorgungsausgleichsgesetz, die ab dem 1.9.2009 anhängig gemacht werden, sondern über Art. 111 FGG-RG (Übergangsvorschrift) auch für alle Altverfahren, die am 1.9.2009 ruhten oder ausgesetzt waren und ab dem 1.9.2009 wieder aufgenommen werden sowie für alle Altverfahren, die am 31.8.2010 noch nicht abgeschlossen sind. Kommt es dabei in einem solchen Altverfahren durch § 50 FamGKG zu einem höheren Wert als nach § 49 GKG, gilt der höhere Wert für die Verfahrensgebühr auf jeden Fall; für die Terminsgebühr jedoch nur, wenn nach Aufnahme des Verfahrens eine Terminsgebühr entsteht.

307

Kommt es in einem solchen Altverfahren durch § 50 FamGKG zu einem niedrigeren Wert, gilt m.E. der niedrigere Wert nur für die Gebühren, die vorher noch nicht entstanden sind und erst zu einem Zeitpunkt entstehen, wenn der neue geringere Wert bereits gilt.

308

Die Anhebung des Werts in Versorgungsausgleichssachen für nach der Scheidung stattfindende isolierte Erst- oder Abänderungsverfahren auf 20 % soll dem Umstand Rechnung tragen, dass mit derartigen Verfahren häufig ein höherer Aufwand verbunden ist.[213]

309

Auch in Versorgungsausgleichsverfahren besteht die Möglichkeit, dass das Familiengericht den Wert höher oder niedriger festsetzt, wenn der rechnerisch ermittelte Wert in keinem Verhältnis zu Umfang, Schwierigkeit und Bedeutung der Sache steht, § 50 Abs. 3 FamGKG.

310

3. Zeitpunkt der Wertberechnung

Fraglich ist, auf welchen Zeitpunkt für das Nettoeinkommen abzustellen ist. Gilt das Nettoeinkommen zum Zeitpunkt der Antragstellung der Ehesache? Da dies in § 50 FamGKG nicht geregelt ist, wird wohl § 34 FamGKG abzustellen sein, d.h. das dreifache Nettoeinkommen schwankt möglicherweise zwischen Ehescheidungsantrag und Einbeziehung von Versorgungsausgleichsansprüchen. Es ist z.B. denkbar, dass Ausgleichsansprüche aus Riesterrecht erst später bekannt werden und zu einem späteren Zeitpunkt in das Verfahren eingebracht werden. Auch wird nur auf das drei-

311

---

210 VAStrRefG v. 6.3.2009, BGBl I 2009, 700 – das zum 1.9.2009 in Kraft getreten ist.
211 BR-Drucks 343/08, S. 261 ff.
212 BT-Drucks 15/1971, S. 155.
213 Beschlussempfehlung des Rechtsausschusses BT-Drucks 16/11903, S. 126.

fache Nettoeinkommen der Ehegatten abgestellt, nicht aber auf den gesamten Wert der Ehesache. Auf diesen Unterschied ist zu achten!

312 Zu unterscheiden ist darüber hinaus zwischen Verfahren, die nur auf Antrag durchgeführt werden und solchen, die von Amts wegen durchzuführen sind. Denn nach § 34 S. 2 FamGKG gilt bei Verfahren, die von Amtswegen einzuleiten sind der Zeitpunkt der Fälligkeit der Gerichtsgebühren als maßgeblicher Zeitpunkt und bei Antragsverfahren ist der Zeitpunkt der den jeweiligen Verfahrensgegenstand betreffenden ersten Antragstellung in dem jeweiligen Rechtszug entscheidend. Das bedeutet, dass für den Versorgungsausgleich im Scheidungsverbund auf einen anderen Zeitpunkt abzustellen ist (Beendigung des Verfahrens), als bei isolierten Versorgungsausgleichsverfahren, die z.B. nur auf Antrag dann durchgeführt werden, wenn beispielsweise Betriebsrentenansprüche unverfallbar geworden sind.

313 Ob sich das Vorhaben des Gesetzgebers, zur Vereinfachung wie beim Wert der Ehesache an das Nettoeinkommen der Beteiligten anzuknüpfen, erfüllt, bleibt abzuwarten. Denn grundsätzlich bemisst sich der Wert der Ehesache ja nicht allein am Nettoeinkommen (vgl. dazu § 2 Rn 149 ff.).

Es besteht zudem die Möglichkeit, dass Ansprüche aus dem Versorgungsausgleich – weil man erst später davon erfahren hat – erst zu einem späteren Zeitpunkt in das Verfahren einbringt, so dass die Bewertung des Einkommens neu vorzunehmen ist.

314 Erschwerend kommt hinzu, dass der Gesetzgeber in seiner Begründung zu § 50 FamGKG auf das Erwerbseinkommen abstellt; ein solches dürfte aber nur um Steuern und Aufwendungen für Kranken- und Altersvorsorge sowie ggf. Werbungskosten gemindert werden, nicht aber um besondere Belastungen für Kindesunterhalt oder Schulden.[214]

4. Beispielrechnungen

315 *Beispiel*
Das in drei Monaten erzielte Nettoeinkommen beider Ehegatten beläuft sich auf 7.800,00 EUR. Es werden gesetzliche Rentenversicherungsansprüche beider Ehegatten sowie eine betriebliche Rente des Ehemannes ausgeglichen.

Wertberechnung für das Versorgungsausgleichsverfahren:

10 % von 7.800,00 EUR = 780 EUR

Ausgleichsansprüche gesetzliche RV Ehefrau	780,00 EUR
Ausgleichsansprüche gesetzliche RV Ehemann	780,00 EUR
Ausgleichsansprüche Betriebsrente Ehemann	<u>780,00 EUR</u>
Summe Wert Versorgungsausgleich	2.340,00 EUR

316 *Hinweis*
Der Minimalwert von 1.000,00 EUR gilt insgesamt auch für mehrere Anrechte. Dies bedeutet für den bearbeitenden RA eine Schlechterstellung, wenn er zwei Anrechte bearbeitet und der Mindestwert der Ehesache anzunehmen ist (Mindestwert: 2.000,00 EUR, § 43 Abs. 1 S. 2 FamGKG; hiervon 2 × 10 % = 400,00 EUR; somit Mindestwert nach § 50 Abs. 1 S. 2 FamGKG 1.000,00 EUR statt: 2.000,00 EUR) zu bisher geltendem Recht (vgl. § 49 GKG in der bis zum 31.8.2009 geltenden Fassung).

---

[214] *Keske,* in: Schulte-Bunert/Weinreich, FamFG Kommentar, § 50 Rn 5.

Beispiel

Das in drei Monaten erzielte Nettoeinkommen beider Ehegatten beläuft sich auf 20.000 EUR. Es werden gesetzliche Rentenversicherungsansprüche beider Ehegatten sowie eine betriebliche Rente des Ehemannes ausgeglichen.

Wertberechnung für das Versorgungsausgleichsverfahren:

20 % von 20.000 EUR = 4.000 EUR

Ausgleichsansprüche gesetzliche RV Ehefrau	4.000,00 EUR
Ausgleichsansprüche gesetzliche RV Ehemann	4.000,00 EUR
Ausgleichsansprüche Betriebsrente Ehemann	4.000,00 EUR
Summe Wert Versorgungsausgleich	12.000,00 EUR

Hinweis

In diesem Fall hätte die 2009 zunächst geplante aber nicht in Kraft tretende Begrenzung auf 5.000 EUR erhebliche Gebührenverluste zur Folge gehabt.

5. Ausschluss des Versorgungsausgleichs

Mit dem Versorgungsausgleich-Strukturreformgesetz ändert sich auch einiges hinsichtlich einer möglichen Vereinbarung der Beteiligten. Ein Versorgungsausgleichsausschluss muss nicht mehr gerichtlich genehmigt werden. Das Gericht hat allerdings die Wirksamkeit einer Vereinbarung oder eines Ehevertrags zu kontrollieren, § 8 VersAusglG, und, wenn es diese Vereinbarung für wirksam hält, in der Endentscheidung nach § 224 Abs. 3 FamFG festzustellen.[215] Es stellt sich damit die Frage, ob der Wert des Versorgungsausgleichs dann zu berücksichtigen ist, wenn die Beteiligten bereits mit dem Scheidungsantrag eine Vereinbarung vorlegen, die vom Gericht lediglich noch der Kontrolle bedarf. Nach unserer Auffassung ist der Wert zu berücksichtigen und zwar unabhängig davon, zu welchem Ergebnis das Gericht kommt. Auch wenn das Gericht relativ schnell feststellt, dass der Vereinbarung nichts entgegensteht, ist daher m.E. der Wert für das Versorgungsausgleichsverfahren zu addieren. (Zur Frage der Einigungsgebühr siehe § 4 Rn 294 ff.).

7. Rechtsmittelverfahren

Die Festwerte gelten auch im Rechtsmittelverfahren, selbst wenn nur ein Teil der Entscheidung über den Versorgungsausgleich angefochten wird.[216]

Im Hinblick auf das neue Rechtsmittelrecht soll das FG-Reformgesetz auf laufende Verfahren, die vor dem 1.9.2009 eingeleitet worden sind, keine Anwendung finden. Mit dem Begriff „Verfahren" meint Art. 111 FGG-RG nicht nur das Verfahren bis zum Abschluss einer Instanz, sondern bei Einlegung eines Rechtsmittels auch die mehrere Instanzen umfassende gerichtliche Tätigkeit in einer Sache.[217] Dies bedeutet, dass die Durchführung des Rechtsmittelverfahrens nach bisher geltendem Recht erfolgt, wenn das Verfahren in erster Instanz vor dem 1.9.2009 eingeleitet worden ist, mit der Folge, dass auch die Wertvorschriften nach altem Recht (§ 49 GKG a.F.) anzuwenden sind. (Zu den Übergangsvorschriften siehe § 1 Rn 90.)

---

215 Vgl. dazu auch *Borth*, FamRZ 2008, 1797.
216 *Meyer*, GKG Kommentar, § 49 GKG Rn 6.
217 *Bumiller/Harders*, Art. 111 Rn 1; BGH, Beschl. v. 1.3.2010 – II ZB 1/10 = FamRZ 2010, 639; BGH, Beschl. v. 3.11.2010 – XII ZB 197/10 = NJW 2011, 386. Dies gilt auch für Beschwerden gegen die Folgesache Versorgungsausgleich: BGH, Beschl. v. 14.3.2012 – XII ZB 436/11 = NJW 2012, 1508.

8. Übergangsrecht

322 § 50 FamGKG gilt nicht nur für alle Versorgungsausgleichsverfahren nach dem Versorgungsausgleichsgesetz, die ab dem 1.9.2009 anhängig gemacht werden, sondern über Art. 111 FGG-RG (Übergangsvorschrift) auch für alle Altverfahren, die am 1.9.2009 ruhten oder ausgesetzt waren und ab dem 1.9.2009 wieder aufgenommen werden sowie für alle Altverfahren, die am 31.8.2010 noch nicht abgeschlossen sind. (Zur Vermeidung von Wiederholungen siehe § 1 Rn 89 ff.)

XIV. Verbundverfahren, § 44 FamGKG

323 § 44 FamGKG

(1) Die Scheidungssache und die Folgesachen gelten als ein Verfahren.

(2) ¹Sind in § 137 Abs. 3 des Gesetzes über das Verfahren in Familiensachen und in den Angelegenheiten der freiwilligen Gerichtsbarkeit genannte Kindschaftssachen Folgesachen, erhöht sich der Verfahrenswert nach § 43 für jede Kindschaftssache um 20 Prozent, höchstens um jeweils 3 000 EUR; eine Kindschaftssache ist auch dann als ein Gegenstand zu bewerten, wenn sie mehrere Kinder betrifft. ²Die Werte der übrigen Folgesachen werden hinzugerechnet. ³§ 33 Abs. 1 Satz 2 ist nicht anzuwenden.

(3) Ist der Betrag, um den sich der Verfahrenswert der Ehesache erhöht (Absatz 2), nach den besonderen Umständen des Einzelfalls unbillig, kann das Gericht einen höheren oder einen niedrigeren Betrag berücksichtigen.

324 § 44 Abs. 1 FamGKG regelt den geltenden Grundsatz, dass die Scheidungs- und die Folgesachen als ein Verfahren gelten mit der Folge, dass die Werte zu addieren sind. Eine korrespondierende Regelung findet sich auch in § 16 Nr. 4 RVG für die Anwaltsgebühren.

325 Seit dem 1.9.2009 beträgt der Wert einer Kindschaftssache 20 % des Werts der Ehesache, jedoch höchstens 3.000,00 EUR (vor dem 1.9.2009 galt ein Festwert von 900,00 EUR je Kindschaftssache nach § 48 Abs. 3 S. 3 GKG a.F.). Diese Regelung ist nach unserer Auffassung nicht gerechtfertigt, da der „Wert der Kindschaftssache", d.h. der Wert z.B. des Sorgerechts für wirtschaftlich schwächere Beteiligten doch nicht weniger Wert hat als für „reiche" Beteiligte. Offensichtlich soll hier eine Entlastung der Staatskasse erfolgen, denn je niedriger der Wert der Ehesache desto niedriger in der Folge auch der Wert der Kindschaftssache, umso wahrscheinlicher auch ist in solchen Fällen mit niedrigen Werten auch die VKH. Zudem wird der Aufwand der Bearbeitung einer Kindschaftssache wieder nicht berücksichtigt (wie schon bei der Einführung des Festwertes für Verbundverfahren). Bei hohen Werten führt allerdings auch die 20 %ige Erhöhung oft nicht über einen Gebührensprung zu höheren Werten, so dass eine Kindschaftssache ggf. für den Mandanten kostenlos mitgeregelt wird.

326 *Hinweis*

§ 44 Abs. 3 FamFG regelt die Möglichkeit, dass das Gericht vom Maximalbetrag i.H.v. 3.000,00 EUR abweicht, wenn der nach § 44 Abs. 2 FamFG ermittelte Wert nach den besonderen Umständen des Einzelfalls unbillig ist. Dabei kann das Gericht vom Wert i.H.v. 3.000,00 EUR sowohl nach unten als auch nach oben abweichen.

327 Aus der Begründung des Gesetzgebers:[218]

„Der im Verhältnis zum Wert der Ehesache und zum Wert der übrigen Folgesachen relativ niedrige Wert führt im Ergebnis bei einem hohen Wert für die übrigen Verfahrensteile zu einer Vergünstigung gegenüber Verfahren, in denen der Wert der Ehesachen und übrigen Folgesachen niedrig ist. Bei einem Wert unter 5.000 EUR führen die Kindschaftssachen regelmäßig zu einer

---

[218] BT-Drucks 16/6308 S. 305, 306.

Erhöhung der Gebühren, weil der Abstand zwischen den Wertstufen 500 EUR beträgt. Bis 10.000 EUR liegt der Abstand bei 1.000 EUR mit der Folge, dass eine Erhöhung der Gebühren nur in einigen Verfahren eintritt. Bei noch höheren Werten erhöht sich der Abstand der Wertstufen weiter, so dass sich die Kindschaftssachen immer seltener in der Höhe der Gebühren niederschlagen .... Die vorgeschlagene Regelung ... beseitigt damit eine soziale Schieflage. ..."

Im Übrigen begründet der Gesetzgeber die Wertregelung mit der Studie von Prof. Dr. Christoph Hommerich, der in seinem Forschungsbericht „Das Zeitbudget der Rechtsanwältinnen und Rechtsanwälte in Scheidungs- und Folgesachen"[219] in Sorge- und Umgangsrechtssachen als Folgesachen einen durchschnittlichen Zeitaufwand von 93 Minuten und in isolierten Verfahren von 195 Minuten ermittelte. Nach Ansicht des Gesetzgebers dürfte dieser Zeitaufwand auch auf die Gerichte zu übertragen sein.[220]

Hinweis
Auch im Verbundverfahren gilt, dass die Erhöhung nur je Kindschaftssache erfolgen soll, nicht jedoch mit der Anzahl der Kinder multipliziert wird. Hierzu führt der Gesetzgeber wortwörtlich aus:

„Ist mit einer Scheidungs- bzw. Aufhebungssache das Verfahren über die elterliche Sorge für zwei oder mehr Kinder verbunden, findet nur einem eine Erhöhung des Wertes um 20 Prozent statt. Nur wenn noch weitere Kindschaftssachen mit verbunden sind (also ein Verfahren bezüglich des Umgangsrechts oder bezüglich der Kindesherausgabe), erhöht sich der Verfahrenswert entsprechend weiter, jedoch immer unabhängig von der Anzahl der von den Verfahren betroffenen Kinder. Dies soll insbesondere kinderreiche Familien davor bewahren, dass für sie das Scheidungsverfahren wegen der Kinder übermäßig verteuert wird."

Die Werte der übrigen Folgesachen werden zum Wert der Ehesache hinzuaddiert. Dabei schließt der Gesetzgeber die Anwendung des § 33 Abs. 1 S. 2 FamGKG ausdrücklich aus. § 33 Abs. 1 S. 2 FamGKG regelt, dass wenn mit einem nicht vermögensrechtlichen Anspruch ein aus ihm hergeleiteter vermögensrechtlicher Anspruch verbunden wird, nur ein Anspruch gilt, und zwar der höhere. Diese Regelung soll für Verbundverfahren keine Anwendung finden.

Berechnungsbeispiel 1
Das Gericht setzt den Wert der Ehesache auf 13.400,00 EUR und für den Versorgungsausgleich auf 2.500,00 EUR fest.

Ermittlung des Werts für die Kindschaftssache Sorgerecht:

20 % von 13.400,00 EUR = 2.680,00 EUR

Gegenstandswert für das Verbundverfahren
(Ehesache mit Sorgerecht):
Ehesache	13.400,00 EUR
Versorgungsausgleich	2.500,00 EUR
Sorgerecht (20 %)	<u>2.680,00 EUR</u>
Gesamtwert	18.580,00 EUR

Der Wert von 2.500,00 EUR für den Versorgungsausgleich wurde vom Gericht nach § 50 Abs. 3 FamGKG angehoben.

---

[219] Bundesanzeigerverlag, 2002, Rechtstatsachenforschung sowie abgedr. in BT-Drucks 15/1971, ab S. 148 (bei dieser Drucksache handelt es sich um das KostRMoG I).
[220] BT-Drucks 16/6308, S. 306.

332 *Berechnungsbeispiel 2*

Das Gericht setzt den Wert der Ehesache auf 3.200,00 EUR fest. Der Versorgungsausgleich hat einen Wert von 1.000,00 EUR.

Ermittlung des Werts für die Kindschaftssache Sorgerecht:

20 % von 3.200,00 EUR = 640,00 EUR

Gegenstandswert für das Verbundverfahren	
Ehesache	3.200,00 EUR
Sorgerecht (20 %)	640,00 EUR
Versorgungsausgleich	1.000,00 EUR
Gesamtwert	4.840,00 EUR

333 *Berechnungsbeispiel 3*

Das Gericht setzt den Wert der Ehesache auf 2.000,00 EUR fest.

Ermittlung des Werts für die Kindschaftssache Sorgerecht:

20 % von 2.000,00 EUR = 400,00 EUR

Gegenstandswert für das Verbundverfahren	
Ehesache	2.000,00 EUR
Sorgerecht (20 %)	400,00 EUR
Gesamtwert	2.400,00 EUR

334 *Berechnungsbeispiel 4*

Das Gericht setzt den Wert der Ehesache auf 22.000,00 EUR fest (3faches Nettoeinkommen der Ehegatten sowie anteiliges Vermögen nach Abzügen (vgl. § 2 Rn 178); das 3fache Nettoeinkommen der Ehegatten hat 15.000,00 EUR betragen. Es wird der Versorgungsausgleich bezüglich der Ansprüche gegen die Deutsche Rentenversicherung Bund durchgeführt.

Ermittlung des Werts für die Kindschaftssache Sorgerecht:

20 % von 22.000,00 EUR = 4.400,00 EUR, jedoch maximal: 3.000,00 EUR

Ermittlung des Werts Versorgungsausgleich

10 % von 15.000,00 EUR = 1.500,00 EUR

Gegenstandswert für das Verbundverfahren	
Ehesache	22.000,00 EUR
Sorgerecht (20 %)	3.000,00 EUR
Versorgungsausgleich (10 %)	1.500,00 EUR
Gesamtwert	26.500,00 EUR

335 *Berechnungsbeispiel 5*

Das Gericht setzt den Wert der Ehesache auf 13.400 EUR fest (3faches Nettoeinkommen; Vermögen ist keines vorhanden). Es wird neben dem Sorgerecht auch das Umgangsrecht im Verbund anhängig. Es wird der Versorgungsausgleich bezüglich der Ansprüche gegen die Deutsche Rentenversicherung Bund durchgeführt.

Ermittlung des Werts für die Kindschaftssache Sorgerecht:

20 % von 13.400,00 EUR = 2.680,00 EUR

Ermittlung des Werts für die Kindschaftssache Umgangsrecht:

20 % von 13.400,00 EUR = 2.680,00 EUR

Ermittlung des Werts für den Versorgungsausgleich:

10 % von 13.400,00 EUR = 1.340,00 EUR

Gegenstandswert für das Verbundverfahren
Ehesache	13.400,00 EUR
Sorgerecht (20 %)	2.680,00 EUR
Umgangsrecht (20 %)	2.680,00 EUR
Versorgungsausgleich (10 %)	<u>1.340,00 EUR</u>
Gesamtwert	20.100,00 EUR

Möglicherweise erfolgt eine Herabsetzung des Werts, weil das Gericht die Erhöhung von 2 × 2.680,00 EUR für unbillig hält, vgl. § 44 Abs. 3 FamGKG.

Nach *Otto/Klüsener/Killmann* kommt es für die Beurteilung der Unbilligkeit auf die Vermögens- und Einkommensverhältnisse der Ehegatten nur noch eingeschränkt an, weil diese sich bereits in der Ausgangsgröße niederschlagen.[221] Nur wenn der Wert der Ehesache aus anderen Gründen als wegen der Vermögens- und Einkommensverhältnisse der Ehegatten höher oder niedriger angenommen worden sei, könnten auch die Einkommens- und Vermögensverhältnisse korrigierend berücksichtigt werden. 336

XV. Güterrechtssachen, §§ 35 und 52 FamGKG

1. Übertragung von Vermögensgegenständen/Stundung des Ausgleichsanspruchs

Wird in einer Güterrechtssache, die Familienstreitsache ist, auch über einen Antrag nach § 1382 Abs. 5 BGB (Übertragung von Vermögensgegenständen) oder nach § 1383 Abs. 3 BGB (Stundung des Zugewinnausgleichsanspruchs) entschieden, handelt es sich um ein Verfahren, § 52 S. 1 FamGKG. Die Werte werden zusammengerechnet, § 52 S. 2 FamGKG. 337

Der Verfahrenswert ist gemäß § 42 Abs. 1 FamGKG zu schätzen, wobei sich dieser jeweils am Interesse des Antragstellers an einer Stundung der Zugewinnausgleichsforderung, der Übertragung von Vermögensgegenständen oder an einer Sicherheitsleistung (§§ 1382 Abs. 3, 1389 BGB) orientiert.[222] 338

2. Forderung eines Geldbetrags

§ 52 FamGKG ist als Ergänzung zu § 35 FamGKG zu sehen. Wird ein bestimmter Ausgleichsanspruch gefordert, gilt über § 35 FamGKG der geforderte Geldbetrag nach dessen Höhe. Sofern mit dem Ausgleichsanspruch in einem Antrag auch eine Stundung des Zugewinnausgleichsanspruchs oder die Übertragung von Vermögensgegenständen Gegenstand des Antrags handelt es sich um ein Verfahren mit der Folge, dass die Gebühren nur einmal gefordert werden können. Es erfolgt allerdings nach § 52 S. 2 FamGKG eine Addition der Werte. 339

---

221 *Otto/Klüsener/Killmann,* Die FGG-Reform: Das neue Kostenrecht, S. 93.
222 *Schneider/Wolf/Volpert,* FamGKG, § 52 Rn 54, 56 u. 57.

3. Hoher Zugewinnausgleich

340 Es kommt vor, dass das zu prüfende Anfangs- und Endvermögen nicht sehr hoch ist, aber aufgrund der gegebenen Unterschiede ein vergleichsweiser hoher Zugewinnausgleichsanspruch ermittelt wird.

341 *Beispiel*
Zugewinn Ehemann 40.000,00 EUR, Zugewinn Ehefrau 5.000,00 EUR, = Differenz 35.000,00 EUR, Anspruch auf Ausgleichszahlung der Ehefrau gegen den Ehemann 17.500,00 EUR. Gegenstandswert: 17.500,00 EUR.

4. Niedriger Zugewinnausgleich trotz hoher Vermögenswerte

342 Umgekehrt kann es sein, dass die zu prüfenden Werte erheblich sind, die Differenz und damit schließlich der Ausgleichsanspruch verhältnismäßig gering sind.

343 *Beispiel*
Zugewinn Ehemann 400.000,00 EUR, Zugewinn Ehefrau 390.000,00 EUR, = Differenz 10.000,00 EUR, Anspruch auf Ausgleichszahlung gegen den Ehemann 5.000,00 EUR. Gegenstandswert: 5.000,00 EUR.

344 Der Rechtsanwalt, der im zweiten Beispielfall tätig geworden ist, hat durch Prüfung der dem Zugewinnausgleich zugrunde liegenden Daten und Unterlagen einen mit Sicherheit höheren Arbeitsaufwand als im ersten Beispiel.

345 *Praxistipp*
Zeichnet sich ab, dass der Zugewinnausgleichsanspruch selbst gering ist, obwohl die Prüfung aufgrund hoher Vermögenswerte auf beiden Seiten enormen Bearbeitungsaufwand erfordert, sollte der Rechtsanwalt eine Vergütungsvereinbarung schließen. Diese kann auch eine willkürliche Wertfestsetzung enthalten. Darüber hinaus ist zu beachten, dass eine Wertfestsetzung durch das Gericht nur den Zeitraum des gerichtlichen Verfahrens betrifft. Der Wert des Zugewinnausgleichsanspruchs kann jedoch außergerichtlich höher gewesen sein.

5. Antrag und Widerantrag bei Zugewinn („Widerklage")

346 Im Gerichtskostengesetz für Familiensachen, das nach § 23 Abs. 1 S. 2 RVG auch für die Anwaltsgebühren anzuwenden ist, findet sich in § 39 FamGKG eine eigene Wertvorschrift für „Klage und Widerklage". Dabei hat sich der Gesetzgeber erst mit dem 2. KostRMoG dazu durchgerungen, aus der bisher in § 39 FamGKG angesprochenen Widerklage sprachlich einen Widerantrag zu formulieren, um den eigenen Vorgaben aus § 113 Abs. 5 FamFG gerecht zu werden. Man dürfte gerade an diesem Beispiel erkennen, dass die Vorgaben aus § 113 Abs. 5 FamFG durchaus als „missglückt" bezeichnet werden können. Denn tonal unterscheidet sich der „Widerantrag" vom „wieder Antrag" nicht. Dabei ist es sicher ein Unterschied, ob ein Antragsgegner einen Widerantrag oder wieder einen Antrag stellt. In § 39 Abs. 1 S. 1 FamGKG ist inhaltlich geregelt, dass die Werte von Antrag und Widerantrag dann zu addieren sind, wenn sie nicht in getrennten Verfahren verhandelt werden. § 39 Abs. 1 S. 3 FamGKG bestimmt jedoch weitergehend, dass dann, wenn die Ansprüche denselben Gegenstand betreffen, nur der Wert des höheren Anspruchs maßgebend ist. Eine Addition kommt daher nur dann in Frage, wenn die Ansprüche also nicht denselben Gegenstand betreffen.

C. Berechnung des Gegenstandswertes **§ 2**

Es stellt sich die Frage, ob wechselseitig mit Antrag und Widerantrag von Ehegatten geltend gemachte Zugewinnausgleichsansprüche im Gegenstand identisch sind oder nicht.   **347**

Zunächst ist festzustellen, dass im Verfahren auf Zahlung eines Zugewinnausgleichs nicht Antrag und Widerantrag zugleich stattgegeben werden kann. Die Zuerkennung auf der einen Seite wird zwangsläufig ein Aberkennen auf der anderen Seite mit sich bringen (sog. „**Identitätsformel**"). Tatsächlich macht aber die Rechtsprechung vom Zusammenrechnungsverbot bei „denselben Ansprüchen" dann eine Ausnahme, wenn bei wirtschaftlicher Betrachtungsweise inhaltlich ein unterschiedliches Begehren bei den Beteiligten vorhanden ist. Ohne Zweifel führt zudem auch das Stellen eines Widerantrags im Zugewinnausgleichsverfahren zu einer erheblichen Mehrarbeit des Gerichts, da der Antragsgegner nicht nur Antragsabweisung beantragt (weil er keinen Zugewinnausgleich an seinen Ehegatten zahlen möchte) sondern darüber hinaus auch noch selbst einen Zahlungsanspruch auf Zugewinnausgleich geltend macht. Bei Antrag und Widerantrag über Zugewinnausgleichansprüche ist die Rechtsprechung Frage, ob eine Addition oder keine Addition der Werte erfolgt, strittig,[223] jedoch bejaht die herrschende Meinung eine Addition.   **348**

Geht es in Antrag und Widerantrag nur um die Vermögenszugehörigkeit ein und desselben Gegenstandes, so ist keine Addition vorzunehmen.[224]   **349**

Werden mit dem Widerantrag jedoch nur Auskunftsansprüche geltend gemacht, so führt dies nach einhelliger Meinung nicht zu einer Erhöhung des Gegenstandswertes, da die Auskunftserteilung nur der Vorbereitung einer Bezifferung dient.[225]   **350**

Oftmals geschieht es, dass die Beteiligten in einem Scheidungsverfahren neben dem Zugewinn auch die Übertragung von Miteigentumsanteilen an eine der Beteiligten betreffend eines gemeinsamen Grundstücks in einem Vergleich regeln. Die **Richter des** HansOLG Bremen haben entschieden, dass in einem solchen Fall für die Vereinbarung betreffend den Miteigentumsanteil ein übersteigender Vergleichswert anfällt, was gerade bei solchen Gegenständen auch gebührenmäßig deutlich ins Gewicht fällt.[226] Nach Ansicht der Richter gehört die Auseinandersetzung bezüglich des Miteigentums nämlich nicht zum Zugewinn. Sie erfolgt vielmehr unabhängig vom Zugewinnausgleich nach den Regeln der §§ 749 ff. BGB.   **351**

Der Umstand, dass der Wert des jeweiligen Miteigentumsanteils im Endvermögen beider Ehegatten zu berücksichtigen ist und dadurch der Zugewinnausgleich beeinflusst wird, lässt das Erfordernis, nach dem Scheitern der Ehe das Miteigentum auseinander zu setzen, unberührt. Daher ist es gerechtfertigt, hierfür einen gesonderten Wert in Ansatz zu bringen.   **352**

---

223 **Für** eine Zusammenrechnung der Leistungsansprüche haben sich ausgesprochen (herrschende Rechtsprechung): OLG Celle NJW-RR 2011, 223; OLG Stuttgart FamRZ 2006, 1055; OLG München FamRZ 2007, 750; OLG Hamm AGS 2004, 30; OLG Bamberg FamRZ 1995, 492; OLG Düsseldorf MDR 2003, 236; OLG Köln OLGR 2001, 203; OLG Köln OLGR 2001, 9; OLG Köln MDR 2001, 941 = NJW-FER 2001, 271 = FamRZ 2001, 1368; OLG Hamburg AGS 2000, 230; OLG Karlsruhe FamRZ 1998, 574; OLG München FamRZ 1997, 41 = KostRspr. GKG § 19 Nr. 197; AGS 1994, 19; OLG Bamberg FamRZ 1995, 492; *Gross*, Anwaltsgebühren in Ehe- und Familiensachen, § 8 Rn 79; *Kindermann*, Rn 256 ff.; *Madert/Müller-Rabe*, Kostenhandbuch Familiensachen, VIII. Rn 87 *Schneider/Herget*, Streitwertkommentar, Klage und Widerklage, Rn 3101; *Binz/Dörndorfer/Petzold/Zimmermann*, § 39 FamFGKG Rn 2; *Mayer/Kroiß*, IV. Rn 82; **gegen** eine Addition waren: OLG Düsseldorf FamRZ 1994, 640; OLG Köln MDR 1994; OLG Köln – 14. ZS, FamRZ 1994, 641; OLG Koblenz JurBüro 1985, 917;, 316; OLG Zweibrücken JurBüro 1985, 1360 – diese Auffassungen sind jedoch nach allgemeiner Ansicht überholt: *Schneider/ Herget*, Zugewinn, Rn 6384.
224 LG Köln MDR 2001, 941 = *NJW-FER* 2001, 271.
225 OLG Zweibrücken JurBüro 1985, 1360; *Schneider/Herget*, Rn 529, (jedoch Beschl. v. 4.1.2000 – OLG Zweibrücken, Streitwert ist nach § 3 ZPO zu schätzen, DM 1.000,00 ist angemessen und nicht zu niedrig). **a.A.:** *Groß*, Rn 158.
226 HansOLG Bremen JurBüro 1999, 640.

353 Wird hingegen auf Auskunft geklagt (§ 1379 BGB), so ist das Auskunftsinteresse mit einem Bruchteil des Hauptwertes anzusetzen (§§ 38 S. 1 FamGKG). Die Rechtsprechung geht hier von etwa 1/4 bis 1/5 aus, je nachdem wie sehr die Auskunft Voraussetzung für die Geltendmachung des Anspruches ist.

354 Werden die Auskunftsansprüche mit dem Widerantrag geltend gemacht, so ist diesbezüglich strittig, ob es zu einer Erhöhung des Gegenstandswertes kommt. Die neuere Rechtsprechung bejaht dies.[227]

355 Der Wert kann jedoch auch an den der Hauptsache herankommen, nämlich dann, wenn der Antragsteller den Zahlungsanspruch ohne die begehrte Auskunft nicht oder nur schlecht durchsetzen kann.[228]

6. Stufenantrag

356 Bei einem Stufenantrag, bei der Auskunfts- und Leistungsanspruch zusammentreffen, (teilweise mit dem dritten Anspruch: eidesstattliche Versicherung betreffend erteilte Auskunft) ist § 38 FamGKG zu beachten. Danach gilt der höhere Wert. In der Regel ist dies der Leistungsanspruch. Dann bleibt der zuvor geltend gemachte Auskunftsanspruch außer Betracht.

357 Kommt es in einem Verfahren zu keiner Bezifferung des Leistungsanspruchs (= sog. „steckengebliebener" Stufenantrag), weil ein solcher z.B. nicht besteht, ist bei der Wertermittlung dennoch auf den höheren Wert, nämlich den des Leistungsanspruchs abzustellen.[229] In diesem Fall ist der Wert anhand der sich aus dem objektiven Vortrag ergebenden Erwartungen des Antragstellers zu schätzen.[230] Fehlt es zum Zeitpunkt der Anhängigkeit an genügend Anhaltspunkten für eine Wertermittlung, ist diesbezüglich der Auffangwert des § 42 Abs. 3 FamGKG in Höhe von 5.000,00 EUR (bis zum 1.8.2013: 3.000,00 EUR) heranzuziehen.[231] Bei Auskunftsverlangen betreffend Unterhalt kann dies m.E. eine gute Lösung bieten; erscheint jedoch bei hohen Erwartungshaltungen z.B. bei Zugewinnausgleichsansprüchen in 6-stelliger Höhe nicht sachgerecht.

Wie ein „steckengebliebener" Stufenantrag zu bewerten ist, ist umstritten. Teilweise werden auch die Auffassungen vertreten, dass nur auf den Bruchteil des zu erwartenden Unterhalts abzustellen ist[232] oder, dass der Leistungsantrag gar nicht zu bewerten ist.[233]

358 Stellt sich heraus, dass der Anspruch geringer ist als zunächst erwartet, wird in der Literatur die Auffassung vertreten, dass von diesem geringeren Wert auszugehen ist.[234] Soweit die Wertunterschiede nicht gravierend sind, kann dies für vertretbar gehalten werden. Was aber ist, wenn z.B.

---

227 OLG Zweibrücken JurBüro 1985, 1360; *Schneider/Herget,* Rn 529. **A.A.**: OLG Zweibrücken – Beschl. v. 4.1.2000 – Streitwert ist nach § 3 ZPO zu schätzen, 500,00 EUR sind angemessen und nicht zu niedrig.

228 *Schmidt,* JurBüro 1979, 1259 VIII.

229 OLG Saarbrücken AGS 2011, 91 = NJW-Spezial 2011, 71; OLG Karlsruhe ZEV 2009, 40; OLG Brandenburg AGS 2009, 134 = FPR 2009, 326; KG KGR 2006, 1005 = FamRZ 2007, 69 = RVGreport 2006, 475; OLG Celle, Beschl. v. 17.6.2011 – 10 WF 164/11; OLG Hamm FamRZ 2011, 582 = FamFR 2011, 41 = FF 2011, 219; OLG Brandenburg FamRZ 2007, 71; KG FamRZ 2007, 69; OLG Stuttgart (11. ZS) FamRZ 2008, 534; OLG Stuttgart (8. ZS) FamRZ 2008, 533 m.w.N.; vgl. auch *Schneider/Wolf,* Anhang II Rn 253 ff.

230 OLG Saarbrücken AGS 2011, 91 = NJW-Spezial 2011, 71; OLG Karlsruhe ZEV 2009, 40; OLG Brandenburg AGS 2009, 134 = FPR 2009, 326; KG KGR 2006, 1005 = FamRZ 2007, 69 = RVGreport 2006, 475; OLG Celle, Beschl. v. 17.6.2011 – 10 WF 164/11; OLG Hamm FamRZ 2011, 582 = FamFR 2011, 41 = FF 2011, 219; OLG Brandenburg FamRZ 2007, 71; KG FamRZ 2007, 69; OLG Stuttgart (11. ZS) FamRZ 2008, 534; OLG Stuttgart (8. ZS) FamRZ 2008, 533 m.w.N.; vgl. auch *Schneider/Wolf,* Anhang II Rn 253 ff.; es kommt ganz wesentlich, aber nicht allein auf die Vorstellungen des Antragstellers an: *Gerold/Schmidt,* Anhang VI Rn 45.

231 OLG Hamm FamRZ 2011, 582 = FamFR 2011, 41 = FF 2011, 219.

232 OLG Karlsruhe AGS 99, 156; OLG Hamm FamRZ 1998, 1308.

233 OLG Stuttgart (16. ZS) FF 2008, 158; KG MDR 1997, 598.

234 OLG Dresden NJW-RR 1997, 1430; KG JurBüro 1997, 595; *Madert/Müller-Rabe,* Rn 58 m.w.N.

der Mandant sich aufgrund existierender Auslandskonten einen hohen Zugewinnausgleichsanspruch in Höhe von 150.000,00 EUR erhofft, mangels Nachweises aber nichts zugesprochen erhält. Nach unserer Auffassung ist es nicht vertretbar, wenn die Bemühungen des Anwalts zur Begründung des hohen Ausgleichsanspruchs damit „belohnt" wird, dass er – wie in solchen Fällen vielfach von Gerichten festgesetzt – nur aus 500,00 EUR oder 1.000,00 EUR abrechnen kann. Stützen kann man die Auffassung, dass der erhoffte Betrag Gegenstandswert für den Auskunftsanspruch sein muss, auf § 51 Abs. 1 S. 1 FamGKG, der ebenfalls auf den geforderten und nicht den zugesprochenen Betrag abstellt. Von diesem geforderten Betrag ist der Bruchteil als Wert anzunehmen; hier somit – ausgehend von 20 % – von 30.000,00 EUR. Ergänzend wird auf die Ausführungen zum Stufenantrag bei Unterhaltsantrag (siehe § 2 Rn 211) verwiesen.

7. Vorzeitiger Zugewinnausgleich

Wird vorzeitiger Zugewinnausgleich beantragt, so bestimmt sich der Gegenstandswert nach dem Interesse des antragstellenden Ehegatten an der vorzeitigen Auflösung der Zugewinngemeinschaft.[235] Wird gleichzeitig mit dem Antrag auf vorzeitigen Zugewinnausgleich (Gestaltungsantrag) Leistungsantrag erhoben, liegen verschiedene Gegenstände vor, die nach § 22 Abs. 1 RVG, § 33 Abs. 1 S. 1 FamGKG zu addieren.

359

8. Stundung der Ausgleichsforderung/Übertragung von Vermögensgegenständen

Wird in einer Güterrechtssache, die Familienstreitsache ist, auch über einen Antrag nach § 1382 Abs. 5 BGB (Übertragung von Vermögensgegenständen) oder nach § 1383 Abs. 3 BGB (Stundung des Zugewinnausgleichsanspruchs) entschieden, handelt es sich um ein Verfahren, § 52 S. 1 FamGKG. Die Werte werden zusammengerechnet, § 52 S. 2 FamGKG.

360

Die Stundung der Ausgleichsforderung kann im Verbund geltend gemacht werden, oder aber als isoliertes Verfahren. Ist bereits ein Antrag auf Zahlung eines Zugewinnausgleichs rechtshängig, kann der Zahlungsverpflichtete seinen Stundungsantrag nur in diesem Verfahren stellen (vgl. dazu § 1382 Abs. 5 BGB).

361

XVI. Einstweilige Anordnungen, § 41 FamGKG

1. Gesetzgebungsverfahren

Seit dem 1.9.2009 gilt: Im Verfahren der einstweiligen Anordnung ist der Wert in der Regel unter Berücksichtigung der geringeren Bedeutung gegenüber der Hauptsache zu ermäßigen, § 41 S. 1 FamGKG. Dabei ist nach § 41 S. 2 FamGKG von der Hälfte des für die Hauptsache bestimmten Werts auszugehen. (Zur Abrechnung (Vergütung) der einstweiligen Anordnungsverfahren vgl. auch § 4 Rn 644 ff.)

362

> *Hinweis*
> Einstweilige Anordnungen bedürfen seit dem 1.9.2009 keiner parallel anhängigen Hauptsache (isoliert oder im Verbund) bzw. einem parallel anhängigem VKH-Verfahren mehr (vgl. dazu § 49 FamFG). Einstweilige Anordnungen sollten durch diese neue Strukturierung gestärkt werden.[236] Aus diesem Grund war auch eine kostenrechtliche Änderung erforderlich. Für einstweilige Anordnungen fallen daher seit 1.9.2009 Gerichtsgebühren an, die gerichtskostenrechtlich in Hauptabschnitt 4 KV FamGKG geregelt sind.

363

---

235 BGH FamRZ 1973, 133.
236 BT-Drucks 16/6308, S. 305 zu § 41 FamGKG.

364 Es bleibt dabei, dass einstweilige Anordnungen geringere Werte haben, als Hauptsacheverfahren.

365 § 41 FamGKG, der davon spricht, dass „von der Hälfte des für die Hauptsache bestimmten Werts auszugehen" ist, gilt sowohl für Verfahren auf Erlass als auch das Verfahren auf Aufhebung oder Abänderung der Entscheidung.

Der Wortlaut „auszugehen" spricht bereits dafür, dass die Hälfte des Hauptsachewerts der Mindestwert ist und das Gericht auch darüber hinaus den Wert höher festsetzen kann.[237]

366 Der Gesetzgeber führt hierzu aus:

> *„Diese flexible Regelung ermöglicht eine dem Einzelfall gerecht werdende Bestimmung des Wertes. Gleichzeitig bietet sie für den Regelfall aber auch eine einfache Festlegung des Wertes an, da von der Hälfte des für die Hauptsache bestimmten Werts auszugehen ist."*[238]

367 Der Bundesrat hatte im Übrigen vorgeschlagen, den Wert auf 1/3 zu beschränken,[239] da ihm die Hälfte des Wertes als zu hoch erschien. In seiner Stellungnahme hat der Bundesrat auf ähnliche Anteile (1/3) zur Rechtsprechung in übrigen vorläufigen Rechtsschutzverfahren verwiesen. Der Anwaltschaft würde nach Ansicht des Bundesrats auch kein „Vermögens-Opfer" zugemutet, da sich deren Gebühren nur geringfügig verringern würden. Weiter könnte das Gericht – abweichend von 1/3 des Hauptsachewerts – nach oben oder unten mit der Wertfestsetzung abweichen.[240]

368 Die Bundesregierung hat den Gegenvorschlag des Bundesrats abgelehnt;[241] die Auffassung, es hätte sich in Verfahren des einstweiligen Rechtsschutzes überwiegend ein Maßstab von 1/3 des Wertes der Hauptsache herausgebildet, wurde nicht geteilt. Auch im Streitwertkatalog für die verwaltungsgerichtlichen Streitigkeiten ist für Verfahren des vorläufigen Rechtsschutzes die Hälfte des Hauptsachewertes anzunehmen. Dabei kann in Verfahren des vorläufigen Rechtsschutzes, die die Entscheidung in der Hauptsache ganz oder zum Teil vorwegnehmen der Wert sogar bis zur Höhe des für das Hauptsacheverfahrens anzunehmenden Werts angehoben werden. Zudem würde schon nach bisher geltendem Recht teilweise die Hälfte des Hauptsachewertes angenommen.[242] Im Hinblick auf die Tatsache, dass ein Hauptsacheverfahren nicht mehr zwingend einzuleiten ist, sah die Bundesregierung eine Herabsetzung auf 1/3 des Hauptsachewerts als nicht sachgerecht an. Denn durch das wegfallende Hauptsacheverfahren würden sich die Anwaltsgebühren zum Teil bereits erheblich verringern.

369 Der Ausgangswert wird in den meisten Fällen als Regelwert angesehen und nur in Ausnahmefällen eine Abweichung hiervon rechtfertigen.[243]

370 Nachfolgende Tabelle soll eine Übersicht über die Werte für einstweilige Anordnungen geben. Dabei ist zu den in der Tabelle dargestellten Werten festzuhalten, dass es sich (teilweise) um Ausgangswerte handelt, von denen das Gericht nach besonderen Umständen des Einzelfalls nach oben oder unten abweichen kann.

---

237 Zur Möglichkeit, einen „anderen" Wert als die Hälfte festzusetzen: BT-Drucks 16/6308, S. 305, zu § 41 FamGKG.
238 BT-Drucks 16/6308, S. 305, zu § 41 FamGKG.
239 BT-Drucks 16/6308, S. 395.
240 BT-Drucks 16/6308, S. 395.
241 BT-Drucks 16/6308, S. 423, 424.
242 BT-Drucks 16/6308, S. 423, 424 mit Verweis auf *Schneider/Herget*, Streitwertkommentar, Rn 1588.
243 *Otto/Klüsener/Killmann*, Die FGG-Reform – das neue Kostenrecht, S. 90 letzter Absatz.

2. Übersicht

Gegenstand	Regelung seit 1.9.2009 i.V.m § 41 S. 2 FamGKG
e.A. Sorgerecht	1.500 EUR
	§ 45 Abs. 1 Nr. 1 FamGKG
	kein absoluter Festwert
e.A. Umgangsrecht	1.500 EUR
	§ 45 Abs. 1 Nr. 2 FamGKG
	kein absoluter Festwert
e.A. Kindesherausgabe	1.500 EUR
	§ 45 Abs. 1 Nr. 3 FamGKG
	kein absoluter Festwert
e.A. § 1 GewSchG	1.000 EUR
	§ 49 Abs. 1 FamGKG
	kein absoluter Festwert
e.A. § 2 GewSchG	1.500 EUR
	§ 49 Abs. 1 FamGKG
	kein absoluter Festwert
e.A. Zuweisung der Ehe- oder LPartwohnung	1.500 EUR
	§ 48 Abs. 1 FamGKG
	(während der Trennung)
	2.000 EUR
	§ 48 Abs. 1 FamGKG
	(nach Scheidung)
	kein absoluter Festwert
e.A. Haushaltsgegenstände	1.000 EUR
	§ 48 Abs. 2 FamGKG
	(während der Trennung)
	1.500 EUR
	§ 48 Abs. 2 FamGKG
	(nach Scheidung)
	kein absoluter Festwert
e.A. Unterhalt	6-monatiger geforderter Betrag
	½ des Wertes
	der Hauptsache
	kein absoluter Festwert

371

3. Rechtsprechung

Die Rechtsprechung, die nach altem Recht zur Frage des Ausgangswerts von 500,00 EUR in einstweiligen Anordnungen nach § 24 RVG a.F. ergangen ist, insbesondere hinsichtlich der Frage, ob mehrere Kinder zu einer Multiplikation oder Anhebung des Wertes führen, kann m.E. analog angewendet werden.

372

a) Erhöhung durch erhöhten Arbeitsaufwand

373 Eine Erhöhung des Regelwerts setzt voraus, dass wegen der Mehrzahl der Kinder ein erhöhter Arbeitsaufwand, eine überdurchschnittliche Bedeutung oder sonstige besondere Umstände anzunehmen sind.[244]

Interessant aber abzulehnen ist eine Entscheidung des Kammergerichts, dass der überdurchschnittliche Arbeitsaufwand des Gerichts, nicht aber der Verfahrensbevollmächtigten eine Anhebung des Regelstreitwerts rechtfertigen lässt.[245]

374 Auch das OLG Naumburg vertritt die Auffassung, dass mehrere Kinder nicht zwingend zu einer Werterhöhung führen müssen, sondern vielmehr besondere Umstände erforderlich sind, um den Regelwert heraufzusetzen.[246]

375 Nur wegen der Anzahl der Kinder kommt eine Heraufsetzung des Regelwerts grundsätzlich nicht in Betracht, meint das OLG Zweibrücken.[247]

Ein höherer Arbeitsaufwand für das Gericht und den Rechtsanwalt kann zu einer Heraufsetzung des Regelwerts führen, wobei aus Umfang und Anzahl der Schriftsätze nicht automatisch auf eine erhöhte Schwierigkeit der Sache geschlossen werden kann.[248]

376 Der Regelwert von 3.000 EUR gilt auch für Verfahren betreffend mehrere Kinder, eine Erhöhung erfolgt nur, wenn die wegen der Mehrzahl der Kinder ein erhöhter Arbeitsaufwand, eine überdurchschnittliche Bedeutung oder sonstige besondere Umstände anzunehmen sind.[249]

377 Wenn im Umgangsrechtsverfahren mehrere Kinder betroffen sind, ist eine Anhebung des Regelwerts nur dann vorzunehmen, wenn sich durch die mehreren Kinder auch Umfang und Bedeutung der Sache erhöhen.[250]

378 Zwei mündliche Verhandlungen, die Einholung eines Sachverständigengutachtens sowie die „Anzahl der für erforderlich gehaltenen Besprechungen mit der Antragstellerin" rechtfertigen nach Ansicht des OLG Saarbrücken keine Erhöhung des Regelwerts, da zum einen das Gutachten in einem Parallelverfahren beauftragt worden ist und zum anderen die Verhandlungen ebenfalls nicht nur im streitgegenständlichen Verfahren erfolgt sind.[251]

379 Wird das Umgangsrecht im Rahmen einer Vereinbarung nicht nur vorläufig, sondern endgültig geregelt, rechtfertigt dies die Festsetzung eines Verfahrenswerts **für die Vereinbarung** in Höhe des Regelwertes für ein Hauptsacheverfahren; so das OLG Nürnberg[252] in seiner Entscheidung vom 15.9.2010. Dies gelte jedoch nicht für den Wert des Verfahrens auf Erlass einer einstweiligen Anordnung; auch die Dauer des Anhörungstermins von fast 1 $^{1}/_{2}$ Stunden rechtfertige keinen höheren Verfahrenswert.

---

[244] *Rohs/Wedewer/Waldner*, KostO, § 94 Rn 22; OLG München FamRZ 2006, 1218; OLG Thüringen FamRZ 2000, 968; **a.A.:** OLG Köln FamRZ 2006, 1219.
[245] KG FamRZ 2006, 438.
[246] OLG Naumburg 2006, 511.
[247] OLG Zweibrücken AGS 2002, 125.
[248] OLG Jena EzFamR aktuell 1999, 330 = FamRZ 2000, 968.
[249] OLG Karlsruhe, Beschl. v. 19.9.2006 – 20 WF 132/06, RVGreport 2007, 115.
[250] OLG Karlsruhe, RVGreport 2007, 116; *Volpert*, RVGreport 2006, 290.
[251] OLG Saarbrücken, Beschl. v. 29.11.2011 – 9 WF 127/11 = BeckRS 2011, 27592 = FuR 2013, 342.
[252] OLG Nürnberg, Beschl. v. 15.9.2010 – 7 WF 1194/10 = FamRZ 2011, 756 = BeckRS 2010, 28454.

b) Anhebung bei streitiger Durchführung?

Das OLG Köln hatte die Auffassung vertreten, dass schon die Tatsache der streitigen Durchführung des Verfahrens eine Anhebung über den Regelverfahrenswert hinaus rechtfertige.[253] Das OLG München und OLG Karlsruhe vertreten allerdings die Auffassung, dass die streitige Verfahrensdurchführung in derartigen Angelegenheiten der Normalfall sei.[254]

380

c) Doppelter Wert bei zwei Anträgen?

Die Tatsache, dass das OLG Karlsruhe in seiner Entscheidung den Ausgangswert in Höhe von 500 EUR für die einstweilige Anordnung nach § 24 S. 1 RVG a.F. verdoppelt hat, begründet das OLG Karlsruhe damit, dass über zwei gesonderte Anträge auch durch gesonderte Beschlüsse entschieden worden ist. Im vorliegenden Fall ist der zweite Antrag erst zu einem Zeitpunkt gestellt worden, nachdem über den ersten Antrag bereits negativ entschieden worden war.[255]

381

In einem solchen Fall liegt zwar nach § 18 Nr. 1 Hs. 2 a.F. RVG dieselbe Angelegenheit vor, so dass die Gebühren nur einmal entstehen können, § 15 Abs. 2 RVG. Die Gegenstandswerte der jeweils selbstständigen e.A.-Verfahren sind jedoch nach § 18 Nr. 1 Hs. 3 Nr. 4 a.F. RVG (§ 22 Abs. 1 RVG) zu addieren.[256]

382

Das Verfahren auf Erlass einer einstweiligen Anordnung und das Verfahren auf Abänderung oder Aufhebung einer solchen bilden nach § 16 Nr. 5 RVG dieselbe Angelegenheit, so dass die Gebühren nur einmal entstehen. Da es sich um dieselbe Angelegenheit handelt ist eine Addition von Gegenstandswerten ausgeschlossen.[257]

383

Entscheidungen im Eilverfahren, mit denen einem Antrag stattgegeben oder ein solcher abgewiesen bzw. verworfen wird, sind das Verfahren abschließende Endentscheidungen. Wird erneut der gleiche Antrag gestellt, so wird damit ein neues Verfahren eingeleitet, so dass die Gebühren und Auslagen neu entstehen.[258] Wird jedoch lediglich die Abänderung einer Entscheidung begehrt, so liegt nur eine gebührenrechtliche Angelegenheit vor, § 16 Nr. 5 RVG.

384

Nach Ansicht des OLG Zweibrücken[259] ist ein Verlängerungsantrag für ergangene einstweilige Maßnahmen im Rahmen des GewSchG gesondert zu vergüten, nachdem dieselbe Angelegenheit nach § 16 Nr. 5 RVG nur in den Fällen einer Abänderung oder Aufhebung vorliegt. Mit einem Verlängerungsantrag werde ein eigenständiger Anspruch geltend gemacht, der nicht von § 16 Nr. 5 RVG erfasst wird und deshalb gesondert zu vergüten ist. Im Übrigen wird zur Frage, wann dieselbe Angelegenheit vorliegt und in welchen Fällen Gebühren erneut entstehen können, auf die Ausführungen weiter unten verwiesen (siehe § 4 Rn 1 ff.).

385

d) Addition bei mehreren Gegenständen?

Bei der Wertberechnung für das isolierte Verfahren ist zu berücksichtigen, dass das Umgangsrecht generell neben dem Sorgerecht einen eigenen Gegenstand bildet und auch ein Abschlag vom Regelwerk nicht vorzunehmen ist.[260]

386

---

253 OLG Köln FamRZ 2006, 1219.
254 OLG München FamRZ 2006, 1218; OLG Karlsruhe RVGreport 2007, 115 f.
255 OLG Karlsruhe RVGreport 2007, 115 f.
256 OLG München FamRZ 2006, 1218; *Gerold/Schmidt/v. Eicken/Mader/Müller-Rabe*, RVG, § 18 Rn 16.
257 *Mayer/Kroiß*, § 16 Rn 27; *Gerold/Schmidt/Müller-Rabe*, § 16 Rn 73.
258 *Gerold/Schmidt/Müller-Rabe*, § 16 Rn 76.
259 OLG Zweibrücken, Beschl. v. 31.5.2012 – 6 WF 83/12 = BeckRS 2012, 14157 = NJW 2012, 3045 L, NJW-RR 2012, 1094 = FamRZ 2013, 324 = JurBüro 2012, 523 = MDR 2012, 1438.
260 OLG Brandenburg FamRZ 2006, 138; OLG Schleswig FamRZ 2002, 41; **a.A.**: OLG Zweibrücken AGS 2002, 125.

387 *„Finden über zwei gesonderte Anträge auf Regelung des Umgangs im Wege einstweiliger Anordnung zwei gesonderte Verfahren statt, so ist der Streitwert für die – einheitliche – Angelegenheit i.H.v. 500 EUR zu verdoppeln und auf 1.000 EUR festzusetzen"*, entschied auch das OLG Karlsruhe."[261]

e) Strittiges Aufenthaltsbestimmungsrecht

388 Wenn das Aufenthaltsbestimmungsrecht für beide Kinder umstritten und gegebenenfalls auch unterschiedlich zu regeln ist, kommt eine Anhebung des Regelwerts auf 3.500,00 EUR in Frage.[262]

f) Erhöhte Schwierigkeit/Überdurchschnittliche Bedeutung

389 Eine erhöhte Schwierigkeit der Sache kann eine Erhöhung des Ausgangswerts in Höhe von 500 EUR für eine einstweilige Anordnung rechtfertigen.[263]

390 Eine Anhebung des Verfahrenswerts kann auch geboten sein, wenn eine überdurchschnittliche Bedeutung oder außergewöhnliche Schwierigkeit der Sach- oder Rechtslage besteht.[264]

g) Unterschreitung des Werts möglich?

391 Der Wert von 500 EUR nach § 24 RVG a.F. wurde teilweise als Mindestwert angesehen, der nur in finanziell, rechtlich und tatsächlich sehr schlichten Fällen heranzuziehen war.[265] Die Meinung, dass eine Unterschreitung dieses Wertes möglich ist,[266] ist abzulehnen.

392 In Verfahren der einstweiligen Anordnung ist der Wert in der Regel unter Berücksichtigung der geringeren Bedeutung gegenüber der Hauptsache zu ermäßigen, wobei im Rahmen des richterlichen Ermessens auch eine Ermäßigung unterhalb der Hälfte des für die Hauptsache bestimmten Wertes möglich ist.[267]

h) Praxistipp

393 Bei der Bewertung ist daher zu fragen:
- Wurden umfangreiche Besprechungen (telefonisch, persönlich) mit dem Mandanten, der Gegenseite oder anderen Verfahrensbeteiligten geführt?
- Musste ein Gutachten, ggf. ein Ergänzungsgutachten eingeholt werden?
- Wurde ein Verfahrenspfleger bestellt?
- Erfolgten Anhörungen des Sachverständigen, der Kinder, der Sachbearbeiter des Jugendamtes oder von Zeugen?
- Wurden zahlreiche, ggf. umfangreiche Schriftsätze gewechselt?
- War die Angelegenheit für den Auftraggeber von besonders hoher Bedeutung?
- Musste für ein Kind gesondert umfangreich vorgetragen werden?

---

261 OLG Karlsruhe, Beschl. v. 19.9.2006 – 20 WF 132/06, RVGreport 2007, 115.
262 OLG Köln FamRZ 2006, 1219.
263 OLG München FamRZ 2006, 1218 = NJW 2006, 2196.
264 OLG Celle (15. Senat), Beschl. v. 8.11.2010 – 15 WF 287/10, FamRZ 2011, 757.
265 *N. Schneider* in Hansens/Braun/Schneider, Praxis des Vergütungsrechts, Teil 10 Rn 464; OLG Zweibrücken FamRZ 1998, 1031.
266 Vgl. dazu *Hartung/Römermann*, RVG, § 24 Rn 6.
267 OLG Saarbrücken, Beschl. v. 20.1.2010 – 9 WF 3/10, FPR 2010, 364.

Praxistipp 394
Nur wenn dem Gericht der Umfang und die Bedeutung der Angelegenheit dargelegt werden, kann eine Berücksichtigung erfolgen. Es bietet sich an, insbesondere alle geführten Telefonate mit Datum, Uhrzeit, Dauer und Inhalt des Gesprächs in der Akte zu dokumentieren und dem Gericht vorzulegen.

Bei Verfahren auf Herausgabe des Kindes ist bei der Wertbemessung auch zu berücksichtigen, dass diese Verfahren oft mit hoher Emotionalität geführt werden, die Verfahren daher in tatsächlicher Hinsicht eine hohe Schwierigkeit aufweisen und die Bedeutung der Angelegenheit für den Auftraggeber meist deutlich über dem Durchschnitt liegt. 395

Beispiel 396
Die Ehegatten leben seit 1 Monat getrennt. Es wird eine einstweilige Anordnung wegen Übertragung der elterlichen Sorge allein auf die Kindesmutter beantragt. Gleichzeitig wird ein Hauptsacheverfahren über den Gegenstand elterliche Sorge anhängig. Nach dem Termin sowohl in der Hauptsache als auch im einstweiligen Anordnungsverfahren, entscheidet das Gericht durch Beschluss.

Hauptsacheverfahren mit einstweiliger Anordnung
1. Hauptsacheverfahren
Gegenstandswert: 3.000,00 EUR, §§ 23 Abs. 1 S. 2 RVG, § 45 Abs. 1 Nr. 1 FamGKG

1,3 Verfahrensgebühr Nr. 3100 VV RVG	261,30 EUR
1,2 Terminsgebühr Nr. 3104 VV RVG	241,20 EUR
Auslagenpauschale, Nr. 7002 VV RVG	20,00 EUR
Zwischensumme	522,50 EUR
19 % Umsatzsteuer, Nr. 7008 VV RVG	99,28 EUR
Summe	621,78 EUR

2. Einstweilige Anordnung
Gegenstandswert: 1.500,00 EUR, §§ 23 Abs. 1 S. 2 RVG, §§ 41 S. 2 i.V.m. 45 Abs. 1 Nr. 1 FamGKG

1,3 Verfahrensgebühr Nr. 3100 VV RVG	149,50 EUR
1,2 Terminsgebühr Nr. 3104 VV RVG	138,00 EUR
Auslagenpauschale, Nr. 7002 VV RVG	20,00 EUR
Zwischensumme	307,50 EUR
19 % Umsatzsteuer, Nr. 7008 VV RVG	58,43 EUR
Summe	365,93 EUR

3. Summe Hauptsache und e.A.   987,71 EUR

i) Ausgangswert bei entbehrlicher Hauptsache?

Nimmt die einstweilige Anordnung die Hauptsache vorweg oder ersetzt sie diese, so dass kann der Verfahrenswert bis zur Höhe des für die Hauptsache bestimmten Werts angehoben werden.[268] 397

---

268 Vgl. *Schneider/Wolf/Volpert*, FamGKG, § 41 Rn 13.

Das OLG Düsseldorf ist der Auffassung, dass – wenn der volle Kindesunterhalt im einstweiligen Anordnungsverfahren geltend gemacht wird – der Regelverfahrenswert bis zur Höhe des für die Hauptsache bestimmten Wertes angehoben werden kann.[269] Gleiches gelte, so das OLG Düsseldorf, wenn die einstweilige Anordnung die Hauptsache vorwegnimmt oder ersetzt.[270]

Nach einer Entscheidung des AG Lahnstein ist in einem auf Unterhalt gerichteten einstweiligen Anordnungsverfahren von dem vollen Wert der Hauptsache auszugehen.[271]

398 Der Verfahrenswert für eine einstweilige Anordnung kann nach Ansicht des OLG Düsseldorf[272] (7. Senat) den Wert der Hauptsache erreichen, wenn im einstweiligen Anordnungsverfahren mit einem Vergleich der Streit der Beteiligten umfassend geregelt und beigelegt wird.

Treffen die Beteiligten in einem einstweiligen Anordnungsverfahren betreffend eine Gewaltschutzsache eine endgültige Vereinbarung, ist der Verfahrenswert für den Vergleich mit dem Wert für das jeweilige Hauptsacheverfahren anzusetzen, so das OLG Schleswig.[273]

399 Das OLG Jena sieht bei einstweiliger Anordnung betreffend Zuweisung der Ehewohnung zwar keine Erhöhung des Wertes, rechnet aber mit einem Mehrwert, wenn die anhängige Hauptsache mitverglichen wird.[274]

„Schließen die Parteien in einem Verfahren auf Erlass einer einstweiligen Anordnung betreffend die Zuweisung der Ehewohnung einen Vergleich über die endgültige Wohnungszuweisung, so bleibt es bei der ermäßigten Verfahrensgebühr für das einstweilige Anordnungsverfahren. Der geschlossene Vergleich hat allerdings einen Mehrwert in Höhe der mitverglichenen Hauptsache."

Wird das Umgangsrecht im Rahmen einer Vereinbarung nicht nur vorläufig, sondern endgültig geregelt, rechtfertigt dies die Festsetzung eines Verfahrenswerts **für die Vereinbarung** in Höhe des Regelwertes für ein Hauptsacheverfahren; so das OLG Nürnberg[275] in seiner Entscheidung vom 15.9.2010. Dies gelte jedoch nicht für den Wert des Verfahrens auf Erlass einer einstweiligen Anordnung; auch die Dauer des Anhörungstermins von fast 1 1/2 Stunden rechtfertige keinen höheren Verfahrenswert.

400 Der Verfahrenswert im Verfahren der einstweiligen Anordnung auf Unterhalt (hier: für Verfahrenskostenvorschuss) ist nach Ansicht des OLG Celle[276] regelmäßig mit der Hälfte des Wertes der entsprechenden Hauptsache (hier: der bezifferten Forderung) zu bewerten.

---

269 OLG Düsseldorf, Beschl. v. 23.2.2010 – 3 WF 15/10, FPR 2010, 363 = NJW 2010, 1385 = JurBüro 2010, 305 = FuR 2010, 475; vgl. auch *Schneider*, FamFR 2009, 109, 112. *Witte*, FPR 2010, 316, sowie *Thiel/Schneider*, FPR 2010, 323; ebenso: OLG Brandenburg FamRZ 2010, 1937; ausdrücklich **a.A.:** OLG Celle, Beschl. v. 5.12.2011 – 10 WF 342/11, BeckRS 2011, 29456 = FamRZ 2011, 757, da das einstweilige Anordnungsverfahren einem Hauptsacheverfahren nicht gleichwertig gegenübersteht und ein Hauptsacheverfahren gestützt auf § 717 Abs. 2 ZPO folgen kann; OLG Köln FamRZ 2011, 758.
270 Vgl. *Fölsch*, Das neue FamFG in Familiensachen, § 8 Rn 65; *Hartmann*, KostenG, § 41 FamGKG Rn 3; *Schneider*, FamFR 2009, 109 [112].
271 AG Lahnstein, Beschl. v. 26.5.2010 – 5 F 402/09 = NJW-Spezial 2010, 412 = BeckRS 2010, 14097.
272 OLG Düsseldorf, Beschl. v. 11.6.2010 – 7 WF 51/10 = FuR 2010, 526 = FamRZ 2010, 1936 = BeckRS 2010, 19790.
273 OLG Schleswig, Beschl. v. 16.2.2011 – 10 WF 33/11 = BeckRS 2011, 06497 = FamRZ 2011, 1624, besprochen in NJW-Spezial 2011, 220.
274 OLG Jena, Beschl. v. 10.8.2011 – 1 WF 401/11, BeckRS 2011, 24973 = FamRZ 2012, 737 = MDR 2011, 1423 = *Schneider*, AGS 2011, 511.
275 OLG Nürnberg, Beschl. v. 15.9.2010 – 7 WF 1194/10 = FamRZ 2011, 756 = BeckRS 2010, 28454.
276 OLG Celle, Beschl. v. 9.7.2013 – 10 WF 230/13 = BeckRS 2013, 13093.

Allein der Umstand, dass im einstweiligen Anordnungsverfahren der „volle" Unterhalt geltend gemacht wird, rechtfertigt es aus Sicht des OLG Stuttgart[277] nicht, den Verfahrenswert in der Höhe des Hauptsachewertes festzusetzen.

Das OLG Bamberg hält eine Anhebung des Wertes einer einstweiligen Anordnung nicht für gerechtfertigt, weil zum Zeitpunkt der einstweiligen Anordnung noch nicht absehbar ist, ob ein Hauptsacheverfahren wirklich entbehrlich sein wird.[278]

401

Nach einer Entscheidung des OLG Köln[279] ist für das einstweilige Anordnungsverfahren auf Zahlung von Trennungsunterhalt nicht generell der Gegenstandswert des Hauptsacheverfahrens zugrunde zu legen. Vielmehr ist jeweils auf die Besonderheiten des Einzelfalls abzustellen. Es sei grundsätzlich davon auszugehen, dass es im einstweiligen Anordnungsverfahren – auch wenn eine Leistungsanordnung auf den vollen Unterhalt erstrebt wird – immer nur um eine vorläufige Regelung geht, die zudem über die spätere Hauptsacheentscheidung hinaus jederzeit abänderbar ist.

Der Grundsatz des ermäßigten Verfahrenswertes gilt nach Ansicht des OLG Frankfurt[280] auch für Unterhaltsverfahren, da auch hier keine Gleichwertigkeit mit dem Hauptsacheverfahren besteht. Das Verfahren der einstweiligen Anordnung unterliege einer einfacheren Abänderung, so dass eine Vorwegnahme der Hauptsache nicht erfolgt, so dass auch eine Bemessung der Sache mit dem Verfahrenswert der Hauptsache nicht angezeigt ist. Unterhaltsrückstände werden allerdings hälftig berücksichtigt.

In einstweiligen Anordnungsverfahren auf Unterhalt ist nach einer Entscheidung des OLG München grundsätzlich vom hälftigen Hauptsachewert auszugehen. Die bei Einreichung fälligen Beträge sind auch in einstweiligen Anordnungsverfahren gem. § 51 II FamGKG dem Wert der laufenden Leistungen – gegebenenfalls hälftig – gem. § 51 I FamGKG hinzuzurechnen.[281]

j) Verfahrenswert bei Verfahrenskostenvorschuss

In der Praxis kommt es recht häufig vor, dass der Unterhaltsberechtigte einen Antrag auf Erlass einer einstweiligen Anordnung auf Verfahrenskostenvorschuss gegen den Unterhaltsverpflichteten stellt. Der Anspruch auf Verfahrenskostenvorschuss ergibt sich aus § 1360a Abs. 4 BGB:

402

§ 1360a Abs. 4 BGB Umfang der Unterhaltspflicht

403

(4) Ist ein Ehegatte nicht in der Lage, die Kosten eines Rechtsstreits zu tragen, der eine persönliche Angelegenheit betrifft, so ist der andere Ehegatte verpflichtet, ihm diese Kosten vorzuschießen, soweit dies der Billigkeit entspricht. Das Gleiche gilt für die Kosten der Verteidigung in einem Strafverfahren, das gegen einen Ehegatten gerichtet ist.

§ 1361 BGB regelt den Unterhalt bei Getrenntleben; Abs. 4 verweist insoweit auf die Regelung des § 1360a Abs. 4 BGB. Die Vorschrift ist auch auf das Eltern-Kind-Verhältnis anzuwenden.[282]

404

Ein solcher Antrag kann beispielsweise erforderlich werden, wenn dem unterhaltsbedürftigen Mandanten VKH versagt wird mit dem Hinweis darauf, dass einsetzbares Vermögen aufgrund seines Unterhaltsanspruchs nach § 1360a Abs. 4 BGB vorhanden sei.

405

---

277 OLG Stuttgart, Beschl. v. 17.11.2010 – 11 WF 133/10 = FamRZ 2011, 757 = AGS 2010, 617 = BeckRS 2010, 28838.
278 OLG Bamberg, Beschl. v. 7.11.2011 – 2 WF 300/11 BeckRS 2011, 27591.
279 OLG Köln, Beschl. v. 19.11.2010 – 4 WF 228/10 = BeckRS 2010, 29333.
280 OLG Frankfurt a.M., Beschl. v. 4.6.2013 – 5 WF 106/13 = BeckRS 2013, 09501.
281 OLG München, Beschl. v. 4.5.2011 – 33 WF 765/11 = AGS 2011, 306 = BeckRS 2011, 18611; besprochen in NJW-Spezial 2011, 476.
282 BGH, Beschl. v. 4.8.2004 – XII ZA 6/04 = NJW-RR 2004, 1662 = FamRZ 2004, 1633 = JurBüro 2004, 654.

406 Im Regelfall wird der Anspruch auf Verfahrenskostenvorschuss im Wege der einstweiligen Anordnung realisiert, § 246 f. FamFG. Es stellt sich daher die Frage, welcher Verfahrenswert in einem solchen Fall anzusetzen ist. Es werden verschiedene Auffassungen vertreten.

407 *„Der Verfahrenswert im Verfahren der einstweiligen Anordnung auf Unterhalt (hier: für Verfahrenskostenvorschuss) ist regelmäßig mit der Hälfte des Wertes der entsprechenden Hauptsache (hier: der bezifferten Forderung) zu bewerten. (Leitsatz des Gerichts)"*[283]

408 Nach m.E. zutreffender Ansicht von *Ebert* ist eine Reduzierung des Verfahrenswertes auf die Hälfte des geforderten Betrages entsprechend § 41 S. 2 FamGKG nicht sachgerecht.[284] § 41 FamGKG stelle auf den Regelfall ab, dass aufgrund der geringeren Bedeutung gegenüber der Hauptsache der Verfahrenswert zu ermäßigen sei. Daher sei es gerade bei dem Antrag auf Erlass einer einstweiligen Anordnung zur Leistung eines Verfahrenskostenvorschusses angezeigt, bei dem begehrten Zahlbetrag zu bleiben, denn bezüglich dieses Anspruchs wird nur sehr selten ein Hauptsacheverfahren betrieben.[285]

„Der Anspruch auf Verfahrenskostenvorschuss wird regelmäßig im Verfahren des einstweiligen Rechtsschutzes realisiert. Unter weiterer Berücksichtigung des Umstandes, dass die Rückgewähr eines geleisteten Verfahrenskostenvorschusses – unabhängig davon, ob er im Rahmen eines Hauptsacheverfahrens oder eines Anordnungsverfahrens zuerkannt wurde – besonderen Regeln folgt, liegt die Annahme nahe, dass eben kein Regelfall i.S.d. § 41 Satz 1 FamGKG vorliegt."[286]

XVII. Beschwerde gegen die Wertfestsetzung

1. Angabe des Wertes

409 Bei jedem Antrag ist der Verfahrenswert, wenn dieser nicht in einer bestimmten Geldsumme besteht, kein fester Wert bestimmt ist oder sich nicht aus früheren Anträgen ergibt, und nach Aufforderung auch der Wert eines Teils des Verfahrensgegenstands schriftlich oder zu Protokoll der Geschäftsstelle anzugeben, § 53 S. 1 FamGKG. Die Angabe kann jederzeit berichtigt werden, § 53 S. 2 FamGKG.

410 *Praxistipp*
Es ist sinnvoll bereits im Scheidungsantrag den Wert für die Ehesache zu berechnen, da man sich so Diskussionen vor Gericht im Beisein des Mandanten erspart.

2. Beschwerde gegen die Wertfestsetzung

411 Gegen den Beschluss des Familiengerichts, durch den der Verfahrenswert für die Gerichtsgebühren festgesetzt worden ist, § 55 Abs. 2 FamGKG, findet die Beschwerde statt, wenn der Wert des Beschwerdegegenstands 200,00 EUR übersteigt, § 59 Abs. 1 S. 1 FamGKG.

412 Die Beschwerde findet auch statt, wenn sie das Familiengericht wegen der grundsätzlichen Bedeutung der zur Entscheidung stehenden Frage in dem Beschluss zulässt, § 59 Abs. 1 S. 2 FamGKG.

413 Zulässig ist die Beschwerde nur binnen sechs Monaten, nachdem die Entscheidung wegen des Hauptgegenstandes Rechtskraft erlangt oder sich das Verfahren anderweitig erledigt hat, § 59

---

283 OLG Celle, Beschl. v. 9.7.2013 – 10 WF 230/13 = BeckRS 2013, 13093 = FamFR 2013, 426; ebenso: *Schneider/Wolf/Volpert*, FamGKG, § 35 Rn 11 – erwähnt jedoch die Möglichkeit einer Werterhöhung.
284 *Ebert* in *Mayer/Kroiß*, IV. Rn 133.
285 *Ebert* in *Mayer/Kroiß*, IV. Rn 133.
286 *Ebert* in *Mayer/Kroiß*, IV. Rn 133.

Abs. 1 S. 3 i.V.m. § 55 Abs. 3 S. 2 FamGKG; ist der Verfahrenswert später als einen Monat vor Ablauf dieser Frist festgesetzt worden, kann sie noch innerhalb eines Monats nach Zustellung oder formloser Mitteilung des Festsetzungsbeschlusses eingelegt werden.

War der Beschwerdeführer ohne sein Verschulden verhindert, die Frist einzuhalten, ist ihm auf Antrag vom Oberlandesgericht Wiedereinsetzung in den vorigen Stand zu gewähren, wenn er die Beschwerde innerhalb von zwei Wochen nach Wegfall des Hindernisses einlegt und die Tatsachen, welche die Wiedereinsetzung begründen, glaubhaft macht, § 59 Abs. 2 S. 1 FamGKG. Nach Ablauf eines Jahres, von dem Ende der versäumten Frist an gerechnet, kann die Wiedereinsetzung nicht mehr beantragt werden, § 59 Abs. 2 S. 2 FamGKG. **414**

Durch das Gesetz zur Einführung einer Rechtsbehelfsbelehrung im Zivilprozess und zur Änderung anderer Vorschriften[287] wird mit Geltung ab dem 1.1.2014 nach § 59 Abs. 2 S. 1 FamGKG folgender Satz 2 eingefügt: *„Ein Fehlen des Verschuldens wird vermutet, wenn eine Rechtsbehelfsbelehrung unterblieben oder fehlerhaft ist."*

Das Verfahren ist gerichtsgebührenfrei; Kosten werden nicht erstattet, § 59 Abs. 3 FamGKG. **415**

Im Beschwerdeverfahren entstehen Anwaltsgebühren in Höhe einer 0,5 Verfahrensgebühr nach Nr. 3500 VV RVG. **416**

---

[287] Gesetz vom 5.12.2012, BGBl I S. 2418 (Nr. 57); zuletzt geändert durch Artikel 41 Gesetz vom 23.7.2013, BGBl I S. 2586.

§ 3 Vergütungsvereinbarungen

A. Notwendigkeit zum Abschluss einer Vergütungsvereinbarung

I. Gesetzliche Vergütung zu niedrig

Vergütungsvereinbarungen sind immer dann geboten, wenn die gesetzlichen Gebühren keine angemessene Vergütung für die Tätigkeit des Rechtsanwaltes darstellen.

Der Rechtsanwalt kann mit seinem Mandanten eine von der Vergütung nach RVG abweichende Vergütungsvereinbarung treffen. Aus seiner Vertragsfreiheit (bis auf wenige Ausnahmen, z.B. wenn der Rechtsanwalt gemäß § 48 BRAO im Wege der Prozesskostenhilfe beigeordnet worden ist, gemäß § 49 BRAO, wenn er zum Pflichtverteidiger oder Beistand beigeordnet ist, und gemäß § 49a BRAO aus der Verpflichtung der Übernahme einer Beratungshilfe nach dem Beratungshilfegesetz folgt, dass der Rechtsanwalt nicht verpflichtet ist, zu den gesetzlichen Gebühren einen Auftrag anzunehmen. Er kann die Annahme eines Auftrags sogar davon abhängig machen, dass höhere Gebühren gezahlt werden.

Zu beachten ist hierbei, dass der Rechtsanwalt die Kosten für die Führung der Kanzlei, seine Angestellten und sein Inventar bestreiten muss. Zudem muss er nach Abzug der Einkommensteuer durch seine Einnahmen in der Lage sein, sich und evtl. eine Familie zu ernähren sowie eine angemessene Vorsorge für Krankheit und Alter treffen zu können.

Viele Anwälte sind der Meinung, dass eine Vergütungsvereinbarung nur in Ausnahmefällen geschlossen werden sollte. Diese Annahme beruht jedoch oft darauf, dass keine Kostenkalkulationen vorgenommen werden und so letztendlich der Rechtsanwalt nicht weiß, was er wirklich „verdienen" muss, damit unter dem Strich noch etwas für ihn übrig bleibt. Eine – grobe – Schätzung kann man überschlägig erreichen, wenn man sich Folgendes vor Augen hält: Geht man von dem Gebühreneinkommen aus (100 %) und bringt 50 % Praxiskosten (Raumkosten, Personalkosten, etc.) davon in Abzug, verbleiben weitere 50 %. Bei einem Steuersatz von ca. 50 % verbleiben netto 25 % des Gebühreneinkommens. Hiervon sind die oben erwähnten einem Anwalt standesgemäß zustehenden Lebensführungs- und Altersvorsorgekosten zu bestreiten. Führt man die Rechnung anhand einer Kostenberechnung für den Mandanten durch, kann man sehen, welcher Betrag tatsächlich als Gewinn für den Rechtsanwalt übrig bleibt. Vergleicht man diesen Gewinn mit den Arbeitsstunden für diesen entsprechenden Fall, ergibt sich, dass in der Regel die gesetzlichen Gebühren nicht ausreichend sind, um auch nur die Kosten zu decken.

Wer sich für die ortsüblichen Stundensätze und weitere Themen rund um die Vergütungsvereinbarung interessiert, dem werden die Forschungsberichte von *Prof. Dr. Christoph Hommerich*, Leiter des Soldaninstituts für Kanzleimanagement, wärmstens empfohlen, hier insbesondere das Vergütungsbarometer.

II. Freigabe des Beratungsbereichs

Die Notwendigkeit des Abschlusses einer Vergütungsvereinbarung ergibt sich aber auch aus der Tatsache, dass der Rechtsanwalt seit dem 1.7.2006 in Beratungsangelegenheiten eine Vergütungsvereinbarung schließen soll.

Die Neufassung des § 34 RVG, welche am 1.7.2006 in Kraft getreten ist, lautet:

> **§ 34 RVG**
>
> (1) Für einen mündlichen oder schriftlichen Rat oder eine Auskunft (Beratung), die nicht mit einer anderen gebührenpflichtigen Tätigkeit zusammenhängen, für die Ausarbeitung eines schriftlichen Gut-

achtens und für die Tätigkeit als Mediator soll der Rechtsanwalt auf eine Gebührenvereinbarung hinwirken, soweit in Teil 2 Abschnitt 1 des Vergütungsverzeichnisses keine Gebühren bestimmt sind. Wenn keine Vereinbarung getroffen worden ist, erhält der Rechtsanwalt Gebühren nach den Vorschriften des bürgerlichen Rechts. Ist im Falle des Satzes 2 der Auftraggeber Verbraucher, beträgt die Gebühr für die Beratung oder die Ausarbeitung eines schriftlichen Gutachtens jeweils höchstens 250 EUR, § 14 Abs. 1 gilt entsprechend; für ein erstes Beratungsgespräch beträgt die Gebühr jedoch höchstens 190 EUR.

(2) Wenn nichts anderes vereinbart ist, ist die Gebühr für die Beratung auf eine Gebühr für eine sonstige Tätigkeit, die mit der Beratung zusammenhängt, anzurechnen.

8 Es kann dem Rechtsanwalt nicht angeraten werden, für Beratungstätigkeiten seit dem 1.7.2006 keine Vergütungsvereinbarung zu treffen, denn die oben dargestellten Vergütungsansprüche sind oft nicht ausreichend und streitanfällig. Darüber hinaus sollte beachtet werden, dass z.B. auch bei Abschluss einer Vereinbarung über einen Stundensatz diese Vergütung auf eine Gebühr für ein gerichtliches Verfahren anzurechnen ist, wenn die „Nichtanrechnung" nicht ausdrücklich vereinbart wird.

9 *Praxistipp*
Bei Vergütungsvereinbarungen über Beratungstätigkeiten sollte die Nicht-Anrechenbarkeit der vereinbarten Vergütung auf die Vergütung für eine nachfolgende Tätigkeit (Geschäfts- oder Verfahrensgebühr) ausdrücklich vereinbart werden.

10 Ergänzend wird auf die Erläuterungen zur Abrechnung der Beratungstätigkeit verwiesen (siehe § 4 Rn 54 ff.).

III. Gesetzliche Vergütung ist zu hoch

11 Es kommt auch vor, dass die Tätigkeit des Anwalts sehr hohe Gebühren auslöst, da der Gegenstandswert bei sehr vermögenden Mandanten im Familienrecht insbesondere im Güterrecht oder bei zusätzlicher Gestaltung eines Erbvertrags hohe Gebühren auslösen kann.

12 Die Unterschreitung der gesetzlichen Vergütung ist außergerichtlich nicht problematisch, wenn die Vergütung im angemessenen Verhältnis zu Leistung und Haftungsrisiko steht (vgl. auch Rn 83 f.). In gerichtlichen Verfahren darf allerdings eine Unterschreitung der gesetzlichen Vergütung nur dann erfolgen, wenn ein nach dem Gesetz seit dem 1.7.2008 erlaubtes Erfolgshonorar (Ausnahme!) vereinbart worden ist (vgl. dazu Rn 87 ff.).

B. Vergütungsvereinbarungen seit dem 1.7.2008

13 Das Recht der Vergütungsvereinbarungen wurde zum 1.7.2008 erheblich geändert. Im Nachfolgenden wird ausschließlich das seit dem 1.7.2008 geltende Recht behandelt. Soweit Rechtsprechung zur alten Fassung des RVG bzw. zur BRAGO analog anwendbar erscheint, wird sie nachstehend aufgeführt.

14 Vertragspartner einer Vergütungsvereinbarung sind in der Regel Rechtsanwalt und Mandant. Aber auch ein Dritter kann Vertragspartner sein, so z.B. wenn die Großmutter mit dem Strafverteidiger ihres Enkels eine Vergütungsvereinbarung abschließt.

15 Die Vertragspartner müssen zunächst geschäftsfähig sein, § 105 BGB. Wird eine Vergütungsvereinbarung – was in der Praxis kaum vorkommen dürfte – mit einem beschränkt Geschäftsfähigen geschlossen, bedarf diese Vergütungsvereinbarung der Einwilligung oder Genehmigung der gesetzlichen Vertreter, § 108 BGB. Unter den Taschengeldparagraphen, § 110 BGB, wird eine solche Vereinbarung wohl kaum fallen.

Ist die vereinbarte Vergütung in der Höhe so überzogen, dass Wucher vorliegt, § 138 Abs. 2 BGB, so ist sie nichtig. Auf die Voraussetzungen der §§ 3a ff. RVG kommt es dann nicht mehr an. (Zu einer unangemessen hohen bzw. sittenwidrigen Vergütung siehe Rn 171 ff.)

C. Berufsrecht und Vergütungsvereinbarungen

§ 49b Abs. 1 u. 2 BRAO regeln die vom Anwalt beim Abschluss einer Vergütungsvereinbarung zu beachtenden berufsrechtlichen Bestimmungen:

§ 49 BRAO

(1) [1]Es ist unzulässig, geringere Gebühren und Auslagen zu vereinbaren oder zu fordern, als das Rechtsanwaltsvergütungsgesetz vorsieht, soweit dieses nichts anderes bestimmt. [2]Im Einzelfall darf der Rechtsanwalt besonderen Umständen in der Person des Auftraggebers, insbesondere dessen Bedürftigkeit, Rechnung tragen durch Ermäßigung oder Erlaß von Gebühren oder Auslagen nach Erledigung des Auftrags.

(2) [1]Vereinbarungen, durch die eine Vergütung oder ihre Höhe vom Ausgang der Sache oder vom Erfolg der anwaltlichen Tätigkeit abhängig gemacht wird oder nach denen der Rechtsanwalt einen Teil des erstrittenen Betrages als Honorar erhält (Erfolgshonorar), sind unzulässig, soweit das Rechtsanwaltsvergütungsgesetz nichts anderes bestimmt. [2]Vereinbarungen, durch die der Rechtsanwalt sich verpflichtet, Gerichtskosten, Verwaltungskosten oder Kosten anderer Beteiligter zu tragen, sind unzulässig. [3]Ein Erfolgshonorar im Sinne des Satzes 1 liegt nicht vor, wenn lediglich vereinbart wird, dass sich die gesetzlichen Gebühren ohne weitere Bedingungen erhöhen.

I. Anmerkungen zu § 49b BRAO

Die Begründung des Gesetzgebers zu den zum 1.7.2008 geregelten Ausnahmen vom Erfolgshonorarverbot lautet:[1]

„Mit der Neufassung des § 49b Abs. 2 wird das berufsrechtliche Verbot der Vereinbarung von Erfolgshonoraren grundsätzlich beibehalten. Die Voraussetzungen, unter denen eine Vereinbarung von Erfolgshonoraren künftig erlaubt sein soll, sollen im Rechtsanwaltsvergütungsgesetz geregelt werden.

... Die gesetzliche Definition für das Erfolgshonorar in Satz 1 entspricht der bisherigen Regelung. Sie verzichtet aber auf den Begriff „quota litis". Streitanteilsvereinbarungen sollen künftig unter denselben Voraussetzungen erlaubt sein wie sonstige erfolgsbasierte Vergütungen. ... Eine Unterscheidung zwischen verschiedenen Formen von Erfolgshonoraren ist daher entbehrlich."

Ein „Erfolgshonorar" liegt nach der richtigen Ansicht des OLG Düsseldorf somit nicht nur bei einer Vereinbarung vor, nach der der Rechtsanwalt einen Teil des erstrittenen Betrages als Honorar erhält (sog. quota litis), sondern auch und gerade bei einer Abrede, nach welcher der Anwalt ein Honorar nur bei Erfolg erhalten soll (sog. Palmarium).[2] Für eine solche Vereinbarung ist daher § 4a RVG anwendbar.

II. Kostenübernahmeverbot

Der Gesetzgeber möchte durch die Regelung in § 49b Abs. 2 S. 2 BRAO ausschließen, dass ein Anwalt Gerichtskosten, Verwaltungskosten oder Kosten anderer Beteiligter für seinen Auftraggeber übernimmt.[3]

---

1 BT-Drucks 16/8384 v. 5.3.2008, zu B „Besonderer Teil", zu Art. 1, S. 9, linke Spalte.
2 OLG Düsseldorf, Beschl. v. 27.2.2012 – I-24 U 170/11, BeckRS 2012, 07547.
3 BT-Drucks 16/8384 v. 5.3.2008, zu B „Besonderer Teil", zu Art. 1, S. 9, rechte Spalte.

§ 3 Vergütungsvereinbarungen

21 Nach dem Willen des Gesetzgebers kann die Übernahme derartiger Kosten zwar Gegenstand eines Prozessfinanzierungsvertrages sein, nicht jedoch Gegenstand einer anwaltlichen Vergütungsvereinbarung.[4]

III. Lediglich Erhöhung gesetzlicher Gebühren

22 In § 49b Abs. 2 S. 3 BRAO hat der Gesetzgeber die Formulierung geändert. Er möchte dadurch klarstellen, dass die Vereinbarung erhöhter gesetzlicher Gebühren dann nicht als Erfolgshonorar zu bewerten ist, wenn es sich um Gebühren mit Erfolgskomponenten handelt, wobei die Vereinbarung nicht von weiteren Bedingungen, z.B. dem Ausgang der Sache, abhängig gemacht werden darf. Der Gesetzgeber listet in seiner Begründung zu dieser Änderung die Gebühren nach Nummern 1000 bis 1007 (Einigungsgebühren, Aussöhnungsgebühren, Erledigungsgebühren (in unterschiedlicher Höhe)), 4141 und 5115 VV RVG auf (zusätzliche Verfahrensgebühren in Straf- und Bußgeldsachen, wenn eine Hauptverhandlung durch die Mitwirkung des Rechtsanwalts entbehrlich wird).[5]

IV. Gebührenunterschreitungsverbot

23 Es bleibt dabei, dass es dem Anwalt verboten ist, unter den gesetzlichen Gebühren zu bleiben, soweit das RVG nichts anderes bestimmt. Ausnahmen von diesem Gebührenunterschreitungsverbot finden sich in § 4 Abs. 1 und 2 RVG sowie in § 4a Abs. 1 S. 3 RVG.

24 Die Ausnahmen sind:
- außergerichtliche Angelegenheiten (vgl. § 4 Abs. 1 RVG),
- Angelegenheiten, in denen ein Erfolgshonorar vereinbart wird (auch gerichtliche, vgl. § 4a Abs. 1 S. 2 RVG – Bedingung: im Gegenzug Vereinbarung eines Zuschlags für den Erfolgsfall) – vgl. die Ausführungen zu § 4a RVG (siehe Rn 87 ff.).

Darüber hinaus ist es dem Anwalt erlaubt, bei bestimmten Mahn- und Vollstreckungsangelegenheiten den Kostenerstattungsanspruchs an Erfüllung statt bei fehlender Beitreibbarkeit anzunehmen (vgl. § 4 Abs. 2 RVG).

D. Änderungen im RVG

25 Im RVG wurden neue Paragraphen eingefügt, die es in der Fassung bis zum 30.6.2008 nicht gab. Es handelt sich hierbei um § 3a „Vergütungsvereinbarung", § 4a „Erfolgshonorar" und § 4b „Fehlerhafte Vergütungsvereinbarungen".

§ 4 RVG a.F. wurde dabei teilweise aufgehoben. Einige Absätze wurden in die neuen Paragraphen verschoben.

26 Zum **1.1.2014** werden in § 4 Abs. 1 RVG zudem folgende Sätze angefügt:[6]

Liegen die Voraussetzungen für die Bewilligung von Beratungshilfe vor, kann der Rechtsanwalt ganz auf eine Vergütung verzichten. § 9 des Beratungshilfegesetzes bleibt unberührt.

---

4 BT-Drucks, 16/8384 v. 5.3.2008, zu B „Besonderer Teil", zu Art. 1, S. 9, rechte Spalte.
5 BT-Drucks, 16/8384 v. 5.3.2008, zu B „Besonderer Teil", zu Art. 1, S. 9, rechte Spalte.
6 Gesetz zur Änderung des Prozesskostenhilfe- und Beratungshilferechts (PKHuBerHÄndG k.a.Abk.) G. v. 31.8.2013, BGBl I S. 3533 (Nr. 55); Geltung ab 1.1.2014.

E. Grundsätze jeder Vergütungsvereinbarung

I. Gesetzestext des § 3a RVG

§ 3a RVG Vergütungsvereinbarung[7]   27

(1) ¹Eine Vereinbarung über die Vergütung bedarf der Textform. ²Sie muss als Vergütungsvereinbarung oder in vergleichbarer Weise bezeichnet werden, von anderen Vereinbarungen mit Ausnahme der Auftragserteilung deutlich abgesetzt sein und darf nicht in der Vollmacht enthalten sein. ³Sie hat einen Hinweis darauf zu enthalten, dass die gegnerische Partei, ein Verfahrensbeteiligter oder die Staatskasse im Falle der Kostenerstattung regelmäßig nicht mehr als die gesetzliche Vergütung erstatten muss. ⁴Die Sätze 1 und 2 gelten nicht für eine Gebührenvereinbarung nach § 34.

(2) ¹Ist eine vereinbarte, eine nach § 4 Abs. 3 Satz 1 von dem Vorstand der Rechtsanwaltskammer festgesetzte oder eine nach § 4a für den Erfolgsfall vereinbarte Vergütung unter Berücksichtigung aller Umstände unangemessen hoch, kann sie im Rechtsstreit auf den angemessenen Betrag bis zur Höhe der gesetzlichen Vergütung herabgesetzt werden. ²Vor der Herabsetzung hat das Gericht ein Gutachten des Vorstands der Rechtsanwaltskammer einzuholen; dies gilt nicht, wenn der Vorstand der Rechtsanwaltskammer die Vergütung nach § 4 Abs. 3 Satz 1 festgesetzt hat. ³Das Gutachten ist kostenlos zu erstatten.

(3) Eine Vereinbarung, nach der ein im Wege der Prozesskostenhilfe beigeordneter Rechtsanwalt für die von der Beiordnung erfasste Tätigkeit eine höhere als die gesetzliche Vergütung erhalten soll, ist nichtig. Die Vorschriften des bürgerlichen Rechts über die ungerechtfertigte Bereicherung bleiben unberührt.

§ 3a Abs. 4 RVG: „§ 8 des Beratungshilfegesetzes bleibt unberührt." wird zum 1.1.2014 aufgehoben,[8] da § 8 BerHG geändert und das Verbot eine Vergütungsvereinbarung zu treffen, aufgehoben wurde. Zu beachten ist künftig § 8a BerHG, der den Vergütungsanspruch des Anwalts regelt (vgl. auch § 6 Rn 48). Teilweise hat die Rechtsprechung schon in bestimmten Fällen den Abschluss einer Vergütungsvereinbarung auch nach altem Recht (bis 31.12.2013) für zulässig erachtet; in diesem Zusammenhang dürfte die Entscheidung des AG Gengenbach von Interesse sein: 28

„*Die Ablehnung eines Beratungshilfemandats aus wichtigem Grund durch den Rechtsanwalt kann im Rahmen des Erstgespräches mit dem Mandanten erfolgen; bei einem anschließend erklärten Verzicht des Mandanten auf die Inanspruchnahme der Beratungshilfe kann eine wirksame Vergütungsvereinbarung geschlossen werden. Die wirksame Vereinbarung eines Erfolgshonorars setzt u.a. voraus, dass eine Gegenüberstellung der voraussichtlichen gesetzlichen Vergütung mit der erfolgsabhängigen vertraglichen Vergütung erfolgt. Im Falle der Unwirksamkeit der vertraglichen Vergütung bleibt der Rechtsanwalt nach Treu und Glauben an den vereinbarten Fälligkeitszeitpunkt des Honorars gebunden.*[9] *(amtlicher Leitsatz)"*   29

In § 1 Abs. 2 BerHG wird zum 1.1.2014 darüber hinaus mit diesem Gesetz der Satz angefügt: 30

„*Die Möglichkeit, sich durch einen Rechtsanwalt unentgeltlich oder gegen Vereinbarung eines Erfolgshonorars beraten oder vertreten zu lassen, ist keine andere Möglichkeit der Hilfe im Sinne des Absatzes 1 Nummer 2."*[10]

---

7 Beschluss BT-Drucks 16/8916 vom 23.4.2008, Fassung ab 1.7.2008.
8 Gesetz zur Änderung des Prozesskostenhilfe- und Beratungshilferechts (PKHuBerHÄndG k.a.Abk.) G. v. 31.8.2013, BGBl I S. 3533 (Nr. 55); Geltung ab 1.1.2014.
9 AG Gengenbach, Urt. v. 14.5.2013 – 1 C 193/12, BeckRS 2013, 09708.
10 Gesetz zur Änderung des Prozesskostenhilfe- und Beratungshilferechts (PKHuBerHÄndG k.a.Abk.) G. v. 31.8.2013, BGBl I S. 3533 (Nr. 55); Geltung ab 1.1.2014.

II. Textform statt Schriftform

31 Als eine der wichtigsten Änderungen ab 1.7.2008 dürfte die vom Gesetzgeber deutlich reduzierte Formvorschrift in § 3a Abs. 1 S. 1 RVG anzusehen sein. Hiernach bedarf eine Vergütungsvereinbarung nicht mehr der Schriftform, sondern vielmehr der Textform.

32 Die Textform ist eine erhebliche Vereinfachung für die Praxis. So gab es in der Vergangenheit gehäuft Gerichtsentscheidungen, die eine lediglich per Fax übermittelte Vergütungsvereinbarung als nicht ausreichend angesehen haben, so zuletzt das OLG Hamm in seiner Entscheidung vom 25.9.2005. Da der Anwalt oft bereits in die Vertretung einstieg, bevor der Mandant ihm die unterzeichnete Vereinbarung im Original übersandt hatte, wirkte sich die strenge Schriftform nicht selten sehr nachteilig für ihn aus. Noch in der BT-Drucksache Nr. 16/8384 hatte der Gesetzgeber die Schriftform nicht nur für „höhere als gesetzliche Vergütungen", sondern für alle Vergütungsvereinbarungen vorgesehen.[11] Der Gesetzgeber hat sich hier jedoch von den Vorschlägen der BRAK und des DAV überzeugen lassen und die Textform zugelassen.[12]

33 Da die Textform nach § 126b BGB erst seit 2001 besteht, soll im Nachfolgenden hierauf näher eingegangen werden.

34 **§ 126b BGB Textform**

Ist durch Gesetz Textform vorgeschrieben, so muss die Erklärung in einer Urkunde oder auf andere zur dauerhaften Wiedergabe in Schriftzeichen geeigneten Weise abgegeben, die Person des Erklärenden genannt und der Abschluss der Erklärung durch Nachbildung der Namensunterschrift oder anders erkennbar gemacht werden.

35 § 126b BGB regelt die einfachste gesetzliche Form und bewirkt eine Erleichterung des Rechtsverkehrs. § 126b BGB wurde eingefügt durch das Gesetz zur Anpassung der Formvorschriften des Privatrechts und anderer Vorschriften an den modernen Rechtsgeschäftsverkehr vom 13.7.2001.[13] Interessant ist dabei, welche Ziele der Gesetzgeber hatte, als er in einigen Gesetzen das Schriftformerfordernis durch die Textform ersetzt hat:

36 *„Die Textform ist für solche bislang der strengen Schriftform unterliegenden Fälle vorgesehen, in denen das Erfordernis einer eigenhändigen Unterschrift unangemessen und verkehrserschwerend ist. Das ist insbesondere bei Vorgängen ohne erhebliche Beweiswirkung und bei nicht erheblichen oder leicht wieder rückgängig zu machenden Erklärungen der Fall, also in den Fällen, in denen der Beweis- und Warnfunktion der Schriftform ohnehin kaum Bedeutung zukommt."*[14]

37 Dabei sollte die Textform nach dem Willen der Gesetzesbegründung „als verkehrsfähige Form den Rechtsgedanken aus bislang verstreuten Einzelvorschriften im Hinblick auf unterschriftslose Erklärungen zusammenfassen und in geeigneten Fällen die eigenhändige Unterschrift entbehrlich machen und den Rechtsverkehr vereinfachen."[15]

38 Weiter führte der Gesetzgeber aus:

„Die Textform ist nur für solche Formtatbestände vorgesehen, bei denen eine ausreichende Rechtssicherheit auch gegeben ist, wenn beispielsweise lediglich eine Kopie einer Erklärung (z.B. Telefax, ein nicht unterschriebenes Papierdokument herkömmlich postalisch oder die Erklärung überhaupt nur mittels telekommunikativer Einrichtungen) übermittelt wird. Dies gilt

---

11 BT-Drucks 16/8384 v. 5.3.2008, zu B „Besonderer Teil", zu Art. 2, zu Nr. 2, zu Abs. 1, S. 9, rechte Spalte.
12 BT-Drucks 16/8916 v. 23.4.2008, S. 17, linke Spalte zu Nr. 2 (Änderung von § 3a).
13 BGBl I S. 1542 m.W.v. 1.8.2001.
14 BT-Drucks 14/4987, S. 18.
15 BT-Drucks 14/4987, S. 1 sowie ähnlich auch auf S. 18.

vor allem für Formtatbestände, bei denen keiner der Beteiligten und auch kein Dritter ein ernsthaftes Interesse an einer Fälschung der Erklärung haben kann."[16]

Um dem Vorwurf in einem eventuell späteren Verfahren vorzubeugen, der Rechtsanwalt habe einzelne Seiten der Vergütungsvereinbarung ausgetauscht, empfiehlt es sich, bei mehrseitigen Vergütungsvereinbarungen, dass sowohl Rechtsanwalt als auch Mandant jede einzelne Seite paraphieren (vgl. auch Rn 51).[17]

Praxistipp
Mehrseitige Vergütungsvereinbarungen auf jeder Seite paraphieren!

III. Voraussetzungen an die Textform

1. Lesbare Schriftzeichen

Die Textform erfordert Schriftzeichen, die lesbar abgegeben werden. Gesprochene Mitteilungen, die unter Umständen digitalisiert versandt und erst beim Empfänger von der akustischen zur optischen Wahrnehmbarkeit umgewandelt werden, genügen der Textform nicht.[18]

Ausreichend sind für das Erfordernis der Textform auch Dateien in Standardformaten wie z.B. derzeit html, rtf, pdf, doc, docx, o.ä.[19]

Nur Leseversion der Textdatei reicht nicht.[20]

Eine Übermittlung in Papier ist nicht erforderlich.[21] Ausreichend ist die elektronische Erstellung und Übermittlung z.B. per Computerfax, E-Mail oder SMS.[22]

Nicht erforderlich – aber ausreichend – ist die Versendung der Vergütungsvereinbarung mittels elektronischer qualifizierter Signatur.[23]

2. Namensnennung

Weitere Voraussetzung ist der Abschluss der Erklärung und die Namensnennung des Erklärenden. Dabei ist es ausreichend, wenn die Namensnennung die tatsächliche Person des Erklärenden erkennen lässt. Sofern sich die Beteiligten kennen, ist daher auch z.B. die Namensnennung „Dein Otto" ausreichend.[24]

3. Abschluss der Erklärung

Der Gesetzgeber fordert in § 126b BGB, dass das Dokumentende kenntlich gemacht werden muss, damit die Ernstlichkeit des vorangestellten Textes durch den Erklärenden deutlich wird.[25] Hierfür gibt es verschiedene Möglichkeiten:

---

16 BT-Drucks 14/4987, S. 18.
17 *Jungbauer*, Rn 315.
18 *Bamberger/Roth/Wendtland*, BeckOK BGB, § 126b Rn 3.
19 *Bamberger/Roth/Wendtland*, BeckOK BGB, § 126b Rn 3.
20 *Bamberger/Roth/Wendtland*, BeckOK BGB, § 126b Rn 8.
21 *Bamberger/Roth/Wendtland*, BeckOK BGB, § 126b Rn 5.
22 *Bamberger/Roth/Wendtland*, BeckOK BGB, § 126b Rn 5.
23 Textform = nicht elektronische Form (§ 126b BGB).
24 BT.-Drucks 14/4987, S. 20 „bei bestehenden Beziehungen ... bspw. die Nennung des Vor- oder gar Spitznamens üblich und ausreichend sein."
25 BT.-Drucks 14/4987, S. 20.

47 Nachbildung der Namensunterschrift des Erklärenden durch Faksimilestempel oder eingescannten Namenszug;[26]

48 Hinweis am Ende des Dokuments wie z.B.
- „Keine Unterschrift – Computerfax",
- „Diese Erklärung ist nicht unterschrieben",
- „Dieses Schreiben wurde maschinell erstellt und trägt deshalb keine Unterschrift",[27]
- „Diese Erklärung ist nicht unterschrieben",[28]
- „Ende".[29]

49 Auch eine bloße Zeichenfolge reicht aus (– *** –), sofern dies deutlich als Abschluss zu verstehen ist.[30]

50 Von großer Wichtigkeit für die Praxis dürfte die Entscheidung des BGH zur Textform einer Vergütungsvereinbarung sein. Zum einen entschied der BGH, dass für den Abschluss einer Vergütungsvereinbarung auf den Zeitpunkt des Zustandekommens der Vereinbarung geltende rechtliche Regelungen maßgebend sind; zum anderen hielt er die Textform nicht für gewahrt, da nachträgliche handschriftliche Ergänzungen der Vereinbarung erfolgt waren, die zum fehlenden räumlichen Abschluss der Vereinbarung führten, die Textform also nicht gewahrt war.[31]

51 Zur Wahrung der Textform hätte nach Ansicht des BGH für diese Gesamterklärung von beiden Seiten – beispielsweise durch eine Paraphierung – ein neuerlicher Abschluss geschaffen werden müssen.[32] Das Fehlen dieser Paraphierung oder eines anderweitigen Abschlusses führte damit nach Ansicht des BGH zur Formunwirksamkeit der Vereinbarung. Allein das Seitenende einer schriftlichen Erklärung kann, so der BGH, weil die Möglichkeit einer Fortsetzung auf einer weiteren Seite in Betracht kommt, nicht als Abschluss der Erklärung gewertet werden.[33]

4. Beweiswert der Textform

52 Wie sich aus der oben dargestellten Gesetzesbegründung ergibt, hatte der Gesetzgeber die Textform für die Dokumente vorgesehen, denen ein hoher Beweiswert eben gerade nicht zukommt. So wird allgemein angenommen, dass Dokumente, die der Textform unterliegen, in der Regel nicht unmittelbar oder typischerweise vertragliche Verpflichtungen des Erklärenden gegenüber dem Erklärungsempfänger auslösen.[34]

53 Die Beweislast für die Einhaltung der Textform trägt nach Ansicht von *Hertel* derjenige, der aus der Einhaltung der Textform Rechte herleiten will.[35] Dies wird der Rechtsanwalt sein, wenn die vereinbarte Vergütung höher ist als die gesetzliche.

---

26 *Bamberger/Roth/Wendtland*, BeckOK BGB § 126b Rn 7.
27 *Bamberger/Roth/Wendtland*, BeckOK BGB § 126b Rn 7; BGH, § 126b Rn 6.
28 *Staudinger/Hertel*, BGB, § 126b Rn 32.
29 *Staudinger/Hertel*, BGB, § 126b Rn 32.
30 *Staudinger/Hertel*, BGB, § 126b Rn 32 m.V.a. AnwK/*Noack*, § 126b Rn 12.
31 BGH, Urt. v. 3.11.2011 – IX ZR 47/11, BeckRS 2011, 26367 = WM 2012, 760 = BeckRS 2011, 26367 = FamRZ 2012, 126 = BRAK-Mitt 2012, 39 = AnwBl 2012, 97.
32 BGH, Urt. v. 3.11.2011 – IX ZR 47/11 BeckRS 2011, 26367 = WM 2012, 760 = BeckRS 2011, 26367 = FamRZ 2012, 126 = BRAK-Mitt 2012, 39 = AnwBl 2012, 97.
33 BGH, Urt. v. 3.11.2011 – IX ZR 47/11 BeckRS 2011, 26367 = WM 2012, 760 = BeckRS 2011, 26367 = FamRZ 2012, 126 = BRAK-Mitt 2012, 39 = AnwBl 2012, 97.
34 MüKo-BGB/*Einsele*, § 126b Rn 5.
35 *Staudinger/Hertel*, BGB, § 126b Rn 39.

Nach *Hertel* unterliegt eine Erklärung in Textform, wenn sie in Papierform (schriftlich) abgegeben worden ist, dem Urkundenbeweis (§§ 415 ff. ZPO); ein elektronisches Dokument unterliegt den Vorschriften über den Beweis durch den Augenschein (§§ 371, 372 ZPO).[36]

54

Nach *Hertel* ist die Einordnung des Ausdrucks eines elektronischen Dokuments strittig.[37]

Darüber hinaus ist zu bedenken, dass die Textform immer wieder auch zu Streitigkeiten führt, wenn die Erklärung nicht vom Erklärenden selbst abgegeben worden ist, sondern von einem Vertreter. Besonders bedenklich ist dies dann, wenn der Vertreter nicht als solcher erkennbar ist. Bei der Versendung per E-Mail ist darüber hinaus zu bedenken, dass nicht selten E-Mails als Entwurf gespeichert werden und so dann möglicherweise vermeintlich korrigiert zur Absendung gelangen (eventuell auch durch die Sekretärin). Nach *Hertel* bedarf es in solchen Fällen zwar keiner Anfechtung der Willenserklärung; der Empfänger könne jedoch Ersatz seines Vertrauensschadens analog § 122 BGB verlangen (BT-Drucks 14/4987, S. 11).[38]

55

5. Textform durch E-Mail?

Wie bereits ausgeführt, dürfte grundsätzlich auch eine E-Mail der Textform entsprechen, wenn die weiteren Voraussetzungen, wie z.B. Abschluss der Erklärung und Namenszug erfüllt sind. Die Einhaltung der Textform allein reicht aber zur Wirksamkeit einer Vergütungsvereinbarung noch nicht aus.

56

> *Beispiel*
> „Sehr geehrter Herr Rechtsanwalt Müller,
>
> in der Angelegenheit Huber ./. Schmitz wegen außergerichtlicher Vertretung (Mietverhältnis, Adresse) teile ich Ihnen wunschgemäß mit, dass ich mit dem von Ihnen vorgeschlagenen Honorar wie folgt einverstanden bin:
>
> Wir haben einen Stundensatz in Höhe von 200,00 EUR zzgl. Umsatzsteuer sowie der weiteren Auslagen nach Teil 7 VV RVG vereinbart (Reisekosten, Kopiekosten, etc.).
>
> Sie hatten mir mitgeteilt, dass Sie mir einmal monatlich Ihre Abrechnung zukommen lassen, der ich dann Ihre entsprechenden Tätigkeiten mittels sogenannter Timesheets entnehmen kann.
>
> Mit freundlichen Grüßen
>
> Hermann Otto Huber, Adresse

> *Hinweis*
> Was in der obigen Mail z.B. für die Wirksamkeit der Vereinbarung fehlt, ist die Aufnahme der in § 3a Abs. 1 S. 3 RVG normierten Hinweispflicht des Anwalts. Das heißt: Die Erfüllung der Textform führt noch nicht zu einer wirksamen Vergütungsvereinbarung; eine wirksame Vergütungsvereinbarung muss weitere Voraussetzungen erfüllen (vgl. dazu Rn 63 ff.).

Da die Erklärung, mit dem vorgeschlagenen Honorar einverstanden zu sein, vom Auftraggeber abzugeben ist und diese Erklärung sodann die Voraussetzungen an eine wirksame Vergütungsvereinbarung (und zwar außerhalb der Frage der Textform) erfüllen muss, d.h. z.B. Bestimmbarkeit der anwaltlichen Vergütung etc., ist vorstellbar, dass die Bestätigung einer Honorarvereinbarung per E-Mail aber nicht unbedingt sinnvoll ist. Bei obiger Muster-E-Mail kann man z.B. sehen, dass diese einige Punkte enthält, wie z.B. die Eingrenzung der Tätigkeit (außergerichtlich/gerichtlich), die genaue Bezeichnung der Angelegenheit, für die die vereinbarte Stundenvergütung gelten soll, zu-

57

---

36 *Staudinger/Hertel*, BGB, § 126b Rn 38 m.w.N.
37 *Staudinger/Hertel*, BGB, § 126b Rn 38 m.w.N.
38 *Staudinger/Hertel*, BGB, § 126b Rn 48.

sätzliche Aufnahme neben Umsatzsteuer von weiteren Auslagen nach Teil 7 VV RVG, die von Auftraggebern üblicherweise so nie genannt werden würden.

58 Sollten daher in der Kanzlei Vergütungsvereinbarungen per E-Mail getroffen werden, bedürfen diese m.E. einer besonderen Aufmerksamkeit. Fraglich ist, ob es ausreicht, wenn der Anwalt seine Vorschläge per E-Mail mitteilt und der Mandant hierauf lediglich antwortet: „Mit dem Honorarvorschlag in Ihrem E-Mail-Schreiben vom … bin ich einverstanden." Aus einer solchen Mitteilung lässt sich der konkrete Regelungsgehalt nicht entnehmen, vor allem dann nicht, wenn am Tag mehrere E-Mails wechselseitig versendet werden.

59 Um etwaige Beweislastschwierigkeiten über die tatsächliche Abgabe einer wirksamen Willenserklärung sowie über den Inhalt dieser Willenserklärung zu vermeiden, wird empfohlen, die Vergütungsvereinbarung
- entweder ausgedruckt und im Original vom Mandanten unterschrieben oder
- eingescannt per Mail zu versenden,
- vom Mandanten ausdrucken, unterschreiben und eingescannt zurücksenden zu lassen oder
- per Telefax übermittelt zur Akte zu nehmen.

60 Erfolgt die Vereinbarung mittels E-Mail, sollten die oben beschriebenen Punkte (Inhalt, Belehrungspflichten, Voraussetzungen für die Textform) unbedingt beachtet werden.

6. Textform für alle Vergütungsvereinbarungen

61 Weggefallen ist seit 1.7.2008 eine Differenzierung von Vergütungsvereinbarungen, die höher bzw. niedriger als die gesetzliche Vergütung sind. Beide Arten von Vergütungsvereinbarungen, sowohl solche, die höher als die gesetzliche Vergütung sind, als auch solche, die niedriger als die gesetzliche Vergütung sind, bedürfen seither der Textform. Diese Regelung ist sinnvoll, da Anwälte häufig zu Beginn eines Mandats nicht abschätzen können, ob die vereinbarte Vergütung nun über oder unter der gesetzlichen Vergütung liegt. Dies ist häufig erst am Ende eines Mandats möglich.

Bereits im Regierungsentwurf hatte der Gesetzgeber beabsichtigt, die Gebührenvereinbarung bei Beratungen, Gutachtertätigkeit und Mediationen (§ 34 Abs. 1 RVG) von der Schriftform auszuklammern.

62 Im Ergebnis ist dies geblieben, wobei für die Gebührenvereinbarungen nach § 34 RVG nun auch mit der BT-Drucks 16/8916 klargestellt wird, dass weder Schriftform noch Textform erforderlich sind.

IV. Bezeichnung der Vergütungsvereinbarung

63 In § 3a Abs. 1 S. 2 RVG stellt der Gesetzgeber klar, dass die Vergütungsvereinbarung als solche, oder „in vergleichbarer Weise" bezeichnet werden muss. Der Gesetzgeber hält in seiner Begründung zu dieser Regelung fest, dass auch die Bezeichnung „Honorarvereinbarung" zulässig ist.[39] Vorsicht ist hingegen bei Bezeichnungen angezeigt, die den Inhalt nicht erkennen lassen, wie z.B. die Bezeichnung „Beratervertrag". Hier ist für den unkundigen Auftraggeber nicht ohne Weiteres ersichtlich, dass (ggf. auch) die Vergütung des Anwalts geregelt sein soll.

64 Nicht erforderlich ist, dass die Bezeichnung oberhalb der Parteienbezeichnung angebracht ist. Es ist unseres Erachtens auch ausreichend, wenn die Bezeichnung oberhalb der vereinbarten Vergütung erscheint, z.B. wie folgt:

---

39 BT-Drucks 16/8384 v. 5.3.2008, zu B „Besonderer Teil", zu Art. 2, zu Nr. 2 (Einfügung von § 3a), S. 10, linke Spalte, zweiter Absatz.

E. Grundsätze jeder Vergütungsvereinbarung §3

Beispiel
Zwischen ▓▓▓ (Bezeichnung Kanzlei) und ▓▓▓ (Bezeichnung Auftraggeber) wird folgende **Vergütungsvereinbarung** geschlossen: 1. ▓▓▓.

V. Andere Vereinbarungen/Vollmacht

Es bleibt dabei, 65
- dass eine Vergütungsvereinbarung von anderen Vereinbarungen deutlich abgesetzt sein muss
- und nicht in der Vollmacht enthalten sein darf.

Allerdings hat der Gesetzgeber ergänzend geregelt, dass die Auftragserteilung selbst in die Vergütungsvereinbarung aufgenommen sein darf und auch nicht deutlich abgesetzt sein muss.[40]

Nicht mehr enthalten in § 3a RVG ist die frühere Bestimmung aus der BRAGO, dass die Vergütungsvereinbarung auch nicht in einem Vordruck, der auch andere Erklärungen umfasst, z.B. also in Mandatsbedingungen, enthalten sein darf. 66

Die Vergütungsvereinbarung muss jedoch von anderen Vereinbarungen deutlich abgesetzt sein, § 3a Abs. 1 S. 2 RVG. 67

Andere Vereinbarungen in diesem Sinne könnten sein: 68
- Allgemeine Mandatsbedingungen,
- Gerichtsstandsvereinbarung,
- Haftungsbeschränkung,
- Abtretung von Vergütungsansprüchen,
- Vereinbarung über die Aufbewahrung von Handakten,
- usw.

Praxistipp 69
Gerichtsstandsvereinbarungen können nur unter den Voraussetzungen des § 38 ZPO geschlossen werden. Handelt es sich bei der Kanzlei nicht um eine Anwalts-GmbH, sondern z.B. um eine klassische GbR-Sozietät, kann eine wirksame Vereinbarung nur in Fällen des Auslandsbezugs vereinbart werden, vgl. dazu § 38 Abs. 2 u. 3 ZPO. Es ist also in vielen Fällen sinnlos, eine Gerichtsstandsvereinbarung aufzunehmen, die sich nicht an diesen Ausnahmen orientiert.

Der Gesetzgeber hat weitere Vorgaben, wie der Rechtsanwalt die Vergütungsvereinbarung von anderen Vereinbarungen deutlich abzusetzen hat, nicht gemacht. Es bleibt daher letztendlich der künstlerischen Freiheit des Rechtsanwalts bzw. seiner Büroangestellten überlassen, für eine Umsetzung dieser Bestimmung zu sorgen. Eine Trennlinie zwischen Vergütungsvereinbarung und anderen Vereinbarungen wird dann nicht für ausreichend erachtet, wenn sich in dem Schriftstück auch an anderer Stelle Trennlinien finden.[41] *Teubel* schlägt „drucktechnische Hervorhebungen", wie zum Beispiel die Verwendung von Sperrschrift, Fett- oder Farbdruck, Benutzung von Großbuchstaben oder einer größeren Schrift, Unterstreichungen, Schattierungen und Rahmen, Einsatz einer anderen Schriftart, etc. vor.[42] Die Verfasserinnen empfehlen, um sicher zu gehen, dass der Auftraggeber zwischen Vergütungsvereinbarung und anderen Vereinbarungen unterscheiden kann (nur diesem Zweck dient die Vorschrift), die Vereinbarung zu unterteilen, z.B. in „A. Vergütungsvereinbarung" und „B. Andere Vereinbarungen". Durch das Setzen einer eigenen Überschrift ist 70

---
40 BT-Drucks 16/8384 v. 5.3.2008, zu B „Besonderer Teil", zu Art. 2, zu Nr. 2, (Einfügung von § 3a), S. 10, linke Spalte, zweiter Absatz.
41 *Kindermann*, Rn 464, in Anlehnung an die Entscheidung des BGH NJW 1996, 1964 f.
42 *Mayer/Kroiß*, § 4 Rn 26.

ein deutliches Absetzen der Vergütungsvereinbarung von anderen Vereinbarungen, wie es der Gesetzgeber fordert, nach Ansicht der Verfasserinnen gegeben.

71 *Kindermann* hält es für den sichersten Weg, andere Vereinbarungen in einem gesonderten Dokument zu vereinbaren.[43] Sofern der Rechtsanwalt seinem Mandanten (oft im ersten Gespräch) zumuten kann und will, mehrere Schriftstücke zu unterzeichnen (Vergütungsvereinbarung, Vollmacht, Belehrung über die Tatsache, dass nach Gegenstandswert abgerechnet wird bzw. in arbeitsgerichtlichen Verfahren in erster Instanz keine Kostenerstattung erfolgt etc., Mandatsbedingungen etc.), ist hiergegen nichts einzuwenden. Oftmals ist es dem Rechtsanwalt jedoch unangenehm, dem Auftraggeber, bevor er mit ihm über sein Anliegen gesprochen hat, mehrere Unterschriften abzuverlangen.

72 Nach Ansicht von *Schneider* dürfen in Vergütungsvereinbarungen unbeschränkt anderweitige Erklärungen aufgenommen werden, so z.B. auch Gerichtsstandsvereinbarungen oder Vereinbarungen über die Aufbewahrung der Handakten.[44] Auch Vereinbarungen über Auslagen, Zahlungsmodalitäten sowie Vereinbarungen zur Fälligkeit oder Stundung sind seit dem RVG möglich.[45]

73 Auch kann sich der Rechtsanwalt in der Vergütungsvereinbarung für jede weitere Instanz eine neue Vergütungsvereinbarung vorbehalten.[46]

74 Für bedenkenlos zulässig hält *Schneider* auch Vereinbarungen über den Umfang der vom Rechtsanwalt für die vereinbarte Vergütung zu leistenden Tätigkeiten.[47]

VI. Hinweispflicht des Rechtsanwalts

75 In § 3a Abs. 1 S. 3 RVG hat der Gesetzgeber die bisher nur durch die Rechtsprechung angenommene Hinweispflicht des Anwalts aufgenommen, dass die Vergütungsvereinbarung einen Hinweis darauf zu enthalten hat, dass die gegnerische Partei, ein Verfahrensbeteiligter oder die Staatskasse im Falle der Kostenerstattung regelmäßig nicht mehr als die gesetzliche Vergütung erstatten muss. Wie schon die Rechtsprechung, möchte auch der Gesetzgeber den Rechtsuchenden durch diese nunmehr gesetzlich geregelte Hinweispflicht klarmachen, dass eine über die gesetzliche Vergütung hinausgehende vereinbarte Vergütung von ihm selbst zu tragen ist.

76 Die Hinweispflicht in § 3a Abs. 2 RVG hat nach Ansicht von *Kilian* nur dann eine Berechtigung, wenn die vereinbarte die gesetzliche Vergütung übersteigt.[48] Der Gesetzgeber fordert diesen Hinweis jedoch uneingeschränkt. Nach *Kilian*[49] kann die Verletzung der Aufklärungspflicht (ebenso wie die Verletzung der Pflicht nach § 49b Abs. 5 BRAO) zu einem Schadensersatzanspruch nach § 280 Abs. 1 BGB führen.[50]

VII. Gebührenvereinbarung nach § 34 RVG

77 Wie bereits erwähnt, hat der Gesetzgeber in § 3a Abs. 1 S. 4 RVG geregelt, dass § 3a Abs. 1 S. 1 und 2 nicht für eine Gebührenvereinbarung nach § 34 RVG gelten. Dies bedeutet, dass eine Gebüh-

---

43 *Kindermann*, Rn 465.
44 *Gebauer/Schneider*, § 4 Rn 64.
45 *Gebauer/Schneider*, § 4 Rn 66.
46 *Gebauer/Schneider*, § 4 Rn 67.
47 *Gebauer/Schneider*, § 4 Rn 69; so auch schon bisher nach BRAGO: *Madert*, Honorarvereinbarung, Teil A Rn 14.
48 *Kilian*, NJW 2008, S. 1905.
49 *Kilian*, NJW 2008, S. 1906.
50 Zu den bisher geltenden berufs- und zivilrechtlichen Informationspflichten in Kostenangelegenheiten vergleiche auch *Koch/Kilian*, Anwaltliches Berufsrecht 2007, Rn B 368 bis 384.

renvereinbarung nach § 34 RVG weder in Text– noch in Schriftform vorliegen muss. Auch greift für eine solche Vereinbarung nicht das Verbot der Aufnahme in einer Vollmacht. Auch andere Vereinbarungen dürften in einer derartigen Gebührenvereinbarung enthalten sein, ohne deutlich abgesetzt zu werden. Es empfiehlt sich, die Sätze 1 und 2 auch für Gebührenvereinbarungen nach § 34 RVG zum eigenen Schutz anzuwenden. Bei einer in einer Vollmacht enthaltenen Gebührenvereinbarung für eine Beratung könnte der Mandant sich möglicherweise auf AGB-Recht berufen und damit auf mangelnde Transparenz (Verstoß gegen § 307 BGB). Die Erleichterung des § 3a Abs. 1 S. 4 RVG dürfte aber dem Anwalt in manchen Vergütungsprozessen zugutekommen.

VIII. Vergütungsvereinbarung und PKH

Der Gesetzgeber hat nunmehr geregelt, dass eine Vereinbarung, nach der ein im Wege der PKH/VKH beigeordneter Rechtsanwalt für die von der Beiordnung erfasste Tätigkeit eine höhere als die gesetzliche Vergütung erhalten soll, nichtig ist. In der bis um 30.06.2008 gültigen Fassung des § 4 Abs. 5 RVG war geregelt, dass eine derartige Vereinbarung eine Verbindlichkeit nicht begründet. Der Gesetzgeber wollte hier die Nichtigkeit nach § 8 Beratungshilfegesetz für Beratungshilfemandate entsprechend auch für PKH-Mandate regeln. Der Gesetzgeber hielt die damalige Regelung für eine unangemessene Benachteiligung des Auftraggebers, da auch die Vorschriften des Bereicherungsrechts hierdurch ausgeschlossen waren (keine Rückforderung, wenn Zahlung freiwillig und ohne Vorbehalt geleistet wurde).[51] Der Gesetzgeber hält die Änderung auch deshalb für sachgerecht, weil für den Fall des Erfolgshonorars in 4b RVG ebenfalls das Rückforderungsrecht im Falle einer fehlerhaften Vergütungsvereinbarung nicht ausgeschlossen werden soll.[52] Durch diese Änderung kommt nunmehr § 814 BGB zur Anwendung.[53]

78

Die Änderung bedeutet, dass ein Mandant auch dann die die gesetzliche Vergütung übersteigende Vergütung zurückfordern kann, wenn er freiwillig und ohne Vorbehalt geleistet hat. § 4 Abs. 1 S. 3 RVG a.F. sah hier früher einen Rückforderungsausschluss bei freiwilliger und ohne Vorbehalt geleisteter Zahlung.

79

Nur wenn der Mandant – trotz Kenntnis des Formmangels – leistet, scheidet ein Rückforderungsanspruch aus.

80

F. Erfolgsunabhängige Vergütung

I. Synopse – § 4 RVG „Erfolgsunabhängige Vergütung"

§ 4 RVG in der Fassung bis 30.6.2008 wird in der Neufassung weitgehend geändert, aufgehoben oder verschoben, was mit der Einfügung der §§ 3a, 4a und 4b RVG zusammenhängt. So werden die §§ 4 Abs. 3 bis 6 RVG komplett aufgehoben. In § 4 Abs. 1 RVG werden die Regelungen des Satzes 2 und 3 aufgehoben; sie sind teilweise in § 3a Abs. 1 RVG enthalten (vgl. dort).

81

II. Gebührenunterschreitung bei außergerichtlicher Tätigkeit

Die früher in § 4 Abs. 2 S. 1 RVG a.F. enthaltene Regelung, dass in außergerichtlichen Angelegenheiten eine niedrigere als die gesetzliche Vergütung vereinbart werden kann, bleibt bestehen. Aller-

82

---

51 BT-Drucks 16/8384 v. 5.3.2008, zu B „Besonderer Teil", zu Art. 2, zu Nr. 2 (Einfügung von § 3a), zu den Absätzen zwei bis vier, S. 10, linke Spalte, fünfter Absatz.
52 BT-Drucks 16/8384 v. 5.3.2008, zu B „Besonderer Teil", zu Art. 2, zu Nr. 2 (Einfügung von § 3a), zu den Absätzen zwei bis vier, S. 10, rechte Spalte, erster Absatz.
53 BT-Drucks 16/8916 v. 23.4.2008, zu Nr. 2 (Änderung von § 3a), S. 17, rechte Spalte, dritter Absatz.

dings hat der Gesetzgeber in § 4 Abs. 1 S. 2 RVG ergänzt, dass diese vereinbarte Vergütung in einem angemessenen Verhältnis zu Leistung, Verantwortung und Haftungsrisiko des Anwalts stehen muss. Hiermit sollen offensichtlich Dumping-Preise im außergerichtlichen Bereich vermieden werden.

III. Gebührenunterschreitung bei gerichtlichen Mahn- und ZV-Verfahren

83 In § 4 Abs. 2 S. 1 RVG bleibt die (früher in § 4 Abs. 2 S. 2 RVG) enthaltene Regelung bestehen, dass der Anwalt sich für gerichtliche Mahnverfahren und Zwangsvollstreckungsverfahren nach den §§ 802a bis 863 und §§ 882b bis 882f ZPO verpflichten kann, dass er, wenn der Anspruch des Auftraggebers auf Erstattung der gesetzlichen Vergütung nicht beigetrieben werden kann, einen Teil des Erstattungsanspruchs an Erfüllung statt annehmen wird. Ergänzend hat der Gesetzgeber auch hier geregelt, dass der nicht durch Abtretung zu erfüllende Teil der gesetzlichen Vergütung in einem angemessenen Verhältnis zur Leistung, Verantwortung und zum Haftungsrisiko des Rechtsanwalts stehen muss.

84 *Hinweis*
Es ist festzuhalten, dass eine solche Abtretungsmöglichkeit jedoch für die gesamte Immobiliar-Zwangsvollstreckung ausgeschlossen ist.

IV. Verzicht auf Vergütung bei Beratungshilfe

85 Zum 1.1.2014 führt der Gesetzgeber in § 4 Abs. 1 die Möglichkeit ein, dass der Anwalt ganz auf die Vergütung verzichten kann, wenn der Auftraggeber Anspruch auf Beratungshilfe hätte:

> *„Liegen die Voraussetzungen für die Bewilligung von Beratungshilfe vor, kann der Rechtsanwalt ganz auf eine Vergütung verzichten. § 9 des Beratungshilfegesetzes bleibt unberührt."*[54]

86 Der Gesetzgeber wollte damit die Möglichkeit schaffen, dass der Anwalt unentgeltlich (pro bono) tätig werden kann, wenn die Voraussetzungen für die Bewilligung von Beratungshilfe vorliegen.[55] Der Anwalt kann damit in solchen Fällen – rechtlich unangreifbar – auf seinen Vergütungsanspruch verzichten; vor allem, wenn die Geltendmachung der Beratungshilfegebühren mehr Aufwand verursachen, als sie einbringen. Von diesem Gebührenverzicht soll allerdings der erstattungspflichtige Dritte nicht profitieren können.

G. Erfolgshonorar

I. BVerfG – der Anstoß zu Änderungen

87 *„Das Verbot anwaltlicher Erfolgshonorare einschließlich des Verbotes der „quota litis" (§§ 49b Abs. 2 BRAO a.F., 49b Abs. 2 S. 1 BRAO) ist mit Art. 12 Abs. 1 GG insoweit nicht vereinbar, als es keine Ausnahme für den Fall zulässt, dass der Rechtsanwalt in der Vereinbarung eine erfolgsbasierte Vergütung besonderen Umständen in der Person des Auftraggebers Rechnung trägt, die diesen sonst davon abhielten, seine Rechte zu verfolgen."*[56]

---

54 Gesetz zur Änderung des Prozesskostenhilfe- und Beratungshilferechts (PKHuBerHÄndG k.a.Abk.) – G. v. 31.8.2013, BGBl I S. 3533 (Nr. 55); Geltung ab 1.1.2014.
55 BT-Drucks 17/11472 v. 14.11.2012 – Gesetzentwurf der Bundesregierung – S. 49 zu Nr. 2 (§ 4 Abs. 1).
56 BVerfG, Beschl. v. 12.12.2006 – 1 BvR 2576/04, NJW 2007, 979; DStR 2007, 874 mit Anmerkung; DStRE 2007, 800; IBRRS 58571; NVwZ 2007, 568; NZA 2007, 407; BeckRS 2007 21754; RVGreport 2007, 179; JurBüro 2007, 242.

G. Erfolgshonorar §3

Das BVerfG kam mit der obigen Entscheidung zu dem Ergebnis, dass das uneingeschränkte Verbot anwaltlicher Erfolgshonorare gegen das Grundrecht auf freie Berufsausübung, Art. 12 Abs. 1 GG, verstößt. **88**

Die Garantie der freien Berufsausübung schließt nach Ansicht des BVerfG auch die Freiheit ein, das Entgelt für berufliche Leistungen mit dem Interessenten auszuhandeln. Dabei sind Eingriffe in die Berufsausübungsfreiheit nur dann mit Art. 12 Abs. 1 GG vereinbar, wenn sie auf einer gesetzlichen Grundlage beruhen, die durch ausreichende Gründe des Gemeinwohls gerechtfertigt sind. Das BVerfG vertritt weiter die Auffassung, dass mit dem Verbot anwaltlicher Erfolgshonorare der Gesetzgeber Gemeinwohlziele verfolgt, die auf vernünftigen Erwägungen beruhen und daher die Beschränkungen der Berufsausübung legitimieren können. **89**

Drei Gründe halten nach Ansicht des BVerfG einer verfassungsrechtlichen Überprüfung des Erfolgshonorarverbots stand (was für andere Rechtfertigungsgründe nicht gilt). **90**

Diese drei berechtigten Gründe für das Erfolgshonorarverbot sind: **91**
- Schutz der anwaltlichen Unabhängigkeit,
- Schutz des Rechtsuchenden vor einer Übervorteilung durch überhöhte Vergütungssätze,
- Förderung der prozessualen Waffengleichheit.

Andere zur Rechtfertigung des Verbots anwaltlicher Erfolgshonorare in Erwägung gezogene Gemeinwohlziele, die jedoch das Verbot nach Ansicht des BVerfG nicht rechtfertigen, sind z.B.: **92**
- Abwehr einer starken Zunahme substanzloser Prozesse (Prozessflut),
- Infragestellung grundlegender Institute des geltenden Verfahrensrechts (d.h. Unvereinbarkeit einer erfolgsbasierten Vergütung des RA mit dem geltenden streitwertbezogenen Modell der Kostenerstattung; erforderliche Änderung der Voraussetzungen zur PKH/VKH und Umfang der Bewilligung).

Die Verfassungswidrigkeit der §§ 49b Abs. 2 BRAO a.F., 49b Abs. 2 S. 1 BRAO n.F. führt nach Ansicht des Bundesverfassungsgerichts nicht zu deren Nichtigkeit. Der Gesetzgeber wurde durch das Bundesverfassungsgericht aufgefordert, die Verfassungswidrigkeit bezogen auf das Fehlen eines Ausnahmetatbestandes für das Verbot anwaltlicher Erfolgshonorare durch Beseitigung des Regelungsdefizits auszuräumen. Das BVerfG forderte, einen Ausnahmetatbestand zumindest für die Fälle zu eröffnen, in denen aufgrund der wirtschaftlichen Situation des Auftraggebers bei verständiger Betrachtung erst die Vereinbarung einer erfolgsbasierten Vergütung die Inanspruchnahme qualifizierter anwaltlicher Hilfe ermöglicht. **93**

Nach Ansicht des BVerfG kann der Gesetzgeber es für solche Rechtsangelegenheiten bei dem uneingeschränkten Verbot belassen, in denen keine Vermögenswerte generiert werden, die den Auftraggeber erst in die Lage versetzen, seine Anwaltskosten zu begleichen, so z.B.: **94**
- Familienrecht,
- Strafrecht,
- weite Bereiche des öffentlichen Rechts.

Zum Schutz der Vermögensinteressen der Rechtsuchenden und zum Schutz des Vertrauens in die Anwaltschaft könne die Wirksamkeit einer Erfolgshonorarvereinbarung von der Erfüllung vergütungsbezogener Informationspflichten gegenüber dem Mandanten abhängig gemacht werden. Das BVerfG sah den Gesetzgeber jedoch auch nicht gehindert, dem verfassungswidrigen Regelungsdefizit dadurch die Grundlage zu entziehen, dass das Verbot anwaltlicher Erfolgshonorare völlig aufgegeben oder an ihm nur noch unter engen Voraussetzungen, wie etwa im Fall unzulänglicher Aufklärung des Mandanten, festgehalten wird. **95**

Das BVerfG hatte für den Erlass einer verfassungsgemäßen Neuregelung dem Gesetzgeber eine Frist bis zum 30.6.2008 gesetzt. **96**

Bis zur Neuregelung blieben § 49b Abs. 2 BRAO a.F. und § 49b Abs. 2 S. 1 BRAO weiter anwendbar.

97 Zwar hat eine Entscheidung des BVerfG, die eine Regelung mit dem Grundgesetz für unvereinbar erklärt, grundsätzlich zur Folge, dass die Anwendbarkeit der betroffenen Normen ausgeschlossen ist. Ausnahmsweise sind aber verfassungswidrige Vorschriften weiter anzuwenden, wenn die Besonderheit der für verfassungswidrig erklärten Norm es notwendig macht, die Vorschrift als Regelung für die Übergangszeit fortbestehen zu lassen, damit in dieser Zeit nicht ein Zustand entsteht, der von der verfassungsmäßigen Ordnung noch weiter entfernt ist als der bisherige. Diese Voraussetzung sah das BVerfG im vorliegenden Fall als erfüllt an. Wäre nämlich das Verbot schon mit der Entscheidung des BVerfG nicht mehr anwendbar gewesen, hätte dies zur Folge gehabt, dass anwaltliche Erfolgshonorare ohne jede Einschränkung hätten vereinbart werden können. Die Erfüllung von Informationspflichten wäre nicht Wirksamkeitsvoraussetzung, der Mandantenschutz ließe sich nicht mehr erreichen.

II. Änderung zum 1.7.2008 durch § 4a RVG „Erfolgshonorar"

98 **§ 4a RVG Erfolgshonorar[57]**

(1) ¹Ein Erfolgshonorar (§ 49b Abs. 2 Satz 1 der Bundesrechtsanwaltsordnung) darf nur für den Einzelfall und nur dann vereinbart werden, wenn der Auftraggeber aufgrund seiner wirtschaftlichen Verhältnisse bei verständiger Betrachtung ohne die Vereinbarung eines Erfolgshonorars von der Rechtsverfolgung abgehalten würde. ²In einem gerichtlichen Verfahren darf dabei für den Fall des Misserfolgs vereinbart werden, dass keine oder eine geringere als die gesetzliche Vergütung zu zahlen ist, wenn für den Erfolgsfall ein angemessener Zuschlag auf die gesetzliche Vergütung vereinbart wird.

(2) Die Vereinbarung muss enthalten:
1. die voraussichtliche gesetzliche Vergütung und gegebenenfalls die erfolgsunabhängige vertragliche Vergütung, zu der der Rechtsanwalt bereit wäre, den Auftrag zu übernehmen, sowie
2. die Angabe, welche Vergütung bei Eintritt welcher Bedingungen verdient sein soll.

(3) ¹In der Vereinbarung sind außerdem die wesentlichen Gründe anzugeben, die für die Bemessung des Erfolgshonorars bestimmend sind. ²Ferner ist ein Hinweis aufzunehmen, dass die Vereinbarung keinen Einfluss auf die gegebenenfalls vom Auftraggeber zu zahlenden Gerichtskosten, Verwaltungskosten und die von ihm zu erstattenden Kosten anderer Beteiligter hat.

III. Ausnahme vom Verbot der Erfolgshonorarvereinbarungen

99 In § 4a RVG wird die Ausnahme zum Verbot der Vereinbarung eines Erfolgshonorars geregelt.

Wichtige Regelung ist, dass das Erfolgshonorar
- nur für einzelne Rechtsangelegenheiten
- mit einzelnen Mandanten

vereinbart werden darf.

100 Nicht zulässig ist damit beispielsweise, mit einem bestimmten Mandanten generell erfolgsorientierte Vergütungsvereinbarungen für die Zukunft abzuschließen.[58]

---

57 BT-Drucks 16/8916 vom 23.4.2008, in dieser Fassung gültig ab 1.7.2008.
58 So auch *Kilian*, NJW 2008, 1907.

IV. Begriff der „verständigen Betrachtung"

Weitere Voraussetzung für diese Ausnahmeregelung ist, dass der Auftraggeber aufgrund seiner wirtschaftlichen Verhältnisse bei verständiger Betrachtung ohne die Vereinbarung eines Erfolgshonorars von der Rechtsverfolgung abgehalten würde (§ 4a Abs. 1 S. 1 RVG n. F.).

101

Der Gesetzgeber definiert den Begriff der „verständigen Betrachtung" wie folgt:

102

„Die „verständige Betrachtung" erfordert, dass nicht nur die wirtschaftlichen Verhältnisse, sondern auch die finanziellen Risiken und deren Bewertung durch den einzelnen Auftraggeber bei der Entscheidung über die Zulässigkeit von Erfolgshonoraren berücksichtigt werden."[59]

Zunächst hatte der Gesetzgeber vor, hier ergänzend zu regeln, dass diese Ausnahme auch nur dann gilt, wenn damit besonderen Umständen der konkreten Angelegenheit Rechnung getragen wird.[60] Diese Regelung wurde jedoch in der Beschlussfassung nicht weiter aufrechterhalten.

103

Zu prüfen ist vor Abschluss eines Erfolgshonorars immer die individuelle Lebenssituation der konkret betroffenen rechtsuchenden Person.[61]

104

Damit ist auch eine „hohe Abneigung gegen die Übernahme eines Prozessrisikos zum Zeitpunkt des Vertragsschlusses" zu prüfen, die kaum einer gerichtlichen Bewertung unterzogen werden kann. Voraussetzungen für die Zulässigkeit einer Erfolgshonorarvereinbarung sind nicht:[62]
- eine regelrechte Bedürfnisprüfung ähnlich der PKH,
- eine Pflicht des Mandanten zur umfassenden Verwertung seines Vermögens,
- die Einholung von Angeboten durch den Rechtssuchenden bei mehreren Anwälten,
- die Beauftragung eines besonders preiswerten Rechtsanwalts.

105

Kilian geht soweit, dass er die Auffassung vertritt, dass die Auswahlentscheidung des Rechtssuchenden zu akzeptieren ist. Diese Ansicht ist zu bejahen.

106

Sofern der Rechtssuchende aufgrund seiner wirtschaftlichen Verhältnisse Anspruch auf Beratungs- oder Prozesskostenhilfe hätte, diese jedoch aus anderen Gründen (z.B. mangelnde Erfolgsaussicht) nicht erhält, ist die Vereinbarung eines Erfolgshonorars zulässig.

107

Im Übrigen ist sicherlich auch eine Abwägung bei vermögenden Beteiligten vorzunehmen, wenn aufgrund eines hohen Streitwertes und geringer Erfolgsaussichten der Mandant das Kostenrisiko für die eigenen Anwaltskosten auf diesen abwälzen möchte.

108

Der Gesetzgeber zählt eine Reihe von Fällen auf, in denen er sich den Abschluss eines Erfolgshonorars (zulässigerweise) vorstellen kann:
- Geltendmachung zweifelhafter Wiedergutmachungsansprüche,
- Durchsetzung einer hohen, bestrittenen Schmerzensgeldforderung,
- Geltendmachung von Vergütungsansprüchen mittelständischer Unternehmen, denen Gewährleistungsrechte entgegengesetzt werden
- Arzthaftungsstreitigkeiten eines Patienten,
- Baustreitigkeiten eines Bauherren.

109

Der Gesetzgeber hält die Regelung des § 4a RVG n.F. für so flexibel, dass sie z.B. auch einem mittelständischen Unternehmen im Falle eines großen Bauprozesses die Möglichkeit eröffnet, ein anwaltliches Erfolgshonorar zu vereinbaren.[63]

110

---

59 BT-Drucks 16/8916 v. 23.4.2008, zu § 4a, S. 17, erster Absatz.
60 BT-Drucks 16/8384 v. 5.3.2008, zu B „Besonderer Teil", zu Art. 2, zu Nr. 2 (Einfügung von § 4a) zu Abs. 1, S. 10, rechte Spalte, erster Absatz.
61 So auch *Kilian*, NJW 2008, 1907.
62 Vgl. dazu auch *Kilian*, NJW 2008, 1907.
63 BT-Drucks 16/8916 v. 23.4.2008, zu § 4a, S. 17/18, erster Absatz.

111 Aus § 4a Abs. 1 S. 1 RVG ergibt sich eindeutig, dass die Voraussetzungen für die Zulässigkeit eines Erfolgshonorars zum Zeitpunkt des Vertragsschlusses vorliegen müssen. Liegen die Voraussetzungen zum Zeitpunkt des Abschlusses nicht vor, bleibt eine unwirksame Vereinbarung auch dann weiterhin unwirksam, wenn sich die Voraussetzungen später zugunsten des Anwalts im Hinblick auf die Zulässigkeit eines Erfolgshonorars verändern. Umgekehrt bedeutet dies, dass bei einem nachträglichen Entfallen der Voraussetzungen des § 4a Abs. 1 S. 1 RVG kein pflichtwidriges Handeln vorliegt und nach Ansicht der Verfasserinnen der Anwalt auch nicht verpflichtet ist, die Erfolgshonorarvereinbarung nun abzuändern.

112 Es stellt sich die Frage, inwieweit der Rechtssuchende verpflichtet ist, vor Abschluss einer Erfolgshonorarvereinbarung zunächst andere Finanzierungsmöglichkeiten in Betracht zu ziehen. Ein Verweis auf

- einen unterhaltsrechtlichen Prozesskostenvorschuss,
- einen Antrag auf Prozesskostenhilfe

ist nicht erforderlich.

113 Was beispielsweise den Einsatz eines Prozessfinanzierers betrifft, so wird darauf hingewiesen, dass diese regelmäßig ohnehin erst bei Streitwerten ab 50.000 EUR Interesse an der Übernahme bekunden und von dort auch regelmäßig eine Übernahme nur erfolgt, wenn die Erfolgsaussichten rosig sind.

114 Ein Mandant kann nicht gezwungen werden, die Dienste eines Prozessfinanzierers in Anspruch zu nehmen. Vorhandene Aversionen des Mandanten gegen Prozessfinanzierer sind zu berücksichtigen. Auch eine Verpflichtung, zunächst einen PKH-/VKH-Antrag zu stellen gibt es nicht.

115 Der Gesetzgeber hat daher auch zum 1.1.2014 dem § 4a Abs. 1 RVG folgenden Satz angefügt:

„Für die Beurteilung nach Satz 1 bleibt die Möglichkeit, Beratungs- oder Prozesskostenhilfe in Anspruch zu nehmen, außer Betracht."[64]

Damit soll für Rechtsanwälte und Rechtssuchende die Möglichkeit geschaffen werden, auch in Mandaten, die grundsätzlich der Beratungshilfe unterfallen, ein Erfolgshonorar zu vereinbaren.[65] Nach der bis zum 31.12.2013 geltenden Regelung wäre dies nach Ansicht des Gesetzgebers nicht möglich, da Beratungshilfe-Berechtigte ja von der Rechtsverfolgung oder Rechtsverteidigung nicht aus wirtschaftlichen Gründen abgehalten wären. Denn schließlich sind Anwälte über § 49a BRAO zur Übernahme von Beratungshilfe-Mandaten grundsätzlich verpflichtet (Ausnahme: wichtiger Grund).

V. Vertragspartner

116 Es ist nicht möglich, dass ein mittelloser Dritter, der die Voraussetzungen zum Abschluss eines Erfolgshonorars erfüllt, einen Anwaltsvertrag zugunsten einer Person abschließt, die diese eben nicht erfüllt.[66]

117 **Bedingung für den Abschluss einer erlaubten Erfolgsvergütung:**

Die Vereinbarung einer niedrigeren als der gesetzlichen Vergütung oder die Zahlung keiner Vergütung in einem gerichtlichen Verfahren ist nach § 4a Abs. 1 S. 2 RVG dann erlaubt,

---

64 Gesetz zur Änderung des Prozesskostenhilfe- und Beratungshilferechts (PKHuBerHÄndG k.a.Abk.) – G. v. 31.8.2013 BGBl I S. 3533 (Nr. 55); Geltung ab 1.1.2014.
65 BT-Drucks 17/11472 v. 14.11.2012 – Gesetzentwurf der Bundesregierung – S. 49 zu Nr. 3 (§ 4 Abs. 1).
66 So auch *Kilian*, NJW 2008, 1908.

- wenn dies für den Misserfolg geschieht und gleichzeitig im Gegenzug für den Erfolgsfall ein angemessener Zuschlag auf die gesetzliche Vergütung vereinbart wird.

Damit ist möglich, auch in einem gerichtlichen Verfahren eine niedrigere als die gesetzliche Vergütung zu vereinbaren (oder auch gar keine), wenn zwei Bedingungen erfüllt sind:
- wenn eine geringere oder keine Vergütung nur für den Fall des Misserfolgs
- und im Gegenzug für den Fall des Erfolgs gleichzeitig eine höhere als die gesetzliche Vergütung vereinbart wird.

Der Gesetzgeber hält nach wie vor die Regelung in § 49b Abs. 1 BRAO (Gebührenunterschreitungsverbot in gerichtlichen Verfahren) für erforderlich und hat daher die Reduzierung der Gebühren in gerichtlichen Verfahren (ggf. bis auf Null) nur für den Fall erlaubt, dass zum Ausgleich hierfür im Erfolgsfall ein angemessener Zuschlag auf die gesetzliche Vergütung gezahlt wird.[67]

VI. Der angemessene Zuschlag

Dabei ist die Frage, ob der Zuschlag angemessen ist, aus der Sicht der Vertragspartner oder Vertragspartnerinnen für den Zeitpunkt des Vertragsschlusses zu beurteilen.[68]

Der Gesetzgeber hält dabei die Berücksichtigung von zwei Umständen für die Beurteilung für erforderlich:

„Zum einen muss der Zuschlag umso größer sein, je weiter im Misserfolgsfall die gesetzliche Mindestvergütung unterschritten werden soll. Wird also vereinbart, dass im Falle des Misserfolgs der Rechtsanwalt oder die Rechtsanwältin keine Vergütung erhalten soll (no win, no fee), muss der Zuschlag größer sein, als in einem Fall, in dem der Rechtsanwalt oder die Rechtsanwältin auch im Misserfolgsfall eine – unter der gesetzlichen Mindestvergütung liegende – Grundvergütung erhalten soll (no win, les fee).

Zum anderen muss der Zuschlag umso größer sein, je geringer die Erfolgsaussichten sind. Beträgt die Erfolgsaussicht 50 % wird im Allgemeinen ein Zuschlag angemessen sein, dessen Wert der Unterschreitung der gesetzlichen Mindestvergütung im Misserfolgsfall entspricht. Sind die Erfolgsaussichten größer, genügt ein niedrigerer Zuschlag, sind die Erfolgsaussichten geringer muss der Zuschlag größer sein.“[69]

VII. Hinweispflichten bei Vereinbarung eines Erfolgshonorars

Eine Vereinbarung über ein Erfolgshonorar muss nach § 4a Abs. 2 RVG enthalten:
- die voraussichtliche gesetzliche Vergütung und ggf. die erfolgsunabhängige vertragliche Vergütung, zu der der Rechtsanwalt bereit wäre, den Auftrag zu übernehmen, sowie
- die Angabe, welche Vergütung bei Eintritt welcher Bedingungen verdient sein soll.

In § 4a Abs. 2 RVG hat der Bundestag die Vorschläge des Bundesrats aufgegriffen, denen die Bundesregierung zugestimmt hat.

Wie Sie der obigen Synopse entnehmen können, hat der Gesetzgeber durch die Einfügung der Worte „und gegebenenfalls" nach Ziffer 2 den Auftraggeber schützen wollen. Nach Ansicht des Gesetzgebers stand zu befürchten, dass bei der vorgeschlagenen Regelung durch die Nennung allein eines Vergleichsbetrages der Auftraggeber nicht verlässlich wird entscheiden können, ob es für ihn wirtschaftlich sinnvoll ist, eine Erfolgshonorarvereinbarung zu treffen oder nicht. Zudem sah der Gesetzgeber die Gefahr, dass Rechtsanwälte (Steuerberater oder Steuerbevollmächtigte) in Einzel-

---

67 BT-Drucks 16/8384 v. 5.3.2008, zu § 4a, S. 11, linke Spalte, zweiter Absatz.
68 BT-Drucks 16/8384 v. 5.3.2008, zu § 4a, S. 11, linke Spalte, dritter Absatz.
69 BT-Drucks 16/8384 v. 5.3.2008, zu § 4a, S. 11, linke Spalte, dritter Absatz.

fällen überhöhte Beträge nennen könnten, um auf diese Weise den Abschluss einer Erfolgshonorarvereinbarung zu begünstigen.[70]

125 *Hinweis*
Eine Kenntnis der gesetzlichen Vergütung nach RVG ist somit beim Abschluss einer erfolgsbasierten Vergütung erforderlich!

126 Der Gesetzgeber führt aus:

„Letztlich bietet allein die voraussichtliche gesetzliche Vergütung einen verlässlichen und transparenten Vergleichsmaßstab für die Rechtsuchenden Bürgerinnen und Bürger. Allein dadurch werden sie in die Lage versetzt, den Erfolgszuschlag angemessen und vergleichbar zu erfassen. Deshalb sollte die Angabe der voraussichtlichen gesetzlichen Vergütung in der Erfolgshonorarvereinbarung zur Pflicht werden. Ist der Rechtsanwalt, Steuerberater oder Steuerbevollmächtigte nicht bereit, den Auftrag zu den gesetzlichen Gebühren zu übernehmen, hat er daneben auch die erfolgsunabhängige Vergütung in der Vereinbarung anzugeben, zu der er bereit wäre, den Auftrag zu übernehmen."[71]

127 In § 4a Abs. 2 Nr. 3 RVG-E hatte der Gesetzgeber zunächst die Angabe der Höhe des Erfolgszuschlags vorgesehen. Die Höhe des Erfolgszuschlags stellt die Differenz zwischen der erfolgsunabhängigen Vergütung und der Vergütung im Erfolgsfalle dar. Da sich jedoch eine Aussage über die Differenz zwischen der erfolgsunabhängigen Vergütung und der Vergütung im Erfolgsfall in vielen Fällen gar nicht treffen lässt, hat der Gesetzgeber diese Regelung nicht übernommen.

128 Zu den Fragen, wann von einem Erfolgshonorar zu sprechen ist sowie die Folgen einer fehlerhaften Vereinbarung hat das OLG Düsseldorf wichtige amtliche Leitsätze aufgestellt:[72]

„1. Ein „Erfolgshonorar" liegt nicht nur bei einer Vereinbarung vor, nach der der Rechtsanwalt einen Teil des erstrittenen Betrages als Honorar erhält (sog. quota litis), sondern auch und gerade bei einer Abrede, nach der der Anwalt ein Honorar nur bei Erfolg erhält (sog. Palmarium). (amtlicher Leitsatz)

2. Enthält die Vereinbarung eines Erfolgshonorars nicht die voraussichtliche gesetzliche Vergütung und gegebenenfalls die erfolgsunabhängige vertragliche Vergütung, zu der der Rechtsanwalt bereit wäre, den Auftrag zu übernehmen, und auch nicht die Angabe, welche Vergütung bei Eintritt welcher Bedingungen verdient sein soll, oder ist sie nur mündlich getroffen, so führt dies nicht zur Nichtigkeit des Anwaltsvertrags und belässt dem Rechtsanwalt grundsätzlich den Anspruch auf die gesetzliche Vergütung. (amtlicher Leitsatz)

3. Die gesetzliche Vergütung kann dem Rechtsanwalt nach Treu und Glauben dann zu versagen sein, wenn der Rechtsanwalt in seinem – regelmäßig rechtsunkundigen – Auftraggeber das Vertrauen begründet hat, eine Anwaltsvergütung nur im Erfolgsfall zahlen zu müssen; von maßgeblicher Bedeutung ist in diesem Zusammenhang, ob sich der Mandant auf eine entsprechende Honorarregelung eingelassen oder ob er in Kenntnis der nichtigen Vereinbarung des Erfolgshonorars, den Rechtsanwalt nicht beauftragt hätte. (amtlicher Leitsatz)"

129 Dabei ist das OLG Düsseldorf der Auffassung, dass dem Anwalt allerdings die gesetzliche, erfolgsunabhängige Vergütung nach dem Rechtsgrundsatz von Treu und Glauben (§ 242 BGB) dann zu versagen sein, wenn er in seinem – regelmäßig rechtsunkundigen – Auftraggeber das Vertrauen

---

70 BT-Drucks 16/8384 v. 5.3.2008, zu Art. 2, Nr. 4, S. 15, rechte Spalte.
71 BT-Drucks 16/8384 v. 5.3.2008, zu Art. 2, Nr. 4, S. 15, rechte Spalte, letzter Absatz.
72 OLG Düsseldorf, Beschl. v. 27.2.2012 – I-24 U 170/11, BeckRS 2012, 07547.

begründet hat, eine Anwaltsvergütung nur im Erfolgsfall zahlen zu müssen.[73] Von maßgeblicher Bedeutung ist nach Ansicht des OLG Düsseldorf in diesem Zusammenhang, ob sich der Mandant auf eine entsprechende Honorarregelung eingelassen oder ob er, wenn er die Unwirksamkeit der Abrede eines erfolgsabhängigen Honorars gekannt hätte, den Rechtsanwalt nicht beauftragt hätte.[74] Im dieser Entscheidung zugrunde liegenden Fall war davon auszugehen, dass die Beklagte die Kläger in jedem Fall beauftragt hätte; hierzu war auch entsprechend vorgetragen worden.

VIII. Erforderliche Angabe von Gründen für den Abschluss des Erfolgshonorars

Die zunächst vorgesehene Regelung in § 4a Abs. 3 RVG, dass der Anwalt tatsächliche Umstände der rechtlichen Erwägungen kurz darzustellen hätte, auf denen die Einschätzung der Erfolgsaussichten beruht, führte zu einem „Aufschrei" in der Anwaltschaft. Zu Recht. Unter solchen Voraussetzungen hätte sich wohl kaum ein Anwalt finden lassen, der bereit gewesen wäre, erfolgsbasierte Vergütungsvereinbarungen abzuschließen. Es soll jedoch nicht vergessen werden, dass das Bundesverfassungsgericht Ausnahmetatbestände vom Erfolgshonorarverbot ausdrücklich gewünscht hat. Eine Unterminierung dieses Gebots des Bundesverfassungsgerichts durch den Gesetzgeber aufgrund derart restriktiver Regelungen, hätte in der Folge sicher zu weiteren Verfassungsbeschwerden geführt. In § 4a Abs. 3 RVG hat der Gesetzgeber sich daher darauf beschränkt, dass in der Vereinbarung die wesentlichen Gründe anzugeben sind, die für die Bemessung des Erfolgshonorars bestimmend sind. Ergänzend ist hier in § 4a Abs. 3 S. 2 RVG für die nicht erfolgsbasierte Vergütungsvereinbarung geregelt, dass ein Hinweis aufzunehmen ist, dass die Vereinbarung keinen Einfluss auf ggf. vom Auftraggeber zu zahlende Gerichtskosten, Verwaltungskosten und die von ihm zu erstattenden Kosten anderer Beteiligter hat.

130

IX. Hinweis zur begrenzten Erstattungspflicht

Der Gesetzgeber hielt zur Vermeidung des Irrtums, dass die Vereinbarung eines Erfolgshonorars im Misserfolgsfall den Mandanten von sämtlichen Rechtsverfolgungskosten freistellt, in § 4 Abs. 3 S. 2 RVG den Hinweis für erforderlich, dass im Fall des Unterliegens Gerichtskosten und gegnerische Kosten dennoch zu tragen sind.[75]

131

Zugleich verweist der Gesetzgeber auf die Folgen einer schuldhaften Verletzung der Pflichten:

132

„Schuldhafte Verletzungen der Pflichten gem. Abs. 3 können Schadensersatzverpflichtungen begründen (vgl. BGH, VX ZR 105/06 vom 11.10.2007, zu § 49b Abs. 5 BRAO)."[76]

Der Gesetzgeber begründet die nun mit der Fassung des § 4a Abs. 3 S. 1 RVG erfolgte Änderung im Gegensatz zum Regierungsentwurf und hält ausdrücklich fest:

133

„Ermittlungs- und Prüfungspflichten werden nicht begründet. Ausreichend kann es etwa sein, wenn festgehalten wird, dass angesichts eines bestimmten allgemeinen Prozessrisikos etwa in Arzthaftungsangelegenheiten auch in dem vorliegenden Einzelfall von diesem Risiko ausgegangen werde."[77]

---

73 OLG Düsseldorf, Beschl. v. 27.2.2012 – I-24 U 170/11, BeckRS 2012, 07547, unter Verweis auf: BGHZ 18, 340, 347, 349 = NJW 1955, 1921; BGH WM 1976, 1135, 1137.
74 OLG Düsseldorf, Beschl. v. 27.2.2012 – I-24 U 170/11, BeckRS 2012, 07547.
75 BT-Drucks 16/8384 v. 5.3.2008, zu § 4a, S. 12, linke Spalte, zweiter Absatz.
76 BT-Drucks 16/8384 v. 5.3.2008, zu § 4a, S. 12, linke Spalte, dritter Absatz.
77 BT-Drucks 16/8916 v. 23.4.2008, zu § 4a, S. 18, linke Spalte, dritter Absatz.

H. § 4b RVG „Fehlerhafte Vergütungsvereinbarung"

I. Gesetzestext

134 § 4b RVG Fehlerhafte Vergütungsvereinbarung

¹Aus einer Vergütungsvereinbarung, die nicht den Anforderungen des § 3a Abs. 1 Satz 1 und 2 oder des § 4a Abs. 1 und 2 entspricht, kann der Rechtsanwalt keine höhere als die gesetzliche Vergütung fordern. ²Die Vorschriften des bürgerlichen Rechts über die ungerechtfertigte Bereicherung bleiben unberührt.[78]

II. Anmerkungen zu § 4b RVG

135 In § 4b S. 1 RVG ist geregelt, dass der Anwalt aus einer Vergütungsvereinbarung, die den Formerfordernissen des § 3a Abs. 1 S. 1 und 2 oder den Anforderungen für Erfolgshonorare nach § 4a Abs. 1 und 2 RVG nicht entspricht, keine höhere als die gesetzliche Vergütung fordern kann.

136 Es war schon bisher so, dass Formfehler einer Vergütungsvereinbarung nicht zu einer Nichtigkeit des Anwaltsvertrages führten, sondern der Auftraggeber in diesen Fällen die gesetzliche Vergütung schuldet. Dies hängt damit zusammen, dass eine Nichtigkeit des Anwaltsvertrags aufgrund fehlerhafter Vergütungsvereinbarung für den Mandanten fatale Konsequenzen hätte. Er würde nämlich durch eine solche Nichtigkeit auch jeglicher Schadensersatzansprüche gegenüber seinem Anwalt beraubt werden.

137 Darüber hinaus wollte der Gesetzgeber, dass im Übrigen die allgemeinen zivilrechtlichen Regelungen gelten und verweist zur Frage des Rückforderungsanspruchs auf die Vorschriften für die ungerechtfertigte Bereicherung. Nach § 814 BGB kann der Mandant damit nur dann die gezahlte Vergütung zurückfordern, wenn er in Kenntnis der Tatsache geleistet hat, dass er aufgrund der fehlerhaften Vergütungsvereinbarung nicht hätte zahlen müssen. Die Beweislast für die Kenntnis liegt allerdings beim Rechtsanwalt und es ist wohl praxisfern zu behaupten, man habe den Mandanten vor Zahlung ausdrücklich darauf hingewiesen, dass er zur Zahlung nicht verpflichtet sei. Der Verweis auf das BGB ist eine Verschärfung gegenüber der früher geltenden Regelung, dass eine Rückforderung ausscheidet, wenn ohne Vorbehalt und freiwillig geleistet wird. Allerdings hat in der Vergangenheit die Rechtsprechung eine Freiwilligkeit oft auch nur dann angenommen, wenn der Mandant Kenntnis von der fehlenden Leistungspflicht hat. War bereits die Androhung eines gerichtlichen Verfahrens wegen fehlender Zahlung erfolgt, konnte ohnehin von einer Freiwilligkeit nicht mehr ausgegangen werden.

138 *Beispiel*

Der Anwalt vereinbart für den Misserfolgsfall, dass der Auftraggeber ihm keinerlei Vergütung schuldet (no win, no fee). Diese Vereinbarung hat Formfehler. Sie ist daher unwirksam. Der Anwalt kann nun allerdings nicht im Misserfolgsfall die gesetzliche Vergütung verlangen; vielmehr würde ein solches Begehren gegen Treu und Glauben (§ 242 BGB – unzulässige Rechtsausübung) verstoßen (vgl. BGH, VI ZR 145/54 vom 26.10.1955, BGHZ 18, 340, 347).

139 Achtung:

Anders als in der bis zum 30.6.2008 geltenden Fassung des § 4 Abs. 1 S. 3 RVG soll der Rückforderungsanspruch auch für den Fall, dass der Auftraggeber oder die Auftraggeberin freiwillig und ohne Vorbehalt geleistet hat, nicht mehr ausgeschlossen werden! Der Gesetzgeber ist der Ansicht, dass mit einem Ausschluss des Rückforderungsanspruchs die Durchsetzung des Erfolgshonorarverbots (generell) nicht zu gewährleisten wäre.

---

[78] BT-Drucks 16/8916 vom 23.4.2008, Fassung gültig seit 1.7.2008.

„Würde der Auftraggeber oder die Auftraggeberin im Vertrauen auf die Wirksamkeit der Vereinbarung – eventuell als Vorschuss – ohne Vorbehalt zahlen, bliebe das Verbot für den Rechtsanwalt oder die Rechtsanwältin ohne Folgen, das heißt, es könnten Erfolgshonorare vereinbart werden, auch wenn die Voraussetzungen des § 4a Abs. 1 RVG–E nicht vorliegen, wenn die Zahlung als Vorschuss geleistet würde."[79]

I. Muster und Formulare

Im Fachhandel gebräuchliche „Honorarscheine" oder „Vergütungsvereinbarungen" oder auch vom Rechtsanwalt verwendete vorformulierte Vertragsmuster unterliegen grundsätzlich einer Inhaltskontrolle nach §§ 305 ff. BGB. Im Rahmen dieses Buchs kann nur auf die grundlegende Frage eingegangen werden. Zur vertiefenden Lektüre werden die einschlägigen Werke zum AGB-Recht empfohlen. **140**

Allgemeine Geschäftsbedingungen, § 305 Abs. 1 BGB, sind: **141**
- vorformulierte Vertragsbedingungen
- für eine Vielzahl von Verträgen,
- Stellung durch einen Vertragspartner (Verwender)
- unabhängig davon, ob
- Vertragsbestandteil,
- gesonderter Bestandteil,
- vom Umfang,
- in welcher Schriftart verfasst,
- welche Form der Vertrag hat.

Dabei ist ein Schriftstück, das sich nach seiner äußeren Aufmachung als Formblatt (Formular) darstellt, von dem man annehmen kann, dass es in gleicher Weise häufiger verwendet wird, als Vordruck anzusehen; auf die Art der Herstellung kommt es nicht an.[80] **142**

Auch eine einmalige Verwendung lässt die Bestimmungen des § 305c Abs. 2 sowie der §§ 306 u. 307 bis 309 BGB auch dann zur Anwendung kommen, wenn die Vertragsbedingungen vorformuliert sind und der Verbraucher aufgrund der Vorformulierung auf ihren Inhalt keinen Einfluss nehmen konnte, § 310 Abs. 3 Nr. 2 BGB. **143**

Bei Verträgen mit Unternehmern (§ 14 BGB) sind die §§ 308, 309 BGB nicht unmittelbar anzuwenden. Da § 307 BGB (unangemessene Benachteiligung, Transparenzgebot) jedoch auch auf Unternehmerverträge Anwendung findet, ergibt sich auch hier nicht selten eine Kollision mit diesen Bestimmungen. Keine Allgemeinen Geschäftsbedingungen liegen vor, wenn die Vertragsbedingungen zwischen den Vertragsparteien einzeln ausgehandelt sind. Die Möglichkeit durch das RVG, nun auch andere Vereinbarungen in die Vergütungsvereinbarung aufzunehmen, wenn sie deutlich abgesetzt sind, kann durch eine Vielzahl möglicher Klauseln schnell zur Anwendung der AGB-Bestimmungen führen. **144**

Gerade sogenannte Nebenabreden bieten daher in der Praxis oft eine Angriffsfläche. Nach der Rechtsprechung des BGH ist z.B. eine formularmäßige Vereinbarung, nach welcher der Rechtsanwalt die vereinbarte Vergütung in voller Höhe auch beanspruchen kann, wenn das Mandatsverhältnis vorzeitig beendet wird, nach § 308 Nr. 7a BGB unangemessen, wenn sie dem Verwender eine nicht nur unwesentlich höhere Vergütung von Teilleistungen zuspricht.[81] **145**

---

79 BT-Drucks 16/8384 v. 5.3.2008, zu § 4b, S. 12, linke Spalte, fünfter Absatz.
80 BGH, Urt. v. 8.6.2004 – IX ZR 199/03, NJW 2004, 2818 unter Verweis auf die einschlägige Literatur.
81 BGH NJW 1999, 276, 277; MüKo-BGB/*Henssler*, § 628 Rn 25.

146 Eine Kollision der Vergütungsvereinbarung ist insbesondere mit folgenden Bestimmungen denkbar:
- überraschende und mehrdeutige Klauseln, § 305c BGB,
- eine nach Treu und Glauben unangemessene Benachteiligung des Vertragspartners, § 307 Abs. 1 BGB,
- Verbot der Vertragsstrafe, § 309 Nr. 6 BGB,
- Umkehr der Beweislast, § 309 Nr. 12 BGB.

147 Nur bei individuell ausgehandelten Vergütungsvereinbarungen gelten die nachstehenden Ausführungen daher nicht. Stellen sich die Bestimmungen einer im Anschluss an einen Formularvertrag unterzeichneten Zusatzvereinbarung als von einem Vertragspartner gestellte Allgemeine Geschäftsbedingung dar (§ 305 Abs. 1 S. 1, 2 BGB), so reicht für die Beurteilung, die Zusatzvereinbarung sei „im einzelnen ausgehandelt" (§ 305 Abs. 1 S. 3 BGB), nicht die Feststellung, dass der Verwender der anderen Vertragspartei die Unterzeichnung „freigestellt" habe; Voraussetzung für ein „Aushandeln" ist – jedenfalls bei einem nicht ganz leicht verständlichen Text –, dass der Verwender die andere Vertragspartei über den Inhalt und die Tragweite der Zusatzvereinbarung belehrt hat oder sonst wie erkennbar geworden ist, dass der andere deren Sinn wirklich erfasst hat.[82]

148 Auch noch nicht schriftlich niedergelegte Vertragsbedingungen können für eine Vielzahl von Verträgen vorformuliert i.S.d. § 305 Abs. 1 S. 1 BGB sein, wenn sie zu diesem Zweck „im Kopf" des Verwenders oder seiner Abschlussgehilfen „gespeichert" sind.[83]

149 Bestimmungen in Allgemeinen Geschäftsbedingungen sind unwirksam, wenn sie den Vertragspartner des Verwenders entgegen den Geboten von Treu und Glauben unangemessen benachteiligen. Eine unangemessene Benachteiligung ist im Zweifel dann anzunehmen (§ 307 Abs. 2 Nr. 1 u. 2 BGB), wenn eine Bestimmung
- mit wesentlichen Grundgedanken der gesetzlichen Regelung, von der abgewichen wird, nicht zu vereinbaren ist oder
- wesentliche Rechte oder Pflichten, die sich aus der Natur des Vertrags ergeben, so einschränkt, dass die Erreichung des Vertragszwecks gefährdet ist.

150 Es ist davon auszugehen, dass diese Bestimmung trotz § 307 Abs. 3 BGB auf anwaltliche Vergütungsvereinbarungen Anwendung findet.[84]

J. Übergangsvorschrift für Vergütungsvereinbarungen

I. Übergangsvorschrift BRAGO/RVG

151 Für die Beantwortung der Frage, ob noch die BRAGO oder aber das RVG anzuwenden sind, ist § 61 Abs. 2 RVG anwendbar. Diese Frage dürfte in der Praxis kaum noch eine Rolle spielen.

> **§ 61**
>
> (2) Auf die Vereinbarung der Vergütung sind die Vorschriften dieses Gesetzes auch dann anzuwenden, wenn nach Absatz 1 die Vorschriften der Bundesgebührenordnung für Rechtsanwälte weiterhin anzuwenden und die Willenserklärungen beider Parteien nach dem 1.7.2004 abgegeben worden sind.

---

[82] BGH, Urt. v. 19.5.2005 – III ZR 437/04, abrufbar unter www.bundesgerichtshof.de; dort: Entscheidungen.
[83] BGH, Urt. v. 10.3.1999 – VIII ZR 204/98, NJW 1999, 2180, 2181 m.w.N. aus der BGH-Rspr.; OLG Hamm NJW-RR 1987, 243, 244.
[84] Thesen zu Vergütungsvereinbarungen, BRAK, S. 24, Ziff. 2.

Obwohl in § 61 Abs. 2 RVG für die Anwendbarkeit des RVG auf Vergütungsvereinbarungen auf den Zeitraum **nach** dem 1.7.2004 abgestellt wird, dürfte es sich hier um ein Schreibversehen des Gesetzgebers handeln und selbstverständlich der Zeitraum **ab** dem 1.7.2004 gemeint sein.

152

II. Übergangsvorschrift zum Erfolgshonorar

Für Rechtsanwälte kann die Frage, ob das RVG in der alten Fassung (§ 4 RVG) oder aber die Neuregelungen des Erfolgshonorars seit 1.7.2008 zur Anwendung kommen (§§ 3a bis 4b RVG), wichtig sein, da die Formvorschriften des § 4 RVG a.F. deutlich strenger sind, als die Neuregelungen.

153

Während in § 61 Abs. 2 RVG ausdrücklich auf Vergütungsvereinbarungen Bezug genommen wird (Willenserklärungen beider Parteien werden nach dem 1.7.2004 abgegeben), spricht § 60 Abs. 1 RVG lediglich von der „Berechnung der Vergütung". Allerdings enthält § 61 Abs. 2 RVG eine Regelung für die Frage, ob die BRAGO oder aber das RVG anwendbar ist, kann also vom Wortlaut her grundsätzlich nicht für die sich jetzt stellende Frage „RVG in der Fassung bis 30.6.2008 oder RVG in der Fassung ab 1.7.2008" herangezogen werden. Damit kann nur § 60 Abs. 1 RVG zur Anwendung gelangen, auch wenn die dort enthaltene Formulierung „Berechnung der Vergütung" irreführend klingen mag. Denn es geht ja nicht vornehmlich um die Berechnung der Vergütung des Anwalts, sondern um die Frage, ob er bereits ein Erfolgshonorar in der neuen Fassung des RVG vereinbaren darf oder nicht.

154

Nach § 60 Abs. 1 RVG ist das RVG in der alten Fassung (d.h. der bis zum 30.6.2008 geltenden Fassung) anzuwenden, wenn der unbedingte Auftrag zur Erledigung derselben Angelegenheit i.S.d. § 15 vor dem Inkrafttreten einer Gesetzesänderung erteilt (oder der Rechtsanwalt vor diesem Zeitpunkt gerichtlich bestellt oder beigeordnet worden) ist (Letzteres kommt wegen Nichtigkeit ohnehin nicht zur Anwendung.

155

Dies würde bedeuten, dass der RA, wenn er im Juni 2008 den Auftrag erhält, aber erst nach dem 1.7.2008 ein Erfolgshonorar abschließen möchte, dies nicht dürfte. Nach unserer Auffassung kann dies eigentlich nicht im Sinne des Gesetzgebers sein, richtiger wäre die Anwendbarkeit der neuen Bestimmungen vom Datum der Willenserklärung, d.h., vom Vertragsabschluss abhängig zu machen. Doch Vorsicht: Die Problematik kann nicht dadurch umgangen werden, dass die Parteien die Geltung des RVG in der ab 1.7.2008 gültigen Fassung vereinbaren, da eine solche Vereinbarung wohl nach § 134 BGB (Verstoß gegen ein gesetzliches Verbot) NICHTIG wäre!

156

K. Gebührenteilungsabreden

Der Prozessbevollmächtigte vereinbart heute oft in den von ihm betriebenen Angelegenheiten Gebührenteilung, wenn die Zuziehung weiterer Rechtsanwälte (Korrespondenzanwalt) erforderlich ist. Diese Gebührenteilung war früher nach dem Standesrecht nicht erlaubt. Seit 1979 ist diese jedoch seit langem gängige Praxis zulässig, vgl. dazu § 49b Abs. 3 S. 2 u. 3 BRAO. Die Vereinbarung einer solchen Vergütung darf jedoch nicht zur Voraussetzung einer Mandatserteilung gemacht werden, § 49b Abs. 3 S. 5 BRAO. Leider wurde § 49b Abs. 3 BRAO nicht angepasst, so dass dort nach wie vor nur auf eine Tätigkeit mit dem Korrespondenzanwalt abgestellt wird (Nr. 3400 VV RVG), nicht aber mit einem Unterbevollmächtigten oder Terminsvertreter. Probleme können auch bei nicht genügender Präzisierung eintreten, denn oft wird lediglich „Gebührenteilung" vereinbart, ohne genau zu deklarieren, was darunter im Einzelnen verstanden wird. Dadurch kommt es oft zu nicht unerheblichen Differenzen zwischen den Anwälten. Dabei ist auch daran zu denken, dass der Unterbevollmächtigte nach RVG deutlich mehr an Gebühren erhalten kann als der Hauptbevollmächtigte.

157

§ 3 Vergütungsvereinbarungen

158 Zu beachten ist: In der Vergangenheit haben Prozessbevollmächtigter und weiterer Anwalt oft auf die Geltendmachung von Mehrkosten gegenüber der Mandantschaft verzichtet, wenn diese vom Gericht nicht festgesetzt worden ist, was oft der Fall war und auch teilweise noch ist. Aber: Ein genereller Verzicht in allen Angelegenheiten der nicht erstattungsfähigen Mehrkosten gegenüber dem Mandanten, ist nach § 49b BRAO unzulässig:

„Der Rechtsanwalt hat es zu unterlassen, Rechtsanwälten im Auftrag seines jeweiligen Mandanten Mandate zu niedrigeren als den gesetzlichen Gebühren anzutragen oder zu erteilen.

Kein Verstoß gegen § 49b Abs. 1 BRAO (Gebührenunterschreitungsverbot) liegt vor, wenn ein Rechtsanwalt einem anderen ein solches Mandat im eigenen Auftrag anträgt oder erteilt."[85]

L. Bestimmtheit der Vergütungsvereinbarung

159 Es genügt nicht die Einigung, dass die gesetzlichen Gebühren ausgeschlossen sind. Vielmehr muss ein bestimmter Betrag oder eine andere Art der Festlegung der Höhe der Gebühren angegeben werden. Es ist mithin notwendig, dass ohne Schwierigkeit eine Berechnung der Gebühren vorgenommen werden kann. Da auch die gesetzlichen Gebühren oft erst mit Abschluss der Tätigkeit feststehen, ist es nicht erforderlich, dass die Berechnung sofort vorgenommen werden kann.

160 Interessant ist in diesem Zusammenhang eine Entscheidung des Bundesverfassungsgerichts vom 12.8.2002.[86] Das Bundesverfassungsgericht hat klargestellt, dass eine Überprüfung einer Vergütungsvereinbarung durch ein Gericht unter Berücksichtigung des Art. 12 GG vorgenommen werden muss:

„Vergütungsregelungen und hierauf gründende Entscheidungen, die auf die Einnahmen, welche durch eine berufliche Tätigkeit erzielt werden können, und damit auch auf die Existenzerhaltung von nicht unerheblichem Einfluss sind, greifen in die Freiheit der Berufsausübung ein."

M. Inhalt einer Vergütungsvereinbarung

161 Zulässig sind z.B. folgende Vereinbarungen:
- eines Pauschalbetrags (Auslagen müssen in diesem Fall ebenfalls gesondert angegeben werden, da diese sonst mit dem Pauschalbetrag abgegolten sind),
- der doppelte (oder vielfache) Betrag der gesetzlichen Gebühren,
- eines prozentualen Zuschlags,
- dass der höchste Betrag einer Rahmengebühr geschuldet wird,
- eines höheren Streit- oder Gegenstandswerts,
- eines Stundenhonorars (empfiehlt sich, wenn der Gegenstandswert schwer ermittelbar ist und der zeitliche Aufwand schwer im Voraus bemessen werden kann),
- einer Zusatzvergütung zu den gesetzlichen Gebühren,
- einer Sondervergütung für Besprechungen,
- die Höhe der zu erstattenden Auslagen (z.B. höheres Abwesenheitsgeld),
- einer Einarbeitungspauschale,
- der Ausschluss einer Anrechnung von vereinbarter Beratungs- oder Geschäftsgebühr (vgl. § 34 Abs. 2 RVG und Vorb. 3 Abs. 4 VV RVG),

---

[85] BGH, Urt. v. 1.6.2006 – I ZR 268/03; vgl. auch *Jungbauer*, DAR, Heft 12/2006, „Gebührenteilung – BGH sorgt für Klarheit", NJW 2006, 3569 = AGS 2006, 471 = AnwBl. 2006, 672 = JurBüro 2007, 19 = GRUR 2006, 955 = NJW-Spezial 2006, 478 = WM 2007, 42 = FamRZ 2006, 1523 = MDR 2007, 180.

[86] BVerfGE 101, 331, 347 = JurBüro 2003, 202 = FamRZ 2003, 25 ff.

- einer vom Gesetz abweichenden Anrechnungsregelung (zum Beispiel in anderen Bruchteilen)
- eines Mehrfachen der Einigungsgebühr,
- eines Mehrfachen der Terminsgebühr.

Zudem ist anzuraten, in die Vereinbarung die Zahlung von Umsatzsteuer aufzunehmen. Andernfalls kann es hier später zu Streitigkeiten mit dem Mandanten kommen. Einige Obergerichte halten die Umsatzsteuer in dem vereinbarten Honorar mit enthalten, wenn nichts Gesondertes in die Vereinbarung aufgenommen worden ist.[87]

162

Zu beachten ist: Wenn der Gegner zur Übernahme der Kosten verurteilt wird, hat er lediglich die gesetzlichen Gebühren zu erstatten. Hierauf ist der Mandant bei Abschluss der Vergütungsvereinbarung hinzuweisen.[88]

163

Es ist darauf zu achten, dass die Formulierung der Vergütungsvereinbarung später nicht zu Differenzen zwischen Rechtsanwalt und Mandant führt.

164

So empfiehlt es sich, unter anderem genau festzuhalten,

165

- ob die Vergütungsvereinbarung lediglich für eine außergerichtliche Tätigkeit gelten soll, und ob im Falle einer gerichtlichen Tätigkeit eine gesonderte Vergütungsvereinbarung zu treffen ist,
- auf welche Instanz(en) sich die Vergütungsvereinbarung bezieht,
- dass sich bei einer willkürlichen „Wertfestlegung" der Streitwert aufgrund von Widerklage usw. erhöhen kann, und dann der höhere Wert gelten soll,
- dass bei der Festlegung eines Pauschalbetrages im Falle einer langwierigen gerichtlichen Angelegenheit (z.B. Beweiserhebung, Vergleich, bei dem außergerichtliche Ansprüche mit abgegolten werden, etc.) die gesetzlichen Gebühren höher liegen können als der Pauschalbetrag, und in einem solchen Fall die gesetzlichen Gebühren gelten sollen,
- dass Auslagen gemäß Teil 7 des VV RVG gesondert abgerechnet werden,[89]
- dass Umsatzsteuer gesondert geschuldet wird,
- nach welchen Einheiten eine Zeitvergütung berechnet wird.[90] Hat der Rechtsanwalt seinen tatsächlich erbrachten Zeitaufwand nachvollziehbar dargelegt, ist es am Auftraggeber, diesen vorgetragenen Zeitaufwand zu widerlegen.[91]

N. Formulierungsvorschläge

Folgende Formulierungen bieten sich in Vergütungsvereinbarungen an.

166

- „ ... anstelle der gesetzlichen Gebühren, wenn diese nicht höher sind."
- „Die Vertretung in jeder weiteren Instanz bleibt einer gesonderten Vergütungsvereinbarung vorbehalten."
- „Alle Auslagen wie Umsatzsteuer, Reisekosten, Tagegelder, Abwesenheitsgelder, Schreibauslagen und dergleichen, werden daneben gesondert erstattet."

---

87 OLG Karlsruhe DB 1979, 447; LG Koblenz AnwBl 1984, 206 = JurBüro 1984, 1667.
88 OLG Stuttgart OLGreport 2003, 34; *Kindermann*, Rn 484.
89 Ist nichts vereinbart, gelten die Auslagen nicht gesondert als geschuldet: LG Koblenz AnwBl 1984, 1667 = JurBüro 1984, 1667.
90 Erforderlich sind Stundenaufschriebe, die sich den konkreten Leistungen zuordnen lassen, so OLG Karlsruhe AGS 2001, 148 = 2002, 243 = OLGR 2001, 164 = JurBüro 2002, 17; zum Beweiswert solcher Stundenaufzeichnungen im Rahmen einer freien Beweiswürdigung: OLG Hamburg AGS 2001, 148 = MDR 2000, 115 = BRAK-Mitt 2000, 99.
91 OLG Hamm AGS 2002, 268 = JurBüro 2002, 638.

- „Die Auslagen werden gesondert vergütet. Dabei vereinbaren die Vertragspartner Folgendes:
- Geschäftsreisen nimmt der Rechtsanwalt nach eigener Entscheidung mit dem eigenen Pkw, der Bahn oder dem Flugzeug vor. Dabei ist der Rechtsanwalt berechtigt, 1. Klasse zu reisen. Als Kilometerpauschale wird ein Betrag von 0,50 EUR pro gefahrenem Kilometer vereinbart.
- Es wird eine Abwesenheitspauschale von ... EUR vereinbart."
- „Die Vertragspartner vereinbaren anstelle der gesetzlichen Abwesenheitsgelder eine Vergütung in Höhe eines Stundensatzes von ... EUR zzgl. der gesetzlichen Umsatzsteuer, derzeit 19%"

O. Checkliste

167 Notwendige und wesentliche Bestandteile sind somit:
- genaue Bezeichnung der Angelegenheit bzw. des Teils der Angelegenheit,
- Erklärung des Mandanten, dass die vereinbarte Vergütung geschuldet wird in Textform,
- Hinweis, dass das Honorar anstelle der gesetzlichen Gebühren tritt, falls diese nicht höher sind,
- evtl. Unterteilung der Vergütung für bestimmte Verfahrensabschnitte oder z.B. in Strafsachen für bestimmte Hauptverhandlungstage (Fortsetzungsverhandlung, Unterbrechung etc.),
- Fälligkeit/Vorschuss,
- Auslagen gesondert geschuldet,
- außergerichtlich/gerichtlich/ggf. für welche Instanz die Vergütung vereinbart wird,
- Hinweis, dass im Falle des Obsiegens und einer Kostentragungspflicht für den Gegner, dieser nur die gesetzlichen Gebühren schuldet und die Differenz vom Mandant gezahlt werden muss,
- wie Zeiteinheiten nachgewiesen werden sollen,
- in welchen Einheiten die Zeitvergütung berechnet wird,
- ob Tätigkeiten von Mitarbeitern ebenfalls in die Zeiterfassung einzubeziehen sind (Textverarbeitung, juristische Mitarbeiter, Anwalt, Partner),
- ob Fahrtzeiten/Wartezeiten gesondert vergütet werden, ggf. mit welchem Satz,
- Fälligkeit,
- Vorschuss,
- Ort, Datum, Unterschrift von Mandant und RA sowie Paraphe auf jeder Seite von beiden Vertragspartnern.

P. Zeitpunkt des Abschlusses

168 Das RVG schreibt dem Rechtsanwalt keinen Zeitpunkt für den Abschluss der Vergütungsvereinbarung vor. Eine Vergütungsvereinbarung kann daher vor Auftragsannahme, während eines laufenden Mandats, aber auch noch nach Beendigung des Mandats abgeschlossen werden. Zwar lässt sich der Umfang einer anwaltlichen Tätigkeit nicht immer im Vorfeld erkennen. Eine Vergütungsvereinbarung sollte dennoch so früh wie möglich besprochen und abgeschlossen werden. Stellt sich zu einem späteren Zeitpunkt heraus, dass z.B. aufgrund einer plötzlich notwendigen aufwendigen Beweisaufnahme das vereinbarte Honorar nicht mehr ausreicht, kann immer noch über eine Erhöhung der bereits vereinbarten Vergütung gesprochen werden.

169 Grundsätzlich kann eine Vergütungsvereinbarung zu fast jeder Zeit abgeschlossen werden. Zu beachten sind hier Ausnahmefälle, wie z.B. die „Bitte" des Anwalts um Abschluss einer Vergütungsvereinbarung kurz vor einem Scheidungstermin.

170 Ein Verlangen zur Unzeit liegt dann vor, wenn dem Auftraggeber keine Zeit mehr verbleibt, sich anderweitig Rechtsrat zu suchen. Die Androhung eines Rechtsanwalts, das Mandat zu kündigen, wenn die Vergütungsvereinbarung nicht abgeschlossen wird, stellt nach Ansicht des BGH keine rechtswidrige Drohung dar, wenn der mit dem Mandat verbundene Aufwand die Höhe der gesetzlichen Vergütung übersteigt.[92]

Q. Unangemessen hohe bzw. sittenwidrige Vergütung

Schneider teilt die Höhe der Vergütung in vier Kategorien ein:[93]

- gesetzliche Vergütung,
- eine die gesetzliche Vergütung übersteigende angemessene vereinbarte Vergütung,
- eine vereinbarte, unangemessen hohe, aber noch nicht sittenwidrige Vergütung und
- eine sittenwidrige Vergütung.

Sofern der Rechtsanwalt eine sittenwidrig hohe Vergütung (wucherische) vereinbart hat, ist die Vergütungsvereinbarung insgesamt nichtig. Die Folge ist, dass der Vertragspartner lediglich die gesetzliche Vergütung, nicht aber die vereinbarte Vergütung, schuldet. Der Vertragspartner schuldet auch nicht die Differenz zwischen angemessener und unangemessener Vergütung. Der Anwaltsvertrag bleibt wirksam. Die Nichtigkeit erstreckt sich nicht auch auf diesen.

Aufgrund der Tatsache, dass in § 3a Abs. 2 RVG die Herabsetzung einer zu hoch angesetzten Vergütung vorgesehen ist, ist die Grenze zur Sittenwidrigkeit bei einer Vergütungsvereinbarung hoch anzusetzen. Wann von einer Sittenwidrigkeit gesprochen werden kann, ist jedoch regelmäßig am Einzelfall zu prüfen. Pauschale Richtlinien gibt es nicht, solche können auch nicht aufgestellt werden.[94] Dabei ist nicht außer Acht zu lassen, dass jede Herabsetzung der vereinbarten Vergütung einen Eingriff in die Vertragsfreiheit bedeutet, von der nur in Ausnahmefällen Gebrauch gemacht werden sollte. Auch ist zu berücksichtigen, wie sich das Mandatsverhältnis bei Abschluss der Vergütungsvereinbarung darstellte. Haben die Parteien beispielsweise zu Beginn des Mandats eine Pauschalvergütung vereinbart und endet der Auftrag vorzeitig, kann eine zunächst angemessene Vergütung plötzlich unangemessen hoch werden.

Ein weit über den gesetzlichen Gebühren angesiedeltes Honorar ist nur dann objektiv sittenwidrig, wenn ein zulässig vereinbartes Stundenhonorar ebenfalls zu einem untragbaren Ergebnis führte.[95]

Auf Vergütungsvereinbarungen sind die vom BGH zur Sittenwidrigkeit eines Austauschvertrags entwickelten Grundsätze, nach denen ein grobes Missverhältnis i.S.v. § 138 Abs. 1 BGB schon vorliegen kann, wenn die vereinbarte Vergütung den Wert der zu erbringenden Gegenleistung um mehr als 100 % übersteigt, mit Rücksicht auf die Regelung des § 3a Abs. 2 RVG, nach der ein vereinbartes unangemessenes Honorar im Rechtsstreit auf den angemessenen Betrag bis zur Höhe der gesetzlichen Gebühren herabgesetzt werden kann, nicht anwendbar.[96]

Bei Anwaltsdienstverträgen lässt das auffällige Missverhältnis in der Regel den Schluss auf eine verwerfliche Gesinnung im Sinne des § 138 Abs. 2 BGB zu.[97]

---

92 BGH MDR 2002, 1182.
93 *Gebauer/Schneider*, § 4 Rn 126.
94 Dass eine allgemein verbindliche Honorargrenze nicht zu benennen ist: OLG Hamm AGS 2002, 268 = JurBüro 2002, 638.
95 LG Aachen AnwBl 1999, 412; *Gebauer/Schneider*, § 4 Rn 128.
96 OLG Köln AGS 1998, 66 = FamRZ 1998, 1030 = OLGR 1998, 19 = VersR 1998, 520.
97 BGH AGS 2000, 191 = BauR 2000, 1914 = BB 2000, 2124 = BGHZ 144, 343 = BRAK-Mitt 2000, 237 = DB 2000, 2473 = IBR 2000, 566 = JurBüro 2000, 668 = MDR 2000, 1400 = NJW 2000, 2669 = WM 2000, 1596 = ZMR 2000, 841 = NZM 2000, 912.

§ 3 Vergütungsvereinbarungen

177 Eine Herabsetzung des vereinbarten Honorars gemäß § 3a Abs. 2 RVG ist nur zulässig, wenn es unter Berücksichtigung aller Umstände unerträglich und mit dem Grundsatz von Treu und Glauben (§ 242 BGB) unvereinbar wäre, den Auftraggeber an seinem Honorarversprechen festzuhalten.[98]

178 Einzelfallentscheidungen zur Vergütungshöhe:

Die Vereinbarung des 2,5 bzw. 3,2fachen der gesetzlichen Gebühren ist insbesondere bei hohen Streitwerten nach Ansicht des OLG München nicht sittenwidrig.[99]

179 Stundensätze von bis zu 500 EUR für einen Anwalt sind je nach den Umständen des Einzelfalles nicht per se unangemessen.[100]

180 **Als zulässig wurden auch erachtet:**
- das Sechsfache der gesetzlichen Vergütung in BtM-Sachen,[101]
- 3.000 DM (1.500 EUR) je Verhandlungstag in einer Strafsache,[102]
- ein Zeithonorar in Höhe von 200 EUR pro Stunde,[103]
- ein Stundensatz von 300 EUR zuzüglich Umsatzsteuer, mindestens jedoch die gesetzlichen Gebühren nach BRAGO, ausgehend von dem dreifachen Jahresgehalt anstelle des dreifachen Monatsgehalts in einer Arbeitsrechtssache,[104]
- Stundensatz von 600 DM (300 EUR) zuzüglich Umsatzsteuer, mindestens jedoch die gesetzlichen Gebühren nach BRAGO, ausgehend von dem dreifachen Jahresgehalt statt des dreifachen Monatsgehalts des Mandanten, ist rechtlich zulässig und nicht zu beanstanden, wenn der Anwalt oder die Sozietät auf Arbeitsrecht spezialisiert ist und die Angelegenheit besondere Bedeutung hat,[105]
- Stundensatz von 400 DM (200 EUR) in einer Nachbarschaftssache, auch dann, wenn das Honorar das 16fache der gesetzlichen Gebühren übersteigt,[106]
- Zeithonorar, das über dem dreifachen der gesetzlichen Gebühren liegt,[107]
- Vergütung, die das fünf- oder sechsfache der gesetzlichen Gebühren übersteigt.[108]

181 Als unzulässig wurde erachtet:
- Vergütung für Korrespondenzanwalt, die die gesetzliche Vergütung um mehr als das Fünffache übersteigt,[109]
- eine Vergütung, die die gesetzlichen Gebühren um das 17fache übersteigt,[110]
- eine Vergütung, die die gesetzliche Vergütung in Strafsachen um das 5fache übersteigt.[111]

Das Bundesverfassungsgericht hält zwar die Kappung eines anwaltlichen vereinbarten Honoraranspruchs eines Strafverteidigers auf das Fünffache der gesetzlichen Gebühren zur Abgrenzung ei-

---

[98] OLG Köln AGS 1998, 66 = FamRZ 1998, 1030 = VersR 1998, 520.
[99] OLG München, Urt. v. 3.5.2012 – 24 U 646/10, BeckRS 2012, 12716.
[100] OLG Koblenz, Beschl. v. 10.3.2010 – 5 U 1409/09, BeckRS 2011, 01637 = AnwBl 2010, 724 = LSK 2011, 060900.
[101] LG Berlin AnwBl 1982, 262.
[102] LG Karlsruhe AnwBl 1983, 178.
[103] AG Hamburg AGS 2000, 81.
[104] LG Köln AnwBl 1999, 703 = AGS 1999, 179 = BB 1999, 1929 = JurBüro 1999, 528.
[105] LG Köln AnwBl 1999, 703 = AGS 1999, 179 = BB 1999, 1929 = JurBüro 1999, 528.
[106] AG Hamburg AGS 2000, 81.
[107] AG Lüdenscheid AGS 2000, 91.
[108] OLG Köln AGS 1998, 66 = FamRZ 1998, 1030.
[109] BGH BRAGOreport 2001, 23.
[110] BGH FamRZ 2003, 1642 f.
[111] BGH NJW 2005, 2142; NJW 2005, 2490.

ner Sittenwidrigkeit nicht für völlig ungeeignet, fordert aber, dass dann auch der Vergleich mit den aufgewendeten Stunden zu einem unhaltbaren Ergebnis führen müsse.[112]

Eine Honorarvereinbarung mit einem Sozialhilfeempfänger ist nicht grundsätzlich sittenwidrig, § 138 Abs. 1 BGB.[113] Die Sittenwidrigkeit ist aufgrund einer umfassenden Gesamtbetrachtung zu bestimmen.[114]

182

Nach dem BVerfG ist der Abschluss einer Vergütungsvereinbarung vom Schutzbereich des Art. 12 Abs. 1 GG umfasst. Zwar können Fachgerichte zur Bestimmung der Unangemessenheit einer vereinbarten Vergütung die gesetzliche Vergütung heranziehen. Es seien jedoch im Einzelfall alle Umstände, die Leistungen und der Aufwand des Anwalts sowie die Einkommens- und Vermögensverhältnisse des Mandanten zu berücksichtigen. Es sei verfassungswidrig, den Rechtsanwalt durch starre Obergrenzen derart einzuschränken.

183

Vorsicht bei streitigem Zeitaufwand:

184

Nach Ansicht des OLG Düsseldorf ist die Kostenrechnung des Anwalts bei ungeklärtem Zeitaufwand entsprechend zu kürzen; teilweise überflüssiger Zeitaufwand oder Zeiten, die nachweislich nicht angefallen sind, können nicht abgerechnet werden. Allerdings geben ungeklärte Bearbeitungszeiten nur dann Anlass, den gesamten aufgezeichneten Zeitaufwand anzuzweifeln, wenn wegen der Häufung von Unrichtigkeiten und Ungereimtheiten von betrügerischem Handeln des Rechtsanwalts auszugehen ist, so das OLG Düsseldorf in seinen Leitsätzen.[115]

Hervorragende Tipps für die richtige Handlung vor und im Vergütungsprozess geben die Leitsätze des OLG Koblenz.[116]

185

> *„1. Die Aufrechnung mit einer Vergütungsforderung des Rechtsanwalts ist erst zulässig, wenn dem Auftraggeber eine ordnungsgemäße Berechnung zugegangen ist. Dass der Rechtsanwalt seine Vergütung nur aufgrund einer von ihm unterzeichneten und dem Auftraggeber mitgeteilten Berechnung einfordern kann, gehört zum Basiswissen eines Anwalts. Darauf muss das Gericht vorterminlich nicht hinweisen. Sieht der Anwalt sich durch den gerichtlichen Hinweis in der mündlichen Verhandlung überrascht und reagiert er weder durch Flucht in die Säumnis noch durch einen Antrag nach § 139 V ZPO, erfordert die nachgereichte unterzeichnete Berechnung keine Wiedereröffnung der mündlichen Verhandlung. (amtlicher Leitsatz)*
>
> *2. Stützt der Rechtsanwalt auch in zweiter Instanz seine Aufrechnung auf nunmehr formwirksame Honorarnoten, kann das nur unter den Voraussetzungen des § 533 ZPO berücksichtigt werden. (amtlicher Leitsatz)*
>
> *3. Eine Weisung des Mandanten, von einer Streitwertbeschwerde aus eigenem Recht des Anwalts abzusehen (§ 32 RVG), ist grundsätzlich unbeachtlich. (amtlicher Leitsatz)*
>
> *4. § 49b II 1 BRAO erfasst nicht die nachträgliche Vereinbarung, dass die Vergütungshöhe für eine vollständig abgeschlossene außergerichtliche Tätigkeit davon abhängig ist, in welchem Umfang ein schadensersatzpflichtiger Dritter die Kosten der außergerichtlichen Vertretung ersetzen muss. (amtlicher Leitsatz)"*[117]

---

112 BVerfG v. 15.6.2009 – 1 BvR 1342/07, BeckRS 2009, 36038.
113 BGH, Urt. v.6.9.2006 – 5 StR 64/06, NStZ-RR 2007, 142 = AnwBl 2006, 759 = BeckRS 2006, 11167; BRAK-Mitt 2006, 287.
114 BGHZ 107, 92 = NJW 1989, 1276; BGHZ 86, 88 = NJW 1983, 1851.
115 OLG Düsseldorf, Urt. v. 7.6.2011 – 24 U 183/05, BeckRS 2011, 22087.
116 OLG Koblenz, Beschl. v. 16.2.2011 – 5 U 1001/10 = BeckRS 2011, 07137.
117 OLG Koblenz, Beschl. v. 16.2.2011 – 5 U 1001/10 = BeckRS 2011, 07137.

186

Praxistipp
Man sollte es nie so weit kommen lassen, über die Ordnungsmäßigkeit der Berechnung bzw. deren Zeitpunkt eine Gerichtsentscheidung zu benötigen. Daher sollte vor jedem Vergütungsprozess immer akribisch geprüft werden, ob die Abrechnung gegenüber dem Auftraggeber den Anforderungen an § 10 RVG genügt. Ggf. sollte eine Korrektur der Abrechnung vor der Klage vorgenommen werden.

187 Dabei trifft die Anwaltskanzlei die sekundäre Darlegungslast dafür, dass der von ihr im Rahmen eines Zeithonorars abgerechnete Aufwand in vollem Umfang tatsächlich erbracht und angemessen war, so das OLG Frankfurt a.M.[118] Weiter hält es fest:

„Im Rahmen der Angemessenheitsprüfung ist nicht für jede Tätigkeit eine eingehende Überprüfung von Amts wegen geboten, sondern nur dann, wenn aufgrund der vorgelegten Unterlagen oder aufgrund einer Rüge oder eines tatsächlichen Vortrages des Mandanten Anhaltspunkte für Zweifel an der Angemessenheit eines nachgewiesenen Stundenaufwandes bestehen."[119]

R. Zeittaktklausel

188 Es ist nach wie vor umstritten, ob Zeittaktklauseln wirksam sind. Das OLG Schleswig hat sich im Hinblick auf die Zulässigkeit von Zeittaktklauseln bei Steuerberatergebühren (hier: 30 Min.) gegen die Auffassung des OLG Düsseldorf in der Entscheidung vom 29.6.2006 ausgesprochen, das eine 15-Minuten-Zeittaktklausel noch für unwirksam gehalten hatte.[120]

„Bei einer Zeithonorarvereinbarung ist der klagende Rechtsanwalt für die Erbringung der abgerechneten Stunden darlegungs- und beweisbelastet. Ein rein formales Bestreiten des Mandanten ist nicht ausreichend. Die Vereinbarung einer Stundenabrechnung per angefangener Viertelstunde ist wirksam. Denn die Aufschreibung im 15-Minuten-Takt erscheint für die anwaltliche Tätigkeit, deren Arbeitsschritte in aller Regel längere Zeitabschnitte als nur einzelne Minuten umfassen, als adäquat."[121]

189 In zwei Entscheidungen, die recht aktuell sind, hat sich der BGH zum Thema Zulässigkeit einer Zeittaktklausel nicht deutlich geäußert.[122] Es ist daher zur Zeit zu empfehlen, auf Zeittaktklauseln möglichst zu verzichten.

190 Das LG München I hat keine Bedenken gegen eine 15-minütige-Zeittaktklausel:

„1. Eine Zeittaktklausel in einer Vergütungsvereinbarung, wonach je angefangene 15 Min. abzurechnen ist, begegnet keinen Bedenken.

2. Ist der Anwalt nach der Vergütungsvereinbarung verpflichtet, monatlich die angefallenen Stunden abzurechnen, und hält er sich nicht daran, begeht er eine Vertragsverletzung. Diese Vertragsverletzung ist aber im Ergebnis unerheblich, wenn der Auftraggeber nicht darlegen und nachweisen kann, dass ihm hieraus ein Schaden entstanden ist.

---

118 OLG Frankfurt a.M., Urt. v. 12.1.2011 – 4 U 3/08 BeckRS 2011, 02062 = AnwBl 2011, 300 = LSK 2011, 17006.
119 OLG Frankfurt a.M., Urt. v. 12.1.2011 – 4 U 3/08 BeckRS 2011, 02062 = AnwBl 2011, 300 = LSK 2011, 17006.
120 LG Düsseldorf (Urt. v. 29.6.2006 – 24 U 196/04, NJW-RR 2007, 129; der BGH hat zu diesem Thema nicht klar Stellung bezogen: Beschl. v. 5.3.2009 – IX ZR 144/06, BeckRS 2009, 09077; Anmerkung *Mayer*, FD-RVG 2009, 279541: „Ob ein Verstoß gegen § 242 BGB vorliegt, ist eine Frage des Einzelfalls, die der grundsätzlichen Klärung nicht zugänglich ist. Die Frage, ob ein Viertelstundentakt eines vereinbarten Zeithonorars der Inhaltskontrolle unterworfen ist und ggfs. dieser standhält, ist nicht zu beantworten, wenn das Berufungsgericht in tatrichterlicher Verantwortung die missbräuchliche Ausnutzung des Viertelstundentaktes angenommen hat."
121 OLG Schleswig, Urt. v. 19.2.2009 – 11 U 151/07, BeckRS 2009, 16600.
122 BGH, Urt. v. 19.5.2009 – IX ZR 174/06, BeckRS 2009, 2196; BGH, Urt. v. 21.10.2010 – IX ZR 37/10, BeckRS 2010, 28750.

3. Eine Vereinbarung, wonach zuzüglich zu der vereinbarten Vergütung die „gesetzliche Umsatzsteuer" zu zahlen ist, bezieht sich nur auf den zum Zeitpunkt des Abschlusses geltenden Umsatzsteuersatz. Eine nach Vertragsschluss eingetretene Erhöhung des Umsatzsteuerersatzes ist daher für die Abrechnung mit dem Auftraggeber unbeachtlich."[123]

S. Abrechnung nach Vergütungsvereinbarung ist keine Gebührenerhebung

Sofern ein Anwalt auf der Grundlage einer Honorarvereinbarung abrechnet, „erhebt" er keine Vergütung i.S.d. § 352 StGB; weshalb der Tatbestand der Gebührenüberhebung auch dann nicht erfüllt ist, wenn die Honorarvereinbarung unwirksam ist.[124]

---

123 LG München I, Urt. v. 21.9.2009 – 4 O 10820/08, BeckRS 2010, 10403 = LSK 2010, 490115 = BRAK-Mitt 2010, 148 = *Schneider*, AGS 2010, 284.
124 BGH, Urt. v. 6.9.2006 – 5 StR 64/06, NStZ-RR 2007, 142 = AnwBl 2006, 759 = BeckRS 2006, 11167; BRAK-Mitt 2006, 287; OLG Braunschweig NJW 2004, 2606.

§ 4 Gebühren in Familiensachen

A. Definition der Angelegenheit und des Gegenstands

I. Einmaligkeit der Gebühren

§ 15 Abs. 2 RVG regelt zunächst, dass der Rechtsanwalt in **derselben** Angelegenheit die Gebühren nur einmal berechnen darf. In gerichtlichen Verfahren darf der Rechtsanwalt die Gebühren in jedem Rechtszug fordern; insoweit stellen das Verfahren über ein Rechtsmittel und der vorausgegangene Rechtszug verschiedene Angelegenheiten dar (§ 17 Nr. 1 RVG).

Dieser Grundsatz war ursprünglich in § 15 Abs. 2 S. 2 RVG geregelt, wurde im Rahmen des 2. KostRMoG allerdings als neue Nr. 1 in § 17 RVG verschoben. Inhaltlich bedeutet dies keine Änderung, es handelt sich insoweit lediglich um eine redaktionelle Anpassung. Der Gesetzgeber hat diese Verschiebung wie folgt begründet:

> *„Die Vorschrift kann wegen der vorgeschlagenen Änderung zur Einfügung einer neuen Nummer 1 in § 17 RVG (Nummer 8) aufgehoben werden. Darin soll künftig bestimmt werden, dass jeder Rechtszug eines gerichtlichen Verfahrens gebührenrechtlich eine eigene Angelegenheit bildet. Dies soll jedoch nichts daran ändern, dass mehrere parallele Rechtsstreitigkeiten in jedem Fall jeweils gesonderte Angelegenheiten bilden. Damit reicht die Regelung in § 15 Absatz 2 Satz 1 RVG aus, dass der Rechtsanwalt die Gebühren in derselben Angelegenheit nur einmal fordern kann."*[1]

Mehrere Gegenstände in derselben Angelegenheit dürfen addiert werden, § 22 Abs. 1 RVG. Was unter „derselben Angelegenheit" zu verstehen ist, wird im RVG in den §§ 16 bis 18 näher definiert. Zunächst ist jedoch eine Unterscheidung der Begriffe „Angelegenheit" und „Gegenstand" vorzunehmen.

Der BGH definierte die Begriffe „Angelegenheit" und „Gegenstand" folgendermaßen:

> *„Die Angelegenheit bedeutet den Rahmen, innerhalb dessen sich die anwaltliche Tätigkeit abspielt, wobei im allgemeinen der dem Anwalt erteilte Auftrag entscheidet. Als Gegenstand wird das Recht oder Rechtsverhältnis angesehen, auf das sich auftragsgemäß die jeweilige anwaltliche Tätigkeit bezieht.*[2] *In einer Entscheidung des BGH aus 1995 heißt es: „Unter einer ‚Angelegenheit' im gebührenrechtlichen Sinne ist das gesamte Geschäft zu verstehen, das der RA für den Auftraggeber besorgen soll. ... Dabei ist insbesondere der Inhalt des erteilten Auftrags maßgebend. Sowohl die Feststellung des Auftrags als auch die Abgrenzung im Einzelfall ist grundsätzlich Aufgabe des Tatrichters."*[3]

Wann eine oder mehrere Angelegenheiten vorliegen (und somit mehrfach gesondert abgerechnet werden kann) wurde in der BRAGO nur in ganz wenigen Fällen geregelt, so dass es eine Fülle an Rechtsprechung insbesondere auch in Familiensachen zum Thema gab. Mit dem RVG wird eine Definition der Angelegenheiten in den §§ 16–18 RVG vorgenommen. Dem Rechtsanwalt ist es nach dem BGH nicht erlaubt, im „gebührenrechtlichen Interesse" aus einem objektiv zusammen gehörenden Sachverhalt verschiedene Angelegenheiten zu konstruieren.[4] Im Nachfolgenden wird die Problematik näher beleuchtet. Dabei wird darauf hingewiesen, dass allerdings in Beratungs-

---

1 BT-Drucks 17/11471 vom 14.11.2012, S. 417.
2 Vgl. dazu BGH JurBüro 1972, 684 = MDR 1972, 766; AnwBl 1976, 337 = JurBüro 1976, 749.
3 BGH NJW 1995, 1431.
4 BGH MDR 2004, 715.

hilfeangelegenheiten andere Maßstäbe anzusetzen sind, weshalb für Beratungshilfemandate auf die Ausführungen dort (siehe § 6 Rn. 70 ff.) verwiesen wird.

II. Dieselbe Angelegenheit

1. Allgemeines

6 Zur Klärung der Frage, ob gebührenrechtlich dieselbe oder eine verschiedene Angelegenheit vorliegt, müssen vier Abgrenzungskriterien beachtet werden. So muss
- die anwaltliche Tätigkeit aufgrund eines einheitlichen Auftrags erfolgen,
- sich im gleichen Rahmen halten,
- einen inneren Zusammenhang zwischen einzelnen Handlungen und/oder den Gegenständen haben und
- in der Zielsetzung übereinstimmen.[5]

7 Ein einheitlicher Auftrag kann auch dann noch vorliegen, wenn der Anwalt nacheinander mehrere (Teil-)Aufträge erhält; es muss sich jedoch um Erweiterungen des ursprünglichen Auftrags handeln, nicht um völlig neue Aufträge.[6] Daneben darf der ursprüngliche Auftrag noch nicht erledigt sein. Ist dies der Fall, liegen immer zwei verschiedene Angelegenheiten vor.[7]

> *Beispiel*
> Der Kindesunterhalt wurde bereits vergleichsweise geregelt, nun soll noch das Umgangsrecht geklärt werden.

8 Vom „gleichen Rahmen" ist auszugehen, wenn das Mandat einheitlich bearbeitet werden kann, d.h. wenn z.B. wegen mehrerer Gegenstände der gleiche Gegner in Anspruch genommen werden kann und ein gewisser Zusammenhang zwischen den Gegenständen besteht.[8]

> *Beispiel*
> Der Ehemann wird von der Ehefrau wegen Kindes- und Ehegattenunterhalt in Anspruch genommen.

9 Betrifft das Mandat mehrere Gegenstände, so ist ein innerer Zusammenhang anzunehmen, wenn die Gegenstände aus einem einheitlichen Lebensvorgang (z.B. Ehescheidung) resultieren und in einem Verfahren gleichzeitig verfolgt werden können (z.B. Zuständigkeit des Familiengerichts, Scheidungsverbund).[9]

10 Zur Klärung der Frage, ob eine oder mehrere Angelegenheiten vorliegen hat in der Vergangenheit eine äußerst umfangreiche Rechtsprechung entwickelt. Es würde den Rahmen dieses Buches sprengen, wenn an dieser Stelle versucht werden würde, auch nur annähernd auf die jeweiligen verschiedenen Ansichten einzugehen. Die nachfolgend zitierte Rechtsprechung kann daher nur beispielhaft sein.

2. Einzelfälle

11 Was unter dem Begriff „dieselbe Angelegenheit" zu verstehen ist, definiert für Familiensachen § 16 Nr. 4 RVG näher. Danach sind eine Scheidungssache oder ein Verfahren über die Aufhebung einer Lebenspartnerschaft und die Folgesachen als dieselbe Angelegenheit zu betrachten, mit der

---

5 *Mayer/Kroiß*, RVG, § 15 RVG Rn 4.
6 *Schneider/Wolf*, AnwK–RVG, § 15 Rn 24.
7 *Schneider/Wolf*, AnwK–RVG, § 15 Rn 25.
8 *Schneider/Wolf*, AnwK–RVG, § 15 Rn 31.
9 *Mayer/Kroiß*, RVG, § 15 RVG Rn 14.

A. Definition der Angelegenheit und des Gegenstands § 4

Folge, dass die Werte der einzelnen Gegenstände zu addieren und die Gebühren einmal hieraus zu berechnen sind, vgl. dazu § 15 Abs. 2 RVG.

Erhält der Rechtsanwalt den Auftrag, den Mandanten hinsichtlich der beabsichtigten Scheidung außergerichtlich hinsichtlich potentieller Folgesachen (Unterhalt, Umgangsrecht, Zugewinnausgleich) zu vertreten, ist in der Praxis umstritten, **12**

- ob § 16 Nr. 4 RVG auch für die vorgerichtliche Tätigkeit zur Anwendung kommt mit der Folge, dass nur eine gebührenrechtliche Angelegenheit vorliegt mit entsprechender Addition der Gegenstandswerte

oder

- jeweils verschiedene Angelegenheiten bestehen, die dann gesondert abgerechnet werden können.[10]

Sofern die Anwendbarkeit von § 16 Nr. 4 RVG bejaht wird, so dürfte bei einer außergerichtlichen Tätigkeit hinsichtlich Trennungsunterhalts und z.B. Zugewinnausgleichsansprüchen von zwei verschiedenen Angelegenheiten auszugehen sein, nachdem der Trennungsunterhalt im Falle eines gerichtlichen Verfahrens nie Scheidungsfolgesache werden kann, da denklogisch keine Entscheidung für den Fall der Scheidung möglich ist.[11] **13**

Aufgrund der verschiedensten möglichen Lebenssachverhalte und Fallkonstellationen wird in jedem Fall eine Einzelfallprüfung vorzunehmen sein.

Unabhängig von einem Scheidungs- oder Lebenspartnerschaftsverfahren kann jedoch nach Ansicht der Rechtsprechung dieselbe Angelegenheit vorliegen, soweit es um das Sorgerecht und das Umgangsrecht geht.[12] Auch Unterhalt und Sorgerecht können dieselbe Angelegenheit darstellen.[13] Dies gilt auch, soweit der Rechtsanwalt einen Ehegatten wegen mehrerer Gegenstände im Zusammenhang mit der Regelung des Getrenntlebens vertritt.[14] Hausrat und Wohnungszuweisung können ebenfalls dieselbe Angelegenheit bilden.[15] **14**

---

10 *Schneider/Wolf*, AnwK–RVG, § 15 Rn 55; *Mayer/Kroiß*, RVG, § 15 Rn 40; OLG München AGS 2012, 25; OLG Nürnberg FamRZ 2011, 1687 = NJW 2011, 3108; OLG Nürnberg MDR 2011, 759; OLG Rostock NJW-Spezial 2011, 92 = AGS 2011, 80 = RVGreport 2011, 106 m. Anm. *Hansens*; OLG Celle NJW 2011, 5109 = AGS 2011, 504; OLG Dresden AGS 2011, 138 = RVGreport 2011, 219; OLG Hamm FamRZ 2011, 1685; OLG Köln RVGreport 2011, 418; KG AGS 2010, 612; OLG Frankfurt AGS 2010, 192 = FamRZ 2010, 230 = RVGreport 2010, 143; OLG Köln RVGreport 2010, 142; OLG Düsseldorf AGS 2009, 79 = FamRZ 2009, 1244; OLG Frankfurt AGS 2009, 593; OLG Stuttgart FamRZ 2007, 574; OLG Hamm FamRZ 2005, 532; OLG Düsseldorf MDR 1986, 157 = AnwBl. 1986, 162 = Rpfleger 1986, 109; OLG Braunschweig AnwBl. 1984, 514 = JurBüro 1985, 250; LG Gießen FamRZ 2010, 400 = AGS 2010, 190; LG Karlsruhe AGS 2008, 611; LG Neuruppin FamRZ 2004, 41; LG Frankenthal JurBüro 1993, 348; LG Detmold Rpfleger 1992, 205; LG Münster Rpfleger 1990, 78; LG Hannover JurBüro 1987, 220; LG Tübingen Rpfleger 1986, 239; AG Pforzheim FamRZ 2012, 1415; AG Detmold AG/Kompakt 2010, 15; AG Emmendingen AGSKompakt 2010, 64; AG Leverkusen, FamRZ 2008, 165; AG Brandenburg FamRZ 2006, 638; **a.A. Erfolgt die außergerichtliche Vertretung im Hinblick auf eine vorgesehene Scheidung, liegt nur eine Angelegenheit vor:** *Gerold/Schmidt/Müller-Rabe*, **§ 16 Rn 20 (mit ausführlicher Begründung);** OLG Düsseldorf MDR 2012, 740, wenn von Anfang an Mandat sich nicht nur auf Scheidung und Folgesachen, sondern auch auf Miet- und Arbeitsrechtssachen, die mit der Scheidung zusammenhängen, beziehen: Eine Angelegenheit mit mehreren Gegenständen; LG Mönchengladbach Rpfleger 2002, 463; *Hofmann*, BRAK-Magazin 2011, Heft 4, 11.
11 **A.A.** *Gerold/Schmidt/Müller-Rabe*, § 16 Rn 36.
12 OLG Frankfurt/Main FamRZ 2001, 1388.
13 BVerfG NJW 2002, 429 (vom BVerfG ausdrücklich als „vertretbar" bezeichnet!); LG Kleve Rpfleger 2003, 304 (Sorgerecht und Wohnungszuweisung), LG Mönchengladbach FamRZ 2004, 216, aM LG Neuruppin FamRZ 2004, 41.
14 LG Berlin Rpfleger 1984, 162, **a.A.:** AG Köln AnwBl 1986, 414.
15 KG AGS 2010, 612 = RVGreport 2010, 141 m. Anm. *Hansens*.

15 Die Geltendmachung von Unterhaltsansprüchen mehrerer durch einen Sorgeberechtigten vertretener minderjähriger Kinder gegen den gleichen Unterhaltspflichtigen ist eine Angelegenheit.[16]

16 Soll der Rechtsanwalt zunächst einen Vertrag beurkunden lassen und prüft er dann, ob die notarielle Urkunde das von dem Auftraggeber Gewollte richtig wiedergibt, liegt ebenfalls dieselbe Angelegenheit vor.[17]

17 Lässt der Rechtsanwalt den Auftraggeber entscheiden, welchen von mehreren möglichen Wegen er einschlagen kann, und wird der Rechtsanwalt dann weisungsgemäß tätig, liegt dieselbe Angelegenheit vor.[18]

18 Dieselbe Angelegenheit liegt auch vor, soweit der Rechtsanwalt zunächst am Vergleich und dann an seiner Durchführung mitwirkt.[19]

19 Beim Übergang von Eheaufhebungsantrag zum Scheidungsantrag handelt es sich um dieselbe Angelegenheit.[20] Dieselbe Angelegenheit liegt auch bei wechselseitigen Scheidungsanträgen vor.[21] Werden Scheidungsanträgen getrennt eingereicht, liegt dieselbe Angelegenheit aber erst ab Verbindung vor.[22]

20 Bei Abtrennung einer Folgesache bleibt das Verfahren dieselbe Angelegenheit und es fallen die Gebühren nur einmal aus dem zusammengerechneten Verfahrenswert an,[23] vgl. dazu auch § 21 Abs. 3 RVG zur Unterscheidung zwischen solchen Folgesachen, die als isoliertes Verfahren fortzuführen sind und solchen, die trotz Abtrennung im Verbund bleiben (siehe § 4 Rn 635).

21 Bei wechselseitig beantragtem Zugewinnausgleich ist von verschiedenen Gegenständen auszugehen und eine Wertaddition vorzunehmen.[24] Zugewinnausgleich und Auseinandersetzung gemeinsamen Immobiliarvermögens der Eheleute bilden dieselbe Angelegenheit, wenn kein gesonderter Auftrag zur Auseinandersetzung der Eigentumsgemeinschaft bestand und die Übertragung des Miteigentums vergleichsweise anstelle der Zahlung einer Ausgleichsforderung erfolgt.[25] Eine Angelegenheit mit Gegenstandswerterhöhung liegt ebenfalls vor, wenn der Zugewinnausgleich bei gleichzeitiger Auseinandersetzung des Miteigentums durchgeführt wird.[26]

---

16 AG Koblenz FamRZ 2011, 668; AG Koblenz FamRZ 2001, 296 und FamRZ 2001, 512; AG Kehlheim FamRZ 2000, 1589; **a.A.** *Greißinger,* AnwBl. 1996, 606, 611; anders, wenn es sich um Kinder unterschiedlicher Mütter handelt, AG Mülheim-Ruhr AGS 2009, 510.
17 BGH AnwBl 1985, 257.
18 *Hartmann,* § 15 Rn 37.
19 LG Heidelberg MDR 1994, 518.
20 KG FamRZ 2011, 667 = AGS 2011, 65 m. Anm. *Thiel.*
21 KG MDR 1975, 1028.
22 OLG Bamberg JurBüro 1976, 775.
23 OLG Oldenburg AGS 2011, 125; OLG Düsseldorf AGS 2001, 27 = JurBüro 2000, 413; **a.A.** bei zuvor abgetrennten und ausgesetzten, dann aber wiederaufgenommenen Versorgungsausgleichsverfahren OLG Celle NJW 2010, 3791 = FamRZ 2011, 240 = AGS 2010, 533 m. Anm. *Thiel:* Neue Angelegenheit, auf die zuvor entstandene Gebühren anzurechnen sind; OLG Karlsruhe JurBüro 1999, 420; AG Hainichen AGS 2010, 536 m. Anm. *N. Schneider;* bewilligte PKH gilt aber weiter: OLG Rostock AGS 2010, 547.
24 OLG Celle MDR 2011, 492.
25 *Schneider/Wolf,* AnwK-RVG, § 15 Rn 76.
26 *Mayer/Kroiß,* RVG, § 15 Rn 81.

Praxistipp
Der Gesetzgeber hat zum 1.9.2009 das familienrechtliche Verfahrensrecht geändert, indem das Verbundverfahren den früher hohen Stellenwert etwas verloren hat; es in der Praxis häufiger zu isolierten Verfahren kommt und vielfältige Abtrennungsmöglichkeiten aus dem Verbund geschaffen wurden. Dies dürfte unseres Erachtens auch Auswirkungen auf die außergerichtliche Tätigkeit des Anwalts haben. Im Hinblick auf die 2-Jahres-Regelung in § 15 Abs. 5 RVG, fehlende gesetzliche Regelungen zu genau dieser (außergerichtlichen) Frage im RVG und die doch sehr strittige Rechtsprechung empfehlen wir jedoch dringend den Abschluss einer Vergütungsvereinbarung, wenn jeder außergerichtliche Gegenstand gesondert abgerechnet werden soll, auch um sich nicht dem Vorwurf der Gebührenüberhebung auszusetzen. Die Vereinbarung kann z.B. allein die Möglichkeit einer getrennten Abrechnung beinhalten, ohne dass sonstige Abweichungen vom RVG, wie z.B. höhere Gebühren geregelt werden. (Zum Abschluss von Vergütungsvereinbarungen vgl. § 3 Rn 1 ff.)

Wird ein Ehescheidungsverfahren von beiden Beteiligten nicht betrieben und hat der VKH-Anwalt eine Vergütung bereits erhalten, bekommt er nach einer Entscheidung des OLG Schleswig[27] dieselbe Vergütung nicht noch einmal, wenn das Verfahren mehrere Jahre später fortgeführt wird. Es liegt dieselbe Angelegenheit vor; die Ausnahmeregelung des § 15 Abs. 5 S. 2 RVG findet keine Anwendung.

III. Verschiedene und besondere Angelegenheiten

1. Allgemeines

In § 17 Nr. 4b RVG ist geregelt, dass das Verfahren in der Hauptsache und ein Verfahren über den Erlass einer einstweiligen Anordnung verschiedene Angelegenheiten darstellen, so dass hier gesondert Gebühren abgerechnet werden können, auch wenn der Rechtsanwalt in der Hauptsache selbst tätig wird.

Vor Inkrafttreten des 2. KostRMoG lautete § 17 Nr. 4b RVG wie folgt: *„das Verfahren in der Hauptsache und ein Verfahren über einen Antrag auf … b) Erlass einer … einstweiligen Anordnung"*. Die Formulierung „über einen Antrag" wurde zum 1.8.2013 gestrichen. Diese Änderung begründet der Gesetzgeber wie folgt:

> *„Die Regelung betrifft sämtliche Verfahren über den einstweiligen Rechtsschutz. Der Wortlaut geht grundsätzlich von Antragsverfahren aus. Nach dem Gesetz über das Verfahren in Familiensachen und in den Angelegenheiten der freiwilligen Gerichtsbarkeit gibt es aber auch Entscheidungen im einstweiligen Rechtsschutz, die von Amts wegen ergehen (z.B. § 156 Absatz 3 FamFG). Diesem Umstand soll die vorgeschlagene Formulierung Rechnung tragen."*[28]

2. Einzelfälle

Verschiedene Angelegenheiten liegen dann vor, wenn nach einer Klageerweiterung (Antragserweiterung) eine Trennung in mehrere Verfahren erfolgt.[29] Hinsichtlich der Besonderheiten im Falle der Abtrennung einer Folgesache aus dem Verbund (Folgesache bleibt trotz Abtrennung im Verbund oder Fortführung als isoliertes Verfahren) wird auf die Ausführungen zu § 21 Abs. 3 RVG verwiesen (siehe § 4 Rn 609).

---

27 OLG Schleswig, Beschl. v. 28.1.2013 – 15 WF 363/12 = BeckRS 2013, 03503 = FD-RVG 2013, 343922.
28 BT-Drucks 17/11471 vom 14.11.2012, S. 418.
29 LG Saarbrücken MDR 2001, 1442.

§ 4 Gebühren in Familiensachen

27 Verschiedene Angelegenheiten liegen auch dann vor, soweit es sich um mehrere Verfahren handelt, dies gilt selbst bei gleichartigen Sachverhalten.[30]

28 Bei der Vertretung volljähriger Kinder handelt es sich üblicherweise bei getrennter Bearbeitung um verschiedene Angelegenheiten, da das Mandat von unterschiedlichen Personen erteilt wird und jeder einzelne Anspruch unterschiedlich zu begründen und berechnen ist.[31]

29 Verschiedene Angelegenheiten sind ferner:
- Kindesunterhalt und Ehegattenunterhalt[32]
- Trennungsunterhalt und Voraussetzungen der Ehescheidung[33]
- Trennungsunterhalt und Geschiedenenunterhalt[34] (nachehelicher Unterhalt)
- Trennungsunterhalt und nach Versöhnung erneuter Trennungsunterhalt[35]
- Geltendmachung von Trennungsunterhalt und Erstattung von Stromkosten[36] oder Anspruch auf Zugewinnausgleich[37]
- Sorge- und Umgangsrechtsverfahren[38]
- Zugewinnauseinandersetzung und Vermögensauseinandersetzung (außergerichtlich)[39]

30 Die Vermögensauseinandersetzung geschiedener Eheleute und die Beschaffung eines Darlehens für einen Partner zum Beispiel zur Übernahme eines Hausmiteigentumsanteils im Rahmen der Vermögensauseinandersetzung sind gebührenrechtlich verschiedene Angelegenheiten.[40]

31 Einstweiliges Anordnungsverfahren auf Unterhalt und späteres Abänderungsverfahren sind verschiedene Angelegenheiten.[41]

32 Einstweilige Verfügung nach § 1 Abs. 1 S. 1 GewSchG und deren Verlängerung sind unterschiedliche Angelegenheiten.[42]

33 Ob die nach FGG-RG wiederaufgenommene Folgesache Versorgungsausgleich eine neue Angelegenheit ist, ist umstritten.[43] Ist das Verfahren vor dem Inkrafttreten des FamFG abgetrennt worden, liegt eine neue Angelegenheit vor.[44]

34 Kritisch ist die Frage, ob eine oder mehrere Angelegenheiten vorliegen, wenn eine Mandatierung im Rahmen der Beratungshilfe erfolgt. (Zur Differenzierung siehe Ausführungen unter § 6 Rn 70 ff.)

---

30 OLG Hamm FamRZ 1992, 711, LG Neubrandenburg JurBüro 1996, 640, **a.A.:** BVerwG NJW 2000, 2289.
31 Achtung: hier droht das Problem des Parteiverrats: OLG München StRR 2011, 113.
32 OLG Köln AGS 2009, 422.
33 AG Detmold FamRZ 2009, 2029.
34 BGH NJW 1981, 978 = FamRZ 1981, 242.
35 OLG Hamm NJW-Spezial 2011, 228.
36 OLG Köln RVGreport 2010, 299.
37 AG Darmstadt FamRZ 2011, 137.
38 BGH AnwBl. 2012, 928; AG Unna AGS 2008, 445 = FamRZ 2008, 800; a.A. KG RVGreport 2010, 141 m. Anm. *Hansens*.
39 OLG Nürnberg MDR 2011, 759; *Saarbrücken* AGS 2011, 123; **a.A.** LG Darmstadt FamRZ 2012, 812.
40 OLG Nürnberg AnwBl. 1974, 327.
41 *Müller-Rabe* NJW 2010, 2009; vgl. auch BGH MDR 2011, 40 = NJW 2011, 455 für den Verfahrensbeistand; anders für Verfahren vor Inkrafttreten des FamFG OLG Koblenz AGS 2007, 425.
42 OLG Zweibrücken AGS 2012, 461 = RVGreport 2012, 377; AG Bad Kreuznach NJW-Spezial 2009, 124, **a.A.** noch der Kostenbeamte AGS 2008, 596.
43 Bejahend: OLG Dresden MDR 2011, 493; OLG Jena AGS 2010, 596 m. Anm. *Thiel*; verneinend: KG AGS 2010, 599.
44 BGH FamRZ 2011, 635 = NJW 2011, 1141 = NJW-Spezial 2011, 230 = MDR 2011, 442 = RVGreport 2011, 193 m. Anm. *Hansens* (für Versorgungsausgleich); OLG Jena AGS 2011, 134 = FamRZ 2011, 1060 (für Versorgungsausgleich); OLG Oldenburg NJW 2011, 1614 (für Versorgungsausgleich).

IV. Einstweilige Anordnungen als besondere Angelegenheiten

Bis zum 31.8.2009 waren die einstweiligen Anordnungen in § 18 RVG in Nr. 1 u. 3 als besondere Angelegenheiten geregelt. Durch das FGG-RG sind diese beiden Nummern ersatzlos gestrichen worden, wobei dies keinesfalls bedeutet, dass der Rechtsanwalt für seine Tätigkeit im Verfahren auf Erlass einer einstweiligen Anordnung keine gesonderten Gebühren abrechnen kann. Dies ergibt sich schon allein aus der Tatsache, dass das Verfahren auf Erlass einer einstweiligen Anordnung im Verhältnis zur Hauptsache nach § 17 Nr. 4b RVG als verschiedene Angelegenheit definiert wird.

Die Streichung der beiden Nummern 1 u. 3 des § 18 RVG hat der Gesetzgeber wie folgt begründet:[45]

> *„Zu Nummer 7 (§ 18 RVG)*
>
> *Zu Buchstabe a*
>
> *Zu den Doppelbuchstaben aa und bb*
>
> *Der vorgeschlagene Wegfall der bisherigen Nummern 1 und 2 für einstweilige Anordnungen auf Zahlung eines Prozesskostenvorschusses und für einstweilige Anordnungen in Familiensachen beruht auf der im FamFG vorgeschlagenen neuen Struktur des Rechts der einstweiligen Anordnung. Diese sollen künftig nicht mehr innerhalb eines Hauptsacheverfahrens erlassen werden können, sondern ergehen grundsätzlich im selbstständigen Verfahren (vgl. Begründung zu § 49 FamFG). Dass mehrere derart verselbstständigte Verfahren jeweils eine eigene Angelegenheit bilden, versteht sich von selbst und bedarf ebenso wie bei Arrest und einstweiliger Verfügung keiner besonderen Regelung."*

Auf die Gebühren in einstweiligen Anordnungen wird vertiefend unter § 4 Rn 644 u. 678 eingegangen; die Gegenstandswerte finden Sie unter § 2 Rn 362 u. § 4 Rn 673 ausführlich dargestellt.

V. Fortführung einer Folgesache als selbstständige Familiensache

Die Möglichkeit, Folgesachen aus dem Verbund abzutrennen und getrennt zu entscheiden, wurde in § 140 FamFG zusammenfassend geregelt. Der Gesetzgeber hat hierbei einige Erleichterungen für die Abtrennung geschaffen.

> **§ 140 FamFG**
>
> (1) ¹Wird in einer Unterhaltsfolgesache oder Güterrechtsfolgesache außer den Ehegatten eine weitere Person Beteiligter des Verfahrens, ist die Folgesache abzutrennen.
>
> (2) ²Das Gericht kann eine Folgesache vom Verbund abtrennen. ³Dies ist nur zulässig, wenn
> 1. in einer Versorgungsausgleichsfolgesache oder Güterrechtsfolgesache vor der Auflösung der Ehe eine Entscheidung nicht möglich ist,
> 2. in einer Versorgungsausgleichsfolgesache das Verfahren ausgesetzt ist, weil ein Rechtsstreit über den Bestand oder die Höhe eines Anrechts vor einem anderen Gericht anhängig ist,
> 3. in einer Kindschaftsfolgesache das Gericht dies aus Gründen des Kindeswohls für sachgerecht hält oder das Verfahren ausgesetzt ist,
> 4. seit der Rechtshängigkeit des Scheidungsantrags ein Zeitraum von drei Monaten verstrichen ist, beide Ehegatten die erforderlichen Mitwirkungshandlungen in der Versorgungsausgleichsfolgesache vorgenommen haben und beide übereinstimmend deren Abtrennung beantragen oder
> 5. sich der Scheidungsausspruch so außergewöhnlich verzögern würde, dass ein weiterer Aufschub unter Berücksichtigung der Bedeutung der Folgesache eine unzumutbare Härte darstellen würde, und ein Ehegatte die Abtrennung beantragt.

---

45 BT-Drucks 16/6308, S. 339, rechte Spalte.

§ 4 Gebühren in Familiensachen

(3) ⁴Im Fall des Absatzes 2 Nr. 3 kann das Gericht auf Antrag eines Ehegatten auch eine Unterhaltsfolgesache abtrennen, wenn dies wegen des Zusammenhangs mit der Kindschaftsfolgesache geboten erscheint.

(4) ⁵In den Fällen des Absatzes 2 Nr. 4 und 5 bleibt der vor Ablauf des ersten Jahres seit Eintritt des Getrenntlebens liegende Zeitraum außer Betracht. ⁶Dies gilt nicht, sofern die Voraussetzungen des § 1565 Abs. 2 des Bürgerlichen Gesetzbuchs vorliegen.

(5) ⁷Der Antrag auf Abtrennung kann zur Niederschrift der Geschäftsstelle oder in der mündlichen Verhandlung zur Niederschrift des Gerichts gestellt werden.

(6) ⁸Die Entscheidung erfolgt durch gesonderten Beschluss; sie ist nicht selbstständig anfechtbar.

39 Wird eine Folgesache des § 137 Abs. 2 FamFG abgetrennt, so bleibt sie auch nach Abtrennung Folgesache; der Verbund besteht insoweit fort (§ 137 Abs. 5 S. 1 FamFG. Dies gilt nach einer Entscheidung des BGH[46] auch für die Folgesache Versorgungsausgleich, die im Falle einer Abtrennung grundsätzlich Folgesache bleibt; dabei komme es nicht darauf an, ob es sich um Verfahren nach neuem oder altem Recht (Rechtslage vor bzw. nach dem 1.9.2009) handle. Eine Ausnahme gilt lediglich für Versorgungsausgleichsverfahren, die nach Art. 111 Abs. 4 FGG-RG als selbstständige Familiensache nach neuem Recht fortzuführen sind. Hinsichtlich der jeweiligen Übergangsvorschriften des Art. 111 FGG-RG wird auf obige Ausführungen verwiesen (siehe § 1 Rn 89 ff.).

40 Nach § 21 Abs. 3 RVG sind das fortgeführte Verfahren und das frühere Verfahren dieselbe Angelegenheit, wenn eine Folgesache als selbstständige Familiensache fortgeführt wird.[47]

Zur Begründung der Änderung verweist der Gesetzgeber auf § 6 Abs. 2 FamGKG.[48]

„Der vorgeschlagene neue Absatz 3 übernimmt die in § 6 Abs. 2 FamGKG vorgesehene Regelung auch für die Rechtsanwaltsgebühren."

Auf die Begründung für diese Regelung wird Bezug genommen. Dort heißt es:[49]

„Der zusätzlich in Absatz 1 eingefügte Satz 2 soll die Abgabe nach § 4 FamFG der Verweisung gleichstellen. Damit wird sichergestellt, dass die Gebühren auch im Fall der Abgabe an ein anderes Gericht nur einmal entstehen. Der ebenfalls zusätzlich aufgenommene Absatz 2 soll den Fall regeln, dass eine Folgesache, z.B. durch Abtrennung von der Scheidungssache, als selbstständige Familiensache fortgeführt wird. Die selbstständige Familiensache soll so behandelt werden als sei sie nie im Verbund gewesen. Dies bedeutet, dass diese Sache bei der Gebührenberechnung des Scheidungsverfahrens unberücksichtigt bleibt. Werden Folgesachen abgetrennt, aber nach § 137 Abs. 5 Satz 1 FamFG als Folgesache fortgeführt, sollen Scheidung und Folgesachen als einheitliches Verfahren abgerechnet werden."

41 *Beispiel*
Scheidung wurde im Dezember 2012 beantragt, nachdem die Beteiligten seit November 2011 getrennt leben. VA zieht sich wegen ungeklärter Konten ewig in die Länge. Beide Ehegatten haben alle Mitwirkungshandlungen erfüllt. Auch nach 8 Monaten ist noch kein Ende in Sicht. Sofern die Ehegatten nun die Abtrennung der Folgesache VA beantragen, ist dies möglich, da alle Voraussetzungen erfüllt sind.

---

46 BGH, Beschl. v. 16.2.2011 – XII ZB 261/10 = NJW 2011, 1141.
47 BGBl I 2008, 2585, S. 2717, linke Spalte (Art. 47 Abs. 6 Nr. 9 FGG-Reform-Gesetz).
48 BT-Drucks 16/6308, S. 340, rechte Spalte, zu Nummer 9 (§ 21 RVG).
49 BT-Drucks 16/6308, S. 301, rechte Spalte, zu § 6.

Beispiel 42

Scheidung wurde im Dezember 2011 beantragt, nachdem die Beteiligten seit November 2010 getrennt leben. Wegen der Einholung eines Sachverständigengutachtens zur Bewertung des Betriebes des Ehemannes verzögert sich die Scheidung immens. Auskunftsverpflichtungen des Gerichts kommt der Antragsgegner ebenfalls nicht regelmäßig und zeitnah nach. Im Januar 2013 beantragt schließlich die Antragstellerin die Abtrennung der Folgesache Zugewinnausgleich. Die Voraussetzungen dürften hier gegeben sein. Insofern kann auf bisher ergangene Rechtsprechung zurückgegriffen werden.[50] In der Praxis wird daher eine Abwägung der Interessen des Antragstellers mit denen des Antragsgegners zu erfolgen haben. Wird z.B. die Abtrennung begehrt, um nach Scheidung ins Ausland umzuziehen, wird häufig das Interesse an der Beibehaltung im Verbund stärker wiegen als das Interesse an einer schnellen Scheidung. Denn ohne Frage ist die Informationsbeschaffung bei einer im Ausland lebenden Person ungleich schwieriger als im Inland.

Hinweis 43

Wird ein Scheidungsantrag verfrüht gestellt, um z.B. den Stichtag für VA und Zugewinnausgleich nach „vorne" zu verlagern, zählt diese Zeit bei der Berechnung des 3-Monatszeitraums bzw. der unzumutbaren Länge nach § 140 Abs. 2 Nr. 4 u. 5 FamFG nicht mit.

Das Gericht kann auch abtrennen, wenn eine Verzögerung nicht durch die Erledigung der betreffenden Folgesachen im Verbund bedingt ist, sondern z.B. auch andere Verzögerungsgründe, wie eine Überlastung des Gerichts vorliegen.[51] 44

Damit werden folgende Fallkonstellationen unterschieden: 45

1. Eine Folgesache wird abgetrennt und nicht als Folgesache fortgeführt, sondern als selbstständiges Verfahren. Folge: Das Verbundverfahren wird ohne die abgetrennte – nun als isoliertes Verfahren fortgeführte – Sache abgerechnet. Zudem erfolgt eine gesonderte Abrechnung des abgetrennten Verfahrens als isoliertes Verfahren.
2. Eine Folgesache wird abgetrennt und trotz Abtrennung als Folgesache fortgeführt. Die Abrechnung erfolgt einheitlich als Verbund- mit Folgesache.

Abrechnungsbeispiele bei Abtrennung einer Folgesache aus dem Verbund, (vgl. § 4 Rn 634 ff.). 46

VI. Einbeziehung einer selbstständigen Familiensache in den Verbund

Die nachstehenden Kindschaftssachen können nach § 137 Abs. 3 FamFG Folgesachen sein. 47

- Verfahren die die Übertragung oder Entziehung der elterlichen Sorge,
- das Umgangsrecht oder
- die Herausgabe eines gemeinschaftlichen Kindes der Ehegatten oder
- das Umgangsrecht eines Ehegatten mit dem Kind des anderen Ehegatten betreffen,

wenn ein Ehegatte vor Schluss der mündlichen Verhandlung im ersten Rechtszug in der Scheidungssache die Einbeziehung in den Verbund beantragt, es sei denn, das Gericht hält die Einbeziehung aus Gründen des Kindeswohls nicht für sachgerecht.

---

50 Überwiegendes Interesse des Antragstellers wurde bejaht bei: begrenzter Lebenserwartung mit beabsichtigter Wiederheirat OLG Hamm FamRZ 2007, 651; bevorstehende Geburt eines Kindes aus neuer Beziehung bei gleichzeitig abgesicherter wirtschaftlicher Lage des anderen Ehegatten BGH NJW 1987, 1772 f.; bewusste Verzögerung der Scheidung wegen Zahlung des Trennungsunterhalts, vgl. dazu BGH FamRZ 1991, 2491 f.
51 BT-Drucks 16/6308 S. 231.

§ 4 Gebühren in Familiensachen

48 **Wichtig**

Nur wenn beantragt wird, die Kindschaftssache als Folgesache zu behandeln, wird diese in den Verbund aufgenommen, da Kindschaftssachen nicht im Zwangsverbund sind, § 137 Abs. 3 FamFG. Ohne Antrag wird zwar das Amtsgericht – Familiengericht – München im Beispielfall örtlich zuständig; die Kindschaftssache wird dort aber als isolierte (selbstständiges) Verfahren fortgeführt.

49 Folgesachen nach § 137 Abs. 2 FamFG sind:
1. Versorgungsausgleichssachen,
2. Unterhaltssachen, sofern sie die Unterhaltspflicht gegenüber einem gemeinschaftlichen Kind oder die durch Ehe begründete gesetzliche Unterhaltspflicht betreffen mit Ausnahme des vereinfachten Verfahrens über den Unterhalt Minderjähriger,
3. Ehewohnungs- und Haushaltssachen und
4. Güterrechtssachen,

wenn eine Entscheidung **für den Fall der Scheidung** zu treffen ist und die Familiensache spätestens zwei Wochen vor der mündlichen Verhandlung im ersten Rechtszug in der Scheidungssache von einem Ehegatten anhängig gemacht wird. Für die Durchführung des Versorgungsausgleichs bedarf es keines Antrags.

50 Werden zuvor selbstständige Familiensachen (z.B. Unterhalt) in den Verbund mit einbezogen, so bleiben die vor Eintritt des Verbundes in den selbstständigen Verfahren angefallenen Gebühren und Auslagenpauschalen bestehen.

51 Die nach dem Eintritt des Verbundes anfallenden Gebühren sind nach dem Gesamtverfahrenswert des Verbundes berechnet. Da jedoch das zunächst selbstständige Verfahren und das spätere Verbundverfahren dieselbe Angelegenheit im Sinne des § 15 Abs. 2 RVG darstellen, können die gleichen Gebühren auch nur einmal entstehen.

52 Entsteht im Verbundverfahren später eine Gebühr, die im selbstständigen Verfahren noch nicht entstanden ist, so ist die Abrechnung unproblematisch, da die Gebühr in vollem Umfang stehen bleibt. Schwieriger liegt der Fall, wenn im Verbund nach dem Gesamtwert eine Gebühr entsteht, die bereits zuvor im selbstständigen Verfahren entstanden ist.

53 Während die im selbstständigen Verfahren entstandene Gebühr nach dem Wert des Gegenstands für das selbstständige Verfahren berechnet worden ist, bildet dieser Gegenstandswert nach Verbund nur noch einen Teil des Gesamtverfahrenswertes. Aus diesem Grund muss die anteilige Gebühr der Folgesache an der Gesamtgebühr des Verbundes berechnet werden.

Beispiel

Es ist ein isoliertes Sorgerechtsverfahren anhängig.

Wert: 3.000,00 EUR. Es kam bisher noch zu keinem Termin.

Nun wird anhängig die Scheidung (Wert: 45.000,00 EUR); Versorgungsausgleich (Wert: 3.000,00 EUR), elterliche Sorge (Wert: 3.000,00 EUR). Nach Verhandlung ergeht ein Beschluss.

Vor der Einbeziehung in den Verbund sind entstanden:

1,3 Verfahrensgebühr aus 3.000,00 EUR	261,30 EUR
Auslagenpauschale	20,00 EUR
Zwischensumme	281,30 EUR
zzgl. Umsatzsteuer	

Im Verbund sind entstanden:

1,3 Verfahrensgebühr aus 51.000,00 EUR	1.622,40 EUR
1,2 Terminsgebühr aus 51.000,00 EUR	1.497,60 EUR
Auslagenpauschale	20,00 EUR
Zwischensumme	3.140,00 EUR
zzgl. Umsatzsteuer	

Nun ist zu ermitteln, wie hoch die Verfahrensgebühr (nur diese ist hier betroffen) für die einzelnen Verfahren gewesen wäre:

1,3 Verfahrensgebühr aus 45.000,00 EUR	1.414,40 EUR
1,3 Verfahrensgebühr aus 3.000,00 EUR	261,30 EUR
1,3 Verfahrensgebühr aus 3.000,00 EUR	261,30 EUR
Summe der Einzelgebühren	1.937,00 EUR

Formel:

Gesamtgebühr aus Verbundverfahren

= 1.622,40 EUR × Einzelgebühr aus isoliertem Sorgerechtsverfahren 261,30 EUR geteilt durch die Summe der Einzelgebühren = 1.937,00 EUR ergibt: 218,86 EUR.

Der Rechtsanwalt kann also für das isolierte Verfahren nur noch eine Verfahrensgebühr in Höhe von (261,30 EUR abzgl. 218,86 EUR =) 42,44 EUR fordern.

B. Beratung/Gutachten/Mediation

I. Gebührenvereinbarungen für eine Beratung

1. § 34 RVG – Inhalt

„(1) ¹Für einen mündlichen oder schriftlichen Rat oder eine Auskunft (Beratung), die nicht mit einer anderen gebührenpflichtigen Tätigkeit zusammenhängen, für die Ausarbeitung eines schriftlichen Gutachtens und für die Tätigkeit als Mediator soll der Rechtsanwalt auf eine Gebührenvereinbarung hinwirken, soweit in Teil 2 Abschnitt 1 des Vergütungsverzeichnisses keine Gebühren bestimmt sind. ²Wenn keine Vereinbarung getroffen worden ist, erhält der Rechtsanwalt Gebühren nach den Vorschriften des bürgerlichen Rechts. ³Ist im Falle des Satzes 2 der Auftraggeber Verbraucher, beträgt die Gebühr für die Beratung oder die Ausarbeitung eines schriftlichen Gutachtens jeweils höchstens 250 EUR, § 14 Abs. 1 gilt entsprechend; für ein erstes Beratungsgespräch beträgt die Gebühr jedoch höchstens 190 EUR.

(2) Wenn nichts anderes vereinbart ist, ist die Gebühr für die Beratung auf eine Gebühr für eine sonstige Tätigkeit, die mit der Beratung zusammenhängt, anzurechnen."

54

Praxistipp
Um späteren Streit mit dem Mandanten zu vermeiden, sollte vor dem Einstieg in die rechtliche Beratung eine Gebührenvereinbarung getroffen werden.

55

Henke vertrat die nach meiner Auffassung richtige Meinung, dass die Formvorschriften des § 4 RVG auf § 34 RVG nicht zur Anwendung kommen.[52] Dies ist nun im § 3a Abs. 1 S. 4 RVG durch den Gesetzgeber auch klarstellend geregelt. Es gelten also hier weder Schrift- noch Textform für

56

---

52 *Henke*, AnwBl 2006, 653.

die Gebührenvereinbarung im Sinne des § 34 RVG, das heißt, für reine Beratungen, die Erstellung eines Gutachtens oder die Mediation.

57 *Praxistipp*
Aus Nachweiszwecken kann sich eine schriftliche (textliche) Abfassung der Vereinbarung anbieten!

58 Ist der vereinbarte Betrag für die Beratung vom Mandanten gleich bar bezahlt worden, erübrigt sich der Abschluss einer schriftlichen Vereinbarung.[53]

2. Folgen der fehlenden Vereinbarung

59 Berät der Rechtsanwalt ohne eine Vergütungsvereinbarung abgeschlossen zu haben, so hat dies nach § 34 Abs. 1 S. 2 u. 3 RVG Folgen:
- Der Unternehmer schuldet eine Vergütung nach dem BGB (§ 612) – die übliche Vergütung – was in der Regel ein Stundensatz bedeuten dürfte.[54]
- Der Verbraucher schuldet max. 250,00 EUR, wenn es sich nicht um ein erstes Beratungsgespräch handelte, wobei § 14 RVG zu berücksichtigen ist.
- Der Verbraucher schuldet max. 190,00 EUR, wenn es sich um ein erstes Beratungsgespräch handelte, wobei auch hier § 14 RVG zur Anwendung kommt.

60 Es stellt sich daher die Frage in der Praxis, wann der Rechtsanwalt/die Rechtsanwältin die Vergütungsfrage ansprechen sollte. Die Antwort kann aufgrund der oben beschriebenen Folgen nur lauten: möglichst frühzeitig!

61 *Praxistipp*
Da erfahrungsgemäß Anwälte die Vergütungsfrage ungern gleich zu Beginn des Beratungsgesprächs ansprechen, bietet es sich an, nach Möglichkeiten zu suchen, den Mandanten auf ein solches Gespräch einzustimmen. Möglich wäre beispielsweise eine Auslage im Wartezimmer. Denkbar ist aber auch ein Anschreiben an den Mandanten.

62 Zu beachten ist, dass das Gespräch des Anwalts mit dem Auftraggeber über die Vergütung zur Akquise gehört (Vertragsanbahnung) und für derartige Gespräche eine Vergütung nicht beansprucht werden kann.

3. „Die übliche Vergütung"

63 Die übliche Vergütung bemisst sich „nach dem für gleiche oder ähnliche Dienstleistungen im gleichen oder ähnlichen Gewerbe oder Beruf von unter Berücksichtigung der persönlichen Verhältnisse des Berechtigten gezahlten Entgelt".[55] Sofern sich eine übliche Vergütung nicht bestimmten lässt oder es an einer solchen fehlt, hat nach § 316 BGB der Vertragsteil das Bestimmungsrecht, welcher die Gegenleistung zu fordern hat. Die Bestimmung hat nach billigem Ermessen zu erfolgen, § 315 Abs. 1 BGB. Eine Bestimmung ist für den anderen Vertragsteil jedoch nur dann verbindlich, wenn sie der Billigkeit entspricht. Sofern die so festgelegte Vergütung der Billigkeit nicht entspricht, wird die Bestimmung durch Urteil getroffen, § 315 Abs. 3 BGB.

---

53 *Bischof* in Bischof/Jungbauer, u.a., § 34 RVG, Rn 31.
54 *Bischof* in Bischof/Jungbauer, u.a., § 34 Rn 50 mit lesenswerter Begründung.
55 BGH NJW-RR 1990, 349.

B. Beratung/Gutachten/Mediation § 4

Bei der Bestimmung der „üblichen" Vergütung ist auf das abzustellen, was für einschlägige Fälle andere, vergleichbare Rechtsanwälte in der Region vereinbaren.[56] Das Soldan-Institut für Anwaltmanagement hat das Ergebnis einer Studie herausgegeben.[57]

64

Stundensätze der Rechtsanwälte liegen zwischen 100,00 EUR und 600,00 EUR; international tätige Großkanzleien verlangen auch oft mehr.[58]

65

Nach meiner Erfahrung in der Praxis liegen in Familiensachen die Stundensätze bei durchschnittlichen Einkommen zwischen 100,00 und 300,00 EUR je nach Region. Bei sehr vermögenden Ehegatten werden auch 350,00 EUR und mehr vereinbart. Die Region, in der der Rechtsanwalt seine Kanzlei hat, spielt bei der Bemessung der Stundensätze eine ganz entscheidende Rolle. Dabei können sich schon innerhalb eines Kammerbezirks erhebliche Unterschiede ergeben.

66

Eine Angemessenheitskontrolle an eine vereinbarte Vergütung, wie § 3a RVG dies fordert, kann nach richtiger Ansicht von Bischof für § 34 RVG nicht zur Anwendung kommen, da § 3a RVG auf § 34 nicht anwendbar ist. Einzige gesetzliche Regelung für die mündliche oder schriftliche Beratung ist § 34 RVG. Wenn eine Gebührenvereinbarung getroffen worden ist, schließt sich auch die Bemessung an der „üblichen Vergütung" nach § 612 BGB aus, da § 34 S. 1 und 2 sich gegenseitig ausschließen.[59]

67

Es gibt keine Vergütung nach dem RVG, an der die übliche Vergütung bemessen werden kann.[60] Richtig führt *Bischof* aus,[61] dass der Gesetzgeber ja eben gerade die gesetzliche Vergütung für die Beratung abgeschafft hat und der Markt allein regulierend wirken sollte. Auch für den Verbraucher wurde ausdrücklich die Gebührenvereinbarung freigegeben.[62]

68

Auch das **Bundesverfassungsgericht** hat sich bereits mit § 34 RVG beschäftigt, als er über eine Ebay-Versteigerung (60 Minuten Beratung, Startpreis 1,00 EUR) zu entscheiden hatte:

69

> *„Da der Gesetzgeber den Rechtsanwälten durch § 34 RVG im Bereich der außergerichtlichen Beratung den Preiswettbewerb eröffnet hat, sind Internetauktionen über anwaltliche Beratungsleistungen auch nicht deswegen berufsrechtswidrig, weil der Rechtsanwalt sein Angebot wirksam nur an den Höchstbietenden richtet und dadurch der Anschein erweckt werde, es handelte sich um eine normierte Handelsware und ihm käme es auf die Erzielung eines maximalen Gewinns an."*

Hinweis
Beratungen sind seit dem 1.7.2006 NICHT mehr nach dem Gegenstandswert abzurechnen. Die gesetzliche Regelung sieht eindeutig den Abschluss einer Gebührenvereinbarung vor. Wenn eine solche mit einem Verbraucher nicht geschlossen worden ist, ist der Rechtsanwalt bezüglich seiner Gebührenforderung auf 190,00 EUR bzw. max. 250,00 EUR beschränkt (vgl. § 4 Rn 59).

70

---

56 *Krämer/Maurer/Kilian*, Vergütungsvereinbarung und -management, Rn 465; Hansens, RVG-Report 2006, 122.
57 „Vergütungsbarometer" http://www.soldaninstitut.de/index.php?id=verguetungsbarometer, zu den durchschnittlichen Stundensätzen in den jeweiligen Kammerbezirken.
58 BRAK Informationen Heft 5, Januar 2006, S. 11.
59 So auch *Bischof* in Bischof/Jungbauer, u.a., § 34 RVG, Rn 35.
60 *Bischof* in Bischof/Jungbauer u.a., § 34 RVG, Rn 32.
61 *Bischof* in Bischof/Jungbauer, u.a., § 34 RVG, Rn 32.
62 *Bischof* in Bischof/Jungbauer, u.a., § 34 RVG, Rn 35; *Henssler* „Aktuelle Praxisfragen anwaltlicher Vergütungsvereinbarungen", NJW 2005, 1537 m. Hinweisen auf die Presseerklärung des BMJ.

4. Beschränkung für Verbraucher

71 Hat der Rechtsanwalt keine Gebührenvereinbarung getroffen (und NUR DANN!), kann er, wenn der Auftraggeber Verbraucher ist, max. 250,00 EUR und, wenn es sich um ein erstes Beratungsgespräch gehandelt hat, max. 190,00 EUR abrechnen; § 14 RVG ist entsprechend anzuwenden.

72 § 13 BGB regelt, wer Verbraucher ist: *„Verbraucher ist jede natürlich Person, die ein Rechtsgeschäft zu einem Zweck abschließt der weder ihrer gewerblichen noch ihrer selbstständigen beruflichen Tätigkeit zugeordnet werden kann."*

73 Die Frage, ob der Auftraggeber hinsichtlich des erteilten Anwaltsauftrages als Verbraucher angesehen werden muss oder aber hinsichtlich des Inhalts seines Beratungsauftrags, wurde in der Literatur nicht einheitlich beantwortet.[63]

74 Es ist jedoch bei der Beurteilung, ob der Auftraggeber gebührenrechtlich als Verbraucher zu werten ist, auf den Gegenstand des Anwaltsvertrags abzustellen, nicht darauf, ob der Mandant wegen eines Verbrauchergeschäfts zum Anwalt kommt.[64]

75 Das BAG ließ in einer Entscheidung die „Verbraucher-Frage" offen; es ging um einen Arbeitnehmer, der sich über sein Arbeitsverhältnis beraten ließ.[65] Das OLG Hamm hat demgegenüber die Verbrauchereigenschaft eines Arbeitnehmers bejaht.[66] Ausführlich und kritisch geht *Hansens* auf diese Entscheidung ein.[67] *Hansens* ist der Auffassung, dass auch in diesem Fall die Verbrauchereigenschaft zu bejahen sei, da die Begrenzung der Beratungsgebühr dem Verbraucherschutz diene, der auch einem Arbeitnehmer nicht vorenthalten bleiben dürfe.[68] Auch wenn die Rechtsprechung bisher in vielen Fällen zum materiellen Recht die Verbraucherstellung eines Auftraggebers verneint hat,[69] ist der Auffassung von *Hansens* zu folgen, der zur Abgrenzung der Verbraucherstellung folgende Faustformel anregt: *„Berät der Rechtsanwalt einen Unternehmer über eine sein Unternehmen betreffende Rechtsfrage, stellt dies keine Erstberatung i.S.d. Gebührenrechts dar. In allen übrigen Fällen ist die Beratungsgebühr auf 190 EUR beschränkt".*[70]

76 *Schneider* spricht sich ebenfalls dafür aus, dass darauf abzustellen sei, ob der Auftraggeber die Beratung hinsichtlich seiner Privatsphäre oder hinsichtlich einer eventuellen selbstständigen freiberuflichen oder gewerblichen Tätigkeit sucht.[71] Dabei ist nach Ansicht von *Schneider* in Familiensachen in der Regel von einer Verbraucherstellung des Auftraggebers auszugehen, nur in seltenen Fällen sei etwas anderes anzunehmen.

Verbraucher ist nach Ansicht von Bischof *„sogar der vermögende Unternehmer oder Vorstandsvorsitzende eins DAX-Unternehmens wenn er sich in seiner Scheidungs- oder Erbangelegenheit beraten lässt. Trotz seiner immensen Einkommens- und Vermögensverhältnisse braucht er, wenn er*

---

63 Nur wenn die Beratung den privaten Rechtsbereich des Auftraggebers betrifft, gilt dieser als Verbraucher, vgl. *Gerold/Schmidt/Mayer*, § 34 Rn 52; *Mayer/Kroiß*, § 34 Rn 99; dazu auch *Hansens/Braun/Schneide*, Teil 7, Rn 34 f.; *Burhoff*, Teil B „Beratungsgebühr", Rn 25, der auf den Anwaltsvertrag abstellt, da viele Beratungsgegenstände keinem Rechtsgeschäft zuzuordnen sind.
64 *Bischof* in Bischof/Jungbauer u.a., § 34 Rn 56.
65 BAG NJW 2004, 2401 = MDR 2004, 948 = NZA 2004, 596 = DB 2004, 1208.
66 OLG Hamm Urt. v. 3.8.2004, Az: 4 U 94/04 = RVGreport 2004, 432.
67 *Hansens*, RVGreport 2005, 426.
68 So auch in: *Hansens/Braun/Schneider*, Teil 7, Rn 37 f.
69 AG Hamburg-St. Georg JurBüro 2005, 645; vgl. dazu auch: BAG NJW 2005, 3305, 3308; *Mock*, AGS 2004, 230.
70 *Hansens/Braun/Schneider*, Teil 7, Rn 39; sowie *Hansens*, RVGreport 2004, 327 Kap. aa.
71 *Hansens/Braun/Schneider*, Teil 9, Rn 255 f.

keine ausdrückliche Gebührenvereinbarung getroffen hat, nur 190,00 EUR, maximal 250,00 EUR für die Beratung angesichts des Wortlauts von Satz 3 zu zahlen."[72]

Nach Ansicht der Verfasserinnen kann in Familiensachen dann nicht mehr von einem Verbraucher gesprochen werden, wenn Gegenstand der Beratung beispielsweise ein modifizierter Zugewinnausgleich ist, der das Unternehmen eines Ehegatten betrifft.

> *Praxistipp*
> Da es bei derartigen Fällen regelmäßig auch um hohe Wertigkeiten geht, sollte der Rechtsanwalt jedoch im Hinblick auf die strittige Frage mit dem Auftraggeber vereinbaren, dass die Kappungsgrenze nicht gelten soll.

5. Tätigkeitsumfang entscheidend

Die Kappungsgrenze orientiert sich an der tatsächlich erbrachten Tätigkeit und nicht am erteilten Auftrag. Damit wird der Rechtsanwalt geschützt, dessen Auftraggeber nach einer umfangreicheren Tätigkeit des Rechtsanwalts nach Inanspruchnahme der Leistungen (z.B. weitergehende Beratungen) behauptet, er habe nur den Auftrag für eine erste Beratung erteilt.

6. Ende der ersten Beratung

Nach einer Entscheidung des BGH[73] handelt es sich bei einer Erstberatung um *„eine pauschale, überschlägige Einstiegsberatung. Dazu gehört nicht, dass sich der Rechtsanwalt erst sachkundig macht oder dass er die Erstberatung schriftlich zusammenfasst."*

Nach Ansicht der Rechtsprechung fallen unter ein erstes Beratungsgespräch nicht: die Beantwortung einer Zusatzfrage, die in einem weiteren Beratungsgespräch beantwortet wird;[74] eine weitere Berechnung des Trennungsunterhalts, nachdem zuvor über die Scheidungsvoraussetzungen und Scheidungsfolgen beraten wurde;[75] Beratung über Vorschläge in einem zweiten Beratungsgespräch, die beim ersten Gespräch noch nicht vorlagen;[76] wenn der Mandant bis zur nächsten Beratung eine „Bedenkzeit" benötigt.[77] Kam es jedoch im ersten Beratungsgespräch nicht zu einer Beratung in der Sache, sondern vielmehr erst im zweiten, so ist für dieses zweite Beratungsgespräch gleichwohl die Kappungsgrenze zu beachten.[78] Die Kappungsgrenze ist auch zu beachten, wenn der Rechtsanwalt, beispielsweise wegen seiner Mittagspause, die Beratung in einem zweiten Termin fortführt.[79]

Da der BGH in einer Entscheidung beiläufig ausgeführt hat, dass eine erste Beratung „qualifiziert zu sein" habe,[80] muss der Rechtsanwalt selbst in einer ein- oder mehrstündigen Beratung über die Voraussetzungen und Folgen einer Ehescheidung die Kappungsgrenze auf 190,00 EUR gelten lassen, wenn diese in einem ersten Beratungsgespräch erfolgt.[81]

---

72 *Bischof* in Bischof/Jungbauer, u.a., § 34 Rn 56.
73 BGH, Beschl. v. 3.5.2007 – I ZR 137/05 = BeckRS 2007, 16134.
74 OLG Jena AGS 2000, 62.
75 AG Augsburg AGS 1999, 132.
76 AG Ludwigshafen AGS 1997, 16.
77 *Schneider/Wolf*, AnwK-RVG, § 34 Rn 111.
78 OLG München NJW-RR 2000, 665 = JurBüro 1999, 298.
79 AG Brühl NJW-RR 1998, 493 = JurBüro 1998, 136.
80 BGH NJW 2004, 847 = AnwBl. 2004, 249.
81 *Hansens/Braun/Schneider*, Teil 7 Rn 48 f.

7. Schriftliches Festhalten des Beratungsinhalts

82 Die schriftliche Beratung lässt die Kappungsgrenze nicht mehr greifen. Dies gilt nach Ansicht von *Hansens* auch dann, wenn der Rechtsanwalt auf Bitte des Auftraggebers hin die mündliche Beratung schriftlich fixiert.[82] Nach Meinung der Verfasserinnen trifft den Rechtsanwalt jedoch in solchen Fällen eine Hinweispflicht.

8. Auslagen neben der Erstberatungsgebühr?

83 Für die Übersendung der Vergütung allein können Auslagen nicht berechnet werden, Anmerkung zu Nr. 7001 VV RVG. Da Nr. 7002 VV RVG (für die Pauschale) auf Nr. 7001 VV RVG verweist („anstelle"), gilt die Anmerkung auch für die Auslagenpauschale. Ausnahmsweise kann die Auslagenpauschale dann abgerechnet werden, wenn der Rechtsanwalt Auslagen im Sinne der Nr. 7001 bzw. 7002 VV RVG hat, die über das Versenden der Rechnung hinausgehen. Das kann dann z.B. der Fall sein, wenn der Rechtsanwalt auf Bitte des Mandanten das Beratungsergebnis schriftlich zusammenfasst und – obwohl er den Bereich der Kappungsgrenze – gebührenrechtlich überschritten hat, dennoch nur die Gebühr für die erste Beratung abrechnen möchte.

▼

84 **Musterrechnung 4.1: Erste Beratung ohne Auslagen**

Erstmalige mündliche Beratung wg. Ehescheidung (Wert: 40.000,00 EUR), Ehegattenunterhalt (Wert: 10.000,00 EUR) und Versorgungsausgleich (Wert: 3.000,00 EUR). Nach der Beratung erfolgt keine weitere Tätigkeit. Auslagen sind keine entstanden. Der Rechtsanwalt hat keine Gebührenvereinbarung im Sinne des § 34 Abs. 1 S. 1 RVG getroffen.

Gebühr für eine erste Beratung ohne Gebührenvereinbarung, § 34 RVG	190,00 EUR
19 % Umsatzsteuer, Nr. 7008 VV RVG	36,10 EUR
Summe	**226,10 EUR**

▲

▼

85 **Musterrechnung 4.2: Erste Beratung mit Auslagen**

Erstmalige mündliche Beratung wg. Ehescheidung (Wert: 40.000,00 EUR), Ehegattenunterhalt (Wert: 10.000,00 EUR) und Versorgungsausgleich (Wert: 3.000,00 EUR). Nach der Beratung erfolgt keine weitere Tätigkeit. Auslagen sind entstanden. Der Rechtsanwalt hat keine Gebührenvereinbarung im Sinne des § 34 Abs. 1 S. 1 RVG getroffen.

Gebühr für eine erste Beratung ohne Gebührenvereinbarung, § 34 RVG	190,00 EUR
Auslagenpauschale, Nr. 7002 VV RVG	20,00 EUR
Zwischensumme	210,00 EUR
19 % Umsatzsteuer, Nr. 7008 VV RVG	39,90 EUR
Summe	**249,90 EUR**

▲

---

[82] *Hansens*, RVGreport 2004, 328; *Burhoff*, Teil B. Beratungsgebühr, Rn 28.

9. Weitergehende Beratung

Berät der Rechtsanwalt nach einer ersten Beratung weiter, beträgt die Kappungsgrenze nach § 34 Abs. 1 S. 3 RVG 250,00 EUR.

Hat der Rechtsanwalt die erste Beratung bereits gegenüber dem Mandanten abgerechnet, ist dies bei der erneuten Rechnung zu berücksichtigen.

▼

Musterrechnung 4.3: Erste Beratung und weitergehende Beratung

Erstmalige mündliche Beratung wg. Ehescheidung (Wert: 40.000,00 EUR), Ehegattenunterhalt (Wert: 10.000,00 EUR), Versorgungsausgleich (Wert: 3.000,00 EUR) und gemeinsam gekaufter Immobilie (Wert: 250.000,00 EUR). Nach der ersten Beratung erfolgt einige Wochen später eine weitergehende Beratung. Der Rechtsanwalt hat keine Gebührenvereinbarung im Sinne des § 34 Abs. 1 S. 1 RVG getroffen.

Gebühr für eine erste Beratung ohne Gebührenvereinbarung, § 34 RVG	250,00 EUR
Auslagenpauschale, Nr. 7002 VV RVG	20,00 EUR
Zwischensumme	270,00 EUR
abzüglich Erstberatungsgebühr	./. 190,00 EUR
Zwischensumme	80,00 EUR
19 % Umsatzsteuer, Nr. 7008 VV RVG	15,20 EUR
Summe	**95,20 EUR**

▲

II. Anrechnung bei weitergehender Tätigkeit

Die Gebühr für eine erste Beratung nach § 34 Abs. 1 S. 1 RVG ist auf eine Gebühr für eine sonstige Tätigkeit anzurechnen, die mit der Beratung zusammenhängt, § 34 Abs. 2 RVG. Die Anrechnungsvorschrift gilt auch für eine vereinbarte Vergütung.

Anzurechnen ist nach meiner Auffassung nur auf eine folgende Betriebsgebühr, wie z.B. eine Geschäfts- oder Verfahrensgebühr, nicht aber auch noch auf weitere Gebühren.[83] Eine Betriebsgebühr – und um eine solche handelt es sich nach meiner Auffassung auch bei der vereinbarten Gebühr für eine Beratung – kann aber immer nur auf eine Betriebsgebühr und nicht auf andere Gebühren angerechnet werden. So wird auch im gesamten RVG konsequenterweise eine Geschäftsgebühr immer nur auf eine Verfahrensgebühr und eine Terminsgebühr nur auf eine Terminsgebühr angerechnet.

> *Praxistipp*
> Zur Vermeidung von Streitigkeiten mit dem Auftraggeber sollte die Anrechnung jeder Gebühr für eine Beratung, d.h. sowohl der vereinbarten Gebühr als auch der Kappungsbeträge aus § 34 Abs. 1 S 3 RVG ausgeschlossen werden. Entscheidet sich der Anwalt später aus Gefälligkeit eine Anrechnung doch vorzunehmen, ist er zumindest frei in der Entscheidung was und wie viel er anrechnen möchte.

---

[83] vgl. auch *Gerold/Schmidt/Mayer*, § 34 Rn 62; **a.A.** *N. Schneider*, Die Vergütungsvereinbarung, Rn 831c, der meint, dass der Wortlaut des § 34 Abs. 2 RVG eine Anrechnung auf eine Terminsgebühr nicht ausschließt.

§ 4 Gebühren in Familiensachen

92 Liegen zwischen Beratung und weitergehender Tätigkeit mehr als zwei Kalenderjahre, entfällt die Pflicht zur Anrechnung, § 15 Abs. 5 S. 2 RVG.

93 Sind der Gegenstand der weiteren Beratung und der der ersten Beratung nicht identisch, hat die Anrechnung auch nur insoweit zu erfolgen, als Gegenstandsidentität gegeben ist. Es stellt sich die Frage, wie anzurechnen ist, wenn der Gegenstand der Beratung und der Gegenstand einer außergerichtlichen Tätigkeit nicht identisch sind.

▼

94 Musterrechnung 4.4: Beratung und weitergehende außergerichtliche Tätigkeit

Beratung aus 10.000,00 EUR (erste Beratung) – hierfür vereinbart: Stundensatz 250,00 EUR

1 Stunde Tätigkeit

Außergerichtliche Tätigkeit aus 4.000,00 EUR (Hinweis: Der Gegenstand der außergerichtlichen Tätigkeit war auch vollumfänglich Gegenstand der Beratung)

Beratung:	250,00 EUR
Vereinbarte Gebühr, § 34 RVG	
Auslagenpauschale, Nr. 7002 VV RVG	20,00 EUR
Zwischensumme	270,00 EUR
19 % Umsatzsteuer, Nr. 7008 VV RVG	51,30 EUR
Summe	**321,30 EUR**
Außergerichtliche Vertretung:	
Gegenstandswert: 4.000,00 EUR	
1,3 Geschäftsgebühr, Nr. 2300 VV RVG	327,60 EUR
Auslagenpauschale, Nr. 7002 VV RVG	20,00 EUR
Zwischensumme	347,60 EUR
abzüglich vereinbarte Gebühr	./. 250,00 EUR
Zwischensumme	97,60 EUR
19 % Umsatzsteuer, Nr. 7008 VV RVG	18,54 EUR
Summe	**116,14 EUR**

▲

95 Doch wie ist zu rechnen, wenn der Gegenstand der außergerichtlichen Tätigkeit höher ist, als der Gegenstand der Beratung?

▼

96 Musterrechnung 4.5: Erste Beratung und weitergehende Tätigkeit – unterschiedliche Werte

Erstmalige mündliche Beratung wg. Ehescheidung (Wert: 40.000,00 EUR), Ehegattenunterhalt (Wert: 6.000,00 EUR) und Versorgungsausgleich (Wert: 4.000,00 EUR) und gemeinsam gekaufter Immobilie (Wert: 250.000,00 EUR). Nach der ersten Beratung, für die eine Gebühr über 250,00 vereinbart worden ist, erfolgt einige Wochen später eine gerichtliche Tätigkeit wg. der Ehescheidung, dem Ehegattenunterhalt und Versorgungsausgleich. Die Immobilie wird nicht Gegenstand der weitergehenden anwaltlichen Tätigkeit.

B. Beratung/Gutachten/Mediation § 4

1. Beratung

Vereinbarte Gebühr, § 34 RVG	250,00 EUR
Auslagenpauschale, Nr. 7002 VV RVG	20,00 EUR
Zwischensumme	270,00 EUR
19 % Umsatzsteuer, Nr. 7008 VV RVG	51,30 EUR
Summe	**321,30 EUR**

Anrechnungsformel:
Gebührenbetrag (250,00 EUR) dividiert durch Wert der Beratung (300.000,00 EUR) multipliziert mit dem Wert der gerichtlichen Tätigkeit (51.000,00 EUR) = anzurechnender Betrag aus der Beratungsgebühr.

2. Gerichtliche Tätigkeit

1,3 Verfahrensgebühr aus 51.000,00 EUR Nr. 3100 VV RVG	1.622,40 EUR
abzgl. anteilig Erstberatung aus Wert 51.000,00 EUR	./. 42,50 EUR
Zwischensumme	1.579,90 EUR
Auslagenpauschale, Nr. 7002 VV RVG	20,00 EUR
Zwischensumme	1.599,90 EUR
19 % Umsatzsteuer, Nr. 7008 VV RVG	303,98 EUR
Summe	**1.903,88 EUR**

▲

Formulierungshilfe zum Ausschluss einer Anrechnung 97

Die vereinbarte Gebühr gilt die reine Beratungstätigkeit des Rechtsanwalts ab. Sofern zu einem späteren Zeitpunkt eine außergerichtliche oder gerichtliche Vertretung in derselben Angelegenheit neue Gebühren auslöst, vereinbaren Rechtsanwalt und Mandant, dass eine Anrechnung der vereinbarten Vergütung ausgeschlossen wird. Das bedeutet, dass die Vergütung für eine Vertretung ungekürzt in Rechnung gestellt werden kann.

Formulierungshilfe zum Ausschluss der Anrechnung auf andere als auf Betriebsgebühren 98

Die vereinbarte Gebühr gilt die reine Beratungstätigkeit des Rechtsanwalts ab. Sofern zu einem späteren Zeitpunkt eine außergerichtliche oder gerichtliche Vertretung in derselben Angelegenheit neue Gebühren auslöst, vereinbaren Rechtsanwalt und Mandant, dass eine Anrechnung der vereinbarten Vergütung ausschließlich auf eine Geschäfts- oder Verfahrensgebühr erfolgen soll. Sofern sich noch ein Anrechnungsguthaben aus der vereinbarten Vergütung ergibt, soll eine Anrechnung auf andere Gebühren, wie z.B. die Terminsgebühr nicht erfolgen.

Formulierungshilfe zur Bestimmung des Anrechnungsmodus 99

Die vereinbarte Gebühr gilt die reine Beratungstätigkeit des Rechtsanwalts ab. Sofern zu einem späteren Zeitpunkt eine außergerichtliche oder gerichtliche Vertretung in derselben Angelegenheit neue Gebühren auslöst, vereinbaren Rechtsanwalt und Mandant, dass eine Anrechnung der vereinbarten Vergütung ausschließlich auf eine Geschäfts- oder Verfahrensgebühr erfolgen soll. Sofern sich noch ein Anrechnungsguthaben aus der vereinbarten Vergütung ergibt, soll eine Anrechnung auf andere Gebühren, wie z.B. die Terminsgebühr nicht erfolgen. Eine Anrechnung ist auch nur soweit vorzunehmen, wie die Gegenstände der Beratungstätigkeit sich mit den Gegenständen der Vertretungstätigkeit decken. Es wird vereinbart, dass die Anrechnung nach dem Verhältnis der Gegenstandswerte zueinander erfolgen soll.

§ 4 Gebühren in Familiensachen

III. Beratung in einer strafrechtlichen Angelegenheit

100 Nicht selten kommt es bedauerlicherweise in einer Familiensache auch zur Beratung in einer strafrechtlichen Angelegenheit, beispielsweise bei häuslicher Gewalt. Eine Beratung über strafrechtlich relevante Fragen stellt immer eine eigene Angelegenheit dar. Auch die Beratung in einer strafrechtlichen Angelegenheit wird über § 34 RVG abgerechnet.

▼

101 **Musterrechnung 4.6: Beratung in einer strafrechtlichen Frage**

Mandantin M teilt ihrer Rechtsanwältin Klein mit, dass sie glaubt, ihr getrennt lebender Mann habe versucht, sie mit dem Auto anzufahren. Sie möchte eine Anzeige erstatten. Rechtsanwältin Klein rät ihr davon ab, da sie keinerlei Zeugen hat und das Verfahren die gesamte Situation weiter zuspitzen würde. Rechtsanwältin K kann hat für die Beratung eine Gebühr in Höhe von 105,00 EUR vereinbart; die Beratung hat eine ³/₄ Stunde gedauert:

Vereinbarte Beratungsgebühr, § 34 RVG	105,00 EUR
Auslagenpauschale, Nr. 7002 VV RVG	20,00 EUR
Zwischensumme	125,00 EUR
19 % Umsatzsteuer, Nr. 7008 VV RVG	23,75 EUR
Summe	**148,75 EUR**

▲

102 *Hinweis*

Die Auslagenpauschale kann auch hier nur dann abgerechnet werden, wenn Auslagen neben der Versendung der Vergütungsrechnung entstanden sind.

103 Die Gebühren des Teils 4 kommen erst bei einer Vertretung in Betracht, so z.B. wenn eine Strafanzeige erstattet wird nach der Nr. 4302 Nr. 2 VV RVG eine Gebühr in Höhe von 30,00 EUR bis 290,00 EUR.

▼

104 **Musterrechnung 4.7: Erstattung einer Strafanzeige**

Mandantin M möchte, dass ihre Rechtsanwältin, Frau Klein Strafanzeige wegen des Verdachts der gefährlichen Körperverletzung gegen ihren getrennt lebenden Ehemann erstattet. Frau RAin Klein fertigt die Strafanzeige an und reicht diese nach Rücksprache mit der Mandantin bei der zuständigen Staatsanwaltschaft ein. Ausgehend von einer Mittelgebühr kann RAin Klein nun abrechnen:

Verfahrensgebühr Nr. 4302 Nr. 2 VV RVG	160,00 EUR
Auslagenpauschale, Nr. 7002 VV RVG	20,00 EUR
Zwischensumme	180,00 EUR
19 % Umsatzsteuer, Nr. 7008 VV RVG	34,20 EUR
Summe	**214,20 EUR**

▲

Hinweis
Eine zuvor erfolgte Beratung (ohne gleichzeitigen Auftrag zur Strafanzeige) hätte zur Folge, dass eine vereinbarte oder die nach § 34 Abs. 1 S. 3 RVG berechnete Gebühr auf diese Verfahrensgebühr anzurechnen wäre. Im Hinblick auf den Zeitaufwand, den das Fertigen einer solchen Strafanzeige erfordert, wird jedoch der Ausschluss der Anrechnung dringend angeraten.

IV. Gutachten

105 Für das Gutachten gilt das zu § 34 Abs. 1 S. 1 bis 3 Gesagte. Der Rechtsanwalt soll auf eine Gebührenvereinbarung hinwirken. Hat er keine geschlossen, erhält er eine übliche Vergütung im Sinne des § 612 Abs. 2 BGB. Ist jedoch der Auftraggeber Verbraucher, ist die Gebühr für die Erstellung eines Gutachtens auf 190,00 EUR bzw. 250,00 EUR beschränkt, § 34 Abs. 1 S. 3 RVG. Die Begrenzung auf 190,00 EUR dürfte wohl nicht in Frage kommen, da die Erstellung eines Gutachtens kein „erstes Beratungsgespräch" darstellt. Zur Vermeidung von Wiederholungen auf die entsprechenden Ausführungen verwiesen (siehe § 4 Rn 59 ff.).

106 Ein Gutachten ist im Gegensatz zum Rat, der oft mündlich erteilt wird, eine ausführliche, objektive, schriftliche und immer juristisch begründete Ausarbeitung des Rechtsanwalts über die Sach- und Rechtslage eines bestimmen Sachverhalts.

107 *Praxistipp*
Der Rechtsanwalt sollte, da die Kappungsgrenze mit 250,00 EUR i.d.R. keine angemessene Vergütung für die Erstellung eines Gutachtens darstellen wird, grundsätzlich eine Vergütungsvereinbarung mit dem Mandanten schließen.

V. Mediation

108 Unter Mediation wird eine außergerichtliche Konfliktbehandlung verstanden. Der Mediator ist ein zu Objektivität, Neutralität und Unvoreingenommenheit verpflichteter Vermittler in einem Konflikt zwischen zwei oder mehreren Parteien, dem keine Entscheidungskompetenz zusteht. Formen der Mediation finden sich z.B. bei Ehesachen. Aber auch bei Vermögensauseinandersetzungen, Raumordnungs-, Planfeststellungs- oder Genehmigungsverfahren, Privatklagesachen, Vermittlung zwischen Tätern und Opfern in Strafsachen usw. kann der RA als Mediator tätig werden. Bei der Mediation geht es um eine Konfliktlösung, bei der der RA die Parteien auch hinsichtlich der rechtlichen Problematiken vermittelnd und beratend begleitet. Mediationen werden auch von anderen Berufsständen wahrgenommen, so z.B. Therapeuten, Psychologen, dem Jugendamt (wenn es um das Sorgerecht der gemeinsamen Kinder in einer Scheidungssache geht) usw.

109 Die Mediation ist in § 34 RVG geregelt. Auch hier *soll* der Rechtsanwalt auf eine *Vergütungsvereinbarung* hinwirken. Ist eine Vereinbarung nicht getroffen worden, bestimmt sich die Gebühr nach den Vorschriften des bürgerlichen Rechts. Anwendbar ist § 612 BGB. In Ermangelung einer Taxe wird der Rechtsanwalt hier die *„übliche Gebühr"* berechnen können. (Zur üblichen Vergütung vgl. § 4 Rn 63 ff.)

110 Es steht dem Rechtsanwalt frei, in Zukunft einen Pauschalbetrag, einen Stundensatz oder zu vereinbaren, dass für seine Tätigkeit als Mediator das RVG Abrechnungsgrundlage sein soll. Zu beachten ist, dass eine Vergütungsvereinbarung grundsätzlich mit allen Beteiligten geschlossen wird. Werden Dritte, z.B. Psychologen etc. hinzugezogen, sollte in der Vergütungsvereinbarung klargestellt sein, dass sich das vereinbarte Honorar allein auf die Tätigkeit des Rechtsanwaltes bezieht.

111 *Praxistipp*
Mediationen kommen in Familiensachen häufig vor! Es sollte in jedem Fall eine Vergütungsvereinbarung geschlossen werden. Keinesfalls sollte sich der Rechtsanwalt auf die gesetzliche – völlig unzureichende – Regelung verlassen.

C. Außergerichtliche Tätigkeit

I. Prüfung der Erfolgsaussichten eines Rechtsmittels

1. Prüfung der Erfolgsaussichten ohne Gutachten

112 Nach Nr. 2100 VV RVG erhält der Rechtsanwalt für die Prüfung der Erfolgsaussichten eines Rechtsmittels eine Gebühr i.H.v. 0,5 bis 1,0.

113 Diese Gebühr ist auf eine Gebühr für das Rechtsmittelverfahren wie bisher anzurechnen, wenn der Rechtsanwalt anschließend als Verfahrensbevollmächtigter im Rechtsmittelverfahren tätig wird.

114 Ist der frühere Auftrag seit mehr als zwei Kalenderjahren erledigt, gilt die weitere Tätigkeit als neue Angelegenheit und in diesem Gesetz bestimmte Anrechnungen von Gebühren entfallen, § 15 Abs. 5 S. 2 RVG.

115 Interessant ist, dass im Wortlaut der Nr. 2100 VV RVG **keine Einschränkung für das „eigene Rechtsmittel"** vorgesehen ist, so dass diese Gebühr auch dann anfällt, wenn der Rechtsanwalt über die Aussicht eines Rechtsmittels berät, das die Gegenseite eingelegt hat oder gar nur einzulegen beabsichtigt![84]

116 *Praxistipp*
Eine Rückwärtsanrechnung ist nicht mehr vorgesehen! Dies bedeutet, dass der Rechtsanwalt, der nach verlorenem Verfahren beispielsweise den Mandanten hinsichtlich der Erfolgsaussichten eines Rechtsmittels berät, neben den in erster Instanz erhaltenen Gebühren die Prüfungsgebühr nach Nr. 2100 VV RVG abrechnen kann.

▼

117 Musterrechnung 4.8: Prüfung der Erfolgsaussichten nach erstinstanzlicher Tätigkeit – keine Einlegung des Rechtsmittels

Der geltend gemachte Unterhaltsanspruch wurde wegen Verwirkung (versuchter Prozessbetrug) versagt. Das erstinstanzliche Gericht begründet die Versagung in einem 17-seitigen umfangreichen Beschluss. Die unterlegene Mandantin möchte wissen, ob eine Beschwerde Aussicht auf Erfolg bietet. Ihr Rechtsanwalt, der bereits in erster Instanz tätig war, verneint Erfolgsaussichten. Die Beschwerde wird durch ihn **nicht** eingelegt. Der Wert hat 15.736,00 EUR betragen.

Gegenstandswert: 15.736,00 EUR, §§ 23 Abs. 1 RVG, 51 Abs. 1 u. 2 FamGKG

0,75 Gebühr für Prüfung der Erfolgsaussichten eines Rechtsmittels Nr. 2100 VV RVG	487,50 EUR
Auslagenpauschale, Nr. 7002 VV RVG	20,00 EUR
Zwischensumme	507,50 EUR
19 % Umsatzsteuer, Nr. 7008 VV RVG	93,43 EUR
Summe	**603,93 EUR**

▲

---

[84] *Schneider/Wolf*, Nr. 2100 VV RVG Rn 16.

Praxistipp
Die Mittelgebühr beträgt 0,75. Hierauf sollte in der Abrechnung geachtet werden. Eine Beschränkung auf die Kriterien Umfang und Schwierigkeit wie bei der Geschäftsgebühr gibt es hier nicht. Daher können zur Bemessung der Gebühr alle Kriterien des § 14 RVG herangezogen werden, somit auch z.B. die Bedeutung der Angelegenheit für den Auftraggeber und seine wirtschaftlichen Verhältnisse. Ein Unterhaltsanspruch wird oft als verwirkt angesehen, wenn das Gericht der Auffassung ist, dass versuchter Prozessbetrug (z.B. durch nicht wahrheitsgemäße Angaben bei der Einkommensdarstellung) vorliegt. Hier droht in der Regel auch ein strafrechtliches Verfahren, weshalb einer Aufhebung eines derartigen Urteils für den Auftraggeber immer besondere Bedeutung zukommt.

Diese Gebühr ist mit dem RVG neu gestaltet worden und daher in der Regel auch den Mandanten nicht bekannt. Für viele Rechtsanwälte gehört es zum guten Service, den Mandanten eine Antwort auf die Frage zu geben, ob eine Berufung Aussicht auf Erfolg verspricht, ohne hierfür gesondert Gebühren zu verlangen. Dabei darf nicht außer Acht gelassen werden, dass eine nähere Befassung mit den Urteilsgründen oft erhebliche Zeit in Anspruch nimmt. Das RVG bietet für eine derartige Tätigkeit erstmals Gebühren. Fairerweise sollte der Mandant darauf hingewiesen werden, dass die Erfolgsaussichten gerne geprüft werden können, dies jedoch nicht mit den bisher entstandenen Gebühren abgedeckt ist.

Praxistipp
Da sich die Gebühr für die Prüfung der Erfolgsaussichten nach dem Gegenstandswert berechnet, ist an den Hinweis nach § 49b Abs. 5 BRAO zu denken (vgl. auch § 2 Rn 3 ff.).

2. Anrechnungsvorschrift

Wird das Rechtsmittel durch den Rechtsanwalt eingelegt, ist diese Gebühr auf eine Gebühr für das Rechtsmittelverfahren anzurechnen, vgl. dazu die Anmerkung zu Nr. 2100 VV RVG.

▼

Musterrechnung 4.9: Prüfung der Erfolgsaussichten nach erstinstanzlicher Tätigkeit – Einlegung des Rechtsmittels

Der geltend gemachte Unterhaltsanspruch wurde wegen Verwirkung versagt. Das erstinstanzliche Gericht begründet die Versagung in einem 17-seitigen umfangreichen Beschluss. Die unterlegene Mandantin möchte wissen, ob eine Beschwerde Aussicht auf Erfolg bietet. Ihr Rechtsanwalt, der bereits in erster Instanz tätig war, bejaht Erfolgsaussichten. Die Beschwerde wird durch ihn eingelegt. Der Wert hat 15.736,00 EUR betragen.

1. Prüfung der Erfolgsaussichten
Gegenstandswert: 15.736,00 EUR
§§ 23 Abs. 1 RVG, 51 Abs. 1 u. 2 FamGKG
0,75 Gebühr für Prüfung der Erfolgsaussichten eines Rechtsmittels

Nr. 2100 VV RVG	487,50 EUR
Auslagenpauschale, Nr. 7002 VV RVG	20,00 EUR
Zwischensumme	507,50 EUR
19 % Umsatzsteuer, Nr. 7008 VV RVG	96,43 EUR
Summe	**603,93 EUR**

§ 4 Gebühren in Familiensachen

2. Einlegung des Rechtsmittels

Gegenstandswert: 15.736,00 EUR

§§ 23 Abs. 1 RVG, 51 Abs. 1 u. 2, 40 Abs. 1 S. 1 FamGKG

1,6 Verfahrensgebühr Nr. 3200 VV RVG	1.040,00 EUR
hierauf anzurechnen nach Anm. zu Nr. 2100 VV RVG 0,75 aus 15.736,00 EUR	./. 487,50 EUR
Zwischensumme	552,50 EUR
Auslagenpauschale, Nr. 7002 VV RVG	20,00 EUR
Zwischensumme	572,50 EUR
19 % Umsatzsteuer, Nr. 7008 VV RVG	108,78 EUR
Summe	**681,28 EUR**

(ggf. zzgl. Terminsgebühr für das Berufungsverfahren!)

123 *Praxistipp*
Die oben dargestellte Abrechnung berücksichtigt, dass die Auslagenpauschale zweimal entstanden ist.

124 Sofern nur wegen eines Teilbetrags das Rechtsmittel eingelegt wird, ist die Anrechnung auch nur wegen dieses Teilbetrags vorzunehmen.

125 Musterrechnung 4.10: Prüfung der Erfolgsaussichten nach erstinstanzlicher Tätigkeit – Einlegung des Rechtsmittels wg. Teilbetrag

Es erfolgt die Prüfung der Erfolgsaussichten eines Rechtsmittels gegen die Ablehnung des geltend gemachten Zugewinnausgleichsanspruchs. Der Wert des erstinstanzlichen Verfahrens hat 50.000,00 EUR betragen. Nach Prüfung des Beschlusses kommt der Rechtsanwalt zu dem Ergebnis, dass eine Beschwerde lediglich wegen des Teilbetrags von 20.000,00 EUR Aussicht auf Erfolg bietet. Auftragsgemäß wird die Beschwerde auf diesen Teilbetrag beschränkt.

1. Prüfung der Erfolgsaussichten

Gegenstandswert: 50.000,00 EUR; §§ 23 Abs. 1 RVG, 35 FamGKG

0,75 Gebühr für Prüfung der Erfolgsaussichten eines Rechtsmittels Nr. 2100 VV RVG	872,25 EUR
Auslagenpauschale, Nr. 7002 VV RVG	20,00 EUR
Zwischensumme	892,25 EUR
19 % Umsatzsteuer, Nr. 7008 VV RVG	169,53 EUR
Summe	**1.061,78 EUR**

2. Einlegung des Rechtsmittels

Gegenstandswert: 20.000,00 EUR, §§ 23 Abs. 1 RVG, 35 FamGKG

1,6 Verfahrensgebühr Nr. 3200 VV RVG	1.187,20 EUR
hierauf anzurechnen nach Anm. zu Nr. 2100 VV RVG 0,75 aus 20.000,00 EUR	./. 556,50 EUR

Zwischensumme	630,70 EUR
Auslagenpauschale, Nr. 7002 VV RVG	20,00 EUR
Zwischensumme	650,70 EUR
19 % Umsatzsteuer, Nr. 7008 VV RVG	123,63 EUR
Summe	**774,33 EUR**

(ggf. zzgl. Terminsgebühr für das Berufungsverfahren!)

3. Keine VKH für die Prüfung der Erfolgsaussichten

Die Gebühr für die Prüfung der Erfolgsaussichten eines Rechtsmittels ist im 2. Teil des VV geregelt. Damit scheidet ein Antrag über Verfahrenskostenhilfe (VKH) für diese Gebühr aus. Denkbar wäre allerdings, dass der Rechtsanwalt Beratungshilfe hierfür beantragt. So entschied denn auch das OLG Frankfurt/M. am 28.4.2005.[85] Auch der BGH, der über die Rechtsbeschwerde in dieser Sache entscheiden musste, beschloss:

„Prozesskostenhilfe kann nach § 119 Abs. 1 S. 1 ZPO nur für den jeweiligen Rechtszug (im kostenrechtlichen Sinne) bewilligt werden, nicht aber für eine außergerichtliche Tätigkeit des Rechtsanwalts „zwischen den Instanzen".[86]

Es stellt sich die Frage, mit welcher Gebühr eine solche Tätigkeit über die Beratungshilfe abzurechnen wäre. Soll der Rechtsanwalt tatsächlich in einer Angelegenheit mit einem hohen Verfahrenswert für die umfassende Prüfung eines Beschlusses und der Aussichten auf Erfolg eines Rechtsmittels maximal 35,00 EUR nach Nr. 2501 VV RVG abrechnen dürfen? Dabei handelt es sich jedoch bei einer derartigen Tätigkeit eben nicht allein um eine Beratung (die allenfalls im Anschluss an die Prüfung erfolgt). Nach Ansicht der Verfasserinnen müsste daher entweder vom Gesetzgeber ein eigener Gebührentatbestand geschaffen werden oder aber zumindest eine Geschäftsgebühr nach Nr. 2503 VV RVG abgerechnet werden können. Denn schließlich hat der Gesetzgeber der besonderen Ausgestaltung der Gebühr in Nr. 2100 damit Rechnung getragen, dass sie eben nicht – wie die frühere Abrate-Gebühr – in die Vorschriften über die Beratung eingebettet waren, sondern eine eigene Vergütungsverzeichnis-Nummer erhalten hat, was auch ihrer neuen Struktur gerecht wird.[87]

4. Prüfung der Erfolgsaussichten mit Gutachten

Erstellt der Rechtsanwalt ein *Gutachten*, mit dem er die Erfolgsaussichten eines Rechtsmittels prüft, so erhält er hierfür nach Nr. 2101 VV RVG eine Gebühr in Höhe von 1,3.

Musterrechnung 4.11: Prüfung der Erfolgsaussichten eines Rechtsmittels mit Gutachten

Rechtsanwältin M wird beauftragt in einem Zugewinnausgleichsverfahren die Erfolgsaussichten eines Rechtsmittels zu prüfen und ein entsprechendes Gutachten zu erstellen. Der Gegenstandswert beträgt 50.000,00 EUR.

---

85 OLG Frankfurt/Main, Beschl. v. 28.4.2005 – 1 W 33/05 (LG Limburg a. d. Lahn); keine PKH: OLG Düsseldorf AGS 2005, 567m. Anm. *Schons*, AnWl 2005, 656; OLG Frankfurt AGS 2006, 137 = RVGreport 2005, 280.
86 BGH, Beschl. v. 25.4.2007 – XII ZB 179/06; NJW-RR 207, 1439.
87 Vgl. dazu auch *Jungbauer* in Bischof/Jungbauer u.a., Nr. 2100 VV Rn 52.

§ 4 Gebühren in Familiensachen

Gegenstandswert: 50.000,00 EUR, §§ 23 Abs. 1 RVG, 35 FamGKG
1,3 Gebühr für Prüfung der Erfolgsaussichten eines Rechtsmittels mit Gutachten
Nr. 2101 VV RVG   1.511,90 EUR
Auslagenpauschale, Nr. 7002 VV RVG   20,00 EUR
Zwischensumme   1.531,90 EUR
19 % Umsatzsteuer, Nr. 7008 VV RVG   291,06 EUR
Summe   **1.822,96 EUR**

▲

130 Die Gebühr nach Nr. 2101 VV RVG ist auf die Gebühr für ein nachfolgendes Verfahren anzurechnen. Dies ergibt sich aus dem Verweis auf Nr. 2100, die Anrechnungsvorschrift gilt durch den Verweis auch für Nr. 2101 VV RVG.

▼

131 Musterrechnung 4.12: Prüfung der Erfolgsaussichten eines Rechtsmittels mit Gutachten und Einlegung des Rechtsmittels

Rechtsanwältin M wird beauftragt, in einem Zugewinnausgleichsverfahren die Erfolgsaussichten eines Rechtsmittels zu prüfen und ein entsprechendes Gutachten zu erstellen. Der Gegenstandswert beträgt 50.000,00 EUR. Das Rechtsmittel wird in der Folge durch Rechtsanwältin M eingelegt.

1. Prüfung der Erfolgsaussichten

Gegenstandswert: 50.000,00 EUR, §§ 23 Abs. 1 RVG, 35 FamGKG
1,3 Gebühr für Prüfung der Erfolgsaussichten eines Rechtsmittels mit Gutachten
Nr. 2101 VV RVG   1.511,90 EUR
Auslagenpauschale, Nr. 7002 VV RVG   20,00 EUR
Zwischensumme   1.531,90 EUR
19 % Umsatzsteuer, Nr. 7008 VV RVG   291,06 EUR
Summe   **1.822,96 EUR**

2. Einlegung des Rechtsmittels

1,3 Verfahrensgebühr
Nr. 3100 VV RVG   1.511,90 EUR
Auslagenpauschale, Nr. 7002 VV RVG   20,00 EUR
Zwischensumme   1.531,90 EUR
abzgl. 1,3 Gebühr
Nr. 2101 VV RVG i.V.m. Anm. zu Nr. 2100 VV RVG   ./. 1.511,90 EUR
Zwischensumme   20,00 EUR
19 % Umsatzsteuer, Nr. 7008 VV RVG   3,80 EUR
Summe   **23,80 EUR**

Obige Abrechnung berücksichtigt eine doppelte Auslagenpauschale, da zwei Angelegenheiten vorliegen.

▲

II. Geschäftsgebühr

1. Grundsätzliches

Die Geschäftsgebühr nach Nr. 2300 VV RVG erhält der Rechtsanwalt für die außergerichtliche Vertretung und nur noch für die außergerichtliche Vertretung. Es gibt keinen Fall einer gerichtlichen Vertretung wie zu BRAGO-Zeiten, in denen der Rechtsanwalt eine Geschäftsgebühr abrechnen kann. Dies gilt auch für gerichtliche FamFG-Angelegenheiten.

Die Geschäftsgebühr nach Nr. 2300 VV RVG ist eine Satzrahmengebühr mit einem Satzrahmen von 0,5 bis 2,5. Innerhalb dieses Rahmens hat der Rechtsanwalt unter Berücksichtigung der in § 14 RVG genannten Kriterien seine Gebühr nach billigem Ermessen zu bestimmen.

2. Begrenzung auf eine 1,3 Regelgebühr

Nach der Anmerkung zu Nr. 2300 darf der Rechtsanwalt eine Gebühr von mehr als 1,3 nicht fordern, wenn die Tätigkeit nicht umfangreich oder schwierig war (fakultativ nicht kumulativ!).

Zur Erinnerung:

§ 14 Abs. 1 RVG, der für Rahmengebühren gilt, enthält folgende Kriterien:
- Umstände des Einzelfalls
- Umfang der anwaltlichen Tätigkeit
- Schwierigkeit der anwaltlichen Tätigkeit
- Bedeutung der Angelegenheit für den Auftraggeber
- Einkommens- und Vermögensverhältnisse des Auftraggebers
- das Haftungsrisiko

Bei der Geschäftsgebühr spielen aufgrund der Anmerkung zu Nr. 2300 VV RVG allerdings ab einem Satz von 1,3 nur noch die Kriterien Umfang und Schwierigkeit eine Rolle. Alle anderen Kriterien des § 14 Abs. 1 RVG kommen nicht mehr zur Anwendung.

▼

Musterrechnung 4.13: Außergerichtliche Vertretung – durchschnittliche Angelegenheit – Umgangsrecht

Rechtsanwältin Z vertritt außergerichtlich Mandant H wegen des Umgangsrechts für das Kind Anna gegenüber der sorgeberechtigten Mutter. Die Angelegenheit war nicht schwierig und auch nicht umfangreich.

Gegenstandswert: 3.000,00 EUR, §§ 23 Abs. 1 RVG, 45 Abs. 1 Nr. 2 FamGKG

1,3 Geschäftsgebühr aus 3.000,00 EUR	
Nr. 2300 VV RVG	261,30 EUR
Auslagenpauschale, Nr. 7002 VV RVG	20,00 EUR
Zwischensumme	281,30 EUR
19 % Umsatzsteuer, Nr. 7008 VV RVG	53,45 EUR
Summe	**334,75 EUR**

▲

Hinweis
(Zum Gegenstandswert siehe § 2 Rn 263.)

§ 4 Gebühren in Familiensachen

138 Musterrechnung 4.14: Außergerichtliche Vertretung – überdurchschnittliche Angelegenheit – Umgangsrecht

Rechtsanwältin Z vertritt außergerichtlich Mandant H wegen des Umgangsrechts für das Kind Anna gegenüber der sorgeberechtigten Mutter. Die Angelegenheit war sehr umfangreich, so dass der Ansatz der Höchstgebühr gerechtfertigt ist. Das Gericht setzt den Wert des Umgangsrechts nach § 45 Abs. 3 FamGKG auf 5.000,00 EUR fest.

Gegenstandswert: 5.000,00 EUR, §§ 23 Abs. 1 RVG, 45 Abs. 1 Nr. 2, Abs. 3 FamGKG

2,5 Geschäftsgebühr Nr. 2300 VV RVG	757,50 EUR
Auslagenpauschale, Nr. 7002 VV RVG	20,00 EUR
Zwischensumme	777,50 EUR
19 % Umsatzsteuer, Nr. 7008 VV RVG	147,73 EUR
Summe	**925,23 EUR**

Hinweis
(Zum Gegenstandswert siehe § 2 Rn 263 u. 265.)

139 Musterrechnung 4.15: Außergerichtliche Vertretung – durchschnittliche Angelegenheit – Sorgerecht und Umgangsrecht

Rechtsanwältin Z vertritt außergerichtlich Mandant H wegen des Sorge- und Umgangsrechts für das Kind Anna gegenüber der sorgeberechtigten Mutter. Die Angelegenheit war nicht schwierig und auch nicht umfangreich.

Gegenstandswert:
Sorgerecht	3.000,00 EUR	§§ 23 Abs. 1 RVG, 45 Abs. 1 Nr. 1 FamGKG
Umgangsrecht	3.000,00 EUR	§§ 23 Abs. 1 RVG, 45 Abs. 1 Nr. 2 FamGKG
addiert	6.000,00 EUR	§ 22 Abs. 1 RVG

1,3 Geschäftsgebühr Nr. 2300 VV RVG	460,20 EUR
Auslagenpauschale, Nr. 7002 VV RVG	20,00 EUR
Zwischensumme	480,20 EUR
19 % Umsatzsteuer, Nr. 7008 VV RVG	91,24 EUR
Summe	**571,44 EUR**

Hinweis
(Zum Gegenstandswert siehe § 2 Rn 263 u. 67.)

140 Musterrechnung 4.16: Außergerichtliche Vertretung – durchschnittliche Angelegenheit – Sorgerecht und Umgangsrecht für mehrere Kinder

Rechtsanwältin Z vertritt außergerichtlich Mandant H wegen des Sorge- und Umgangsrechts für die Kinder Anna und Jonas gegenüber der sorgeberechtigten Mutter. Allerdings war ein Mehraufwand wegen des Sorgerechts gegeben, da Jonas besonders starke Bindungen an die

Mutter hat und seine Einschulung bevorsteht. Das Gericht berücksichtigt den Mehraufwand mit der höheren Festsetzung des Sorgerechtswerts. RAin Z berücksichtigt ihrerseits den Mehraufwand mit einer etwas höheren Geschäftsgebühr von 1,5.

Gegenstandswert:
Sorgerecht	5.000,00 EUR	§§ 23 Abs. 1 RVG, 45 Abs. 1 Nr. 1, Abs. 3 FamGKG
Umgangsrecht	3.000,00 EUR	§§ 23 Abs. 1 RVG, 45 Abs. 1 Nr. 2 FamGKG
addiert	8.000,00 EUR	§ 22 Abs. 1 RVG

1,5 Geschäftsgebühr aus 8.000,00 EUR Nr. 2300 VV RVG	684,00 EUR
Auslagenpauschale, Nr. 7002 VV RVG	20,00 EUR
Zwischensumme	704,00 EUR
19 % Umsatzsteuer, Nr. 7008 VV RVG	133,76 EUR
Summe	**837,76 EUR**

▲

Hinweis
(Zum Gegenstandswert siehe § 2 Rn 263 u. 67.) Die Kindschaftssache ist auch dann als Gegenstand zu bewerten, wenn sie mehrere Kinder betrifft; eine Multiplikation des Wertes findet nicht statt, vgl. dazu § 45 Abs. 2 FamGKG.

▼

Musterrechnung 4.17: Außergerichtliche Vertretung in einer durchschnittlichen Angelegenheit wegen nachehelichen Unterhaltes 141

Rechtsanwältin Z vertritt außergerichtlich Mandantin K wegen eines nachehelichen Unterhaltsanspruchs. Sie fordert zunächst Auskunft über das Einkommen des Unterhaltspflichtigen an und fordert ihn schließlich auf, monatlich 750,00 EUR beginnend ab 1. Februar des Jahres zu zahlen. Im September des gleichen Jahres erfolgt eine Einigung zwischen den Parteien, wonach der Gegner sich verpflichtet, monatlich 700,00 EUR zu bezahlen sowie alle seit 1. Februar aufgelaufenen Rückstände. Die Angelegenheit war schwierig und umfangreich, so dass der Ansatz einer 1,8 Geschäftsgebühr für angemessen erachtet wird.

Gegenstandswert:
laufender Unterhalt:	750,00 EUR × 12 =	9.000,00 EUR	§§ 23 Abs. 1 RVG, 51 Abs. 1 FamGKG
Rückstände:	750,00 EUR × 8 =	6.000,00 EUR	§§ 23 Abs. 1 RVG, 51 Abs. 2 FamGKG
addiert:		15.000,00 EUR	§ 22 Abs. 1 RVG

1,8 Geschäftsgebühr aus 15.000,00 EUR Nr. 2300 VV RVG	1.170,00 EUR
1,5 Einigungsgebühr aus 15.000,00 EUR Nr. 1000 VV RVG	975,00 EUR
Auslagenpauschale, Nr. 7002 VV RVG	20,00 EUR
Zwischensumme	2.165,00 EUR
19 % Umsatzsteuer, Nr. 7008 VV RVG	411,35 EUR
Summe	**2.576,35 EUR**

▲

> *Hinweis*
> (Zum Gegenstandswert für den Unterhaltsanspruch siehe § 2 Rn 198 u. 220. Zum Gegenstandswert für die Einigung siehe § 4 Rn 352 u. § 2 Rn 202.)

▼

142 **Musterrechnung 4.18: Außergerichtliche Vertretung – Kindesunterhalt – Aufforderung zur Erstellung von Jugendamtsurkunden**

Rechtsanwältin Z fordert den unterhaltspflichtigen Vater auf, beim Jugendamt Urkunden betreffend der Kindesunterhaltsansprüche für Anna und Maxi zu erstellen. Gefordert wird die Titulierung von 144 % vom Regelbetrag nach der Regelbetragsverordnung (Einkommensgruppe 8, Altersstufe 12–17) in Höhe von 614,00 EUR je Kind abzgl. 92,00 EUR hälftiges Kindergeld = 522,00 EUR).

Gegenstandswert:
Unterhalt Anna   12 × 522,00 EUR = 6.264,00 EUR §§ 23 Abs. 1 RVG, 51 Abs. 1 FamGKG
Unterhalt Maxi   12 × 522,00 EUR = <u>6.264,00 EUR</u> §§ 23 Abs. 1 RVG, 51 Abs. 1 FamGKG
addiert   12.528,00 EUR § 22 Abs. 1 RVG

1,3 Geschäftsgebühr Nr. 2300 VV RVG	785,20 EUR
Auslagenpauschale, Nr. 7002 VV RVG	20,00 EUR
Zwischensumme	805,20 EUR
19 % Umsatzsteuer, Nr. 7008 VV RVG	152,99 EUR
Summe	**958,19 EUR**

▲

> *Hinweis*
> (Zum Gegenstandswert siehe § 2 Rn 198 ff. u. 67.)

III. Zur Bemessung der Geschäftsgebühr

1. Umfang der anwaltlichen Tätigkeit

a) Zeitlicher Aufwand

143 In der Anmerkung zu Nr. 2300 VV RVG wird allein auf die Kriterien Umfang und Schwierigkeit abgestellt, um eine höhere Gebühr als 1,3 abrechnen zu können. Faktoren, die zum Überschreiten der Kappungsgrenze der Geschäftsgebühr von 1,3 gemäß der Anmerkung zu Nr. 2300 VV RVG führen können, sind damit allein der Umfang oder die Schwierigkeit der Angelegenheit.

144 Umfang bedeutet insbesondere: Zeitlicher Aufwand, den ein Rechtsanwalt zur Bearbeitung des Mandats erbringen muss.[88]

145 In den zeitlichen Umfang nicht mit einzubeziehen sind:
- Zeiten für die Aneignung von Basiswissen;
- Zeitaufwand, der für das Gericht oder den Gegner entstanden ist;
- Anschein, den der Umfang der Sache hat.

---

[88] *Otto*, NJW 2004, 1420; *Enders*, Rn 470 ff.; *Bischof/Jungbauer/u.a.*, RVG, Nr. 2300 VV Rn 53.

C. Außergerichtliche Tätigkeit § 4

Einzurechnen sind:[89] 146
- tatsächlicher Umfang der Sache (nicht aber der Anschein);
- mandatsspezifische Rechercheleistungen;[90]
- Studium der Unterlagen (Verträge, geführter Schriftwechsel, Gutachten, etc.);
- Zeit für die Auswertung eines Gutachtens;
- persönliche oder telefonische Besprechungen mit dem Mandanten;
- Besprechungen mit Dritten (Gegenanwalt, Gegner, Sachverständigen, Zeugen wegen Anfangsvermögen, etc.);
- Studium und Auswertung einer beigezogenen Akte (z.B. Straf- oder Ermittlungsakte bei angezeigter häuslicher Gewalt – soweit hierfür nicht gesonderte Gebühren nach Teil 4 abgerechnet werden, etc.);
- Recherche von mandatsbezogener Literatur und Rechtsprechung;
- Studium und Auswertung mandatsbezogener Literatur und Rechtsprechung;
- Diktat von Schriftstücken;
- Korrigieren und Ausfertigen von Schriftstücken;
- Studium der eingehenden Korrespondenz;
- Weiterleitung und Kommentierung der eingehenden Korrespondenz;
- Wahrnehmung von Terminen (einschl. Fahrt- und Wartezeiten;[91] dies können auch Hausbesuche des Anwalts in einer Familiensache sein).

Typische Tätigkeiten, die im Rahmen eines Familienrechtsmandats erbracht werden, sind z.B.[92] 147
- Aufnahme der gesamten Informationen zu/zum
- Datum u. Ort der Eheschließung
- den persönlichen Daten der Ehegatten
- der Arbeitgeber
- der Ehewohnung
- dem letzten gemeinsamen Wohnsitz
- vorhandener minderjähriger Kinder
- vorhandener volljähriger in Ausbildung befindlicher gemeinsamer Kinder
- vorhandener Kinder eines Ehegatten mit einem früheren Ehegatten/Partner
- gebildeter Anwartschaften bei Rentenversicherungsträgern
- Betriebsrentenansprüche
- private Vorsorgeansprüche
- End- und Anfangsvermögen zur Berechnung des Zugewinnausgleichsanspruch
- Einkommen aus selbstständiger oder nicht selbstständiger Tätigkeit
- Einkommen aus Kapitalvermögen
- Einkommen aus Vermietung und Verpachtung oder anderen Einkunftsarten
- Vermögensverhältnisse (Grundvermögen, Kapitalvermögen, Betriebsvermögen, etc.)
- getroffener Regelungen vor Inanspruchnahme des Anwalts
- beabsichtigte Regelungen hinsichtlich der möglichen Folgesachen
- Haushaltsgegenstände (ggf. Regelung hierüber)
- vorhandenem weiteren Vermögen
- vorhandener Verbindlichkeiten

---

89 Vgl. dazu ausführlich: *Bischof/Jungbauer*/u.a., RVG, Nr. 2300 VV Rn 53.
90 *Hartung/Römermann,* § 14 Rn 22.
91 LG Ravensburg AnwBl 1985, 160; OLG Hamm AGS 1998, 136; OLG Karlsruhe AGS 1993, 77.
92 Die Liste der Tätigkeiten ist natürlich nicht vollständig.

- Beratung wegen bestehender möglicher Unterhaltsansprüche unter Berücksichtigung des neuen Unterhaltsrechts
- Berechnung des Ehegatten- und Kindesunterhaltsanspruchs, ggf. unter Berücksichtigung vorhandener weiterer Kinder
- außergerichtliche Schreiben an den Ehegatten wg. Trennung, Unterhalt, beabsichtigte Scheidung, und weiterer Folgesachen
- Telefonate mit der Gegenseite, dem Gegenanwalt
- Telefonate mit dem Mandanten
- Beratung über das neue Versorgungsausgleichs-; Unterhalts- und Güterrecht sowie die sich hieraus für den Mandanten ergebenden Vor- und Nachteile
- Erstellung eines Entwurfs einer Scheidungsvereinbarung/eines Ehevertrags
- persönliche oder telefonische Besprechungen mit dem Mandanten;
- Besprechungen und Korrespondenz mit Dritten (Vermieter, Bank);
- Studium und Auswertung einer beigezogenen Akte (z.B. Straf- oder Ermittlungsakte bei angezeigter häuslicher Gewalt – soweit hierfür nicht gesonderte Gebühren nach Teil 4 abgerechnet werden, etc.);
- Beratung über mögliche Beratungs- oder Verfahrenskostenhilfe
- und viele weitere

148 *Praxistipp*
Erstellen Sie Ihre eigene Tätigkeitsliste für Familiensachen, damit Sie im Falle einer notwendigen Begründung der Höhe einer Geschäftsgebühr routinemäßig hierauf zurückgreifen können.

b) Die Hommerich-Studie

149 *Praxistipp*
Bei der Bemessung dessen, was in einer Familiensache als überdurchschnittlich umfangreich gilt, hilft der Gesetzgeber mit einer von ihm in Auftrag gegebenen wissenschaftlichen Studie über den Zeitaufwand der Rechtsanwälte und Rechtsanwältinnen in Familiensachen selbst weiter. Diese Studie findet sich in der Begründung des KostRMoG.[93]

150 Bei dieser Studie handelt es sich um eine wissenschaftliche Studie im Auftrag des Bundesjustizministeriums, die eigens für das KostRMoG in Auftrag gegeben worden ist! Die hier ermittelten Werte kann der Rechtsanwalt daher für die Bemessung seiner Gebühr heranziehen.

151 Zitat aus der BT-Drucksache 15/1971, 148 f.:

„Die Gebühren in Scheidungssachen sind in der Vergangenheit immer wieder als zu hoch kritisiert worden. Der Bundesrat hat diese Auffassung bereits in seiner Stellungnahme zu dem Entwurf eines Gesetzes zur Änderung von Kostengesetzen im Jahre 1986 zum Ausdruck gebracht (Bundestagsrucksache 10/5113, 44). Nach dem eingangs erwähnten Forschungsbericht „Das Zeitbudget der Rechtsanwältinnen und Rechtsanwälte in Scheidungs- und Folgesachen" von Prof. Dr. Hommerich, hat der durchschnittliche Zeitaufwand für die Scheidung ohne die Folgesachen 129 Minuten betragen. Da die Justizstatistik die Scheidungssachen nur mit dem Versorgungsausgleich gemeinsam erfasst, muss für eine Überprüfung der Gebührenhöhe der für den Versorgungsausgleich erbrachte durchschnittliche Zeitaufwand von 51 Minuten hinzugerechnet werden. Hierbei muss noch der Zeitaufwand für die Vorfeldberatung eingerechnet werden, die nach dem Forschungsbericht 146 Minuten betragen hat. In dem für die Vorfeldberatung ermittelten Zeitaufwand sind jedoch auch die sonstigen Folgesachen enthalten, die wohl einen nicht

---

[93] BT-Drucks 15/1971, 148 ff., download unter www.bundestag.de (Drucksachen) möglich.

unerheblichen Teil des insoweit angefallenen Zeitaufwands beanspruchen. Im Ergebnis lässt sich jedoch feststellen, dass der durchschnittliche Zeitaufwand für die Scheidung einschließlich Versorgungsausgleich und dazugehörender Vorfeldberatung in einer Größenordnung von etwa 4 Stunden liegen dürfte. Will man die nach geltendem Recht anfallenden Gebühren in diesem Bereich in eine Relation zu dem Zeitaufwand setzen, kommt ein Vergleich mit den Gebühren in Betracht, die aus dem nach der Justizstatistik von 1998 ermittelten durchschnittlichen Streitwert in Höhe von rund 7.700 EUR anfallen. Dabei ist jedoch zu beachten, dass dieser Wert ausschließlich aus solchen Verfahren ermittelt worden ist, in denen keine weiteren Folgesachen anhängig waren. Aus dem genannten Streitwert entstehen nach geltendem Recht drei Gebühren (Prozess-, Verhandlungs-/Erörterungs- und Beweisgebühr) in Höhe von jeweils 412 EUR (= 1.236 EUR). Hierbei ist jedoch zu berücksichtigen, dass bei Prozesskostenhilfe (immerhin 39 % der Fälle) Gebühren nur in einer Höhe von insgesamt 702 EUR entstehen, was einem Stundenbetrag von ca. 175,50 EUR entspricht. Betrachtet man entsprechend die Scheidungssachen, mit denen weitere Folgesachen verbunden waren, liegt der Zeitaufwand des Anwalts bereits bei mehr als 7 Stunden. Der durchschnittliche Streitwert in diesen Verfahren beträgt rund 10.800 EUR. Drei Gebühren aus diesem Wert betragen 1.578 EUR, bei Prozesskostenhilfe 738 EUR. Dies entspricht für jede Stunde einer Gebühr von 224 EUR bzw. 105,42 EUR (PKH). Da nicht in allen Folgesachen eine Beweisgebühr anfällt, dürfte das tatsächliche Entgelt für eine Stunde noch etwas niedriger liegen.

Bei den aus dem Untersuchungsergebnis zu ziehenden Konsequenzen muss mit Bedacht vorgegangen werden, weil zahlreiche Kanzleien ihr Schwergewicht auf Familiensachen gelegt haben. Die mit dem Entwurf des RVG vorgeschlagene neue Gebührenstruktur (Verfahrensgebühr von 1,3 und Terminsgebühr von 1,2) führt in diesem Bereich zu einer Gebührenreduzierung. Für die betroffenen Anwälte wird eine weitgehende Kompensierung der hierdurch bedingten Einnahmeausfälle im Wesentlichen durch zwei Änderungen erreicht:

a) Änderung der Anrechnungsvorschriften bei Übergang von der vorgerichtlichen Vertretung zum gerichtlichen Verfahren und

b) Erhöhung im Bereich der isolierten Verfahren.

Die Zusammenfassung der derzeitigen Geschäftsgebühr und der Besprechungsgebühr (§ 118 Abs. 1 Nr. 1 und 2 BRAGO) für die vorgerichtliche Vertretung zu einer Gebühr mit einem Gebührenrahmen von 0,5 bis 2,5 macht eine Änderung der Anrechnungsvorschriften erforderlich. Während nach geltendem Recht die Geschäftsgebühr vollständig auf die Prozessgebühr anzurechnen ist (§ 118 Abs. 2 Satz 1 BRAGO), soll sie künftig nur noch zur Hälfte, höchstens mit einem Gebührensatz von 0,75 auf die Verfahrensgebühr angerechnet werden (vgl. Teil 3 Vorbemerkung 3 VV RVG-E). Dies hat für den Rechtsanwalt umso günstigere Auswirkungen, je aufwändiger seine vorgerichtliche Tätigkeit ist. Da in Familiensachen der Zeitaufwand im vorgerichtlichen Bereich häufig sehr hoch ist, wird es in diesen Fällen zu einer spürbaren Verbesserung der Vergütung für die außergerichtliche Tätigkeit kommen.

Bei der Überprüfung der Gebühren musste auch das Verhältnis des Zeitaufwands für Folgesachen zu dem Zeitaufwand für isolierte Verfahren berücksichtigt werden. Der in der Untersuchung ermittelte durchschnittliche Zeitaufwand stellt sich wie folgt dar:

§ 4 Gebühren in Familiensachen

	Scheidung mit Folgesachen	Isolierte Familiensachen
Scheidung	129 min.	
Versorgungsausgleich	51 min.	231 min.
Unterhalt	120 min.	195 min.
Sorge- und Umgangsrecht	93 min.	182 min.
Güterrecht	157 min.	94 min.
Ehewohnung und Hausrat	64 min.	
Folgesachen insgesamt	159 min.	
Vorfeldberatung	146 min.	
Gesamtaufwand	434 min.	

Die Übersicht zeigt, dass der Zeitaufwand bei den isolierten Familiensachen deutlich über dem Zeitaufwand der entsprechenden Folgesache liegt. Zum Teil erfordern die isolierten Familiensachen sogar den doppelten Zeitaufwand. Bei den isolierten Familiensachen, in denen sich das Verfahren nach der ZPO richtet (Unterhalt, Güterrecht) wird schon nach geltendem Recht eine angemessene Honorierung dadurch erreicht, dass durch den Wegfall der bei Folgesachen vorzunehmenden Wertaddition und damit der Degressionswirkung der Gebührentabelle höhere Gebühren anfallen. Der Wegfall der Degressionswirkung macht sich bei den sonstigen Familiensachen zwar auch bemerkbar, allerdings fallen in den Verfahren nach dem Gesetz über die Angelegenheiten der freiwilligen Gerichtsbarkeit (FGG) Gebühren mit niedrigeren Gebührensätzen an, denen jedoch zum Teil ein höherer Wert zugrunde zu legen ist. In isolierten Verfahren zum Sorge- und Umgangsrecht erhält der Rechtsanwalt die Gebühren nach § 118 BRAGO. Danach entsteht jeweils eine Gebühr von 5/10 bis 10/10 als Geschäfts-, Verhandlungs- und – sofern Beweis erhoben wird – als Beweisgebühr. Im Regelfall wird in der Praxis die Mittelgebühr von 7,5/10 zugrunde gelegt. Der Gegenstandswert beträgt in der Regel 3.000 EUR (§ 30 KostO). Unter Berücksichtigung von drei 7,5/10-Gebühren erhält der Rechtsanwalt in einem solchen Verfahren 425,25 EUR. Bei dem erforderlichen Zeitaufwand von durchschnittlich mehr als drei Stunden beträgt das Entgelt für jede Stunde rund 130 EUR, mithin deutlich weniger als im Scheidungsverfahren. In Verfahren nach der Verordnung über die Behandlung der Ehewohnung und des Hausrats vom 21.10.1944 (RGBl Abs. 1 S. 256) erhält der Rechtsanwalt die Gebühren nach den gleichen Grundsätzen wie in ZPO-Verfahren, allerdings nur zur Hälfte (§ 63 Abs. 3 BRAGO).

Nach der vorgeschlagenen neuen Gebührenstruktur soll der Rechtsanwalt auch in diesen Verfahren die allgemein üblichen Gebühren (Verfahrensgebühr 1,3 und Terminsgebühr 1,2) erhalten. Dies führt in Sorge- und Umgangsrechtsverfahren zu Einnahmeverbesserungen von fast 90 %. In Hausratssachen erhöhen sich die Gebühren von 15/10 (einschließlich Beweisgebühr) auf 2,5.

Die Ergebnisse der Untersuchung zeigen, dass es gerechtfertigt ist, wenn für einstweilige Anordnungen besondere Gebühren anfallen. Der durchschnittliche Zeitaufwand ist zum Teil beträchtlich:

Unterhalt	125 min.
Sorge- und Umgangsrecht	177 min.
Wohnung und Hausrat	88 min.

"

152 *Praxistipp*
Der Rechtsanwalt, der seinen gesamten Tätigkeitsaufwand in der Familiensache von Anfang an dokumentiert hat, kann bei entsprechendem Zeitumfang mehr als 1,3 Gebühren abrechnen.

Somit ist bei folgendem Zeitaufwand (außergerichtlich und gerichtlich!) nicht mehr von einer durchschnittlichen Sache zu sprechen: 153
- Scheidung (ohne alles) – ab ca. 2 Stunden (129 min.)
- Folgesachen (ohne Scheidung) – ab ca. 2,65 Stunden (159 min.)
- Scheidung mit Folgesachen ohne vorherige Beratung – ab ca. 4,8 Stunden (288 min.)
- Scheidung mit Folgesachen mit vorheriger Beratung – ab ca. 7,23 Stunden (434 min.)
- Isolierte Unterhaltssache – ab ca. 3,85 Stunden (231 min.)
- Isolierte Sorge- und Umgangsrechtssache – ab ca. 3,25 Stunden (195 min.)
- Isoliertes Verfahren Güterrecht – ab ca. 3 Stunden (182 min.)
- Isoliertes Verfahren Ehewohnung und Hausrat – ab ca. 1,5 Stunden (94 min.)
- Einstweilige Anordnung Unterhalt – ab ca. 2 Stunden (125 min.)
- Einstweilige Anordnung Sorge- und Umgangsrecht – ab ca. 3 Stunden (177 min.)
- Einstweilige Anordnung Ehewohnung u. Hausrat – ab ca. 1,5 Stunden (88 min.).

Rechnet man aus diesen Zeitangaben entsprechende Zeiten, die auf die gerichtliche Tätigkeit entfallen, heraus, erhält man den **durchschnittlichen Aufwand** für eine außergerichtliche Tätigkeit. 154

Kann der RA nachweisen, dass er einen höheren Zeitaufwand hatte, kann er aufgrund des Umfangs die Geschäftsgebühr über 1,3 ansiedeln. 155

Hinsichtlich weiterer Kriterien, die für eine umfangreiche Sache sprechen (Bearbeitungszeiten; Recherchezeiten; Zeiten für Studium der gegnerischen Schreiben; Telefonate mit Mandanten, Gegner oder Gegenanwalt; etc.) siehe Rn 146 u. 147. 156

c) Geringerer Umfang aufgrund von Spezialkenntnissen?

Bei der Bemessung des Kriteriums „Umfang" wird regelmäßig auf den tatsächlichen Umfang abzustellen sein. Ist daher ein Rechtsanwalt auf einem Fachgebiet spezialisiert, wird sich möglicherweise der Umfang der Angelegenheit verringern, da der RA wegen einer Spezialisierung mit geringerem Zeitaufwand arbeitet.[94] 157

2. Schwierigkeit der anwaltlichen Tätigkeit

Das Bemessungskriterium „Schwierigkeit" aus § 14 Abs. 1 RVG betrifft Merkmale der juristischen Bearbeitung, in denen besondere Kenntnisse erforderlich sind. Hier stellt sich regelmäßig die Frage, wie intensiv sich der Rechtsanwalt mit der Sache beschäftigen muss.[95] Dabei werden die rechtliche und die tatsächliche Schwierigkeit unterschieden. 158

a) Rechtliche Schwierigkeit

Immer ist anhand eines objektiven Maßstabes zu prüfen, ob die anwaltliche Tätigkeit schwierig ist oder nicht. Das bedeutet, dass ein RA nicht schon deshalb die Gebühren anheben kann, weil er als Fachanwalt im Familienrecht spezialisiert ist (siehe auch Rn 163). Die Tätigkeit auf diesem Rechtsgebiet muss objektiv schwierig sein. Das bedeutet beispielsweise, dass ein Zugewinnausgleichsverfahren durchschnittlich sein kann und der bearbeitende RA trotz Fachanwaltstitel keine höheren Gebühren verlangen kann. Muss aber bei einem Zugewinnausgleichsverfahren beispielsweise erst eine Unternehmensbewertung durch Sachverständigengutachten erfolgen, um den dem Auftraggeber zustehenden Ausgleichsanspruch berechnen zu können, kann von einer objektiven 159

---

94 *Hartung/Römermann,* § 14 Rn 29.
95 *Jungbauer* in Bischof/Jungbauer u.a., RVG, Nr. 2300 VV Rn 58.

Schwierigkeit des Falles ausgegangen werden, was zu einer höheren Gebühr führt. Es kommt also grundsätzlich nicht darauf an, ob die Sache für den bearbeitenden RA schwierig ist.[96]

160 Nach *Enders* können Fälle aus dem Familien- und Erbrecht als schwierig angesehen werden.[97]

b) Tatsächliche Schwierigkeit

161 Tatsächliche Schwierigkeiten können zu einer Erhöhung der Rahmengebühren führen: Solche, die durch die Fallgestaltung bedingt sind, aber auch solche, die durch den Umgang mit den beteiligten Personen entstehen.[98] Tatsächlich schwierig kann eine Sache sein, wenn der RA sich mit Gutachten auseinandersetzen muss (z.B. medizinischen, psychiatrischen, bautechnischen); die Aufklärung des Sachverhalts aufgrund von Widersprüchen schwierig ist; Verständigungsschwierigkeiten zwischen RA und Mandant vorhanden sind, z.B. weil der Mandant ein Hörgerät trägt, oder ein Dolmetscher hinzugezogen werden muss,[99] oder der Rechtsanwalt den im Ausland befindlichen Mandanten nur zu ganz bestimmten Uhrzeiten erreichen kann; Schwierigkeiten mit einem uneinsichtigen und wenig nachgiebigen Gegner;[100] Schwierigkeiten, die in der Persönlichkeitsstruktur des Mandanten liegen.[101] Auch die Vertretung mehrerer Auftraggeber kann zu einer Erhöhung führen, wenn kein Fall der Nr. 1008 VV RVG gegeben ist.

162 *Praxistipp*
„Schwierige Mandanten", die unter das Kriterium „tatsächliche Schwierigkeit" fallen, wirken sich in der Regel auch auf den Umfang einer Angelegenheit aus. Mandanten, die den Anwalt „über Gebühr" als kostenlose allgemeine Lebenshilfe in Anspruch nehmen und Rat und Trost in stundenlangen Telefonaten verlangen, kann man mit der Bitte um Vereinbarung eines Stundensatzes meist dazu bewegen, die Gespräche auf das notwendige Maß zu beschränken. Eine Stundensatzvereinbarung wäre allerdings auch nur mit einem „nicht-VKH-Mandant" möglich (vgl. § 3 Rn 78 ff.).

c) Reduktion Schwierigkeit beim Fachanwalt für Familienrecht?

163 Keinesfalls ist nach Ansicht der Verfasserinnen der Auffassung zu folgen, die annimmt, bei einem Fachanwalt sei das Kriterium „Schwierigkeit" immer abzusenken, da ihm die Bearbeitung auch schwierigerer Fälle grundsätzlich leichter fällt als einem Nicht-Fachanwalt. Umgekehrt würde dies bedeuten, dass der Rechtsanwalt, der weder spezialisiert noch besonders gut ist, die höchsten Gebühren abrechnen könnte, denn für ihn ist alles schwierig.

164 Die Schwierigkeit ist daher immer nach objektiven Maßstäben zu bemessen.[102]

165 *Otto* (Ministerialrat im Bundesministerium der Justiz, Referat anwaltliches Kostenrecht) teilt die Schwierigkeiten in Familiensachen wie folgt ein:[103]

Durchschnittlich schwierig
- ist eine Scheidungsangelegenheit, bei der sich bei Beauftragung des Anwalts die Ehegatten bereits geeinigt haben.

---

96 *Enders,* JurBüro 2004, 516; *Jungbauer* in Bischof/Jungbauer u.a., RVG, Nr. 2300 VV, Rn 59.
97 *Enders,* JurBüro 2004, 516 – wobei sich *Enders* in RVG für Anfänger, Rn 150 gegen eine Katalogisierung und für eine konkrete Einzelfallbetrachtung ausspricht.
98 *Gerold/Schmidt/Mayer,* § 14 Rn 16; *Göttlich/Mümmler/Rehberg/Xanke,* Rahmengebühr, 2.3.3.
99 *Hartung/Römermann,* § 14 Rn 30.
100 *Enders,* JurBüro 2004, 516.
101 *Enders,* JurBüro 2004, 516; LG Karlsruhe AnwBl 1987, 338.
102 *Jungbauer* in Bischof/Jungbauer, RVG, Nr. 2300 VV, Rn 59.
103 *Otto,* NJW 2006, 1474.

Eher schwierig
- sind anwaltliche Tätigkeiten, die nicht abgeschlossene Fälle betreffen, sondern sich während des Mandats noch fortentwickeln, typischerweise **familienrechtliche** Auseinandersetzungen, bei denen sich nicht nur die Verhältnisse ständig ändern (Änderungen der Einkommensverhältnisse, Änderungen hinsichtlich des Kontakts zu den Kindern), sondern auch die ständige Anteilnahme der Mandanten zu immer neuen anwaltlichen Tätigkeiten führen.

IV. Anrechnung der Geschäftsgebühr

Erfolgt vor oder nach der außergerichtlichen Tätigkeit über denselben Gegenstand eine gerichtliche ist eine hälftige Anrechnung der Geschäftsgebühr vorzunehmen.

1. Vorbemerkung 3 Abs. 4 VV RVG

Die Anrechnung der Geschäftsgebühr auf eine nachfolgende Verfahrensgebühr ist in den Vorbemerkungen zu Teil 3 des Vergütungsverzeichnisses geregelt. Dort heißt es seit dem 1.8.2013 in Absatz 4:[104]

„Soweit wegen desselben Gegenstands eine Geschäftsgebühr nach Teil 2 entsteht, wird diese Gebühr zur Hälfte, bei Wertgebühren jedoch höchstens mit einem Gebührensatz von 0,75, auf die Verfahrensgebühr des gerichtlichen Verfahrens angerechnet. Bei Betragsrahmengebühren beträgt der Anrechnungsbetrag höchstens 175,00 EUR. Sind mehrere Gebühren entstanden, ist für die Anrechnung die zuletzt entstandene Gebühr maßgebend. Bei einer Betragsrahmengebühr ist nicht zu berücksichtigen, dass der Umfang der Tätigkeit im gerichtlichen Verfahren infolge der vorangegangenen Tätigkeit geringer ist. Bei einer wertabhängigen Gebühr erfolgt die Anrechnung nach dem Wert des Gegenstands, der auch Gegenstand des gerichtlichen Verfahrens ist."

Ist damit der Rechtsanwalt über denselben Gegenstand außergerichtlich und gerichtlich tätig (unabhängig von der Reihenfolge!), so ist damit die Geschäftsgebühr zur Hälfte, maximal in Höhe von 0,75 anzurechnen, Abs. 4 der Vorbem. 3 VV RVG.

Dabei ist die Anrechnung nur insoweit vorzunehmen, als der Gegenstand der außergerichtlichen Tätigkeit sich mit dem Gegenstand der gerichtlichen Tätigkeit deckt.

Durch das 2. KostRMoG wurde Abs. 4 der Vorbem. 3 VV RVG neben der redaktionellen Anpassung infolge der „Verschiebung" der Geschäftsgebühren in Teil 2 VV RVG um eine Anrechnungsregelung bei Betragsrahmengebühren ergänzt. Diese neue Regelung hat auf die Verfahren, in denen wertabhängige Verfahrensgebühren entstehen, keine Auswirkung.[105]

2. Voraussetzungen der Anrechnung

Eine Anrechnung der Geschäftsgebühr hat nur dann zu erfolgen, wenn:
- über den Gegenstand auch ein gerichtliches Verfahren erfolgt oder erfolgt ist (siehe Vorbemerkung 3 Abs. 4 S. 5 VV RVG);
- derselbe RA außergerichtlich und gerichtlich tätig wird (gilt auch für Sozietät und RA-Gesellschaft);
- sich die außergerichtliche und gerichtliche Tätigkeit gegen denselben Gegner gerichtet haben;
- der außergerichtliche und gerichtliche Gegenstand derselbe sind;
- ein zeitlicher Zusammenhang (siehe Anrechnungsausschluss in § 15 Abs. 5 S. 2 RVG) besteht.

---

[104] Geändert durch das 2. KostRMoG vom 23.7.2013, BGBl I S. 2586 (Nr. 42), Geltung ab 1.8.2013.
[105] BT-Drucks 17/11471 vom 14.11.2012, S. 430.

§ 4 Gebühren in Familiensachen

3. Anrechnung bei Gegenstandsidentität und Gegenstandsungleichheit

172 Wie erfolgt die Anrechnung, wenn sich der Gegenstandswert des außergerichtlichen von dem des gerichtlichen Verfahrens unterscheidet? Grundsätzlich gilt:

- Ist der Gegenstandswert **gleich**, wird die Geschäftsgebühr **hälftig, maximal bis zu 0,75** auf eine Verfahrensgebühr des nachfolgenden Verfahrens angerechnet
- Ist der Gegenstandswert des gerichtlichen Verfahrens **höher**, wird die Geschäftsgebühr ebenfalls **hälftig, maximal bis zu 0,75** auf die Verfahrensgebühr angerechnet, jedoch nur aus dem Wert, aus dem die Geschäftsgebühr entstanden ist.
- Ist der Gegenstandswert der gerichtlichen Tätigkeit **niedriger**, ist die Geschäftsgebühr ebenfalls hälftig, maximal bis zu 0,75 auf die Verfahrensgebühr anzurechnen, jedoch nur aus dem Wert, der Gegenstand des gerichtlichen Verfahrens ist.

▼

173 **Musterrechnung 4.19: Außergerichtliche Vertretung – Besprechung – gerichtliche Geltendmachung – Gegenstandswert identisch**

Rechtsanwältin S macht außergerichtlich Zugewinnausgleichsansprüche in Höhe von 45.000,00 EUR geltend. Gegner K meldet sich telefonisch und bespricht die Angelegenheit mit Rechtsanwältin S. K will keine Zahlung leisten. In der Folge wird nach erteiltem Verfahrensauftrag ein entsprechender Antrag eingereicht. Der Gegenstandswert der außergerichtlichen und gerichtlichen Tätigkeit hat 45.000,00 EUR betragen.

1. Außergerichtliche Tätigkeit

Gegenstandswert: 45.000,00 EUR (§§ 23 Abs. 1 RVG, 35 FamGKG)

1,3 Geschäftsgebühr aus 45.000,00 EUR Nr. 2300 VV RVG	1.414,40 EUR
Auslagenpauschale, Nr. 7002 VV RVG	20,00 EUR
Zwischensumme	1.434,40 EUR
19 % Umsatzsteuer, Nr. 7008 VV RVG	272,54 EUR
Summe	**1.706,94 EUR**

2. Gerichtliche Tätigkeit

1,3 Verfahrensgebühr aus 45.000,00 EUR Nr. 3100 VV RVG	1.414,40 EUR
abzgl. 0,65 Geschäftsgebühr aus 45.000,00 EUR Vorbem. 3, Abs. 4 VV RVG	./. 707,20 EUR
Zwischensumme	707,20 EUR
Auslagenpauschale, Nr. 7002 VV RVG	20,00 EUR
Zwischensumme	727,20 EUR
19 % Umsatzsteuer, Nr. 7008 VV RVG	138,17 EUR
Summe	**865,37 EUR**

▲

Hinweis
(Zum Gegenstandswert siehe § 2 Rn 111.)

C. Außergerichtliche Tätigkeit § 4

▼

Musterrechnung 4.20: Außergerichtliche Vertretung – Besprechung – gerichtliche Geltendmachung – Gegenstandswert des gerichtlichen Verfahrens ist höher 174

Rechtsanwältin S macht zunächst außergerichtlich Zugewinnausgleichsansprüche in Höhe von 45.000,00 EUR geltend. In der Folge wird nach erteiltem Verfahrensauftrag ein entsprechender Antrag eingereicht. Der Gegenstandswert der gerichtlichen Tätigkeit hat 55.000,00 EUR betragen.

1. Außergerichtliche Tätigkeit

Gegenstandswert: 45.000,00 EUR (§§ 23 Abs. 1 RVG, 35 FamGKG)

1,3 Geschäftsgebühr aus 45.000,00 EUR Nr. 2300 VV RVG	1.414,40 EUR
Auslagenpauschale, Nr. 7002 VV RVG	20,00 EUR
Zwischensumme	1.434,40 EUR
19 % Umsatzsteuer, Nr. 7008 VV RVG	272,54 EUR
Summe	**1.706,94 EUR**

2. Gerichtliche Tätigkeit

Gegenstandswert: 55.000,00 EUR (§§ 23 Abs. 1 RVG, 35 FamGKG)

1,3 Verfahrensgebühr aus 55.000,00 EUR Nr. 3100 VV RVG	1.622,40 EUR
abzgl. 0,65 Geschäftsgebühr aus 45.000,00 EUR Vorbem. 3, Abs. 4 VV RVG	./. 707,20 EUR
Zwischensumme	915,20 EUR
Auslagenpauschale, Nr. 7002 VV RVG	20,00 EUR
Zwischensumme	935,20 EUR
19 % Umsatzsteuer, Nr. 7008 VV RVG	177,69 EUR
Summe	**1.112,89 EUR**

▲

Hinweis
(Zum Gegenstandswert siehe § 2 Rn 111.)

▼

Musterrechnung 4.21: Außergerichtliche Vertretung – Besprechung – gerichtliche Geltendmachung – Gegenstandswert des gerichtlichen Verfahrens ist niedriger 175

Rechtsanwältin S macht zunächst außergerichtlich Zugewinnausgleichsansprüche in Höhe von 45.000,00 EUR geltend. In der Folge wird nach erteiltem Verfahrensauftrag ein entsprechender Antrag eingereicht. Der Gegenstandswert der gerichtlichen Tätigkeit hat 35.000,00 EUR betragen.

1. Außergerichtliche Tätigkeit

Gegenstandswert: 45.000,00 EUR (§§ 23 Abs. 1 RVG, 35 FamGKG)

1,3 Geschäftsgebühr aus 45.000,00 EUR Nr. 2300 VV RVG	1.414,40 EUR
Auslagenpauschale, Nr. 7002 VV RVG	20,00 EUR
Zwischensumme	1.434,40 EUR

§ 4 Gebühren in Familiensachen

19 % Umsatzsteuer, Nr. 7008 VV RVG	272,54 EUR
Summe	**1.706,94 EUR**

2. Gerichtliche Tätigkeit

Gegenstandswert: 35.000,00 EUR (§§ 23 Abs. 1 RVG, 35 FamGKG)

1,3 Verfahrensgebühr aus 35.000,00 EUR Nr. 3100 VV RVG	1.219,40 EUR
abzgl. 0,65 Geschäftsgebühr aus 35.000,00 EUR Vorbem. 3, Abs. 4 VV RVG	./. 609,70 EUR
Zwischensumme	609,70 EUR
Auslagenpauschale, Nr. 7002 VV RVG	20,00 EUR
Zwischensumme	629,70 EUR
19 % Umsatzsteuer, Nr. 7008 VV RVG	119,64 EUR
Summe	**749,34 EUR**

> *Hinweis*
> (Zum Gegenstandswert siehe § 2 Rn 111 ff.)

176   Musterrechnung 4.22: Außergerichtliche Vertretung – anschließendes gerichtliches Verfahren – keinerlei Gegenstandsidentität

Rechtsanwältin S macht zunächst außergerichtlich Zugewinnausgleichsansprüche in Höhe von 45.000,00 EUR geltend. Insoweit erfolgt eine außergerichtliche Einigung zwischen den Parteien. Nach Ablauf des Trennungsjahres wird Scheidungsantrag eingereicht. Der Versorgungsausgleich wird durchgeführt. Der Wert von Scheidungs- und Versorgungsausgleichsverfahren beträgt: 20.000,00 EUR.

1. Außergerichtliche Tätigkeit

Gegenstandswert: 45.000,00 EUR (§§ 23 Abs. 1 RVG, 35 FamGKG)

1,3 Geschäftsgebühr aus 45.000,00 EUR Nr. 2300 VV RVG	1.414,40 EUR
Auslagenpauschale, Nr. 7002 VV RVG	20,00 EUR
Zwischensumme	1.434,40 EUR
19 % Umsatzsteuer, Nr. 7008 VV RVG	272,54 EUR
Summe	**1.706,94 EUR**

2. Gerichtliche Tätigkeit

Gegenstandswert: 20.000,00 EUR (§§ 23 Abs. 1 RVG, 43 Abs. 1 u. 2, 50 FamGKG)

1,3 Verfahrensgebühr aus 20.000,00 EUR Nr. 3100 VV RVG	964,60 EUR
1,2 Terminsgebühr aus 20.000,00 EUR Nr. 3104 VV RVG	890,40 EUR
Auslagenpauschale, Nr. 7002 VV RVG	20,00 EUR
Zwischensumme	1.875,00 EUR
19 % Umsatzsteuer, Nr. 7008 VV RVG	356,25 EUR
Summe	**2.231,25 EUR**

C. Außergerichtliche Tätigkeit § 4

Hinweis
(Zum Gegenstandswert siehe § 2 Rn 111, 149 u. 304.) Keine Anrechnung, da Gegenstand des gerichtlichen Verfahrens nicht (auch nicht teilweise) identisch ist mit Gegenstand des außergerichtlichen Verfahrens.

4. Ist die Auslagenpauschale anzurechnen?

Die Auslagenpauschale ist nicht anzurechnen. Auch die Vorbemerkung 3 Abs. 4 VV RVG spricht insoweit nur von einer Anrechnung der Geschäftsgebühr. Die Verfasserinnen gehen daher in ihren Berechnungsbeispielen davon aus, dass die Auslagenpauschale, die aus der vollen Geschäftsgebühr entstanden ist, ungekürzt verbleibt. 177

5. Anrechnung bei Erhöhung

Wie die Anrechnung der Geschäftsgebühr vorzunehmen ist, wenn wegen Vertretung mehrerer Personen, die Auftraggeber sind und Nr. 1008 VV RVG zur Anwendung kommt, war bislang umstritten. Fraglich war, ob die sogenannte „Regelgebühr" entsprechend der Anm. zu Nr. 2300 u. 2301 VV RVG nach Nr. 1008 VV RVG zu erhöhen war, wenn der Rechtsanwalt mehrere Auftraggeber vertritt, mit der Folge, dass diese nach Nr. 1008 VV RVG erhöhte Geschäftsgebühr max. mit einem Gebührensatz von 0,75 anzurechnen ist. 178

Die Anmerkung zu Nr. 1008 VV RVG wurde zum 1.8.2013 mit Inkrafttreten des 2. KostRMoG um einen Abs. 4 ergänzt, der wie folgt lautet: 179

„Im Fall der Anmerkung zu den Gebühren 2300 und 2302 erhöht sich der Gebührensatz oder Betrag dieser Gebühren entsprechend."

Der Gesetzgeber hat diese Ergänzung wie folgt begründet:[106] 180

„In der Literatur wird zum Teil die Auffassung vertreten, dass die Erhöhung der Geschäfts- oder Verfahrensgebühr bei mehreren Auftraggebern nicht die Kappungsgrenze erfasst (vgl. Gerold/Schmidt, 19. Aufl., Nr. 1008 VV RVG, Rn 236). Daher soll nunmehr ausdrücklich klargestellt werden, dass sich auch die – nunmehr als modifizierte Gebühr vorgeschlagene – Kappungsgrenze entsprechend erhöht, wenn der Anwalt für mehrere Auftraggeber tätig ist. Ohne die Erhöhung der Kappungsgrenze ginge die Erhöhung nach Nummer 1008 VV RVG häufig ins Leere.

Mangels einer ausdrücklichen Regelung dürfte sich damit auch eine andere Streitfrage klären, nämlich die Frage, ob sich die Höchstgrenze für die Anrechnung (Vorbemerkung 3 Absatz 4 VV RVG) bei mehreren Auftraggebern erhöht. Da hierfür keine entsprechende Regelung in das Gesetz eingefügt werden soll, wird klar, dass sich dieser Betrag nicht erhöhen soll. Sinn der Höchstgrenze ist es, ein Mehr an Umfang und Schwierigkeit der außergerichtlichen Tätigkeit auch nach einer Anrechnung angemessen zu entgelten. Erhöht man die Anrechnungsgrenze auch bei mehreren Auftraggebern, würde dem Anwalt durch die Anrechnung gerade die für die Mehrarbeit zusätzlich angefallene Gebühr wieder entzogen."

Mit Ergänzung der Anmerkung zu Nr. 1008 VV RVG wurde nunmehr klargestellt, dass sich die sogenannte „Regelgebühr" bei Auftraggebermehrheit nach Nr. 1008 VV RVG satzmäßig erhöht mit der Folge, dass eine Anrechnung dieser erhöhten Geschäftsgebühr zur Hälfte, jedoch max. bis zu einem Gebührensatz von 0,75 zu erfolgen hat. 181

---

106 BT-Drucks 17/11471 vom 14.11.2012, 2. KostRMoG, S. 426.

6. Anrechnung auch auf eine 0,8 Verfahrensgebühr

182 Die vorgerichtliche entstandene Geschäftsgebühr ist auch auf die verminderte Verfahrensgebühr von 0,8 (Nr. 3101 Nr. 1 VV RVG) anteilig anzurechnen.[107]

7. Anrechnung bei späterem Anfall einer Differenzverfahrensgebühr

183 Entsteht eine Verfahrensgebühr zu unterschiedlichen Gebührensätzen (z.B. 1,3 Verfahrensgebühr nach Nr. 3100 VV RVG und 0,8 Differenzverfahrensgebühr nach Nr. 3101 Nr. 2 VV RVG) und ist gleichzeitig auch eine vorangegangene Geschäftsgebühr anzurechnen, so ist erst die Anrechnung der Geschäftsgebühr vorzunehmen und dann gegebenenfalls zu prüfen, ob das Gebührenaufkommen nach § 15 Abs. 3 RVG zu begrenzen ist.[108] Schneider geht allerdings im Gegensatz zu Enders davon aus, dass die Anrechnung der Geschäftsgebühr aus den Teilen des Gegenstandes entsprechend den Verfahrensgebühren zu erfolgen hat.[109] Enders hält dies für falsch, da zu berücksichtigen ist, dass der Rechtsanwalt außergerichtlich in derselben Angelegenheit nicht zweimal eine Geschäftsgebühr abrechnen kann, sondern die Geschäftsgebühr vielmehr aus dem addierten Wert zu berechnen ist. So sind nach Enders von der 1,3 Verfahrensgebühr nach Nr. 3100 VV aus dem Wert der rechtshängigen Ansprüche und der 0,8 Differenzverfahrensgebühr nach Nr. 3101 Nr. 2 VV aus dem Wert der nicht rechtshängigen Ansprüche eine 1,3 Geschäftsgebühr aus dem addierten Wert in Abzug zu bringen.[110] Der Auffassung von Enders ist zu folgen, da diese Berechnung die Degression der Gebührentabelle berücksichtigt.

▼

184 **Musterrechnung 4.23: Gerichtliche Geltendmachung – Vergleich über nicht anhängige Ansprüche bei vorangegangener außergerichtlicher Tätigkeit**

Rechtsanwältin S macht Zugewinnausgleichsansprüche in Höhe von 60.000,00 EUR gerichtlich geltend. Im Termin werden neben der Zugewinnausgleichsforderung auch bislang nicht anhängige nacheheliche Unterhaltsansprüche mit verglichen. Hinsichtlich des nachehelichen Unterhalts war Rechtsanwältin S bereits außergerichtlich tätig. Der Vergleichsmehrwert wurde auf 12.000,00 EUR festgesetzt.

1. Außergerichtliche Tätigkeit

Gegenstandswert: 12.000,00 EUR (§§ 23 Abs. 1 RVG, 51 Abs. 1 FamGKG)

1,3 Geschäftsgebühr aus 12.000,00 EUR Nr. 2300 VV RVG	785,20 EUR
Auslagenpauschale, Nr. 7002 VV RVG	20,00 EUR
Zwischensumme	805,20 EUR
19 % Umsatzsteuer, Nr. 7008 VV RVG	152,99 EUR
Summe	**958,19 EUR**

---

107 BGH, Urt. v. 25.9.2008 – IX ZR 133/07, NJW 2008, 3641 = FamRZ 2008, 2196.
108 OLG München, Beschl. v. 7.3.2012 – 11 WF 360/12 = NJW-RR 2012, 767 = BeckRS 2012, 05995; mit Anm. in NJW-Spezial 2012, 219 sowie *von Mayer*, FD-RVG 2012, 330385; OLG Stuttgart NJOZ 2009, 1257 = JurBüro 2009, 246; OLG Karlsruhe FamRZ 2011, 1682 = BeckRS 2011, 04248); vgl. auch *Enders*, RVG für Anfänger, Rn 612; *N. Schneider*, Fälle und Lösungen zum RVG, § 7, Beispiel 22, S. 134 u. 135; *N. Schneider*, Gebührenanrechnung: Erst anrechnen dann kürzen oder erst kürzen und dann anrechnen?, RVG-Berater 2005, 11.
109 *N. Schneider*, Fälle und Lösungen zum RVG, § 7, Beispiel 22, S. 134 u. 135.
110 *Enders*, RVG für Anfänger, Rn 613.

2. Gerichtliche Tätigkeit

Gegenstandswert:

Anhängige Ansprüche:	60.000,00 EUR (§§ 23 Abs. 1 RVG, 35 FamGKG)
Nicht anhängige Ansprüche:	12.000,00 EUR (§§ 23 Abs. 1 RVG, 51 Abs. 1 FamGKG)
	72.000,00 EUR (§ 22 Abs. 1 RVG)

1,3 Verfahrensgebühr aus 60.000,00 EUR Nr. 3100 VV RVG	1.622,40 EUR
0,8 Verfahrensgebühr aus 12.000,00 EUR Nr. 3101 Nr. 2 VV RVG	483,20 EUR
abzgl. 0,65 Geschäftsgebühr aus 12.000,00 EUR Vorbem. 3, Abs. 4 VV RVG	./. 392,60 EUR
Zwischensumme	1.713,00 EUR
Begrenzung nach § 15 Abs. 3 RVG nicht erforderlich!	
1,3 aus 72.000,00 EUR = 1.732,90 EUR	
Auslagenpauschale, Nr. 7002 VV RVG	20,00 EUR
Zwischensumme	1.733,00 EUR
19 % Umsatzsteuer, Nr. 7008 VV RVG	329,27 EUR
Summe	**2.062,27 EUR**

Hinweis
(Zum Gegenstandswert siehe § 2 Rn 196 und 111.)

Musterrechnung 4.24: Außergerichtliche Tätigkeit – Gerichtliche Geltendmachung über Teilforderung – Vergleich über nicht anhängige Ansprüche

Rechtsanwältin S macht außergerichtlich zunächst Zugewinnausgleichsansprüche in Höhe von 60.000,00 EUR sowie nacheheliche Unterhaltsansprüche mit monatlich 1.000,00 EUR geltend. Es werden sodann lediglich die Zugewinnausgleichsansprüche in der außergerichtlich geforderten Höhe gerichtlich geltend gemacht. Im Termin werden neben der Zugewinnausgleichsforderung auch die bislang nicht anhängigen nachehelichen Unterhaltsansprüche mit verglichen. Der Vergleichsmehrwert wurde auf 12.000,00 EUR festgesetzt.

1. Außergerichtliche Tätigkeit

Gegenstandswert: 72.000,00 EUR (§§ 23 Abs. 1 RVG, 51 Abs. 1 FamGKG)

1,3 Geschäftsgebühr aus 72.000,00 EUR Nr. 2300 VV RVG	1.732,90 EUR
Auslagenpauschale, Nr. 7002 VV RVG	20,00 EUR
Zwischensumme	1.752,90 EUR
19 % Umsatzsteuer, Nr. 7008 VV RVG	333,05 EUR
Summe	**2.085,95 EUR**

2. Gerichtliche Tätigkeit

Gegenstandswert:

Anhängige Ansprüche:	60.000,00 EUR (§§ 23 Abs. 1 RVG, 35 FamGKG)
Nicht anhängige Ansprüche:	12.000,00 EUR (§§ 23 Abs. 1 RVG, 51 Abs. 1 FamGKG)
	72.000,00 EUR (§ 22 Abs. 1 RVG)

1,3 Verfahrensgebühr aus 60.000,00 EUR Nr. 3100 VV RVG	1.622,40 EUR
0,8 Verfahrensgebühr aus 12.000,00 EUR Nr. 3101 Nr. 2 VV RVG	483,20 EUR
abzgl. 0,65 Geschäftsgebühr aus 72.000,00 EUR Vorbem. 3, Abs. 4 VV RVG	./. 866,45 EUR
Zwischensumme	1.239,15 EUR
Begrenzung nach § 15 Abs. 3 RVG nicht erforderlich!	
1,3 aus 72.000,00 EUR = 1.732,90 EUR	
Auslagenpauschale, Nr. 7002 VV RVG	20,00 EUR
Zwischensumme	1.259,15 EUR
19 % Umsatzsteuer, Nr. 7008 VV RVG	239,24 EUR
Summe	**1.498,39 EUR**

▲

Hinweis
(Zum Gegenstandswert siehe § 2 Rn 196 und 111.)

8. Anrechnung im Kostenfestsetzungsverfahren und § 15a RVG

a) Allgemeines

186 Durch das Gesetz zur Modernisierung von Verfahren im anwaltlichen und notariellen Berufsrecht, zur Errichtung einer Schlichtungsstelle der Rechtsanwaltschaft sowie zur Änderung der Verwaltungsgerichtsordnung, der Finanzgerichtsordnung und kostenrechtlicher Vorschriften[111] wurde ein neuer § 15a RVG eingeführt und § 55 Abs. 5 RVG geändert. Beide Bestimmungen haben große Auswirkungen auf die Frage der Anrechnung einer Geschäftsgebühr im Kostenfestsetzungsverfahren (sowohl beim „Wahlanwalt" als auch beim „VKH-Anwalt"). Sie sind am 5.8.2009 in Kraft getreten.

187 § 15a Anrechnung einer Gebühr

(1) Sieht dieses Gesetz die Anrechnung einer Gebühr auf eine andere Gebühr vor, kann der Rechtsanwalt beide Gebühren fordern, jedoch nicht mehr als den um den Anrechnungsbetrag verminderten Gesamtbetrag der beiden Gebühren.

(2) Ein Dritter kann sich auf die Anrechnung nur berufen, soweit er den Anspruch auf eine der beiden Gebühren erfüllt hat, wegen eines dieser Ansprüche gegen ihn ein Vollstreckungstitel besteht oder beide Gebühren in demselben Verfahren gegen ihn geltend gemacht werden.

188 Grund für die – lediglich klarstellenden – Regelungen in § 15a RVG und § 55 Abs. 5 RVG war die in der Praxis viel diskutierte und äußerst zweifelhafte Rechtsprechung des BGH,[112] wonach eine

---

111 Gesetz vom 30.7.2009, BGBl I S. 2449 m.W.v. 5.8.2009.
112 BGH, Beschl. v. 22.1.2008 – VIII ZB 57/07, NJW 2008, 1323 = JurBüro 2008, 302 = AGS 2008, 158 = RVGreport 2008, 148 = AnwBl 2008, 378.

Gebühr von vornherein nur in gekürzter Höhe entstehe, wenn sie auf eine andere Gebühr angerechnet wird. Der unterlegene Prozessgegner habe sie deshalb auch nur in entsprechend verminderter Höhe zu erstatten. Diese Form der Auslegung der Anrechnungsvorschriften war durch den Gesetzgeber jedoch so nicht beabsichtigt; in seiner Begründung[113] zu § 15a RVG hat er folgendes ausgeführt:

Zu Absatz 4 (Änderung des RVG) 189

> *„Das RVG schreibt an zahlreichen Stellen vor, dass eine Gebühr ganz oder teilweise auf eine andere Gebühr anzurechnen ist. Grund für die Anrechnung ist, dass die beiden Gebühren in einem bestimmten Umfang dieselbe Tätigkeit (etwa die Informationsbeschaffung) entgelten. Die Anrechnung will verhindern, dass der Rechtsanwalt für die betreffende Tätigkeit doppelt honoriert wird.*
>
> *Der Bundesgerichtshof hat dazu im vergangenen Jahr mehrmals entschieden, dass eine Gebühr von vornherein nur in gekürzter Höhe entstehe, wenn sie auf eine andere Gebühr angerechnet wird. Der unterlegene Prozessgegner habe sie deshalb auch nur in entsprechend verminderter Höhe zu erstatten.*
>
> *Dieses Verständnis der Anrechnung führt zu unbefriedigenden Ergebnissen, weil es den Auftraggeber benachteiligt. Das zeigt sich in einer Reihe von Konstellationen, die für die Tätigkeit der Rechtsanwälte und die gerichtliche Praxis von überragender Bedeutung sind. Insbesondere erhält die obsiegende Prozesspartei eine geringere Erstattung ihrer Kosten, wenn sie ihrem Rechtsanwalt vor dem Prozessauftrag in derselben Sache bereits einen Auftrag zur außergerichtlichen Vertretung erteilt hatte. Da die Geschäftsgebühr für die außergerichtliche Vertretung nach Vorbemerkung 3 Abs. 4 VV RVG zur Hälfte auf die Verfahrensgebühr für die Vertretung im Prozess anzurechnen ist, mindert sich der Anspruch auf Erstattung der Verfahrensgebühr entsprechend. Eine kostenbewusste Partei müsste deshalb die außergerichtliche Einschaltung eines Rechtsanwalts ablehnen und ihm stattdessen sofort Prozessauftrag erteilen. Soweit Rahmengebühren anzurechnen sind, wird das Kostenfestsetzungsverfahren überdies mit einer materiell-rechtlichen Prüfung belastet, für die es sich nicht eignet. Beides läuft unmittelbar den Absichten zuwider, die der Gesetzgeber mit dem Rechtsanwaltsvergütungsgesetz verfolgt hat.*
>
> *Durch die vorgeschlagene Regelung in § 15a RVG-E soll der im Gesetz bisher nicht definierte Begriff der Anrechnung inhaltlich bestimmt werden. Ziel des Vorschlags ist es, den mit den Anrechnungsvorschriften verfolgten Gesetzeszweck zu wahren, zugleich aber unerwünschte Auswirkungen der Anrechnung zum Nachteil des Auftraggebers zu vermeiden. Die Vorschrift regelt in Absatz 1, welche Wirkung der Anrechnung im Verhältnis zwischen dem Rechtsanwalt und dem Schuldner der Gebühren zukommt. In Absatz 2 legt sie fest, in welchem Umfang sich die Anrechnung gegenüber Dritten auswirkt. Ferner ist in Abschnitt 8 des Rechtsanwaltsvergütungsgesetzes eine Klarstellung veranlasst, welche Angaben der beigeordnete oder bestellte Rechtsanwalt bei der Beantragung seiner Vergütung zu machen hat."*

Während § 15a Abs. 1 RVG das Verhältnis zwischen Rechtsanwalt und Mandant regelt, ergibt sich 190
aus § 15a Abs. 2 RVG, in welchen Fällen die Anrechnung einem Dritten gegenüber zu erfolgen hat. So kann sich ein Dritter auf die Anrechnung nur berufen,
- soweit er den Anspruch auf eine der beiden Gebühren erfüllt hat;
- wegen eines dieser Ansprüche gegen ihn ein Vollstreckungstitel besteht oder
- beide Gebühren in demselben Verfahren gegen ihn geltend gemacht werden.

---

[113] BT-Drucks 16/12717 v. 22.4.2009, S. 67 f. der elektronischen Vorabfassung.

§ 4   Gebühren in Familiensachen

191   Zur Frage, ob ein Vollstreckungstitel i.S.d. § 15a RVG auch besteht, wenn ein Vergleich mit Zahlung eines Vergleichsbetrages „...zur Abgeltung aller Ansprüche..." abgeschlossen und eine vorgerichtliche Geschäftsgebühr als Nebenforderung mit eingeklagt worden ist, hat der BGH entschieden:

> *„Enthält ein Prozessvergleich keine ausdrückliche Regelung dazu, inwieweit die vom Kläger mit eingeklagte Geschäftsgebühr vom Gegner zu zahlen ist oder inwieweit eine solche Geschäftsgebühr in der vom Beklagten zu zahlenden Vergleichssumme enthalten sein soll, kommt eine Anrechnung der Geschäftsgebühr im Kostenfestsetzungsverfahren nicht in Betracht."*[114]

192   In der **Gesetzesbegründung** zu Nummer 3 (Einführung von § 15a RVG-E) heißt es hierzu:[115]

> *„Absatz 1 soll die Anrechnung im Innenverhältnis zwischen dem Rechtsanwalt und dem Auftraggeber regeln. Die Vorschrift beschränkt die Wirkung der Anrechnung auf den geringst möglichen Eingriff in den Bestand der betroffenen Gebühren. Beide Gebührenansprüche bleiben grundsätzlich unangetastet erhalten. Der Rechtsanwalt kann also beide Gebühren jeweils in voller Höhe geltend machen. Er hat insbesondere die Wahl, welche Gebühr er fordert und – falls die Gebühren von verschiedenen Personen geschuldet werden – welchen Schuldner er in Anspruch nimmt. Ihm ist lediglich verwehrt, insgesamt mehr als den Betrag zu verlangen, der sich aus der Summe der beiden Gebühren nach Abzug des anzurechnenden Betrages ergibt. Soweit seine Forderung jenen Betrag überschreitet, kann ihm der Antraggeber die Anrechnung entgegenhalten. Mehr ist nicht erforderlich, um die Begrenzung des Vergütungsanspruchs zu erreichen, die mit der Anrechnung bezweckt wird.*
>
> *Absatz 2 betrifft die Wirkung der Anrechnung im Verhältnis zu Dritten, die nicht am Mandatsverhältnis beteiligt sind, sondern etwa für entstandene Gebühren Schadensersatz zu leisten oder sie nach prozessrechtlichen Vorschriften zu erstatten haben. Da die Anrechnung den Bestand der einzelnen Gebührenansprüche bereits im Innenverhältnis zwischen dem Rechtsanwalt und dem Auftraggeber unberührt lässt, wirkt sie sich insoweit auch im Verhältnis zu Dritten nicht aus. In der Kostenfestsetzung muss also etwa eine Verfahrensgebühr auch dann in voller Höhe festgesetzt werden, wenn eine Geschäftsgebühr entstanden ist, die auf sie angerechnet wird. Sichergestellt werden soll jedoch, dass ein Dritter nicht über den Betrag hinaus auf Ersatz oder Erstattung in Anspruch genommen wird, den der Rechtsanwalt von seinem Auftraggeber verlangen kann. Insbesondere ist zu verhindern, dass insgesamt mehr als dieser Betrag gegen den Dritten tituliert wird. Das leistet die hier vorgeschlagene Vorschrift: Danach kann sich auch ein Dritter auf die Anrechnung berufen, wenn beide Gebühren im gleichen Verfahren – etwa in der Kostenfestsetzung – gegen ihn geltend gemacht werden. In gleicher Weise ist die Anrechnung zu berücksichtigen, wenn und soweit der Anspruch auf eine der Gebühren bereits gegen den Dritten tituliert oder von ihm selbst bereits beglichen worden ist."*

a)   Anwendbarkeit auf sog. „Altfälle"?

193   Seit Inkrafttreten des § 15a RVG am 5.8.2009 wurde in der Vergangenheit vielfach diskutiert, ob § 15a RVG unter Anwendung von § 60 Abs. 1 RVG, der für die Anwendung neuen Rechts auf den Zeitpunkt der unbedingten Auftragserteilung abstellt, lediglich für Fälle ab dem 5.8.2009 gilt, oder ob § 15a RVG auch auf sogenannte „Altfälle" vor dem 5.8.2013 anzuwenden ist.

194   Der Gesetzgeber spricht jedoch ausdrücklich von einer Klarstellung durch § 15a RVG und die Ergänzung des § 55 RVG. Er wollte eben gerade nicht das bestehende Gesetz ändern, sondern durch

---

114   BGH, Beschl. v. 7.12.2010 – VI ZB 45/10 = JurBüro 2011, 188 = NJW-Spezial 2011, 59 = BeckRS 2010, 30940.
115   BT-Drucks 16/12717 v. 22.4.2009, S. 68 f. der elektronischen Vorabfassung; BGBl I 2009, 2449 (2469).

die Klarstellung dafür sorgen, dass die Gerichte den Willen des Gesetzgebers durch die Anrechnungsvorschrift besser erfassen und danach urteilen können.

Soweit Regelungen jedoch nur der Klarstellung dienen und keine Gesetzesänderung darstellen, käme § 60 RVG nicht zur Anwendung.

Zwischenzeitlich entspricht es der herrschenden Meinung – nicht zuletzt aufgrund diverser Entscheidungen des BGH[116] –, dass § 15a RVG auch auf sogenannte „Altfälle" anwendbar ist.

b) Möglichkeit der Nachfestsetzung?

Zur Klärung der Frage, ob in den sogenannten „Altfällen" (d.h. die unbedingte Auftragserteilung erfolgte vor dem 5.8.2009) angerechnete Gebühren nachträglich im Kostenfestsetzungsverfahren geltend gemacht werden können, sind verschiedene Fallkonstellationen zu unterscheiden:

Durch den Rechtsanwalt wurde mit Kostenfestsetzungsantrag eine 1,3 Verfahrensgebühr geltend gemacht und diese Gebühr **durch das Gericht** unter Verweis auf die seinerzeitige Rechtsprechung des BGH[117] um den Betrag der 0,65 Geschäftsgebühr gekürzt. Der Kostenfestsetzungsbeschluss ist rechtskräftig. Nachdem über die Anrechnung eine rechtskräftige gerichtliche Entscheidung vorliegt, ist eine nachträgliche Festsetzung ausgeschlossen.

Im Hinblick auf die Rechtsprechung des BGH hat der Rechtsanwalt in seinem Kostenfestsetzungsantrag die Anrechnung der 0,65 Geschäftsgebühr bereits selbst berücksichtigt und lediglich 0,65 Verfahrensgebühr in Ansatz gebracht. Selbst bei Rechtskraft des Kostenfestsetzungsbeschlusses dürfte eine Nachfestsetzung der darüber hinausgehenden 0,65 Verfahrensgebühr möglich sein, nachdem über den angerechneten Betrag keine rechtskräftige Entscheidung vorliegt. Der BGH[118] lässt eine Nachfestsetzung in derartigen Fällen zu. In der Praxis dürfte sich diese Problematik wegen des Zeitablaufs künftig kaum noch ergeben.

9. Anrechnung bei späterer Verfahrenskostenhilfe (VKH) – der neue § 55 RVG

In der Vergangenheit war umstritten, wie sich der anzurechnende Teil der Geschäftsgebühr auf die VKH-Vergütung auswirkt.

Zum einen wurde die Ansicht vertreten, dass der anzurechnende Teil der Geschäftsgebühr gemäß **§ 58 Abs. 2 RVG** zunächst auf den Teil der Vergütung zu verrechnen ist, für die ein Anspruch gegen die Staatskasse nicht bestand (also z.B. auf die Differenz zwischen den VKH-Gebühren nach der Tabelle zu § 49 RVG und den Wahlanwaltsgebühren nach der Tabelle zu § 13 RVG).[119]

---

116 BGH, Beschl. v. 2.9.2009 – II ZB 35/07 = JurBüro 2009, 638 = AnwBl 2009, 798; BGH, Beschl. v. 9.12.2009 – XII ZB 175/07 = JurBüro 2010, 239; BGH, Beschl. v. 3.2.2010 – XII ZB 177/09 = JurBüro 2010, 420 = AGS 2010, 106 = RVGreport 2010, 190; BGH, Beschl. v. 31.3.2010 – XII ZB 230/09; BGH, Beschl. v. 11.3.2010 – IX ZB 82/08 = JurBüro 2010, 358 = AGS 2010, 159 = RVGreport 2010, 190; BGH, Beschl. v. 29.4.2010 – V ZB 38/10 = JurBüro 2010, 471; BGH, Beschl. v. 10.8.2010 – VII ZB 15/10 = JurBüro 2011, 22; BGH, Beschl. v. 15.9.2010 – IV ZB 41/09 = BeckRS 2010, 23613 = JurBüro 2011, 21; BGH, Beschl. v. 28.10.2010 – VII ZB 99/09 = JurBüro 2011, 78; **a.A.** BGH, Beschl. v. 29.9.2009 – X ZB 1/09 = JurBüro 2010, 78 = AnwBl 2009, 876 = RVGreport 2009, 474.
117 BGH, Beschl. v. 22.1.2008 – VIII ZB 57/07, NJW 2008, 1323 = JurBüro 2008, 302 = AGS 2008, 158 = RVGreport 2008, 148 = AnwBl 2008, 378.
118 BGH, Beschl. v. 28.10.2010 – VII ZB 15/10 = JurBüro 2011, 78.
119 KG, Beschl. v. 13.1.2009 – 1 W 496/08, JurBüro 2009, 187; OLG Frankfurt/Main, Beschl. v. 27.4.2006–6 WF 32/06 = RVG-Letter 2006, 118 = JurBüro 2007, 149; OLG Stuttgart, Beschl. v. 15.1.2008–8 WF 5/08 = JurBüro 2008, 245 = RVGreport 2008, 108; VG Berlin, Beschl. v. 23.1.2008 – 35 KE 39/07 RVGreport 2008, 220; *Enders*, JurBüro 2005, 281 und 2005, 341; *Schneider/Wolf*, RVG, VV Vorb. 3 Rn 224; *Gerold/Schmidt*, RVG, § 58 Rn 43; *Hansens*, RVGreport 2008, 1 ff.

§ 4 Gebühren in Familiensachen

202 Zum anderen forderten einige Gerichte aufgrund der besprochenen BGH-Rechtsprechung[120] (siehe § 4 Rn 186 ff.) eine Anrechnung bei Entstehung (d.h. unabhängig davon, ob die Geschäftsgebühr in Rechnung gestellt und/oder überhaupt gezahlt wurde). Die hierzu ergangene Rechtsprechung[121] dürfte im Hinblick auf die am 5.8.2009 in Kraft getretene Ergänzung des § 55 Abs. 5 RVG hinfällig sein.

203 Wieder andere Gerichte wollten nur dann eine Anrechnung der Geschäftsgebühr auf die Verfahrensgebühr vornehmen, wenn der Mandant die Geschäftsgebühr auch **gezahlt** hat (vgl. nachfolgende Beispielrechnung unter Nr. 2):

„Die Staatskasse kann sich gegenüber einem aufgrund der Bewilligung von PKH/VKH beigeordneten Rechtsanwalt im Vergütungsfestsetzungsverfahren gemäß § 55 RVG zwar grundsätzlich auf einen vorliegenden Anrechnungstatbestand gemäß Vorbemerkung 3 Abs. 4 VV RVG berufen, wenn im Verhältnis zwischen dem Beigeordneten und seinem Mandanten für eine vorgerichtliche Tätigkeiten über denselben Gegenstand eine Geschäftsgebühr gem. Nr. 2300 VV RVG entstanden ist. Diese Berufung ist der Staatskasse jedoch verwehrt, soweit eine Zahlung des Mandanten auf die anrechenbare zweite Hälfte der vorgerichtlichen Geschäftsgebühr nicht in einem Umfang vorliegt, durch den auch der von der Staatskasse gemäß § 49 RVG zu tragende Teil der Gebühren des beigeordneten Bevollmächtigten getilgt ist."[122]

204 Einige Gerichte waren der Auffassung dass, wenn überhaupt eine Anrechnung der Geschäftsgebühr auf die Verfahrensgebühr vorzunehmen ist, die Geschäftsgebühr (fiktiv) nach der Tabelle zu § 49 und nicht nach der höheren Tabelle zu § 13 RVG zu berechnen ist (vgl. nachfolgende Beispielrechnung unter Nr. 3).[123] Der Meinung ist grundsätzlich zuzustimmen, denn die Anrechnung einer Geschäftsgebühr nach der Tabelle zu § 13 kann dazu führen, dass die Verfahrensgebühr, die die Staatskasse zu erstatten hat, „null" beträgt.

205 Zu guter Letzt gab es auch noch Auffassungen, wie der des OLG Oldenburg, das (anwaltsfreundlich) davon ausgeht, dass nicht die allgemeine Geschäftsgebühr nach Nr. 2300 VV RVG anzurechnen sei, sondern lediglich die im Rahmen der Beratungshilfe entstehende (fiktive) Geschäftsgebühr nach Nr. 2503 VV RVG[124]

206 Durch das Gesetz zur Modernisierung von Verfahren im anwaltlichen und notariellen Berufsrecht, zur Errichtung einer Schlichtungsstelle der Rechtsanwaltschaft sowie zur Änderung der Verwaltungsgerichtsordnung, der Finanzgerichtsordnung und kostenrechtlicher Vorschriften[125] ist ein neuer § 15a RVG eingeführt und § 55 Abs. 5 RVG geändert worden. Beide Bestimmungen, die am 5.8.2009 in Kraft getreten sind, haben große Auswirkungen auf die Frage der Anrechnung einer

---

120 BGH, Beschl. v. 22.1.2008 – VII ZB 57/07 = NJW 2008, 1323 = JurBüro 2008, 302 = AGS 2008, 158 = RVGreport 2008, 148 = AnwBl 2008, 378.

121 LAG Düsseldorf, Beschl. v 2.11.2007 – 13 Ta 181/07 RVGreport 2007, 142; ebenso (Anrechnung, auch wenn die Geschäftsgebühr nicht gezahlt wurde: LAG Köln RVGreport 2007, 457; VG Minden RVGreport 2007, 456; Nds. OVG RVGreport 2008, 221; Nds. OVG RVGreport 2008, 221 (das bei fehlender Äußerung des Anwalts über die Höhe der Geschäftsgebühr den höchstmöglichen Satz 0,75 abzieht!); OLG Frankfurt/Main, Beschl. v. 2.3.2009 – 18 W 373/08, BeckRS 2009, 07444.

122 OLG Brandenburg, Beschl. v. 25.7.2011 – 6 W 55/10 = BeckRS 2011, 20588; OLG Frankfurt a.M., Beschl. v. 20.3.2012 – 4 WF 204/11 = BeckRS 2012, 10060 = FD-RVG 2012, 332602; OLG Zweibrücken, Beschl. v. 11.5.2010 – 2 WF 33/10 = NJOZ 2010, 1880 = BeckRS 2010, 13507; vgl. auch *Enders* in JurBüro 2009, 394 ff.; *Kindermann*, FPR 2010, 351 ff.; OLG Stuttgart RVGreport 2008, 106 = JurBüro 2008, 245; *Hansens*, RVGreport 2008, 1,2; *Ascher*, MDR 2008, 477, 479; ebenso, wenn der Mandant nur die nicht anrechenbaren Teile der Geschäftsgebühr gezahlt hat: OLG Oldenburg, Beschl. v. 18.2.2008 – 6 W 8/08, JurBüro 2009, 21; *Gerold/Schmidt*, RVG, § 58 Rn 38; a.A. OLG Frankfurt/Main, Beschl. v. 2.3.2009 – 18 W 373/08 BeckRS 2009 07444.

123 OLG Bamberg, Beschl. v. 21.8.2008 – 8 W 118/08, JurBüro 2008, 640; OLG Celle, Beschl. v. 13.11.2008 – 10 WF 312/08, JurBüro 2009, 135; vgl. hierzu auch *Enders*, JurBüro 2009, 394 ff.

124 OLG Oldenburg, Beschl. v. 23.6.2008 – 5 W 34/08, JurBüro 2008, 528.

125 Gesetz vom 30.7.2009, BGBl I S. 2449 m.W.v. 5.8.2009.

Geschäftsgebühr im Kostenfestsetzungsverfahren (sowohl beim „Wahlanwalt" als auch beim „VKH-Anwalt"). (Vgl. auch § 4 Rn 186 ff. zu § 15a RVG.)

§ 55 Abs. 5 RVG lautet seit dem 5.8.2009 wie folgt: 207

> § 104 Abs. 2 der Zivilprozessordnung gilt entsprechend. Der Antrag hat die Erklärung zu enthalten, ob und welche Zahlungen der Rechtsanwalt bis zum Tag der Antragstellung erhalten hat. Bei Zahlungen auf eine anzurechnende Gebühr sind diese Zahlungen, der Satz oder der Betrag der Gebühr und bei Wertgebühren auch der zugrunde gelegte Wert anzugeben. Zahlungen, die der Rechtsanwalt nach der Antragstellung erhalten hat, hat er unverzüglich anzuzeigen.

Die bloße Mitteilung des Rechtsanwalts, es habe „keine anrechnungspflichtigen Zahlungen gegeben" reicht nicht aus.[126] 208

Gesetzesbegründung zu Nummer 6 (Änderung von § 55 Abs. 5 Satz 2 RVG)[127] 209

> *„Die allgemeinen Vorschriften zur Anrechnung gelten auch für die Vergütung des Rechtsanwalts, der im Wege der Prozesskostenhilfe beigeordnet oder als Prozesspfleger bestellt ist. Im Antrag auf Festsetzung der aus der Staatskasse zu zahlenden Vergütung ist deshalb auch die Angabe erforderlich, welche Zahlungen auf etwaige anzurechnende Gebühren erfolgt sind und aus welchem Wert diese Gebühren entstanden sind. Damit stehen dem Urkundsbeamten für die Festsetzung der Vergütung alle Daten zur Verfügung, die er benötigt, um zu ermitteln, in welchem Umfang die Zahlungen nach § 58 Abs. 1 und 2 RVG auf die anzurechnende Gebühr als Zahlung auf die festzusetzende Gebühr zu behandeln sind."*

Damit ist seit dem 5.8.2009 klargestellt, dass eine Anrechnung überhaupt nur in Frage kommt, wenn eine Geschäftsgebühr vom Auftraggeber oder Dritten gezahlt worden ist. Dementsprechend haben auch einige Gerichte entschieden.[128] 210

Allerdings ist durch den Wortlaut der neuen Vorschriften des § 15a RVG und § 55 Abs. 5 RVG nach wie vor bedauerlicherweise nicht geklärt, in welcher Höhe eine Anrechnung der hälftigen Geschäftsgebühr zu erfolgen hat, d.h. ob diese anhand der Tabelle zu § 13 RVG (Wahlanwaltsgebühren) oder der VKH-Tabelle zu § 49 RVG zu ermitteln ist. 211

Ebenso gibt der Wortlaut bislang keinen Aufschluss darüber, ob der anzurechnende Betrag zunächst auf die Differenz zwischen VKH-Vergütung und der Wahlanwaltsvergütung verrechnet werden kann. Nach unserer Auffassung ist die anzurechnende Geschäftsgebühr aufgrund des Verweises in der Gesetzesbegründung auf § 58 Abs. 2 RVG zuerst auf die Vergütungsdifferenz und lediglich der verbleibende Restbetrag sodann auf die VKH-Gebühren anzurechnen (vgl. nachfolgende Beispielrechnung unter Nr. 1). 212

> *„Wenn eine Anrechnung der vorgerichtlichen Geschäftsgebühr auf die aus der Staatskasse zu zahlende Prozesskostenhilfevergütung in Betracht kommt, hat diese zunächst auf die Gebühren nach der Wahlanwaltstabelle zu erfolgen. Nur soweit der Anrechnungsbetrag den Differenzbetrag der Prozesskostenhilfevergütung zur Regelvergütung übersteigt, kommt ein Abzug von dem gegen die Staatskasse festzusetzenden Anspruch in Betracht."*[129]

---

126 *Mayer/Kroiß*, § 55 Rn 29; *Schneider/Wolf*, AnwK RVG, § 55 Rn 22.
127 BT-Drucks 16/12717 v. 22.4.2009, S. 68 der elektronischen Vorabfassung.
128 OLG Brandenburg, Beschl. v. 25.7.2011 – 6 W 55/10 = BeckRS 2011, 20588; OLG Frankfurt a.M., Beschl. v. 20.3.2012 – 4 WF 204/11 = BeckRS 2012, 10060 = FD-RVG 2012, 332602; OLG Zweibrücken, Beschl. v. 11.5.2010 – 2 WF 33/10 = NJOZ 2010, 1880 = BeckRS 2010, 13507; vgl. auch *Enders*, JurBüro 2009, 394 ff.; *Kindermann*, FPR 2010, 351 ff.
129 OLG München, Beschl. v. 10.12.2009 – 11 W 2649/09 = BeckRS 2010, 00173, mit Anm. von *Mayer*, FD-RVG 2010, 296600; OLG Brandenburg, Beschl. v. 25.7.2011 – 6 W 55/10 = BeckRS 2011, 20588; OLG Frankfurt a.M., Beschl. v. 17.10.2012 – 14 W 88/12 = NJW-RR 2013, 319; OLG Zweibrücken, Beschl. v. 11.5.2010 – 2 WF 33/10 = NJOZ 2010, 1880 = BeckRS 2010, 13507; *Gerold/Schmidt/Müller-Rabe*, § 55 Rn 19 i.V.m. § 58 Rn 12; vgl. auch *Enders*, JurBüro 2009, 394 ff.; *Kindermann*, FPR 2010, 351 ff.

§ 4 Gebühren in Familiensachen

213 Musterrechnung 4.25: Außergerichtliche Vertretung – Gerichtliches Verfahren mit VKH – Anrechnung

Rechtsanwältin S macht außergerichtlich Zugewinnausgleichsansprüche in Höhe von 45.000,00 EUR geltend. Gegner K meldet sich telefonisch und bespricht die Angelegenheit mit Rechtsanwältin S. K will keine Zahlung leisten. In der Folge wird nach erteiltem Verfahrensauftrag unter Bewilligung von Verfahrenskostenhilfe ein entsprechender Antrag eingereicht. Der Gegenstandswert der außergerichtlichen und gerichtlichen Tätigkeit hat 45.000,00 EUR betragen.

1. Außergerichtliche Tätigkeit
Gegenstandswert: 45.000,00 EUR (§§ 23 Abs. 1 RVG, 35 FamGKG)

1,3 Geschäftsgebühr aus 45.000,00 EUR Nr. 2300 VV RVG	1.414,40 EUR
Auslagenpauschale, Nr. 7002 VV RVG	20,00 EUR
Zwischensumme	1.434,40 EUR
19 % Umsatzsteuer, Nr. 7008 VV RVG	272,54 EUR
Summe	**1.706,94 EUR**

2. Ermittlung der Differenz zwischen Verfahrenskostenhilfe- und Wahlanwaltsgebühren

a) Wahlanwaltsgebühren

1,3 Verfahrensgebühr aus 45.000,00 EUR Nr. 3100 VV RVG, § 13 RVG	1.414,40 EUR
1,2 Terminsgebühr aus 45.000,00 EUR Nr. 3100 VV RVG, § 13 RVG	1.305,60 EUR
Auslagenpauschale, Nr. 7002 VV RVG	20,00 EUR
Zwischensumme	2.740,00 EUR
19 % Umsatzsteuer, Nr. 7008 VV RVG	520,60 EUR
Summe	**3.260,60 EUR**

b) VKH-Gebühren (Verfahrenskostenhilfe = Prozesskostenhilfe in FamFG-Sachen)

1,3 Verfahrensgebühr aus 45.000,00 EUR Nr. 3100 VV RVG, § 49 RVG	581,10 EUR
1,2 Terminsgebühr aus 45.000,00 EUR Nr. 3104 VV RVG, § 49 RVG	536,40 EUR
Auslagenpauschale, Nr. 7002 VV RVG	20,00 EUR
Zwischensumme	1.137,50 EUR
19 % Umsatzsteuer, Nr. 7008 VV RVG	216,13 EUR
Summe	**1.353,63 EUR**

Differenz:

Summe Wahlanwalt	3.260,60 EUR
Summe beigeordneter Anwalt	1.353,63 EUR
Differenz	1.906,97 EUR
Die Geschäftsgebühr hat betragen:	1.414,40 EUR
½ hiervon ist ohnehin nicht anzurechnen:	707,20 EUR

C. Außergerichtliche Tätigkeit § 4

Zur Anrechnung gibt es verschiedene Auffassungen:

1. Zunächst ist die Verrechnung nach § 58 Abs. 2 RVG möglich, vgl. § 4 Rn 201.

Die andere Hälfte mit 707,20 EUR netto kann – wie dargestellt – nach einem Teil der Rechtsprechung und Gesetzesbegründung zu § 55 Abs. 5 RVG auf die Differenz zwischen Wahl- und VKH-Anwaltsgebühren verrechnet werden (hier: 1.906,97 EUR). Es ergäbe sich in diesem Fall kein Abzug der von der Staatskasse zu zahlenden Gebühren nach § 49 RVG.

Der Rechtsanwalt erhält in diesem Fall:

Summe außergerichtliche Kosten	1.706,94 EUR
Summe Vergütung aus der Staatskasse (ohne Abzug/Anrechnung)	1.353,63 EUR
Summe	3.060,57 EUR

2. Anrechnung der hälftigen Geschäftsgebühr (aus Tabelle zu § 13 RVG) nur wenn eine Zahlung vom Mandanten erfolgt ist (vgl. § 4 Rn 203).

Folgt man der Auffassung der Rechtsprechung, die die Anrechnung vornimmt, wenn der Mandant die Vergütung gezahlt hat, wäre von der aus der von der Staatskasse zu zahlenden Verfahrensgebühr die Anrechnung vorzunehmen (wobei sich damit aufgrund der hohen Geschäftsgebühr ein Betrag von 0,00 EUR für die Verfahrensgebühr ergäbe.

Der Rechtsanwalt erhält in diesem Fall:

Summe außergerichtliche Kosten	1.706,94 EUR
Summe Vergütung aus der Staatskasse (nach Anrechnung)	661,88 EUR
Summe	2.368,82 EUR

3. Anrechnung der hälftigen Geschäftsgebühr bei Zahlung, Berechnung der Geschäftsgebühr nach der Tabelle zu § 49 RVG (vgl. § 4 Rn 204).

In diesem Fall ist die Geschäftsgebühr nach der VKH-Tabelle (§ 49 RVG) zu berechnen. Sie beträgt damit 581,10 EUR und wäre zur Hälfte anzurechnen (290,55 EUR).

Der Rechtsanwalt erhält in diesem Fall:

Summe außergerichtliche Kosten	1.706,94 EUR
Summe Vergütung aus der Staatskasse (nach Anrechnung von 290,55 EUR netto)	1.007,87 EUR
Summe	2.714,81 EUR

Hinweis
(Zum Gegenstandswert siehe § 2 Rn 111.)

Praxistipp
Es empfiehlt sich, im Vergütungsfestsetzungsantrag nicht nur die in § 55 Abs. 5 RVG geforderten Angaben zu machen, sondern gleichzeitig eine Berechnung nach § 58 Abs. 2 RVG (die der Rechtsanwalt ohnehin anstellt) vorzulegen, um eventuelle Auseinandersetzungen mit der Staatskasse zu vermeiden.[130]

Gemäß § 58 Abs. 2 RVG *„sind Vorschüsse und Zahlungen, die der Rechtsanwalt vor oder nach der Beiordnung erhalten hat, zunächst auf die Vergütungen anzurechnen, für die ein Anspruch gegen die Staatskasse nicht oder nur unter den Voraussetzungen des § 50 besteht."*

---

130   Vgl. auch *Kindermann*, FPR 2010, 351 ff.

Von dieser Vorschrift sind unserer Ansicht nach auch Vergütungsansprüche mit umfasst, die der Rechtsanwalt aufgrund einer nur eingeschränkten Beiordnung nicht aus der Staatskasse erstattet erhält (z.B. Reisekosten, da der Rechtsanwalt nur zu den Bedingungen eines im Bezirk des Verfahrensgerichts niedergelassenen Rechtsanwalts beigeordnet worden ist.). (Insoweit vgl. § 5 Rn 34 ff.)

V. Freistellungs- oder Zahlungsanspruch?

216 Voraussetzung für einen Antrag auf Zahlung (Leistung): Der Mandant hat diesen Betrag bereits an den Rechtsanwalt bezahlt, der Mandant beauftragt den Rechtsanwalt zur Geltendmachung, und der Gegner wurde diesbezüglich in Verzug gesetzt. Ist die Rechnung vom Mandanten nicht bezahlt worden, hat dieser insoweit gegen den Beklagten nur einen Freistellungsanspruch. Allerdings wandelt sich nach Ansicht des BGH der Freistellungsanspruch in einen Zahlungsanspruch um, wenn der Beklagte jeden Schadensersatz ernsthaft und endgültig verweigert und Geldersatz gefordert wird.[131] Dann geht der Freistellungsanspruch gemäß §§ 249 Abs. 2, 251, 250 S. 2 BGB in einen Zahlungsanspruch über.

217 Nach *Langen*[132] kann der Ersatzberechtigte jedoch auch dann statt Befreiung von der Verbindlichkeit Zahlung an sich verlangen, wenn seine Inanspruchnahme feststeht.[133]

218 Zu beachten ist, dass ein Freistellungsanspruch als solcher nicht verzinslich ist.[134] Es kann allenfalls auf (weitere) Freistellung auch der Verzugszinsen, die der Anwalt von seinem Auftraggeber fordert, geklagt werden.

219 Da die Vollstreckung aus einem Freistellungsanspruch komplizierter ist als aus einem Leistungsanspruch sollte – soweit möglich – auf Leistung geklagt werden.

220 *Praxistipp*
Nach Ansicht des OLG Saarbrücken hat ein Prozessvergleich, der eine Freistellungsverpflichtung beinhaltet, nur dann einen vollstreckbaren Inhalt, wenn sich die Höhe der Forderung, von der freizustellen ist, aus dem Vergleich selbst ergibt.[135]

VI. Haupt- oder Nebenforderung?

221 Es stellt sich die Frage, ob die mit eingeklagten vorgerichtlichen Kosten den Gegenstandswert für das Verfahren erhöhen oder nicht. Soweit die vorgerichtlichen Kosten für die Geltendmachung der Hauptforderung entstanden sind, sind sie nicht werterhöhend.[136] Der Wert erhöht sich auch dann nicht, wenn der Hauptanspruch zusammen mit dem Nebenanspruch in einem Zahlungsantrag geltend gemacht wird.[137] *Kindermann* nimmt allerdings eine Erhöhung dann an, wenn der Anspruch auf einen Unterhaltsanspruch gestützt und als Hauptforderung geltend gemacht wird.[138]

---

131 BGH NJW 2004, S. 1868 ff.; Palandt/*Heinrichs*, § 250 Rn 2.
132 *Langen,* RVGreport 2005, 327 f.
133 Vgl. MüKo-BGB/*Krüger*, § 257 Rn 5 mit Hinweis auf RGZ 78, 26, 34 und Palandt/*Heinrichs*, § 257 Rn 2 unter Hinweis auf OLG Schleswig SchlHA 1998, 212.
134 *Hansens/Schneider,* Formularbuch Anwaltsvergütung im Zivilrecht, Teil 8, Rn 86.
135 OLG Saarbrücken, Beschl. v. 26.9.2007 – 5 W 210/07–73, OLG-Report 2008, S. 73 f.
136 *Enders*, JurBüro 2004, 57; *ders.* JurBüro 2007, 337 (338 –Kap. 2).
137 *Thomas/Putzo,* § 4 Rn 8; BGH NJW-RR 1988, 1196, 1199.
138 *Kindermann,* Rn 366.

Auch der Bundesgerichtshof verneint eine Erhöhung, wenn die vorprozessual entstandenen Kosten zur Durchsetzung des im laufenden Verfahren geltend gemachten Hauptanspruchs einbezogen werden:

„Vorprozessual aufgewendete Kosten zur Durchsetzung des im laufenden Verfahren geltend gemachten Hauptanspruchs wirken nicht werterhöhend unabhängig davon, ob diese Kosten der Hauptforderung hinzugerechnet werden oder neben der im Klagewege geltend gemachten Hauptforderung Gegenstand eines eigenen Antrags sind.[139]

Vorprozessual aufgewendete Kosten zur Durchsetzung des im laufenden Verfahren geltend gemachten Hauptanspruchs wirken nicht werterhöhend (Anschluss an BGH, Beschluss v. 30.1.2007 – X ZB 7/06 = JurBüro 2007, 313)."[140]

Dies kann nach Ansicht der Verfasserinnen aber nur dann gelten, wenn die gesamten geltend gemachten Kosten von der Hauptforderung abhängig sind.

Beispiel
Es wurde ein Betrag von 5.000,00 EUR angemahnt. Die Kosten für das Aufforderungsschreiben betragen:

Gegenstandswert: 5.000,00 EUR, § 2 I RVG

1,3 Geschäftsgebühr aus 5.000,00 EUR Nr. 2300 VV RVG	393,90 EUR
Auslagenpauschale, Nr. 7002 VV RVG	20,00 EUR
Zwischensumme	413,90 EUR
19 % USt., Nr. 7008 VV RVG	78,64 EUR
Summe	492,54 EUR

Wird nun die Hauptforderung (mangels Zahlung durch den Schuldner) in voller Höhe mit 5.000,00 EUR eingeklagt, ist der gesamte Kosten-Betrag in Höhe von 492,54 EUR als Nebenforderung anzusehen. Er wirkt nicht werterhöhend.

Wenn aber der Schuldner vor Einreichung eines Antrags bei Gericht einen Teilbetrag bezahlt, wird ein Teil der vollen Geschäftsgebühr teilweise werterhöhend sein und ein Teil nicht. Nicht werterhöhend ist die Geschäftsgebühr nur dann, wenn sie abhängig von der Hauptforderung ist. Ist sie nicht oder nicht vollständig abhängig von der Hauptforderung ist eine Differenzierung vorzunehmen.[141]

Der BGH hat sich mit diesem Thema bereits auseinander gesetzt und entschieden, dass sich die Geschäftsgebühr werterhöhend auswirken kann, sofern sie unabhängig von der Hauptforderung selbst Gegenstand des Verfahrens ist.

„Vorprozessuale Anwaltskosten sind als streitwerterhöhender Hauptanspruch nur dann zu berücksichtigen, wenn sie sich auf einen Anspruch beziehen, der nicht Gegenstand des Rechtsstreits geworden ist. Wird ein Anspruch auf Erstattung vorgerichtlicher Rechtsanwaltskosten neben der Hauptforderung, aus der er sich herleitet, geltend gemacht, ist er von dem Bestehen der Hauptforderung abhängig, so dass es sich bei den zur Durchsetzung eines Anspruchs vorprozessual aufgewendeten Geschäftsgebühren um Nebenforderungen i.S.v. § 4 ZPO handelt. Diese Grundsätze gelten gleichermaßen für die Berechnung des Streitwerts wie auch für die Ermittlung der Rechtsmittelbeschwer." „(Nichtamtlicher Leitsatz)"[142]

---

139 BGH, Beschl. v. 30.1.2007 – X ZB 7/06, JurBüro 2007, 313 = NJW 2007, 3289.
140 BGH, Beschl. v. 15.5.2007 – VI ZB 18/06 = JurBüro 2007, 487.
141 Vgl. dazu auch ausführlich: *Jungbauer* in Bischof/Jungbauer, u.a., RVG, Nr. 2300 VV Rn 211.
142 BGH, Beschl. v. 17.1.2013 – I ZR 107/12 = BeckRS 2010, 02356.

227 „Die geltend gemachten vorprozessualen Anwaltskosten sind im Berufungsverfahren als Streitwert erhöhender Hauptanspruch zu berücksichtigen, soweit dem Kläger die zugrunde liegende Hauptforderung in erster Instanz aberkannt worden ist und er sein Begehren mit der Berufung insoweit nicht weiterverfolgt."[143]

VII. Erstattungsfähigkeit der Geschäftsgebühr
1. Prozessualer oder materiell-rechtlicher Anspruch?

228 Man unterscheidet zwischen prozessualem und materiell-rechtlichem Kostenerstattungsanspruch. Ein Kostenerstattungsanspruch kann sich aus dem Verfahrensrecht ergeben (siehe oben) oder aber aus materiell-rechtlichen Anspruchsgrundlagen wie zum Beispiel Verzug (§§ 280 II, 286 BGB), unerlaubter Handlung (§ 823 BGB) oder einer Pflichtverletzung aus Vertrag.

229 Entscheidung des BGH vom 20.10.2005:[144]

„Die auf die Verfahrensgebühr des gerichtlichen Verfahrens nach der Vorbemerkung 3 Abs. 4 der Anlage 1 zu § 2 Abs. 2 RVG nicht anrechenbare Geschäftsgebühr nach Nr. 2300 dieser Anlage für eine wettbewerbsrechtliche Abmahnung zählt nicht zu den Kosten des Rechtsstreits im Sinne des § 91 Abs. 1 S. 1 ZPO und kann nicht im Kostenfestsetzungsverfahren nach §§ 103, 104 ZPO, § 11 Abs. 1 S. 1 RVG festgesetzt werden."

230 Auch in einer Mahnsache hält der BGH die Geschäftsgebühr nicht für festsetzbar:

„Die auf die Verfahrensgebühr des gerichtlichen Verfahrens nach der Vorbemerkung 3 Abs. 4 der Anlage 1 zu § 2 Abs. 2 RVG nicht anrechenbare Geschäftsgebühr nach Nr. 2300 dieser Anlage für ein Mahnschreiben zählt nicht zu den Kosten des Rechtsstreits im Sinne des § 91 Abs. 1 Satz 1 ZPO und kann nicht im Kostenfestsetzungsverfahren nach §§ 103, 104 ZPO, § 11 Abs. 1 Satz 1 RVG festgesetzt werden."[145]

231 Da ein prozessualer Kostenerstattungsanspruch des BGH zur Geschäftsgebühr verneint wurde, stellt sich die Frage, inwieweit ein materiell-rechtlicher Kostenerstattungsanspruch gegeben sein könnte. Ist ein materiell-rechtlicher Kostenerstattungsanspruch anzunehmen, kann die Geschäftsgebühr nebst Auslagen und ggf. Umsatzsteuer mit eingeklagt werden.

2. Materiell-rechtlicher Anspruch

232 Es stellt sich die Frage, ob vorprozessuale Anwaltskosten, die in Familiensachen angefallen sind, materiell-rechtlich erstattungsfähig sind. Ein Anspruch kann sich beispielsweise aus Verzug, §§ 280, 286 BGB ergeben. Da insbesondere bei anwaltlicher Tätigkeit in Unterhaltssachen der Verzug erst durch die Tätigkeit des Rechtsanwalts herbeigeführt wird, stellt sich die Frage, ob Anwaltskosten erstattungsfähig sind, die vor Verzug entstanden sind.[146] Nach Ansicht der Verfasserinnen sind jedoch die Kosten eines Anwalts gerade in Unterhaltssachen notwendig, da davon auszugehen ist, dass eine Partei in der Regel den Unterhalt nicht selbst berechnen kann und dabei auf anwaltliche Hilfe angewiesen ist. Folgt man diesem Argument nicht, kann hier zumindest analog auf § 93 ZPO zurückgegriffen werden. Dies würde bedeuten: Zahlt die Gegenseite den gefor-

---

143 BGH, Beschl. v. 26.3.2013 – VI ZB 53/12 = BeckRS 2013, 08690 = NJW 2013, 2123 = FD-RVG 2013, 346987.
144 BGH, Beschl. v. 20.10.2005 – I ZB 21/05 zum RVG (betrifft wettbewerbsrechtliche Abmahnung) = RVGreport 2006, 72; JurBüro 2006, 140, Beschl. v. 21.12.2005 – 16 WF 1872/05, NJW 2006, 2050 = NJW-RR 2006, 650; *Kindermann*, Rn 362 ff., 364 mit Verweis auf AG Essen FamRZ 2004, 52.
145 BGH, Beschl. v. 27.4.2006 – VII ZB 116/05, NJW 2006, 2560 = JurBüro 2006, 586.
146 Verzug muss bei Auftragserteilung vorgelegen haben: OLG München FamRZ 1990, 312, 313; für die Erstattungsfähigkeit, wenn Verzug während des Mandats eintritt, spricht sich auch aus: *Kindermann*, Rn 357.

derten Unterhalt nach Aufforderung durch den Rechtsanwalt, scheidet eine Kostenerstattung aus. Dies ist jedoch in Unterhaltsangelegenheiten selten der Fall. In der Regel folgt dem ersten Aufforderungsschreiben mit Fristsetzung (dem möglicherweise eine Tätigkeit betreffend die Auskunftserteilung vorausging) mindestens ein weiteres. Spätestens dann müsste jedoch nach Ansicht der Verfasserinnen auch eine Erstattungspflicht der Gegenseite gegeben sein. *Kindermann* gibt zu bedenken, dass ein Gegner möglicherweise einwenden könne, den Mandanten treffe hinsichtlich des Umfangs der Tätigkeit ein Mitverschulden, wobei sie sich dafür ausspricht, diesen Einwand zu verwehren, da es der Unterhaltspflichtige selbst in der Hand hat, wie umfangreich die Angelegenheit wird, und dem Unterhaltsberechtigten nicht auferlegt werden könne, sich möglichst wenig um die Angelegenheit zu kümmern, um die Gebühren niedrig zu halten.[147] Nicht haltbar ist nach Meinung der Verfasserinnen der Einwand, es hätte sogleich Verfahrensauftrag erteilt werden können, um die Gebühren niedrig zu halten, da bei einem Aufforderungsschreiben im Rahmen eines Verfahrensauftrags bei vorzeitiger Erledigung lediglich eine 0,8 Verfahrensgebühr anfalle (im Gegensatz zu einer 1,3 Geschäftsgebühr). Hierbei darf nicht außer Acht gelassen werden, dass bei einem Aufforderungsschreiben (mit Verfahrensauftrag) durch eine Besprechung im Sinne der Vorbem. 3 Abs. 3 VV RVG eine 1,2 Terminsgebühr entstehen kann, und sich somit der Gebührenanfall auf 2,0 erhöhen kann. Welche Variante die „günstigere" ist, kann naturgemäß ex ante nicht immer gesagt werden. Und gerade in Familiensachen ist doch im Interesse einer Gerichtsentlastung und einer Vermeidung von „weiterem Zündstoff" zunächst eine außergerichtliche Tätigkeit angezeigt.

Achtung: Es ist darauf zu achten, dass hinsichtlich des Gebührensatzes keine Festlegung erfolgt, sondern für den Fall weitergehender Tätigkeit eine Nachliquidation ausdrücklich vorbehalten bleibt, da er sonst an sein einmal ausgeübtes Ermessen gebunden ist, § 315 Abs. 2 BGB.

233

Ob sich eine Erstattungsfähigkeit der Geschäftsgebühr in Familiensachen auch aus anderen Anspruchsgrundlagen, wie z.B. §§ 1578 Abs. 1 S. 2 BGB, 1613 Abs. 2 S. 1 BGB (Sonderbedarf), 823 Abs. 2 BGB (unerlaubte Handlung) ergeben kann, wird von *Kindermann* umfassend beleuchtet.[148] *Kindermann* hält ältere Rechtsprechung insoweit für überholt. Die Frage, ob durch eine Verletzung absoluter Rechte (wie z.B. des Umgangsrechts) ein Anspruch aus § 823 Abs. 1 BGB entsteht, wird von *Kindermann* bejaht.[149]

234

Nach dem OLG München können außergerichtliche Rechtsanwaltsgebühren als Verzugsschaden im Unterhaltsprozess geltend gemacht werden; es handelt insoweit um eine **Familiensache kraft Sachzusammenhang.**[150]

235

Das OLG Oldenburg vertritt die Auffassung, dass sich in Unterhaltsstreitigkeiten die materiell-rechtliche Anspruchsgrundlage für die Erstattung der vorgerichtlichen Kosten regelmäßig nur aus Verzug ergeben kann.[151]

236

Sofern die erste, den Verzug begründende Mahnung durch den Anwalt erfolge, so das OLG Oldenburg weiter, könne die Erstattung nicht beansprucht werden; dieses Ergebnis möge häufig unbillig erscheinen, sei aber Folge der gesetzlichen Konzeption des RVG und könne nicht durch Gerichte korrigiert werden.[152]

Hierzu ist folgendes auszuführen: Es ist zwar richtig, dass ein Verzugsschaden auch erst ab Eintritt des Verzugs gefordert werden kann. Die Tatsache, dass der Rechtsanwalt aber bereits verzugs-

---

147 *Kindermann,* Rn 358.
148 *Kindermann,* Rn 362 ff.
149 *Kindermann,* Rn 364 mit Verweis auf AG Essen FamRZ 2004, 52 = NJW 2003, 2247.
150 OLG München, Beschl. v. 21.12.2005 – 16 WF 1872/05, NJW 2006, 2050 = NJW-RR 2006, 650.
151 LG Oldenburg, Beschl. v. 19.3.2009 – 13 WF 52/09, JurBüro 2009, Heft 7.
152 OLG Oldenburg, Beschl. v. 19.3.2009 – 13 WF 52/09, JurBüro 2009, Heft 7.

begründend tätig geworden ist, hindert unserer Meinung nach die Entstehung eines weiteren Schadens ab Verzug nicht. Eine Gebühr entsteht mehrmals, und zwar löst jede entsprechende Tätigkeit die Gebühr von Neuem aus. Sie kann allerdings wegen § 15 Abs. 2 RVG nur einmal **gefordert** werden. Dies bedeutet im Ergebnis, dass die Geschäftsgebühr für jedes Schreiben des Anwalts entsteht, wegen der Einschränkung des § 15 Abs. 2 RVG aber insgesamt nur einmal gefordert werden kann, wobei die Geschäftsgebühr als Pauschgebühr eine Reihe von Tätigkeiten abgilt, § 15 Abs. 1 RVG. Damit entsteht die Geschäftsgebühr auch für die weitere Tätigkeit des Rechtsanwalts, die **nach** Verzug erfolgt. Der Erstattungsanspruch dürfte natürlich auf den Gebührensatz beschränkt sein, der insgesamt für die Tätigkeit nach Verzug ausgelöst wurde, d.h. bei der Bemessung der erstattungsfähigen Gebühr ist der Anteil der Tätigkeit nicht zu berücksichtigen, der vor Verzug erbracht wurde.

237 *Praxistipp*
Die Frage, wie mit der entstandenen Geschäftsgebühr umzugehen ist, sollte frühzeitig mit dem Mandanten geklärt werden. Es sollte in Erwägung gezogen werden, bereits im Schreiben, mit dem zur Zahlung des Unterhalts aufgefordert wird, eine Berechnung der Anwaltsvergütung beizufügen.

3. Abwehr unberechtigter Ansprüche

238 Was die Frage eines materiell-rechtlichen Kostenerstattungsanspruchs bei **Abwehr unberechtigter Ansprüche** betrifft, so geht der BGH nicht davon aus, dass grundsätzlich einer solcher Anspruch besteht, wenn jemand mit einer unberechtigten Forderung konfrontiert wird und diese durch einen Anwalt zurückweist.

„*Die Inanspruchnahme wegen einer Geldforderung begründet nicht ohne weiteres einen materiell-rechtlichen Kostenerstattungsanspruch des in Anspruch Genommenen hinsichtlich der für die außergerichtliche Abwehr des Anspruchs aufgewendeten Anwaltskosten.*"[153]

239 In einer Forderungsangelegenheit wurden durch die Anspruchsgegner die geltend gemachten Ansprüche als unbegründet zurückgewiesen. Hierfür waren Kosten in Höhe von 2.483,66 EUR entstanden. Das Berufungsgericht bejahte zunächst einen Kostenerstattungsanspruch mit der Begründung, dass aufgrund der als unberechtigt anzusehenden Forderung zwischen den Parteien eine quasi-deliktische Sonderverbindung, die einen Schadenersatzanspruch ähnlich dem aus culpa in contrahendo oder positiver Forderungsverletzung auslösen könne; im Übrigen ergebe sich ein Kostenerstattungsanspruch auch, weil die Klägerin der unberechtigten Inanspruchnahme mit einer negativen Feststellungsantrag nach § 256 ZPO hätte entgegentreten können (Anmerkung: Die wiederum zu einem prozessualen Kostenerstattungsanspruch geführt hätte).

240 Nach Ansicht des BGH kann sich ein materiell-rechtlicher Kostenerstattungsanspruch z.B. aus Vertrag, Verzug, positiver Vertragsverletzung, culpa in contrahendo, Geschäftsführung ohne Auftrag oder Delikt ergeben.[154]

Eine Anspruchsgrundlage für die Kostenerstattung betreffend die Abwehr unberechtigter Forderungen kann sich aus culpa in contrahendo, positiver Vertragsverletzung (§§ 280, 311 BGB) oder

---

153 BGH, Urt. v. 12.12.2006 – VI ZR 224/05, NJW 2007, 1458 = r + s 2007, 474 = BB 2007, 630 = WM 2007 Heft 16, 755 = JurBüro 2007, 249 = MDR 2007, 654 = FamRZ 2007, 550 = VersR 2007, 507.
154 BGHZ 45, 251, 256 f.; 52, 393, 396; *Hösl*, Kostenerstattung bei außerprozessualer Verteidigung gegen unberechtigte Rechtsverfolgung, S. 13 ff.

deliktischen Vorschriften (§§ 823, 826 BGB) ergeben[155] oder auch aus Geschäftsführung ohne Auftrag (§§ 677 ff. BGB).[156]

Kostenerstattungsansprüche, die aus positiver Vertragsverletzung oder aus culpa in contrahendo geltend gemacht werden, setzen voraus, dass der vermeintliche Anspruch im Rahmen einer vertraglichen bzw. vorvertraglichen Beziehung der Parteien geltend gemacht wurde. Beim Streit über die Frage, ob ein Darlehen oder eine Schenkung erfolgt sind, kann sich ein materiell-rechtlicher Kostenerstattungsanspruch dann ergeben, wenn die Rückforderung eines Darlehens als nachvertragliche Verletzung eines Schenkungsvertrags angesehen werden kann. Dazu wäre jedoch zu beurteilen, ob die Rückforderung tatsächlich unberechtigt war. Sofern ein Antragsgegner eine vermeintliche Forderung „schlichtweg erfindet", liegt keine Voraussetzung für eine vertragliche Anspruchsgrundlage vor.[157]

241

Nach Ansicht des BGH gehört die Konfrontation mit unberechtigten Ansprüchen zum allgemeinen Lebensrisiko, soweit nicht die Voraussetzungen einer speziellen Haftungsnorm vorliegen.[158]

242

§ 823 Abs. 1 BGB erfordert einen Eingriff in die dort genannten Rechtsgüter und das Erleiden eines Vermögensschadens; die unberechtigte Geltendmachung einer Forderung ist keine Verletzung des allgemeinen Persönlichkeitsrechts.[159]

Falls eine Forderung nachweislich ohne tatsächliche oder rechtliche Grundlage geltend gemacht wird, kann dies als Betrugsversuch und sittenwidrige vorsätzliche Schädigung anzusehen sein, die wiederum einen materiell-rechtlichen Anspruch aus § 823 Abs. 2 BGB i.V.m. § 263 StGB bzw. § 826 BGB begründen kann.[160]

243

§ 91 ZPO für den prozessualen Kostenerstattungsanspruch kann nicht analog auf materiell-rechtliche Kostenerstattungsansprüche angewendet werden.[161] Der BGH hält es darüber hinaus für hinnehmbar, wenn die Kostenerstattung nach materiellem Recht im Gegensatz zu der nach Prozessrecht lückenhaft bleibe, es bestehe hier auch eine Regelungslücke, da das Haftungsrecht eben nicht an jeden Vermögensnachteil die Ersatzpflicht eines Dritten anknüpfe.[162] Auch die Möglichkeit einer hypothetischen Feststellungsantrag und damit bei sofortigem Antrag entstandene Kosten über § 91 ZPO ersetzt zu erhalten, kann zu keinem anderen Ergebnis führen.

Im Übrigen sind Anwaltskosten materiell-rechtlich nur dann zu erstatten, wenn der Geschädigte die Heranziehung eines Anwalts für erforderlich halten durfte.[163]

244

> *Praxistipp*
> Sofern der Rechtsanwalt auf Seiten des Anspruchsgegners (z.B. wegen Unterhalt oder Zugewinnausgleichsansprüchen) tätig wird, hat er zunächst zu prüfen, ob sich eine materiell-rechtliche Kostenerstattungsgrundlage ergibt. Ist dies nicht der Fall, kann ihn möglicherweise eine Hinweispflicht dahin treffen, dass er seinen Auftraggeber (hier Anspruchsgegner) dahingehend beraten muss, dass er die kostengünstigste Variante zu wählen hat. Dies kann (muss aber nicht) möglicherweise der sofort erteilte Verfahrensauftrag sein. Es erscheint wenig sinnvoll, Man-

245

---

155 *Stein/Jonas*, ZPO, vor § 91 Rn 18; Zöller/*Herget*, ZPO, vor § 91 Rn 11.
156 BGHZ 52, 393, 399 f.; BGH NJW 1981, 224.
157 BGH, Urt. v. 12.12.2006 – VI ZR 224/05, NJW 2007, 1458 = r + s 2007, 474 = BB 2007, 630 = WM 2007 Heft 16, 755 = JurBüro 2007, 249 = MDR 2007, 654 = FamRZ 2007, 550 = VersR 2007, 507.
158 BGH, a.a.O.
159 BGH, a.a.O.
160 BGH, a.a.O.
161 BGH, a.a.O. vgl. dazu auch BGH, Urt. v. 4.11.1987 – IVb ZR 83/86, NJW 1988, 2032.
162 BGH, a.a.O.
163 BGHZ 127, 348, 351.

danten, bei denen es an einer materiell-rechtlichen Kostenerstattungsgrundlage fehlt, da beispielsweise ins Blaue hinein Forderungen ihnen gegenüber geltend gemacht worden sind, zu raten, sofort einen negativen Feststellungsantrag zu erheben. An das Kostenrisiko bei sofortigem Anerkenntnis (§ 93 ZPO) ist hier ebenfalls zu denken. Der faire Anwalt wird daher seinen Mandanten darauf hinweisen, dass er möglicherweise auf einem Teil oder den vollen Kosten sitzen bleibt, um ihm so die Gelegenheit zu geben, anderweitig zu disponieren.

D. Allgemeine Gebühren
I. Geltungsbereich

246 Die allgemeinen Gebühren sind in Teil 1 des Vergütungsverzeichnisses geregelt. Diese Gebühren erhält der Rechtsanwalt neben den in anderen Teilen bestimmten Gebühren, Vorbem. 1 VV RVG. Dies bedeutet, dass diese Gebühren sowohl neben den in Teil 2 (außergerichtliche Vertretung) als auch in Teil 3 (gerichtliche Vertretung) geregelten Gebühren entstehen können.

II. Einigungsgebühr
1. Voraussetzungen für das Entstehen der Einigungsgebühr

247 Die Voraussetzungen für das Entstehen einer Einigungsgebühr sind:
- Bestehen eines Rechtsverhältnisses und Streit hierüber oder Ungewissheit über ein Rechtsverhältnis und
- Erledigung des Streits oder der Ungewissheit oder
- Erfüllung des Anspruchs bei gleichzeitigem vorläufigem Verzicht auf die gerichtliche Geltendmachung und, wenn bereits ein zur Zwangsvollstreckung geeigneter Titel vorliegt, bei gleichzeitigem vorläufigem Verzicht auf Vollstreckungsmaßnahmen geregelt wird (Zahlungsvereinbarung) und
- wirksamer Vertrag über die Erledigung und
- Mitwirkung des Rechtsanwalts am Zustandekommen des Vertrages oder Teilnahme an Vertragsverhandlungen, die ursächlich für das Zustandekommen waren.

Eine besondere Form der Einigung/des Vergleichs ist nicht notwendig, es sei denn, es ist für den Inhalt eine entsprechende Form vorgeschrieben (Versorgungsausgleich/Güterrecht/Grundstücksgeschäfte).

a) Kein gegenseitiges Nachgeben erforderlich

248 Die frühere Vergleichsgebühr aus § 23 BRAGO wurde erheblich modifiziert. Der Rechtsanwalt erhält eine Einigungsgebühr in Höhe von 1,5. Sie ist in Nr. 1000 VV RVG geregelt und findet sich in Teil 1 „Allgemeine Gebühren". Diese Gebühren des Teil 1 des Vergütungsverzeichnisses zum RVG erhält der Rechtsanwalt laut Vorbemerkung 1 neben den in anderen Teilen bestimmten Gebühren.

249 Obwohl der Gesetzgeber für den Anfall der Einigungsgebühr ein gegenseitiges Nachgeben nicht mehr fordert, weist *Schneider* darauf hin, dass bei Vereinbarungen über den Zugewinnausgleich oder den Versorgungsausgleich die Notwendigkeit des gegenseitigen Nachgebens für den Anfall der Einigungsgebühr weiterhin erforderlich sein könnte,[164] da weitere Voraussetzung für die Einigungsgebühr auch die Wirksamkeit des Vertrags sei. Weil aber eine wirksame Vereinbarung nur aufgrund notarieller Beurkundung oder durch gerichtliche Protokollierung eines **Vergleichs** möglich ist (§ 127a BGB), käme es bei gerichtlicher Protokollierung aufgrund des Wortlauts in § 127a BGB (dort ist von einem Vergleich die Rede, entsprechend wird in Palandt kommentiert) wiederum auf ein gegenseitiges Nachgeben an. *Kindermann* ist zu Recht der Ansicht, dass eine Unterschei-

---

164 *Schneider,* FamRB 2004, 195, 197.

dung durch den Gesetzgeber nicht gewollt ist, und daher die Einigungsgebühr auch bei gerichtlicher Protokollierung aus dem Wert von Zugewinnausgleich und Versorgungsausgleich entstehen kann.[165] (Zum Meinungsstand bei Verzicht auf den Versorgungsausgleich vgl. § 4 Rn 294 ff.)

Im Übrigen ist darauf hinzuweisen, dass auch in § 794 Abs. 1 Nr. 1 ZPO auf einen Vergleich abgestellt wird, so dass bei Einigungen, die vor Gericht protokolliert werden, wohl generell die Bezeichnung Vergleich beibehalten wird, um Nachteile in der Zwangsvollstreckung zu vermeiden. 250

Auch in den Gerichtskostenermäßigungstatbeständen, so z.B. Nr. 1211 KV GKG wird von einem Vergleich gesprochen, wobei nach Ansicht der Verfasserinnen auch die Einigung, die zur Beendigung eines gerichtlichen Verfahrens führt, die Gerichtskosten ermäßigen dürfte. 251

Bei einem Vergleich im Sinne des § 779 BGB ist umgekehrt immer von einer Einigung auszugehen. 252

b) Streit oder Ungewissheit über ein Rechtsverhältnis

Eine Einigungsgebühr kann nur entstehen, wenn durch die Mitwirkung des Rechtsanwalts an einem wirksamen Vertrag **Streit oder zumindest Ungewissheit über ein Rechtsverhältnis** beendet wird. Dies bedeutet, dass für die Mitwirkung an rechtsbegründenden Verträgen die Einigungsgebühr nicht entstehen kann, es sei denn, zumindest eine Partei hat sich zuvor einer Rechtsposition berühmt.[166] „Die Ausarbeitung des Entwurfs eines Vertrags, der danach abgeschlossen wird, kann – sofern damit eine auf ein Rechtsverhältnis bezogene Unsicherheit beseitigt wird – eine Mitwirkung beim Abschluss eines Einigungsvertrags im Sinne der Nr. 1000 VV RVG bedeuten.", so der BGH am 20.11.2008 in einer wichtigen Entscheidung.[167] 253

c) Anerkenntnis oder Verzicht

Die Einigungsgebühr erhält der Rechtsanwalt nach Abs. 1 S. 2 der Anmerkung zu Nr. 1000 VV RVG nicht, wenn sich die Tätigkeit **ausschließlich** auf ein 254
- Anerkenntnis oder einen
- Verzicht beschränkt.

d) Aufschiebende Bedingung/Widerruf – Vereinbarung „für den Fall der Scheidung"

Der Rechtsanwalt erhält die Einigungsgebühr **nicht**, wenn ein Vertrag unter einer aufschiebenden Bedingung oder unter Vorbehalt des **Widerrufs** geschlossen wird und die Bedingung nicht eintritt bzw. der Vertrag widerrufen wird, Absatz 3 der Anmerkung zu Nr. 1000 VV RVG. 255

Dies bedeutet, dass bei einer Trennungs- oder Scheidungsvereinbarung, die für den Fall der Scheidung geschlossen wird, eine Einigungsgebühr erst dann entsteht, wenn die Scheidung rechtskräftig ist. 256

Haben die Parteien beispielsweise unter dem Vorbehalt eines Widerrufs eine Einigung selbst geschlossen und lässt sich der Mandant nun dahingehend beraten, ob das Widerrufsrecht ausgeübt werden soll oder nicht, ist die Einigungsgebühr für den Rechtsanwalt dann entstanden, wenn das Widerrufsrecht nicht ausgeübt wird. 257

Etwas anderes gilt für eine Trennungsvereinbarung, die in der Regel bei erfolgtem Getrenntleben der Parteien geschlossen wird. Leben die Parteien getrennt, löst der Abschluss einer Trennungsvereinbarung die Einigungsgebühr aus.[168] 258

---

165 *Kindermann*, Rn 372.
166 OLG Düsseldorf AGS 2003, 496 m. Anm. *N. Schneider*.
167 BGH NJW 2009, 922.
168 So auch *Kindermann*, Rn 372.

§ 4 Gebühren in Familiensachen

259 Musterrechnung 4.26: Zugewinnantrag – widerruflicher Vergleich im Termin – kein Widerruf

Zugewinn-Antrag über 20.000,00 EUR. Nach Zustellung nimmt der Antragsgegneranwalt Kontakt mit der Antragstellerseite auf. Im Termin zur mündlichen Verhandlung schließen die Beteiligten einen widerruflichen Vergleich. Dieser wird nicht widerrufen.

Gegenstandswert: 20.000,00 EUR, §§ 23 Abs. 1 RVG, 35 FamGKG

1,3 Verfahrensgebühr aus 20.000,00 EUR	
Nr. 3100 VV RVG	964,60 EUR
1,2 Terminsgebühr aus 20.000,00 EUR	890,40 EUR
Nr. 3104 VV RVG	
1,0 Einigungsgebühr aus 20.000,00 EUR	742,00 EUR
Nr. 1003 VV RVG	
Auslagenpauschale, Nr. 7002 VV RVG	20,00 EUR
Zwischensumme	2.617,00 EUR
19 % Umsatzsteuer, Nr. 7008 VV RVG	497,23 EUR
Summe	**3.114,23 EUR**

Hinweis
(Zum Gegenstandswert siehe § 2 Rn 111.)

260 Musterrechnung 4.27: Zugewinnantrag – widerruflicher Vergleich im Termin – Widerruf – Urteil

Zugewinn-Antrag über 20.000,00 EUR. Im Termin zur mündlichen Verhandlung schließen die Beteiligten einen widerruflichen Vergleich. Dieser Vergleich wird widerrufen. Nach Beweisaufnahme ergeht ein dem Antrag stattgebender Beschluss.

Gegenstandswert: 20.000,00 EUR, §§ 23 Abs. 1 RVG, 35 FamGKG

1,3 Verfahrensgebühr aus 20.000,00 EUR	
Nr. 3100 VV RVG	964,60 EUR
1,2 Terminsgebühr aus 20.000,00 EUR	890,40 EUR
Nr. 3104 VV RVG	
Auslagenpauschale, Nr. 7002 VV RVG	20,00 EUR
Zwischensumme	1.875,00 EUR
19 % Umsatzsteuer, Nr. 7008 VV RVG	356,25 EUR
Summe	**2.231,25 EUR**

Hinweis
(Zum Gegenstandswert siehe § 2 Rn 111.)

e) Ursächliche Mitwirkung an Verhandlungen

Genügend ist, dass die anwaltliche Tätigkeit für das Zustandekommen des Vertrags nachgewiesen werden kann. Keine Vergleichsgebühr nach BRAGO wird nach Ansicht des OLG Düsseldorf ausgelöst, wenn der Rechtsanwalt lediglich mit der Protokollierung einer bereits abgeschlossenen – nicht formbedürftigen – Einigung beauftragt ist.[169] Diese Ansicht überzeugt nach Meinung der Verfasserinnen wenig. In der Praxis wird der Rechtsanwalt – auch wenn sein Auftraggeber eine bereits vorformulierte Einigung vorlegt – die Einigung überprüfen und ggfs. entsprechenden Rat erteilen. Es ist kaum vorstellbar, dass der Rechtsanwalt, ohne die einzelnen Regelungspunkte mit dem Auftraggeber eingehend zu besprechen, allein eine Protokollierung vornehmen lassen wird. Hier dürfte den Rechtsanwalt eine erhöhte Sorgfaltspflicht treffen, die ggf. auch zu einem hohen Haftungsrisiko führt. Prüft der Rechtsanwalt allerdings die einzelnen Punkte der Vereinbarung und bespricht sie mit dem Auftraggeber (ob so gewünscht oder anders, Rechtsfolgen, etc.), hat er auch zweifelsfrei am Zustandekommen mitgewirkt. Aus diesem Grund muss ihm nach Ansicht der Verfasserinnen auch die Einigungsgebühr zugebilligt werden (vgl. dazu auch Rn 253).

261

Wenn der Rechtsanwalt einen Einigungsvorschlag der Gegenseite prüft und begutachtet oder die Mandanten über Umfang und Auswirkungen des Einigungsangebots der Gegenseite berät, woraufhin die Einigung abgeschlossen wird, ist seine Mitwirkung nach zutreffender Ansicht des LG Erfurt ausreichend.[170]

Wird der vom Rechtsanwalt ausgearbeitete Einigungsvorschlag zunächst nicht angenommen, später jedoch durch die Beteiligten allein oder eines anderen Anwaltes beschlossen, erhält der Rechtsanwalt die Einigungsgebühr dennoch.[171]

Wirken Unterbevollmächtigter (Terminsvertreter) oder Korrespondenzanwalt am Zustandekommen einer Einigung durch entsprechende Beratung oder Vermittlung mit, können auch sie die Einigungsgebühr verdienen. Die Beweislast an der Mitwirkung zur Einigung liegt beim Rechtsanwalt.

f) Keine Einigungsgebühr aus dem Wert der Ehesache

Aus dem Wert der Ehe- oder Lebenspartnerschaftssache kann eine Einigungsgebühr nicht entstehen, was auch logisch ist, denn über eine Scheidung kann man sich z.B. nicht vergleichen. „Ein bisschen scheiden lassen" geht nun mal nicht. Die Regelung ist nicht neu und besteht schon seit 2004. Allerdings hat Nr. 1000 VV RVG dennoch in Abs. 5 eine Änderung erfahren, die jedoch die Kindschaftssachen betrifft:[172]

262

Abs. 5 der Anmerkung zur Einigungsgebühr wird wie folgt neu gefasst:

263

„Die Gebühr entsteht nicht in Ehesachen und in Lebenspartnerschaftssachen (§ 269 Abs. 1 Nr. 1 und 2 FamFG). Wird ein Vertrag, insbesondere über den Unterhalt, im Hinblick auf die in Satz 1 genannten Verfahren geschlossen, bleibt der Wert dieser Verfahren bei der Berechnung der Gebühr außer Betracht. In Kindschaftssachen ist Abs. 1 S. 1 auch für die Mitwirkung an einer Vereinbarung, über deren Gegenstand nicht vertraglich verfügt werden kann, entsprechend anzuwenden."

(Zur Einigung in Kindschaftssachen vgl. § 4 Rn 265 u. 280.)

264

---

169 OLG Düsseldorf FamRZ 1992, 1209 = JurBüro 1992, 95.
170 LG Erfurt JurBüro 2001, 474.
171 OLG München AnwBl 1997, 119.
172 BT-Drucks 16/6308, S. 341.

g) Der gerichtlich gebilligte Vergleich nach § 156 FamFG

265 Mit § 156 Abs. 2 FamFG wird der gerichtlich gebilligte Vergleich eingeführt:

„(2) ¹Erzielen die Beteiligten Einvernehmen über den Umgang oder die Herausgabe des Kindes, ist die einvernehmliche Regelung als Vergleich aufzunehmen, wenn das Gericht diese billigt (gerichtlich gebilligter Vergleich). ²Das Gericht billigt die Umgangsregelung, wenn sie dem Kindeswohl nicht widerspricht."

266 Der gerichtlich gebilligte Vergleich ist neu. Er stellt – ebenso wie eine gerichtliche Entscheidung oder ein gerichtlich protokollierter Vergleich einen Vollstreckungstitel dar, § 86 Abs. 1 Nr. 2 FamFG.

267 Da zu den Beteiligten auch das Kind und ggf. das Jugendamt oder der Verfahrensbeistand gehören, ist deren Zustimmung zur Billigung des Vergleichs durch das Gericht ebenfalls erforderlich.

268 Im RVG hat der Gesetzgeber den „gerichtlich gebilligten Vergleich" gebührenrechtlich in Nr. 1003 VV RVG Abs. 2 der Anmerkung erfasst:[173]

Absatz 2 der Anmerkung zu Nr. 1003 VV RVG lautet wie folgt:

„(2) In Kindschaftssachen entsteht die Gebühr auch für die Mitwirkung am Abschluss eines gerichtlich gebilligten Vergleichs (§ 156 Abs. 2 FamFG) und an einer Vereinbarung, über deren Gegenstand nicht vertraglich verfügt werden kann, wenn hierdurch eine gerichtliche Entscheidung entbehrlich wird oder wenn die Entscheidung der getroffenen Vereinbarung folgt."

269 Der Gesetzgeber hielt eine entsprechende Aufnahme in Nr. 1003 VV RVG für erforderlich (obwohl ansonsten die Tatbestandsmerkmale der Einigungsgebühr in Nr. 1000 VV geregelt sind), weil mit dem FamFG in § 156 Abs. 2 das Institut des gerichtlich gebilligten Vergleichs eingeführt wird, der nur in einer laufenden Kindschaftssache hinsichtlich des Umgangsrechts geschlossen werden kann.

▼

270 Musterrechnung 4.28: Umgangsrecht – Abschluss durch gerichtlich gebilligten Vergleich

In einem selbstständigen Umgangsrechtsverfahren treffen die Beteiligten nach mündlicher Verhandlung einen Vergleich, in den das nicht rechtshängige Sorgerecht miteinbezogen wird. Der Vergleich wird gerichtlich gebilligt nach § 156 FamFG. Das Gericht setzt den Wert für das Sorgerecht auf 3.000,00 EUR und für das Umgangsrecht auf 3.000,00 EUR fest.

Gegenstandswert: 3.000,00 EUR/3.000,00 EUR, §§ 23 Abs. 1 RVG, 45 Abs. 1 Nr. 1 u. Nr. 2 FamGKG

1,3 Verfahrensgebühr aus 3.000,00 EUR Nr. 3100 VV RVG	261,30 EUR
0,8 Verfahrensgebühr aus 3.000,00 EUR Nr. 3101 Nr. 2 VV RVG	160,80 EUR
gem. § 15 Abs. 3 RVG höchstens: 1,3 aus 6.000,00 EUR = 460,20 EUR; hier keine Kürzung	
1,2 Terminsgebühr aus 3.000,00 EUR Nr. 3104 VV RVG	241,20 EUR
1,0 Einigungsgebühr aus 3.000,00 EUR Nr. 1003 VV RVG	201,00 EUR

---

[173] BT-Drucks 16/6308, S. 341.

1,5 Einigungsgebühr aus 3.000,00 EUR	301,50 EUR
Nr. 1000 VV RVG	
gem. § 15 Abs. 3 RVG höchstens: 1,5 aus 6.000,00 EUR = 531,00 EUR;	
hier keine Kürzung	
Auslagenpauschale, Nr. 7002 VV RVG	20,00 EUR
Zwischensumme	1.185,80 EUR
19 % Umsatzsteuer, Nr. 7008 VV RVG	225,30 EUR
Summe	**1.411,10 EUR**

▲

Hinweis
(Zum Gegenstandswert siehe § 2 Rn 263. Ein Beispiel mit höherer Terminsgebühr siehe § 4 Rn 288.)

h) Abänderung/Überprüfung einer Entscheidung/eines Vergleichs § 166 FamFG

Das Gericht ändert eine Entscheidung oder einen gerichtlich gebilligten Vergleich nach Maßgabe des § 1696 BGB, § 166 Abs. 1 FamFG.

Nach § 1696 Abs. 1 BGB ist eine Entscheidung zum Sorge- oder Umgangsrecht oder ein gerichtlich gebilligter Vergleich zu ändern, wenn dies aus triftigen, das Wohl des Kindes nachhaltig berührenden Gründen, angezeigt ist.

Nach § 1696 Abs. 2 BGB ist eine Maßnahme nach den §§ 1666 u. 1667 BGB oder einer anderen Vorschrift des BGB, die nur ergriffen werden darf, wenn dies zur Abwendung einer Kindeswohlgefährdung oder zum Wohl des Kindes erforderlich ist (kindesschutzrechtliche Maßnahme), aufzuheben, wenn eine Gefahr für das Wohl des Kindes nicht mehr besteht oder die Erforderlichkeit der Maßnahme entfallen ist.

Hinweis
Die Abänderungs-/Aufhebungsbefugnis nach § 166 FamFG gilt nur für Hauptsacheentscheidungen.

Eine länger dauernde kindesschutzrechtliche Maßnahme hat das Gericht in angemessenen Zeitabständen zu überprüfen, § 166 Abs. 2 FamFG.

Sieht das Gericht von einer Maßnahme nach den §§ 1666 bis 1667 BGB ab, soll es seine Entscheidung in einem angemessenen Zeitabstand, in der Regel nach drei Monaten, überprüfen, § 166 Abs. 3 FamFG.

Der Gesetzgeber hält die nochmalige Befassung des Gerichts aus Kindesschutzgründen in bestimmten Fällen für geboten. Es soll – durch die Einführung der Überprüfungspflicht – der Gefahr entgegengewirkt werden, dass es – entgegen der Annahme des Gerichts – nicht gelingt, die Gefährdung für das Kind abzuwenden und das Gericht hiervon nichts erfährt.[174] Die betroffenen Eltern sollen darüber hinaus das Gefühl haben, fortlaufend überprüft zu werden.

---

[174] BT-Drucks 16/6308, S. 242.

2. Höhe der Einigungsgebühr

277 Die Höhe der Einigungsgebühr beträgt:

Nach Nr. 1000 VV RVG: **1,5**
- wenn die Ansprüche nicht rechtshängig sind
- wenn die Ansprüche im selbstständigen Beweisverfahren anhängig sind oder Prozesskostenhilfe für ein selbstständiges Beweisverfahren beantragt wurde
- wenn die Beiordnung im VKH-Verfahren (Verfahrenskostenhilfeverfahren) sich auf den Abschluss eines Vertrags nach § 48 Abs. 3 RVG erstreckt bzw. wenn lediglich für die Einigung über nicht-rechtshängige Ansprüche VKH beantragt wird

Nach Nr. 1003 VV RVG: **1,0**
- wenn die Ansprüche in 1. Instanz gerichtlich anhängig sind oder ein Verfahren vor dem Gerichtsvollzieher läuft.

Nach Nr. 1004 VV RVG: **1,3**
- wenn die Ansprüche im Rechtsmittelverfahren anhängig sind

278 Für die Höhe der Einigungsgebühr wird darauf abgestellt, ob bzw. in welcher Instanz diese Ansprüche anhängig sind. Keine Rolle spielt, in welcher Instanz der Vergleich geschlossen wird! Das bedeutet, dass die Einigungsgebühr auch dann 1,3 beträgt, wenn die in 2. Instanz anhängigen Ansprüche in einem Parallelverfahren in 1. Instanz mitverglichen werden (1,3 aus dem Wert der in 2. Instanz anhängigen Ansprüche neben 1,0 aus dem Wert der in 1. Instanz anhängigen Ansprüche unter Beachtung von § 15 Abs. 3 RVG).

279 Die 1,3 Einigungsgebühr für Rechtsmittelverfahren erhält eine neue Anmerkung. In Absatz 1 der Anmerkung soll geregelt werden, dass die Einigungsgebühr auch in den in den Vorbemerkungen 3.2.1 und 3.2.2 genannten Beschwerde- und Rechtsbeschwerdeverfahren entstehen kann. Abs. 2 der Anmerkung regelt, dass auch im Rechtsmittelverfahren der neue Absatz 2 der Anmerkung zu Nr. 1003 entsprechende Anwendung finden soll. Da in Nr. 1004 VV bisher nur auf Berufungs- und Revisionsverfahren abgestellt worden ist, hielt der Gesetzgeber eine redaktionelle Anpassung auf die nun in Familiensachen Rechtsmittel der Beschwerde und Rechtsbeschwerde für erforderlich.[175]

3. Einigungsgebühr aus Wert des Sorgerechts?

280 Es war in den vergangenen Jahren oft strittig, ob bei einer Einigung über das Sorgerecht eine Einigungsgebühr entstehen kann, wobei die h.M. den Anfall einer Einigungsgebühr bejaht hat.[176]

281 Auch die Tatsache, dass der Gesetzgeber 2004 in § 48 Abs. 3 RVG die Erstreckung der Beiordnung auf eine Einigung im Sinne der Nr. 1000 VV über Sorge- und Umgangsrecht aufgenommen hatte,

---

[175] BT-Drucks 16/6308, S. 341.
[176] OLG Nürnberg JurBüro 2005, 190 = RVGreport 2005, 105 = AnwBl 2005, 296; OLG Nürnberg JurBüro 2005, 260; OLG Koblenz JurBüro 2005, 418; Pfälz. OLG Zweibrücken JurBüro 2005, 645; Pfälz. OLG Zweibrücken JurBüro 2005, 589 = RVGreport 2006, 383; OLG Köln JurBüro 2006, 588; Brandenburgisches OLG JurBüro 2006, 474 = AGS 2006, 374; OLG Stuttgart AGS 2007, 566; OLG Zweibrücken EzFamR aktuell 1996, 79 = JurBüro 1996, 419 = MDR 1996, 1195 = Rpfleger 1996, 262; OLG Zweibrücken FamRZ 1998, 116 = JurBüro 1997, 633 = OLGR 1997, 273; OLG Düsseldorf AGS 1997, 125; OLG Koblenz FamRZ 1995, 1282 = JurBüro 1995, 471 = Rpfleger 1995, 521; OLG Oldenburg JurBüro 1996, 79 = OLGR 1996, 35 = Rpfleger 1996, 42; OLG Stuttgart FamRZ 1999, 389 = JurBüro 1998, 472; Justiz 1998, 427; OLG Dresden FamRZ 1999, 1290 = MDR 1999, 1201; OLG Zweibrücken KostRsp. BRAGO § 23 Nr. 160 = AGS 2002, 176; OLG Schleswig OLGR 2003, 52; OLG Schleswig AGS 2003, 25 mit Anm. *Madert* = OLGR 2002, 482 = SchlHA 2003, 80 = OLG Schleswig AGS 2003, 25 mit Anm. *Madert/N. Schneider* = BRAGOreport 2003, 218 an Anm. *Hansens* = OLGR 2002, 482 = SchlHA 2003, 80.

sprach dafür, dem Rechtsanwalt bei einer entsprechenden Einigung die Einigungsgebühr zuzubilligen.

Mit der FGG-Reform wurde Abs. 5 der Anmerkung zu Nr. 1000 VV RVG klarstellend wie folgt gefasst:[177]

282

„Die Gebühr entsteht nicht in Ehesachen und in Lebenspartnerschaftssachen (§ 269 Abs. 1 Nr. 1 und 2 FamFG). Wird ein Vertrag, insbesondere über den Unterhalt, im Hinblick auf die in Satz 1 genannten Verfahren geschlossen, bleibt der Wert dieser Verfahren bei der Berechnung der Gebühr außer Betracht. In Kindschaftssachen ist Absatz 1 Satz 1 und 2 auch für die Mitwirkung an einer Vereinbarung, über deren Gegenstand nicht vertraglich verfügt werden kann, entsprechend anzuwenden."

Der Gesetzgeber begründet die Anfügung des Satz 2 in Absatz 5 der Anmerkung zu Nr. 1000 VV RVG wie folgt:

283

„Mit dem neuen Absatz 5 Satz 2 soll nunmehr im Gesetz ausdrücklich zum Ausdruck gebracht werden, dass die Einigungsgebühr in Kindschaftssachen auch dann entstehen kann, wenn die Beteiligten nicht vertraglich über den Gegenstand der Einigung verfügen können. Dies unterstreicht die besondere Bedeutung der Streit vermeidenden Einigung gerade in Kindschaftssachen und entspricht der derzeitigen Rechtsprechung."

In der neueren Rechtsprechung wird der Anfall einer Einigungsgebühr in Sorgerechtsverfahren überwiegend bejaht.[178]

284

Das OLG Koblenz[179] hat den Anfall einer Einigungsgebühr in Verfahren nach § 1666 BGB (Gerichtliche Maßnahmen bei Gefährdung des Kindeswohls) verneint mit der Begründung, dass die Verfahrensbeteiligten das Gericht bindende Vereinbarung nicht schließen könnten. Das OLG Celle[180] hat das Entstehen einer Einigungsgebühr in Verfahren nach § 1666 BGB ebenfalls abgelehnt, allerdings darauf hingewiesen, dass bei einer einvernehmlichen Regelung im Sorgerechtsverfahren eine Einigungsgebühr durchaus entstehen könne.

285

Eine förmliche Protokollierung der Vereinbarung zum Umgangs- oder Sorgerecht ist nach Ansicht des OLG Dresden nicht erforderlich.[181] Ebenso entschieden hat das OLG Stuttgart;[182] demnach reicht es aus, dass glaubhaft gemacht wird, dass die Beteiligten eine Vereinbarung i.S. Nr. 1000 VV RVG geschlossen haben. Einer Protokollierung dieser Vereinbarung bedarf es nicht (im Anschluss an BGH, NJW 2007, 2187; entgegen OLG Frankfurt a.M., NJOZ 2007, 3459).

286

---

177 BT-Drucks 16/6308, S. 341, Art. 47 Abs. 6 Nr. 19b bbb) FGG-RG.
178 OLG Oldenburg, Beschl. v. 5.2.2013 – 3 WF 10/13 = BeckRS 2013, 04785 = FamFR 2013, 159; OLG Naumburg, Beschl. v. 9.7.2012 – 3 WF 147/12 = BeckRS 2012, 24082 = FD-RVG 2013, 341114; OLG Düsseldorf, Beschl. v. 7.5.2009; Az.: II-10 WF 10/09, 10 WF 10/09 = BeckRS 2009, 25513 = NJOZ 2009, 4574; OLG Celle, Beschl. v. 10.6.2010 – 12 WF 90/10 = NJW 2010, 2962 = BeckRS 2010, 16891; OLG Koblenz, Beschl. v. 11.3.2005 – 7 WF 105/05 = NJW-RR 2005, 1160 = BeckRS 2005, 06298 = FamRZ 2005, 1848 = JurBüro 2005, 418; OLG Bremen, Beschl. v. 27.7.2009 – 4 WF 74/09 = NJW-RR 2010, 224 = BeckRS 2009, 25529; OLG Zweibrücken, Beschl. v. 14.12.2005 – 2 WF 220/05 = NJOZ 2006, 1931 = BeckRS 2006, 01459; OLG Zweibrücken, Beschl. v. 7.10.2005; Az.: 5 WF 96/05 = NJW-RR 2006, 1007 = BeckRS 2005, 12511; OLG Stuttgart, Beschl. v. 3.7.2007 – 8 WF 92/07 = NJW 2007, 3218 = BeckRS 2007, 11325 = FD-RVG 2007, 237877.
179 OLG Koblenz, Beschl. v. 24.1.2006 – 7 WF 27/06 = NJW-RR 2006, 1151 = BeckRS 2006, 02646.
180 OLG Celle, Beschl. v. 10.6.2010 – 12 WF 90/10 = NJW 2010, 2962 = BeckRS 2010, 16891.
181 OLG Dresden FamRZ 1999, 1290 = MDR 1999, 1201.
182 OLG Stuttgart, Beschl. v. 3.7.2007 – 8 WF 92/07 = NJW 2007, 3218 = BeckRS 2007, 11325 = FD-RVG 2007, 237877.

§ 4 Gebühren in Familiensachen

287 Nach Ansicht des OLG Celle[183] entsteht eine Einigungsgebühr nicht, wenn die Einigung der Parteien nicht zu einer verbindlichen und verfahrensbeendenden Regelung des Sorgerechtsstreits führt.

▼

288 Musterrechnung 4.29: Isoliertes Sorgerechtsverfahren – Einigung auch betreffend Umgangsrecht, das nicht rechtshängig war mit Terminsgebühr aus beiden Werten

Rechtsanwältin Z stellt im Auftrag ihres Mandanten den Antrag, ihm das alleinige Sorgerecht für das Kind Frederick zu übertragen. Im Termin einigen sich die Beteiligten darauf, dass das Sorgerecht bei der Mutter verbleibt, dem Vater aber ein großzügiges Umgangsrecht (das im Termin ebenfalls erörtert wurde) eingeräumt wird.

Gegenstandswert:
Sorgerecht   3.000,00 EUR §§ 23 Abs. 1 RVG, 45 Abs. 1 Nr. 1 FamGKG
Umgangsrecht   3.000,00 EUR §§ 23 Abs. 1 RVG, 45 Abs. 1 Nr. 2 FamGKG
addiert   6.000,00 EUR § 22 Abs. 1 RVG

1,3 Verfahrensgebühr aus 3.000,00 EUR Nr. 3100 VV RVG	261,30 EUR
0,8 Differenzverfahrensgebühr aus 3.000,00 EUR Nr. 3101 Nr. 2 VV RVG § 15 Abs. 3 RVG: höchstens 1,3 aus 6.000,00 EUR = 460,20 EUR, hier keine Kürzung.	160,80 EUR
1,2 Terminsgebühr aus 6.000,00 EUR Nr. 3104 VV RVG, § 15 Abs. 5 S. 1 RVG	424,80 EUR
1,0 Einigungsgebühr aus 3.000,00 EUR Nr. 1003 VV RVG	201,00 EUR
1,5 Einigungsgebühr aus 3.000,00 EUR Nr. 1000 VV RVG § 15 Abs. 3 RVG: höchstens 1,5 aus 6.000,00 EUR = 531,00 EUR, hier keine Kürzung.	301,50 EUR
Auslagenpauschale, Nr. 7002 VV RVG	20,00 EUR
Zwischensumme	1.369,40 EUR
19 % Umsatzsteuer, Nr. 7008 VV RVG	260,19 EUR
Summe	**1.629,59 EUR**

▲

Hinweis
(Zum Gegenstandswert siehe § 2 Rn 263. Zur Anwendung von § 15 Abs. 3 RVG siehe Rn 463, zur Terminsgebühr bei Verhandlung über nicht rechtshängige Ansprüche siehe Rn 559 ff.)

---

[183] OLG Celle, Beschl. v. 8.8.2008 – 17 WF 110/08 = NJW-RR 2009, 1230 = BeckRS 2008, 20093; ähnlich: OLG Hamm, Beschl. v. 2.1.2013 – II-6 WF 254/12 = BeckRS 2013, 02315 = FamFR 2013, 110.

D. Allgemeine Gebühren § 4

4. Einigungsgebühr bei befristetem Umgangsrecht?

Eine Vergleichsgebühr nach BRAGO wurde nicht ausgelöst, wenn lediglich ein prozessualer Schwebezustand geschaffen wurde.[184] Im vorliegenden Fall wurde eine Vereinbarung darüber getroffen, dass für die Dauer von 14 Monaten ein Umgangsrecht nicht ausgeübt wird. Diese Rechtsprechung ist m.E. nicht sachgerecht. Denn das Umgangsrecht kann bei geänderten Umständen jederzeit geändert werden und löst dann als neue Angelegenheit auch neue Gebühren aus. Zumindest sollte, wenn die Vereinbarung einen Zeitraum von mehr als zwei Kalenderjahren betrifft, schon wegen § 15 Abs. 5 RVG die Einigungsgebühr angesetzt werden können. **289**

Hinsichtlich des Anfalls einer Einigungsgebühr bei Abschluss eines „Zwischenvergleichs" hat das OLG Köln[185] wie folgt entschieden: **290**

> „In einem Verfahren über das Umgangsrecht kann ein „Zwischenvergleich" der Kindeseltern die Ansetzung einer Einigungsgebühr allenfalls dann rechtfertigen, wenn die Kindeseltern diese Zwischenregelung zur beständigen Grundlage für weitere zukünftige Umgangskontakte gemacht haben und – aktenkundig – aus diesem Grund das Verfahren ohne eine abschließende Entscheidung des Familiengerichts geendet hat."

Eine Teileinigung, die einen Teil der Ansprüche endgültig erledigt, löst dagegen aus ihrem Wert die Einigungsgebühr aus.[186] **291**

▼

Musterrechnung 4.30: Isoliertes Umgangsrechtsverfahren – Termin – Einigung nur für bestimmte Zeitdauer **292**

Rechtsanwältin Z stellt im Auftrag ihres Mandanten den Antrag, ein großzügiges Umgangsrecht für das aus der inzwischen geschiedenen Ehe hervorgegangene Kind Max (5 1/2 Jahre) einzuräumen. Im Termin einigen sich die Beteiligten auf eine geänderte Umgangsregelung bis zur Einschulung des Kindes mit 7 Jahren.

Gegenstandswert: 3.000,00 EUR §§ 23 Abs. 1 RVG, 45 Abs. 1 Nr. 2 FamGKG	
1,3 Verfahrensgebühr	261,30 EUR
Nr. 3100 VV RVG	
1,2 Terminsgebühr	241,20 EUR
Nr. 3104 VV RVG	
Auslagenpauschale, Nr. 7002 VV RVG	20,00 EUR
Zwischensumme	522,50 EUR
19 % Umsatzsteuer, Nr. 7008 VV RVG	99,28 EUR
Summe	**621,78 EUR**

▲

Hinweis
(Zum Gegenstandswert siehe § 2 Rn 263. Zur Anwendung von § 15 Abs. 3 RVG siehe § 4 Rn 463.)

---

184 OLG Karlsruhe FamRZ 1999, 381 = JurBüro 1998, 591; *a.A. Kindermann,* Rn 371.
185 OLG Köln, Beschl. v. 12.11.2008 – 4 WF 122/08 = BeckRS 2008, 25336 = FamRZ 2009, 714.
186 *Gerold/Schmidt/v. Eicken/Madert/Müller-Rabe* Nr. 1000 VV Rn 160; *Kindermann,* Rn 372.

293 *Praxistipp*
Ist möglich, dass die Umgangsregelung auch über einen längeren Zeitraum hin gelten kann, sollte eine Befristung in die Einigung nicht aufgenommen werden.

5. Versorgungsausgleich – Verzicht

294 Schon vor FGG-Reform wurde durch einige Gerichte der Anfall einer Einigungsgebühr bei einem Verzicht auf die Durchführung des Versorgungsausgleichs im Rahmen einer Einigung nach § 1587o BGB a.F. (zum 1.9.2009 aufgehoben) bejaht.[187]

295 Im vorliegenden Fall hatten die Beteiligten die Durchführung des Versorgungsausgleichs ausgeschlossen und vom Familiengericht genehmigen lassen. Das OLG Nürnberg hat den Anfall einer Einigungsgebühr nach Nr. 1000 VV RVG bejaht, da eben nicht ausschließlich ein Verzicht im Sinne der Anmerkung Abs. 1 zu Nr. 1000 VV RVG vorläge.[188] Nach dem Willen des Gesetzgebers, so befand das OLG Nürnberg, sei mit diesem in Abs. 1 der Anmerkung zu Nr. 1000 VV RVG erwähnten Verzicht der ausschließliche Verzicht gemeint, wenn beispielsweise in einem kontradiktorischen Verfahren eine Partei zunächst einen Anspruch geltend macht und dann in der Folge auf diesen Anspruch vollständig verzichtet. Bei einem wechselseitigen Verzicht auf die Durchführung des Versorgungsausgleichs komme daher der Ausschluss der Einigungsgebühr nicht zum Tragen. Nach Ansicht des OLG Nürnberg steht dem Entstehen einer Einigungsgebühr auch nicht entgegen, dass die Vereinbarung der Beteiligten zum Versorgungsausgleich der Genehmigung des Familiengerichts bedurfte, da mit der Genehmigungsbedürftigkeit die Dispositionsbefugnis der Ehegatten zwar eingeschränkt, jedoch nicht ausgeschlossen ist. Das OLG Stuttgart hat sich gegen den Anfall einer Einigungsgebühr bei einem Verzicht auf die Durchführung des Versorgungsausgleichs entschieden, da nach seiner Auffassung Abs. 1 der Anmerkung zu Nr. 1000 VV RVG zur Anwendung kommt und die Einigungsgebühr nicht entstehen kann, weil es hier um einen ausschließlichen Verzicht gehe. Das OLG Stuttgart vertritt die Auffassung, dass es sich damit auch nicht den Widerspruch zur Entscheidung des OLG Koblenz setzt, das bei gegenseitigem Unterhaltsverzicht den Anfall einer Einigungsgebühr bejaht habe. Denn anders als beim gegenseitigen Unterhaltsverzicht würde der Verzicht auf die Durchführung des Versorgungsausgleichs betreffend einer Partei von vornherein inhaltsleer sein und damit dem Anfall einer Einigungsgebühr entgegenstehen.[189] Das OLG Karlsruhe verneint den Anfall einer Einigungsgebühr aus ähnlichen Gründen, erwähnt darüber hinaus jedoch, dass trotz des erklärten wechselseitigen Verzichts kein gegenseitiges Nachgeben vorliege, da lediglich nur eine der Prozessparteien vollständig auf den ihr allein zustehenden Ausgleich verzichte, da der Versorgungsausgleich nur einem der Ehepartner zustehen könne. Das OLG Karlsruhe verkennt dabei jedoch, dass das RVG für die Einigungsgebühr ein gegenseitiges Nachgeben nicht mehr fordert.

296 Da nach dem neuen Versorgungsausgleichsrecht die Anwartschaften getrennt ausgeglichen werden können und die Autonomie der Beteiligten, durch Abfindungsregelungen sich über den Versorgungsausgleich zu verständigen, gestärkt werden, sind meines Erachtens die obigen Argumente der OLGe Stuttgart und Karlsruhe obsolet geworden.

---

187 OLG Nürnberg, Beschl. v. 29.6.2006 – 7 WF 761/06, NJW 2007, 1071; AG Weilburg, Beschl. v. 18.7.2007 – 20 F 1120/05 (PKH), AGS 2007, 565; **a.A.** OLG Stuttgart, Beschl. v. 15.8.2006 – 8 WF 104/06, NJW 2007, 1072; OLG Karlsruhe, Beschl. v. 20.11.2006 – 16 WF 108/06, NJW 2007, 1072 f = RVGreport 2007, 265.
188 OLG Nürnberg, a.a.O.
189 OLG Stuttgart, a.a.O.

In der Vergangenheit, d.h. vor dem 1.9.2009, nahm die Rechtsprechung häufig einen einseitigen Verzicht an, wenn auf die Durchführung des Versorgungsausgleichs verzichtet wurde mit der Folge, dass eine Einigungsgebühr nicht entstehen konnte. Nach altem Recht wurden die Versorgungsausgleichsansprüche in ihrer Summe saldiert, so dass es im Ergebnis nur einen Ausgleichsanspruch eines Ehegatten gab.[190] Nach neuem Recht ist nunmehr nach §§ 10 ff. VersAusglG ein Hin- und Her-Ausgleich für jedes einzelne Anrecht der Beteiligten vorzunehmen, so dass ein wechselseitiger Verzicht vorliegt, der die Einigungsgebühr auslöst.[191]

297

Das OLG München hat richtig und anwaltsfreundlich entschieden:[192]

298

„*1. Nach dem am 1.9.2009 in Kraft getretenen Versorgungsausgleichsgesetz ist ein Verzicht auf die Durchführung des Versorgungsausgleichs wechselseitig, wenn beide Beteiligte Versorgungsanwartschaften erworben haben.*

2. Bei einem derart wechselseitigen Verzicht der Beteiligten steht dem mitwirkenden Rechtsanwalt eine Einigungsgebühr zuzüglich Umsatzsteuer zu (im Anschluss an OLG Hamm, NJOZ 2012, 383).) (Leitsätze des Gerichts)"

Nur bei einem **einseitigen** Verzicht bleibt es dabei, dass eine Einigungsgebühr nicht entstehen kann.[193]

299

Eine Einigungsgebühr kann aber nicht nur bei Ausschluss des Versorgungsausgleichs entstehen, sondern auch, wenn sich die Beteiligten über eine wesentliche Grundlage für die Durchführung des Versorgungsausgleichs einigen.

300

„*1. Eine Einigungsgebühr entsteht im Versorgungsausgleichsverfahren nicht nur dann, wenn eine gerichtliche Entscheidung über den Versorgungsausgleich insgesamt entbehrlich wird, sondern bereits dann, wenn sich die Beteiligten über eine wesentlich Grundlage für die Durchführung des Versorgungsausgleichs – hier: Berechnung der Startgutschriften – endgültig einigen.*

2. Der Gegenstandswert der Einigungsgebühr richtet sich in diesem Fall nach dem Wert des Teilvergleichs und ist in der Regel niedriger als der Gegenstandswert der Geschäfts- oder Verfahrensgebühr."[194]

6. Unterhalt – Verzicht

Bei wechselseitigem Unterhaltsverzicht kann eine Einigungsgebühr entstehen. Beim wechselseitigen Unterhaltsverzicht erfolgt der Verzicht tatsächlich durch beide Ehegatten; denn jeder könnte zu unterschiedlichen Zeiten jeweils einen Unterhaltsanspruch gegen den anderen Ehegatten haben.[195]

301

---

190 *Schneider*, NJW-Spezial 2012, 667.
191 OLG Düsseldorf, Beschl. v. 06.11.2012; Az.: II-10 WF 15/12 = BeckRS 2013, 00459 = FamFR 2013, 62; OLG München, Beschl. v. 12.1.2012 – 11 WF 2265/11 = NJW 2012, 1089 = BeckRS 2012, 03044 = FamFR 2012, 329671 = FamFR 2012, 131; OLG Karlsruhe NJW-RR 2012, 328; OLG Frankfurt a.M. BeckRS 2010, 14234; OLG Hamm BeckRS 2011, 20209 = FamRZ 2011, 1974.; OLG Oldenburg NJW-RR 2011, 1570; vgl. auch *Schneider/Wolf*, AnwK-RVG, VV 1000 Rn 108 f. mit zahlreichen Beispielen anhand der bisherigen Rechtsprechung; vgl. *Gerold/Schmidt/Müller-Rabe*, 1000 VV Rn 73.
192 OLG München, Beschl. v. 12.1.2012 – 11 WF 2265/11, NJW 2012, 1089 = BeckRS 2012, 03044 = FamFR 2012, 329671 = FamFR 2012, 131.
193 BGH NJW-RR 2007, 359.
194 OLG Hamm, Beschl. v. 2.7.2012 – 6 WF 127/12, BeckRS 2012, 16362 = MDR 2012, 1468.
195 Vgl. *Gerold/Schmidt/Müller-Rabe*, VV 1000 Rn 184.

Dies wird auch von der Rechtsprechung bejaht, so u.a. vom OLG Koblenz:

> „Für eine Einigung im Sinne der Nrn. 1000, 1003 VV RVG reicht es aus, dass beide Seiten vertragsmäßig etwas anerkennen oder auf etwas verzichten, was sie gefordert haben oder fordern könnten. Bei einem gegenseitigen Unterhaltsverzicht handelt es sich der Sache nach um ein wechselseitiges Nachgeben, in dem beide Parteien erklären, einen potenziellen Anspruch nicht geltend machen zu wollen."[196]

302 Auch das OLG Frankfurt/Main ist der Auffassung, dass eine Einigungsgebühr ausgelöst wird, wenn der Rechtsanwalt an einem wechselseitigen Unterhaltsverzicht der Ehegatten mitwirkt.[197]

7. Nicht rechtshängige Ansprüche

303 Werden nicht rechtshängige Ansprüche in eine Einigung miteinbezogen, so entsteht unter den oben genannten Voraussetzungen für den Rechtsanwalt eine Einigungsgebühr aus dem Wert der nicht rechtshängigen Ansprüche in Höhe von 1,5, auch wenn die Einigung/der Vergleich gerichtlich protokolliert wird. Für die Höhe der Einigungsgebühr wird somit nur noch auf die Frage abgestellt, ob die Ansprüche anhängig sind oder nicht. Falls sie anhängig sind, in welcher Instanz.

304 Eine Erhöhung der Einigungsgebühr von 1,5 um 0,3 auf 1,8, wenn die Einigung in der Rechtsmittelinstanz erfolgt, scheidet nach Ansicht der Verfasserinnen aus, da die Entscheidung des Bundesgerichtshofs analog auf das RVG anwendbar ist.[198]

▼

305 Musterrechnung 4.31: Scheidungsvereinbarung nicht rechtshängige Ansprüche

RA R vertritt Mandantin S in einem anhängigen Scheidungsverfahren. Neben der Scheidung wurde der Versorgungsausgleich anhängig (gesetzliche Rentenversicherung). RA R legt im Termin eine zwischen den Beteiligten anlässlich einer Besprechung in der Kanzlei des RA R ausgehandelten Scheidungsvereinbarung vor, die vom Gericht lediglich protokolliert wird. Gegenstand der Scheidungsvereinbarung war Unterhalt für die Ehefrau (monatlich: 755,00 EUR); Unterhalt für die beiden Kinder (jeweils 357,00 EUR) sowie die Zahlung eines Zugewinnausgleichs von 35.000,00 EUR. Das Sorgerecht wollten beide Beteiligte entsprechend der gesetzlichen Regelung beibehalten. Ein Antrag wurde insofern nicht gestellt. Das Gericht setzte den Wert für die Ehesache auf 44.000,00 EUR und für den Wert des Versorgungsausgleichs auf 3.000,00 EUR fest.

Gegenstandswerte:

Ehesache: 44.000,00 EUR §§ 23 Abs. 1 RVG, 43 FamGKG

Versorgungsausgleich: 3.000,00 EUR §§ 23 Abs. 1 RVG, 50 FamGKG

Unterhalt Frau: 9.060,00 EUR §§ 23 Abs. 1 S. 1 RVG, 51 Abs. 1 S. 1 FamGKG

Unterhalt Kinder: 8.568,00 EUR §§ 23 Abs. 1 S. 1 RVG, 51 Abs. 1 S. 1 FamGKG

Zugewinnausgleich: 35.000,00 EUR §§ 23 Abs. 1 RVG, 35 FamGKG

Verfahrenswert: 47.000,00 EUR/52.628,00 EUR, § 22 Abs. 1 RVG

---

[196] OLG Koblenz, Beschl. v. 9.5.2005 – 13 WF 497/05 = RVG-Letter 2005, 124.
[197] OLG Frankfurt/Main, Beschl. v. 7.6.2006 – 6 WF 103/06, RVGreport 2006, 384 = RVG-Letter 2006, 111.
[198] BGH JurBüro 2003, 78.

1,3 Verfahrensgebühr aus 47.000,00 EUR	1.511,90 EUR
Nr. 3100 VV RVG	
0,8 Verfahrensgebühr aus 52.628,00 EUR	998,40 EUR
Nr. 3101 Nr. 2 VV RVG	
gesamt	2.510,30 EUR
§ 15 Abs. 3 RVG: höchstens	1.953,90 EUR
1,3 aus 99.628,00 EUR =	
(Kürzung erforderlich)	
1,2 Terminsgebühr aus 99.628,00 EUR	1.803,60 EUR
Nr. 3104 VV RVG (Vorbem. 3 Abs. 3 VV RVG)	
1,5 Einigungsgebühr aus 52.628,00 EUR	1.872,00 EUR
Nr. 1000 VV RVG	
Auslagenpauschale, Nr. 7002 VV RVG	20,00 EUR
Zwischensumme	5.649,50 EUR
19 % Umsatzsteuer, Nr. 7008 VV RVG	1.073,41 EUR
Summe	**6.722,91 EUR**

(Zur Frage der Gegenstandswerte, vgl. § 2 Rn 149, 304, 111 u. 196; der Terminsgebühr siehe Rn 559 ff.; der Anwendung von § 15 Abs. 3 RVG siehe Rn 463; zur Differenzverfahrensgebühr siehe Rn 441 ff.)

▲

8. Antragsrücknahme und Anerkenntnis

Die nachstehende Rechtsprechung ist zum bisherigen Recht ergangen. Auch wenn hier die Begriffe Klage statt Antrag verwendet werden, kann nach meiner Ansicht diese Rechtsprechung analog herangezogen werden. **306**

Wird ein Antrag Zug um Zug gegen Anerkenntnis zurückgenommen, ist vom Anfall einer Einigungsgebühr auszugehen. Ein solcher Vertrag muss nicht schriftlich geschlossen sein, an ihn sind keine hohen Anforderungen zu stellen. Ein derartiger Vertrag (eine Vereinbarung) kann auch formlos durch schlüssiges Verhalten getroffen werden, so dass in diesen Fällen von einer zumindest konkludenten vertraglichen Absprache und damit von einer die Einigungsgebühr auslösenden Einigung auszugehen sein wird.[199]

Eine Einigung liegt zweifelsfrei dann vor, wenn die Beteiligten ausdrücklich protokollieren lassen, dass der Kläger sich bereit erklärt, die restliche Forderung Zug um Zug gegen Anerkenntnis einer Teilforderung zurückzunehmen.[200] **307**

Interessant ist auch eine Entscheidung des AG München,[201] das eine Vergleichsgebühr nach BRAGO in einem Fall bejahte, in dem der dortige Beklagte Zug um Zug gegen Erfüllung der Forderung und Rücknahme des Antrags auch die Kosten übernahm, die Beteiligten sich somit abweichend von § 269 Abs. 3 ZPO über die Kosten des Verfahrens einigten und der Antragsteller auf eine **308**

---

[199] OLG Frankfurt AnwBl 1990, 101 = RPfleger 1990, 91; OLG Hamburg MDR 1983, 589 = JurBüro 1983, 1039; **a.A.** OLG Köln JurBüro 1981, 553; OLG Hamburg JurBüro 1991, 221 = MDR 1991, 65; MDR 1999, 189; OLG Zweibrücken FamRZ 1999, 799.
[200] OLG Hamburg JurBüro 1995, 196 = MDR 1995, 322; OLG Nürnberg JurBüro 2000, 583 = MDR 2000, 908 = OLGR 2000, 213.
[201] AG München AGS 2000, 68 = AnwBl 2000, 375.

rechtskräftige Titulierung seiner Forderung verzichtete. Diese Entscheidung dürfte analog auf das RVG anwendbar sein.

309 Auch *Kindermann* spricht sich dafür aus, die Einigungsgebühr entstehen zu lassen, wenn verfahrensmäßige Absprachen erfolgen, z.B. bei Ratenzahlungsabsprachen; Vereinbarungen, die ein Verfahren zum Ruhen bringen; oder, wie oben geschildert, bei Zug-um-Zug Rücknahme des Antrags gegen Zahlung.[202]

Das OLG München[203] hingegen hat den Anfall einer Einigungsgebühr abgelehnt, wenn die in Streit stehende Forderung durch die Beklagte bezahlt wird und diese erklärt, die Kosten des Verfahrens zu tragen, wenn die Klage zurückgenommen wird und die klägerische Partei dem nachkommt. In diesem entschiedenen Fall habe die Beklagte zu 2. die Klageforderung in vollem Umfang bezahlt und damit im Ergebnis anerkannt. Der Umstand, dass die Beklagten sich gleichzeitig zur Übernahme der Verfahrenskosten bereit erklärt und auf einen Kostenantrag verzichtet haben, stelle keinen die Einigungsgebühr auslösende vertragliche Einigung dar.[204]

9. Einigung im VKH-Verfahren/Erstreckung der Beiordnung nach § 48 Abs. 3 RVG

a) Allgemeines

310 Seit Inkrafttreten des FGG-RG am 1.9.2009 wird die „Prozesskostenhilfe" in Familiensachen als „Verfahrenskostenhilfe" bezeichnet und im FamFG in den §§ 76 bis 78 geregelt. § 76 Abs. 1 S. 1 FamFG verweist im Übrigen für die Bewilligung der Verfahrenskostenhilfe auf die Vorschriften der ZPO über die Prozesskostenhilfe, womit die §§ 114 bis 127a ZPO entsprechend anzuwenden sind. Zu den am 1.1.2014 in Kraft tretenden Änderungen hinsichtlich der Verfahrens- bzw. Prozesskostenhilfe wird auf obige Ausführungen (siehe § 7 Rn 1 ff.) verwiesen. Für Ehe- und Familienstreitsachen sind die Vorschriften der §§ 76 bis 78 FamFG jedoch nicht anzuwenden (§ 113 Abs. 1 S. 1 FamFG). Streng genommen müsste daher für Ehe- und Familienstreitsachen nach wie vor Prozesskostenhilfe und nicht Verfahrenskostenhilfe bewilligt werden. Allerdings sorgt Absatz 5 des § 113 FamFG für die Anpassung der zivilprozessualen Bezeichnungen (z.B. Prozess, Klage, Kläger, Beklagter, Partei) an die Bezeichnungen des FamFG und vereinheitlicht damit die Begrifflichkeiten des FamFG für alle Familiensachen.[205]

311 Bei der Abrechnung von Gebühren im Rahmen der Verfahrenskostenhilfe, insbesondere beim Ansatz der Einigungsgebühr, ist zu unterscheiden,

- ob VKH (mit entsprechender Beiordnung) bereits vor Abschluss der Einigung bewilligt worden ist,
- ob eine Erstreckung der Beiordnung in einer Ehesache nach § 48 Abs. 3 RVG vorliegt (vgl. Rn 314, 320) oder
- ob sich die Sache noch im Stadium des VKH-Prüfungsverfahrens befindet (vgl. Rn 312, 331 ff.

312 Wird eine Einigung im VKH (Prüfungs)-Verfahren getroffen, so gilt das VKH-Verfahren als gerichtliches Verfahren mit der Folge, dass bei einer Einigung im Sinne der Nr. 1000 VV RVG nur eine 1,0 Einigungsgebühr nach Nr. 1003 VV RVG entsteht, vgl. Abs. 1 S. 1 der Anmerkung zu Nr. 1003 VV RVG.

---

202 *Kindermann*, Rn 372.
203 OLG München, Urt. v. 7.7.2010 – 11 W 1636/10 = BeckRS 2010, 18489 = FD-RVG 2010, 307048.
204 OLG München, Urt. v. 7.7.2010 – 11 W 1636/10 = BeckRS 2010, 18489 = FD-RVG 2010, 307048.
205 *Keidel*, FamFG, § 113 Rn 17.

D. Allgemeine Gebühren §4

Etwas anderes kann gelten, wenn sich die Einigung auf die in § 48 Abs. 3 genannten Gegenstände erstreckt, oder aber, wenn VKH nur für den Abschluss eines Vergleichs bewilligt wird, vgl. Abs. 1 S. 1 der Anmerkung zu Nr. 1003 VV RVG.

313

Erstreckt sich die Beiordnung des Rechtsanwalts in einer Ehesache auf den Abschluss eines Vertrags im Sinne der Nr. 1000 VV RVG (§ 48 Abs. 3 RVG) oder wird lediglich VKH für die gerichtliche Protokollierung eines Vergleichs beantragt (gemeint ist hier trotz anderslautendem Wortlaut in der Anmerkung zu Nr. 1003 VV wohl auch die Einigung und nicht ein Vergleich im Sinne des § 779 BGB), entsteht die Einigungsgebühr in Höhe von 1,5.

314

Voraussetzung, damit eine 1,5 Gebühr anfallen kann, ist, dass die Ansprüche weder rechtshängig noch im VKH-Verfahren anhängig sind!

315

b) Historie

Zum besseren Verständnis, welche Gebühren von der Staatskasse zu erstatten sind, ist ein wenig auszuholen. Für das VKH-Prüfungsverfahren wird grundsätzlich keine VKH gewährt.[206] Eine Ausnahme stellt der Vergleich bzw. die Einigung im Verfahrenskostenhilfebewilligungsverfahren dar.[207]

316

Der BGH beschloss am 8.6.2004 noch zur BRAGO, dass im Falle des Abschlusses eines Vergleichs im Erörterungstermin gem. § 118 Abs. 1 S. 3 ZPO Prozesskostenhilfe nur für den Vergleich, nicht aber für das gesamte PKH-Verfahren (jetzt VKH) bewilligt werden kann,[208] mit der Folge, dass nicht einmal die Prozessgebühr, erst recht nicht eine Erörterungs- oder Verhandlungsgebühr aus der Staatskasse zu erstatten seien. In seinen Beschlussgründen wies der BGH unter anderem darauf hin, dass nach der gefestigten Rechtsprechung einem Antragsteller zur Abwehr eines Begehrens, das mangels Antragszustellung noch nicht rechtshängig geworden ist, im Allgemeinen keine Prozesskostenhilfe bewilligt werden kann.[209] Der BGH war der Auffassung, dass diese Erwägungen grundsätzlich auch für den Fall gelten, dass eine Partei PKH (jetzt VKH) für einen beabsichtigten Antrag begehrt, da die Voraussetzungen des § 114 ZPO solange nicht vorliegen, wie der angekündigte Antrag nicht erhoben ist.

317

Der BGH verneint in seinem Beschluss eine Übernahme sowohl der Prozess- als auch der Erörterungsgebühr mit der Folge, dass – wenn diese Entscheidung auf das RVG analog angewendet wird, eine Verfahrens- und Terminsgebühr in derartigen Fällen nicht unter die VKH fallen könnten und somit auch von der Staatskasse nicht erstattet werden. Wichtig ist zu wissen, dass diese BGH-Rechtsprechung aber nicht den Fall des § 48 Abs. 3 RVG betraf (Erstreckung der Beiordnung in der Ehesache auf eine Scheidungsvereinbarung mit entsprechenden Regelungsgegenständen), sondern den Vergleichsabschluss im VKH-Prüfungsverfahren. Vielfach wurde diese BGH-Entscheidung falsch zitiert bzw. auch auf § 48 Abs. 3 RVG angewendet, obwohl diese beiden Fälle voneinander zu unterscheiden sind.

318

In der Praxis war es daher äußerst strittig, welche Kosten bei Anwendung des § 48 Abs. 3 RVG zu übernehmen sind. Bei der Erstattung der Vergütung aus der Staatskasse hat die Rechtsprechung

319

---

206 BGHZ 91, 311 = NJW 1984, 2106.
207 OLG München Rpfleger 1987, 173 = AnwBl 1987, 101 = JurBüro 1987, 442.
208 BGH NJW 2004, 2595 im Anschluss an BGHZ 91, 311 = NJW 1984, 2106.
209 OLG Zweibrücken FamRZ 1985, 301; OLG Karlsruhe FamRZ 1988, 1182; OLG Bremen FamRZ 1989, 198; LG Koblenz FamRZ 1998, 1300; OLG Jena OLG-NL 2001, 42.

mehr oder weniger alles vertreten, was überhaupt denkbar ist.[210] Nur selten wurde die Rechtsprechung der Tatsache gerecht, dass durch die mangelnde Kostenerstattung ggf. die VKH-berechtigte Partei dazu veranlasst worden ist, keine Einigung i.S.d. § 48 Abs. 3 RVG protokollieren zu lassen. Mit dem 2. KostRMoG hat der Gesetzgeber zumindest die Fälle des § 48 Abs. 3 RVG nun klar geregelt, vgl. dazu die nachstehenden Randnummern. Weiter strittig bleibt die Frage, was die Staatskasse zu erstatten hat, wenn nicht ein Fall des § 48 Abs. 3 RVG vorliegt sondern vielmehr lediglich für den Vergleichsabschluss im VKH-Prüfungstermin ggf. auch über weder rechts- noch im VKH-Verfahren anhängige Ansprüche geschlossen wird.

c) Erstreckung der Beiordnung auf eine Einigung nach § 48 Abs. 3 RVG

320 Zumindest was den Fall des § 48 Abs. 3 RVG betrifft, wird durch das 2. KostRMoG nunmehr klargestellt, dass alle Gebühren mit der Staatskasse abgerechnet werden können. Zum 1.8.2013 wurde § 48 Abs. 3 RVG durch den Gesetzgeber wie folgt ergänzt:[211]

321 (3) Die Beiordnung in einer Ehesache <u>erstreckt sich</u> im Fall des Abschlusses eines Vertrags im Sinne der Nummer 1000 des Vergütungsverzeichnisses <u>auf alle mit der Herbeiführung der Einigung erforderlichen Tätigkeiten</u>,[212] soweit der Vertrag
1. den gegenseitigen Unterhalt der Ehegatten,
2. den Unterhalt gegenüber den Kindern im Verhältnis der Ehegatten zueinander,
3. die Sorge für die Person der gemeinschaftlichen minderjährigen Kinder,
4. die Regelung des Umgangs mit einem Kind,
5. die Rechtsverhältnisse an der Ehewohnung und den Haushaltsgegenständen oder
6. die Ansprüche aus dem ehelichen Güterrecht

betrifft. Satz 1 gilt im Fall der Beiordnung in Lebenspartnerschaftssachen nach § 269 Abs. 1 Nr. 1 und 2 des Gesetzes über das Verfahren in Familiensachen und in den Angelegenheiten der freiwilligen Gerichtsbarkeit entsprechend.

322 Der Gesetzgeber begründet diese Änderung wie folgt:[213]

„*Zu Buchstabe b*

Nach § 48 Absatz 3 RVG erstreckt sich die Beiordnung in einer Ehesache auf den Abschluss eines Vertrags im Sinne der Nummer 1000 des Vergütungsverzeichnisses, der den gegenseitigen Unterhalt der Ehegatten, den Unterhalt gegenüber den Kindern im Verhältnis der Ehegatten zueinander, die Sorge für die Person der gemeinschaftlichen minderjährigen Kinder, die Regelung des Umgangs mit einem Kind, die Rechtsverhältnisse an der Ehewohnung und den Haushaltsgegenständen und die Ansprüche aus dem ehelichen Güterrecht betrifft. **In der Rechtspre-**

---

[210] **Nur Einigungsgebühr, keine Differenzverfahrensgebühr und keine Terminsgebühr**: OLG Bamberg FamRZ 2008, 2142; OLG Düsseldorf FamRZ 2009, 714 = JurBüro 2009, 98; OLG Oldenburg FamRZ 2010, 400 = JurBüro 2010, 93; OLG Celle FamRZ 2011, 835 = JurBüro 2011, 196 = NJW-RR 2011, 716; OLG Rostock FamRZ 2008, 708 = JurBüro 2008, 373; **nur Einigungsgebühr und Differenzverfahrensgebühr, keine Terminsgebühr:** OLG Hamm FamFR 2012, 354; ‚OLG Schleswig FamRZ 2012, 1418; OLG München FamRZ 2009, 1780 = JurBüro 2009, 478 = MDR 2009, 1315; AG Koblenz FamRZ 2006, 1219; OLG Schleswig AGS 2012, 404 (Terminsgebühr wurde hier jedoch nicht geltend gemacht); **Festsetzung neben der Einigungsgebühr auch der Differenzverfahrensgebühr und der Terminsgebühr:** OLG Schleswig SchlHA 2012, 109; OLG Koblenz FamRZ 2009, 143 = NJW 2009, 237; OLG Köln FamRZ 2008, 707 = NJW-Sepzial 2007, 523; OLG Saarbrücken JurBüro 2008, 3150 = FamRZ 2009, 143 = RVGReport 2008, 384; OLG Stuttgart FamRZ 2008, 1010 = JurBüro 2008, 306 = AnwBl 2008, 303; OLG Nürnberg NJW 2011, 1297 = AnwBl 2011, 230 = FamRZ 2011, 1976 = FamFR 2011, 88; OLG Karlsruhe FamRZ 2009, 2114 = NJW 2010, 1383 = FamFR 2009, 98 = JurBüro 2009, 590; OLG Bamberg FamRZ 2010, 231.
[211] 2. KostRMoG – BGBl I 2013, S. 2586–2712.
[212] Unterstreichungen durch die Verfasserin.
[213] BT-Drucks 17/11471 v. 14.11.2012, 2. KostRMoG, Begründung zu Art. 8 Abs. 1 Nr. 25, S. 422 f.

chung ist umstritten, ob diese Regelung dazu führt, dass nur die Einigungsgebühr aus der Staatskasse zu erstatten ist, oder ob alle durch die Einigung und den Abschluss des Vertrags entstehenden Gebühren, also auch die Differenzverfahrens- und die Differenzterminsgebühr aus der Staatskasse zu erstatten sind[214] *(zum Stand der unterschiedlichen Rechtsprechung siehe RVGreport 2010, 445, 447). Mit der nunmehr vorgeschlagenen Neufassung des Absatzes 3 Satz 1 soll klargestellt werden, dass im Falle eines Vertragsabschlusses **alle in diesem Zusammenhang anfallenden Gebühren zu erstatten sind.** Nur auf diese Weise erhalten Parteien mit geringem Einkommen die gleiche Möglichkeit, ihre Streitigkeiten möglichst umfangreich beizulegen, wie Parteien mit ausreichend hohem Einkommen."*

Die VKH und die Beiordnung erstrecken sich bei einer Scheidungssache nach § 149 FamFG auch auf den Versorgungsausgleich, es sei denn, dass dieser ausdrücklich ausgeschlossen wurde. Dies gilt natürlich auch für eine Einigung zum Versorgungsausgleich; aus diesem Grund bedurfte der Versorgungsausgleich in § 48 Abs. 3 RVG auch keiner gesonderten Erwähnung.[215] **323**

Die Regelung des § 48 Abs. 3 RVG erstreckt sich ausdrücklich **nicht auf eine Kindesherausgabe!** Um gegenüber der Staatskasse abrechnen zu können, müsste dann Verfahrenskostenhilfe für die Einbeziehung in den Vergleich/die Einigung beantragt werden.[216] **324**

Auf die Regelung während der Ehe begründeter gemeinschaftlicher **Schulden** erstreckt sich die Bewilligung nach § 48 Abs. 3 RVG **nicht**.[217] Etwas anderes wird teilweise dann zu Recht angenommen, wenn die Regelung der Verbindlichkeiten Bestandteil der Güterrechtsregelungen ist. **325**

> *Hinweis* **326**
> Trotz „automatischer" Erstreckung der Beiordnung auf die in § 48 Abs. 3 RVG genannten Gegenstände sollte der Rechtsanwalt in jedem Fall gesondert für den Vergleichsabschluss (nicht für ein Verfahren!) über die weiteren Gegenstände Verfahrenskostenhilfe beantragen, denn die Erstreckung der Beiordnung nach § 48 Abs. 3 RVG führt lediglich dazu, dass der Rechtsanwalt seine Vergütung aus der Staatskasse erhält. Von der Erstreckung der Beiordnung nicht umfasst ist die Bewilligung der VKH, damit sind jedoch die Gerichtskosten, die aufgrund der Einigung (Nr. 1500 KV FamGKG) in Höhe einer 0,25 Gebühr entstehen, vom Auftraggeber ggf. zu tragen. Um zu verhindern, dass dem Mandanten Kosten durch die Gerichtskasse in Rechnung gestellt werden, sollte daher gesondert die Bewilligung der VKH für den Vergleichsabschluss dieser nicht anhängigen Ansprüche beantragt werden.

Fazit: Die Einigungsgebühr entsteht aus dem Wert der jeweils in die Einigung einbezogenen obigen Verfahren in Höhe von 1,5. Der Rechtsanwalt rechnet seine Gebühren mit der Staatskasse ab. Voraussetzung für den Anfall einer 1,5 Einigungsgebühr ist, dass die obigen Ansprüche (mit Ausnahme der Scheidung) nicht rechtshängig gemacht worden sind und auch nicht Verfahrenskostenhilfe für ein Verfahren über diese Gegenstände beantragt wurde (unterscheide: Verfahrenskostenhilfe für ein Verfahren und/oder Verfahrenskostenhilfe für den Vergleichsabschluss). **327**

Infolge dieser Klarstellung in § 48 Abs. 3 RVG können im Rahmen der Beiordnung in einer Ehesache folgende Gebühren abgerechnet werden: **328**

---

214 Fettdruck durch die Verfasserin.
215 *Gerold/Schmidt/Müller-Rabe*, § 48 Rn 32; ebenso: *Fölsch/Schnapp/N. Schneider* in Schneider/Wolf, § 48 Rn 45.
216 OLG Nürnberg JurBüro 1986, 1533 noch zu § 122 BRAGO; ebenso: *Fölsch/Schnapp/N. Schneider* in Schneider/ Wolf, § 48 Rn 46.
217 OLG Koblenz AGS 2004, 157.

§ 4   Gebühren in Familiensachen

329 **Musterrechnung 4.32: Scheidung rechtshängig – VKH wurde für Scheidung und VA bewilligt – Einigung über nicht rechtshängige Ansprüche**

RA R vertritt Mandantin S in einem anhängigen Scheidungsverfahren. Neben der Scheidung wurde der Versorgungsausgleich anhängig (gesetzliche Rentenversicherung). Diesbezüglich wurde VKH bewilligt. RA R legt im Termin eine zwischen den Beteiligten anlässlich einer Besprechung in der Kanzlei des RA R ausgehandelte Scheidungsvereinbarung vor, die vom Gericht lediglich protokolliert wird. Gegenstand der Scheidungsvereinbarung war Unterhalt für die Ehefrau (monatlich: 355,00 EUR); Unterhalt für das Kind (257,00 EUR). Das Sorgerecht wollten beide Beteiligten entsprechend der gesetzlichen Regelung beibehalten. Ein Antrag wurde insofern nicht gestellt. Das Gericht setzt den Verfahrenswert für die Ehesache auf 5.200,00 EUR fest.

Gegenstandswerte:

Ehesache: 5.200,00 EUR festgesetzt

Versorgungsausgleich: 1.000,00 EUR §§ 23 Abs. 1 RVG, 50 FamGKG

Unterhalt Frau: 4.260,00 EUR §§ 23 Abs. 1 S. 1 RVG, 51 Abs. 1 FamGKG

Unterhalt Kind: 3.084,00 EUR §§ 23 Abs. 1 S. 1 RVG, 51 Abs. 1 FamGKG

Verfahrenswert: 6.200,00 EUR/7.344,00 EUR, § 22 Abs. 1 RVG

1,3 Verfahrensgebühr aus 6.200,00 EUR § 49 RVG, Nr. 3100 VV RVG	360,10 EUR	
0,8 Verfahrensgebühr aus 7.344,00 EUR § 49 RVG, Nr. 3101 Nr. 2 VV RVG	<u>229,60 EUR</u>	
gesamt	589,70 EUR	
§ 15 Abs. 3 RVG: höchstens 1,3 aus 13.544,00 EUR = (Kürzung erforderlich)		435,50 EUR
1,2 Terminsgebühr aus 13.544,00 EUR § 49 RVG, Nr. 3104 VV RVG (Vorbem. 3 Abs. 3 VV RVG)		402,00 EUR
1,5 Einigungsgebühr aus 7.344,00 EUR § 49 RVG, Nr. 1000 VV RVG		430,50 EUR
Auslagenpauschale, Nr. 7002 VV RVG		<u>20,00 EUR</u>
Zwischensumme		1.288,00 EUR
19 % Umsatzsteuer, Nr. 7008 VV RVG		<u>244,72 EUR</u>
Summe		**1.532,72 EUR**

(Zur Frage der Gegenstandswerte, vgl. § 2 Rn 149, 304 u. 196; der Terminsgebühr siehe Rn 559; der Anwendung von § 15 Abs. 3 RVG siehe Rn 463.)

330 Wie der Gesetzgeber selbst ausführt, handelt es sich bei der Ergänzung des Abs. 3 lediglich um eine Klarstellung und keine gesetzliche Änderung, so dass auch in Verfahren, die vor dem 1.8.2013 anhängig gemacht worden sind, sämtliche Gebühren aus der Staatskasse zu erstatten sind. § 60 RVG (Übergangsvorschrift) findet insoweit keine Anwendung.

d) VKH-Antrag für ein isoliertes Verfahren

Weiter unklar werden in Zukunft die Fälle bleiben, in denen Einigungen getroffen werden während sich die Sache noch im Stadium des VKH-Prüfungsverfahrens befindet, womöglich unter Einbeziehung von nicht rechtshängigen Ansprüchen, die nicht unter § 48 Abs. 3 RVG fallen. Denn der Gesetzgeber hat mit Ergänzung des § 48 Abs. 3 RVG lediglich klargestellt, welche Gebühren im Falle einer Einigung durch die Staatskasse bei Beiordnung in einer Ehesache zu erstatten sind.

331

Für das VKH-Prüfungsverfahren wird grundsätzlich keine VKH gewährt.[218] Eine Ausnahme stellt der Vergleich bzw. die Einigung im Verfahrenskostenhilfebewilligungsverfahren dar.[219] Es ist umstritten, ob VKH (mit entsprechender Beiordnung) in diesem Fall **für das gesamte Bewilligungsverfahren** oder lediglich für den **Abschluss der Einigung** gewährt werden kann. In seiner Entscheidung aus dem Jahr 2004 hat der BGH[220] die Bewilligung von PKH (jetzt VKH) für das gesamte Bewilligungsverfahren für unzulässig erklärt mit der Folge, dass nach Ansicht des BGH lediglich eine 1,5 Einigungsgebühr an den Rechtsanwalt auszuzahlen ist.

332

Wird nur eine VKH-Bewilligung und Beiordnung „für den Abschluss der Einigung" gewährt, so war es früher allg. Meinung, dass dann ein Erstattungsanspruch gegen die Landeskasse nur für eine Einigungsgebühr und eine reduzierte Verfahrensgebühr in Höhe von 0,5 nach Nr. 3337 VV RVG besteht.[221] Da es eine Einigungsgebühr ohne dazugehörige Betriebsgebühr (z.B. Verfahrensgebühr) nicht geben kann, ist zumindest die 0,5 Verfahrensgebühr ebenfalls aus der Landeskasse zu erstatten. Der BGH hält nicht einmal die 0,5 Verfahrensgebühr für erstattungsfähig. Nach zutreffender Auffassung von *Müller-Rabe*[222] ist der Ansicht des BGH nicht zu folgen, da sich der BGH in seiner Entscheidung nicht einmal mit der h.M. auseinander gesetzt hat. Damit wird aus der Staatskasse zumindest auch eine Verfahrensgebühr zu erstatten sein. Eine Terminsgebühr ist auch nach der bisher h.M. nicht von der Staatskasse zu vergüten; dem schließen sich die Verfasserinnen an.

333

Ist die VKH auf den Abschluss einer Einigung im Bewilligungsverfahren beschränkt, kann lediglich folgende Vergütung gefordert werden:

334

▼

Musterrechnung 4.33: VKH-Antrag für Zugewinnausgleichsverfahren – VKH wird für den Abschluss einer Einigung bewilligt

Rechtsanwältin M beantragt die Bewilligung von VKH für ein Zugewinnausgleichsverfahren. Im Termin über die Verfahrenskostenhilfe bewilligt das Gericht auf Antrag VKH für den Abschluss der Einigung. Der Gegenstandswert hat 6.000,00 EUR betragen.

Gegenstandswert: 6.000,00 EUR, § 23a Abs. 1 RVG	
0,5 Verfahrensgebühr aus 6.000,00 EUR	133,50 EUR
§ 49 RVG, Nr. 3337 VV RVG	
1,0 Einigungsgebühr	267,00 EUR
§ 49 RVG, Nr. 1003 (Vorbem. 1) VV RVG	
Auslagenpauschale, Nr. 7002 VV RVG	20,00 EUR

---

218 BGHZ 91, 311 = NJW 1984, 2106.
219 OLG München Rpfleger 1987, 173 = AnwBl 1987, 101 = JurBüro 1987, 442.
220 BGH NJW 2004, 2595 im Anschluss an BGHZ 91, 311 = NJW 1984, 2106.
221 *Gerold/Schmidt/Müller-Rabe*, VV 3335 Rn 31.
222 *Gerold/Schmidt/Müller-Rabe*, VV 3335 Rn 31.

§ 4 Gebühren in Familiensachen

Zwischensumme	420,50 EUR
19 % Umsatzsteuer, Nr. 7008 VV RVG	79,90 EUR
Summe	**500,40 EUR**

335 *Hinweis*
(Zum Gegenstandswert siehe § 2 Rn 66, 111; zur Frage, welche Gebühren von der Staatskasse zu erstatten sind, bzw. ob und ggf. was mit dem Mandanten nach der „normalen" Tabelle zu § 13 RVG abzurechnen ist, vgl. § 7 Rn 89 ff.)

336 **Musterrechnung 4.34: VKH-Antrag für Zugewinnausgleichsverfahren – Einigung über nicht anhängige Unterhaltsansprüche – VKH wird für den Abschluss einer Einigung bewilligt**

Rechtsanwältin M beantragt die Bewilligung von VKH für ein Zugewinnausgleichsverfahren. Im Termin über die Verfahrenskostenhilfe wird eine Einigung sowohl über den Zugewinnausgleich als auch über bislang nicht anhängige nacheheliche Unterhaltsansprüche getroffen. Auf Antrag bewilligt das Gericht für den Abschluss der Einigung VKH, die auch die nachehelichen Unterhaltsansprüche mit umfasst. Der Gegenstandswert betreffend den Zugewinnausgleich hat 6.000,00 EUR betragen, der des Unterhalts 7.200,00 EUR.

Gegenstandswert:

Zugewinn: 6.000,00 EUR § 23a Abs. 1 RVG, 35 FamGKG

Unterhalt: 7.200,00 EUR §§ 23a Abs. 1 RVG, 51 Abs. 1 FamGKG

Verfahrenswert: 6.000,00 EUR/7.200,00 EUR, § 22 Abs. 1 RVG

0,5 Verfahrensgebühr aus 13.200,00 EUR		167,50 EUR
§ 49 RVG, Nr. 3337 VV RVG		
1,0 Einigungsgebühr aus 6.000,00 EUR	267,00 EUR	
§ 49 RVG, Nr. 1003 VV RVG		
1,5 Einigungsgebühr aus 7.200,00 EUR	430,50 EUR	
§ 49 RVG, Nr. 1000 VV RVG		
gesamt	697,50 EUR	
§ 15 Abs. 3 RVG: höchstens		502,50 EUR
1,5 aus 13.200,00 EUR =		
(Kürzung erforderlich)		
Auslagenpauschale, Nr. 7002 VV RVG		20,00 EUR
Zwischensumme		690,00 EUR
19 % Umsatzsteuer, Nr. 7008 VV RVG		131,10 EUR
Summe		821,10 EUR

337 *Hinweis*
(Zum Gegenstandswert siehe § 2 Rn 111 u. 196; zur Frage, welche Gebühren von der Staatskasse zu erstatten sind, bzw. ob und ggf. was mit dem Mandanten nach der „normalen" Tabelle zu § 13 RVG abzurechnen ist, vgl. § 7 Rn 89 ff.)

338 **Fazit:** Nach Ansicht der Verfasserinnen könnte der Rechtsanwalt die Gebühren, die er aus der Staatskasse nicht erstattet erhält, gegenüber seinem Mandanten geltend machen. Die Sperrwirkung des § 122 Abs. 1 Nr. 3 ZPO greift nach Ansicht der Verfasserinnen hier nicht, da VKH nur für den Vergleichsabschluss bewilligt wurde und somit die anderen Gebühren vom Mandanten gefordert werden können. Ob die Rechtsprechung dieser Auffassung folgen wird, kann naturgemäß nicht vorhergesagt werden.

> *Praxistipp* **339**
> Selbstverständlich sollte der Auftraggeber/Mandant auf diesen Umstand hingewiesen werden, denn möglicherweise rechnet er nicht mit einer Kostenbelastung.

340 Dieser Fall ist für den Rechtsanwalt von besonderer – auch haftungsrechtlicher – Bedeutung. Denn den Anwalt trifft hinsichtlich der gegenüber dem Mandanten geltend zu machenden Gebühren nach Ansicht der Verfasserinnen eine Hinweispflicht. Dies bedeutet: Der Rechtsanwalt muss den Auftraggeber vor die Entscheidung stellen, ob er den Abschluss eines Vergleichs/einer Einigung unter diesem kostenrechtlichen Gesichtspunkt überhaupt wünscht, oder aber auf eine Entscheidung über die VKH besteht, mit dem Risiko, dass das Gericht die VKH insgesamt möglicherweise ablehnt. Sicherlich verärgert der Rechtsanwalt auch ungerne den einen Vergleich vorschlagenden Richter. Wird die begehrte VKH jedoch bewilligt, kann der Rechtsanwalt seine Gebühren mit der Staatskasse abrechnen.

> *Praxistipp* **341**
> Wird zum Termin über die VKH geladen, ohne dass es zu einer Entscheidung über die VKH gekommen ist, muss der Rechtsanwalt/die Rechtsanwältin überlegen, ob eine Wahrnehmung des Termins erfolgt, da die Staatskasse mit großer Wahrscheinlich für eine entstehende Terminsgebühr nicht aufkommt und der Mandant sie in der Regel auch nicht bezahlen kann. Dies stellt den Rechtsanwalt vor ein berufsrechtliches Problem, da er auf Gebühren in gerichtlichen Verfahren nicht generell (nur im Einzelfall!) verzichten darf. Will der Auftraggeber, dass der Rechtsanwalt diesen Termin wahrnimmt, sollte daran gedacht werden, zumindest einen Vorschuss in Höhe der Terminsgebühr zu fordern. Denn es kann nach Ansicht der Verfasserinnen nicht sein, dass dem Rechtsanwalt – pro bono hin oder her – der schwarze Peter für eine derartig unklare Rechtslage zugeschoben wird, der noch dazu die Familienrechtler besonders trifft. Denn diese werden im Rahmen der Beratungshilfe ohnehin überobligationsmäßig zu kostenloser Arbeit verpflichtet. Zu berücksichtigen ist dabei, dass der Gesetzgeber allein die bisher ebenfalls sehr strittige und unklare Rechtslage zu § 48 Abs. 3 RVG mit dem 2. KostRMoG zum 1.8.2013 geklärt hat (vgl. Rn 320 ff.).

342 Wird jedoch VKH (mit Beiordnung) für das gesamte Bewilligungsverfahren gewährt, so dürfte neben der 1,0 Verfahrensgebühr der Nr. 3335 VV RVG und der Einigungsgebühr auch eine 1,2 Terminsgebühr erstattungsfähig sein.[223] *Müller-Rabe* begründet die Erstattungsfähigkeit der Terminsgebühr wie folgt: *„Wenn schon die außergerichtliche Besprechung unter Anwälten, die einen Verfahrensauftrag haben, gemäß VV Vorb. 3 Abs. 3 zu einer Terminsgebühr führt ..., muss das auch gelten, wenn der RA den Auftrag hat, rechtshängige Ansprüche einer gerichtlich protokollierten Einigung zuzuführen, und entsprechend tätig wird."* Auch die Tatsache, dass mit Inkrafttreten des 2. KostRMoG der Anwendungsbereich der Terminsgebühr erweitert wurde (vgl. hierzu Rn 470 ff.), spricht für eine Erstattungsfähigkeit der Terminsgebühr im Rahmen der VKH.

---

223 *Gerold/Schmidt/Müller-Rabe*, VV 3335 Rn 33.

§ 4 Gebühren in Familiensachen

343 Musterrechnung 4.35: VKH-Antrag für Zugewinnausgleichsverfahren – VKH wird für gesamte Bewilligungsverfahren bewilligt

Rechtsanwältin M beantragt die Bewilligung von VKH für ein Zugewinnausgleichsverfahren. Im Termin über die Verfahrenskostenhilfe bewilligt das Gericht auf Antrag VKH für das gesamte Bewilligungsverfahren. Der Gegenstandswert hat 6.000,00 EUR betragen.

Gegenstandswert: 6.000,00 EUR, § 23a Abs. 1 RVG	
1,0 Verfahrensgebühr aus 6.000,00 EUR	267,00 EUR
§ 49 RVG, Nr. 3335 VV RVG	
1,2 Terminsgebühr aus 6.000,00 EUR	320,40 EUR
§ 49 RVG, Nr. 3104, Vorbem. 3.3.6 VV RVG	
1,0 Einigungsgebühr	267,00 EUR
§ 49 RVG, Nr. 1003 (Vorbem. 1) VV RVG	
Auslagenpauschale, Nr. 7002 VV RVG	20,00 EUR
Zwischensumme	874,40 EUR
19 % Umsatzsteuer, Nr. 7008 VV RVG	166,14 EUR
Summe	**1.040,54 EUR**

344 *Hinweis*

(Zum Gegenstandswert siehe § 2 Rn 66 u. 111; zur Frage, welche Gebühren von der Staatskasse zu erstatten sind, bzw. ob und ggf. was mit dem Mandanten nach der „normalen" Tabelle zu § 13 RVG abzurechnen ist, vgl. § 7 Rn 89 ff.).

345 Musterrechnung 4.36: VKH-Antrag für Zugewinnausgleichsverfahren – Einigung über nicht anhängige Unterhaltsansprüche – VKH wird für das gesamte Bewilligungsverfahren bewilligt

Rechtsanwältin M beantragt die Bewilligung von VKH für ein Zugewinnausgleichsverfahren. Im Termin über die Verfahrenskostenhilfe wird eine Einigung sowohl über den Zugewinnausgleich als auch über bislang nicht anhängige nacheheliche Unterhaltsansprüche getroffen. Auf Antrag bewilligt das Gericht für den Abschluss der Einigung VKH, die auch die nachehelichen Unterhaltsansprüche mit umfasst. Der Gegenstandswert betreffend den Zugewinnausgleich hat 6.000,00 EUR betragen, der des Unterhalts 7.200,00 EUR.

Gegenstandswert:

Zugewinn: 6.000,00 EUR § 23a Abs. 1 RVG, 35 FamGKG

Unterhalt: 7.200,00 EUR §§ 23a Abs. 1 RVG, 51 Abs. 1 FamGKG

Verfahrenswert: 6.000,00 EUR/7.200,00 EUR, § 22 Abs. 1 RVG

1,0 Verfahrensgebühr aus 6.000,00 EUR	267,00 EUR
§ 49 RVG, Nr. 3335 VV RVG	
0,5 Verfahrensgebühr aus 7.200,00 EUR	143,50 EUR
§ 49 RVG, Nr. 3337 VV RVG	
gesamt	410,50 EUR

§ 15 Abs. 3 RVG: höchstens	335,00 EUR
1,0 aus 13.200,00 EUR =	
(Kürzung erforderlich)	
1,2 Terminsgebühr aus 13.200,00 EUR	402,00 EUR
§ 49 RVG, Nr. 3104, Vorbem. 3.3.6 VV RVG	
1,0 Einigungsgebühr aus 6.000,00 EUR	267,00 EUR
§ 49 RVG, Nr. 1003 VV RVG	
1,5 Einigungsgebühr aus 7.200,00 EUR	430,50 EUR
§ 49 RVG, Nr. 1000 VV RVG	
gesamt	697,50 EUR
§ 15 Abs. 3 RVG: höchstens	502,50 EUR
1,5 aus 13.200,00 EUR =	
(Kürzung erforderlich)	
Auslagenpauschale, Nr. 7002 VV RVG	20,00 EUR
Zwischensumme	1.259,50 EUR
19 % Umsatzsteuer, Nr. 7008 VV RVG	239,31 EUR
Summe	1.498,81 EUR

Hinweis 346
(Zum Gegenstandswert siehe § 2 Rn 66, 111 u. 196; zur Frage, welche Gebühren von der Staatskasse zu erstatten sind, bzw. ob und ggf. was mit dem Mandanten nach der „normalen" Tabelle zu § 13 RVG abzurechnen ist, vgl. § 7 Rn 89 ff.)

e) Unbedingter Verfahrensauftrag mit VKH-Antrag

Der Rechtsanwalt hatte unbedingten Verfahrensauftrag. Er reicht beispielsweise einen Zugewinnantrag ein und stellt gleichzeitig den Antrag, VKH zu bewilligen. Nun bestimmt das Gericht Termin in der Hauptsache. Über die VKH ist noch nicht entschieden. Das Gericht macht einen Vergleichsvorschlag. Die Beteiligten stimmen zu. Es wird VKH bewilligt. Die Einigungsgebühr entsteht in Höhe von 1,0, da die Ansprüche bereits rechtshängig waren. 347

10. Anfechtung der Vereinbarung

Wurde eine Vereinbarung geschlossen und wird sie später – wirksam – angefochten, so bleibt die einmal angefallene Einigungsgebühr bestehen.[224] 348

11. Vorübergehende Einigung

Wird eine nur vorübergehende Einigung getroffen, z.B. über das Umgangsrecht, so löst dies nach einer Entscheidung des OLG Brandenburg keine Einigungsgebühr aus.[225] Diese Auffassung ist abzulehnen, soweit z.B. das Umgangsrecht nur für einen begrenzten Zeitraum (z.B. bis zur Einschulung des Kindes) geregelt wird. Bekanntermaßen kann eine Umgangsregelung jederzeit einer Änderung zugeführt werden; die Einigungsgebühr nicht entstehen zu lassen, nur weil die Eltern eine Absichtserklärung aufnehmen, zum Zeitpunkt der Einschulung eine Neuregelung vereinbaren zu wollen, ist nicht sachgerecht, zumal es durchaus sein kann, dass die Umgangsregelung nicht geän- 349

---

224 OLG Karlsruhe OLG-Report 1999, 332.
225 OLG Brandenburg AGS 2003, 206 f.

dert wird oder aber mehrmals in diesem Zwischenraum geändert wird. Auch liegen häufig mehr als zwei Kalenderjahre zwischen der Einigung und dem Zeitpunkt, der als möglicher Änderungszeitpunkt in der Vereinbarung genannt wird, so dass schon wegen § 15 Abs. 5 RVG von einer neuen gebührenrechtlichen Angelegenheit auszugehen ist.

Eine solche Einigung ist darüber hinaus von einem Teilvergleich abzugrenzen. Ein Teilvergleich löst die Einigungsgebühr aus dem Teilwert aus, wenn die Gebührentatbestände im Übrigen vorliegen (vgl. dazu auch Rn 289 ff.).[226]

350 Ist zwischen den Eltern das Aufenthaltsbestimmungsrecht für die gemeinsamen Kinder strittig und treffen sie im Verfahren eine vorläufige Regelung über den Aufenthalt der Kinder bis zur Einholung eins familienpsychologischen Gutachtens, so löst dies nach Ansicht des OLG Hamm[227] noch keine Einigungsgebühr aus.

12. Vereinbarung für den Fall der Scheidung

351 Wird eine Scheidungsvereinbarung für den Fall der Scheidung geschlossen, so stehen die dortigen Regelungen unter der aufschiebenden Bedingung der Scheidung. Erst wenn die Scheidung rechtskräftig erfolgt, ist die Bedingung eingetreten, und fällt die Einigungsgebühr an, Anm. Abs. 3 zu Nr. 1000 VV RVG.[228]

13. Gegenstandswert

352 Gegenstandswert des Vergleichs sind die Ansprüche, die mit dem Vergleich erledigt werden und nicht der Betrag, auf den sich die Beteiligten vergleichen.

353 Zum Gegenstandswert in Unterhaltssachen ist darauf hinzuweisen, dass es bei außergerichtlicher Vertretung keinen Zeitpunkt der Antragseinreichung im Sinne des § 34 FamGKG gibt. Hier verhält es sich vielmehr so, dass die bei Beendigung des Mandats (z.B. durch Vergleich) die zukünftigen Beträge (maximal für zwölf Monate) heranzuziehen und alle zu diesem Zeitpunkt fällig gewordenen Beträge hinzuzurechnen sind.[229]

354 (Zur Frage, wann eine Unterhaltskapitalabfindung Gegenstandswert sein kann, siehe § 2 Rn 227.)

355 Besondere Beachtung findet § 31b RVG, der zum 1.8.2013 mit dem 2. KostRMoG ins Leben gerufen wurde. Danach beträgt bei Abschluss von **reinen Zahlungsvereinbarungen** (ohne weitergehende Regelungen!) im Sinne der Nr. 1000 VV RVG der Gegenstandswert 20 % des Anspruchs. Sofern die Forderung bereits tituliert ist und Gegenstand der Zahlungsvereinbarung allein die Zahlungsmodalitäten sind, beträgt der Wert 20 % der gesamten Vollstreckungsforderung, d.h. einschließlich Kosten und Zinsen entsprechend § 25 RVG.

356 § 31b RVG wurde wie folgt begründet:[230]

> „Die neue Wertvorschrift für Zahlungsvereinbarungen ist im Zusammenhang mit der Neufassung des Absatzes 1 der Anmerkung zu Nummer 1000 (Absatz 2 Nummer 2) zu sehen. Auf die Begründung hierzu wird Bezug genommen. Die Neuregelung soll sicherstellen, dass als Wert einer solchen Vereinbarung entsprechend der auch in der Literatur vertretenen Auffassung immer nur ein Bruchteil der zugrunde liegenden Forderung maßgebend ist."

---

226 *Kindermann*, Rn 372.
227 OLG Hamm, Beschl. v. 2.1.2013 – II-6 WF 254/12 = BeckRS 2013, 02315 = FD-RVG 2013, 342809.
228 OLG Düsseldorf KostRsp. BRAGO Nr. 117.
229 OLG Nürnberg, Urt. v. 8.1.2002 – 3 U 3129/01 = BeckRS 2002, 30230795; *Schneider*, NJW-Spezial 2013, S. 283 f.
230 BT-Drucks 17/11471 v. 14.11.2012, 2. KostRMoG, S. 421.

D. Allgemeine Gebühren § 4

Ob eine Einigungsgebühr nach RVG entstehen kann, wenn der Rechtsanwalt an einer Ratenzahlungsvereinbarung mitwirkt, war bereits vor Inkrafttreten des RVG strittig. Durch Ergänzung des Absatzes 1 der Anmerkung zu Nr. 1000 VV RVG hat der Gesetzgeber im Rahmen des 2. KostRMoG nunmehr klargestellt, dass der Abschluss einer Zahlungsvereinbarung in jedem Fall eine Einigungsgebühr auslöst. Abs. 1 lautet seit dem 1.8.2013 wie folgt: 357

> (1) Die Gebühr entsteht für die Mitwirkung beim Abschluss eines Vertrags, durch den
> 1. der Streit oder die Ungewissheit über ein Rechtsverhältnis beseitigt wird oder
> 2. die Erfüllung des Anspruchs bei gleichzeitigem vorläufigem Verzicht auf die gerichtliche Geltendmachung und, wenn bereits ein zur Zwangsvollstreckung geeigneter Titel vorliegt, bei gleichzeitigem vorläufigem Verzicht auf Vollstreckungsmaßnahmen geregelt wird (Zahlungsvereinbarung).
>
> Die Gebühr entsteht nicht, wenn sich der Vertrag ausschließlich auf ein Anerkenntnis oder einen Verzicht beschränkt. Im Privatklageverfahren ist Nummer 4147 anzuwenden.

Ist ein Vollstreckungsverfahren anhängig oder wurde der Gerichtsvollzieher mit der Vollstreckung bereits beauftragt, kann gem. Abs. 1 S. 3 der Anmerkung zu Nr. 1003 VV RVG lediglich eine 1,0 Einigungsgebühr abgerechnet werden. 358

Die neben der Einigungsgebühr entstehende Betriebsgebühr (je nach Auftrag: Geschäftsgebühr nach Nr. 2300 VV RVG oder 0,3 Verfahrensgebühr für die ZV nach Nr. 3309 VV RVG) wird aus dem vollen Gegenstandswert berechnet; § 31b RVG gilt insoweit nur für den Ansatz der Einigungsgebühr. 359

> *Praxistipp* 360
> Es wird empfohlen, in Zahlungsvereinbarungen auch den **vorläufigen** Verzicht auf Vollstreckungsmaßnahmen (ein genereller Verzicht ist nicht erforderlich) mit aufzunehmen, um später nicht wiederum einem erneuten Streit ausgesetzt zu sein, man habe keine Einigung im Sinne der Anm. Abs. 1 S. 1 Nr. 2 zu Nr. 1000 VV RVG geschlossen und die Einigungsgebühr sei damit nicht entstanden.

▼

Musterrechnung 4.37: Vollstreckungsauftrag bezüglich Zugewinnausgleichsforderung – Abschluss einer Zahlungsvereinbarung unter vorläufigem Verzicht auf Vollstreckungsmaßnahmen 361

Der Antragsgegner wird mit Beschluss des Familiengerichts verpflichtet, an die Antragstellerin einen Zugewinnausgleich in Höhe von 25.000,00 EUR nebst Zinsen seit Rechtskraft der Ehescheidung zu bezahlen. Da eine freiwillige Zahlung durch den Antragsgegner nicht erfolgt ist, beantragt RA X für die Antragstellerin im Dezember 2013 auftragsgemäß den Erlass eines Pfändungs- und Überweisungsbeschlusses. Nach antragsgemäßem Erlass setzt sich der Antragsgegner und Schuldner mit RA X in Verbindung und schließt mit diesem eine Zahlungsvereinbarung, wonach der Schuldner die offene Vollstreckungsforderung in monatlichen Raten begleichen kann. Gleichzeitig verpflichtet sich die Antragstellerin, den Pfüb ruhend zu stellen und vorläufig auf weitere Vollstreckungsmaßnahmen zu verzichten sofern die Ratenzahlungen pünktlich geleistet werden.

Gegenstandswert:

Hauptforderung (Zugewinn):	25.000,00 EUR	
zzgl. aufgelaufene Zinsen:	300,00 EUR	
Gegenstandswert:	25.300,00 EUR,	§ 25 Abs. 1 RVG;
für die Einigung:	5.060,00 EUR,	§§ 31b, 25 Abs. 1 RVG

0,3 Verfahrensgebühr aus 25.300,00 EUR Nr. 3309 VV RVG	258,90 EUR
1,0 Einigungsgebühr aus 5.060,00 EUR Nr. 1003 i.V.m. Abs. 1 S. 1 Nr. 2 der Anm. zu Nr. 1000 VV RVG	354,00 EUR
Auslagenpauschale, Nr. 7002 VV RVG	20,00 EUR
Zwischensumme	632,90 EUR
19 % Umsatzsteuer, Nr. 7008 VV RVG	120,25 EUR
Summe	753,15 EUR

▲

III. Erhöhung bei mehreren Auftraggebern

1. Grundsätzliches

362 Wird der Rechtsanwalt in **derselben Angelegenheit** für mehrere Personen, die Auftraggeber sind, tätig, erhält er die Gebühren nur einmal, § 7 Abs. 1 RVG. Jeder der Auftraggeber schuldet die Gebühren und Auslagen, die er schulden würde, wenn der Rechtsanwalt nur in seinem Auftrag tätig geworden wäre; die Dokumentenpauschale nach Nr. 7000 des Vergütungsverzeichnisses schuldet er auch insoweit, wie diese nur durch die Unterrichtung mehrerer Auftraggeber entstanden ist. Der Rechtsanwalt kann aber insgesamt nicht mehr als die nach Abs. 1 berechneten Gebühren für die insgesamt entstandenen Auslagen fordern, § 7 Abs. 2 RVG. Allerdings erhält der Rechtsanwalt für jede weitere Person, die Auftraggeber ist, bei Wertgebühren eine Erhöhung der Verfahrens- oder Geschäftsgebühr um 0,3 bei Festgebühren um 30 %, Nr. 1008 VV RVG.

363 Betreffend die Erhöhung darf an dieser Stelle auf wichtige Streitfälle, wie die Frage, wann und unter welchen Voraussetzungen eine Erhöhung bei Vertretung einer GbR, einer WEG etc. anfällt, verzichtet werden, da sich dieses Werk auf die mögliche Erhöhung im Rahmen einer familiengerichtlichen Vertretung konzentriert.

364 Eine Erhöhung kommt im Familienrecht nur selten in Betracht, z.B. dann, wenn der Rechtsanwalt eine an die Stelle des verstorbenen Unterhaltspflichtigen tretende Erbengemeinschaft vertritt, die die Auseinandersetzung mit dem Unterhaltsberechtigten nach § 1586b BGB führt,[231] oder aber beispielsweise, wenn der RA Ehegatten im Rahmen einer Mediation vertritt und in einer Vergütungsvereinbarung die Anwendung des RVG vereinbart wurde.

365 Werden Unterhaltsansprüche oder auch Unterlassungsansprüche für mehrere Kinder geltend gemacht, so liegt kein Fall der Erhöhung vor, da es sich bei derartigen Ansprüchen immer um höchstpersönliche Ansprüche handelt. Eine fehlende gemeinschaftliche Beteiligung schließt die Anwendung von Nr. 1008 VV RVG aus. Dabei sind die jeweiligen Gegenstände gesondert zu bewerten und nach § 22 Abs. 1 RVG zu addieren.

366 Werden die Unterhaltsansprüche statt vom Elternteil als Prozessstandschafter nunmehr vom volljährigen Kind selbst verfolgt, so liegt ein Beteiligtenwechsel vor, der ebenfalls nicht zu einer Erhöhung führt.

367 Erfolgt eine Mediation für beide Ehegatten, kann die Erhöhung entstehen. Allerdings darf der Mediator/die Mediatorin keinen der Ehegatten beim späteren Scheidungsverfahren vertreten.

---

231 *Kindermann*, Rn 49.

2. Erhöhungsfaktor

Nach Nr. 1008 VV RVG erhöht sich die Verfahrens- **oder** Geschäftsgebühr für jede weitere Person um **0,3** oder 30 % bei Festgebühren, bei Betragsrahmengebühren erhöhen sich der Mindest- und Höchstbetrag um 30 %, wenn in derselben Angelegenheit mehrere Personen Auftraggeber sind.

368

Mehrere Erhöhungen dürfen einen Gebührensatz von **2,0** nicht übersteigen; bei Festgebühren dürfen die Gebühren das Doppelte der Festgebühr und bei Betragsrahmengebühren das Doppelte des Mindest- und Höchstbetrages nicht übersteigen, Abs. 3 der Anm. zu Nr. 1008 VV RVG

369

3. Derselbe Gegenstand

Bei Wertgebühren gilt die Erhöhung nur, soweit der Gegenstand der anwaltlichen Tätigkeit derselbe ist, Abs. 1 der Anmerkung zu Nr. 1008 VV RVG. Die Erhöhung wird nach dem Betrag berechnet, an dem die Personen **gemeinschaftlich beteiligt** sind, Abs. 2 der Anmerkung zu Nr. 1008 VV RVG.

370

4. Anrechnung bei Erhöhung

Zur Frage, wie die Anrechnung einer erhöhten Geschäftsgebühr auf die Verfahrensgebühr für ein nachfolgendes gerichtliches Verfahren zu erfolgen hat, vgl. die entsprechenden Ausführungen (siehe § 4 Rn 178 ff.).

371

IV. Aussöhnungsgebühr

Da eine Ehe nur durch eine gerichtliche Entscheidung geschieden und eine solche Scheidung bzw. Feststellung über das Bestehen oder Nichtbestehen einer Ehe nicht zwischen den Beteiligten durch Vergleich einer Regelung zugeführt werden kann, liegt auf der Hand, dass eine Einigungsgebühr nach Nr. 1000 VV RVG hier nicht in Ansatz gebracht werden kann. Dies ist dann auch in Abs. 5 der Anmerkung zu Nr. 1000 VV RVG ausdrücklich festgehalten und gilt auch für Lebenspartnerschaftssachen.

372

1. Aussöhnungsgebühr statt Einigungsgebühr

Wirkt der Rechtsanwalt jedoch daran mit, dass sich die Beteiligten wieder aussöhnen, kann er eine Aussöhnungsgebühr nach Nr. 1001 VV RVG in Höhe von 1,5 berechnen, sofern er noch keinen Scheidungsantrag eingereicht hat. Hat er bereits einen solchen eingereicht, entsteht die Aussöhnungsgebühr in Höhe von 1,0. Weitere Voraussetzung für das Entstehen der Aussöhnungsgebühr ist neben der Mitwirkung des Rechtsanwalts, die Anhängigkeit der Scheidung oder zumindest den ernsten Willen **eines** Ehegatten zur Scheidung. Es müssen also nicht zwangsläufig beide Ehegatten die Scheidung wollen. Eine Aussöhnung wird dann angenommen, wenn der Scheidungsantrag zurückgenommen wird und die Eheleute wieder zusammenleben. Die Aussöhnungsgebühr wird nach dem Wert der Ehescheidungs- oder Lebenspartnerschaftssache berechnet.

373

Die Aussöhnungsgebühr entsteht neben den weiteren bisher entstandenen Gebühren, d. h., in der Regel neben einer 1,3 Verfahrens- oder aber 0,8 Verfahrensgebühr für die vorzeitige Beendigung. War noch kein Verfahrensauftrag erteilt (aber der ernste Wille eines Ehegatten zur Scheidung vorhanden), fällt eine Geschäftsgebühr nach Nr. 2300 VV RVG an.

374

2. Ernsthafter Wille

375 Der ernsthafte Wille eines Ehegatten reicht nach dem Wortlaut der Nr. 1001 aus. Nicht notwendig ist, dass beide Ehegatten den Willen zur Scheidung haben oder beide Lebenspartner die Aufhebung begehrten. Der ernste Wille eines Ehegatten muss dabei nach außen hervorgetreten sein.

376 **Nicht ausreichend** für das Entstehen der Aussöhnungsgebühr ist eine **allgemeine** Tätigkeit des Rechtsanwalts zur Zeit der Aussöhnung.[232] Auch nach rechtskräftiger Scheidung kann bei Aussöhnung der Eheleute/Lebenspartner eine Aussöhnungsgebühr nicht mehr berechnet werden.[233] Dies gilt auch dann, wenn die Ehegatten einander wieder heiraten.[234] Auch wenn die Eheleute zwar den Scheidungsantrag zurücknehmen, jedoch z.B. nur aus finanziellen oder steuerlichen Gründen verheiratet bleiben, wird keine Aussöhnungsgebühr ausgelöst.[235]

3. Fortsetzung der Ehe

377 Der Wille beider Ehegatten, die Ehe fortzusetzen, muss erkennbar sein und damit das Bild einer nicht mehr akut gefährdeten Ehe bestehen.[236] Eine die Aussöhnungsgebühr auslösende Aussöhnung ist nach Ansicht des OLG Düsseldorf dann nicht anzunehmen, wenn die Ehe nur fortgesetzt wird, um der Drohung eines Ehepartners, im Scheidungsfall belastende Tatsachen vorzutragen, entgegenzutreten.[237] Eine Aussöhnung wird dann angenommen, wenn der Scheidungsantrag zurückgenommen wird und die Eheleute wieder zusammen leben. Die Aussöhnung darf nicht von nur kurzer Dauer sein,[238] eine gemeinsame Urlaubsreise genügt,[239] dabei reicht eine versuchsweise Aussöhnung nicht aus,[240] sie muss aber auch nicht zwingend von Dauer sein.[241] Das Ruhen des Verfahrens wegen der Aussöhnung kann ein Indiz für die Entstehung sein.[242]

4. Mitwirkung des Rechtsanwalts

378 Die Anforderungen an die Mitwirkung des Rechtsanwalts sind hoch, so dass die Aussöhnungsgebühr in der täglichen Praxis oft nur eine untergeordnete Rolle spielt, wobei sicherlich eine gewisse Hemmschwelle, „für die Aussöhnung von Ehepartnern" eine Gebühr zu berechnen, dazu beiträgt, dass diese Gebühr immer noch wie ein Stiefkind behandelt wird. Die Abgrenzung zur erforderlichen Mitwirkung ist dabei auch nicht ganz einfach, wobei die Mitwirkung nicht so weit gehen muss, dass der Rechtsanwalt beim Candle-Light-Dinner der Ehegatten Händchen hält.

379 Für die geforderte Mitwirkung reicht es nicht aus, dass sich diese auf die prozessuale Umsetzung der Aussöhnung beschränkt.[243] Ein Indiz für die Entstehung der Aussöhnungsgebühr könnte die Durchführung einer Beratung des Auftraggebers dahingehend sein, eine prozessuale Möglichkeit nicht auszuschöpfen, um die Aussöhnung nicht zu gefährden, bzw. um sie zu ermöglichen.[244] Der

---

232 *Göttlich/Mümmler*, BRAGO, zu 3. S. 180.
233 *Gerold/Schmidt/von Eicken/Mader/Müller-Rabe*, § 36 Rn 12.
234 *Gerold/Schmidt/von Eicken/Mader/Müller-Rabe*, a.a.O.
235 *Gerold/Schmidt/von Eicken/Mader/Müller-Rabe*, a.a.O.
236 OLG Koblenz OLGR 2000, 428.
237 OLG Düsseldorf RPfleger 1965, 380.
238 KG NJW 1960, 1306; OLG Hamm JurBüro 1964, 733.
239 OLG Hamburg AnwBl 1962, 151.
240 OLG Hamm JurBüro 1964, 733.
241 OLG Hamburg MDR 1962, 417 = AnwBl 1962, 151.
242 OLG München MDR 1963, 322.
243 OLG Zweibrücken JurBüro 2000, 199.
244 OLG Zweibrücken JurBüro 2000, 199.

Rechtsanwalt muss sich erfolgreich durch Beratung, schriftlich oder mündlich, bemüht haben, die Aussöhnung herbeizuführen.[245] Dabei ist jedoch eine „irgendwie" ursächliche Mitwirkung ausreichend.[246] Die Mitwirkung des RA kann auch bestehen in einer Förderung und Bestärkung vorhandener Bereitschaft, die anschließend tatsächlich zur Aussöhnung führt.[247] Dabei ist die Mitwirkung vom Rechtsanwalt lediglich glaubhaft zu machen.[248]

Nicht ausreichend für das Entstehen der Aussöhnungsgebühr ist eine allgemeine Tätigkeit des Rechtsanwalts zur Zeit der Aussöhnung.[249] In jedem Fall ist anzuraten, dass der Rechtsanwalt seine Mitwirkung in der Akte dokumentiert, damit bei einem späteren Streit über das Entstehen der Aussöhnungsgebühr ein leichter Nachweis möglich ist. An diesen Nachweis dürfen keine zu hohen Anforderungen gestellt werden.[250]

> *Praxistipp*
> Im Zweifelsfall muss der Rechtsanwalt das Gericht davon überzeugen können, dass seine Tätigkeit für die Aussöhnung der Eheleute ursächlich war. So bietet es sich z.B. an, wenn Telefonate mit dem Mandanten geführt worden sind, diese nicht nur im Aktenlebenslauf festzuhalten, sondern ggf. auch kurz schriftlich das geführte Gespräch/Telefonat gegenüber dem Mandanten zu bestätigen.

5. Gegenstandswert

Die Aussöhnungsgebühr ist nach dem Wert der Ehescheidungs- bzw. LPart-Sache zu berechnen und zwar nur nach diesem (somit ohne etwaige Folgesachen!), vgl. dazu Anm. Abs. 5 zu Nr. 1000 VV RVG.

6. Verfahrenskostenhilfe

Die Aussöhnungsgebühr kann unter den gleichen Voraussetzungen wie zuvor beschrieben auch der im Wege der VKH beigeordnete Rechtsanwalt verdienen. Nicht notwendig ist die ausdrückliche Beiordnung für die Aussöhnung.[251] Allerdings muss die Gebühr auslösende Tätigkeit zwischen Bewilligung der VKH und Verkündung des Endurteils (nunmehr Beschluss) liegen.[252] Möglich ist auch, dass die Aussöhnungsgebühr in Lebenspartnerschaftssachen anfällt, S. 2 der Anmerkung zu Nr. 1001 VV RVG.

7. Betriebsgebühr neben Aussöhnungsgebühr

Neben einer Aussöhnungsgebühr kann eine Geschäfts- oder Verfahrensgebühr entstehen.

▼

Musterrechnung 4.38: Außergerichtliche Vertretung in Scheidungssache – Aussöhnung

Mandantin M sucht Rechtsanwalt R auf. Sie hat ein Schreiben des anwaltlichen Vertreters ihres Ehemannes dabei, der sich scheiden lassen möchte. Mandantin M bittet Rechtsanwalt R,

---

245 *Göttlich/Mümmler,* BRAGO, zu 3. S. 180.
246 OLG Bamberg JurBüro 1974, 1393.
247 OLG Bamberg JurBüro 1985, 233.
248 *Göttlich/Mümmler,* BRAGO, zu 3. S. 180.
249 *Göttlich/Mümmler,* BRAGO, zu 3. S. 180.
250 OLG Bamberg JurBüro 1985, 233.
251 OLG Bamberg JurBüro 1985, 233.
252 OLG Hamm JurBüro 1967, 913.

sie außergerichtlich zu vertreten. Sie möchte unbedingt an der Ehe festhalten. In der Folgezeit versöhnen sich die Beteiligten. Die Tätigkeit von Rechtsanwalt R ist damit beendet. Der Gegenstandswert ist mit 9.455,22 EUR anzunehmen.

Gegenstandswert: 9.455,22 EUR §§ 23 Abs. 1 RVG, 43 Abs. 1 S. 1 FamGKG	
1,3 Geschäftsgebühr Nr. 2300 VV RVG	725,40 EUR
1,5 Aussöhnungsgebühr Nr. 1001 VV RVG	837,00 EUR
Auslagenpauschale, Nr. 7002 VV RVG	20,00 EUR
Zwischensumme	1.582,40 EUR
19 % Umsatzsteuer, Nr. 7008 VV RVG	300,66 EUR
Summe	**1.883,06 EUR**

▲
▼

386 Musterrechnung 4.39: Verfahrensauftrag in Scheidungssache – vorzeitige Beendigung – Aussöhnung

Mandantin M sucht Rechtsanwalt R auf. Sie hat ein Schreiben des anwaltlichen Vertreters ihres Ehemannes dabei, der sich scheiden lassen möchte. Mandantin M beauftragt Rechtsanwalt R, sie im anstehenden Scheidungsverfahren (das noch nicht rechtshängig ist) zu vertreten. Es kommt zu einer Besprechung der Beteiligten in der Kanzlei von Rechtsanwalt R mit dem gegnerischen anwaltlichen Vertreter. In der Folgezeit versöhnen sich die Beteiligten. Die Tätigkeit von Rechtsanwalt R ist damit beendet. Gegenstand des Verfahrensauftrags waren die Scheidung und der Versorgungsausgleich. Der Gegenstandswert ist insgesamt mit 10.000,00 EUR anzunehmen.

Gegenstandswert: 10.000,00 EUR §§ 23 Abs. 1 RVG, 43 Abs. 1 S. 1, 50 FamGKG	
0,8 Verfahrensgebühr Nr. 3101 Nr. 1 VV RVG	446,40 EUR
1,2 Termingebühr Nr. 3104 VV RVG	669,60 EUR
1,5 Aussöhnungsgebühr Nr. 1001 VV RVG	837,00 EUR
Auslagenpauschale, Nr. 7002 VV RVG	20,00 EUR
Zwischensumme	1.973,00 EUR
19 % Umsatzsteuer, Nr. 7008 VV RVG	374,87 EUR
Summe	**2.347,87 EUR**

▲

Hinweis
(Zum Gegenstandswert siehe § 2 Rn 149; zum Anfall einer Terminsgebühr siehe Rn 388.)

D. Allgemeine Gebühren § 4

Musterrechnung 4.40: Scheidungsantrag eingereicht – Aussöhnung im Scheidungstermin 387

Rechtsanwalt F hat für seine Mandantin Scheidungsantrag eingereicht. Ebenfalls rechtshängig sind der Versorgungsausgleich sowie Unterhaltsansprüche der Ehefrau. Das Gericht bestimmt Termin zur Scheidung und Verhandlung über den Unterhalt, nachdem die Auskünfte der gesetzlichen Rentenversicherungsträger vorliegen. Auf dem Gerichtsflur begegnet die Antragstellerin dem Antragsgegner und ist völlig entzückt, als sie entdeckt, dass er 20 kg abgenommen hat. Sie verliebt sich auf der Stelle wieder in ihn. RA F wirkt auf eine mögliche Aussöhnung hin und bestärkt seine Mandantin in ihrem Aussöhnungswunsch. Das Gericht wird – bevor es zur Antragstellung kommt – über die plötzliche Aussöhnung informiert und um Ruhen des Verfahrens gebeten. Auch der Richter freut sich über den Verlauf und ordnet das Ruhen des Verfahrens an. In der Folge bleiben die Beteiligten fest zusammen. Der Scheidungsantrag wird zurückgenommen.

Das Gericht setzt die Gegenstandswerte fest:

Ehescheidung	20.000,00 EUR
Versorgungsausgleich	2.000,00 EUR
Unterhaltsanspruch	<u>6.000,00 EUR</u>
	28.000,00 EUR

Gegenstandswert: 28.000,00 EUR §§ 22 Abs. 1, 23 Abs. 1 RVG, 43 Abs. 1 S. 1, 50, 51 Abs. 1 S. 1 FamGKG

1,3 Verfahrensgebühr aus 28.000,00 EUR Nr. 3100 VV RVG	1.121,90 EUR
1,2 Terminsgebühr aus 28.000,00 EUR Nr. 3104 VV RVG	1.035,60 EUR
1,0 Aussöhnungsgebühr aus 20.000,00 EUR Nr. 1001 i.V.m. Nr. 1003 VV RVG	742,00 EUR
Auslagenpauschale, Nr. 7002 VV RVG	<u>20,00 EUR</u>
Zwischensumme	2.919,50 EUR
19 % Umsatzsteuer, Nr. 7008 VV RVG	<u>554,71 EUR</u>
Summe	**3.474,21 EUR**

Hinweis
(Zu den Gegenstandswerten siehe § 2 Rn 149, 304 u. 196; zur Terminsgebühr siehe Rn 388.)

8. Terminsgebühr neben Aussöhnungsgebühr

Neben einer Aussöhnungsgebühr kann eine Terminsgebühr entstehen, wobei diese allerdings den Verfahrensauftrag an den Anwalt voraussetzt.[253] Dies ergibt sich auch aus dem im Rahmen des 2. KostRMoG ergänzten Absatz 1 der Vorbem. 3, wonach Gebühren nach Teil 3 nur abgerechnet werden dürfen, wenn dem Rechtsanwalt ein unbedingter Verfahrensauftrag erteilt worden ist. 388

---

253 OLG Düsseldorf, Beschl. v. 20.11.2007, I – 10 WF 31/07, JurBüro 2008, 195.

§ 4 Gebühren in Familiensachen

V. Hebegebühr

389 In der Praxis wird die Hebegebühr nur selten berechnet. Für viele Kanzleien gehört es zum „Service", dem Mandanten die Hebegebühr nicht in Rechnung zu stellen. Zu beachten ist jedoch, dass mit der Hebegebühr alle mit dem Zahlungsverkehr zusammenhängenden Tätigkeiten abgegolten werden, insbesondere die Überwachung der Einzahlung, Kontrolle der Gutschrift, Berechnung anfallender Bankzinsen, Einlösung von Schecks sowie die Auszahlung selbst und in gerichtlichen Verfahren auf Gebühren nicht generell verzichtet werden darf (vgl. § 3 Rn 23 ff.).

1. Weiterleitung von Geldern

390 Eine Hebegebühr entsteht immer dann, wenn der Rechtsanwalt entgegengenommene Beträge auszahlt oder zurückzahlt (z.B. Zugewinnausgleichsansprüche).

2. Gesetzestext

391

Nr.	Gebührentatbestand	Gebühr oder Satz der Gebühr nach § 13 RVG
1009	Hebegebühr 1. bis einschließlich 2.500,00 EUR 2. von dem Mehrbetrag bis einschließlich 10.000,00 EUR 3. von dem Mehrbetrag über 10.000,00 EUR (1) Die Gebühr wird für die Auszahlung oder Rückzahlung von entgegengenommenen Geldbeträgen erhoben. (2) Unbare Zahlungen stehen baren Zahlungen gleich. Die Gebühr kann bei der Ablieferung an den Auftraggeber entnommen werden. (3) Ist das Geld in mehreren Beträgen gesondert ausgezahlt oder zurückgezahlt, wird die Gebühr von jedem Betrag gesondert erhoben. (4) Für die Ablieferung oder Rücklieferung von Wertpapieren und Kostbarkeiten entsteht die in den Absätzen 1 bis 3 bestimmte Gebühr nach dem Wert. (5) Die Hebegebühr entsteht nicht, soweit Kosten an ein Gericht oder eine Behörde weitergeleitet oder eingezogene Kosten an den Auftraggeber abgeführt oder eingezogene Beträge auf die Vergütung verrechnet werden.	1,0 % 0,5 % 0,25 % des aus- oder zurückgezahlten Betrags – mindestens 1,00 EUR

3. Verrechnung mit Fremdgeldern

392 Der Anwalt ist berechtigt, die ihm zustehenden Hebegebühren unmittelbar vor Weiterleitung der Fremdgelder an seinen Auftraggeber zu entnehmen, Anmerkung Abs. 2 S. 2 zu Nr. 1009 VV RVG.

▼

393 **Musterrechnung 4.41: Weiterleitung von Fremdgeld – Einbehalt der Hebegebühr**

Es soll ein Betrag in Höhe von 2.000,00 EUR an den Mandanten weitergeleitet werden. Der Rechtsanwalt kann als Hebegebühr berechnen:

Hebegebühr aus 2.000,00 EUR (1 %)	20,00 EUR
Nr. 1009 VV RVG	
Auslagenpauschale, Nr. 7002 VV RVG	4,00 EUR

Zwischensumme	24,00 EUR
19 % Umsatzsteuer, Nr. 7008 VV RVG	4,56 EUR
Summe	**28,56 EUR**

Den Betrag von 28,56 EUR kann der Rechtsanwalt vom weiterzuleitenden Betrag einbehalten. Er muss lediglich 1.971,44 EUR an den Mandanten auszahlen.

▲

Zu beachten ist, dass bei der Weiterleitung von Geldern **an Dritte** der Anwalt zur Entnahme seiner Hebegebühren nicht berechtigt ist, da er anderenfalls den Auftrag nicht vollständig ausführen kann.[254]

4. Hinweispflicht zur Hebegebühr

Muss der Rechtsanwalt den Mandanten darauf hinweisen, dass durch die Einziehung und Weiterleitung von Geldern die Hebegebühr anfällt und dass diese voraussichtlich nicht erstattungsfähig sein wird? Nach Ansicht von *Schneider*[255] ist ein solcher Hinweis nicht erforderlich, da es sich nicht um außergewöhnliche, ungewöhnlich hohe Kosten handelt. Nach *Schneider* (a.a.O.) dürfte es heute allgemein bekannt sein, dass auch im bargeldlosen Zahlungsverkehr Kosten anfallen und es dem Anwalt nicht zuzumuten ist, diese Kosten aus eigener Tasche zu bezahlen.

> *Praxistipp*
> Die Verfasserinnen empfehlen, im Rahmen eines guten Mandatsverhältnisses grundsätzlich auf derartige Kosten hinzuweisen. Insbesondere bei hohen Ansprüchen aus Zugewinnausgleich, wenn die Hebegebühren auch einmal 100,00 EUR oder mehr EUR betragen können, sollte der Mandant hierauf hingewiesen werden. Sofern der Mandant dann darum bittet, dass die Zahlung unmittelbar an ihn erfolgt, sollte dem Wunsch auch entsprochen werden.

5. Erstattungsfähigkeit der Hebegebühr

Die Hebegebühr ist nach Ansicht der Rechtsprechung nur dann erstattungsfähig, wenn sie einen nach § 249 BGB ersatzfähigen Schaden darstellt, mithin, wenn es sich dabei um notwendige Kosten der Rechtsverfolgung handelt. Nach Ansicht der Rechtsprechung ist jedoch für die Entgegennahme der Ersatzleistung beispielsweise in Unfallsachen keine anwaltliche Hilfe erforderlich. Als erstattungsfähig wird die Hebegebühr daher nach der Rechtsprechung nur dann angesehen, wenn die Hinzuziehung eines Anwalts erforderlich war, weil beispielsweise der Mandant im Ausland wohnt,[256] er über kein eigenes Konto verfügt oder krankheits- oder verletzungsbedingt nicht in der Lage ist, sein Konto regelmäßig zu kontrollieren.

Auf die Frage, ob die Beauftragung des Anwalts mit der Einziehung der Gelder erforderlich war, kommt es bei der außergerichtlichen Schadensregulierung dann nicht an, wenn die Gegenseite ohne Aufforderung unmittelbar an den Anwalt zahlt.[257]

Fordert der Rechtsanwalt einen Schuldner auf, unmittelbar an ihn zu zahlen, wird die Hebegebühr nur dann als erstattungsfähig angesehen, wenn der Rechtsanwalt gleichzeitig auf die hierdurch entstehenden Kosten hinweist.

---

254 *Schneider/Wolf*, VV Nr. 1009 Rn 60 + unter Verweis auf EGH 15, 206.
255 *Schneider/Wolf*, VV Nr. 1009 Rn 62.
256 OLG München AnwBl 1963, 339.
257 OLG Düsseldorf JurBüro 1985, 714; LG Hagen AnwBl 1982, 541; AG Ahaus AnwBl 1982, 438; AG Wiesbaden AGS 1993, 66; AG Steinfurt AGS 1995, 135.

VI. Zusatzgebühr für besonders umfangreiche Beweisaufnahmen

400 Durch das 2. KostRMoG wurde in das Vergütungsverzeichnis des RVG eine neue „Zusatzgebühr für besonders umfangreiche Beweisaufnahmen" in Höhe von 0,3 unter Nr. 1010 VV RVG aufgenommen. Die Gebühr entsteht in Angelegenheiten, in denen sich die Gebühren nach Teil 3 richten und neben dem Kriterium einer besonders umfangreichen Beweisaufnahme mindestens drei gerichtliche Termine stattgefunden haben, in denen Sachverständige oder Zeugen vernommen worden sind.

401 Es ist nicht recht verständlich, weshalb diese Zusatzgebühr in den Allgemeinen Teil 1 des Vergütungsverzeichnisses aufgenommen worden ist, wenn die Gebühr doch nur neben Gebühren des Teils 3 entstehen kann. Richtigerweise hätte sich diese Gebühr daher in Teil 3 des VV finden müssen. Im Familienrecht wird diese Gebühr wohl nur äußerst selten angesetzt werden können.

402 Zum Anfall dieser Zusatzgebühr wird im Übrigen zur Vermeidung von Wiederholungen auf obige Ausführungen verwiesen (siehe Rn 568 ff.).

E. Gerichtliche Vertretung

I. Verfahrensgebühr Nr. 3100 VV RVG

1. Allgemeines

403 Die Verfahrensgebühr gemäß Nr. 3100 VV RVG beträgt **1,3**. Abs. 2 der Vorbem. 3 VV RVG bestimmt, dass der Rechtsanwalt die Verfahrensgebühr für das Betreiben des Geschäfts einschließlich der Information erhält. Die Verfahrensgebühr ist abhängig von der Auftragserteilung des Mandanten (**un**bedingter Auftrag zur Durchführung eines gerichtlichen Verfahrens, vgl. Abs. 1 S. 1 der Vorbem. 3 VV RVG) und entsteht in voller Höhe für den Antragsteller mit Einreichung eines Antrags, für den Antragsgegner mit Einreichung eines Schriftsatzes mit Sachanträgen oder Sachvortrag.

404 Gebühren, die auf eine Verfahrensgebühr für ein nachfolgendes Verfahren anzurechnen sind, sind nur anzurechnen, soweit der Gegenstand der gerichtlichen und außergerichtlichen Tätigkeit identisch ist. Hier können sich aufgrund zeitlicher Änderungen Unterschiede im Wert ergeben.

▼

405 **Musterrechnung 4.42: Außergerichtliche Vertretung – Scheidungsverfahren – unterschiedliche Gegenstände**

RA Schneider berät und vertritt seine Mandantin außergerichtlich hinsichtlich folgender Gegenstände:

Scheidung (Wert: 24.000,00 EUR), Unterhalt (Wert: 4.800,00 EUR),

Zugewinnausgleich (Wert: 17.500,00 EUR).

6 Monate nach der außergerichtlichen Vertretung wird Scheidungsantrag gestellt. Anhängig werden das Scheidungsverfahren mit 32.000,00 EUR Wert und der Versorgungsausgleich mit einem Wert von 3.200,00 EUR. Nach Termin ergeht ein Scheidungsbeschluss. Der Versorgungsausgleich wurde durchgeführt. Über die anderen Gegenstände erfolgte keine gerichtliche Tätigkeit.

E. Gerichtliche Vertretung §4

Außergerichtliche Vertretung mit Beratung:

Scheidung Wert	24.000,00 EUR
Unterhalt Wert	4.800,00 EUR
Zugewinnausgleich Wert	17.500,00 EUR
Summe	46.300,00 EUR

Gerichtliches Verfahren:

Scheidung Wert	32.000,00 EUR
Versorgungsausgleich Wert	3.200,00 EUR
Summe	35.200,00 EUR

1. Abrechnung der außergerichtlichen Vertretung mit Beratung:

Gegenstandswert: 46.300,00 EUR	1.511,90 EUR
1,3 Geschäftsgebühr	
Nr. 2300 VV RVG	
Auslagenpauschale, Nr. 7002 VV RVG	20,00 EUR
Zwischensumme	1.531,90 EUR
19 % Umsatzsteuer, Nr. 7008 VV RVG	291,06 EUR
Summe	**1.822,96 EUR**

2. Abrechnung gerichtliche Tätigkeit:

	1.316,90 EUR
Gegenstandswert: 35.200,00 EUR	
1,3 Verfahrensgebühr, Nr. 3100 VV RVG	
abzüglich 0,65 Geschäftsgebühr aus Wert 24.000,00 EUR	./. 512,20 EUR
(Wert Scheidung zum Zeitpunkt der außergerichtlichen Tätigkeit)	
Zwischensumme	804,70 EUR
1,2 Terminsgebühr, Nr. 3104 VV RVG	1.215,60 EUR
Auslagenpauschale, Nr. 7002 VV RVG	20,00 EUR
Zwischensumme	2.040,30 EUR
19 % Umsatzsteuer, Nr. 7008 VV RVG	387,66 EUR
Summe	**2.427,96 EUR**
Gesamtbetrag außergerichtliche und gerichtliche Tätigkeit	4.250,92 EUR

▲

Hinweis
Auch außergerichtlich sind Ehe- und mögliche Folgesachen gebührenrechtlich als eine Angelegenheit abzurechnen (teilweise strittig, vgl. hierzu § 4 Rn 11 ff.). Erfolgt eine außergerichtliche Vertretung und wird über bestimmte Gegenstände lediglich beraten, ist einheitlich mit einer Geschäftsgebühr abzurechnen.

Beispiel wie hier: Schreiben an den getrennt lebenden Ehegatten, dass und wie Trennung nun vollzogen werden soll sowie außergerichtliche Tätigkeit wegen Unterhalt und Zugewinn.

2. Voraussetzungen

406 Die Verfahrensgebühr nach Nr. 3100 VV RVG in Höhe von 1,3 kann bei folgenden Tätigkeiten entstehen:
- Einreichung eines ein gerichtliches Verfahren einleitenden Antrags (z.B. Sorgerechtantrag, Scheidungsantrag, Unterhaltsantrag);
- Einreichung eines Schriftsatzes, der Sachanträge enthält (z.B. Antragsabweisung);
- Einreichung eines Schriftsatzes, der Sachvortrag enthält (z.B. Zustimmung zur Scheidung – eigener Antrag nicht notwendig zur Auslösung einer 1,3 Gebühr);
- Einreichung eines Schriftsatzes, der die Antragsrücknahme enthält;
- Wahrnehmung eines Verhandlungs-, Erörterungs-, Anhörungs- oder Beweisaufnahmetermins (Beispiel: Mandant reicht den Antrag selbst ein und bittet einen Rechtsanwalt kurzfristig vor dem Termin, diesen wahrzunehmen, Einreichung eines Schriftsatzes ist nicht mehr möglich, der Anwalt geht sofort zum Termin).

3. Zustimmung zum Scheidungsantrag

407 Mit der Aufzählung der Tätigkeiten in Nr. 3101 Nr. 1 VV RVG, bei deren Fehlen nur eine 0,8 Verfahrensgebühr entsteht, ist klargestellt, welche Tätigkeiten der Rechtsanwalt wahrnehmen muss, um eine 1,3 Verfahrensgebühr entstehen zu lassen.

408 So löst bereits die Zustimmung zu einem gegnerischen Scheidungsantrag, der in der Folge zurückgenommen wird, die volle Verfahrensgebühr in Höhe von 1,3 aus.

4. Anrechnungsvorschriften zur Verfahrensgebühr

409 Anrechnungsvorschriften zur Verfahrensgebühr finden sich zum Beispiel in der Anmerkung zu Nr. 3100 VV RVG sowie auch in der Vorbemerkung 3 in den Absätzen 5 und 6 des Vergütungsverzeichnisses.

a) Vereinfachtes Verfahren über den Unterhalt Minderjähriger

410 Das vereinfachte Verfahren über den Unterhalt Minderjähriger bleibt auch in Zukunft zunächst erhalten. Aus zeitlichen Gründen soll an dieser Stelle auf näheres Eingehen der §§ 249 bis 260 FamFG verzichtet werden, da sich inhaltliche Änderungen nicht ergeben. Die neuen Vorschriften regeln das, was in den §§ 645 bis 660 ZPO a.F. bis zum 1.9.2009 geregelt war (in der Fassung des Gesetzes zur Änderung des Unterhaltsrechts (BT-Drucks 16/1830). Allerdings sollten die bisherigen Regelungen in den §§ 655 u. 656 ZPO a.F. nicht übernommen werden. Aus der Gesetzesbegründung zur Nichtaufnahme:

> „Zum einen erfolgt die Anordnung der Kindergeldverrechnung bei der Tenorierung zunehmend in dynamisierter Form, wodurch sich das Bedürfnis für entsprechende Sondervorschriften verringert. Entsprechendes gilt auch, soweit durch übergangsrechtliche Vorschriften auf das vereinfachte Abänderungsverfahren Bezug genommen wurde. Im Fall einer Erhöhung des Kindesgeldes ergibt sich in der überwiegenden Zahl der Fälle eine Reduktion des Zahlbetrags für den Unterhalt. Es ist dem Verpflichteten zuzumuten, diesen Umstand bei Überschreiten de Wesentlichkeitsschwelle im Wege eines regulären Abänderungsverfahrens geltend zu machen. Gegen eine Übernahme sprechen schließlich die Komplexität der bislang vorhandenen Abänderungsmöglichkeiten nach den §§ 656, 323 Abs. 5 ZPO und der aufwendige Mechanismus der zwei gesonderten Verfahren."[258]

---

[258] BT-Drucks 16/6308, S. 261, linke Spalte zu Unterabschnitt 3.

E. Gerichtliche Vertretung § 4

Hinweis 411
Der Bundesrat hat angeregt, das vereinfachte Verfahren, dass in der Praxis nur eine untergeordnete Rolle (ca. 20 %) spiele, zu prüfen, ob man das Verfahren nicht deutlich verschlanken könne. Die Bundesregierung hat hierauf geäußert, dass man einem – anstelle des vereinfachten Unterhaltsverfahrens – auf alle Unterhaltsansprüche gerichteten Verfahren ähnlich einem Mahnverfahren – offen gegenüberstehe; derartige Überlegungen aber im laufenden Gesetzgebungsverfahren nicht mehr einzubeziehen sind. Es bleibt somit abzuwarten, ob sich diesbezüglich in den nächsten Jahren etwas tut.

Im vereinfachten Verfahren über den Unterhalt Minderjähriger fällt nach dem RVG zunächst eine 1,3 Verfahrensgebühr nach Nr. 3100 VV an. Sobald die Angelegenheit jedoch in ein streitiges Verfahren (§ 255 FamFG) übergeht, ist die im vereinfachten Verfahren über den Unterhalt Minderjähriger angefallene Verfahrensgebühr auf die Verfahrensgebühr des streitigen Verfahrens anzurechnen. Beide Verfahren stellen verschiedene Angelegenheiten nach § 17 Nr. 3 RVG dar, die Verfahrensgebühr sollte der Rechtsanwalt aber nicht zweimal erhalten, daher ist in Absatz 1 der Anm. zu Nr. 3100 VV eine Anrechnungsvorschrift enthalten. 412

Die Kosten des vereinfachten Verfahrens werden als Teil der Kosten des streitigen Verfahrens behandelt. 413

Bei Unterhaltsansprüchen nach den §§ 1612a bis 1612c des Bürgerlichen Gesetzbuchs ist dem Wert nach Satz 1 der Monatsbetrag des zum Zeitpunkt der Einreichung des Antrags geltenden Mindestunterhalts nach der zu diesem Zeitpunkt maßgebenden Altersstufe zugrunde zu legen; § 51 Abs. 1 S. 2 FamGKG. 414

▼

Musterrechnung 4.43: Antrag auf Festsetzung des Unterhalts Minderjähriger im vereinfachten Verfahren 415

Rechtsanwältin Z stellt den Antrag auf Durchführung eines vereinfachten Verfahrens nach § 249 FamFG auf Festsetzung des monatlichen Unterhalts für das Kind Serafina i.H.v. 436,80 EUR (1,2fache des Mindestunterhalts) zzgl. Rückstände für 2 Monate. Nachdem der Unterhaltspflichtige Einwendungen erhebt, geht die Angelegenheit nach § 255 FamFG in ein streitiges Verfahren über. Es kommt zum Termin. Der Unterhalt wird antragsgemäß zugesprochen.

Gegenstandswert:		
Unterhalt Serafina	12 × 436,80 EUR =	5.241,60 EUR
Rückstände	2 × 436,80 EUR =	873,60 EUR
addiert		6.115,20 EUR
§§ 23 Abs. 1 RVG, 51 Abs. 1 S. 2 u. Abs. 2 FamGKG; § 22 Abs. 1 RVG		
1. Vereinfachtes Verfahren		526,50 EUR
1,3 Verfahrensgebühr aus 6.115,20 EUR		
Nr. 3100 VV RVG		
Auslagenpauschale, Nr. 7002 VV RVG		20,00 EUR
Zwischensumme		546,50 EUR
19 % Umsatzsteuer, Nr. 7008 VV RVG		103,84 EUR
Summe		**650,34 EUR**

§ 4 Gebühren in Familiensachen

2. Streitiges Verfahren	526,50 EUR
1,3 Verfahrensgebühr aus 6.115,20 EUR	
Nr. 3100 VV RVG	
anzurechnen nach Abs. 1 der Anm. zu Nr. 3100 VV RVG 1,3 Verf.geb.	./. 526,50 EUR
Zwischensumme	0,00 EUR
1,2 Terminsgebühr aus 6.115,20 EUR	486,00 EUR
Nr. 3104 VV RVG	
Auslagenpauschale, Nr. 7002 VV RVG	20,00 EUR
Zwischensumme	506,00 EUR
19 % Umsatzsteuer, Nr. 7008 VV RVG	96,14 EUR
Summe	**602,14 EUR**

▲

> *Hinweis*
> (Zum Gegenstandswert siehe § 2 Rn 196 ff.)

b) Vermittlungsverfahren nach § 165 FamFG

416 § 165 Abs. 1 FamFG schafft die Möglichkeit, ein Vermittlungsverfahren auch dann durchzuführen, wenn ein Elternteil die Durchführung einer gerichtlichen Entscheidung oder eines gerichtlich gebilligten Vergleichs über den Umgang mit dem gemeinschaftlichen Kind erschwert oder vereitelt. Der Gesetzgeber möchte auf diese Weise verhindern, dass Kinder einer Vollstreckung der Umgangsregelung ausgesetzt werden, zumal durch eine frühere Einigung der Beteiligten sich auch möglicherweise erneut eine Einigung herbeiführen lässt.

417 **§ 165 FamFG**

(1) ¹Macht ein Elternteil geltend, dass der andere Elternteil die Durchführung einer gerichtlichen Entscheidung oder eines gerichtlich gebilligten Vergleichs über den Umgang mit dem gemeinschaftlichen Kind vereitelt oder erschwert, vermittelt das Gericht auf Antrag eines Elternteils zwischen den Eltern. ²Das Gericht kann die Vermittlung ablehnen, wenn bereits ein Vermittlungsverfahren oder eine anschließende außergerichtliche Beratung erfolglos geblieben ist.

(2) ¹Das Gericht lädt die Eltern unverzüglich zu einem Vermittlungstermin. ²Zu diesem Termin ordnet das Gericht das persönliche Erscheinen der Eltern an. ³In der Ladung weist das Gericht darauf hin, welche Rechtsfolgen ein erfolgloses Vermittlungsverfahren nach Absatz 5 haben kann. ⁴In geeigneten Fällen lädt das Gericht auch das Jugendamt zu dem Termin.

(3) ¹In dem Termin erörtert das Gericht mit den Eltern, welche Folgen das Unterbleiben des Umgangs für das Wohl des Kindes haben kann. ²Es weist auf die Rechtsfolgen hin, die sich ergeben können, wenn der Umgang vereitelt oder erschwert wird, insbesondere darauf, dass Ordnungsmittel verhängt werden können oder die elterliche Sorge eingeschränkt oder entzogen werden kann. ³Es weist die Eltern auf die bestehenden Möglichkeiten der Beratung durch die Beratungsstellen und -dienste der Träger der Kinder- und Jugendhilfe hin.

(4) ¹Das Gericht soll darauf hinwirken, dass die Eltern Einvernehmen über die Ausübung des Umgangs erzielen. ²Kommt ein gerichtlich gebilligter Vergleich zustande, tritt dieser an die Stelle der bisherigen Regelung. ³Wird ein Einvernehmen nicht erzielt, sind die Streitpunkte im Vermerk festzuhalten.

(5) ¹Wird weder eine einvernehmliche Regelung des Umgangs noch Einvernehmen über eine nachfolgende Inanspruchnahme außergerichtlicher Beratung erreicht oder erscheint mindestens ein Elternteil in dem Vermittlungstermin nicht, stellt das Gericht durch nicht anfechtbaren Beschluss fest, dass das

Vermittlungsverfahren erfolglos geblieben ist. ²In diesem Fall prüft das Gericht, ob Ordnungsmittel ergriffen, Änderungen der Umgangsregelung vorgenommen oder Maßnahmen in Bezug auf die Sorge ergriffen werden sollen. ³Wird ein entsprechendes Verfahren von Amts wegen oder auf einen binnen eines Monats gestellten Antrag eines Elternteils eingeleitet, werden die Kosten des Vermittlungsverfahrens als Teil der Kosten des anschließenden Verfahrens behandelt.

Die Vergütung in einem Vermittlungsverfahren nach § 165 FamFG (wenn ein Elternteil Antrag auf Durchführung des Vermittlungsverfahrens stellt, weil der andere Elternteil die Durchführung einer gerichtlichen Verfügung über den Umgang mit dem gemeinsamen Kind vereitelt oder erschwert) löst eine 1,3 Verfahrensgebühr nach Nr. 3100 VV aus. Schließt sich sodann an ein erfolgloses Vermittlungsverfahren ein gerichtliches Verfahren an, so handelt es sich nach § 17 Nr. 8 RVG um verschiedene Angelegenheiten, die nach § 15 Abs. 2 RVG gesondert abzurechnen sind. Abs. 3 der Anmerkung zu Nr. 3100 VV sieht jedoch eine Anrechnungsvorschrift für die im Vermittlungsverfahren entstandene Verfahrensgebühr vor. Für die Terminsgebühr existiert eine solche Anrechnungsvorschrift nicht.

▼

Musterrechnung 4.44: Vermittlungsverfahren nach § 165 FamFG – ohne nachfolgendes gerichtliches Verfahren – mit Einigung

Antrag auf Durchführung eines Vermittlungsverfahrens nach § 165 FamFG. Die Vermittlung ist erfolgreich, da sich die Beteiligten einigen.

Gegenstandswert: 3.000,00 EUR §§ 23 Abs. 1 RVG, 45 Abs. 1 Nr. 2 FamGKG

1,3 Verfahrensgebühr Nr. 3100 VV RVG	261,30 EUR
1,2 Terminsgebühr Nr. 3104 VV RVG	241,20 EUR
1,0 Einigungsgebühr Nr. 1003 VV RVG	201,00 EUR
Auslagenpauschale, Nr. 7002 VV RVG	20,00 EUR
Zwischensumme	723,50 EUR
19 % Umsatzsteuer, Nr. 7008 VV RVG	137,47 EUR
Summe	**860,97 EUR**

▲

Hinweis
(Zum Gegenstandswert siehe § 2 Rn 263; zur Einigungsgebühr siehe § 4 Rn 277.)

▼

Musterrechnung 4.45: Vermittlungsverfahren nach § 165 FamFG – mit nachfolgendem gerichtlichen Verfahren

Antrag auf Durchführung eines Vermittlungsverfahrens nach § 165 FamFG. Trotz Termin scheitert die Vermittlung. Der Antragsteller beantragt vor dem Familiengericht nunmehr die Einräumung eines großzügigen Umgangsrechts. Es erfolgt ein Termin. Das Gericht spricht das begehrte Umgangsrecht antragsgemäß zu.

§ 4 Gebühren in Familiensachen

Gegenstandswert: 3.000,00 EUR §§ 23 Abs. 1 RVG, 45 Abs. 1 Nr. 2 FamGKG

1. Vermittlungsverfahren

1,3 Verfahrensgebühr aus 3.000,00 EUR	261,30 EUR
Nr. 3100 VV RVG	
1,2 Terminsgebühr aus 3.000,00 EUR	241,20 EUR
Nr. 3104 VV RVG	
Auslagenpauschale, Nr. 7002 VV RVG	20,00 EUR
Zwischensumme	522,50 EUR
19 % Umsatzsteuer, Nr. 7008 VV RVG	99,28 EUR
Summe	**621,78 EUR**

2. Streitiges Umgangsrechtsverfahren

1,3 Verfahrensgebühr aus 3.000,00 EUR	261,30 EUR
Nr. 3100 VV RVG	
anzurechnen nach Anm. Abs. 2 zu Nr. 3100 VV RVG	./. 261,30 EUR
1,3 Verfahrensgebühr aus 3.000,00 EUR	
Zwischensumme	0,00 EUR
1,2 Terminsgebühr	241,20 EUR
Nr. 3104 VV RVG	
Auslagenpauschale, Nr. 7002 VV RVG	20,00 EUR
Zwischensumme	261,20 EUR
19 % Umsatzsteuer, Nr. 7008 VV RVG	49,63 EUR
Summe	**310,83 EUR**

▲

Hinweis
(Zum Gegenstandswert siehe § 2 Rn 263.)

5. Der Rechtsmittelverzicht – Fluranwalt

421 § 144 FamFG regelt die Möglichkeit des umfassenden Rechtsmittelverzichts:

> „Haben die Ehegatten auf Rechtsmittel gegen den Scheidungsausspruch verzichtet, können sie auch auf dessen Anfechtung im Wege der Anschließung an ein Rechtsmittel in einer Folgesache verzichten, bevor ein solches Rechtsmittel eingelegt ist."

§ 144 FamFG setzt voraus, dass die Ehegatten beide auf Rechtsmittel verzichtet haben. Grundsätzlich gilt, dass ein Rechtsmittelverzicht, der dem Anwaltszwang unterliegt,[259] wenn er erst einmal ausgesprochen wurde, nicht mehr widerrufen werden kann und auch nicht anfechtbar ist.[260]

422 Aufgrund des Anwaltszwangs hat sich in Scheidungssachen die gängige Praxis herausgebildet, für den Rechtsmittelverzicht auf einen sogenannten „Fluranwalt" zurückzugreifen, d.h. der oft anwaltlich nicht vertretene Antragsgegner bedient sich für den Rechtsmittelverzicht, den er selbst wirksam nicht abgeben kann, eines eigenen Anwalts mit diesem eingeschränkten Auftrag, für ihn den Rechtsmittelverzicht zu erklären.

---

259 Vgl. dazu auch BGH FamRZ 1984, 372.
260 BGH FamRZ 1994, 300 f.; OLG Düsseldorf FamRZ 2006, 966.

E. Gerichtliche Vertretung § 4

Wird ohne Einschränkungen auf Rechtsmittel verzichtet, erstreckt sich der Rechtsmittelverzicht auch auf die Folgesachen.[261] Der Rechtsmittelverzicht wird regelmäßig protokolliert, d.h. in das Sitzungsprotokoll aufgenommen (vgl. dazu auch § 162 Abs. 1 ZPO). 423

Wichtig: Sofern nur gegen das Verbundbeschluss auf Rechtsmittel nicht aber auch auf Anschlussrechtsmittel verzichtet wird, tritt die Rechtskraft nicht ein. Denn es ist möglich, dass Dritte (z.B. das Jugendamt gegen eine Umgangsrechtsentscheidung) Rechtsmittel einlegen und sich dann ein Beteiligter (Ehegatte) dem Rechtsmittel anschließt. 424

Sofern auf Anschlussrechtsmittel nicht verzichtet wurde und ein Rechtsmittel durch Dritte nicht eingelegt wird, tritt die Rechtskraft der Scheidung erst einen Monat nach der Zustellung an den letzten Beteiligten, der keinen Rechtsmittelverzicht erklärt hat, ein. 425

> *Beispiel*
> Eine Verbundentscheidung wird den Verfahrensbevollmächtigten der Ehegatten am 10.1. zugestellt. Die Ehegatten haben Rechtsmittelverzicht, nicht aber Verzicht auf Anschlussrechtsmittel erklärt. Dem Jugendamt wird die Entscheidung am 3.2. zugestellt. Die Beschwerdefrist für das Jugendamt beginnt am 4.2. zu laufen und endet am 3.3. Wird ein Rechtsmittel durch das Jugendamt nicht eingelegt, wird die Entscheidung am 4.3. rechtskräftig.

> *Praxistipp* 426
> Es sollte nicht nur auf Rechtsmittel, sondern auch auf Anschlussrechtsmittel durch die Ehegatten verzichtet werden, damit die Scheidung sofort rechtskräftig werden kann.

Ist die Scheidungssache im Verbund in der Beschwerdeinstanz anhängig, wäre zur Herbeiführung der Rechtskraft auch ein Verzicht auf das Antragsrecht nach § 147 FamFG erforderlich! 427

§ 147 FamFG regelt die Möglichkeit der erweiterten Aufhebung:

> **§ 147 FamFG**
> ¹Wird eine Entscheidung auf Rechtsbeschwerde teilweise aufgehoben, kann das Rechtsbeschwerdegericht auf Antrag eines Beteiligten die Entscheidung auch insoweit aufheben und die Sache zur anderweitigen Verhandlung und Entscheidung an das Beschwerdegericht zurückverweisen, als dies wegen des Zusammenhangs mit der aufgehobenen Entscheidung geboten erscheint. ²Eine Aufhebung des Scheidungsausspruchs kann nur innerhalb eines Monats nach Zustellung der Rechtsmittelbegründung oder des Beschlusses über die Zulassung der Rechtsbeschwerde, bei mehreren Zustellungen bis zum Ablauf eines Monats nach der letzten Zustellung, beantragt werden.

Der sogenannte „Fluranwalt" erhält keine Verfahrensgebühr nach Teil 3 Abschnitt 1 des VV, sondern eine solche in Höhe von 0,8 für eine Einzeltätigkeit nach Nr. 3403 VV.[262] 428

Es ist bundesweit gang und gäbe, dass allerdings der Fluranwalt in der Regel zu einem bestimmten Betrag × (z.B. 300,00 EUR) den Scheidungstermin mit wahrnimmt, um dort für den anwaltlich nicht vertretenen Antragsgegner einen Rechtsmittelverzicht zu erklären. Es stellt sich die Frage, inwieweit diese Handhabung berufsrechtlich zulässig ist. Denn mit diesen Pauschalbeträgen wird – und das ist ja auch so gewollt – in der Regel die gesetzliche Vergütung unterschritten. Eine Gebührenunterschreitung in gerichtlichen Verfahren ist aber nur erlaubt, 429
- wenn ein Erfolgshonorar im Sinne des § 4a RVG geschlossen worden ist (vgl. dazu § 3 Rn 98)
- ansonsten nach Beendigung des Mandats im Einzelfall, vgl. § 49b Abs. 1 BRAO
- wenn der Auftrag nicht vom Mandanten, sondern vom Rechtsanwalt erteilt wurde, da § 49b BRAO in solchen Fällen keine Anwendung findet, so auch der BGH, (vgl. § 3 Rn 157).

---

261 BGH FamRZ 1986, 1089.
262 *Hansens/Braun/Schneider,* Teil 9 Rn 502.

§ 4 Gebühren in Familiensachen

430 Da in einem Familienrechtsmandat bereits unter dem Gesichtspunkt der Interessenkollision wohl kaum der Auftrag an einen anderen Anwalt erfolgen kann, den Antragsgegner zu vertreten, wenn man selbst z.B. die Antragstellerin vertritt, und auch die beiden anderen Ausnahmefälle regelmäßig nicht gegeben sein dürften, stellt sich die Frage, wie sich der Rechtsanwalt hier korrekt verhält.

Will er nicht gegen sein Berufsrecht verstoßen, ist er verpflichtet, die gesetzliche Vergütung abzurechnen. Allerdings richtet sich die 0,8 Verfahrensgebühr nur nach dem Wert der Gegenstände, für die Rechtsmittelverzicht erklärt wird. Es wäre m.E. sinnvoll und praxisnah, wenn der Gesetzgeber für bestimmte Tätigkeiten auch in gerichtlichen Verfahren eine Gebührenunterschreitung zuließe. Dies gilt für den „Fluranwalt" ebenso wie für die Doppelvertretung durch Haupt- und Unterbevollmächtigtem, wenn diese beide an einer Einigung mitwirken und möglicherweise beide eine Terminsgebühr verdient haben. Viele Anwaltskanzleien rechnen in solchen Fällen die Termins- und Einigungsgebühren nicht doppelt ab, weil dies dem Mandanten gegenüber nicht vertretbar erscheint, sie verstoßen damit aber gegen § 49b Abs. 1 BRAO.

▼

431 **Musterrechnung 4.46: Rechtsmittelverzicht**

Rechtsanwältin S erklärt in einer Scheidungssache als sogenannte „Fluranwältin" für den Antragsgegner betreffend der Gegenstände Scheidung und Versorgungsausgleich Rechtsmittel- und Anschlussrechtsmittel-Verzicht. Der Gegenstandswert für Ehescheidung und Versorgungsausgleich wird insgesamt auf 12.400,00 EUR festgesetzt.

Gegenstandswert: 12.400,00 EUR §§ 23 Abs. 1 RVG, 43, 50 FamGKG	
0,8 Verfahrensgebühr	483,20 EUR
Nr. 3403 VV RVG	
Auslagenpauschale, Nr. 7002 VV RVG	20,00 EUR
Zwischensumme	503,20 EUR
19 % Umsatzsteuer, Nr. 7008 VV RVG	95,61 EUR
Summe	**598,81 EUR**

▲

Hinweis
(Zum Gegenstandswert siehe § 2 Rn 149 u. 304.)

II. Vorzeitige Beendigung, 1. Instanz

1. Verfahrensauftrag

432 Bei einer vorzeitigen Beendigung reduziert sich eine Verfahrensgebühr in den Fällen, in denen der Rechtsanwalt Verfahrensauftrag hatte, nach Nr. 3101 Nr. 1–3 VV RVG auf 0,8. Hat der Rechtsanwalt noch keinen Verfahrensauftrag und befindet er sich im Bereich der außergerichtlichen Vertretung, hat er die Höhe der Geschäftsgebühr bei vorzeitiger Beendigung entsprechend niedriger zu bemessen.

2. Drei Arten der vorzeitigen Beendigung

433 In erster Instanz sieht das Vergütungsverzeichnis (Teil 3 Abschnitt 1) drei Arten der vorzeitigen Beendigung vor.

Nr. 3101 Nr. 1 VV RVG – 0,8 Verfahrensgebühr
vorzeitige Beendigung
(z.B. Scheidungsantrag diktiert, aber noch nicht eingereicht)
Nr. 3101 Nr. 2 VV RVG – 0,8 Verfahrensgebühr
Differenzverfahrensgebühr
(Mehrvergleich – z.B. bei Scheidungsvereinbarungen über nicht rechtshängige Ansprüche)
Nr. 3101 Nr. 3 VV RVG – 0,8 Verfahrensgebühr
Antragsgebühr in bestimmten Familiensachen und FG-Verfahren
(z.B. Stellung eines Antrags und Entgegennahme der Entscheidung)

3. Vorzeitige Beendigung, Nr. 3101 Nr. 1 VV RVG

a) Allgemeine Voraussetzungen

Diese vorzeitige Beendigung betrifft die Fälle, in denen der Auftrag des Rechtsanwalts endigt, bevor er die Klage, den ein Verfahren einleitenden Antrag oder einen Schriftsatz, der Sachanträge, Sachvortrag, die Zurücknahme der Klage oder die Zurücknahme des Antrags enthält, eingereicht, oder bevor er einen Termin wahrgenommen hat.

▼

Musterrechnung 4.47: Vorzeitige Beendigung in 1. Instanz – ohne vorherige außergerichtliche Vertretung

Rechtsanwalt O soll für seinen Mandanten P einen Antrag auf Zahlung von Zugewinnausgleichsansprüchen einreichen. Rechtsanwalt O hat umfangreiche Berechnungen durchgeführt und kommt zu einem Ausgleichsanspruch von 17.000,00 EUR. Rechtsanwalt O hat sogleich Auftrag zur Einreichung eines Antrags erhalten. Zu einer außergerichtlichen Vertretung kommt es nicht. Rechtsanwalt O diktiert den Antrag. Mandant P ruft in der Kanzlei an und bittet, den Antrag nicht einzureichen, er habe sich außergerichtlich geeinigt. Es kommt nicht mehr zur Einreichung des Antrags.

Gegenstandswert: 17.000,00 EUR §§ 23 Abs. 1 RVG, 35 FamGKG	
0,8 Verfahrensgebühr aus 17.000,00 EUR	556,80 EUR
Nr. 3101 Nr. 1 VV RVG	
Auslagenpauschale, Nr. 7002 VV RVG	20,00 EUR
Zwischensumme	576,80 EUR
19 % Umsatzsteuer, Nr. 7008 VV RVG	109,59 EUR
Summe	**686,39 EUR**

▲

Hinweis
Eine Mitwirkung am Zustandekommen der Einigung ist nicht ersichtlich, daher keine Einigungsgebühr (vgl. dazu Rn 261; zum Gegenstandswert siehe § 2 Rn 111).

436 **Musterrechnung 4.48: Vorzeitige Beendigung in 1. Instanz – mit vorheriger außergerichtlicher Vertretung**

Rechtsanwalt O soll für seinen Mandanten P die Zahlung von Zugewinnausgleichsansprüchen geltend machen. Rechtsanwalt O hat umfangreiche Berechnungen durchgeführt und kommt zu einem Ausgleichsanspruch von 17.000,00 EUR. Der Auftrag lautet zunächst auf außergerichtliche Vertretung, nach fruchtlosem Ablauf einer dem Gegner gesetzten Frist erhält Rechtsanwalt O Verfahrensauftrag; er soll einen entsprechenden Antrag bei Gericht einreichen. Rechtsanwalt O Rechtsanwalt O diktiert den Antrag. Mandant P ruft in der Kanzlei an und bittet, den Antrag nicht einzureichen, er habe sich außergerichtlich geeinigt. Die Einigung entspricht den außergerichtlich von Rechtsanwalt O gemachten Vorschlägen, so dass seine Mitwirkung am Zustandekommen der Einigung gegeben ist.

Gegenstandswert: 17.000,00 EUR §§ 23 Abs. 1 RVG, 35 FamGKG

1. Außergerichtliche Vertretung	
1,3 Geschäftsgebühr aus 17.000,00 EUR	904,80 EUR
Nr. 2300 VV RVG	
Auslagenpauschale, Nr. 7002 VV RVG	20,00 EUR
Zwischensumme	924,80 EUR
19 % Umsatzsteuer, Nr. 7008 VV RVG	175,71 EUR
Summe	**1.100,51 EUR**
2. Tätigkeit nach Verfahrensauftrag	
0,8 Verfahrensgebühr aus 17.000,00 EUR	556,80 EUR
Nr. 3101 Nr. 1 VV RVG	
abzgl. 0,65 Geschäftsgebühr gem. Vorbem. 3 Abs. 4 VV RVG	./. 452,40 EUR
Zwischensumme	104,40 EUR
Auslagenpauschale, Nr. 7002 VV RVG	20,00 EUR
Zwischensumme	124,40 EUR
1,5 Einigungsgebühr	1.044,00 EUR
Nr. 1000 VV RVG	
Zwischensumme	1.168,40 EUR
19 % Umsatzsteuer, Nr. 7008 VV RVG	222,00 EUR
Summe	**1.390,40 EUR**

> *Hinweis*
> Eine Mitwirkung am Zustandekommen der Einigung ist ersichtlich, daher fällt eine Einigungsgebühr an, (vgl. dazu Rn 261); zur Anrechnung der Geschäftsgebühr vgl. unter Rn 182; zur Höhe der Auslagenpauschale vgl. Rn 177. Zur Musterrechnung mit Terminsgebühr neben einer 0,8 Verfahrensgebühr siehe Rn 532.

b) Anzeige der Verteidigungsabsicht

437 Da die Anzeige der Verteidigungsabsicht (für Familienstreitsachen vgl. dazu § 113 Abs. 1 i.V.m. § 276 Abs. 1 ZPO) weder Sachantrag ist noch Sachvortrag, erhält der Rechtsanwalt, der für seinen Mandanten anzeigt, dass sich dieser gegen den Antrag verteidigen will, wenn der Antrag sodann zurückgenommen wird, lediglich eine 0,8 Verfahrensgebühr.

E. Gerichtliche Vertretung § 4

Praxistipp 438
Wird der Antrag auf Antragsabweisung mit der Anzeige der Verteidigungsabsicht gestellt, entsteht eine 1,3 Verfahrensgebühr. Nachdem ein Antrag bereits begründet ist handelt es sich insofern auch nicht um einen verfrühten Antrag auf Zurückweisung.

▼

Musterrechnung 4.49: Anzeige der Verteidigungsabsicht – ohne Sachantrag 439

Rechtsanwalt O bestellt sich für den Antragsgegner in einem Unterhaltsverfahren zum Verfahrensbevollmächtigten und zeigt an, dass sich der Antragsgegner gegen den Antrag verteidigen werde (Wert: 7.000,00 EUR). Anträge und Erwiderung sollen einem gesonderten Schriftsatz vorbehalten bleiben. Der Antrag wird plötzlich durch die Antragstellerin zurückgenommen. Rechtsanwalt O kann berechnen:

Gegenstandswert: 7.000,00 EUR §§ 23 Abs. 1 RVG, 51 Abs. 1, 2 FamGKG

0,8 Verfahrensgebühr aus 7.000,00 EUR	324,00 EUR
Nr. 3101 Nr. 1 VV RVG	
Auslagenpauschale, Nr. 7002 VV RVG	20,00 EUR
Zwischensumme	344,00 EUR
19 % Umsatzsteuer, Nr. 7008 VV RVG	65,36 EUR
Summe	**409,36 EUR**

▲

▼

Musterrechnung 4.50: Anzeige der Verteidigungsabsicht mit Antrag auf Abweisung 440

Rechtsanwalt O bestellt sich für den Antragsgegner in einem Unterhaltsverfahren zum Verfahrensbevollmächtigten und zeigt an, dass sich der Antragsgegner gegen den Antrag verteidigen werde (Wert: 7.000,00 EUR). RA O stellt gleichzeitig den Antrag, den Antrag der Gegenseite kostenpflichtig abzuweisen. Die Erwiderung soll einem gesonderten Schriftsatz vorbehalten bleiben. Der Antrag wird plötzlich durch die Antragstellerin zurückgenommen. Rechtsanwalt O kann berechnen:

Gegenstandswert: 7.000,00 EUR §§ 23 Abs. 1 RVG, 51 Abs. 1, 2 FamGKG

1,3 Verfahrensgebühr aus 7.000,00 EUR	526,50 EUR
Nr. 3100 VV RVG	
Auslagenpauschale, Nr. 7002 VV RVG	20,00 EUR
Zwischensumme	546,50 EUR
19 % Umsatzsteuer, Nr. 7008 VV RVG	103,84 EUR
Summe	**650,34 EUR**

▲

4. Vorzeitige Beendigung, Nr. 3101 Nr. 2 VV RVG (Differenzverfahrensgebühr)

a) Voraussetzungen für die Entstehung

Der Rechtsanwalt erhält eine 0,8 Verfahrensgebühr gemäß Nr. 3101 Nr. 2 VV RVG, wenn 441
- lediglich eine Einigung über in diesem Verfahren nicht rechtshängige Ansprüche zu Protokoll genommen wird;
- lediglich erfolglos über in diesem Verfahren nicht rechtshängige Ansprüche verhandelt wird, ohne dass es zu einer Einigung kommt;

§ 4 Gebühren in Familiensachen

- über in diesem Verfahren nicht rechtshängige Ansprüche erfolgreich verhandelt wird und eine Einigung der Parteien oder Beteiligten über in diesem Verfahren nicht rechtshängige Ansprüche zu Protokoll genommen wird.

Die Differenzverfahrensgebühr hat gerade in Scheidungsangelegenheiten einen hohen Stellenwert, da nicht selten eine außergerichtlich ausgehandelte Scheidungsvereinbarung im Gerichtstermin protokolliert wird.

442 Durch das 2. KostRMoG wurde der Wortlaut der Nr. 3101 Nr. 2 VV RVG durch den Gesetzgeber klarstellend wie folgt geändert, um Auslegungsprobleme der bisherigen sprachlichen Fassung zu vermeiden:

„2. soweit Verhandlungen vor Gericht zur Einigung der Parteien oder der Beteiligten oder mit Dritten über in diesem Verfahren nicht rechtshängige Ansprüche geführt werden; der Verhandlung über solche Ansprüche steht es gleich, wenn beantragt ist, eine Einigung zu Protokoll zu nehmen oder das Zustandekommen einer Einigung festzustellen (§ 278 Abs. 6 ZPO);"

443 Diese Änderung wurde wie folgt begründet:[263]

„In der Literatur ist die Auffassung vertreten worden, dass die Formulierung der Nummer 2 des Gebührentatbestands der Gebühr 3101 VV RVG dazu führe, dass die auf 0,8 ermäßigte Verfahrensgebühr nur entstehe, wenn entweder lediglich eine Einigung der Parteien oder der Beteiligten über nicht rechtshängige Ansprüche zu Protokoll genommen werde oder wenn erfolglos über eine solche Einigung verhandelt werde. Bei erfolgreicher Verhandlung und anschließender Protokollierung würde jedoch die 1,3 Verfahrensgebühr nach Nummer 3100 VV RVG anfallen (Schneider in AGS 2007, 277 ff.). Diese Auffassung entspricht nicht dem, was mit der Regelung beabsichtigt war. Die Protokollierung einer Einigung dürfte in den seltensten Fällen ohne Einigungsgespräche im Termin erfolgen. Auch wäre eine erhöhte Gebühr bei Einigung und Protokollierung sehr missbrauchsanfällig. Daher wird eine redaktionelle Neufassung der Nummer 2 des Gebührentatbestands vorgeschlagen."

444 Zu einem Antrag auf Protokollierung einer Einigung muss es somit nach den Bestimmungen des RVG nicht mehr kommen. Die Differenzverfahrensgebühr gemäß Nr. 3101 Nr. 2 VV RVG erhält der Rechtsanwalt aus dem Wert der in diesem Verfahren nicht rechtshängigen Ansprüche. Das bedeutet, die Ansprüche sind entweder
- gar nicht anhängig oder
- in einem anderen Verfahren anhängig.

445 *Praxistipp*
Sofern es nicht zu einer Einigung kommt, sollte im Termin darauf geachtet werden, dass das Gericht die Gebühren auslösende Tätigkeit ins Sitzungsprotokoll aufnimmt. So ist gewährleistet, dass es später nicht zu Streit über die Frage der Entstehung der Gebühr kommt. Dabei sollte darauf geachtet werden, dass das Gericht die Ansprüche, über die verhandelt wurde, nach Möglichkeit auch beziffert.

446 Denkbar sind aber auch Fälle, in denen das Gericht einen Vergleichsvorschlag unterbreitet und einer der Beteiligten versucht, für den anderen Beteiligten gänzlich neue oder gar unbekannte Forderungen in die Verhandlungen mit einzubeziehen. Es stellt sich die Frage, ob der Rechtsanwalt, der im Verfahren mit derartigen Ansprüchen erstmalig konfrontiert wird, überhaupt einen Auftrag über diese Ansprüche hat. Möglicherweise sind die Ansprüche aber auch bekannt, aus Kostengründen soll jedoch eine Verhandlung hierüber nicht erfolgen.

---

[263] BT-Drucks 17/11471 vom 14.11.2012, 2. KostRMoG, S. 430 f.

E. Gerichtliche Vertretung § 4

Praxistipp 447
Will man verhindern, dass die Differenzverfahrensgebühr anfällt (und möglicherweise eine Terminsgebühr gleich obendrein, siehe § 4 Rn 559 ff.), sollte man nicht in Verhandlungen hierüber eintreten, denn selbst das Verhandeln löst die entsprechenden Gebühren aus. Hier bietet es sich an, den Gegenanwalt darauf hinzuweisen, dass diese Ansprüche nicht Gegenstand des Verfahrens sind und man sich wegen dieser Ansprüche schriftlich melden soll. Damit ist der Gebührenanfall natürlich nicht per se verhindert, aber zumindest für diesen Moment.

(Musterrechnungen zum Thema Differenzverfahrensgebühr, siehe Rn 450.) 448

b) Kein Wegfall der Differenzverfahrensgebühr bei Widerruf

Die Differenzverfahrensgebühr erhält der Rechtsanwalt auch dann, wenn eine Einigung widerrufen 449
oder eine solche trotz Verhandlungen nicht zustande kommt. Dies ergibt sich daraus, dass bei den
Gebührentatbeständen für die Differenzverfahrensgebühr nicht auf eine wirksame Einigung abgestellt wird.

▼

Musterrechnung 4.51: Widerrufliche Einigung über rechtshängige und nicht rechtshängige Ansprüche 450

RA R macht aus Kostengründen nur einen Teilbetrag des seiner Mandantin zustehenden Zugewinnausgleichsanspruchs in Höhe von 45.000,00 EUR gerichtlich geltend. Weitere nicht rechtshängige Ansprüche in Höhe von 100.000,00 EUR werden zurückgestellt. Im Termin zur mündlichen Verhandlung wird auch über die in diesem Verfahren nicht geltend gemachten weitergehenden Ansprüche von 100.000,00 EUR verhandelt. Die Beteiligten schließen eine Einigung, wonach der Antragsgegner zur Abgeltung der gesamten Zugewinnausgleichsansprüche einen Betrag von insgesamt 75.000,00 EUR zahlt. Die Einigung wird widerruflich getroffen. Innerhalb der 10-tätigen Widerrufsfrist wird der Vergleich vom Antragsgegner widerrufen. Das Gericht verkündet daraufhin einen Beschluss, wonach der Antragsgegner einen Betrag von 50.000,00 EUR zu bezahlen hat.

Gegenstandswerte:
Zugewinnausgleich: 45.000,00 EUR/100.000,00 EUR
§§ 23 Abs. 1 RVG, 35 FamGKG

1,3 Verfahrensgebühr aus 45.000,00 EUR		
Nr. 3100 VV RVG	1.414,40 EUR	
0,8 Verfahrensgebühr aus 100.000,00 EUR	<u>1.202,40 EUR</u>	
Nr. 3101 Nr. 2 VV RVG		
gesamt	2.616,80 EUR	
§ 15 Abs. 3 RVG höchstens:		2.285,40 EUR
1,3 aus 145.000,00 EUR =		
(Kürzung erforderlich).		
1,2 Terminsgebühr aus 145.000,00 EUR		2.109,60 EUR
Nr. 3104 VV RVG (Vorbem. 3 Abs. 3 VV RVG)		<u>20,00 EUR</u>
Auslagenpauschale, Nr. 7002 VV RVG		
Zwischensumme		4.415,00 EUR
19 % Umsatzsteuer, Nr. 7008 VV RVG		<u>838,85 EUR</u>
Summe		**5.253,85 EUR**

§ 4 Gebühren in Familiensachen

(Zur Frage der Terminsgebühr vgl. Rn 559; der Anwendung von § 15 Abs. 3 RVG Rn 463.)

c) Einigung auch über parallel anhängige Ansprüche

451 *„In diesem Verfahren nicht rechtshängig"* heißt, dass die Ansprüche, die mitverglichen werden, in diesem Verfahren nicht mit geltend gemacht worden sein müssen oder aber überhaupt noch nicht geltend gemacht wurden. Die Ansprüche können somit in einem anderen Verfahren geltend gemacht worden sein.

452 Soweit in den Fällen der Differenzverfahrensgebühr der sich nach § 15 Abs. 3 RVG ergebende Gesamtbetrag der Verfahrensgebühren die Nr. 3100 VV RVG übersteigt, wird der übersteigende Betrag auf eine Verfahrensgebühr angerechnet, die wegen desselben Gegenstands in einer anderen Angelegenheit entsteht, Abs. 1 der Anmerkung zu Nr. 3101 VV RVG. Mit dieser Formulierung will der Gesetzgeber vermeiden, dass der Rechtsanwalt nur die Höhe der Differenzverfahrensgebühr anzurechnen hat, die er auch tatsächlich erhält. Andernfalls hätte er mehr anzurechnen, als er dem Mandanten tatsächlich in Rechnung stellt.

453 **Musterrechnung 4.52: Anrechnung der Differenzverfahrensgebühr bei Parallelverfahren**

Geht man davon aus, dass im Fall der Musterrechnung Nr. 50 die Antragstellerin wg. der Ansprüche von 45.000,00 EUR voll obsiegt hätte, liegt es relativ nahe, dass nunmehr auch der zunächst nicht gerichtlich geltend gemachte Betrag von 100.000,00 EUR noch eingeklagt wird. Angenommen, es käme in diesem Verfahren zu einem weiteren Termin, sind die entsprechenden Anrechnungsvorschriften zu beachten. Die Abrechnung des zweiten Verfahrens würde nun folgendermaßen vor sich gehen:

Gegenstandswerte:
Zugewinnausgleich: 100.000,00 EUR §§ 23 Abs. 1 RVG, 35 FamGKG

1,3 Verfahrensgebühr aus 100.000,00 EUR Nr. 3100 VV RVG	1.953,90 EUR
abzüglich	
0,8 Verfahrensgebühr aus 100.000,00 EUR	
= 1.202,40 EUR, jedoch wg. § 15 Abs. 3 RVG im Parallelverfahren gekürzt auf	./. 871,00 EUR
Zwischensumme	1.082,90 EUR
1,2 Terminsgebühr aus 100.000,00 EUR nach Anrechnung gem. Abs. 2 der Anm. zu Nr. 3104 VV RVG	
(Nebenrechnung: Erhalten im ersten Verfahren 1,2 Terminsgebühr aus 145.000,00 EUR = 2.109,60 EUR. Ohne Beteiligung der 100.000,00 EUR, die in diesem zweiten Verfahren geltend gemacht worden sind, hätte RA erhalten 1,2 TG aus 45.000,00 EUR = 1.305,60 EUR, somit mehr erhalten: 804,00 EUR, so dass die Terminsgebühr, die der RA in diesem zweiten Verfahren erhält, um diesen Betrag zu kürzen ist. 1,2 TG aus 100.000,00 EUR = 1.803,60 EUR, abzgl. 804,00 EUR =	999,60 EUR
Nr. 3104 VV RVG (Vorbem. 3 Abs. 3 VV RVG)	
Auslagenpauschale, Nr. 7002 VV RVG	20,00 EUR

E. Gerichtliche Vertretung § 4

Zwischensumme	2.102,50 EUR
19 % Umsatzsteuer, Nr. 7008 VV RVG	399,48 EUR
Summe	**2.501,98 EUR**

> *Hinweis*
> (Zur Anrechnung der Differenzverfahrensgebühr vgl. Rn 452; zur Anrechnung der Terminsgebühr vgl. Rn 567.)

Sind Ansprüche teilweise in 1. und teilweise in 2. Instanz anhängig und kommt es in einem Verfahren zu einer Einigung, mit der beide Verfahren sich erledigen, kann sich folgende Berechnung ergeben: 454

Musterrechnung 4.53: Anrechnung der Differenzverfahrensgebühr bei Parallelverfahren in 2. Instanz 455

Verfahren A – Anhängig 4.000,00 EUR, Termin. Verfahren B – Anhängig 6.000,00 EUR in 2. Instanz. Bisher kein Termin in Verfahren B. Im Termin in Verfahren A Vergleichsabschluss, Verhandlung auch über die Ansprüche, die in Verfahren B anhängig sind. Sodann Einigung und Erledigung aller Ansprüche aus Verfahren A und B.

Abrechnung **Verfahren A**:

Verfahrenswert: 4.000,00 EUR

1,3 Verfahrensgebühr aus 4.000,00 EUR	
Nr. 3100 VV RVG	327,60 EUR
0,8 Verfahrensgebühr aus 6.000,00 EUR	
Nr. 3101 Nr. 2 VV RVG	283,20 EUR
nach § 15 Abs. 3 RVG: höchstens 1,3 aus 10.000,00 EUR	
(= 725,40 EUR) – keine Kürzung	
1,2 Terminsgebühr aus 10.000,00 EUR	
Nr. 3104 VV RVG	669,60 EUR
Übertrag Zwischensumme	1.280,40 EUR
1,0 Einigungsgebühr aus 4.000,00 EUR	
Nr. 1003 VV RVG =	252,00 EUR
1,3 Einigungsgebühr aus 6.000,00 EUR	
Nr. 1004 VV RVG	460,20 EUR
nach § 15 Abs. 3 RVG: höchstens	
1,3 aus 10.000,00 EUR = 725,40 EUR – keine Kürzung	
Auslagenpauschale, Nr. 7002 VV RVG	20,00 EUR
Zwischensumme	2.012,60 EUR
19 % Umsatzsteuer, Nr. 7008 VV RVG	382,39 EUR
Summe	**2.394,99 EUR**

Abrechnung **Verfahren B**:

Gegenstandswert: 6.000,00 EUR

1,6 Verfahrensgebühr aus 6.000,00 EUR	
Nr. 3200 VV RVG	566,40 EUR

abzüglich 0,8 Verfahrensgebühr aus 6.000,00	
(nach Abs. 1 der Anm. zu Nr. 3101 VV)	./. 283,20 EUR
Zwischensumme	283,20 EUR
Auslagenpauschale, Nr. 7002 VV RVG	20,00 EUR
Zwischensumme	303,20 EUR
19 % Umsatzsteuer, Nr. 7008 VV RVG	57,61 EUR
Summe	**360,81 EUR**

▲

Hinweis
(Zur Anrechnung der Differenzverfahrensgebühr vgl. Rn 452.)

5. Verfahrensgebühr Nr. 3101 Nr. 3 VV RVG

456 Die Verfahrensgebühr nach Nr. 3101 Nr. 3 VV RVG beträgt ebenfalls 0,8. Sie wurde mit dem FGG-Reform-Gesetz erheblich geändert.[264]

> *„3. soweit in einer Familiensache, die nur die Erteilung einer Genehmigung oder die Zustimmung des Familiengerichts zum Gegenstand hat, oder in einem Verfahren der freiwilligen Gerichtsbarkeit lediglich ein Antrag gestellt und eine Entscheidung entgegengenommen wird, ..."*

Der Gesetzgeber hielt die Klarstellung für wichtig, da in Zukunft nicht mehr zwischen Verfahren der freiwilligen Gerichtsbarkeit und anderen Verfahren in Familiensachen unterschieden wird. Alle Familiensachen sollen daher gleich behandelt werden. Man wollte jedoch die 0,8 Verfahrensgebühr für solche Verfahren erhalten, die lediglich die Erteilung einer Genehmigung oder die Zustimmung des Familiengerichts zum Gegenstand haben.

457 Unter Nr. 3101 Nr. 3 VV fallen z.B. Anträge auf Genehmigung eines Rechtsgeschäfts für ein minderjähriges Kind beim Familiengericht (bis 31.8.2009: Vormundschaftsgericht), Beantragung eines Erbscheins, etc. Sofern der Rechtsanwalt lediglich einen Antrag stellt und eine Entscheidung entgegennimmt, bleibt es bei einer 0,8 Verfahrensgebühr nach Nr. 3101 Nr. 3 VV RVG.

Eine ähnliche Regelung wurde im Rahmen des 2. KostRMoG auch Abs. 2 der Anmerkung zu Nr. 3201 VV RVG eingefügt (vgl. § 4 Rn 718).

▼

458 **Musterrechnung 4.54: Antrag an das Familiengericht – Entgegennahme Beschluss i.S.d. Nr. 3101 Nr. 3 VV RVG**

Rechtsanwältin A beantragt beim Familiengericht, den Kauf für ein minderjähriges Kind zu genehmigen. Das Gericht erlässt einen entsprechenden Beschluss, der von Rechtsanwältin A weitergeleitet wird. Die Sache ist damit erledigt. Der Gegenstandswert wird auf 4.000,00 EUR festgesetzt.

Gegenstandswert: 4.000,00 EUR	
0,8 Verfahrensgebühr aus 4.000,00 EUR	
Nr. 3101 Nr. 3 VV RVG	201,60 EUR
Auslagenpauschale, Nr. 7002 VV RVG	20,00 EUR

---

[264] BGBl 2008 I, S. 2585 (S. 2718).

Zwischensumme	221,60 EUR
19 % Umsatzsteuer, Nr. 7008 VV RVG	42,10 EUR
Summe	**263,70 EUR**

Praxistipp 459

Es entsteht eine 1,3 Verfahrensgebühr, wenn „nicht lediglich" ein Antrag gestellt und eine Entscheidung entgegengenommen wird, wenn also der Rechtsanwalt weitergehend, über die Antragstellung hinaus, tätig wird, z.B. weil er Rückfragen des Gerichts noch beantwortet.

Nach Ansicht von *Müller-Rabe* führt eine Begründung des Antrags (ob kurz oder lang) noch nicht zur vollen 1,3 Verfahrensgebühr nach Nr. 3100 VV RVG. Es bleibt vielmehr auch dann bei einer 0,8 Verfahrensgebühr nach Nr. 3101 Nr. 3 VV RVG.[265] Geht die Tätigkeit des Rechtsanwalts über die bloße Antragstellung (und ggf. Begründung) hinaus, weil das Gericht weitere Ausführungen verlangt, ist nach Ansicht von *Müller-Rabe* der Anfall einer 1,3 Verfahrensgebühr nach Nr. 3100 VV RVG gegeben.[266] Gleiches gilt auch, wenn der Anwalt nach einem Aufklärungsbeschluss weiter vorträgt. Die mögliche Folge, dass der Anwalt, der zunächst den Antrag „schlampig" begründet, mehr verdient, als der sorgfältig arbeitende Anwalt, muss nach Ansicht von *Müller-Rabe* hingenommen werden.[267] 460

Musterrechnung 4.55: Antrag an das Familiengericht – mit weiterem Sachvortrag 461

Rechtsanwältin A beantragt beim Familiengericht, den Kauf für ein minderjähriges Kind zu genehmigen. Das Gericht hält den Antrag nicht hinreichend substantiiert begründet und fordert weiteren Sachvortrag, der erfolgt. Anschließend ergeht antragsgemäß ein Beschluss. Die Sache ist damit erledigt. Der Gegenstandswert wird auf 4.000,00 EUR festgesetzt.

Gegenstandswert: 4.000,00 EUR

1,3 Verfahrensgebühr	
Nr. 3100 VV RVG	327,60 EUR
Auslagenpauschale, Nr. 7002 VV RVG	20,00 EUR
Zwischensumme	347,60 EUR
19 % Umsatzsteuer, Nr. 7008 VV RVG	66,04 EUR
Summe	**413,64 EUR**

Nach Abs. 2 der Anmerkung zu Nr. 3101 VV RVG ist jedoch Nr. 3101 Nr. 3 VV RVG in streitigen Verfahren der freiwilligen Gerichtsbarkeit, insbesondere in Familiensachen, nicht anzuwenden. Dies bedeutet, dass beispielsweise im Sorgerechtsverfahren eine 1,3 Verfahrensgebühr entsteht und Nr. 3101 Nr. 3 VV RVG hier nicht zur Anwendung kommt. Dementsprechend hat das OLG Nürnberg auch entschieden, dass in einem streitigen Sorgerechtsverfahren eine 1,3 Verfahrensgebühr nach Nr. 3100 VV RVG entsteht. Nr. 3101 Nr. 3 VV RVG gilt hier nicht.[268] (Musterrechnungen zum Sorgerecht, siehe Rn 270, 288, 292.) 462

---

265 *Gerold/Schmidt/Müller-Rabe*, 3101 VV Rn 115.
266 *Gerold/Schmidt /Müller-Rabe*, 3101 VV Rn 116.
267 *Gerold/Schmidt/Müller-Rabe*, 3101 VV Rn 117.
268 OLG Nürnberg JurBüro 2005, 190 = RVGreport 2005, 105.

6. Anwendung von § 15 Abs. 3 RVG

463 Zu beachten ist bei Anwendung des RVG, dass die Verfahrensgebühr nach Nr. 3100 VV RVG und die Verfahrensgebühr nach Nr. 3101 VV RVG zusammen nicht höher sein dürfen, als die aus dem Gesamtbetrag der Wertteile nach dem höchsten Gebührensatz berechnete Gebühr. Es ist daher zu prüfen, ob eine Kürzung vorgenommen werden muss. Dies bestimmt § 15 Abs. 3 RVG.

464 *Beispiel*

Entstanden: 1,3 Verfahrensgebühr aus 30.000,00 EUR zzgl. 0,8 Verfahrensgebühr aus nicht rechtshängigen Ansprüchen in Höhe von 20.000,00 EUR.

Darstellung 1:

Hier werden alle Gebühren rechts ausgeworfen. Bei einer Kürzung ist der zu kürzende Betrag abzuziehen.

1,3 Verfahrensgebühr aus 30.000,00 EUR	1.121,90 EUR
Nr. 3100 VV RVG	
0,8 Verfahrensgebühr aus 20.000,00 EUR	593,60 EUR
Nr. 3101 Nr. 2 VV RVG	
Summe	1.715,50 EUR
nach § 15 Abs. 3 RVG: höchstens 1,3 aus 50.000,00 EUR = 1.511,90 EUR,	./. 203,60 EUR
somit hier Kürzung	
Summe	1.511,90 EUR
zzgl. weitere Gebühren, Auslagen u. Umsatzsteuer	

465 *Beispiel*

Darstellung 2:

Hier werden die zu kürzenden Gebühren mittig dargestellt und nur die tatsächlich in der Berechnung zu addierende Gebühr rechts ausgeworfen.

1,3 Verfahrensgebühr aus 30.000,00 EUR	1.121,90 EUR	
Nr. 3100 VV RVG		
0,8 Verfahrensgebühr aus 20.000,00 EUR	593,60 EUR	
Nr. 3101 Nr. 2 VV RVG		
Summe	1.715,50 EUR	
höchstens: § 15 Abs. 3 RVG		**1.511,90 EUR**
1,3 aus 50.000,00 EUR =		
zzgl. weitere Gebühren, Auslagen u. Umsatzsteuer		

466 *Beispiel*

Darstellung 3:

Die 1,3 Verfahrensgebühr wird rechts ausgeworfen. Die 0,8 Verfahrensgebühr wird, sofern sie nicht gekürzt wird, ebenfalls gleich rechts ausgeworfen. Ist sie zu kürzen, wird nur der zu kürzende Betrag rechts ausgeworfen.

1,3 Verfahrensgebühr aus 30.000,00 EUR	1.121,90 EUR
Nr. 3100 VV RVG	
0,8 Verfahrensgebühr aus 20.000,00 EUR	
Nr. 3101 Nr. 2 VV RVG = 593,60 EUR	

> höchstens: § 15 Abs. 3 RVG 390,00 EUR
> 1,3 aus 50.000,00 EUR = 1.511,90 EUR, somit zu kürzen auf
> zzgl. weitere Gebühren, Auslagen u. Umsatzsteuer

Wie die Kürzung in der Rechnung dargestellt wird, bleibt dem Abrechnenden überlassen. Hier sollten lediglich Beispiele gegeben werden, wie die Darstellung aussehen **kann**. Wichtig für den Mandanten ist, dass er eine nachprüfbare Abrechnung erhält (§ 10 RVG).

In Abs. 1 der Anmerkung zu Nr. 3101 VV RVG ist der Fall geregelt, wie mit der Verfahrensgebühr umzugehen ist, wenn im Parallelverfahren bereits eine Verfahrensgebühr nach Nr. 3100 bzw. 3200 VV RVG entstanden ist. Soweit danach in den Fällen der Nummer 2 der sich nach § 15 Abs. 3 RVG ergebende Gesamtbetrag der Verfahrensgebühren die Gebühr 3100 übersteigt, wird der übersteigende Betrag auf eine Verfahrensgebühr angerechnet, die wegen desselben Gegenstands in einer anderen Angelegenheit entsteht.

> *Beispiel*
> 0,8 Verfahrensgebühr aus 20.000,00 EUR = 593,60 EUR. Da die beiden Gebühren in obigem Verfahren 1.715,50 EUR betragen hätten, war wegen § 15 Abs. 3 eine Kürzung auf 1.511,90 EUR vorzunehmen, somit die Gebühr von 593,60 EUR um 203,60 EUR zu kürzen. Der Rechtsanwalt hat aufgrund des § 15 Abs. 3 nur eine um 203,60 EUR gekürzte 0,8 Verfahrensgebühr erhalten, somit 390,00 EUR. Nur diese gekürzte Gebühr ist von der im Parallelverfahren entstandenen 1,3 Verfahrensgebühr in Abzug zu bringen (vgl. dazu auch Rn 463 (Musterrechnung)).

III. Terminsgebühr, 1. Instanz

1. Allgemeines

Die **Terminsgebühr** für die 1. Instanz ist in Nr. 3104 VV RVG geregelt und beträgt **1,2**.

Im Rahmen des 2. KostRMoG wurde Absatz 3 der Vorbemerkung 3 zu Teil 3 VV ergänzt und damit der Anwendungsbereich der Terminsgebühr erheblich erweitert:

> „(3) Die Terminsgebühr entsteht sowohl für die Wahrnehmung von gerichtlichen Terminen als auch für die Wahrnehmung von außergerichtlichen Terminen und Besprechungen, wenn nichts anderes bestimmt ist. Sie entsteht jedoch nicht für die Wahrnehmung eines gerichtlichen Termins nur zur Verkündung einer Entscheidung. Die Gebühr für außergerichtliche Termine und Besprechungen entsteht für
> 1. die Wahrnehmung eines von einem gerichtlich bestellten Sachverständigen anberaumten Termins und
> 2. die Mitwirkung an Besprechungen, die auf die Vermeidung oder Erledigung des Verfahrens gerichtet sind; dies gilt nicht für Besprechungen mit dem Auftraggeber."

Diese Änderung wurde wie folgt begründet:[269]

> „Der neu gefasste Absatz 3 soll zweierlei bewirken. Zum einen sollen künftig auch Anhörungstermine unter die Regelung für die Terminsgebühr fallen, zum anderen soll klargestellt werden, dass die Terminsgebühr für die Mitwirkung an auf die Vermeidung oder Erledigung des Verfahrens gerichtete außergerichtliche Besprechungen unabhängig davon entsteht, ob für das gerichtliche Verfahren eine mündliche Verhandlung vorgeschrieben ist.

---

269 BT-Drucks 17/11471 vom 14.11.2012, 2. KostRMoG, S. 430 f.

§ 4 Gebühren in Familiensachen

> *Der geltende Wortlaut des Absatzes 3 nennt lediglich die Vertretung in einem Verhandlungs-, Erörterungs- oder Beweisaufnahmetermin als Voraussetzung für den Anfall der Terminsgebühr im gerichtlichen Verfahren. Es ist aber sachgerecht, auch die Teilnahme an einem Anhörungstermin in gleicher Weise zu entgelten wie die Teilnahme an einem Erörterungstermin. Der Aufwand und die Verantwortung des Anwalts ist in beiden Fällen vergleichbar.*
>
> *Der Neuaufbau des Absatzes 3 soll einen Streit in der Rechtsprechung zum Anfall der Terminsgebühr für Besprechungen dahingehend entscheiden, dass die Terminsgebühr für die Mitwirkung an auf die Vermeidung oder Erledigung des Verfahrens gerichtete außergerichtliche Besprechungen auch dann entsteht, wenn die gerichtliche Entscheidung ohne mündliche Verhandlung durch Beschluss ergeht. Diese Auffassung entspricht den Entscheidungen des OLG München vom 27.8.2010 (AGS 2010, 420f.) und 25.3.2011 (AGS 2011, 213ff.), die einer Entscheidung des BGH vom 1.2.2007 (AGS 2007, 298ff.) entgegentreten. Der BGH hat seine Entscheidung mit Beschl. v. 2.11.2011 (XII ZB 458/10, nachgewiesen unter juris) dahingehend eingeschränkt, dass die Terminsgebühr jedenfalls dann anfällt, wenn in dem Verfahren eine mündliche Verhandlung für den Fall vorgeschrieben ist, dass eine Partei sie beantragt. Die nunmehr vorgeschlagene Klärung der Streitfrage entspricht der Intention des Gesetzgebers, wie sich aus Vorbemerkung 3.3.2 ableiten lässt.*
>
> *Nach dieser Vorbemerkung bestimmt sich die Terminsgebühr im Mahnverfahren nach Teil 3 Abschnitt 1. Diese Bestimmung würde keinen Sinn ergeben, wenn eine mündliche Verhandlung in dem Verfahren vorgeschrieben sein müsste oder zumindest auf Antrag stattfinden müsste. Der erste Satz soll verdeutlichen, dass die Terminsgebühr sowohl durch gerichtliche als auch durch außergerichtliche anwaltliche Tätigkeiten unabhängig voneinander anfallen kann. Mit dem Zusatz „wenn nichts anderes bestimmt ist" sollen die Fälle der „fiktiven Terminsgebühr", bei denen kein Termin wahrgenommen wird, erfasst werden."*

473 Mit der Neufassung des Abs. 3 der Vorbem. 3 VV RVG beabsichtigte der Gesetzgeber zum einen,
- dass mit Ausnahme von reinen Verkündungsterminen alle gerichtlichen Termine grundsätzlich eine Terminsgebühr auslösen und
- zum anderen sollte klargestellt werden, dass die Terminsgebühr für die Mitwirkung an auf die Vermeidung oder Erledigung des Verfahrens gerichteten außergerichtlichen Besprechungen unabhängig davon entsteht, ob für das jeweilige gerichtliche Verfahren eine mündliche Verhandlung vorgeschrieben ist oder nicht.

474 Die **Terminsgebühr in Höhe von 1,2** entsteht z.B.:
- bei einer streitigen Verhandlung;
- bei einem Anerkenntnis oder Verzicht in der Verhandlung;
- bei einer Erörterung;
- bei einem Anhörungstermin;
- bei Teilnahme an einer Güteverhandlung (Zivil- oder Arbeitsgerichtsprozess);
- bei Teilnahme an einem Ortstermin mit einem gerichtlich bestellten Sachverständigen;
- für Besprechungen mit dem Gegner oder Dritten (z.B. Gegenanwalt), wenn bereits Verfahrens-/Prozessauftrag erteilt ist oder aber der Rechtsanwalt als Verfahrensbevollmächtigter bestellt ist;
- bei Versäumnisurteil bzw. Versäumnisentscheidung, wenn beide Beteiligten anwesend oder ordnungsgemäß vertreten sind, eine Partei/ein Beteiligter jedoch nicht verhandelt und deswegen VU ergeht.

475 Durch das 2. KostRMoG wurde klargestellt, dass grundsätzlich alle gerichtlichen Termine (mit Ausnahme reiner Verkündungstermine) eine Terminsgebühr auslösen können. Wie der Gesetzgeber in seiner Begründung selbst ausgeführt hat, sollen künftig auch Anhörungstermine vom Anwendungsbereich der Terminsgebühr mit umfasst werden.

Gerade in Familiensachen kommt es häufig zu einem Anhörungstermin. Das OLG Koblenz hat sich beispielsweise gegen den Ansatz einer Terminsgebühr bei Wahrnehmung eines Anhörungstermins in einer Ehesache ausgesprochen.[270] Gegen den Ansatz einer Terminsgebühr für eine Anordnung nach § 159 FamFG haben sich ebenfalls etliche Gerichte ausgesprochen.[271]

476

Auch wenn sich die Rechtsprechung verstärkt anwaltsfreundlich dahingehend geäußert hat, dass der Anhörungstermin einem Erörterungs- oder Verhandlungstermin gebührenrechtlich gleichzusetzen ist,[272] hat der Gesetzgeber durch die Klarstellung in Vorbem. 3 Abs. 3 die Frage nunmehr endgültig dahingehend geklärt, das der Rechtsanwalt auch durch die Wahrnehmung von Anhörungsterminen eine Terminsgebühr verdienen kann.

477

Somit entsteht die Terminsgebühr künftig ohne Zweifel, wenn der Rechtsanwalt zum Beispiel einen der folgenden Anhörungstermine wahrnimmt:
- Termin zur Anhörung eines Ehegatten, § 128 Abs. 1 FamFG;
- Termin zur Anhörung eines Kindes, § 159 FamFG;
- Termin zur Anhörung der Eltern in Kindschaftssachen, § 160 FamFG;
- sowie weitere Anhörungstermine.

478

Es kommt nicht darauf an, ob in dem Termin Anträge gestellt werden oder ob die Sache erörtert wird. Es reicht vielmehr aus, dass der Rechtsanwalt einen Termin wahrnimmt, unabhängig davon, ob es zu einer streitigen oder nichtstreitigen Verhandlung, ein- oder zweiseitiger Erörterung sowie zwischen Verhandlungen zur Sache kommt.[273] Eine Ausnahme hiervon bildet schließlich Nr. 3105 VV RVG.

479

2. Reduzierte Terminsgebühr 0,5 nach Nr. 3105 VV RVG – Säumnisverfahren

Zunächst soll grundsätzliches zum Säumnisverfahren nach dem FamFG ausgeführt werden:

480

Erscheint der Antragsteller zum **Scheidungstermin** nicht, gilt der Antrag als zurückgenommen, § 130 Abs. 1 FamFG.

Der Gesetzgeber hat in § 130 Abs. 1 FamFG mit der Rücknahmefiktion erreicht, dass keine materielle Rechtskraft über den Scheidungsantrag ergeht, was ihm vorzugswürdig gegenüber einer Abweisung des Antrags entsprechend § 330 ZPO erschien.

Erscheinen beide Beteiligte nicht zum Termin, wird das Gericht dies ebenfalls als Rücknahmefiktion werten.

Eine Versäumnisentscheidung gegen den Antragsgegner sowie eine Entscheidung nach Aktenlage in Ehesachen ist unzulässig, § 130 Abs. 2 FamFG.

481

> *Praxistipp*
> Es darf zwar keine Versäumnisentscheidung, es kann allerdings gegen den Antragsgegner ein streitiger Beschluss ergehen, wenn das Gericht nach Anhörung des Beteiligten von der Zerrüttung der Ehe überzeugt ist. So soll vermieden werden, dass ein Antragsgegner, der sich möglicherweise im Ausland aufhält und einfach nicht zur Scheidung erscheint, diese für eine lange Zeit „torpedieren" kann. Dabei hat das Gericht § 127 Abs. 1 FamFG zu beachten und von Amts wegen die zur Feststellung der entscheidungserheblichen Tatsachen erforderlichen Ermittlungen durchzuführen.

482

---

270 OLG Koblenz FamRZ 2011, 1978 = FamFR 2011, 447 = AGS 2011, 589.
271 OLG Stuttgart FamRZ 2007, 233 = RVGreport 2007, 460; OLG Braunschweig AGS 2009, 441; OLG Köln AGS 2008, 593.
272 So z.B. OLG Schleswig RVGreport 2007, 388; AG Vechta FamRZ 2012, 243 = FamFR 2011, 477.
273 BT-Drucks 15/1971, 208.

§ 4 Gebühren in Familiensachen

483 § 130 FamFG gilt für sämtliche Ehesachen (also auch z.B. die Aufhebung der Ehe etc.).

484 Soweit eine Familienstreitsache im Verbund zu entscheiden ist, kann jedoch ein einheitlicher Versäumnisbeschluss ergehen, § 142 Abs. 1 S 2 FamFG. Insoweit haben sich jedoch nur redaktionelle Veränderungen zum § 629 Abs. 1 ZPO a.F. ergeben.

485 In den Familienstreitsachen gilt:

Aufgrund des Verweises in § 113 Abs. 1 FamFG auf die Vorschriften der ZPO für das landgerichtliche Verfahren für Ehesachen und Familienstreitsachen, kann z.B. in einem Verfahren auf Ehegattenunterhalt eine Säumnisentscheidung ergehen. Die nachstehend dargelegte Rechtsprechung ist zur ZPO und damit zum Versäumnis**urteil** ergangen, kann aber aufgrund der Verweisungsnorm in § 113 FamFG m.E. auf die Ehesachen und Familienstreitsachen auf dortige Versäumnisentscheidungen oder Versäumnisbeschlüsse entsprechend Anwendung finden.

486 Der Rechtsanwalt erhält, wenn **nur ein** Termin stattgefunden hat, in dem lediglich ein Versäumnisentscheidung beantragt oder ein Antrag auf Prozess-, Verfahrens- und Sachleitung gestellt wurde, weil eine Partei oder ein Beteiligter nicht erschienen oder nicht ordnungsgemäß vertreten war, eine Gebühr in Höhe von 0,5 gemäß Nr. 3105 i.V.m. 3104 VV RVG.

▼

487 **Musterrechnung 4.56: Antrag – Versäumnisbeschluss**

Es wird Antrag auf Zahlung eines Zugewinnausgleichs eingereicht, der Antragsgegner erscheint zum Termin nicht, es ergeht antragsgemäß Versäumnisbeschluss. Der Gegenstandswert hat 6.555,00 EUR betragen.

Gegenstandswert: 6.555,00 EUR §§ 23 Abs. 1, 35 FamGKG	
1,3 Verfahrensgebühr	
Nr. 3100 VV RVG	526,50 EUR
0,5 Terminsgebühr	
Nr. 3105 VV RVG	202,50 EUR
Auslagenpauschale, Nr. 7002 VV RVG	20,00 EUR
Zwischensumme	749,00 EUR
19 % Umsatzsteuer, Nr. 7008 VV RVG	142,31 EUR
Summe	**891,31 EUR**

▲

488 Findet nach dem Versäumnisbeschluss aufgrund eines Einspruchs eine **Verhandlung zur Hauptsache** oder bei verfristetem Einspruch eine Verhandlung über den Einspruch statt, erhält der Rechtsanwalt hierfür **keine zusätzlichen Gebühren** (mehr). Die Terminsgebühr i.H.v. 0,5 nach Nr. 3105 VV RVG geht dann in einer Terminsgebühr i.H.v. 1,2 nach Nr. 3104 VV RVG auf. Der Rechtsanwalt erhält also die Gebühr für einen Versäumnisbeschluss nicht mehr gesondert, wenn nach dem Versäumnisbeschluss aufgrund eines Einspruchs die Angelegenheit in der gleichen Instanz weiter betrieben wird. Insoweit handelt es sich beim Wortlaut „Wahrnehmung nur eines Termins ..." bei „nur eines" um ein Zahlwort und nicht um einen unbestimmten Artikel.[274]

---

[274] BGH, Beschl. v. 18.7.2006 – XI ZB 41/05 RVGreport 8/2006; *Enders*, RVG für Anfänger, Rn 1094.

E. Gerichtliche Vertretung § 4

▼

Musterrechnung 4.57: Antrag – Versäumnisbeschluss – Einspruch – Verhandlung 489

Es wird ein Antrag eingereicht, der Antragsgegner erscheint zum Termin nicht, es ergeht antragsgemäß eine Versäumnisentscheidung. Fristgerecht wird Einspruch gegen diese Entscheidung eingelegt. Der Antragsgegner erscheint im danach anberaumten Termin zur Hauptsache. Es ergeht ein dem Antrag stattgebender Beschluss. Der Gegenstandswert hat 6.555,00 EUR betragen.

Gegenstandswert: 6.555,00 EUR	526,50 EUR
1,3 Verfahrensgebühr	
Nr. 3100 VV RVG	
1,2 Terminsgebühr	486,00 EUR
Nr. 3104 VV RVG	
Auslagenpauschale, Nr. 7002 VV RVG	20,00 EUR
Zwischensumme	1.032,50 EUR
19 % Umsatzsteuer, Nr. 7008 VV RVG	196,18 EUR
Summe	**1.228,68 EUR**

▲

Voraussetzungen für eine 0,5 Terminsgebühr sind somit: 490

- Wahrnehmung **nur eines** Termins
- in dem eine Partei oder ein Beteiligter entweder nicht erschienen **oder** nicht ordnungsgemäß vertreten ist
- und **lediglich**
- ein Antrag auf Versäumnisurteil, Versäumnisentscheidung **oder**
- zur Prozess-, Verfahrens- oder Sachleitung gestellt wird.

Im Umkehrschluss bedeutet dies, dass z.B. bei Anwesenheit beider Anwälte im Termin eine 1,2 Terminsgebühr entsteht, auch wenn einer der Rechtsanwälte nicht verhandelt und Versäumnisurteil ergeht. In Abs. 3 der Anmerkung ist hierzu ausdrücklich vermerkt, dass § 333 ZPO nicht anzuwenden ist (eine Partei/ein Beteiligter, die nicht verhandelt, ist so zu behandeln, als wäre sie/er nicht erschienen).[275] Hier folgt das Gebührenrecht dem Verfahrensrecht also ausdrücklich nicht! Bisher ergangene Rechtsprechung zum RVG bestätigt dies. 491

Bei **Flucht in die Säumnis** im Termin entsteht eine 1,2 Terminsgebühr nach Nr. 3104 VV RVG (hier war der Antragsgegner zu Beginn der mündlichen Verhandlung anwaltlich vertreten).[276] 492

---

275 Dazu lesenswert: *Bischof* in Bischof/Jungbauer, u.a., RVG, Rn 9 u. 10.
276 OLG Koblenz JurBüro 2005, 360 = NJW 2005, 1955 = AGS 2005, 190; KG, JurBüro 2006, 134; *Enders*, RVG für Anfänger, Rn 1096.

§ 4 Gebühren in Familiensachen

493 Dem Verfahrensbevollmächtigten, der sowohl das erste als auch das **zweite Versäumnisurteil/der zweite Säumnisbeschluss** erwirkt, steht eine 1,2-Terminsgebühr gemäß Nr. 3104 RVG VV, nicht nur eine 0,5-Terminsgebühr nach Nr. 3105 RVG VV zu.[277] Etwas anderes (0,5 Terminsgebühr) gilt nur dann, wenn der 2. Säumnisbeschluss nach einem Vollstreckungsbescheid ergeht.[278]

▼

494 Musterrechnung 4.58: Antrag – Termin – im Termin Flucht in die Säumnis

Es wird ein Antrag auf Zahlung eines Gesamtschuldnerausgleichsbetrags beim Familiengericht eingereicht. Für den Antragsgegner bestellt sich Rechtsanwalt R zum Verfahrensbevollmächtigten. Im Termin verhandelt der Verfahrensbevollmächtigte nicht und tritt die Flucht in die Säumnis an. Der Gegenstandswert hat 16.000,00 EUR betragen.

Gegenstandswert: 16.000,00 EUR, §§ 23 Abs. 1 RVG, 35 FamGKG

1,3 Verfahrensgebühr aus 16.000,00 EUR Nr. 3100 VV RVG	845,00 EUR
1,2 Terminsgebühr aus 16.000,00 EUR Nr. 3104 VV RVG	780,00 EUR
Auslagenpauschale, Nr. 7002 VV RVG	20,00 EUR
Zwischensumme	1.645,00 EUR
19 % Umsatzsteuer, Nr. 7008 VV RVG	312,55 EUR
Summe	**1.957,55 EUR**

▲

495 Die reduzierte Terminsgebühr fällt auch dann an, wenn letztendlich kein Versäumnisbeschluss ergeht, obwohl ein Antrag gestellt wurde. Denn Voraussetzung ist eben nur die Stellung des Antrags, nicht der Erlass einer Versäumnisentscheidung. Dies betrifft beispielsweise Fälle, in denen ein Antrag nicht schlüssig ist.

496 Anträge zur Prozess-, Verfahrens- oder Sachleitung können sein:
- Antrag auf Aussetzung des Verfahrens, §§ 246 ff ZPO;
- Antrag auf Vertagung, § 227 ZPO;
- Antrag auf Ruhen des Verfahrens, § 251 ZPO;
- Antrag auf Einsicht in beigezogene Akten bzw. Widerspruch dagegen.

497 Stellt der RA derartige Anträge, erhält er aber die reduzierte Terminsgebühr nur dann, wenn der Gegner nicht erschienen oder nicht ordnungsgemäß vertreten war.

---

[277] BGH, Beschl. v. 7.6.2006 – VIII ZB 108/05 RVGreport 2006, 304 = JurBüro 2006, 585 = AnwBl 2006, 674; BGH, Beschl. v. 18.7.2006 – XI ZB 41/05, JurBüro 2006, 639 = AGS 2006, 487 = AnwBl 2006, 675 = RVG-Letter 2006, 98;; ebenso OLG Celle, Beschl. v. 24.2.2005 – 2 36/05 = JurBüro 2005, Heft 6 = RVGreport 2005, 150 = NJW 2005, 1283; LG Regensburg, Beschl. v. 12.9.2005 – 4 O 2406/04 (1) = JurBüro 2005, 648; OLG Celle, Beschl. v. 24.2.2005 – 2 W 36/05 = JurBüro 2005, 302 = RVGreport 2005, 150 = NJW 2005, 1283; OLG München, Beschl. v. 8.2.2006 – 11 W 659/06 = AnwBl 2006, 286.; LG Düsseldorf, Beschl. v. 30.9.2005 – 25 T 443/05 = RVGreport 2005, 474; LG Aachen, Beschl. v. 19.12.2005 – 5 T 264/05 = RVGreport 2006, 280 = NJW 2006, 1528; *Jungbauer*, Gebührenoptimierung in Familiensachen, Rn 751; *Enders*, RVG für Anfänger, Rn 1105; **a.A.** OLG Nürnberg, Beschl. v. 28.11.2005 – 4 W 2257/05 = JurBüro 2006, 64 u. 194 (0,5 Terminsgebühr bei 2. Versäumnisurteil – Begründung: § 15 Abs. 2 RVG (Einmaligkeit des Gebührenanfalls) – wegen abweichender Entscheidung von OLG Celle wurde die Rechtsbeschwerde zugelassen – BGH-Entscheidung v. 18.7.2006 erging aufgrund dieser Rechtsbeschwerde. Die Entscheidung des OLG Nürnberg ist nach Ansicht der Verfasserinnen falsch (fehlerhafte Anwendung von § 15 Abs. 2 RVG); ebenso die Auffassung von *Onderka* in Schneider/Wolf, RVG, VV 3105 Rn 17.

[278] OLG Köln AGS 2007, 296m. Anm. *N. Schneider*; AG Kaiserslautern JurBüro 2005, 475; *Enders*, RVG für Anfänger, Rn 1006.

Musterrechnung 4.59: Antrag – Termin – Vertagung 498

Es wird ein Antrag auf Zahlung von Unterhalt eingereicht, der Antragsgegner erscheint zum Termin nicht. Das Gericht will mangels schlüssigen Antrags eine Versäumnisentscheidung nicht erlassen. Der Vertreter der Antragstellerin stellt Antrag auf Vertagung. Der Gegenstandswert hat 7.000,00 EUR betragen.

Gegenstandswert: 7.000,00 EUR	
1,3 Verfahrensgebühr aus 7.000,00 EUR	
Nr. 3100 VV RVG	526,50 EUR
0,5 Terminsgebühr aus 7.000,00 EUR	
Nr. 3105 VV RVG	202,50 EUR
Auslagenpauschale, Nr. 7002 VV RVG	20,00 EUR
Zwischensumme	749,00 EUR
19 % Umsatzsteuer, Nr. 7008 VV RVG	142,31 EUR
Summe	**891,31 EUR**

Kein Antrag zur Prozess- und Sachleitung ist die Antragsrücknahme im Termin. Hier entsteht eine 1,2 Terminsgebühr! 499

Der Antrag auf Entscheidung nach Lage der Akten löst eine 1,2 Terminsgebühr aus, da eben nicht „lediglich" eine Versäumnisentscheidung oder ein Antrag zur Prozess-, Verfahrens- oder Sachleitung gegen die nicht erschienene Partei/den nicht erschienenen Beteiligten beantragt wird. 500

Musterrechnung 4.60: Zahlungsantrag – Termin – Antragsgegner erscheint nicht – Entscheidung nach Aktenlage 501

Es wird ein Antrag auf Zahlung von Zugewinnausgleich eingereicht. Der Antragsgegner erscheint nicht zum Termin. Ebenso auch kein anwaltlicher Vertreter. Das Gericht signalisiert, dass es einem Antrag auf Entscheidung nach Lage der Akten stattgeben würde. Der Gegenstandswert hat 1.200,00 EUR betragen.

Verfahrenswert: 1.200,00 EUR, §§ 23 Abs. 1 RVG, 35 FamGKG	149,50 EUR
1,3 Verfahrensgebühr	
Nr. 3100 VV RVG	
1,2 Terminsgebühr	138,00 EUR
Nr. 3104 VV RVG	
Auslagenpauschale, Nr. 7002 VV RVG	20,00 EUR
Zwischensumme	307,50 EUR
19 % Umsatzsteuer, Nr. 7008 VV RVG	58,43 EUR
Summe	**365,93 EUR**

Nach Abs. 1 Nr. 2 der Anmerkung zu Nr. 3105 VV RVG entsteht die Gebühr auch, wenn im schriftlichen Verfahren nach § 331 Abs. 3 ZPO eine Versäumnisentscheidung ergeht. Eine Versäumnisentscheidung kann hier ergehen, wenn der Antragsgegner die Frist zur Anzeige der Verteidigungsabsicht versäumt hat (Notfrist, 2 Wochen nach Zustellung des Antrags, § 113 Abs. 1 S. 1 FamFG i.V.m. § 276 Abs. 1 ZPO) und vom Antragsteller ein entsprechender Antrag gestellt wurde. 502

§ 4 Gebühren in Familiensachen

503 Musterrechnung 4.61: Antrag – keine Anzeige der Verteidigungsabsicht

Es wird ein Antrag auf Zahlung von Zugewinnausgleich in Höhe von 7.000,00 EUR eingereicht, mit dem Antrag, im Falle des § 331 Abs. 3 ZPO einen Versäumnisbeschluss zu erlassen. Der Antragsgegner zeigt innerhalb der Notfrist von 2 Wochen ab Zustellung des Antrags seine Verteidigungsabsicht nicht an (§ 276 Abs. 1 ZPO), so dass gegen ihn antragsgemäß Versäumnisbeschluss im schriftlichen Verfahren ergeht. Der Gegenstandswert hat 7.000,00 EUR betragen.

Verfahrenswert: 7.000,00 EUR	
1,3 Verfahrensgebühr	
Nr. 3100 VV RVG	526,50 EUR
0,5 Terminsgebühr	
Nr. 3105 VV RVG	202,50 EUR
Auslagenpauschale, Nr. 7002 VV RVG	20,00 EUR
Zwischensumme	749,00 EUR
19 % Umsatzsteuer, Nr. 7008 VV RVG	142,31 EUR
Summe	**891,31 EUR**

504 *Praxistipp*
Der Versäumnisbeschluss im Termin löst eine 1,2 Gebühr aus, wenn der Beteiligte/Antragsgegner erscheint oder aber der ordnungsgemäß vertreten ist. Wird die Flucht in die Säumnis angestrebt, sollte der entsprechende Rechtsanwalt zur Gebührenminimierung nicht zum Termin erscheinen, da dadurch die 1,2 Terminsgebühr ausgelöst wird!

505 Wird im Termin nicht nur der Erlass einer Versäumnisurteils beantragt, sondern zuvor über die Präzisierung des Antrags und über materiell-rechtliche Fragen zur **Schlüssigkeit** des Antragsbegehrens gesprochen, entsteht eine 1,2 Terminsgebühr nach Nr. 3104 VV RVG (und nicht eine solche nach Nr. 3105 VV RVG in Höhe von 0,5.)[279] Im vorliegenden Fall hatte der Klägervertreter auf Anregung des Gerichts sein Antragsbegehren präziser gefasst. Er hat nicht „lediglich" den Antrag auf Erlass eines Versäumnisurteils gestellt. Damit greift die Ausnahmeregelung der 0,5 Terminsgebühr nach Nr. 3105 VV RVG nicht ein.[280]

506 Wird vor Erlass eines Versäumnisurteils im Termins die Schlüssigkeit erörtert und nimmt der Antragsteller daraufhin den Antrag teilweise zurück – und sei es nur wegen eines Teils des Zinsanspruches –, dann fällt insoweit zwar eine Terminsgebühr nach Nr. 3104 VV RVG an, aber nur aus dem Teil, der im Termins zweifelhaft war und besprochen wurde.[281] Nach Auffassung des OLG Köln wird bei Erörterung wegen eines Teils der Zinsforderung hinsichtlich diesem Wert eine 1,2 Terminsgebühr ausgelöst, im Übrigen eine 0,5 Terminsgebühr. In solchen Fällen hat ein Abgleich nach § 15 Abs. 3 RVG zu erfolgen.

507 Die volle Terminsgebühr entsteht für den Klägervertreter auch dann, wenn der Antragsgegner im Verhandlungstermin nicht ordnungsgemäß vertreten ist, der Klägervertreter aber über den Antrag

---

[279] BGH, Beschl. v. 24.1.2007 – IV ZB 21/06, JurBüro 2007, 304; OLG Köln JurBüro 2006, 254; Hess. LAG, Beschl. v. 14.12.2005 – 13 Ta 481/05 = RVGreport 2006, 273.
[280] Siehe dazu auch *Hansens* in: Hansens/Braun/Schneider, Praxis des Vergütungsrechts, Teil 7, Rn 367; *Gerold/Schmidt/v. Eicken/Madert/Müller-Rabe*, Nr. 3105 VV RVG Rn 27; *Hartung/Römermann/Schons*, RVG, Nr. 3105 VV RVG, Rn 8; KG RVGreport 2006, 184.
[281] OLG Köln, Beschl. v. 5.12.2005 – 17 W 232/05 = JurBüro 2006, Heft 5 = RVGreport 2006, 104.

auf Erlass eines Versäumnisurteils hinaus mit dem Gericht die Zulässigkeit seines schriftsätzlich angekündigten Sachantrags erörtert oder mit dem persönlich anwesenden Beklagten Möglichkeiten einer einverständlichen Regelung bespricht.[282] Im vorliegenden Fall hatte das Gericht mit dem anwesenden Beklagten (der nicht ordnungsgemäß vertreten war) und dem anwesenden Klägervertreter die Möglichkeit, den Sach- und Streitgegenstand erörtert und die Möglichkeit eines Vergleichsabschlusses besprochen.

3. Haftungsfalle Versäumnisbeschluss?

Während in der Vergangenheit bei begründetem Antrag oft der Anerkenntnisbeschluss gewählt wurde, um die Gebühren niedrig zu halten, ist seit 1.7.2004 festzustellen, dass der Rechtsanwalt im konkreten Fall berechnen muss, ob ein Anerkenntnis- oder Versäumnisbeschluss für seinen Mandanten kostengünstiger ist.

Beispiel
Bei einem Anerkenntnisbeschluss fallen auf Klägerseite an:

1,3 Verfahrensgebühr

1,2 Terminsgebühr

2,5 Gesamt

Aber: Reduzierung der Gerichtskosten von 3 auf 1 volle Gebühr möglich, vgl. dazu Nr. 1221 Nr. 2 KV FamGKG.

Bei einem Versäumnisbeschluss (wenn die Partei/ein Beteiligter nicht erscheint oder nicht ordnungsgemäß vertreten ist!) entstehen auf Antragstellerseite:

1,3 Verfahrensgebühr

0,5 Terminsgebühr

1,8 Gesamt

Aber: Keine Reduzierung der Gerichtskosten von 3,0 auf 1,0 möglich (in Nr. 1221 Nr. 2 KV FamGKG ist die Versäumnisentscheidung nicht aufgezählt). Nach einer Entscheidung des BVerfG[283] im Jahre 2002 wird es auch in Zukunft dabei bleiben, dass das Versäumnisurteil (künftig: eine Versäumnisentscheidung/ein Versäumnisbeschluss) einer Ermäßigung der Gerichtskosten entgegensteht.

Zu beachten ist dabei außerdem, dass ein Anerkenntnis immer Prozesshandlung ist und vor Gerichten mit Anwaltszwang nur durch einen Anwalt abgegeben werden kann, so z.B. im Zugewinnausgleichs- oder Unterhaltsverfahren (vgl. Rn 511). In den Familiensachen ist daran zu denken, dass vielfach vor dem Amtsgericht Anwaltszwang herrscht, so auch seit dem 1.9.2009 für Familienstreitsachen, z.B. also auch für Ehegatten- oder Kindesunterhaltsverfahren nach dem neuen FamFG.

Der Gesetzgeber wollte wegen der weit reichenden Folgen mit dem FamFG auch den Anwaltszwang in Unterhaltssachen einführen.[284] Zwar versuchte der Bundesrat den Anwaltszwang für Unterhaltssachen noch zu verhindern,[285] da er zu ansteigenden Kosten im Rahmen der Verfahrenskostenhilfe führen würde, die Bundesregierung stimmte dem Vorschlag des Bundesrates jedoch

---

282 BGH, Beschl. v. 24.1.2007 – IV ZB 21/06.
283 BVerfG JurBüro 2000, 146; *Jungbauer,* JurBüro 2001, 232.
284 BT-Drucks 16/6308, zu § 114, S. S. 172 ff.
285 BT-Drucks 16/6308, S. 360 f., zu Art. 1 § 114.

nicht zu. Zum einen, weil die Unterhaltssachen als Familienstreitsachen zwar weiterhin dem Beibringungsgrundsatz unterliegen, die „Naturpartei" aber oft nicht in der Lage ist, zu überblicken, welche Tatsachen relevant sind. Der Anwaltszwang ist nach Ansicht der Bundesregierung zum Schutz der Beteiligten erforderlich. Außerdem würde die Aufbereitung des Prozessstoffs durch die Anwälte für die Gerichte eine Entlastung darstellen. Erfreulich, dass das mal gesehen wird.

512   *Praxistipp*
Eine pauschale Antwort darauf, welche Vorgehensweise am kostengünstigsten ist, kann nicht abgegeben werden, da dies immer davon abhängig ist
- vor welchem Gericht die Sache anhängig ist;
- ob der Mandant zahlungsfähig ist (ggf. Zahlung der kompletten Haupt- und Nebenforderungen sowie aller Kosten einschl. Gerichtskosten)
- welche Kosten auf Seiten des Antragstellers angefallen sind bzw. anfallen werden;
- welche Kosten auf Seiten des Antragsgegners angefallen sind bzw. anfallen werden;
- ob eine Gerichtskostenermäßigung möglich ist.

513   Oft stellt sich in der Praxis die obige Frage auch deshalb nicht, weil der Mandant überhaupt nicht in der Lage ist, eine begründete Forderung auf einen Schlag zu bezahlen, so dass mit der Gegenseite eine Ratenzahlungsvereinbarung ausgehandelt wird. Hierbei ist zu beachten, dass mit Urteil der Rechtszug abgeschlossen ist. Ratenzahlungsverhandlungen, die nach Urteil aufgenommen werden, lösen neue Gebühren aus, entweder eine 0,3 Verfahrensgebühr nach Nr. 3309 VV RVG, wenn bereits Vollstreckungsauftrag erteilt wurde oder aber eine Geschäftsgebühr nach Nr. 2300 VV RVG, wenn ein solcher noch nicht erteilt wurde. Daneben kann unter bestimmten Voraussetzungen eine Einigungsgebühr entstehen. Dabei ist bei Ermittlung des Gegenstandswerts der im Rahmen des 2. KostRMoG neu eingefügte § 31b RVG (Gegenstandswert bei Zahlungsvereinbarungen) zu beachten (vgl. Rn 355 ff.).

514   *Praxistipp*
Zu bedenken ist eine weitere Möglichkeit, die Kosten bei begründetem Antrag möglichst niedrig zu halten. Der Antragsgegner zahlt nach Zustellung des Antrags die Hauptforderung einschließlich aller Nebenforderungen, Zinsen (taggenau bis zum vermuteten Eingang des Geldes beim Kläger) und Kosten des Klägers (i.d.R. 1,3 Verfahrensgebühr, Auslagen u. Umsatzsteuer + 1,0 Gerichtsgebühr). Dabei darf selbstverständlich kein Rechenfehler passieren, da ansonsten lediglich die Hauptsache für erledigt erklärt wird und weiterer Streit über die Kosten entbrennt. (Zu den Kosten bei Erledigungserklärung siehe Rn 521).[286]

4. Schriftliches Verfahren

515   Auch im schriftlichen Verfahren, d.h. in Verfahren, in denen eine mündliche Verhandlung vorgeschrieben ist, die aber im Einverständnis mit den Beteiligten nicht stattfindet, oder in den Fällen des § 307 ZPO (Anerkenntnisbeschluss nach Aufforderung zur Anzeige der Verteidigungsabsicht) oder § 495a ZPO (Entscheidung des Gerichts bei Verfahrenswert unter 600,– EUR das schriftliche Verfahren durchzuführen) kann der Rechtsanwalt eine Terminsgebühr in Höhe von 1,2 erhalten, vgl. dazu Abs. 1 Nr. 1 der Anm. zu Nr. 3104 VV RVG. Dies gilt auch dann, wenn im schriftlichen Verfahren entschieden oder ein Vergleich geschlossen wird, vgl. dazu Abs. 1 der Anm. zu Nr. 3104 VV RVG.

---

286 Zu den prozessualen Änderungen bei der Erledigungserklärung nach § 91a ZPO siehe den Aufsatz von *Jungbauer*, JurBüro 2005, 344 ff.

Zusammenfassend:
- schriftliches Verfahren ist vorgeschrieben[287] (nicht bei einstweiliger Verfügung und Entscheidung nach § 128 Abs. 3 ZPO (§§ 91a, 269 Abs. 4, 516 Abs. 3 ZPO));
- Entscheidung ohne mündliche Verhandlung im Einverständnis mit den Parteien oder Beteiligten oder;
- bei Anerkenntnisbeschluss im schriftlichen Verfahren oder;
- bei Versäumnisbeschluss im schriftlichen Verfahren oder;
- Entscheidung in Bagatellstreitigkeiten nach § 495a ZPO (Achtung: Auf Antrag muss mündliche Verhandlung anberaumt werden!);
- Vergleich in derartigen Verfahren.

„Wird in einem in erster Instanz geführten Zivilprozess über den rechtshängigen Anspruch (auf Vorschlag des Gerichts) ein schriftlicher Vergleich nach § 278 VI ZPO geschlossen, entsteht für den beauftragten Prozessbevollmächtigten – neben einer 1,3 Verfahrensgebühr nach Nr. 3100 VV und einer 1,0 Einigungsgebühr nach Nr. 1003 VV – eine 1,2 Terminsgebühr nach Nr. 3104 VV."[288]

516

Das Kammergericht hat in einer Entscheidung, ebenfalls vom 27.10.2005, auch für Vergleiche, die auf Vorschlag der Parteien/Beteiligten zustande kommen, den Anfall einer Terminsgebühr bejaht.[289]

517

Ergeht in einer (isolierten) Versorgungsausgleichssache ohne Durchführung eines Termins eine Entscheidung, so ist Abs. 1 Nr. 1 der Anmerkung zu Nr. 3104 VV RVG nicht anwendbar; eine Terminsgebühr für den Anwalt entsteht daher nicht."[290]

518

Entscheidet das Familiengericht in einem Verfahren auf Aufhebung der gemeinsamen elterlichen Sorge (§ 1671 BGB) ohne Termin, entsteht für den Rechtsanwalt keine Terminsgebühr.[291]

519

Spätestens seit der Neufassung des Abs. 3 der Vorbem. 3 zu Teil 3 VV dürfte klargestellt sein, dass eine Terminsgebühr aufgrund einer Erledigungsbesprechung unabhängig davon entstehen kann, ob für das jeweilige gerichtliche Verfahren nun eine mündliche Verhandlung vorgeschrieben ist oder nicht (vgl. Rn 473 ff.).

520

5. Terminsgebühr aus Kostenwert/Erledigungserklärung

Eine Terminsgebühr aus dem Kostenwert kann dann entstehen, wenn die Hauptsache vollständig, einschließlich der Nebenforderung erledigt ist und lediglich noch über die Kosten entschieden werden muss. Da über die Kosten jedoch in solchen Fällen eine Entscheidung durch Beschluss ergehen kann, d.h. eine mündliche Verhandlung nicht (!) mehr vorgeschrieben ist (vgl. dazu § 128 Abs. 3 ZPO i.V.m. § 113 Abs. 1 FamFG), entsteht die Terminsgebühr aus dem Kostenwert nur dann, wenn es auch tatsächlich zum Termin kommt oder die Beteiligten über die Kosten eine Erledigungsbesprechung führen.

521

---

[287] Vgl. dazu § 128 Abs. 1 ZPO.
[288] BGH, Beschl. v. 27.10.2005 – III ZB 42/05, AnwBl 2006, 71.
[289] KG, Beschl. v. 27.10.2005 – 27 W 65/05 = AnwBl 2005, S. 73; so auch schon OLG Stuttgart, Beschl. v. 16.6.2005 – 8 W 180/05, zitiert bei Juris, sowie OLG Stuttgart, Beschl. v. 8.9.2005 – 8 W 415/05, AGS 2005, 482.
[290] OLG Schleswig, Beschl. v. 10.1.2013 – 15 WF 141/12 = BeckRS 2013, 02593 = FD-RVG 2013, 342797; OLG Dresden, Beschl. v. 26.7.2012 – 20 F 554/12 = BeckRS 2012, 17457 = FD-RVG 2012, 336478.
[291] KG, Beschl. v. 16.8.2012 – 25 WF 58/12 BeckRS 2012, 18897; FD-RVG 2012, 337133.

§ 4 Gebühren in Familiensachen

522
Praxistipp
Möglicherweise ist bereits zuvor eine volle Terminsgebühr entstanden, weil z.B. die anwaltlichen Vertreter miteinander gesprochen haben, was zu einer Zahlung der Hauptforderung nebst Zinsen durch den Beklagten geführt hat. Gerade in solchen Fällen sollte der Rechtsanwalt darauf achten, dass er, wenn es zum Termin kommt, das Gericht bittet, die zuvor erfolgte Besprechung zwischen den anwaltlichen Vertretern im Protokoll festzuhalten, um späteren Streit zu vermeiden.

▼

523 **Musterrechnung 4.62: Antrag – telefonische Besprechung – Gegner zahlt Hauptforderung – Streit über die Kosten im Termin – Kostenentscheidung nach Erledigungserklärung**

Es wird ein Antrag auf Zahlung eines Anspruchs aus Gesamtschuldnerausgleich zwischen geschiedenen Ehegatten beim Familiengericht eingereicht. Der Gegenanwalt meldet sich beim anwaltlichen Vertreter des Antragsgegners und spricht mit ihm über die Forderung. Der Antragsgegner möchte diese ausgleichen, hält aber den Antrag für unnötig erhoben und verwahrt sich gegen die Kostenlast. Nachdem der Antragsgegner den Hauptforderungsbetrag ausgeglichen hat, wird schriftsätzlich die Hauptsache für erledigt erklärt. Im Termin streiten die Beteiligten nur noch über die Kosten. Das Gericht verkündet insofern einen entsprechenden Beschluss. Der Gegenstandswert hat 6.040,00 EUR betragen.

Gegenstandswert: 6.040,00 EUR	
1,3 Verfahrensgebühr	
Nr. 3100 VV RVG	526,50 EUR
1,2 Terminsgebühr	
Nr. 3104 VV RVG	486,00 EUR
Auslagenpauschale, Nr. 7002 VV RVG	20,00 EUR
Zwischensumme	1.032,50 EUR
19 % Umsatzsteuer, Nr. 7008 VV RVG	196,18 EUR
Summe	**1.228,68 EUR**

▲

Hinweis
Eine Entscheidung der Kosten kann auch durch Beschluss ergehen, so dass ein Termin hierfür nicht zwingend erforderlich ist. (Zum Anfall der Terminsgebühr siehe auch **Rn 521** u. 532.)

524 Erfolgt die Erledigungserklärung erst im Termin, befindet sich zu Beginn des Termins noch die gesamte Hauptforderung in Streit, entsteht die Terminsgebühr selbstverständlich aus dem vollen Wert.[292]

---

[292] Zu den erheblichen verfahrensrechtlichen Änderungen betreffend die Erledigungserklärung vgl. auch *Jungbauer*, JurBüro 2005, 344 ff.; die kostenrechtlichen Auswirkungen beleuchtet *Enders*, JurBüro 2005, S. 113 ff. (Teil 1) u. 169 ff. (Teil 2).

Musterrechnung 4.63: Antrag – im Termin Erklärung der Hauptsache für erledigt – Streit über die Kosten

Es wird ein Antrag – vgl. Musterrechnung 61 – eingereicht. Der Antragsgegner gleicht die Hauptforderung aus. Im Termin wird die Hauptsache für erledigt erklärt. Die Beteiligten streiten nur noch über die Kosten. Das Gericht verkündet insofern einen entsprechenden Beschluss. Der Gegenstandswert hat 6.040,00 EUR betragen.

Gegenstandswert: 6.040,00 EUR	
1,3 Verfahrensgebühr Nr. 3100 VV RVG	526,50 EUR
1,2 Terminsgebühr Nr. 3104 VV RVG	486,00 EUR
Auslagenpauschale, Nr. 7002 VV RVG	20,00 EUR
Zwischensumme	1.032,50 EUR
19 % Umsatzsteuer, Nr. 7008 VV RVG	196,18 EUR
Summe	**1.228,68 EUR**

6. Antragsrücknahme

Wird ein Antrag erst im Termin zurückgenommen, befand sich die Hauptsache zu Beginn der Verhandlung noch in Streit, so fällt auch die Terminsgebühr in Höhe von 1,2 aus dem vollen Wert an.

7. Teilnahme am Ortstermin

Auch für die Wahrnehmung eines von einem gerichtlich bestellten **Sachverständigen** anberaumten Termins kann der Rechtsanwalt eine Terminsgebühr in Höhe von 1,2 gemäß Nr. 3104 VV RVG erhalten. Die Terminsgebühr kann somit auch in **selbstständigen Beweisverfahren** entstehen, in denen kein Gerichtstermin, sondern ein vom Sachverständigen anberaumter Ortstermin stattfindet (vgl. Abs. 3 Nr. 1 der Vorbem. 3 VV RVG). Eine im selbstständigen Beweisverfahren entstandene Verfahrensgebühr ist gemäß Abs. 5 der Vorbem. 3 RVG anzurechnen, soweit sich Gegenstand des selbstständigen Beweisverfahrens und eines parallel oder später laufenden Rechtsstreits decken. Dies ergibt sich aus der Formulierung: „Soweit ..." in Abs. 5 der Vorbem. 3 RVG. Ein selbstständiges Beweisverfahren kann in einer Familienstreitsache erforderlich werden, wenn z.B. ein sehr betagter Zeuge zum Anfangsvermögen zu befragen ist.

Beispiel
Selbstständiges Beweisverfahren, Beweisbeschluss, Teilnahme am Ortstermin, Einigung.

Abrechnung nach RVG:

1,3 Verfahrensgebühr

1,2 Terminsgebühr

1,5 Einigungsgebühr

4,0 Gesamt

529

Beispiel

Selbstständiges Beweisverfahren, Beweisbeschluss, Teilnahme am Ortstermin, keine Einigung, Antrag, mündliche Verhandlung streitig, Einigung.

Abrechnung nach RVG selbstständiges Beweisverfahren:

0,0 Verfahrensgebühr (ist anzurechnen nach Vorbemerkung 3 Abs. 5 VV RVG) 1,2 Terminsgebühr

1,2 Gesamt

Hauptsacheverfahren:

1,3 Verfahrensgebühr

1,2 Terminsgebühr

1,0 Einigungsgebühr

3,5 Hauptsacheverfahren

4,7 Gesamt

8. Mitwirken an Besprechungen

a) Vorbemerkung 3 Abs. 3 VV RVG

530 Für das **Mitwirken an Besprechungen**, die auf die **Vermeidung** oder **Erledigung** des Verfahrens **gerichtet** sind, erhält der Rechtsanwalt ebenfalls eine Terminsgebühr nach Nr. 3104 VV RVG und zwar auch dann, wenn derartige Besprechungen ohne Beteiligung des Gerichts erfolgen. Dies gilt ausdrücklich nicht für Besprechungen mit dem Auftraggeber. Die Besprechungen müssen nach dem Wortlaut der Vorbemerkung 3 Abs. 3 Nr. 2 VV RVG zielgerichtet sein, bloße Sachstandsanfragen oder Fristverlängerungsbitten lösen die Terminsgebühr nicht aus. Allerdings setzt der Anfall der Terminsgebühr grundsätzlich voraus, dass dem Anwalt ein unbedingter Verfahrensauftrag erteilt worden ist, denn nur dann kann er überhaupt Gebühren nach Teil 3 abrechnen, vgl. dazu den zum 1.8.2013 sprachlich geänderten Abs. 1 der Vorbem. 3 VV RVG (vgl. dazu § 4 Rn 403).

531 Durch die Neufassung des Abs. 3 der Vorbem. 3 zu Teil 3 VV RVG im Rahmen des 2. KostRMoG wurde durch den Gesetzgeber klargestellt, dass die Terminsgebühr für die Mitwirkung an auf die Vermeidung oder Erledigung des Verfahrens gerichteten außergerichtlichen Besprechungen unabhängig davon entsteht, ob für das jeweilige gerichtliche Verfahren eine mündliche Verhandlung vorgeschrieben ist oder nicht (vgl. hierzu Rn 473 ff.).

b) Verfahrensauftrag erforderlich, aber auch ausreichend

532 Dies bedeutet, dass außergerichtliche Besprechungen **während eines laufenden Rechtsstreits und auch solche Besprechungen, die mit dem Gegner oder Gegenanwalt erfolgen, wenn der Rechtsanwalt bereits Verfahrensauftrag hat**, erstmals mit dem RVG honoriert werden.[293] Interessant ist in diesem Zusammenhang, dass der Rechtsanwalt Anspruch auf die Terminsgebühr hat, wenn sich zum Beispiel sein Verfahrensauftrag aufgrund einer mit dem Gegner erfolgten Besprechung vorzeitig erledigt. Er hat dann die Möglichkeit, die Verfahrensgebühr nach Nr. 3101

---

[293] BGH, Urt. v. 8.2.2007 – IX ZR 215/05 = NJW 2006, 2560 NJW 2006, 2560 Heft 5, AG Coburg RVGreport 2006, 270 f.; LG Memmingen, Urt. v. 7.12.2005 – 1 S. 1416/05 = NJW 18/2006; ebenso: AG Zeven AGS 2005, 254 und dass. AGS 2005, 647; AG Frankenthal AGS 2006, 327; *Enders* JurBüro 2005, 561, 562; *Hartmann*, Kostengesetze, Nr. 3104 VV RVG, Rn 11 m.w.N.; *Bischof*, JurBüro 2004, 296; *Schons*, NJW 2005, 3089; *Gerold/Schmid/v. Eicken/Madert/Müller-Rabe*, RVG, VV Vorb. 3 Rn 84; *Jungbauer*, Rechtsanwaltsvergütung, Rn 1550; *Meyer* DRiZ 2004, 291; *Schons* in Hartung/Römermann/Schons, Vorbem. 3 VV Rn 38; *Volpert*, RVGprofessionell 2005, 4; *Hauskötter*, RVGprofessionell 2004, 130; *Mayer* in Mayer/Kroiß, RVG, Vorbem. 3 Rn 33.

VV RVG in Höhe von 0,8 sowie eine Terminsgebühr nach Nr. 3104 VV RVG in Höhe von 1,2 zu verdienen, somit 2,0 Gebühren

> *Praxistipp* **533**
> Neben einer Geschäftsgebühr alleine kann eine Terminsgebühr nicht entstehen, da sie eben gerade den unbedingten Verfahrensauftrag (vgl. Abs. 1 der Vorbem. 3 zu Teil 3 VV RVG) voraussetzt. Besprechungen mit der Gegenseite im Rahmen eines außergerichtlichen Vertretungsmandats können sich bei Anfall einer Geschäftsgebühr aber Gebühren erhöhend auswirken.

Dass zwischen der Anwendung des Teils 2 VV RVG für außergerichtliche Tätigkeiten und des Teils 3 VV RVG für das gerichtliche Verfahren eine strikte Grenze zu ziehen ist, wurde im Rahmen des 2. KostRMoG durch Änderung des Abs. 1 der Vorbem. 3 zu Teil 3 VV RVG klargestellt. Dieser lautet nunmehr wie folgt: **534**

> *„(1) Gebühren nach diesem Teil erhält der Rechtsanwalt, dem ein unbedingter Auftrag als Prozess- oder Verfahrensbevollmächtigter, als Beistand für einen Zeugen oder Sachverständigen oder für eine sonstige Tätigkeit in einem gerichtlichen Verfahren erteilt worden ist. Der Beistand für einen Zeugen oder Sachverständigen erhält die gleichen Gebühren wie ein Verfahrensbevollmächtigter."*

Zur Begründung führt der Gesetzgeber aus:[294] **535**

> *„Die Grenzziehung zwischen der Anwendung des Teils 2 VV RVG für außergerichtliche Tätigkeiten und des Teils 3 VV RVG für das gerichtliche Verfahren führt in der Praxis immer wieder zu Unsicherheiten. So ist die Entscheidung des BGH vom 1.7.2010 (AGS 2010, 483) bereits in der Anmerkung zu dieser Entscheidung (AGS 2010, 485) kritisiert worden. Mit dem nunmehr vorgeschlagenen neuen Absatz 1 Satz 1 der Vorbemerkung 3 soll für den Übergang von der vorgerichtlichen zur gerichtlichen Tätigkeit klargestellt werden, dass die Anwendung des Teils 3 VV RVG einen unbedingten Auftrag für ein gerichtliches Verfahren voraussetzt. Es bestehen **keine Bedenken**, wenn dies dazu führt, dass der bereits mit unbedingtem Klageauftrag versehene **Verfahrensbevollmächtigte des Klägers** für eine Besprechung mit dem Beklagten **vor Klageeinreichung eine Terminsgebühr erhält**, während der **Vertreter der Gegenseite mangels eines unbedingten Prozessauftrags seine Gebühren nach Teil 2 abrechnen muss.*[295] *Die in Teil 2 VV RVG für die Vertretung vorgesehene Gebührenspanne in Nummer 2300 VV RVG ermöglicht die gleichen Gebühren wie die Regelungen in Teil 3, setzt allerdings eine entsprechend umfangreiche und schwierige Tätigkeit voraus. Der Regelungsgehalt des geltenden Absatzes 1 ist in dem vorgeschlagenen Satz 2 enthalten."*

Es ist daher durchaus möglich, dass der Rechtsanwalt des Anspruchstellers, der bereits einen unbedingten Verfahrensauftrag erteilt erhalten hat, eine 0,8 Verfahrensgebühr nach Nr. 3101 Nr. 1 VV RVG, eine 1,2 Terminsgebühr (Nr. 3104 VV RVG) sowie eine 1,5 Einigungsgebühr (Nr. 1000 VV RVG) verdienen kann, während der Rechtsanwalt des Anspruchsgegners für eine ähnlich gelagerte Tätigkeit lediglich eine Geschäftsgebühr (Nr. 2300 VV RVG) innerhalb der vorgesehenen Gebührenspanne und eine 1,5 Einigungsgebühr (Nr. 1000 VV RVG) abrechnen kann. **536**

Es dürfte in der Praxis äußerst selten der Fall sein, dass der Rechtsanwalt des Anspruchsgegners bereits einen unbedingten Verfahrensauftrag erhalten hat. Dies wäre nur denkbar, wenn der Rechtsanwalt von seinem Mandanten beauftragt worden wäre, einen negativen Feststellungsantrag zu stellen. Ansonsten kann er nur einen „bedingten" Verfahrensauftrag erhalten: *„Vertretung für den Fall, dass die Gegenseite den Antrag einreicht."* **537**

---

294 BT-Drucks 17/11471 vom 14.11.2012, 2. KostRMoG, S. 429.
295 Fettdruck durch die Verfasserinnen.

§ 4 Gebühren in Familiensachen

538 **Musterrechnung 4.64: Auftrag zur Antragstellung im Zugewinnausgleichsverfahren – Besprechung – Einigung**

Rechtsanwältin K hat Auftrag, einen Antrag auf Zahlung eines Zugewinnausgleichsanspruchs einzureichen. Unter Hinweis auf ihren Verfahrensauftrag fordert sie die Gegenseite letztmalig zur Zahlung auf. Es meldet sich Rechtsanwalt M für den Zahlungspflichtigen und bespricht die Angelegenheit telefonisch mit Rechtsanwältin K. In der Folge schließen die Beteiligten eine Einigung, wonach der geforderte Betrag von 20.000,00 EUR in drei Raten gezahlt wird.

Verfahrenswert: 20.000,00 EUR (§§ 23 Abs. 1 RVG, 35 FamGKG)

0,8 Verfahrensgebühr Nr. 3101 Nr. 1 VV RVG	593,60 EUR
1,2 Terminsgebühr Nr. 3104 VV RVG	890,40 EUR
1,5 Einigungsgebühr Nr. 1000 VV RVG	1.113,00 EUR
Auslagenpauschale, Nr. 7002 VV RVG	20,00 EUR
Zwischensumme	2.617,00 EUR
19 % Umsatzsteuer, Nr. 7008 VV RVG	497,23 EUR
Summe	**3.114,23 EUR**

Hinweis
(Zum Gegenstandswert siehe § 2 Rn 111, zur Höhe der Einigungsgebühr siehe § 4 Rn 277, zur Termingebühr siehe § 4 Rn 532.)

539 Angenommen Rechtsanwältin K wäre vor dem Auftrag zur Antragseinreichung in derselben Angelegenheit bereits außergerichtlich tätig geworden, so könnte sie zusätzlich eine Geschäftsgebühr abrechnen, die jedoch entsprechend der Vorbem. 3 Abs. 4 VV RVG anzurechnen ist.

540 **Musterrechnung 4.65: Außergerichtl. Tätigkeit – Auftrag zum gerichtlichen Verfahren – Besprechung – Einigung**

Rechtsanwältin K fordert außergerichtlich einen zahlungspflichtigen, von ihrer Mandantin geschiedenen Ehemann auf, Zugewinnausgleichsansprüche in Höhe von 20.000,00 EUR zu bezahlen, nachdem der Gegner die entsprechenden Auskünfte über Anfangs- und Endvermögen erteilt hat. Da eine Zahlung nicht erfolgt, erhält Rechtsanwältin K den Auftrag, einen Antrag auf Zahlung des Zugewinnausgleichsanspruchs einzureichen. Unter Hinweis auf ihren Verfahrensauftrag fordert sie die Gegenseite letztmalig zur Zahlung auf. Es meldet sich Rechtsanwalt M für den Zahlungspflichtigen und bespricht die Angelegenheit telefonisch mit Rechtsanwältin K. In der Folge treffen die Beteiligten eine Einigung, wonach der geforderte Betrag von 20.000,00 EUR in drei Raten gezahlt wird.

Verfahrenswert: 20.000,00 EUR §§ 23 Abs. 1 RVG, 35 FamGKG
1. Außergerichtliche Tätigkeit

1,3 Geschäftsgebühr Nr. 2300 VV RVG	964,60 EUR

Auslagenpauschale, Nr. 7002 VV RVG	20,00 EUR
Zwischensumme	984,60 EUR
19 % Umsatzsteuer, Nr. 7008 VV RVG	187,07 EUR
Summe	**1.171,67 EUR**

2. Tätigkeit nach Verfahrensauftrag

0,8 Verfahrensgebühr	
Nr. 3101 Nr. 1 VV RVG	593,60 EUR
abzgl. 0,65 Geschäftsgebühr nach Vorbem. 3 Abs. 4	
aus Wert: 20.000,00 EUR	./. 482,30 EUR
Zwischensumme	111,30 EUR
1,2 Terminsgebühr	
Nr. 3104 VV RVG	890,40 EUR
1,5 Einigungsgebühr	
Nr. 1000 VV RVG	1.113,00 EUR
Auslagenpauschale, Nr. 7002 VV RVG	20,00 EUR
Zwischensumme	2.134,70 EUR
19 % Umsatzsteuer, Nr. 7008 VV RVG	405,59 EUR
Summe	**2.540,29 EUR**

▲

> *Hinweis*
> (Zum Gegenstandswert siehe § 2 Rn 111, zur Höhe der Einigungsgebühr siehe Rn 277.)

c) Bereitschaft zur Besprechung

Ist der Gesprächspartner zu einer Besprechung **nicht bereit** und erklärt dies, wird hierdurch die Terminsgebühr **nicht** ausgelöst! 541

Für die Entstehung einer Terminsgebühr nach Nr. 3202 i.V.m. Vorbem. 3 Abs. 3 Nr. 2 VV RVG reicht es nach Ansicht des BGH aus, wenn bestimmte Rahmenbedingungen für eine mögliche Einigung in mehreren Parallelverfahren abgeklärt und/oder unterschiedliche Vorstellungen der Prozessparteien/Beteiligten über die Erledigung der Parallelfälle unter Einschluss des streitigen Verfahrens ausgetauscht werden.[296] 542

Eine die Terminsgebühr Nr. 3104 VV RVG auslösende Besprechung im Sinne der Vorb. 3 Abs. 3 VV RVG setzt nach Ansicht des BAG[297] die Bereitschaft der Gegenseite voraus, überhaupt in Verhandlungen mit dem Ziel einer einvernehmlichen Beendigung des Verfahrens einzutreten. 543

Erfolgt z.B. lediglich eine Sachstandsanfrage, die Einholung von Informationen, die Bitte um Zustimmung zur Fristverlängerung, eine Anfrage, ob auf einen Zeugen verzichtet werden kann, entsteht die Terminsgebühr nicht. 544

---

[296] BGH, Beschl. v. 27.2.2007 – XI ZB 38/05, JurBüro 2007, 303.
[297] BAG, Beschl. v. 19.2.2013 – 10 AZB 2/13 = NZA 2013, 395 = BeckRS 2013, 67115 = FD-RVG 2013, 345908; ebenso: OVG Münster, Urt. v. 6.3.2013 – 6 E 1104/12 = BeckRS 2013, 51228.

§ 4 Gebühren in Familiensachen

545 **Musterrechnung 4.66: Verfahrensauftrag – Versuch einer Besprechung – Antrag – Termin**

Rechtsanwältin M hat in einem Sorgerechtsfall den Auftrag, ein gerichtliches Verfahren einzuleiten. Im Interesse des Kindes möchte Rechtsanwältin M den Versuch unternehmen, die Angelegenheit doch noch außergerichtlich zu bereinigen. Rechtsanwältin M lässt sich mit dem gegnerischen Kollegen verbinden. Dieser ist an einem Gespräch nicht interessiert und erklärt Rechtsanwältin M ohne Umschweife, dass er nicht bereit ist, die Angelegenheit am Telefon mit ihr zu besprechen. Rechtsanwältin M stellt daraufhin den Antrag auf Übertragung des alleinigen Sorgerechts auf ihre Mandantin beim zuständigen Familiengericht. Nach einem Gerichtstermin erlässt das Gericht antragsgemäß einen Beschluss.

Verfahrenswert: 3.000,00 EUR §§ 23 Abs. 1 RVG, 45 Abs. 1 Nr. 1 FamGKG

1,3 Verfahrensgebühr	
Nr. 3100 VV RVG	261,30 EUR
1,2 Terminsgebühr	
Nr. 3104 VV RVG	241,20 EUR
Auslagenpauschale, Nr. 7002 VV RVG	20,00 EUR
Zwischensumme	522,50 EUR
19 % Umsatzsteuer, Nr. 7008 VV RVG	99,28 EUR
Summe	**621,78 EUR**

> *Hinweis*
> Die Terminsgebühr entsteht hier wegen der Wahrnehmung des Termins, nicht aufgrund des Telefonats. (Zum Gegenstandswert siehe § 2 Rn 263.)

546 *Praxistipp*
Der Rechtsanwalt, der für seinen Mandanten den Anfall einer Terminsgebühr vermeiden will, sollte daher immer bedenken, dass plötzliche Anrufe eines Gegenanwalts möglicherweise erfolgen, um die Terminsgebühr auszulösen.

547 Die Besprechung muss nicht notwendig streitig geführt werden. Allein ausschlaggebend ist, dass die Besprechung mit dem Ziel, ein Verfahren zu vermeiden oder aber zu erledigen, geführt wird. Wird daher beispielsweise ein Vergleichsvorschlag schriftlich unterbreitet und dann in einem Telefonat der Inhalt des Vergleichsvorschlags nochmals dargelegt und hört der gegnerische Anwalt zu und erklärt, diesen Vergleichsvorschlag mit dem Auftraggeber besprechen zu wollen, so ist nach Ansicht der Verfasserinnen die Terminsgebühr entstanden. (Zur sinnvollen Dokumentation der Terminsgebühr in solchen Fällen vgl. Rn 553.)

548 Auch bei Bewilligung von Verfahrenskostenhilfe muss nach der zutreffenden Ansicht von *Kindermann* eine Terminsgebühr von der Staatskasse festgesetzt werden, die durch eine Besprechung, wie sie in Vorbem. 3 Abs. 3 VV RVG aufgenommen ist, entstanden ist.[298]

549 Zur Frage, wann eine Terminsgebühr im Falle einer Beiordnung in einer Ehesache nach § 48 Abs. 3 RVG durch die Staatskasse zu erstatten ist, wird zur Vermeidung von Wiederholungen auf die obigen Ausführungen verwiesen (siehe Rn 320 ff.).

---

[298] *Kindermann*, Rn 412.

d) Besprechungen mit dem Steuerberater

Besprechungen mit einem Steuerberater des Auftraggebers lösen die Terminsgebühr nach Nr. 3104 VV RVG nicht aus.[299] **550**

e) Einmaligkeitsgrundsatz

Verdient der RA eine Terminsgebühr anlässlich einer Besprechung im Sinne der Vorbemerkung 3 Abs. 3 Nr. 2 sowie eine solche für die Teilnahme an einem Gerichtstermin, kann er wegen § 15 Abs. 2 RVG die Terminsgebühr **in derselben Angelegenheit** jedoch **nur einmal** abrechnen! **551**

▼

Musterrechnung 4.67: Verfahrensauftrag – Besprechung – Antrag – Termin **552**

Rechtsanwältin P hat den Auftrag, den vier Jahre nach rechtskräftiger Scheidung unverfallbar gewordenen Anspruch auf Ausgleich der Betriebsrente geltend zu machen. Sie hat bereits den Auftrag, einen entsprechenden Antrag beim Familiengericht zu stellen. Der Gegner meldet sich nach einem entsprechenden Schreiben telefonisch in der Kanzlei von Rechtsanwältin P und spricht mit ihr über die Angelegenheit. Rechtsanwältin P reicht in der Folge einen entsprechenden Antrag auf Durchführung des Versorgungsausgleichs ein. Es kommt zum Termin. Die zu übertragenden Anwartschaften werden durch Beschluss bestimmt. Das Gericht bestimmt den Gegenstandswert auf 2.600,00 EUR (20 % des dreifachen Nettoeinkommens).

Verfahrenswert: 2.600,00 EUR §§ 23 Abs. 1 RVG, 50 FamGKG

1,3 Verfahrensgebühr	
Nr. 3100 VV RVG	261,30 EUR
1,2 Terminsgebühr	
Nr. 3104 VV RVG	241,20 EUR
Auslagenpauschale, Nr. 7002 VV RVG	20,00 EUR
Zwischensumme	522,50 EUR
19 % Umsatzsteuer, Nr. 7008 VV RVG	99,28 EUR
Summe	**621,78 EUR**

▲

> *Hinweis*
> Die Terminsgebühr entsteht hier wegen der Wahrnehmung des Termins oder aufgrund des Telefonats. Sie kann nur einmal abgerechnet werden (siehe Rn 551). Zum Gegenstandswert siehe § 2 Rn 304.

> *Praxistipp* **553**
> Es ist anzuraten, Besprechungen, die ohne Beteiligung des Gerichts eine Terminsgebühr auslösen, in der Akte zu dokumentieren! Entweder durch
> - gesonderten **Aktenvermerk** (Datum, Dauer, Uhrzeit, Inhalt, Gesprächspartner) **oder**
> - ein kurzes **Bestätigungsschreiben** an den Gesprächspartner.

---

[299] AG Düsseldorf, Urt. v. 19.8.2005 – 27 C 1262/05 = RVGreport 2005, 425.

554 *Beispiel*

■ **Aktenvermerk**

i.S. Müller/Müller, Az. ... wg. Zugewinnausgleich

Datum: 14.9.2013

Uhrzeit: 10.45–11.00 Uhr

Telefonat mit GA Dr. Huber; Unterbreitung Vergleichsvorschlag entspr. Schreiben RAM 7.9.2013; lt. Dr. Huber Einigung nur möglich, wenn Ausgleichsbetrag Zugewinn um 5.000,00 EUR erhöht wird, da Anfangsvermögen F. falsch berechnet. Hinweis darauf, dass allenfalls für Anpassung um 2.500,00 EUR vergleichsweise Bereitschaft M. besteht; Anfangsvermögen F. sehr wohl korrekt ermittelt. Fazit: Rücksprache Dr. Huber mit Mandantin – sodann erneut Kontaktaufnahme.

555 *Beispiel*

■ **Bestätigungsschreiben**

Sehr geehrter Herr Kollege Dr. Huber,

in obiger Sache konnten wir heute den von mir unterbreiteten Vergleichsvorschlag vom 14.9.2013 telefonisch besprechen. Ihre Mandantin wünscht eine Erhöhung des Vergleichsbetrags um 5.000,00 EUR, da nach Ihrer Auffassung bei der Berechnung des Anfangsvermögens der Frau Müller von falschen Beträgen ausgegangen worden sei. Ich wies Sie im Telefonat darauf hin, dass es bei den hier ermittelten Zahlen für das Anfangsvermögen verbleibt, mein Mandant jedoch ohne Anerkenntnis einer Rechtspflicht und ohne Präjudiz bereit ist, weitere 2.500,00 EUR zu den bereits angebotenen 30.000,00 EUR zu bezahlen. Sie wollten den Sachverhalt mit Ihrer werten Mandantin nochmals rückbesprechen und sich bis zum ... melden.

MfkG

9. Terminsgebühr in Angelegenheiten der freiwilligen Gerichtsbarkeit

556 *„Eine Terminsgebühr für eine Erledigungsbesprechung kann auch im Verfahren der freiwilligen Gerichtsbarkeit entstehen. Für die Festsetzung der Terminsgebühr im Rahmen der Prozesskostenhilfevergütung ist jedoch erforderlich, dass die gebührenauslösenden Tatsachen sich den Verfahrensakten entnehmen lassen oder zwischen den Parteien unstreitig sind. Es genügt nicht, dass der Vortrag des Antragstellers zum Entstehen der Terminsgebühr nicht widerlegt worden ist."*[300]

557 Es war bislang umstritten, ob in den Familiensachen der freiwilligen Gerichtsbarkeit eine Terminsgebühr nach Anm. Abs. 1 zu Nr. 3104 VV RVG entstehen kann.[301] Für derartige Angelegenheiten ist grundsätzlich keine mündliche Verhandlung vorgesehen; es finden vielmehr lediglich Erörterungstermine (§ 32 FamFG) statt, die eine Terminsgebühr bislang nicht entstehen ließen. Für den Ansatz einer Terminsgebühr haben sich dennoch einige Gerichte ausgesprochen.[302]

558 Mit Inkrafttreten des 2. KostRMoG dürfte dieser Streit nunmehr endgültig vom Tisch sein, da durch die Neufassung des Abs. 3 der Vorbem. 3 zu Teil 3 VV RVG der Anwendungsbereich der

---

[300] OLG Düsseldorf, Beschl. v. 19.6.2007 – 10 WF 10/07; BeckRS 2007, 19462.
[301] Vgl. *N. Schneider* in *Schulz/Hauß*, Familienrecht, Schwerpunktbeitrag 7: Kosten, Rn 136.
[302] OLG Stuttgart AGS 2010, 586 = NJW 2010, 3524; OLG Schleswig AGS 2007, 502 = OLG-Report 2007, 475; *Keuter*, NJW 2009, 2922 mit weiteren Rechtsprechungshinweisen.

Terminsgebühr erheblich erweitert wurde und nunmehr auch Anhörungs- und Erörterungstermine eine Terminsgebühr auslösen können (vgl. hierzu Rn 473 ff.).

10. Keine Terminsgebühr, wenn „lediglich" protokolliert wird?

Auch reine Protokollierungstermine, in denen lediglich eine Einigung zu Protokoll genommen wird, lösen nach der Neufassung des Abs. 3 der Vorbem. 3 eine Terminsgebühr aus. Allerdings gilt nach wie vor auch Abs. 3 der Anm. zu Nr. 3104 VV RVG, so dass der Rechtsanwalt für eine Scheidungsvereinbarung über nicht rechtshängige Ansprüche, die „lediglich" protokolliert wird, nach wie vor keine Terminsgebühr erhält. Möglich ist aber die Entstehung einer Terminsgebühr, wenn über die nicht rechtshängigen Ansprüche ein unbedingter Verfahrensauftrag bestand und im Termin verhandelt wird, was sich zum einen aus Abs. 3 der Anm. zu Nr. 3104 VV ergibt (es wird dann ja nicht mehr „lediglich" protokolliert), aber auch aus Abs. 2 der Anm. zu Nr. 3104 VV, der die Anrechnung der Terminsgebühr, die für die Verhandlung nicht rechtshängiger Ansprüche angefallen ist, regelt.

559

Wurde dieser Vergleich (die Einigung) jedoch zuvor zwischen den Beteiligten bzw. Anwälten in einer Besprechung (telefonisch oder persönlich) ausgehandelt und dann lediglich bei Gericht protokolliert, entsteht die Terminsgebühr in Höhe von 1,2 dennoch, und zwar **für die Besprechung**. Voraussetzung ist aber auch hier, dass für die nicht rechtshängigen Ansprüche ein unbedingter Verfahrensauftrag bestand.

560

Die Aushandlung einer Scheidungsvereinbarung auf dem **Papierweg** löst, wenn diese sodann im Termin lediglich noch protokolliert wird, eine Terminsgebühr **nicht** aus! Durch den Austausch von E-Mails mit Erörterung der Modalitäten einer Streitbeilegung entsteht nach Ansicht des BGH[303] ebenfalls keine Terminsgebühr.

561

Sind die Ansprüche zwar in dem Verfahren, in dem die Einigung/Scheidungsvereinbarung geschlossen wird, nicht anhängig, wohl aber in einem anderen Verfahren, kann die Terminsgebühr entstehen. Eine Terminsgebühr aus dem Wert der nicht rechtshängigen Ansprüche kann daher nicht entstehen:

562

- wenn die Ansprüche in keinem (anderweitigen) Verfahren nicht rechtshängig sind und
- lediglich protokolliert wird.

> *Praxistipp*
> Die Praxis zeigt, dass Scheidungsvereinbarungen, die zwischen den Beteiligten mündlich ausgehandelt werden, wesentlich schneller geschlossen werden, als auf dem reinen Papierweg. Wird eine Scheidungsvereinbarung beispielsweise im Besprechungstermin in der Kanzlei eines anwaltlichen Vertreters mit den Beteiligten und deren anwaltlichen Vertretern oder aber zumindest telefonisch besprochen, so verkürzt dies regelmäßig die Verhandlungszeit und damit auch den für die Beteiligten oft schmerzhaften Prozess eines Scheidungsverfahrens. Für derartige Besprechungen fällt zweifelsfrei eine Terminsgebühr an, wenn der Rechtsanwalt für diese Ansprüche Verfahrensauftrag hat.

563

Wird nicht lediglich protokolliert, sondern vielmehr über die Vergleichsgegenstände im Termin noch verhandelt oder diese erörtert, kann die Terminsgebühr von 1,2 nach Nr. 3104 VV RVG gleichwohl entstehen. Denn in Abs. 3 der Anmerkung zu Nr. 3104 VV RVG wird durch das Wort „lediglich" klar, dass die Terminsgebühr nur bei der sehr eingeschränkten Tätigkeit des alleinigen Antrags auf Protokollierung nicht entstehen soll.

564

---

303 BGH, Beschl. v. 21.10.2009 – IV ZB 27/09 = BeckRS 2009, 29541 = NJW 2010, 381.

565 Es bleibt auch dann bei einer 0,8 Verfahrensgebühr (Nr. 3101 Nr. 2 VV RVG), wenn nicht nur lediglich ein Antrag gestellt wird, eine Einigung zwischen den Beteiligten zu Protokoll zu nehmen, sondern wenn darüber hinaus auch über diese Ansprüche zusätzlich im Termin verhandelt/erörtert wird.[304] Diese Auffassung hat der Gesetzgeber auch in seiner Begründung zum 2. KostRMoG bestätigt (hierzu die Ausführungen zum Entstehen der Differenzverfahrensgebühr, siehe Rn 441 ff).

566 Wird in einem Verfahren ein in einem anderen Verfahren rechtshängiger Anspruch mitverglichen, fällt allein dadurch eine Terminsgebühr und Einigungsgebühr in dem **anderen** Verfahren nicht an.[305] Diese Entscheidung soll nicht missverstanden werden. Denn die Entstehung einer Termins- und Einigungsgebühr in dem Verfahren, in dem die Einigung erfolgt ist, hängt allein von der Tätigkeit des Rechtsanwalts ab, vgl. auch die Musterrechnungen (siehe Rn 453 u. 455).

11. Anrechnungsvorschrift Abs. 2 der Anm. zu Nr. 3104 VV

567 Um eine Zuvielanrechnung der Terminsgebühr zu vermeiden ist in Absatz 2 der Anm. zu Nr. 3104 VV geregelt, dass die Terminsgebühr im (verglichenen) Verfahren auf die Terminsgebühr des Parallelverfahrens lediglich soweit anzurechnen ist, wie sie den sich ohne Berücksichtigung der nicht rechtshängigen Ansprüche ergebenden Gebührenbetrag übersteigt. Eine Musterrechnung, wie die Anrechnung konkret aussehen kann, finden Sie unter Rn 453.

IV. Zusatzgebühr für besonders umfangreiche Beweisaufnahmen

568 Durch das 2. KostRMoG wurde in das Vergütungsverzeichnis des RVG eine neue „Zusatzgebühr für besonders umfangreiche Beweisaufnahmen" unter Nr. 1010 VV RVG in Höhe von 0,3 aufgenommen.

Es ist nicht recht verständlich, weshalb diese Zusatzgebühr in den Allgemeinen Teil 1 des Vergütungsverzeichnisses aufgenommen worden ist, wenn die Gebühr doch nur neben Gebühren des Teils 3 entstehen kann. Richtigerweise hätte sich diese Gebühr daher in Teil 3 des VV wiederfinden müssen.

569

1010	Zusatzgebühr für besonders umfangreiche Beweisaufnahmen in Angelegenheiten, in denen sich die Gebühren nach Teil 3 richten und mindestens drei gerichtliche Termine stattfinden, in denen Sachverständige oder Zeugen vernommen werden. Die Gebühr entsteht für den durch besonders umfangreiche Beweisaufnahmen anfallenden Mehraufwand.	0,3 oder bei Betragsrahmengebühren erhöhen sich der Mindest- und Höchstbetrag der Terminsgebühr um 30%

570 Durch den Gesetzgeber wurde die Einführung dieser Zusatzgebühr wie folgt begründet:[306]

> „Die vorgeschlagene Zusatzgebühr soll den besonderen Aufwand bei sehr umfangreichen Beweisaufnahmen ausgleichen. Durch diese Gebühr sollen aber keine Fehlanreize gesetzt werden, die dazu animieren könnten, zusätzliche Beweisaufnahmetermine zu provozieren. Die Hürde bis zu einem dritten Beweistermin erscheint hierfür ausreichend."

---

304 Ebenso: *Bischof/Jungbauer*, u.a., RVG, Nr. 3101 VV, Rn 38; *Enders*, JurBüro 2007, 113; *Gerold/Schmidt*, RVG, VV 311 Rn 92; *Hansens/Braun/Schneider*, Praxis des Vergütungsrechts, Teil 8 Rn 173; *Hartung/Römermann/Schons*, RVG, 3101 VV Rn 27; *Enders*, RVG für Anfänger, Rn 1038; *Jungbauer*, Rechtsanwaltsvergütung, Rn 1502 ff.; a.A. (1,3 Verfahrensgebühr, wenn neben dem Antrag auch eine Erörterung/Verhandlung über die nicht rechtshängigen Ansprüche stattfand): *N. Schneider* in Schneider/Wolf, RVG, VV 1000, Rn 182; *Mayer* in Mayer/Kroiß, RVG Handkommentar, Nr. 3101 VV, Rn 45.
305 OLG Stuttgart JurBüro 2005, 303.
306 BT-Drucks 17/11471 v. 14.11.2012, 2. KostRMoG, S. 425.

Damit der Rechtsanwalt die Zusatzgebühr der Nr. 1010 VV RVG verdienen kann, müssen zwei Voraussetzungen vorliegen:

- Zum einen muss es sich um „besonders umfangreiche Beweisaufnahmen" handeln **und**
- zum anderen muss der Rechtsanwalt an mindestens drei Terminen teilgenommen haben, in den Sachverständige oder Zeugen vernommen worden sind.

Erst wenn **beide** Voraussetzungen erfüllt sind, kann die Zusatzgebühr durch den Rechtsanwalt abgerechnet werden.

571

Merkmale der genannten Vernehmungstermine sind:

- Die Vernehmung muss mündlich (vor Ort oder via Videokonferenz) erfolgen; schriftliche Vernehmungen zählen nicht.
- Es muss ein gerichtlicher Termin sein; ob vor dem erkennenden Gericht oder dem beauftragten oder ersuchten Richter im Wege der Rechtshilfe spielt dabei keine Rolle.
- Erfolgt die Vernehmung desselben Zeugen oder Sachverständigen in mehreren Terminen, so zählen diese jeweils gesondert.
- Abzustellen ist auf die Anzahl der Termine, nicht auf die Anzahl der Zeugen oder Sachverständigen, die in einem (1) Termin vernommen werden.
- Die Dauer des Termins ist unerheblich, solange es in der Gesamtschau zu einer besonders umfangreichen Beweisaufnahme gekommen ist, d.h. es zählt auch zahlenmäßig ein Termin, der z.B. nur 10 Min. gedauert hat.
- Werden Zeugen und Sachverständigen in einem (1) Termin vernommen, zählt dies nur als ein (1) Termin.

572

Ferner ist darauf zu achten, dass diese drei Termine in derselben gebührenrechtlichen Angelegenheit (vgl. § 17 Nr. 1 RVG) stattgefunden haben. Es ist daher nicht ausreichend, wenn z.B. zwei Termine in erster Instanz und ein weiterer Termin beispielsweise nach Zurückverweisung oder in zweiter Instanz stattfinden, da hier nicht dieselbe Angelegenheit vorliegt.

573

Problematisch dürfte zukünftig auch die Formulierung „besonders umfangreiche Beweisaufnahmen" im Rahmen der Kostenfestsetzung werden, denn eine konkrete Definition, was denn genau darunter zu verstehen ist, ist durch den Gesetzgeber nicht erfolgt. Eine lediglich „umfangreiche Beweisaufnahme" ist nicht ausreichend.[307]

574

In der Zukunft bleibt abzuwarten, wie sich die Rechtsprechung hierzu entwickeln wird. Bis es relevante Rechtsprechung zu diesem Thema geben wird, dürfte jedoch erst einmal einige Zeit vergehen bis solche durch die Gerichte zu entscheidenden Fälle überhaupt entstehen können (Zeitlicher Ablauf: 3 Vernehmungstermine in derselben Angelegenheit).

575

Darüber hinaus tauchen schon die ersten Fragen im Zusammenhang mit dieser neuen Gebühr auf. Muss der Anwalt die Termine auch wahrnehmen (die Gebühr soll ja den zusätzlichen Aufwand belohnen) oder reicht es aus, wenn die Termine stattfinden und sich die Tätigkeit des Anwalts in Bezug auf diese Termine darauf beschränkt, dass er am Ende das Sitzungsprotokoll liest? Auch zu dieser Frage ist mit Rechtsprechung zu rechnen, auch wenn der Gesetzeswortlaut tatsächlich nur von einem „Stattfinden" und nicht von einer „Wahrnehmung" spricht. Auch die Beweisgebühr nach BRAGO wurde durch die Prüfung und Weiterleitung des Beweisbeschlusses schon ausgelöst, ohne dass der Anwalt am Beweisaufnahmetermin selbst teilnehmen musste.

576

---

[307] Vgl. *Schneider/Thiel,* Das neue Gebührenrecht für Rechtsanwälte, § 3 Rn 477.

V. Abrechnung der Scheidungsvereinbarung

1. Auftragserteilung entscheidend

577 Sehr häufig wird in der Praxis eine Scheidungsvereinbarung getroffen, die dann im Scheidungstermin protokolliert wird. Dabei ist für die Abrechnung einer solchen Tätigkeit von Bedeutung, welchen Auftrag der Mandant erteilt hat.[308] Eine Entscheidung des BGH aus dem Jahre 1968 (!) legt dabei auch heute noch die Auffassung nahe, dass der Mandant einen einheitlichen Auftrag erteilt, eine Scheidungsvereinbarung im Rahmen eines gerichtlichen Verfahrens zu protokollieren, so dass insgesamt von einem Prozessauftrag (jetzt Verfahrensantrag) ausgegangen wird.[309]

578 Diese Auffassung spiegelt jedoch nach Meinung der Verfasserinnen nicht die anwaltliche Praxis wieder. Gerade in Familiensachen erfolgt nicht selten zunächst eine Beratung, wobei zum Zeitpunkt der Beratung in vielen Fällen nicht einmal klar ist, ob und wann es zur Scheidung kommen soll. Spitzen sich die Schwierigkeiten in der Ehe zu, wird oft der Auftrag erweitert, zunächst einmal die Trennungsunterhaltsansprüche zu beziffern bzw. geltend zu machen, ebenso Unterhalt für die Kinder und andere Familiensachen (z.B. Ehewohnung; Haushalt) zu regeln. Erst im Laufe des Mandats wird so oft aus einem Beratungsauftrag ein Auftrag zur außergerichtlichen Vertretung bis hin zum Auftrag, einen Beteiligten im gerichtlichen Verfahren zu vertreten. Natürlich gibt es auch die Fälle, wo für den Auftraggeber vom ersten Besprechungstermin beim Rechtsanwalt an feststeht, dass die Scheidung betrieben werden soll. Das Familienrecht ist jedoch viel zu komplex, um hier pauschal immer einen Verfahrensauftrag vorauszusetzen. Die Auftragserteilung erfolgt vielmehr individuell sehr unterschiedlich. Dem ist auch entsprechend Rechnung zu tragen.

579 *Praxistipp*
Damit über die Auftragserteilung nicht später Streit mit dem Auftraggeber entbrennt, sollte der Rechtsanwalt sich absichern, indem er den erteilten Auftrag in der Akte sorgfältig mit Datum dokumentiert, bestenfalls hält er den erteilten Auftrag in einem kurzen Anschreiben an den Mandanten nochmals schriftlich fest.

580 *Beispiel*
„Sehr geehrte Frau Müller,

in obiger Angelegenheit komme ich zurück auf die heute in meiner Kanzlei geführte Besprechung. Sie wünschen, dass ich Ihre Unterhaltsansprüche berechne und gegenüber Ihrem getrennt lebenden Ehemann außergerichtlich geltend mache. Ich werde in den nächsten Tagen ein entsprechendes Schreiben auf den Weg bringen. Sie erhalten sodann eine Abschrift dieses Schreibens zu Ihrer Kenntnisnahme.

Ich darf nochmals kurz festhalten, dass ich Sie darauf hingewiesen hatte, dass sich die Gebühren in einer Unterhaltssache nach dem Gegenstandswert richten. Mit freundlichen Grüßen"

Hinweis
(Zur Hinweispflicht betreffend den Gegenstandswert siehe § 2 Rn 3 ff.)

2. Gerichtlicher Auftrag

581 Hat der Auftraggeber den Auftrag erteilt, eine Scheidungsvereinbarung zu schließen, um diese dann bei Gericht protokollieren zu lassen, entsteht aus den Werten, die von der Einigung umfasst werden, eine 0,8 Differenzverfahrensgebühr nach Nr. 3101 Nr. 2 VV RVG neben der 1,3 Verfah-

---

[308] Vgl. dazu ausführlich: *Enders*, FuR 1999, 189 ff.; *ders.*, JurBüro 1999, 337 u. 393 sowie *ders.*, JurBüro 1998, 561.
[309] BGH NJW 1968, 51.

rensgebühr nach Nr. 3100 VV RVG aus dem Wert der nichtrechtshängigen Ansprüche. Nach § 15 Abs. 3 RVG dürfen jedoch beide Verfahrensgebühren zusammen nicht mehr ergeben, als eine Verfahrensgebühr nach dem Höchstsatz aus dem addierten Wert, vgl. dazu auch die obigen Ausführungen (siehe Rn 463) und die Musterrechnungen (siehe Rn 453 u. 455).

Kindermann stellt in ihrem Werk die Ansicht von *Müller-Rabe* dar, dass eine Vermutung dafür sprechen würde, dass eine zwischen den Beteiligten zu erzielende Einigung gerichtlich protokolliert werden sollte, so dass im Hinblick auf den zwingend notwendigen Prozessauftrag für die Scheidung lediglich ein einheitlicher Prozessauftrag erteilt würde, der auch die Gegenstände umfassen würde, die nicht rechtshängig werden.[310] Ohne sich selbst festzulegen führt Kindermann weiter aus, dass, falls man von zwei Aufträgen ausgeht (außergerichtliche Tätigkeit betreffend die nicht rechtshängigen Ansprüche) und gerichtliche Tätigkeit, zwei Abrechnungen zu erteilen wären. Einmal der außergerichtliche Auftrag über die Geschäftsgebühr und zum zweiten das gerichtliche Verfahren mit den Gebühren nach Teil 3.[311]

Nochmals: Nach Ansicht der Verfasserinnen kann nur die genaue Dokumentation des erteilten Auftrags hinsichtlich jedes einzelnen Gegenstands eine Hilfe für die spätere Abrechnung darstellen. Wer kann sich schon noch nach einem halben Jahr daran erinnern, zu welchem Zeitpunkt genau der Mandant in dieser bestimmten Sache gesagt hat: „So – und jetzt reichts – jetzt gehen wir gerichtlich vor."

▼

Musterrechnung 4.68: Scheidungsvereinbarung – gerichtlich protokolliert

Rechtsanwalt Z reicht für Mandantin M einen Scheidungsantrag ein. Rechtsanwalt Z hat den Auftrag, eine Scheidungsvereinbarung im Termin protokollieren zu lassen. Kinder sind aus der Ehe nicht hervorgegangen. Der Versorgungsausgleich wird durchgeführt. Im Termin wird eine Scheidungsvereinbarung protokolliert, die zuvor zwischen den Beteiligten in einer Besprechung mit den Rechtsanwälten ausgehandelt worden war, für die Verfahrensauftrag bestand, in der folgende Gegenstände einer vergleichsweisen Regelung zugeführt wurden:
- Zugewinnausgleich, Wert: 40.000,00 EUR
- wechselseitiger Unterhaltsverzicht, 1.200,00 EUR
- Haushaltsgegenstände, deklaratorisch, ohne Wertansatz

Der Wert der Ehesache wird vom Gericht auf 55.000,00 EUR (Einkommen u. Vermögen) festgesetzt. Beim Versorgungsausgleich ist vom Wert 3.500,00 EUR auszugehen.

Wert: 58.500,00 EUR/41.200,00 EUR
§§ 23 Abs. 1 S. 1 RVG, 43, 51 Abs. 1, 50, 35 FamGKG

1,3 Verfahrensgebühr aus 58.500,00 EUR Nr. 3100 VV RVG	1.622,40 EUR
0,8 Differenzverfahrensgebühr aus 41.200,00 EUR Nr. 3101 Nr. 2 VV RVG	870,40 EUR
Summe	2.492,80 EUR
nach § 15 Abs. 3 RVG: höchstens 1,3 aus 99.700,00 EUR	1.953,90 EUR

---

310 *Kindermann*, Rn 434 unter Verweis auf *Gerhard/v. Heintschel-Heinegg/Klein*, 17. Kap. Rn 183.
311 *Kindermann*, Rn 435.

1,2 Terminsgebühr aus 99.500,00 EUR Nr. 3104 VV RVG (u. Vorbem. 3 Abs. 3 VV)	1.803,60 EUR
1,5 Einigungsgebühr aus 41.200,00 EUR Nr. 1000 VV RVG	1.632,00 EUR
Auslagenpauschale, Nr. 7002 VV RVG	20,00 EUR
Zwischensumme	5.409,50 EUR
19 % Umsatzsteuer, Nr. 7008 VV RVG	1.027,81 EUR
Summe	**6.437,31 EUR**

▲

Hinweis
Die Terminsgebühr aus dem Wert der nicht rechtshängigen Ansprüche fällt an für die Teilnahme der Rechtsanwälte an der Besprechung. Aufgrund § 15 Abs. 5 S. 1 RVG erhält der Rechtsanwalt die Terminsgebühr aus dem vollen Wert (Wird der Rechtsanwalt, nachdem er in einer Angelegenheit tätig geworden ist, beauftragt, in derselben Angelegenheit weiter tätig zu werden, erhält er nicht mehr an Gebühren, als er erhalten würde, wenn er von vornherein hiermit beauftragt worden wäre.). Zum Anfall der Terminsgebühr für die Besprechung siehe auch Rn 530; zu den Gegenstandswerten siehe § 2 Rn 149, 196, 304 u. 111; zur Anwendung von § 15 Abs. 3 RVG siehe Rn 463, zur Einigungsgebühr siehe Rn 277.

3. Auftrag notarieller Beurkundung

584 Erteilt der Auftraggeber zunächst außergerichtlichen Auftrag und soll im Hinblick auf eine Scheidung die Einigung der Beteiligten erst zu späterem Zeitpunkt notariell beurkundet werden, bewegt sich der Rechtsanwalt gebührenrechtlich im Bereich einer Geschäftsgebühr und ggf. 1,5 Einigungsgebühr. Dabei können Besprechungen mit der Gegenseite, die zum Abschluss der Einigung geführt haben, nicht mit der Terminsgebühr abgerechnet werden, da eben kein Verfahrensauftrag vorliegt. Zur Frage, wann eine Terminsgebühr anfallen kann (vgl. Rn 532).

585 *Praxistipp*
Besprechungen, die im Rahmen einer außergerichtlichen Vertretung mit der Gegenseite (oder auch dem Mandanten) geführt werden, rechtfertigen die Erhöhung des Gebührensatzes der Geschäftsgebühr. Es empfiehlt sich daher, derartige Besprechungen zu dokumentieren (mit Datum, Zeit und Inhalt).

586 Es ist dabei zu beachten, dass eine notarielle Vereinbarung, die für den Fall der Scheidung geschlossen wird, unter der aufschiebenden Bedingung der Scheidung geschlossen wird, so dass die Einigungsgebühr erst anfällt, wenn es zur Scheidung kommt (vgl. dazu Rn 255).

587 Hat der Rechtsanwalt den Auftrag, eine Scheidungsvereinbarung notariell beurkunden zu lassen und sodann das Scheidungs- und Versorgungsausgleichsverfahren gerichtlich durchzuführen, liegen nach Ansicht der Verfasserinnen in jedem Fall zwei Angelegenheiten vor, da bei der Tätigkeit eben kein einheitlicher Rahmen (der aber Voraussetzung für die Annahme „derselben Angelegenheit" ist) vorliegt. Auch kann hier nicht von einer Regelung der Folgesachen gesprochen werden, mit der Annahme, dass über § 16 Nr. 4 dieselbe Angelegenheit vorläge. Denn die Gegenstände der Scheidungsvereinbarung werden eben gerade nicht als Folgesachen im Verbund rechtshängig.

E. Gerichtliche Vertretung § 4

▼

Musterrechnung 4.69: Scheidungsvereinbarung – notariell beurkundet 588

Rechtsanwalt Z hat den Auftrag, eine Scheidungsvereinbarung notariell beurkunden zu lassen: Zugewinnausgleich, wechselseitiger Unterhaltsverzicht, der Haushalt gilt als aufgeteilt.
- Zugewinnausgleich, Wert: 40.000,00 EUR
- wechselseitiger Unterhaltsverzicht, Wert: 1.200,00 EUR
- Haushaltsgegenstände, deklaratorisch, ohne Wertansatz

Rechtsanwalt Z reicht sechs Monate später für seine Mandantin den Scheidungsantrag ein. Kinder sind aus der Ehe nicht hervorgegangen. Der Versorgungsausgleich wird durchgeführt. Der Wert der Ehesache wird vom Gericht auf 52.500,00 EUR festgesetzt. Beim Versorgungsausgleich ist vom Wert 3.500,00 EUR auszugehen.

1. Notarielle Vereinbarung

Gegenstandswert: 41.200,00 EUR, (Zugewinnausgleich, Unterhaltsverzicht) §§ 23 Abs. 1 S. 1 RVG, 51 Abs. 1, 35 FamGKG

1,8 Geschäftsgebühr aus 41.200,00 EUR Nr. 2300 VV RVG	1.958,40 EUR
1,5 Einigungsgebühr aus 41.200,00 EUR Nr. 1000 VV RVG	1.632,00 EUR
Auslagenpauschale, Nr. 7002 VV RVG	20,00 EUR
Zwischensumme	3.610,40 EUR
19 % Umsatzsteuer, Nr. 7008 VV RVG	685,98 EUR
Summe	**4.296,38 EUR**

2. Gerichtliches Verfahren

Verfahrenswert: 56.000,00 EUR (Ehesache u. VA), §§ 23 Abs. 1 S. 1 RVG, 43 Abs. 1, 2, 50 FamGKG

1,3 Verfahrensgebühr aus 56.000,00 EUR Nr. 3100 VV RVG	1.622,40 EUR
1,2 Terminsgebühr aus 56.000,00 EUR Nr. 3104 VV RVG	1.497,60 EUR
Auslagenpauschale, Nr. 7002 VV RVG	20,00 EUR
Zwischensumme	3.140,00 EUR
19 % Umsatzsteuer, Nr. 7008 VV RVG	596,60 EUR
Summe	**3.736,60 EUR**

▲

> *Hinweis*
> (Zu den Gegenstandswerten siehe § 2 Rn 149, 196, 304 u. 111); zur Anwendung von § 15 Abs. 3 RVG siehe Rn 463, zur Einigungsgebühr siehe Rn 277).

4. Beratung, außergerichtliche Vertretung und teilweise gerichtliche Vertretung

Wurde der Rechtsanwalt zunächst mit der Beratung, und dann mit der außergerichtlichen Vertretung beauftragt, entstehen weitere Gebühren. Folgt dann eine gerichtliche Vertretung über nur einige Gegenstände, sind die Anrechnungsvorschriften entsprechend zu beachten. 589

§ 4 Gebühren in Familiensachen

590 **Musterrechnung 4.70: Beratung – außergerichtliche Vertretung – gerichtliche Vertretung – Scheidungsvereinbarung**

Rechtsanwalt Z berät Mandantin M mehrmals in einer Scheidungsangelegenheit.

Gegenstände der Beratung sind:

Ehesache	25.000,00 EUR, §§ 23 Abs. 1 RVG, 43 Abs. 1, 2 FamGKG
Trennungsunterhalt Ehefrau	12.000,00 EUR, §§ 23 Abs. 1 RVG, 51 Abs. 1 FamGKG
nacheheliche Unterhaltsansprüche	8.000,00 EUR, §§ 23 Abs. 1 RVG, 51 Abs. 1 FamGKG
gemeinsame Immobilie	150.000,00 EUR, §§ 23 Abs. 1 RVG, 35 FamGKG
Haushalt	12.000,00 EUR, §§ 23 Abs. 1 RVG, 48 Abs. 3 FamGKG
Versorgungsausgleich	2.500,00 EUR, §§ 23 Abs. 1 RVG, 50 FamGKG
Zugewinnausgleich	50.000,00 EUR, §§ 23 Abs. 1 RVG, 35 FamGKG

Für die Beratung wird eine Stundensatzvergütung vereinbart, eine Anrechnung ist ausgeschlossen worden, § 34 Abs. 1 u. 2 RVG. Insgesamt sind 6 Stunden Beratungszeit anzusetzen zu einem Stundenpreis von 180,00 EUR pro Stunde.

Anschließend erhält RA Z den Auftrag, die Trennungsunterhaltsansprüche außergerichtlich geltend zu machen. 12.000,00 EUR, §§ 23 Abs. 1 RVG, 51 Abs. 1 GKG.

Nach Ablauf des Trennungsjahres wird auftragsgemäß Scheidungsantrag eingereicht. Der Versorgungsausgleich wird durchgeführt. Rechtsanwalt Z hat im Auftrag seiner Mandantin mit dem Gegenanwalt in einer gemeinsamen Besprechung mit beiden Beteiligten eine Scheidungsvereinbarung über den nachehelichen Unterhaltsanspruch, den Haushalt (deklaratorisch; ohne Wertansatz) und den Zugewinnausgleich (Wert: 50.000,00 EUR) schriftlich ausgehandelt und diese im Scheidungstermin protokollieren lassen. Rechtshängig waren lediglich Ehesache und Versorgungsausgleich. Hinsichtlich der anderen Gegenstände hatte der Rechtsanwalt Auftrag, eine Protokollierung herbeizuführen. Der Trennungsunterhalt war nicht Gegenstand eines gerichtlichen Verfahrens. Kinder sind aus der Ehe nicht hervorgegangen.

1. Beratung über Ehe- und Folgesachen

Vereinbarte Vergütung nach § 34 RVG	1.080,00 EUR
Auslagen, Nr. 7002 VV RVG	20,00 EUR
Zwischensumme	1.100,00 EUR
19 % Umsatzsteuer, Nr. 7008 VV RVG	209,00 EUR
Summe	**1.309,00 EUR**

2. Außergerichtliche Vertretung

Gegenstandswert: 12.000,00 EUR (Trennungsunterhalt)

1,3 Geschäftsgebühr, Nr. 2300 VV RVG	785,20 EUR
Auslagen, Nr. 7002 VV RVG	20,00 EUR
Zwischensumme	805,20 EUR
19 % Umsatzsteuer, Nr. 7008 VV RVG	152,95 EUR
Summe	**958,15 EUR**

3. Gerichtliches Verfahren

Ehesache	25.000,00 EUR, §§ 23 Abs. 1 RVG, 43 Abs. 1, 2 FamGKG
Versorgungsausgleich	2.500,00 EUR, §§ 23 Abs. 1 RVG, 50 FamGKG
nacheheliche Unterhaltsansprüche	8.000,00 EUR, §§ 23 Abs. 1 RVG, 51 Abs. 1 FamGKG
Zugewinnausgleich	50.000,00 EUR, §§ 23 Abs. 1 RVG, 35 FamGKG

Wert: 27.500,00 EUR/58.000,00 EUR

1,3 Verfahrensgebühr		
aus 27.500,00 EUR (Ehesache u. VA)		
Nr. 3100 VV RVG	1.121,90 EUR	
0,8 Differenzverfahrensgebühr		
aus 58.000,00 EUR		
(Unterhalt u. Zugewinnausgleich)		
Nr. 3101 Nr. 2 VV RVG	998,40 EUR	
Summe	2.120,30 EUR	
nach § 15 Abs. 3 RVG höchstens 1,3 Verfahrensgebühr aus 85.500,00 EUR =		1.843,40 EUR
1,2 Terminsgebühr aus 27.500,00 EUR		
Nr. 3104 VV RVG		1.035,60 EUR
1,5 Einigungsgebühr aus 58.000,00 EUR		
Nr. 1000 VV RVG		1.872,00 EUR
Auslagenpauschale, Nr. 7002 VV RVG		20,00 EUR
Zwischensumme		4.771,00 EUR
19 % Umsatzsteuer, Nr. 7008 VV RVG		906,49 EUR
Summe		**5.677,49 EUR**
Gesamtbetrag Summe 1–3:		7.944,64 EUR

▲

> *Hinweis*
> Eine Anrechnung der Geschäftsgebühr ist hier nicht vorzunehmen, da der Gegenstand der außergerichtlichen Tätigkeit (Trennungsunterhalt) nicht mehr Gegenstand der gerichtlichen Tätigkeit war; (zur Terminsgebühr siehe Rn 470 ff.; zu § 15 Abs. 3 Rn 463; zur Einigungsgebühr siehe Rn 277; zur fehlenden Anrechnung der vereinbarten Beratungsgebühr siehe Rn 89 ff. und 97).

VI. Der Unterbevollmächtigte

Im Hinblick auf die ausschließliche Zuständigkeit des Familiengerichts und die Konzentration auf das örtlich zuständige Gericht, bei dem die Ehesache anhängig ist, spielt die Einschaltung eines Unterbevollmächtigten auch in Familiensachen eine Rolle. Es wird daher im Nachfolgenden auf die Gebühren des Unterbevollmächtigten eingegangen. 591

Die Gebühren des Unterbevollmächtigten sind in Teil 3, Abschnitt 4 VV RVG geregelt. Fälle von **Untervollmacht im Familienrecht** finden sich z.B. häufig in Sorgerechtsverfahren, wenn die Beteiligten nach Scheidung der Ehe weit voneinander weg wohnen und ein isoliertes Sorgerechtsverfahren angestrengt wird. In Zukunft wird es aufgrund der neuen örtlichen Zuständigkeiten in Familiensachen noch häufiger zur Inanspruchnahme eines Unterbevollmächtigten kommen. 592

593 Beschränkt sich der Auftrag auf die Vertretung in einem Termin im Sinne der Vorbemerkung 3. Abs. 3, erhält der Rechtsanwalt eine Verfahrensgebühr in Höhe der Hälfte der dem Verfahrensbevollmächtigten zustehenden Verfahrensgebühr, Nr. **3401 VV RVG**. Die Terminsgebühr entsteht nach Nr. 3402 VV RVG in Höhe der einem Verfahrensbevollmächtigten zustehenden Terminsgebühr.

594 Damit wird der Unterbevollmächtigte regelmäßig in **1. Instanz** folgende Gebühren verdienen:

0,65 Verfahrensgebühr

Nr. 3100 i.V.m. Nr. 3401 VV RVG

1,2 Terminsgebühr

Nr. 3104 i.V.m. Nr. 3402 VV RVG

bei Versäumnisurteil:

0,65 Verfahrensgebühr

Nr. 3100 i.V.m. Nr. 3401 VV RVG

0,5 Terminsgebühr Nr. 3105 i.V.m. Nr. 3402 VV RVG

bei vorzeitiger Erledigung, wenn sich auch für den Verfahrensbevollmächtigten die Sache vorzeitig erledigt (eine wohl nur theoretische Frage):

0,4 Verfahrensgebühr

Nr. 3101 Nr. 1 i.V.m. Nr. 3401 und 3405 VV RVG

bei vorzeitiger Erledigung, wenn der Verfahrensbevollmächtigten bereits eine 1,3 Verfahrensgebühr verdient hat (z.B. Termin wird aufgrund einer außergerichtlichen Einigung obsolet):

0,5 Verfahrensgebühr

Nr. 3101 Nr. 1 i.V.m. Nr. 3401 und 3405 VV RVG

595 Im Beschwerde- und Rechtsbeschwerdeverfahren entstehen die entsprechenden Gebühren nach Teil 3, Abschnitt 2, Unterabschnitt 1 u. 2 VV RVG.

▼

596 **Musterrechnung 4.71: Isoliertes Sorgerechtsverfahren mit Untervollmacht**

Zwei Jahre nach rechtskräftiger Scheidung beantragt Rechtsanwältin L für ihre Mandantin die Übertragung des alleinigen Sorgerechts beim Amtsgericht Neuss, in dessen Bezirk die Mutter mit dem Kind lebt. Der Vater, in Frankfurt lebend, beauftragt Rechtsanwalt J mit seiner Vertretung. Zum Termin erscheint für Rechtsanwalt J die Rechtsanwältin B in Untervollmacht. Im Anschluss an die Verhandlung ergeht ein Beschluss.

Gegenstandswert: 3.000,00 EUR, §§ 23 Abs. 1 RVG, 45 Abs. 1 Nr. 1 FamGKG

Rechtsanwalt J – Hauptbevollmächtigter:

1,3 Verfahrensgebühr	
Nr. 3100 VV RVG	261,30 EUR
Auslagenpauschale, Nr. 7002 VV RVG	20,00 EUR
Zwischensumme	281,30 EUR
19 % Umsatzsteuer, Nr. 7008 VV RVG	53,45 EUR
Summe	**334,75 EUR**

Rechtsanwältin B – Unterbevollmächtigte:

0,65 Verfahrensgebühr	
Nr. 3100 i.V.m. 3401 VV RVG	130,65 EUR
1,2 Terminsgebühr	
Nr. 3104 i.V.m. 3402 VV RVG	241,20 EUR
Auslagenpauschale, Nr. 7002 VV RVG	20,00 EUR
Zwischensumme	391,85 EUR
19 % Umsatzsteuer, Nr. 7008 VV RVG	74,45 EUR
Summe	**466,30 EUR**

(Zum Gegenstandswert siehe § 2 Rn 263 ff.)

(Zur Beiordnung unter den Bedingungen eines ortsansässigen RA siehe § 7 Rn 117.)

▲

VII. Verweisung/Zurückverweisung

1. Grundlagen

Die Verweisung ist gebührenrechtlich geregelt in § 20 RVG, die Zurückverweisung in § 21 RVG. Die Tatsache, dass jedoch nach Zurückverweisung an ein Gericht, das mit der Sache bereits befasst war, die Verfahrensgebühr nicht noch einmal anfallen kann, ergibt sich nicht mehr aus dem Gesetzestext, sondern nunmehr aus dem Vergütungsverzeichnis des RVG (Abs. 6 der Vorbemerkung 3 VV RVG). Bei der Verweisung unterscheiden wir die Verweisung auf einer instanzlichen Ebene (§ 20 S. 1 RVG) – hier werden keine neuen Gebühren ausgelöst – und die Verweisung von einem Rechtsmittelgericht an ein Gericht des niedrigeren Rechtszugs (§ 20 S. 2 RVG). Hier können alle Gebühren neu entstehen, auch die Verfahrensgebühr. **597**

2. Verweisung

§ 20 RVG gilt auch für Verfahren vor dem Familiengericht. **598**

In § 20 S. 1 RVG ist die sog. Horizontalverweisung geregelt. Damit sind die Fälle gemeint, in denen eine Verweisung/Abgabe einer Sache an ein anderes Gericht wegen örtlicher oder sachlicher Unzuständigkeit oder aber auch wegen Unzulässigkeit des Rechtsweges an ein anderes Gericht der **gleichen instanzlichen Ebene** verwiesen wird. **599**

> *Beispiel* **600**
> Das Amtsgericht München – Familiengericht – verweist das Verfahren wegen örtlicher Unzuständigkeit an das Amtsgericht Rosenheim – Familiengericht.
>
> Das Landgericht Bonn (1. Instanz) verweist wegen Unzuständigkeit des zivilgerichtlichen Rechtsweges an das Familiengericht Siegburg.

In § 20 RVG wird somit unterschieden, ob eine Sache auf der gleichen instanzlichen Ebene verwiesen wird, oder aber an ein Gericht eines niedrigeren Rechtszuges. Erfolgt die Verweisung an ein Gericht der gleichen instanzlichen Ebene, handelt es sich um einen Rechtszug, mit der Folge, die sich aus § 15 Abs. 2 RVG ergibt, dass die Gebühren nur einmal berechnet werden können. Dabei ist zu beachten, dass dies nur dann gilt, wenn derselbe Rechtsanwalt die Angelegenheit weiter betraut. Wird ein anderer Rechtsanwalt vor dem übernehmenden Gericht beauftragt, so entstehen die Gebühren für diesen neu. **601**

Verringert sich der Gegenstandswert nach Verweisung, so kann der Rechtsanwalt die vor Verweisung entstandenen Gebühren aus dem höheren Wert berechnen. **602**

603 Sofern sich der Verfahrenswert nach der Verweisung erhöht, erhält der Rechtsanwalt die Gebühren nach dem höheren Wert nur, soweit sie vor dem übernehmenden Gericht entstehen.

604 Bei der **Vertikalverweisung** wird ein Verfahren von einem Rechtsmittelgericht an ein im Instanzenzug **untergeordnetes** Gericht **zurück**verwiesen. Die Vertikalverweisung betrifft regelmäßig die Fälle des § 21 RVG. (Zur Zurückverweisung siehe Rn 606.)

605 Damit die Verweisung nach § 20 S. 2 RVG nicht mit der Zurückverweisung (§ 21 RVG) verwechselt wird, ist zwischen den Begriffen „Gericht eines niedrigeren Rechtszugs" und „Gericht eines untergeordneten Rechtszugs" zu unterscheiden. Die Verweisung nach § 20 S. 2 RVG erfolgt immer in einer Rechtsmittelinstanz. Nur so ist die Verweisung an ein Gericht eines niedrigeren Rechtszugs möglich. § 20 S. 2 RVG stellt klar, dass das weitere Verfahren vor diesem Gericht ein neuer Rechtszug ist, mit der Folge, dass alle Gebühren ausnahmslos neu entstehen können. Eine Anrechnungsvorschrift ist nicht vorgesehen, auch nicht für die Verfahrensgebühr. Wird eine Sache an ein Gericht eines untergeordneten Rechtszugs verwiesen, so ist dieses Gericht, an das zurückverwiesen wird, bereits mit der Sache befasst gewesen. Bei einer Verweisung nach § 20 S. 2 RVG kommt dies nicht in Betracht, da hier klargestellt ist, dass bei dieser Art Verweisung (Diagonalverweisung) die Sache an ein Gericht eines niedrigeren Rechtszugs verwiesen wird. Ein Gericht eines niedrigeren Rechtszugs ist jedoch dem Gericht, das die Sache verweist, nicht untergeordnet.

3. Zurückverweisung

a) Geltungsbereich

606 § 21 RVG gilt auch in Familiensachen nach dem FamFG:

§ 21 RVG

(1) Soweit eine Sache an ein untergeordnetes Gericht zurückverwiesen wird, ist das weitere Verfahren vor diesem Gericht ein neuer Rechtszug.

(2) In den Fällen des § 146 des Gesetzes über das Verfahren in Familiensachen und in den Angelegenheiten der freiwilligen Gerichtsbarkeit, auch in Verbindung mit § 270 des Gesetzes über das Verfahren in Familiensachen und in den Angelegenheiten der freiwilligen Gerichtsbarkeit, bildet das weitere Verfahren vor dem Familiengericht mit dem früheren einen Rechtszug.

(3) Wird eine Folgesache als selbstständige Familiensache fortgeführt, sind das fortgeführte Verfahren und das frühere Verfahren dieselbe Angelegenheit.

607 § 146 FamFG regelt die Zurückverweisung in Verbundverfahren:

§ 146 FamFG

(1) [1]Wird eine Entscheidung aufgehoben, durch die der Scheidungsantrag abgewiesen wurde, soll das Rechtsmittelgericht die Sache an das Gericht zurückverweisen, das die Abweisung ausgesprochen hat, wenn dort eine Folgesache zur Entscheidung ansteht. [2]Das Gericht hat die rechtliche Beurteilung, die der Aufhebung zugrunde gelegt wurde, auch seiner Entscheidung zugrunde zu legen.

(2) Das Gericht, an das die Sache zurückverwiesen wurde, kann, wenn gegen die Aufhebungsentscheidung Rechtsbeschwerde eingelegt wird, auf Antrag anordnen, dass über die Folgesachen verhandelt wird.

608 Die Zurückverweisung in Familienstreitsachen wird über die ZPO geregelt, vgl. dazu § 113 Abs. 1 FamFG.

609 Nach § 21 Abs. 3 RVG sind das fortgeführte Verfahren und das frühere Verfahren dieselbe Angelegenheit, wenn eine Folgesache als selbstständige Familiensache fortgeführt wird.[312]

---

312 BGBl I 2008, 2585, S. 2717, linke Spalte (Art. 47 Abs. 6 Nr. 9 FGG-Reform-Gesetz).

E. Gerichtliche Vertretung § 4

Zur Begründung der Änderung verweist der Gesetzgeber auf § 6 Abs. 2 FamGKG.[313]

> „Der vorgeschlagene neue Absatz 3 übernimmt die in § 6 Abs. 2 FamGKG vorgesehene Regelung auch für die Rechtsanwaltsgebühren."

Auf die Begründung für diese Regelung wird Bezug genommen. Dort heißt es:[314]

> „Der zusätzlich in Absatz 1 eingefügte Satz 2 soll die Abgabe nach § 4 FamFG der Verweisung gleichstellen. Damit wird sichergestellt, dass die Gebühren auch im Fall der Abgabe an ein anderes Gericht nur einmal entstehen. Der ebenfalls zusätzlich aufgenommene Absatz 2 soll den Fall regeln, dass eine Folgesache, z.B. durch Abtrennung von der Scheidungssache, als selbstständige Familiensache fortgeführt wird. Die selbstständige Familiensache soll so behandelt werden als sei sie nie im Verbund gewesen. Dies bedeutet, dass diese Sache bei der Gebührenberechnung des Scheidungsverfahrens unberücksichtigt bleibt. Werden Folgesachen abgetrennt, aber nach § 137 Abs. 5 Satz 1 FamFG als Folgesache fortgeführt, sollen Scheidung und Folgesachen als einheitliches Verfahren abgerechnet werden."

(Zur Abrechnung vgl. Rn 45 u. 40, Musterrechnungen siehe Rn 636 u. 637.)

610 Voraussetzung für eine Anwendung des § 21 Abs. 1 RVG ist, dass derselbe Rechtsanwalt in dem Verfahren vor dem untergeordneten Gericht, an das die Sache zurückverwiesen wurde, weiter tätig wird. Wird ein neuer Rechtsanwalt tätig, so gilt § 21 Abs. 1 RVG für diesen nicht. Schwierigkeiten können sich in diesem Fall lediglich bei der Erstattungsfähigkeit der Gebühren ergeben, wenn mehrere Rechtsanwälte beauftragt werden.

611 Bei der Vertikalverweisung handelt es sich immer um eine Verweisung an ein untergeordnetes Gericht, das mit der Sache bereits befasst war. Aus diesem Grund wird für diese Form der Verweisung der Begriff „Zurückverweisung" verwendet. Bereits aus diesem Begriff ergibt sich, dass eine Zurückverweisung nur dann vorliegt, wenn ein Gericht mit dieser Sache bereits befasst war. Auch aus der Formulierung „untergeordnetes Gericht" und der Tatsache, dass eine Zurückverweisung immer durch das Rechtsmittelgericht erfolgt, ergibt sich, dass das Ausgangsgericht, an das zurückverwiesen wird, bereits mit der Sache befasst war.

612 *Beispiel*
Das Oberlandesgericht Hamburg verweist in einer Unterhaltsstreitsache auf Antrag des Antragstellers in der zweiten Instanz das Verfahren wegen grober Verfahrensfehler an das Amtsgericht Hamburg-Mitte zurück, das in erster Instanz die Beweisaufnahme fehlerhaft durchgeführt hatte.

b) Gebühren

613 Grundsätzlich erhält der Rechtsanwalt nach § 15 Abs. 2 RVG die Gebühren in derselben Angelegenheit nur einmal. In gerichtlichen Verfahren kann der Rechtsanwalt die Gebühren in jedem Rechtszug einmal fordern. § 21 Abs. 1 RVG stellt somit klar, dass das Verfahren vor dem untergeordneten Gericht nach Zurückverweisung gebührenrechtlich einen neuen Rechtszug darstellt und die Gebühren erneut entstehen können.

614 Nach Zurückverweisung können somit – mit Ausnahme der Verfahrensgebühr, die anzurechnen ist (vgl. dazu Vorbem. 3 Abs. 6 VV RVG und siehe Rn 616) – soweit der Gegenstand der Verfahren identisch ist, alle Gebühren neu entstehen. Mit dem Wegfall der Beweisgebühr kann es hier zum Anfall einer Terminsgebühr kommen, wobei die Nummer des Vergütungsverzeichnisses sich zum

---
313 BT-Drucks 16/6308, S. 340, rechte Spalte, zu Nummer 9 (§ 21 RVG).
314 BT-Drucks 16/6308, S. 301, rechte Spalte, zu § 6.

einen danach richtet, ob die Zurückverweisung vom Revisions- an ein Berufungsgericht erfolgt ist, oder aber vom Berufungsgericht an das erstinstanzliche Gericht. Die Terminsgebühr fällt sowohl in erster als auch zweiter Instanz regelmäßig i.H.v. 1,2 an. Erfolgt die Zurückverweisung an die erste Instanz, ist die Vergütungsverzeichnisnummer 3104 VV anwendbar, bei Zurückverweisung vom Revisions- an das Berufungsgericht findet die Nr. 3202 VV RVG für die Terminsgebühr Anwendung. Bei Wahrnehmung nur eines Termins, in dem eine Partei oder ein Beteiligter nicht erschienen oder nicht ordnungsgemäß vertreten ist und lediglich ein Antrag auf Versäumnisurteil, Versäumnisentscheidung oder zur Prozess-, Verfahrens- oder Sachleitung gestellt wird, entsteht nach Nr. 3105 VV in erster Instanz eine Terminsgebühr i.H.v. 0,5. Sofern das Verfahren nach Zurückverweisung vor dem Berufungsgericht fortzuführen ist, erhält der Rechtsanwalt für die Wahrnehmung nur eines Termins, in dem eine Partei oder ein Beteiligter, im Berufungsverfahren der Berufungskläger, im Beschwerdeverfahren der Beschwerdeführer, nicht erschienen oder nicht ordnungsgemäß vertreten ist und lediglich ein Antrag auf Versäumnisurteil, Versäumnisentscheidung oder zur Prozess-, Verfahrens- oder Sachleitung gestellt wird, eine Terminsgebühr i.H.v. 0,5 nach Nr. 3203 VV RVG. Die Terminsgebühr wird aus dem Gegenstandswert berechnet, der sich nach dem Zeitpunkt des Entstehens der Terminsgebühr ergibt. Bei nur teilweiser Zurückverweisung entsteht die Terminsgebühr auch nur aus dem Wert dieses Teils.

615 In den Fällen, in denen sich der Gegenstandswert nach der Zurückverweisung z.B. durch Antragserweiterung oder Erhebung eines Widerantrags erhöht, entsteht die Terminsgebühr aus dem erhöhten Gegenstandswert. Zu beachten ist in diesen Fällen, dass sich auch die Verfahrensgebühr nach dem höheren Gegenstandswert berechnet. Aufgrund der Anrechnungsvorschrift erhält der Rechtsanwalt die Verfahrensgebühr jedoch nicht doppelt (einmal aus dem niedrigeren und einmal aus dem höheren Gegenstandswert). Er erhält vielmehr die Verfahrensgebühr einmal aus dem erhöhten Gegenstandswert für das Verfahren nach Zurückverweisung.

616 Die Anrechnung der Verfahrensgebühr ergibt sich aus Abs. 6 der Vorbemerkung 3 VV. Soweit eine Sache an ein untergeordnetes Gericht zurückverwiesen wird, das mit der Sache bereits befasst war, ist die vor diesem Gericht bereits entstandene Verfahrensgebühr auf die Verfahrensgebühr für das erneute Verfahren anzurechnen. Die Anrechnungsvorschrift für die Verfahrensgebühr stellt klar, dass die Verfahrensgebühr nur anzurechnen ist, soweit sie sowohl vor als auch nach Zurückverweisung entstanden ist.

617 *Praxistipp*
Sind seit dem Abschluss der ersten Instanz und dem Zeitpunkt der Zurückverweisung durch das Rechtmittelgericht mehr als zwei Kalenderjahre vergangen, so gilt das Zurückverweisungsverfahren nach § 15 Abs. 5 S. 2 RVG als neue Angelegenheit mit der Folge, dass die in Abs. 6 der Vorbem. 3 zu Teil 3 vorgesehene Anrechnung der Verfahrensgebühr entfällt (Musterrechnung, vgl. Rn 619).

▼

618 **Musterrechnung 4.72: Zurückverweisung**

Antrag auf Zugewinnausgleich. Mündliche Verhandlung, Beweisaufnahme, Beschluss. OLG verweist als Beschwerdeinstanz nach mündlicher Verhandlung antragsgemäß an das AG zurück. Vor dem AG wird erneut verhandelt und ein Vergleich geschlossen. Der Wert betrug 12.000,00 EUR.

E. Gerichtliche Vertretung § 4

1. Verfahren vor dem AG, vor Zurückverweisung

1,3 Verfahrensgebühr	
Nr. 3100 VV RVG	785,20 EUR
1,2 Terminsgebühr	
Nr. 3104 VV RVG	724,80 EUR
Auslagen, Nr. 7002 VV RVG	20,00 EUR
Zwischensumme	1.530,00 EUR
19 % Umsatzsteuer, Nr. 7008 VV RVG	290,70 EUR
Summe	**1.820,70 EUR**

2. Verfahren vor dem OLG

1,6 Verfahrensgebühr	
Nr. 3200 VV RVG	966,40 EUR
1,2 Terminsgebühr	
Nr. 3202 VV RVG	724,80 EUR
zzgl. Auslagen	
Nr. 7002 VV RVG	20,00 EUR
Zwischensumme	1.711,80 EUR
19 % Umsatzsteuer, Nr. 7008 VV RVG	325,13 EUR
Summe	**2.036,33 EUR**

3. Verfahren vor dem AG, nach Zurückverweisung

1,3 Verfahrensgebühr, Nr. 3100 VV RVG	785,20 EUR
abzgl. 1,3 Verfahrensgebühr, Abs. 6 Vorbem. 3 VV	./. 785,20 EUR
	0,00 EUR
1,2 Terminsgebühr	
Nr. 3104 VV RVG	724,80 EUR
1,0 Einigungsgebühr	
Nr. 1003 VV RVG	604,00 EUR
Auslagenpauschale, Nr. 7002 VV RVG	20,00 EUR
Zwischensumme	1.348,80 EUR
19 % Umsatzsteuer, Nr. 7008 W RVG	256,27 EUR
Summe	**1.605,07 EUR**
Gesamtbetrag Summe 1–3:	5.462,10 EUR

▲
▼

Musterrechnung 4.73: 1. Instanz – Beschwerdeverfahren – Zurückverweisung nach mehr als zwei Jahren   619

Antrag auf Zugewinnausgleich, mündliche Verhandlung, Beweisaufnahme, Beschluss im Mai 2011. Das OLG verweist im Juli 2013 als Beschwerdeinstanz nach mündlicher Verhandlung antragsgemäß an das AG zurück. Vor dem AG wird sodann erneut verhandelt und ein Vergleich geschlossen. Der Wert betrug 12.000,00 EUR.

§ 4 Gebühren in Familiensachen

1. Verfahren vor dem AG, vor Zurückverweisung

1,3 Verfahrensgebühr	
Nr. 3100 VV RVG	785,20 EUR
1,2 Terminsgebühr	
Nr. 3104 VV RVG	724,80 EUR
Auslagen, Nr. 7002 VV RVG	20,00 EUR
Zwischensumme	1.530,00 EUR
19 % Umsatzsteuer, Nr. 7008 VV RVG	290,70 EUR
Summe	**1.820,70 EUR**

2. Verfahren vor dem OLG

1,6 Verfahrensgebühr	
Nr. 3200 VV RVG	966,40 EUR
1,2 Terminsgebühr	
Nr. 3202 VV RVG	724,80 EUR
zzgl. Auslagen	
Nr. 7002 VV RVG	20,00 EUR
Zwischensumme	1.711,80 EUR
19 % Umsatzsteuer, Nr. 7008 VV RVG	325,13 EUR
Summe	**2.036,33 EUR**

3. Verfahren vor dem AG, nach Zurückverweisung

1,3 Verfahrensgebühr, Nr. 3100 VV RVG	785,20 EUR
Anrechnung nach Abs. 6 Vorbem. 3 VV unterbleibt,	
da seit Abschluss der 1. Instanz mehr als zwei Kalenderjahre	
vergangen sind (§ 15 Abs. 5 S. 2 RVG)	
1,2 Terminsgebühr	
Nr. 3104 VV RVG	724,80 EUR
1,0 Einigungsgebühr	
Nr. 1003 VV RVG	604,00 EUR
Auslagenpauschale, Nr. 7002 VV RVG	20,00 EUR
Zwischensumme	2.134,00 EUR
19 % Umsatzsteuer, Nr. 7008 W RVG	405,46 EUR
Summe	**2.539,46 EUR**
Gesamtbetrag Summe 1–3:	6.396,49 EUR

▲

IX. Verfahrensarten

620 Für die Gebühren in familiengerichtlichen Angelegenheiten wird nicht nach Verfahrensarten (Verbundverfahren, isoliertes Verfahren, einstweilige Anordnung) unterschieden, mit der Folge, dass sich alle Verfahrensarten nach Teil 3 des Vergütungsverzeichnisses abrechnen lassen, siehe auch die Überschrift zu Teil 3 des VV.

E. Gerichtliche Vertretung § 4

Den Fall einer Geschäftsgebühr in einem gerichtlichen Verfahren wie früher z.B. bei isolierten Sorgerechtsverfahren gibt es somit seit dem RVG definitiv nicht mehr. **621**

1. Verbund von Scheidungs- und Folgesachen

Nach § 137 Abs. 1 FamFG ist über Scheidung und Folgesachen zusammen zu verhandeln und zu entscheiden (Verbund). Gemeinsam zu „verhandeln" bedeutet aber nicht, dass nicht in einer Folgesache eine eigene Verhandlung erfolgen kann, z.B. wenn wegen des Zugewinnausgleichs eine Beweisaufnahme erfolgen muss (Feststellung des Anfangsvermögens etc.). **622**

Wird eine Scheidungssache nach § 136 FamFG ausgesetzt, so sind von der Aussetzung auch sämtliche Verbundverfahren erfasst. **623**

Die Entscheidung im Verbund erfolgt sowohl hinsichtlich der Scheidung als auch hinsichtlich der Verbundverfahren einheitlich durch Beschluss, § 142 Abs. 1 FamFG. **624**

Folgesachen nach § 137 Abs. 2 FamFG können sein: **625**
1. Versorgungsausgleichssachen,
2. Unterhaltssachen, sofern sie die Unterhaltspflicht gegenüber einem gemeinschaftlichen Kind oder die durch Ehe begründete gesetzliche Unterhaltspflicht betreffen mit Ausnahme des vereinfachten Verfahrens über den Unterhalt Minderjähriger,
3. Ehewohnungs- und Haushaltssachen und
4. Güterrechtssachen,

wenn eine Entscheidung für den Fall der Scheidung zu treffen ist und die Familiensache spätestens zwei Wochen vor der mündlichen Verhandlung im ersten Rechtszug in der Scheidungssache von einem Ehegatten anhängig gemacht wird.

> *Beispiel* **626**
> Das Gericht hat Termin zur Scheidung auf den 14.05. anberaumt. Am 07.05. desselben Jahres erscheint die Mandantin in der Kanzlei und teilt dem Anwalt mit, dass sie sich wegen des Zugewinnausgleichs doch nicht mit ihrem getrennt lebenden Ehemann einigen könne, sie möchte die gerichtliche Geltendmachung.
> ■ Kann der Zugewinnausgleich noch im Verbund anhängig gemacht werden?
> Nein, denn nach der Fristenregelung wäre die Einbeziehung zu spät und ist daher nicht möglich, § 137 Abs. 2 FamFG.

> *Hinweis* **627**
> Für die Durchführung des Versorgungsausgleichs in den Fällen der §§ 6 bis 19 und 28 des Versorgungsausgleichsgesetzes bedarf es keines Antrags. Es bleibt für derartige Verfahren beim bisherigen Zwangsverbund, § 137 Abs. 2 S. 2 FamFG.

Folgesachen sind auch Kindschaftssachen, § 137 Abs. 3 FamFG **628**
■ die die Übertragung oder Entziehung der elterlichen Sorge,
■ das Umgangsrecht oder
■ die Herausgabe eines gemeinschaftlichen Kindes der Ehegatten oder
■ das Umgangsrecht eines Ehegatten mit dem Kind des anderen Ehegatten betreffen,

wenn ein Ehegatte vor Schluss der mündlichen Verhandlung im ersten Rechtszug in der Scheidungssache die Einbeziehung in den Verbund beantragt, es sei denn, das Gericht hält die Einbeziehung aus Gründen des Kindeswohls nicht für sachgerecht.

629 *Hinweis*
Für Kindschaftssachen soll die Fristenregelung (zwei Wochen vor der mündlichen Verhandlung) wie für andere Verbundverfahren nach § 137 Abs. 2 FamFG nicht gelten.

Kindschaftssachen sind damit nicht automatisch im Verbund, wenn sie anhängig gemacht werden. Die Einbeziehung erfolgt erst dann, wenn ein entsprechender Antrag eines Ehegatten gestellt wird.

630 *Beispiel*
Das Gericht hat Termin zur Scheidung auf den 14.05. anberaumt. Am 07.05. desselben Jahres erscheint die Mandantin in der Kanzlei und teilt dem Anwalt mit, dass sie nun doch nicht das gemeinsame Sorgerecht beibehalten möchte, sondern vielmehr will, dass der Anwalt einen Antrag auf Übertragung der elterlichen Sorge auf die Mutter alleine beantragt.
- Kann das Sorgerecht noch im Verbund anhängig gemacht werden?

Ja, denn die Fristenregelung gilt für Kindschaftssachen nicht, § 137 Abs. 3 FamFG.

631 Von einer Aufnahme weiterer Familiensachen (vgl. § 266 FamFG) in den Katalog des § 137 Abs. 2 FamFG wurde abgesehen, um das Verbundverfahren nicht zu überfrachten, was zu einer übermäßigen Verzögerung des Scheidungsverfahrens führen könnte.

632 Im Fall der Verweisung oder Abgabe werden Verfahren, die Folgesachen nach § 137 Abs. 2 u. 3 FamFG wären, mit Anhängigkeit bei dem Gericht der Scheidungssache zu Folgesachen, § 137 Abs. 4 FamFG.

633 *Praxistipp*
Sofern zeitlich gestaffelt mehrere Anträge auf Einbeziehung einer Folgesache gestellt werden, und dies nur der Verzögerung des Scheidungsausspruchs dienen soll, kann auf Antrag nach § 140 Abs. 2 Nr. 5 FamFG vorab über den Scheidungsantrag entschieden werden.

2. Abtrennung einer Folgesache aus dem Verbund

634 Die Möglichkeit, Folgesachen aus dem Verbund abzutrennen und getrennt zu entscheiden, wurde in § 140 FamFG zusammenfassend geregelt. Der Gesetzgeber hat hierbei einige Erleichterungen für die Abtrennung geschaffen.

635 Hinsichtlich der Abtrennung einer Folgesache aus dem Verbund werden folgende Fallkonstellationen unterschieden:
1. Eine Folgesache wird abgetrennt und nicht als Folgesache fortgeführt, sondern als selbstständiges Verfahren. Folge: Das Verbundverfahren wird ohne die abgetrennte – nun als isoliertes Verfahren fortgeführte – Sache abgerechnet. Zudem erfolgt eine gesonderte Abrechnung des abgetrennten Verfahrens als isoliertes Verfahren.
2. Eine Folgesache wird abgetrennt und trotz Abtrennung als Folgesache fortgeführt. Die Abrechnung erfolgt einheitlich als Verbund- mit Folgesache.

636 *Beispiel*
Rechtsanwalt Z reicht im November 2011 einen Antrag auf Scheidung der Ehe beim zuständigen Familiengericht ein; der Versorgungsausgleich wird als Folgesache im Zwangsverbund ebenfalls anhängig. Daneben wird im Mai 2012 der Gegenstand der elterlichen Sorge anhängig gemacht und die Einbeziehung in den Verbund beantragt. Das Familiengericht hat den Wert der Ehesache auf 9.000,00 EUR festgesetzt, den des Versorgungsausgleichs auf 1.000,00 EUR. Bevor ein Termin stattgefunden hat wird die Folgesache Sorgerecht abgetrennt (§ 137 Abs. 5 S. 2 FamFG = Sorgerecht wird als selbstständiges Verfahren fortgeführt).

Der Scheidungsbeschluss mit Durchführung des Versorgungsausgleichs ergeht im Juli 2012; über das Sorgerecht wird im Oktober 2013 durch Beschluss entschieden.

Vor Abtrennung der Folgesache Sorgerecht sind im Verbund entstanden:

Gegenstandswert:	9.000,00 EUR	§§ 23 Abs. 1 RVG, 43 FamGKG
Ehesache:	1.000,00 EUR	§§ 23 Abs. 1 RVG, 50 FamGKG
Versorgungsausgleich:	1.800,00 EUR	§§ 23 Abs. 1 RVG, 44 FamGKG
Sorgerecht im Verbund:	11.800,00 EUR	§ 22 Abs. 1 RVG
Summe		

1,3 Verfahrensgebühr aus 11.800,00 EUR	
Nr. 3100 VV RVG	785,20 EUR
Auslagen, Nr. 7002 VV RVG	20,00 EUR
Zwischensumme	805,20 EUR
19 % Umsatzsteuer, Nr. 7008 VV RVG	152,99 EUR
Summe	**958,19 EUR**

Nach Abtrennung der Folgesache Sorgerecht – Fortführung als selbstständige Familiensache – Abrechnung aus höherem Wert

Es sind folgende Gebühren entstanden:
Gegenstandswert: 3.000,00 EUR,
§§ 23 Abs. 1 RVG, 45 Abs. 1 Nr. 1 FamGKG

1,3 Verfahrensgebühr	
Nr. 3100 VV RVG	261,30 EUR
Abzüglich anteilig abzuziehender Mehrbetrag aus Abrechnung	
des Verbundverfahrens (vgl. Nebenrechnung):	./. 59,80 EUR
Zwischensumme	201,50 EUR
zzgl. Auslagen	
Nr. 7002 VV RVG	20,00 EUR
Zwischensumme	221,50 EUR
19 % Umsatzsteuer, Nr. 7008 VV RVG	42,09 EUR
Summe	263,59 EUR

<u>Nebenrechnung:</u>	
1,3 Verfahrensgebühr aus 11.800,00 EUR	785,20 EUR
Abzüglich 1,3 Verfahrensgebühr aus 10.000,00 EUR	./. 725,40 EUR
Summe	59,80 EUR

▼

Musterrechnung 4.74: Ehesache mit Folgesache Versorgungsausgleich – Abtrennung   **637**

Rechtsanwalt Z reicht im November 2012 einen Antrag auf Scheidung der Ehe beim zuständigen Familiengericht ein; der Versorgungsausgleich wird als Folgesache im Zwangsverbund ebenfalls anhängig. Im Laufe des Verfahrens wird im Termin zur mündlichen Verhandlung der Versorgungsausgleich abgetrennt (§ 137 Abs. 5 S. 1 FamFG = VersA bleibt Folgesache). Der Scheidungsbeschluss ergeht im März 2013, über den Versorgungsausgleich wird im Oktober 2013 entschieden. Das Familiengericht hat den Wert der Ehesache auf 12.500,00 EUR festgesetzt und den des Versorgungsausgleichs auf 1.000,00 EUR.

§ 4 Gebühren in Familiensachen

Gegenstandswert:	12.500,00 EUR	§§ 23 Abs. 1 RVG, 43 FamGKG
Ehesache:	1.000,00 EUR	§§ 23 Abs. 1 RVG, 50 FamGKG
Versorgungsausgleich:	13.500,00 EUR	, § 22 Abs. 1 RVG
Summe		

1,3 Verfahrensgebühr aus 13.500,00 EUR Nr. 3100 VV RVG	845,00 EUR
1,2 Terminsgebühr aus 13.500,00 EUR Nr. 3104 VV RVG	780,00 EUR
Auslagen, Nr. 7002 VV RVG	20,00 EUR
Zwischensumme	1.645,00 EUR
19 % Umsatzsteuer, Nr. 7008 VV RVG	312,55 EUR
Summe	**1.957,55 EUR**

▲

Hinweis
(Zum Gegenstandswert siehe § 2 Rn 149 und 304.)

3. Einbeziehung isolierter Verfahren in den Verbund

638 (Zur Abrechnung bei Einbeziehung isolierter Verfahren in den Verbund vgl. Rn 47 ff.)

4. Isolierte Verfahren

639 In den selbstständigen Verfahren entstehen die Gebühren jeweils gesondert.

▼

640 Musterrechnung 4.75: Mehrere isolierte Verfahren – gesonderte Abrechnung

Rechtsanwältin S macht gerichtlich Zugewinnausgleichsansprüche in Höhe von 45.000,00 EUR geltend. Gegner K meldet sich telefonisch und bespricht die Angelegenheit mit Rechtsanwältin S. K will keine Zahlung leisten. Nach mündlicher Verhandlung ergeht ein dem Antrag stattgebender Beschluss. Parallel wird ein isoliertes Sorgerechtsverfahren anhängig. Das Gericht weist nach dem Gerichtstermin den Sorgerechtsantrag zurück.

1. Isoliertes Verfahren Zugewinnausgleich		1.414,40 EUR
Gegenstandswert: 45.000,00 EUR (§§ 23 Abs. 1 RVG, 35 FamGKG)		1.305,60 EUR
1,3 Verfahrensgebühr Nr. 3100 VV RVG		
1,2 Terminsgebühr Nr. 3104 VV RVG		
Auslagenpauschale, Nr. 7002 VV RVG		20,00 EUR
Zwischensumme		2.740,00 EUR
19 % Umsatzsteuer, Nr. 7008 VV RVG		520,60 EUR
Summe		**3.260,60 EUR**

2. Isoliertes Verfahren Sorgerecht   261,30 EUR

Gegenstandswert: 3.000,00 EUR (§§ 23 Abs. 1 RVG, 45 Abs. 1 Nr. 2 FamGKG)

1,3 Verfahrensgebühr aus 3.000,00 EUR
Nr. 3100 VV RVG

1,2 Terminsgebühr aus 3.000,00 EUR   241,20 EUR
Nr. 3104 VV RVG

Auslagenpauschale, Nr. 7002 VV RVG   20,00 EUR
Zwischensumme   522,50 EUR
19 % Umsatzsteuer, Nr. 7008 VV RVG   99,28 EUR
Summe   **621,78 EUR**

▲

> *Hinweis*
> (Zum Gegenstandswert des Zugewinnausgleichs-Verfahrens siehe § 2 Rn 111. Zum Gegenstandswert des Sorgerechts siehe Rn 263.)

5. Teilnahme an Beratungsgesprächen

Nach § 156 Abs. 1 FamFG soll das Gericht in Kindschaftssachen, die die elterliche Sorge bei Trennung und Scheidung, den Aufenthalt des Kindes, das Umgangsrecht oder die Herausgabe des Kindes betreffen, in jeder Lage des Verfahrens auf ein Einvernehmen der Beteiligten hinwirken, wenn dies dem Kindeswohl nicht widerspricht. **641**

Das Gericht weist auf Möglichkeiten der Beratung durch die Beratungsstellen und -dienste der Träger der Kinder- und Jugendhilfe insbesondere zur Entwicklung eines einvernehmlichen Konzepts für die Wahrnehmung der elterlichen Sorge und der elterlichen Verantwortung hin. Das Gericht kann anordnen, dass die Eltern einzeln oder gemeinsam an einem kostenfreien Informationsgespräch über Mediation oder über eine sonstige Möglichkeit der außergerichtlichen Konfliktbeilegung bei einer von dem Gericht benannten Person oder Stelle teilnehmen und eine Bestätigung hierüber vorlegen. **642**

Nimmt der Verfahrensbevollmächtigte neben seiner Tätigkeit in der Kindschaftssache im Auftrag des Mandanten auch an einer Beratung durch die Beratungsstelle teil, ist diese Tätigkeit durch die Verfahrensgebühr abgegolten, § 15 Abs. 1 RVG. Kommt es im Rahmen eines Beratungsgesprächs zu einer Erledigungsbesprechung i.S.d. Vorbem. 3 Abs. 3 VV RVG mit der Gegenseite, kann eine Terminsgebühr entstehen. **643**

6. Einstweilige Anordnungen

a) Verfahrensablauf

Da das Recht der einstweiligen Anordnungen mit dem FamFG völlig neu gestaltet wurde, soll im nachstehenden vor Darstellung der Vergütung ein kurzer Abriss über das Verfahren der einstweiligen Anordnungen nach FamFG erfolgen. **644**

Das Gericht kann durch einstweilige Anordnung eine vorläufige Maßnahme treffen, soweit dies nach den für das Rechtsverhältnis maßgebenden Vorschriften gerechtfertigt ist und ein dringendes Bedürfnis für ein sofortiges Tätigwerden besteht, § 49 Abs. 1 FamFG. **645**

Die Maßnahme kann einen bestehenden Zustand sichern oder vorläufig regeln, § 49 Abs. 2 S. 1 FamFG.

§ 4 Gebühren in Familiensachen

Einem Beteiligten kann eine Handlung geboten oder verboten, insbesondere die Verfügung über einen Gegenstand untersagt werden, wobei das Gericht mit der einstweiligen Anordnung auch die zu ihrer Durchführung erforderlichen Anordnungen treffen kann, § 49 Abs. 2 S. 3 FamFG.

646 Nach § 50 FamFG ist **örtlich zuständig**
- das Gericht, das für die Hauptsache im ersten Rechtszug zuständig wäre
- bei anhängiger Hauptsache das Gericht des ersten Rechtszugs
- bei anhängiger Hauptsache beim Beschwerdegericht, dieses
- in besonders dringenden Fällen das Amtsgericht, in dessen Bezirk das Bedürfnis für ein gerichtliches Tätigwerden bekannt wird oder sich die Person oder die Sache befindet, auf die sich die einstweilige Anordnung bezieht; wobei eine unverzügliche Abgabe (vom Amts wegen) an das sonst zuständige Gericht zu erfolgen hat

647 Der **Verfahrensablauf** im e.A.-Verfahren richtet sich nach § 51 FamFG:
- Es ist ein Antrag erforderlich, § 51 Abs. 1 S. 1 FamFG.
- Es ist eine Begründung des Antrags erforderlich, § 51 Abs. 1 S. 2 FamFG.
- Sodann hat eine Glaubhaftmachung der Voraussetzungen zu erfolgen, § 51 Abs. 1 S. 2 FamFG.
- Die Verfahrensvorschriften für die Hauptsache, soweit nicht für die e.A. gesonderte Regelungen getroffen sind, werden in § 51 Abs. 2 S. 1 FamFG für anwendbar erklärt.
- Es ist eine Entscheidung ohne mündliche Verhandlung möglich, § 51 Abs. 2 S. 2 FamFG.
- Es ist keine Säumnisentscheidung möglich, § 51 Abs. 2 S. 3 FamFG.
- Das einstweilige Anordnungsverfahren ist immer ein selbstständiges Verfahren, auch bei anhängiger Hauptsache, § 51 Abs. 3 S. 1 FamFG.
- Die Verfahrenshandlungen aus dem e.A.-Verfahren können für die Hauptsache gelten.

648 Es besteht die Möglichkeit zur **Erzwingung des Hauptsacheverfahrens**, § 52 FamFG.
- Hauptsacheverfahren nur auf Antrag, § 52 Abs. 1 S. 1 FamFG
- Fristbestimmung durch Gericht, vor deren Ablauf Antrag auf Hauptsache unzulässig ist; Frist darf 3 Monate nicht überschreiten, § 52 Abs. 1 S. 2 FamFG
- Frist ist fruchtlos verstrichen? Aufhebung der e.A., § 52 Abs. 2 S. 2 FamFG

649 *Hinweis*
Ein negativer Feststellungsantrag, dass eine Verpflichtung zur Zahlung aufgrund der e.A. in der Vergangenheit nicht bestanden hat (z.B. wenn die Unterhaltsgläubigerin nicht auf ihre Rechte aus der e.A. verzichtet hat), ist nicht mehr zulässig, da die Rechte des Unterhaltsgläubigers durch die Möglichkeit zur Erzwingung eines Hauptsacheverfahrens und durch den Antrag auf Aufhebung oder Änderung der Entscheidung nach § 54 FamFG mit der Möglichkeit des Antrags auf Aussetzung der ZV nach § 55 FamFG hinreichend gewahrt sind.

650 Auch eine **Abänderung** einer einstweiligen Anordnung nach § 238 FamFG kommt nicht in Betracht, da diese nur gegen „Endentscheidungen" möglich ist.

651 *Praxistipp*
Sowohl für den Unterhaltsschuldner als auch den Unterhaltsgläubiger kommt zur Abänderung einer einstweiligen Anordnung nur die Einleitung des Hauptsacheverfahrens nach § 52 FamFG oder die Aufhebung oder Änderung der Anordnung nach § 54 FamFG in Betracht.

652 Steht zu befürchten, dass seitens des Mandanten aufgrund einer einstweiligen Anordnung **Überzahlungen** erfolgen, sollte der Anwalt schnell reagieren (§§ 52, 54, 55 FamFG), denn Rückzahlungsansprüche zu viel gezahlter Unterhaltsbeträge scheitern in der Praxis oft an dem Entreicherungseinwand (§ 818 Abs. 3 BGB).

E. Gerichtliche Vertretung § 4

Hinweis 653
In § 119 Abs. 1 S. 2 FamFG wird die Anwendung des § 945 ZPO ausdrücklich ausgeschlossen. Dies bedeutet, dass im Falle einer Überzahlung aufgrund einer einstweiligen Anordnung auch ein verschuldensunabhängiger Schadensersatz NICHT gefordert werden kann.

Die **Vollstreckung** einer e.A. ist in § 53 FamFG geregelt: 654
- Eine Klausel nur erforderlich, wenn die Vollstreckung für oder gegen einen anderen als im Beschluss bezeichneten Beteiligten erfolgen soll, § 53 Abs. 1 FamFG.
- Das Gericht kann in Gewaltschutzsachen sowie in sonstigen Fällen, in denen hierfür ein besonderes Bedürfnis besteht, anordnen, dass die Vollstreckung der einstweiligen Anordnung vor Zustellung an den Verpflichteten zulässig ist, § 53 Abs. 2 S. 1 FamFG; e.A. wird dann mit Erlass wirksam, § 53 Abs. 2 S. 2 FamFG.

Aufhebung oder **Änderung** einer e.A. kann nach § 54 FamFG erfolgen: 655
- In den Fällen nur auf Antrag, wenn auch ein Hauptsacheverfahren nur auf Antrag eingeleitet werden kann; dies gilt nicht, wenn die Entscheidung ohne vorherige Durchführung einer nach dem Gesetz notwendigen Anhörung erlassen wurde.
- Zuständig ist das Gericht, das die e.A. erlassen hat; wurde Sache abgegeben oder verwiesen, ist dieses Gericht zuständig.
- Ist e.A. beim Beschwerdegericht anhängig, scheidet Abänderung durch erstinstanzliches Gericht aus.

Ist die Entscheidung in einer Familiensache ohne mündliche Verhandlung ergangen, ist auf Antrag 656
aufgrund mündlicher Verhandlung **erneut zu entscheiden**, § 54 Abs. 2 FamFG.

Die **Aussetzung der Vollstreckung** bei Antrag auf Abänderung erfolgt nach § 55 FamFG: 657
- Aussetzung oder Beschränkung der Vollstreckung erfolgt durch Gericht oder Beschwerdegericht (sofern dort); Beschluss nicht anfechtbar.
- Über den Aussetzungsantrag ist vorab zu entscheiden.

Die einstweilige Anordnung tritt nach § 56 FamFG, sofern nicht das Gericht einen früheren Zeitpunkt bestimmt hat, bei Wirksamwerden einer anderweitigen Regelung **außer Kraft**. 658

Ist dies eine Endentscheidung in einer Familienstreitsache, ist deren Rechtskraft maßgebend, soweit nicht die Wirksamkeit zu einem späteren Zeitpunkt eintritt.

Die einstweilige Anordnung tritt in Verfahren, die nur auf Antrag eingeleitet werden, auch dann 659
außer Kraft, wenn
1. der Antrag in der Hauptsache zurückgenommen wird,
2. der Antrag in der Hauptsache rechtskräftig abgewiesen ist,
3. die Hauptsache übereinstimmend für erledigt erklärt wird oder
4. die Erledigung der Hauptsache anderweitig eingetreten ist.

Hinweis 660
Es ist in jedem Fall ein Antrag erforderlich, damit diese Wirkungen durch Beschluss ausgesprochen werden können! Dieser ist zu richten an das Gericht, das in der e.A.-Sache im ersten Rechtszug zuletzt entschieden hat! Gegen diesen Beschluss findet die Beschwerde statt, § 56 Abs. 3 FamFG.

Sind **Rechtsmittel** gegen eine e.A. in Familiensachen möglich? 661
§ 57 FamFG:
- Grundsatz: **keine** Anfechtbarkeit
- **Ausnahme**: Gericht des ersten Rechtszugs hat aufgrund mündlicher Erörterung entschieden
    1. über die elterliche Sorge für ein Kind,
    2. über die Herausgabe des Kindes an den anderen Elternteil,

3. über einen Antrag auf Verbleiben eines Kindes bei einer Pflege oder Bezugsperson,
4. über einen Antrag nach den §§ 1 und 2 GewSchG oder
5. in einer Wohnungszuweisungssache über einen Antrag auf Zuweisung der Wohnung

662 Nach § 119 Abs. 1 sind in Familienstreitsachen die Vorschriften des FamFG über die einstweilige Anordnung anzuwenden. In Familienstreitsachen nach § 112 Nr. 2 und 3 gilt § 945 ZPO entsprechend, § 119 Abs. 1 S. 2 FamFG. Das Gericht kann in Familienstreitsachen den Arrest anordnen, § 119 Abs. 2 S. 1 FamFG. Die §§ 916 bis 934 und die §§ 943 bis 945 ZPO gelten entsprechend, § 119 Abs. 2 S. 2 FamFG.

663 § 246 FamFG
- Gericht kann durch e.A. abweichend von § 49 FamFG auf Antrag die Verpflichtung zur Zahlung von **Unterhalt** oder zur Zahlung eines **Kostenvorschusses** für ein gerichtliches Verfahren regeln, § 246 Abs. 1 FamFG
- mündliche Verhandlung dann, wenn dies zur Aufklärung des Sachverhalts oder für eine gütliche Beilegung des Verfahrens geboten erscheint, § 246 Abs. 2 FamFG

664 *Praxistipp*
Anders als in § 49 FamFG gefordert, ist ein dringendes Bedürfnis zum sofortigen Tätigwerden nicht erforderlich; Regelungsbedürfnis ergibt sich aus der Existenznotwendigkeit des Unterhaltsanspruchs.

665 *Hinweis*
Keine Begrenzung auf vorläufige Maßnahmen! Voller laufender Unterhalt ohne zeitliche Begrenzung kann zuerkannt werden, soweit die Voraussetzungen dafür glaubhaft gemacht werden.[315] Die e. A. kann somit eine Hauptsacheentscheidung entbehrlich machen!

666 Die Wahrung der Interessen des Unterhaltsschuldners erfolgt über die Möglichkeit der Erzwingung eines Hauptsacheverfahrens nach § 52 Abs. 2 FamFG und die Möglichkeit des Antrags auf Aufhebung oder Änderung der Entscheidung nach § 54 FamFG.

667 Auch hier ist kein Hauptsacheverfahren (Ehesache, isoliertes Unterhaltsverfahren, VKH-Antrag) erforderlich.

668 Der Gesetzgeber betont durch § 246 Abs. 2 FamFG die **Bedeutung der mündlichen Verhandlung** im e.A.-Verfahren Unterhalt gegenüber anderen e.A.-Verfahren; lässt aber die Möglichkeit offen, in einfach gelagerten oder besonders eilbedürftigen Fällen die Entscheidung ohne mündliche Verhandlung ergehen zu lassen.[316]

669 § 247 FamFG
- Eine **e.A.** zur Zahlung des für die ersten drei Monate dem Kind zu gewährenden Unterhalts sowie des der Mutter nach § 1615l BGB zustehenden Betrags ist **bereits vor Geburt des Kindes**
- Anordnung zur Hinterlegung zu einem bestimmten Zeitpunkt vor der Geburt möglich
- Antragstellung für Kind auch durch die Mutter, § 1600d Abs. 2 u. 3 BGB gelten entsprechend

Da die elterliche Sorge erst mit der Geburt beginnt, musste die Regelung aufgenommen werden, dass die Mutter für das Kind den Antrag stellen kann, da ansonsten ein Verfahrenspfleger hätte bestellt werden müssen.

---

315 BT-Drucks 16/6308, S. 259/260 unter Verweis auf *Zöller-Philippi*, ZPO, Rn 59 zu § 620 m.w.N.; *Schwab/Maurer/Borth*, Handbuch des Scheidungsrechts, I. Rn 878 m.w.N.
316 BT-Drucks 16/6308, S. 260.

Der Vater kann in den obigen Fällen nicht einwenden, dass das Kind noch nicht geboren ist, da § 247 FamFG eine Spezialregelung für den begrenzten Zeitraum von 3 Monaten darstellt. Für Zeiträume ab der Geburt gilt § 246 FamFG.

> *Hinweis*
> § 247 Abs. 2 FamFG ordnet ausdrücklich die Vaterschaftsvermutung an; § 248 Abs. 3 FamFG greift hier nicht, da vor Geburt des Kindes das dort vorausgesetzte Vaterschaftsfeststellungsverfahren noch nicht in Betracht kommt.[317]

§ 248 FamFG regelt die Möglichkeit des Antrags auf Erlass einer e.A. bei Feststellung der Vaterschaft:

- e.A. auf Unterhalt für Mutter und Kind gegen Mann, dessen Vaterschaft nach § 1592 Nr. 1 u. 2 o. 1593 BGB nicht besteht nur dann zulässig, wenn ein Verfahren auf Feststellung der Vaterschaft nach § 1600d BGB anhängig ist
- Zuständigkeit des Gerichts des Vaterschaftsfeststellungsverfahrens
- mögliche Sicherheitsleistung
- außer Kraft treten, wenn Antrag auf Feststellung der Vaterschaft zurückgenommen oder rechtskräftig zurückgewiesen worden ist
- Verpflichtung zum Schadensersatz bei unberechtigter Vollziehung der e.A.

Zwar können Rechtswirkungen der Vaterschaft grundsätzlich erst vom Zeitpunkt der rechtskräftigen Feststellung an gegen den Vater geltend gemacht werden; § 248 Abs. 1 FamFG durchbricht insofern die Sperrwirkung des § 1600d Abs. 4 BGB.

§ 248 Abs. 5 FamFG (Außerkrafttreten) ergänzt § 56 FamFG auf sinnvolle Weise, da § 248 FamFG an ein Abstammungsverfahren anknüpft ist das Außerkrafttreten auch für die Fälle der Rücknahme oder Zurückweisung zu regeln.

b) Gegenstandswert

(Zur Abrechnung (Vergütung) der einstweiligen Anordnungsverfahren vgl. Rn 680.)

Im Verfahren der einstweiligen Anordnung ist der Wert in der Regel unter Berücksichtigung der geringeren Bedeutung gegenüber der Hauptsache zu ermäßigen, § 41 S. 1 FamGKG. Dabei ist nach § 41 S. 2 FamGKG von der Hälfte des für die Hauptsache bestimmten Werts auszugehen.

§ 41 FamGKG, der davon spricht, dass „von der Hälfte des für die Hauptsache bestimmten Werts auszugehen" ist, gilt für Verfahren auf Erlass als auch das Verfahren auf Aufhebung oder Abänderung der Entscheidung.

Der Wortlaut „auszugehen" spricht bereits dafür, dass die Hälfte des Hauptsachewerts der Mindestwert ist und das Gericht auch darüber hinaus den Wert höher festsetzen kann.[318]

Der Gesetzgeber führt hierzu aus:

> *„Diese flexible Regelung ermöglicht eine dem Einzelfall gerecht werdende Bestimmung des Wertes. Gleichzeitig bietet sie für den Regelfall aber auch eine einfache Festlegung des Wertes an, da von der Hälfte des für die Hauptsache bestimmten Werts auszugehen ist."*[319]

Im Übrigen wird auf die obigen Ausführungen zum Gegenstandswert in einstweiligen Anordnungsverfahren verwiesen (siehe § 2 Rn 362 ff.). Umfangreiche Rechtsprechung zur Frage der möglichen Höherbewertung siehe § 2 Rn 372 ff.

---

317 BT-Drucks 16/6308, S. 260.
318 Zur Möglichkeit, einen „anderen" Wert als die Hälfte festzusetzen: BT-Drucks 16/6308, S. 305, zu § 41 FamGKG.
319 BT-Drucks 16/6308, S. 305, zu § 41 FamGKG.

c) Vergütungsanspruch

678 Bis zum 31.8.2009 regelte § 18 Nr. 1 RVG a.F., dass einstweilige Anordnungen, die dort unter einem Buchstaben genannt waren, eine besondere Angelegenheit darstellten mit der Folge, dass die Gebühren gesondert abgerechnet werden konnten. Mehrere unter einem Buchstaben genannte Verfahren, stellten eine Angelegenheit dar, ihre Gegenstände waren zu addieren, § 22 Abs. 1 RVG.

679 Durch Art. 47 Abs. 6 Nr. 7a) aa) FGG-RG wurde § 18 Nr. 1 RVG a. F zum 1.9.2009 aufgehoben. Es bleibt aber dabei, dass jede einstweilige Anordnung eine eigene gebührenrechtliche Angelegenheit darstellt. Durch die Stärkung der e. A.-Verfahren seit 1.9.2009 ist klar, dass diese immer eine besondere Angelegenheit darstellen, ohne dass dies im RVG ausdrücklich erwähnt werden muss.

▼

680 Musterrechnung 4.76: Mehrere einstweilige Anordnungen

Eine Scheidungssache ist anhängig. Neben der Ehesache werden folgende einstweilige Anordnungen anhängig gemacht:
- Einstweilige Anordnung auf Zahlung von Trennungsunterhalt von monatlich 500,00 EUR
- Einstweilige Anordnung auf Zuweisung der Ehewohnung

Im einstweiligen Anordnungsverfahren auf Zuweisung der Ehewohnung entscheidet das Gericht durch Beschluss ohne mündliche Verhandlung. Betreffend des e.A.-Verfahrens wegen Unterhalt entscheidet das Gericht nach mündlicher Verhandlung durch Beschluss.

1. Einstweilige Anordnung wg. Zuweisung der Ehewohnung

Gegenstandswert: 1.500,00 EUR, §§ 23 Abs. 1 RVG, 48 Abs. 1, 41 S. 2 FamGKG

1,3 Verfahrensgebühr Nr. 3100 VV RVG	149,50 EUR
Auslagenpauschale, Nr. 7002 VV RVG	20,00 EUR
Zwischensumme	169,50 EUR
19 % Umsatzsteuer, Nr. 7008 VV RVG	32,21 EUR
Summe	**201,71 EUR**

2. Einstweilige Anordnung wg. Trennungsunterhalt

Gegenstandswert: 3.000,00 EUR, §§ 23 Abs. 1 RVG, 51 Abs. 1, 41 S. 2 FamGKG

1,3 Verfahrensgebühr Nr. 3100 VV RVG	261,30 EUR
1,2 Terminsgebühr Nr. 3104 VV RVG	241,20 EUR
Auslagenpauschale, Nr. 7002 VV RVG	20,00 EUR
Zwischensumme	522,50 EUR
19 % Umsatzsteuer, Nr. 7008 VV RVG	99,28 EUR
Summe	**621,78 EUR**

▲

Hinweis
(Zu den Gegenstandswerten siehe § 2 Rn 362 u. 371.)

Musterrechnung 4.77: Einstweilige Anordnung neben Hauptsache 681

Es wird ein Antrag auf Erlass einer einstweiligen Anordnung betreffend Trennungs-Unterhaltszahlung gestellt. Beantragt ist ein monatlicher Unterhaltsbetrag von 640,00 EUR. Das Gericht entscheidet durch Beschluss ohne Termin und setzt eine Frist von 3 Monaten fest, innerhalb der ein Antrag auf Hauptsacheentscheidung unzulässig ist. Nach 4 Monaten wird auch das Hauptsacheverfahren anhängig. Im Hauptsacheverfahren werden Unterhaltsrückstände für 3 Monate geltend gemacht. Nach mündlicher Verhandlung schließen die Beteiligten einen Unterhaltsvergleich, der gerichtlich protokolliert wird.

1. Einstweilige Anordnung wg. Trennungsunterhalt

Gegenstandswert: 640,00 EUR × 12 EUR = 7.680,00 EUR; 7.680,00 EUR : 2 = 3.840,00 EUR
§§ 23 Abs. 1 RVG, 51 Abs. 1, 41 S. 2 FamGKG

1,3 Verfahrensgebühr	
Nr. 3100 VV RVG	327,60 EUR
Auslagenpauschale, Nr. 7002 VV RVG	20,00 EUR
Zwischensumme	347,60 EUR
19 % Umsatzsteuer, Nr. 7008 VV RVG	66,04 EUR
Summe	**413,64 EUR**

2. Hauptsacheverfahren wg. Trennungsunterhalt

Gegenstandswert: 640,00 EUR × 12 EUR = 7.680,00 EUR + Rückstände: 3 × 640,00 EUR = 1.920,00 EUR

Gesamtwert: 9.600,00 EUR
§§ 23 Abs. 1 RVG, 51 Abs. 1 u. 2 FamGKG

1,3 Verfahrensgebühr	
Nr. 3100 VV RVG	725,40 EUR
1,2 Terminsgebühr	
Nr. 3104 VV RVG	669,60 EUR
1,0 Einigungsgebühr	
Nr. 1003 VV RVG	558,00 EUR
Auslagenpauschale, Nr. 7002 VV RVG	20,00 EUR
Zwischensumme	1.973,00 EUR
19 % Umsatzsteuer, Nr. 7008 VV RVG	374,87 EUR
Summe	**2.347,87 EUR**

Hinweis
(Zu den Gegenstandswerten siehe § 2 Rn 362 u. 196.)

Nach § 54 FamFG kann das Gericht eine einstweilige Anordnung aufheben oder ändern. Ein Verfahren auf Aufhebung oder Änderung einer einstweiligen Anordnung bildet mit dem ursprünglichen Verfahren auf Erlass der einstweiligen Anordnung dieselbe gebührenrechtliche Angelegenheit, vgl. § 16 Nr. 5 RVG, so dass die Gebühren insgesamt nur einmal abgerechnet werden können, § 15 Abs. 2 S. 1 RVG. 682

683 Natürlich muss beachtet werden, ob im Aufhebungsverfahren möglicherweise eine mündliche Verhandlung stattfindet, die im ursprünglichen einstweiligen Anordnungsverfahren nicht stattfand. In dem Fall kann die Terminsgebühr, die im ursprünglichen Verfahren nicht entstanden ist, im Aufhebungsverfahren entstehen. Findet sowohl im ursprünglichen Verfahren als auch im Aufhebungsverfahren ein Termin statt, kann allerdings die Terminsgebühr insgesamt nur einmal abgerechnet werden.

▼

684 **Musterrechnung 4.78: Einstweilige Anordnung mit Aufhebungsverfahren**

Die Antragstellerin beantragt einen Trennungshalt in Höhe von monatlich 640,00 EUR im Wege der einstweiligen Anordnung. Das Gericht erlässt zunächst ohne mündliche Verhandlung einen entsprechenden Beschluss. Der Antragsgegner beantragt nun die Änderung der Entscheidung, da er angeblich ein geringeres Einkommen hat. Im Abänderungsverfahren bestimmt das Gericht Termin zur mündlichen Verhandlung. Die Beteiligten schließen sodann einen Vergleich.

Gegenstandswert: 640,00 EUR × 12 EUR = 7.680,00 EUR; 7.680,00 EUR : 2 = 3.840,00 EUR
§§ 23 Abs. 1 RVG, 51 Abs. 1, 41 S. 2 FamGKG

1,3 Verfahrensgebühr Nr. 3100 VV RVG	327,60 EUR
1,2 Terminsgebühr Nr. 3104 VV RVG	302,40 EUR
1,0 Einigungsgebühr Nr. 1003 VV RVG	252,00 EUR
Auslagenpauschale, Nr. 7002 VV RVG	20,00 EUR
Zwischensumme	902,00 EUR
19 % Umsatzsteuer, Nr. 7008 VV RVG	171,38 EUR
Summe	**1.073,38 EUR**

▲

Hinweis
(Zu den Gegenstandswerten siehe § 2 Rn 362 u. 196.)

685 Wird im Termin des einstweiligen Anordnungsverfahrens auch die Hauptsache mitverglichen, stellt sich die Frage, wie dies abzurechnen ist. Das nachstehende Beispiel soll dies verdeutlichen.

▼

686 **Musterrechnung 4.79: Einstweilige Anordnung und Mitvergleichen der Hauptsache**

Die Antragstellerin beantragt einen Trennungshalt in Höhe von monatlich 640,00 EUR im Wege der einstweiligen Anordnung. Das Gericht bestimmt Termin. Zwischenzeitlich wird das Hauptsacheverfahren anhängig gemacht; ein Gutachten wird eingeholt. Im Hauptsacheverfahren wird neben einem laufenden Unterhaltsanspruch auch ein Rückstand für 3 Monate geltend gemacht. Das Gericht bestimmt Termin im Hauptsacheverfahren. Die Beteiligten schließen einen Vergleich, mit dem das einstweilige Anordnungsverfahren und auch die Hauptsache erledigt werden.

E. Gerichtliche Vertretung § 4

1. Abrechnung des Hauptsacheverfahrens

Gegenstandswert: 640,00 EUR × 12 EUR = 7.680,00 EUR; 640,00 EUR × 3 = 1.920,00 EUR
§§ 23 Abs. 1 RVG, 51 Abs. 1 u. 2 FamGKG; § 22 Abs. 1 RVG addiert: 9.600,00 EUR
1,3 Verfahrensgebühr aus HS-Wert: 9.600,00 EUR

Nr. 3100 VV RVG	725,40 EUR
0,8 Verfahrensgebühr aus e.A.-Wert: 3.840,00 EUR	
Nr. 3101 Nr. 2 VV RVG	201,60 EUR
addiert:	927,00 EUR
§ 15 Abs. 3 RVG höchstens: 1,3 aus 13.440,00 EUR	845,00 EUR
1,2 Terminsgebühr aus HS-Wert und e. A.-Wert: 13.440,00 EUR	
Nr. 3104 VV RVG	780,00 EUR
1,0 Einigungsgebühr aus HS-Wert und e.A.-Wert: 13.440,00 EUR	
Nr. 1003 VV RVG	650,00 EUR
Auslagenpauschale, Nr. 7002 VV RVG	20,00 EUR
Zwischensumme	2.295,00 EUR
19 % Umsatzsteuer, Nr. 7008 VV RVG	436,03 EUR
Summe	2.731,05 EUR

2. Abrechnung der einstweiligen Anordnung

Gegenstandswert: 640,00 EUR × 12 EUR = 7.680,00 EUR; 7.680,00 EUR : 2 = 3.840,00 EUR
§§ 23 Abs. 1 RVG, 51 Abs. 1, 41 S. 2 FamGKG

1,3 Verfahrensgebühr	
Nr. 3100 VV RVG	327,60 EUR
abzüglich gekürzte 0,8 Verfahrensgebühr	
aus HS-Abrechnung	./. 119,60 EUR
Zwischensumme	208,00 EUR
1,2 Terminsgebühr	
Nr. 3104 VV RVG	302,40 EUR
abzüglich Terminsgebühr aus Mehrwert	
aus HS-Verfahren	./. 110,40 EUR
Zwischensumme	192,00 EUR
Auslagenpauschale, Nr. 7002 VV RVG	20,00 EUR
Zwischensumme	420,00 EUR
19 % Umsatzsteuer, Nr. 7008 VV RVG	79,80 EUR
Summe	499,80 EUR

▲

Hinweis
(Zu den Gegenstandswerten siehe § 2 Rn 362 u. 196.

Zur Anrechnung der Verfahrens- und Terminsgebühr siehe Rn 451 u. 567. Beispielrechnung siehe Rn 453.)

7. Rücknahme des Scheidungsantrags, § 141 FamFG

687 Sofern ein Scheidungsantrag zurückgenommen wird, erstrecken sich die Wirkungen der Rücknahme auch auf die Folgesachen, § 141 S. 1 FamFG. Die Erstreckung erfolgt jedoch nicht für Folgesachen, die die Übertragung der elterlichen Sorge oder eines Teils der elterlichen Sorge wegen Gefährdung des Kindeswohls auf einen Elternteil, einen Vormund oder Pfleger betreffen, sowie für Folgesachen, hinsichtlich derer ein Beteiligter vor Wirksamwerden der Rücknahme ausdrücklich erklärt hat, sie fortführen zu wollen, § 141 S. 2 FamFG. Diese Folgesachen werden als selbstständige Folgesachen weitergeführt, § 141 S. 3 FamFG.

688 Zu Recht nimmt der Gesetzgeber an, dass mit der Rücknahme des Scheidungsantrags nicht auch alle Folgesachen automatisch beendet sind. So soll das Sorgerecht anhängig bleiben und als selbstständige Sache fortgeführt werden. Das gleiche soll für Folgesachen gelten, wenn ein Beteiligter vor Wirksamwerden der Rücknahme ausdrücklich erklärt hat, sie fortführen zu wollen.

689 *Beispiel*
In einer Ehesache nimmt die Antragstellerin den Scheidungsantrag zurück, nachdem sie sich mit ihrem Ehemann wieder ausgesöhnt hat. Die anhängigen Folgesachen Unterhalt und Zugewinnausgleich gelten damit ebenfalls als zurückgenommen. Nicht aber die Folgesache Sorgerecht. Die Antragstellerin nimmt daher auch den Antrag auf Übertragung der elterlichen Sorge auf sie allein zurück.

8. Verfahren nach der Hausratsverordnung

690 Die Hausratsverordnung ist zum 1.9.2009 aufgehoben worden.[320] Besonderheiten bei der Abrechnung sind mit Ausnahme der Gegenstandswerte nicht zu beachten. (Zu den Gegenstandswerten in Ehewohnungs- und Haushaltssachen vgl. § 2 Rn 280 ff.)

X. Gebühren in Rechtsmittelverfahren

1. Beschwerde und Rechtsbeschwerde – verfahrensrechtliche Darstellung

691 Nach dem FamFG ergehen Endentscheidungen des Familiengerichts grundsätzlich durch Beschluss. Damit entfielen auch die nach der ZPO geläufigen Rechtsmittel Berufung und Revision. An ihre Stelle traten vielmehr Beschwerde und Rechtsbeschwerde. Bevor auf die einzelnen Gebühren eingegangen wird, soll kurz ein Abriss über das neue Verfahrensrecht im Rechtsmittelverfahren gegeben werden.

692 Die grundsätzliche Statthaftigkeit der Beschwerde regelt § 58 FamFG. Sie ist statthaft:
- gegen die im ersten Rechtszug ergangenen Endentscheidungen der Amts- und Landgerichte in FamFG-Angelegenheiten; sofern nichts anderes bestimmt ist
- auch gegen nicht selbstständig anfechtbare Entscheidungen, die der Entscheidung vorausgegangen sind.

693 *Hinweis*
Nach Auffassung des Gesetzgebers schreibt § 58 Abs. 2 FamFG die bereits auf der Grundlage des geltenden Rechts vertretene Auffassung, die Fehlerhaftigkeit von Zwischenentscheidungen könne noch mit der Endentscheidung gerügt werden, ausdrücklich gesetzlich fort.[321] Der Ent-

---

320 Durch das Gesetz zur Änderung des Zugewinnausgleichs- und Vormundschaftsrechts v. 6.7.2009; BT-Drucks 635/08; BT-Drucks 16/10798; BGBl I 2009, 1696.
321 BT-Drucks 16/6308, S. 203 unter Verweis auf Bassenge/Herbst/Roth/*Bassenge*, Freiwillige Gerichtsbarkeit, § 19 Rn 3.

scheidung vorausgegangen und mit ihr anfechtbar sind z.B. Beweis-, Verbindungs- und Trennungsbeschlüsse.

Gegen Beschlüsse des Familiengerichts steht die Beschwerde demjenigen zu, der durch den Beschluss in seinen **Rechten beeinträchtigt** ist, § 59 Abs. 1 FamFG. 694

Wenn ein Beschluss nur auf Antrag erlassen werden kann und der Antrag zurückgewiesen worden ist, steht die Beschwerde nur dem **Antragsteller** zu, § 59 Abs. 2 FamFG.

Die **Beschwerdeberechtigung von Behörden** bestimmt sich nach den besonderen Vorschriften dieses oder eines anderen Gesetzes, § 59 Abs. 3 FamFG. Zu nennen wären hier die Beschwerdeberechtigung des Jugendamtes in Kindschafts-, Abstammungs-, Adoptions- und Wohnungszuweisungssachen nach §§ 162 Abs. 3, 176 Abs. 2, 194 Abs. 2, 205 Abs. 2 FamFG.

Ein Beschwerderecht steht auch **Minderjährigen** zu, für die die elterliche Sorge besteht oder für einen unter Vormundschaft stehenden Mündel; diese können ihr Beschwerderecht in allen sie betreffenden Angelegenheiten ohne Mitwirkung ihrer gesetzlichen Vertreter ausüben, § 60 FamFG, wenn sie nicht geschäftsunfähig und das 14. Lebensjahr vollendet haben; dies gilt auch, wenn das Kind oder der Mündel vor einer Entscheidung des Gerichts gehört werden soll.

In **vermögensrechtlichen Angelegenheiten** ist die Beschwerde nur zulässig, wenn der Wert des Beschwerdegegenstandes 600 EUR übersteigt, § 61 Abs. 1 FamFG. 695

Übersteigt der Beschwerdegegenstand 600 EUR nicht, ist die Beschwerde zulässig, wenn das Gericht des ersten Rechtszugs die Beschwerde zugelassen hat, § 61 Abs. 2 FamFG. Das Gericht des ersten Rechtszugs lässt die Beschwerde nach § 61 Abs. 3 FamFG zu, wenn 696
1. die Rechtssache grundsätzliche Bedeutung hat oder die Fortbildung des Rechts oder die Sicherung einer einheitlichen Rechtsprechung eine Entscheidung des Beschwerdegerichts erfordert und
2. der Beteiligte durch den Beschluss mit nicht mehr als 600 EUR beschwert ist.

Das Beschwerdegericht ist an die Zulassung gebunden.

Hat sich die angefochtene Entscheidung in der Hauptsache erledigt, spricht das Beschwerdegericht auf Antrag aus, dass die Entscheidung des Gerichts des ersten Rechtszugs den Beschwerdeführer in seinen Rechten verletzt hat, wenn der Beschwerdeführer ein **berechtigtes Interesse** an der Feststellung hat, § 62 FamFG. 697

Ein berechtigtes Interesse liegt in der Regel vor, wenn
1. schwerwiegende Grundrechtseingriffe vorliegen oder
2. eine Wiederholung konkret zu erwarten ist.

Die **Beschwerdefrist** beträgt, soweit nichts anderes geregelt ist **1 Monat**! 698

Die Beschwerdefrist beträgt **2 Wochen**, wenn sie sich gegen eine einstweilige Anordnung oder einen Beschluss, der die Genehmigung eines Rechtsgeschäfts zum Gegenstand hat, richtet, vgl. § 63 FamFG. (Zur Anfechtbarkeit einer e. A. in Familiensachen siehe Rn 661 ff.)

Die Frist **beginnt** jeweils mit der schriftlichen Bekanntgabe des Beschlusses an die Beteiligten, § 63 Abs. 3 S. 1 FamFG. Kann die schriftliche Bekanntgabe an einen Beteiligten nicht bewirkt werden, beginnt die Frist spätestens mit Ablauf von fünf Monaten nach Erlass des Beschlusses, § 63 Abs. 3 S. 2 FamFG. 699

> *Hinweis* 700
> Die Beschwerde wird bei dem Gericht eingelegt, dessen Beschluss angefochten wird! Keine Einlegung beim Beschwerdegericht, § 64 Abs. 1 S. 1 FamFG!
>
> Anträge auf Bewilligung von Verfahrenskostenhilfe für eine beabsichtigte Beschwerde sind bei dem Gericht einzulegen, dessen Beschluss angefochten werden soll, § 64 Abs. 1 S. 2 FamFG.

§ 4 Gebühren in Familiensachen

701 Die Beschwerde wird durch Einreichung einer Beschwerdeschrift oder zur Niederschrift der Geschäftsstelle eingelegt, § 64 Abs. 2 S. 1 FamFG. Sie muss die Bezeichnung des angefochtenen Beschlusses enthalten, § 64 Abs. 2 S. 1 FamFG und muss die Erklärung enthalten, dass Beschwerde gegen diesen Beschluss eingelegt wird, § 64 Abs. 2 S. 2 FamFG. Die Beschwerde ist vom Beschwerdeführer oder seinem Bevollmächtigten zu unterzeichnen, § 64 Abs. 2 S. 3 FamFG und soll begründet werden, § 65 Abs. 1 FamFG.

702 **Achtung:**
Es erfolgte noch eine Änderung durch des Gesetz zur Modernisierung von Verfahren im anwaltlichen und notariellen Berufsrecht, etc., BT-Drucks 16/12717 v. 22.4.2009: § 64 Abs. 2 S. 1 ist ein neuer Satz angefügt werden: Die Einlegung der Beschwerde zur Niederschrift der Geschäftsstelle ist in Ehesachen und in Familienstreitsachen ausgeschlossen (damit nicht aber in den anderen in § 112 FamFG genannten Familiensachen). Das Gesetz ist zum 1.9.2009 in Kraft getreten.

703 Das Beschwerdegericht kann vor der Entscheidung eine einstweilige Anordnung erlassen; es kann insbesondere anordnen, dass die Vollziehung des angefochtenen Beschlusses auszusetzen ist, § 65 Abs. 1 FamFG.

Für die Beschwerdebegründung **kann** das Beschwerdegericht oder der Vorsitzende dem Beschwerdeführer eine **Frist einräumen**, § 65 Abs. 2 FamFG.

704 *Hinweis*
Das Beschwerdeverfahren nach dem FamFG gilt als weitere Tatsacheninstanz!
Die Beschwerde kann auf neue Tatsachen und Beweismittel gestützt werden, § 65 Abs. 3 FamFG. Sie kann jedoch nicht darauf gestützt werden, dass das Gericht des ersten Rechtszugs seine Zuständigkeit zu Unrecht angenommen hat.

705 Die Anschlussbeschwerde regelt § 66 FamFG. Sie ist nur als unselbstständige Anschlussbeschwerde möglich.

706 Wurde auf die Beschwerde nach Bekanntgabe des Beschlusses durch Erklärung gegenüber dem Gericht verzichtet, ist die Beschwerde unzulässig, § 67 Abs. 1 FamFG.

Eine **Verzichtserklärung** gegenüber einem anderen Beteiligten hat die Unzulässigkeit der Beschwerde nur dann zur Folge, wenn dieser sich darauf beruft, § 67 Abs. 3 FamFG.

707 Das Gericht, dessen Entscheidung angefochten wird, hat **keine Abhilfemöglichkeit**, wenn es sich um eine Endentscheidung in einer Familiensache handelt, § 68 Abs. 1 S. 2 FamFG!

708 Die **Rechtsbeschwerde** eines Beteiligten ist statthaft, wenn sie das Beschwerdegericht oder das Oberlandesgericht im ersten Rechtszug in dem Beschluss zugelassen hat, § 70 Abs. 1 FamFG.

709 **§ 70 Abs. 2 FamFG**

(2) ¹Die Rechtsbeschwerde ist zuzulassen, wenn
1. die Rechtssache grundsätzliche Bedeutung hat oder
2. die Fortbildung des Rechts oder die Sicherung einer einheitlichen Rechtsprechung eine Entscheidung des Rechtsbeschwerdegerichts erfordert.

²Das Rechtsbeschwerdegericht ist an die Zulassung gebunden.

(3) ³Die Rechtsbeschwerde gegen einen Beschluss des Beschwerdegerichts ist ohne Zulassung statthaft in
1. Betreuungssachen zur Bestellung eines Betreuers, zur Aufhebung einer Betreuung, zur Anordnung oder Aufhebung eines Einwilligungsvorbehaltes,
2. Unterbringungssachen und Verfahren nach § 151 Nr. 6 u. 7[322] sowie
3. Freiheitsentziehungssachen.[323]

---

322 Ergänzung durch Art. 8 Nr. 1f) aa) des Gesetzes v. 30.7.2009, BGBl I 2009, 2449 (2471).
323 Ergänzung eines neuen Satzes durch Art. 8 Nr. 1f) bb) des Gesetzes v. 30.7.2009, BGBl I 2009, 2449 (2471).

In den Fällen des Satzes 1 Nr. 2 und 3 gilt dies nur, wenn sich die Rechtsbeschwerde gegen den Beschluss richtet, der die Unterbringung oder die freiheitsentziehende Maßnahme anordnet.

(4) Gegen einen Beschluss im Verfahren über die Anordnung, Abänderung oder Aufhebung einer einstweiligen Anordnung oder eines Arrests findet die Rechtsbeschwerde nicht statt.

Die Rechtsbeschwerde ist binnen einer **Frist von einem Monat** nach der schriftlichen Bekanntgabe des Beschlusses durch Einreichen einer Beschwerdeschrift bei dem Rechtsbeschwerdegericht einzulegen, § 71 Abs. 1 S. 1 FamFG. 710

Die Rechtsbeschwerdeschrift ist binnen eines Monats zu **begründen**, § 71 Abs. 2 S. 1 FamFG. 711

Ein Beteiligter kann sich bis zum Ablauf einer Frist von einem Monat nach der Bekanntgabe der Begründungsschrift der Rechtsbeschwerde durch Einreichen einer Anschlussschrift beim Rechtsbeschwerdegericht anschließen, auch wenn er auf die Rechtsbeschwerde verzicht0et hat, die Rechtsbeschwerdefrist verstrichen oder die Rechtsbeschwerde nicht zugelassen worden ist, § 73 S. 1 FamFG. Die Anschlussrechtsbeschwerde ist in der Anschlussschrift zu begründen und zu unterschreiben; § 73 S. 3 FamFG. 712

Achtung: 713
Anschlussrechtsmittel sind bereits seit der ZPO-Reform zum 1.1.2002 nicht mehr selbstständig, sondern vielmehr vom Schicksal des Hauptrechtsmittels abhängig. Das gilt auch für das FamFG. Die Anschließung verliert ihre Wirkung, wenn die Rechtsbeschwerde zurückgenommen oder als unzulässig verworfen wird, § 73 S. 3 FamFG.

2. Beschwerdeverfahren – Vergütungsanspruch

Die Gebühren in Beschwerdeverfahren richten sich nach Teil 3 Abschnitt 2 Unterabschnitt 1 des Vergütungsverzeichnisses. 714

Nach der Vorbemerkung 3.2.1. Nr. 2b) VV RVG sind die in diesem Unterabschnitt geregelten Gebühren in Verfahren über Beschwerden gegen die Endentscheidung wegen des Hauptgegenstands in Familiensachen und in den Angelegenheiten der freiwilligen Gerichtsbarkeit anzuwenden.

a) Verfahrensgebühr im Beschwerdeverfahren

Die Verfahrensgebühr beträgt nach Nr. 3200 VV RVG im Beschwerdeverfahren 1,6. 715

Für das Beschwerdeverfahren sieht Nr. 3201 VV RVG eine 1,1 Verfahrensgebühr bei vorzeitiger Beendigung des Auftrags vor. Nach Abs. 1 der Anm. zu Nr. 3201 VV RVG beträgt die Verfahrensgebühr nach Nr. 3200 VV RVG beträgt nur 1,1, wenn 716

Nr. 1: der Auftrag endigt, bevor der Rechtsanwalt das Rechtsmittel eingelegt oder einen Schriftsatz, der Sachanträge, Sachvortrag, die Zurücknahme der Klage/eines Antrags oder die Zurücknahme des Rechtsmittels enthält, eingereicht oder bevor er einen gerichtlichen Termin wahrgenommen hat, oder

Nr. 2: soweit Verhandlungen vor Gericht zur Einigung der Parteien oder der Beteiligten oder mit Dritten über in diesem Verfahren nicht rechtshängige Ansprüche geführt werden; der Verhandlung über solche Ansprüche steht es gleich, wenn beantragt ist, eine Einigung zu Protokoll zu nehmen oder das Zustandekommen einer Einigung festzustellen (§ 278 Abs. 6 ZPO).

Aus Abs. 1 S. 2 der Anmerkung zu Nr. 3201 VV RVG ergibt sich für die Fälle, in denen eine 1,1 Verfahrensgebühr nach Nr. 3201 (Abs. 1 Nr. 2 der Anm.) neben einer Verfahrensgebühr aus demselben Wert in einem Parallelverfahren entstanden ist, eine Anrechnungsvorschrift. 717

Zur Vermeidung von Wiederholungen wird hinsichtlich der Verfahrensgebühr Nr. 3200, 3201 und der hier geregelten Anrechnungsvorschrift auf die Ausführungen unter Rn 403 (zu Nr. 3100/3200),

Rn 432 ff.(zu Nr. 3101/3201) und Rn 451 und 453 (zur Frage der Anrechnung) sowie zu § 15 Abs. 3 RVG unter Rn 463 verwiesen.

718 Durch das 2. KostRMoG wurde Nr. 3201 VV RVG um einen Abs. 2 ergänzt, wonach der Rechtsanwalt ebenfalls eine 1,1 Verfahrensgebühr erhält, sofern es sich bei der Tätigkeit des Rechtsanwalts lediglich um eine eingeschränkte Tätigkeit handelt. Nach Abs. 2 der Anm. zu Nr. 3201 VV RVG liegt eine eingeschränkte Tätigkeit vor, wenn sich seine Tätigkeit

1. in einer Familiensache, die nur die Erteilung einer Genehmigung oder die Zustimmung des Familiengerichts zum Gegenstand hat, oder
2. in einer Angelegenheit der freiwilligen Gerichtsbarkeit

auf die Einlegung und Begründung des Rechtsmittels und die Entgegennahme der Rechtsmittelentscheidung beschränkt.

719 Der Gesetzgeber hat die Einfügung des Abs. 2 in Nr. 3201 VV RVG wie folgt begründet:[324]

„Die vorgeschlagene Änderung der Vorbemerkung 3.2.1 Nummer 2 Buchstabe b VV RVG führt dazu, dass der Rechtsanwalt auch in Angelegenheiten der freiwilligen Gerichtsbarkeit im Beschwerdeverfahren die gleichen Gebühren wie im Berufungsverfahren erhält. Dies würde jedoch in Beschwerdeverfahren, an denen sich kein anderer beteiligt, zu einer im Einzelfall nicht gerechtfertigten Gebührenhöhe führen. Daher wird basierend auf dem Rechtsgedanken der Gebühr 3101 Nummer 3 VV RVG die ermäßigte Verfahrensgebühr – und zwar auch in bestimmten Familiensachen – für den Fall vorgeschlagen, dass es bei einem einseitigen Beschwerdeverfahren bleibt und das Gericht nach Einlegung und Begründung der Beschwerde unmittelbar entscheidet. Diese Tätigkeit soll als „eingeschränkte Tätigkeit" bezeichnet werden. Die Regelung in Vorbemerkung 3 Absatz 2, dass die Verfahrensgebühr das Betreiben des Geschäfts einschließlich der Information abgilt, wird dadurch nicht berührt. D. h. die ermäßigte Verfahrensgebühr gilt die Einholung der Information und das Betreiben des Geschäfts einschließlich der Unterrichtung des Auftraggebers im Rahmen der eingeschränkten Tätigkeit ab. Sind an dem Verfahren weitere Personen beteiligt, die in der Sache vortragen und ist dieser Vortrag von dem Anwalt zu prüfen und ist ggf. erneuter Vortrag erforderlich, soll die ungekürzte Verfahrensgebühr entstehen. Dies soll durch eine Änderung des Gebührentatbestands und der Anmerkung erreicht werden."

720 Eine ähnliche Vorschrift findet sich bereits in Nr. 3101 Nr. 3 VV RVG (siehe Rn 456 ff.).

b) Fristwahrend eingelegte Beschwerde

721 Häufig wird ein Rechtsmittel nur fristwahrend eingelegt. Es stellt sich die Frage, welche Gebühren entstehen und auch, welche Gebühren erstattungsfähig sind, wenn die nur fristwahrend eingelegte Beschwerde wieder zurückgenommen wird. Grundsätzlich löst der Antrag, eine Beschwerde kostenpflichtig zurückzuweisen, eine 1,6 Verfahrensgebühr aus. Die Rechtsprechung hält jedoch diese Gebühr in vielen Fällen nicht in voller Höhe für erstattungsfähig. Es kommt meist auf den Zeitpunkt der Rücknahme der Beschwerde (vormals: Berufung) an. Die zu dieser Thematik für die Berufung ergangenen Entscheidungen sind m.E. auf das Beschwerdeverfahren in Familiensachen analog anzuwenden.

722 ■ **Bestellung vor Zustellung der Rechtsmittelschrift**

Die Erstattungsfähigkeit von Gebühren ist abzulehnen, selbst wenn die Einlegung eines Rechtsmittels angedroht war, da eine Bestellung zum Prozessbevollmächtigten zu diesem Zeitpunkt überhaupt noch nicht angezeigt ist.

---

[324] BT-Drucks 17/11471 vom 14.11.2012, 2. KostRMoG, S. 434.

- **Bestellung eines Prozessbevollmächtigten des Rechtsmittelgegners nach Einlegung des Rechtsmittels vor Berufungsbegründung** 723

Wird der Antrag auf Zurückweisung einer Berufung vor Zustellung der Berufungsbegründung gestellt, fällt grundsätzlich nur eine 1,1 – Verfahrensgebühr nach Nr. 3201 Nr. 1 VV RVG an.[325] Grundsätzlich hält der BGH eine beklagte Partei für berechtigt, sich anwaltlicher Hilfe zu bedienen, wenn gegen ein Obsiegendes Urteil durch die Gegenseite Berufung eingelegt wird.[326] Allerdings hält der BGH die Stellung eines Sachantrags nicht für notwendig (und dafür entstehende Kosten damit nicht für erstattungsfähig), wenn noch gar nicht klar ist, ob die Berufungskläger/in das Verfahren überhaupt fortführen möchte.[327] Dies gilt auch unabhängig davon, ob die Berufung fristwahrend eingelegt wurde oder nicht.[328]

Die Entstehung der Verfahrensgebühr nach Nr. 3201 für den Anwalt des Rechtsmittelgegners setzt nach Ansicht einiger Gerichte nicht voraus, dass sich dieser bereits zum Verfahren bestellt hat.[329]

Nach einer Entscheidung des BGH[330] gehören die Entgegennahme der Berufungsschrift und die damit verbundene Prüfung von Fragen gebührenrechtlich zur ersten Instanz mit der Folge, dass für diese Tätigkeiten noch keine Verfahrensgebühr für die Berufungsinstanz entsteht und somit eine solche auch nicht erstattungsfähig ist.

Praxistipp 724
Der Rechtsmittelgegner sollte unverzüglich informiert werden (vorab per Fax), wenn eine Berufung zurückgenommen wird, damit er keine kostenauslösenden Maßnahmen mehr ergreift. Denn: Erstattungsfähig sind die Kosten eines Berufungsbeklagten auch dann, wenn ihm bei Erteilung des Auftrags an den Berufungsanwalt nicht bekannt war oder bekannt sein musste, dass das Rechtsmittel bereits zurückgenommen worden war. Die Rechtsprechung sieht es nicht als Aufgabe der Gerichte an, die Rechtsmittelrücknahme dem erstinstanzlichen Prozessbevollmächtigten telefonisch mitzuteilen.[331]

- **Erstattungsfähigkeit bei** *„Stillhalteabkommen"* 725

Nicht selten erfolgt durch die Gegenseite die Bitte, sich nicht zu bestellen, da das Rechtsmittel nur fristwahrend eingelegt werde und man noch nicht sicher sei, ob das Rechtsmittelverfahren überhaupt durchgeführt werden soll.

Zu verneinen ist die Erstattungsfähigkeit dann, wenn sich der gegnerische RA verpflichtet hat, der Bitte um Stillhalten nachzukommen. Beantragt dann ein RA dennoch Kostenfestsetzung, handelt er treuwidrig.[332] Schweigt ein RA auf die Bitte des Kollegen, bis zu einem bestimmten Zeitpunkt „stillzuhalten", so sehen hierin einige Gerichte eine Zustimmung. Besteht Streit darüber, ob ein Stillhalteabkommen vorliegt bzw. ggf. welcher Art ein Stillhalteabkommen ist, so

---

325 BGH, Beschl. v. 3.7.2007 – VI ZB 21/06 FamRZ 2007, 1735 = MDR 2007, 1397 = NJW 2007, 3723 = NJW-Spezial, 2008, 124 = JurBüro 2008, 35 = Rpfleger 2007, 683 = SVR 2008, 110.
326 Vgl. BGH, Beschlüsse v. 17.12.2002 – X ZB 9/02, NJW 2003, 756 f. und– X ZB 27/02, NJW 2003, 1324; v. 3.7.2003 – VIII ZB 19/03, NJW 2003, 2992.
327 BGH, a.a.O.
328 Vgl. BGH, Beschl. v. 3.7.2003 – VIII ZB 19/03, NJW 2003, 2992; BAG, Beschl. v. 16.7.2003 – 2 AZB 50/02, NJW 2003, 3796, 3797.
329 KG, Beschl. v. 9.5.2005 – 1 W 20/05, JurBüro 2005, 418 = RVGreport 2005, 314 = Rpfleger 2005, 569; OLG Zweibrücken OLGR 2006, 750; LG Stuttgart JurBüro 2005, 654.
330 BGH, Beschl. v. 25.10.2012 – IX ZB 62/10 = BeckRS 2012, 24178 = FD-RVG 2012, 340329 = NJW 2013, 312 mit Anm. von *Jungbauer.*
331 OLG Koblenz JurBüro 2005, 81 = RVGreport 2005, 118 = AGS 2005, 131.
332 OLG Nürnberg JurBüro 1993, 215.

hat der Kostenbeamte die Kostenfestsetzung so durchzuführen, als gäbe es keine dementsprechende Vereinbarung.[333]

Nach einer Entscheidung des BGH[334] gehören die Entgegennahme der Berufungsschrift und die damit verbundene Prüfung von Fragen gebührenrechtlich zur ersten Instanz mit der Folge, dass für diese Tätigkeiten noch keine Verfahrensgebühr für die Berufungsinstanz entsteht und somit eine solche auch nicht erstattungsfähig ist. In diesem zu entscheidenden Fall hatte der Prozessbevollmächtigte des Rechtsmittelführers den Gegenanwalt gebeten, sich vorerst nicht zu bestellen, nachdem die Berufung lediglich zur Fristwahrung eingelegt werde; vor Begründung der Berufung wurde diese zurückgenommen.

726 ■ **Kostentragungsantrag nach Berufungszurücknahme (Rücknahme der Beschwerde)**

Hat ein Rechtsmittelgegner einen Antrag nach § 516 Abs. 3 ZPO (**Kostentragungsantrag** nach Berufungszurücknahme) gestellt, so war unter Beachtung des § 13 Abs. 3 BRAGO (jetzt neu § 15 Abs. 3 RVG) neben der 13/20 Prozessgebühr aus dem Wert der Hauptsache auch eine 13/10 Prozessgebühr aus dem Wert der bis zur Rücknahme entstandenen Kosten der Berufungsinstanz als erstattungsfähig angesehen worden.[335] Für das RVG bedeutet dies: eine 1,1 Verfahrensgebühr aus dem Wert der Hauptsache zzgl. eine 1,6 Verfahrensgebühr aus dem Kostenwert. Beide Gebühren dürfen zusammen eine 1,6 Verfahrensgebühr aus dem addierten Wert nicht übersteigen.

727 ■ **Volle Verfahrensgebühr durch Sachantrag nach Berufungsbegründung**

Stellt der Berufungsbeklagte nach Begründung des Rechtsmittels, jedoch vor einer Entscheidung des Gerichts über dessen mögliche Zurückweisung durch Beschluss, einen Sachantrag, sind die dadurch entstehenden Anwaltsgebühren notwendige Kosten der Rechtsverteidigung.[336] Manche OLG's halten eine 1,6 Verfahrensgebühr sogar dann für erstattungsfähig, wenn die Berufung nach Begründung zurückgewiesen wird, der Zurückweisungsantrag aber bereits vor der Begründung gestellt worden ist.[337] Erfolgt der Sachantrag nach Ankündigung einer beabsichtigten Zurückweisung der Berufung durch Beschluss i.S.d. § 522 Abs. 2 ZPO, wird ebenfalls eine 1,6 Verfahrensgebühr für erstattungsfähig angesehen.[338]

728 ■ **Keine Begründung innerhalb Berufungsbegründungsfrist**

Das OLG Stuttgart hält die Kosten des Rechtsmittelgegners (1,6 Verfahrensgebühr) für erstattungsfähig, wenn eine zur Fristwahrung eingelegte Berufung nicht begründet und vom Rechtsmittelgegner ein entsprechender Antrag auf Verwerfung der Berufung gestellt wird.[339]

729 ■ **Selbstvertretung im Berufungsverfahren**

„Der Anwalt, der sich selbst vertritt, kann keine (verminderte) Verfahrensgebühr für das Berufungsverfahren erstattet verlangen, wenn die Berufung des Prozessgegners nur fristwahrend eingelegt und innerhalb der Begründungsfrist zurückgenommen worden ist."[340]

---

333 *V. Eicken/Lappe/Madert*, Die Kostenfestsetzung, B 511.
334 BGH, Beschl. v. 25.10.2012 – IX ZB 62/10 = BeckRS 2012, 24178 = FD-RVG 2012, 340329 = NJW 2013, 312 mit Anm. von *Jungbauer.*
335 BGH NJW 2003, 1498 m.v.w.N.
336 BGH, Beschl. v. 9.10.2003 – VII ZB 17/03.
337 OLG Oldenburg, Beschl. v. 28.12.2006 – 1 W 88/06 JurBüro 2007, 208; OLG Stuttgart, Beschl. v. 6.11.2006 – 8 W 453/06 JurBüro 2007, 209 sowie OLG Stuttgart, Beschl. v. 5.10.2006 – 8 W 412/06 JurBüro 2007, 36 (mit Hinweis darauf, dass nach seiner Auffassung die Forderungen des OLG München (NJW-RR 2006, 503) und OLG Düsseldorf (OLGR 2003, 478), es sei eine Wiederholung des Antrags oder Bezugnahme auf diesen verlangt eine bloße Förmelei sei.
338 OLG Koblenz, Beschl. v. 10.11.2006 – 14 W 688/06 JurBüro 207, 89.
339 OLG Stuttgart, Beschl. v. 22.2.2005 – 8 W 70/05.
340 BGH, Beschl. v. 6.12.2007 – IX ZB 223/06, NJW 2008, 1087.

E. Gerichtliche Vertretung § 4

c) Mündliche Verhandlung

Die Terminsgebühr im Beschwerdeverfahren nach Nr. 3202 VV RVG beträgt 1,2.

▼

Musterrechnung 4.80: Beschwerdeverfahren mit Termin

In einem Beschwerdeverfahren wegen Trennungsunterhalt vor dem OLG Köln ergeht nach mündlicher Verhandlung ein Unterhaltsbeschluss. Der Gegenstandswert hat 30.000,00 EUR betragen.

1,6 Verfahrensgebühr aus 30.000,00 EUR Nr. 3200 VV RVG	1.380,80 EUR
1,2 Terminsgebühr aus 30.000,00 EUR Nr. 3202 VV RVG	1.035,60 EUR
Auslagenpauschale, Nr. 7002 VV RVG	20,00 EUR
Zwischensumme	2.436,40 EUR
19 % USt., Nr. 7008 VV RVG	462,92 EUR
Summe	**2.899,32 EUR**

▲

d) Versäumnisbeschluss/Versäumnisentscheidung

Nach Nr. 3203 VV RVG erhält der Rechtsanwalt des Beschwerde**gegners**, wenn ein Termin stattgefunden hat, in dem auf seinen Antrag hin eine Versäumnisentscheidung ergeht, weil der Beschwerde**führer** nicht ordnungsgemäß vertreten ist, eine Terminsgebühr i.H.v. 0,5.

Zunächst ist festzuhalten, dass im Beschwerdeverfahren Anwaltszwang herrscht. Nr. 3203 VV RVG stellt daher nicht auf das Erscheinen des Beschwerdeführers ab, da dieser regelmäßig vertreten sein muss. Da nur die Terminsgebühr des Beschwerdegegners bei einer Versäumnisentscheidung auf 0,5 reduziert wird, gilt im Umkehrschluss, dass die Reduzierung bei einer Versäumnisentscheidung, die der Beschwerdeführer im Termin beantragt, nicht greift. Der Vertreter des Beschwerdeführers erhält nach Nr. 3202 VV RVG eine volle Terminsgebühr i.H.v. 1,2.

▼

Musterrechnung 4.81: Beschwerdeverfahren – Versäumnisentscheidung

Rechtsanwalt R vertritt den Beschwerdeführer in einem Unterhaltsverfahren. Das Gericht bestimmt Termin zur Verhandlung. Rechtsanwalt R beantragt eine Versäumnisentscheidung, da der Beschwerdegegner nicht erschienen ist. Der Gegenstandswert beträgt 18.347,68 EUR.

Rechtsanwalt R kann abrechnen:

Gegenstandswert: 18.347,68 EUR	
1,6 Verfahrensgebühr Nr. 3200 VV RVG	1.113,60 EUR
1,2 Terminsgebühr Nr. 3202 VV RVG	835,20 EUR
Auslagenpauschale, Nr. 7002 VV RVG	20,00 EUR
Zwischensumme	1.968,80 EUR
19 % USt., Nr. 7008 VV RVG	374,07 EUR
Summe	**2.342,87 EUR**

▲

3. Rechtsbeschwerdeverfahren – Vergütung

734 Die Gebühren in Rechtsbeschwerdeverfahren richten sich nach Teil 3 Abschnitt 2 Unterabschnitt 2 des Vergütungsverzeichnisses.

Nach der Vorbemerkung 3.2.2. Nr. 1a) VV RVG sind die in diesem Unterabschnitt geregelten Gebühren in Verfahren über Beschwerden gegen die Endentscheidung wegen des Hauptgegenstands in Familiensachen und in den Angelegenheiten der freiwilligen Gerichtsbarkeit anzuwenden.

4. Verfahrensgebühr im Rechtsbeschwerdeverfahren

735 Die Verfahrensgebühr beträgt nach Nr. 3206 VV RVG im Rechtsbeschwerdeverfahren 1,6; sofern für die Vertretung ein beim Bundesgerichtshof zugelassener Rechtsanwalt erforderlich ist, beträgt die Gebühr Nr. 3206 nach Nr. 3208 VV RVG 2,3.

736 Die Terminsgebühr im Rechtsbeschwerdeverfahren nach Nr. 3210 VV RVG beträgt 1,5. In der Anmerkung zu Nr. 3210 wird auf die Anmerkung zu Nr. 3104 VV RVG verwiesen. Insofern darf zur Vermeidung von Wiederholungen auf obige Ausführungen verwiesen werden (siehe Rn 515 ff.).

737 Nimmt der Rechtsanwalt nur einen Termin wahr, in dem der Rechtsbeschwerdeführer nicht ordnungsgemäß vertreten ist und lediglich ein Antrag auf Versäumnisentscheidung oder zur Prozess-, Verfahrens- oder Sachleitung gestellt wird, beträgt die Gebühr Nr. 3210 VV RVG nach Nr. 3211 VV RVG 0,8. Die Anmerkung zu Nr. 3105 VV RVG und Abs. 2 der Anmerkung zu Nr. 3202 VV RVG gelten entsprechend, vgl. dazu die Anmerkung zu Nr. 3211 VV RVG. Auch insoweit darf auf die entsprechenden Ausführungen verwiesen werden (siehe Rn 480 ff. und Rn 567 u. 559; mit Musterrechnung zur Anrechnung einer im Parallelverfahren entstandenen Terminsgebühr siehe Rn 453).

§ 5 Auslagen

A. Grundsätzliches

Die Auslagen sind in Teil 7 des Vergütungsverzeichnisses aufgeführt. Im Nachfolgenden sollen die verschiedenen Auslagentatbestände kurz umrissen werden. Die allgemeinen Geschäftskosten sind mit den Gebühren entgolten, Vorbemerkung 7 Abs. 1 S. 1 VV RVG. Soweit in Teil 7 nichts anderes bestimmt ist, kann der Rechtsanwalt Ersatz der entstandenen Aufwendungen nach § 675 i.V.m. § 670 BGB verlangen, Vorbem. 7 Abs. 1 S. 2 VV RVG.

I. Dokumentenpauschale

Der Rechtsanwalt hat Anspruch auf eine Pauschale für die Herstellung und Überlassung von Dokumenten. Sie ist in Nr. 7000 VV RVG geregelt.

Neben einigen redaktionellen Änderungen im Wortlaut der Nr. 7000 VV RVG wurden teilweise auch die Beträge für die Anfertigung von Kopien und Ausdrucken sowie für die Überlassung bzw. Bereitstellung von elektronisch gespeicherten Dateien geändert:

Übersicht

Nr.	Auslagentatbestand	Regelung bis 1.8.2013	Regelung ab dem 1.8.2013

7000	Pauschale für die Herstellung und Überlassung von Dokumenten:
	 1. für Kopien und Ausdrucke
	   a) aus Behörden- und Gerichtsakten, soweit deren Herstellung zur sachgemäßen Bearbeitung der Rechtssache geboten war,
	   b) zur Zustellung oder Mitteilung an Gegner oder Beteiligte und Verfahrensbevollmächtigte aufgrund einer Rechtsvorschrift oder nach Aufforderung durch das Gericht, die Behörde oder die sonst das Verfahren führende Stelle, soweit hierfür mehr als 100 Seiten zu fertigen waren,
	   c) zur notwendigen Unterrichtung des Auftraggebers, soweit hierfür mehr als 100 Seiten zu fertigen waren,
	   d) in sonstigen Fällen nur, wenn sie im Einverständnis mit dem Auftraggeber zusätzlich, auch zur Unterrichtung Dritter, angefertigt worden sind:		

	für die ersten 50 abzurechnenden Seiten je Seite	0,50 EUR	0,50 EUR
	für jede weitere Seite	0,15 EUR	0,15 EUR
	für die ersten 50 abzurechnenden Seiten in Farbe je Seite	-	1,00 EUR
	für jede weitere Seite in Farbe	-	0,30 EUR

Nr.	Auslagentatbestand	Regelung bis 1.8.2013	Regelung ab dem 1.8.2013
	2. Überlassung von elektronisch gespeicherten Dateien oder deren Bereitstellung zum Abruf anstelle der in Nummer 1 Buchstabe d genannten Kopien und Ausdrucke: je Datei	2,50 EUR	1,50 EUR
	für die in einem Arbeitsgang überlassenen, bereitgestellten oder in einem Arbeitsgang auf denselben Datenträger übertragenen Dokumente insgesamt höchstens	-	5,00 EUR
	(1) Die Höhe der Dokumentenpauschale nach Nummer 1 ist in derselben Angelegenheit und in gerichtlichen Verfahren in demselben Rechtszug einheitlich zu berechnen. Eine Übermittlung durch den Rechtsanwalt per Telefax steht der Herstellung einer Kopie gleich. (2) Werden zum Zweck der Überlassung von elektronisch gespeicherten Dateien Dokumente im Einverständnis mit dem Auftraggeber zuvor von der Papierform in die elektronische Form übertragen, beträgt die Dokumentenpauschale nach Nummer 2 nicht weniger, als die Dokumentenpauschale im Fall der Nummer 1 betragen würde.		

5 Im Wortlaut der Nr. 7000 RVG wurde der Begriff „Ablichtung" durch die Bezeichnung „Kopie" ersetzt. Der Gesetzgeber hat diese Änderung wie folgt begründet:[1]

„Der Entwurf sieht im gesamten Gerichts- und Notarkostengesetz die Verwendung des Begriffs „Kopie" anstelle des Begriffs „Ablichtung" vor. Grund der Änderung ist – neben der Einführung einer heute gebräuchlicheren Bezeichnung – die Vermeidung von Missverständnissen bei der Erstellung von elektronischen Dokumenten (Scans). Da auch beim Scannen in der Regel das Papierdokument „abgelichtet" wird, wird zum Teil unter den Begriff der „Ablichtung" auch ein eingescanntes Dokument verstanden. Nunmehr soll klargestellt werden, dass es sich hierbei gerade nicht um Ablichtungen im Sinne des geltenden Rechts und damit auch nicht um Kopien im Sinne des Gerichts- und Notarkostengesetzes handelt. **Kopie im Sinne des Kostenrechts ist die Reproduktion einer Vorlage auf einem körperlichen Gegenstand, beispielsweise Papier, Karton oder Folie.** "[2]

6 Mit dieser Legaldefinition des Begriffs „Kopie" hat der Gesetzgeber klargestellt, dass die Dokumentenpauschalen der Nr. 7000 Nr. 1 VV RVG auch nur für das Anfertigen von Fotokopien (nicht Scans!) abgerechnet werden dürfen.

7 Daneben wurde die Anmerkung zu Nr. 7000 VV RVG um einen Absatz 2 (vgl. obige Übersicht) durch das 2. KostRMoG ergänzt, der wie folgt begründet wurde:[3]

„Die derzeit in § 136 Absatz 3 KostO geregelte Dokumentenpauschale für die Überlassung von elektronisch gespeicherten Dateien soll von 2,50 EUR je Datei auf 1,50 EUR herabgesetzt (Nummer 31000 Nummer 2 KV GNotKG-E) werden. Auf diese Weise soll ein Anreiz geschaffen werden, verstärkt von der Möglichkeit Gebrauch zu machen, die elektronische Versendung von Dokumenten zu beantragen. Der Betrag entspricht dem für den elektronischen Abruf von Doku-

---

[1] BT-Drucks 17/11471 vom 14.11.2012, 2. KostRMoG, S. 446 unter Verweis auf die Begründung zu § 11 GNotKG (S. 238).
[2] Fettdruck durch die Verfasserin.
[3] BT-Drucks 17/11471 vom 14.11.2012, 2. KostRMoG, S. 446 unter Verweis auf die Begründung zu Artikel 1 Teil 3 Hauptabschnitt 1 GNotKG (S. 362).

A. Grundsätzliches §5

menten, die zu einem Register eingereicht worden sind (Nummer 401 GV JVKostO). Ferner wird für die elektronische Überlassung eine Höchstgrenze von 5 EUR vorgeschlagen, wenn Dokumente in einem Arbeitsgang überlassen oder auf einem Datenträger gespeichert werden. Dies entspricht dem Betrag, der derzeit als Auslage für die elektronische Übermittlung einer elektronisch geführten Akte in der streitigen Gerichtsbarkeit und vom Familiengericht zu erheben ist (Nummer 9003 KV GKG, Nummer 2003 KV FamGKG). Die derzeit für die elektronische Übermittlung einer Akte geltenden besonderen Tatbestände im GKG und im FamGKG sollen entfallen. Der Auslagentatbestand soll ferner um den Fall der Bereitstellung zum Download ergänzt werden. Von dieser Möglichkeit wird bei der elektronischen Aktenführung bzw. bei laufenden Pilotprojekten bereits Gebrauch gemacht. Die Anmerkung sieht mit dem vorgeschlagenen Absatz 2 eine Regelung für den Fall vor, dass die Übermittlung als elektronische Datei ausdrücklich beantragt wird, das Dokument aber nur in Papierform vorliegt. In diesem Fall soll für das Einscannen mindestens der Betrag erhoben werden, der auch bei der Fertigung einer Kopie oder bei der Übermittlung per Fax angefallen wäre."

Damit ist bei Überlassung von Dokumenten als elektronisch gespeicherte Dateien, die **zuvor lediglich in Papierform vorhanden** waren, nach Absatz 2 der Anmerkung zu Nr. 7000 VV RVG mindestens der Betrag abzurechnen, der angefallen wäre, wenn von vornherein eine Fotokopie angefertigt worden wäre. 8

Praxistipp 9
Beachten Sie bitte, dass die Dokumentenpauschale im Sinne der Nr. 7000 Nr. 2 VV RVG nur dann abgerechnet werden kann, wenn der Auftraggeber mit dieser Vorgehensweise einverstanden war, siehe dazu auch den Wortlaut des Gesetzes.

Die Höhe der Dokumentenpauschale nach Nummer 1 ist in derselben Angelegenheit und in gerichtlichen Verfahren in demselben Rechtszug einheitlich zu berechnen, vgl. Anmerkung zu Nr. 7000 VV RVG. 10

Praxistipp 11
Es wird empfohlen, den Anfall der Kopiekosten in einer Tabelle zu dokumentieren, da auch die jeweils ersten 100 Ablichtungen zu erfassen sind, um zu wissen, wann man diese Zahl erreicht hat.

Datum	Nr. 7000 Nr. 1a)		Nr. 7000 Nr. 1b)		Nr. 7000 Nr. 1c)		Nr. 7000 Nr. 1d)		Nr. 7000 Nr. 2
	Kopie s/w	Farbkopie	Kopie s/w	Farbkopie	Kopie s/w	Farbkopie	Kopie s/w	Farbkopie	
16.8.13	30 (Gerichtsakte)	5 (Lichtbildtafel)							
20.8.13			15		15				
4.9.13			95				10		
2.10.13					20				
Gesamt	30	5	110	0	35	0	10	0	0
Abzurechnen	30	5	10	0	0	0	10	0	0

Abzurechnen ist bei den Ablichtungen nach Nr. 7000 Nr. 1b u. c jeweils ab der 101. Kopie. 12

§ 5 Auslagen

II. Entgelte für Post- und Telekommunikationsdienstleistungen

13 Der Rechtsanwalt hat nach wie vor die Möglichkeit, derartige Entgelte in Einzelberechnung in voller Höhe (VV Nr. 7001) oder aber als gemeinhin bekannte „Auslagenpauschale" (VV Nr. 7002) geltend zu machen. Diese Pauschale beträgt **20 %** der gesetzlichen Gebühren, darf einen Betrag von **20,00 EUR** jedoch nicht überschreiten.

14 Für die Mitteilung seiner Vergütung kann der Rechtsanwalt Auslagen nicht erstattet verlangen, vgl. dazu Anmerkung zu Nr. 7001 VV RVG. Diese Anmerkung ist insbesondere in den Fällen einer ersten Beratung von hoher Bedeutung (vgl. dazu § 4 Rn 83).

15 (Hinsichtlich der Nichtanrechnung von Auslagen vgl. § 4 Rn 177.)

III. Fahrtkosten/Reisekosten

16 Die Fahrtkosten für eine Geschäftsreise bei Nutzung des eigenen Kraftfahrzeugs können für jeden gefahrenen Kilometer mit 0,30 EUR geltend gemacht werden, Nr. 7003 VV RVG. Dieser Betrag wurde durch das 2. KostRMoG nicht erhöht. Reist der Rechtsanwalt mit anderen Verkehrsmitteln, so kann er die Kosten hierfür in voller Höhe abrechnen, soweit diese Kosten angemessen sind, Nr. 7004 VV RVG.

17 Eine Geschäftsreise liegt vor, wenn das Reiseziel außerhalb der Gemeinde liegt, in der sich die Kanzlei oder die Wohnung des Rechtsanwalts befindet, Abs. 2 zu Vorbemerkung 7 VV RVG.

18 Dient eine Reise mehreren Geschäften, sind die entstandenen Auslagen nach den Nummern 7003 bis 7006 nach dem Verhältnis der Kosten zu verteilen, die bei gesonderter Ausführung der einzelnen Geschäfte entstanden wären, Abs. 3 S. 1 zu Vorbemerkung 7 VV RVG.

19 Ein Rechtsanwalt, der seine Kanzlei an einen anderen Ort verlegt, kann bei Fortführung eines ihm vorher erteilten Auftrags Auslagen nach den Nummern 7003 bis 7006 nur insoweit verlangen, als sie auch von seiner bisherigen Kanzlei aus entstanden wären, Abs. 3 S. 2 zu Vorbemerkung 7 VV RVG.

20 (Hinsichtlich der Reisekosten eines nicht am Gerichtsort ansässigen Rechtsanwalts bei Verfahrenskostenhilfe vgl. die Ausführungen unter § 5 Rn 34 ff.)

IV. Tage- und Abwesenheitsgeld

21 Das **Tage- und Abwesenheitsgeld** bei einer Geschäftsreise staffelt sich nach der Abwesenheitsdauer. Zum 1.8.2013 wurden auch diese Beträge erhöht:

Nr.	Auslagentatbestand	Regelung bis 1.8.2013	Regelung ab dem 1.8.2013
7005	Tage- und Abwesenheitsgeld bei einer Geschäftsreise		
	1. von nicht mehr als 4 Stunden	20,00 EUR	25,00 EUR
	2. von mehr als 4 bis 8 Stunden	35,00 EUR	40,00 EUR
	3. von mehr als 8 Stunden	60,00 EUR	70,00 EUR

22 Bei Auslandsreisen kann ein Zuschlag von 50 % berechnet werden.

23 *Praxistipp*
Da das Tage- und Abwesenheitsgeld sehr gering sind, wird angeraten, ggf. einen Stundensatz mittels Vergütungsvereinbarung zu regeln. Zumindest ist zu überlegen, ob nicht für die Fälle einer zweiten erforderlichen Geschäftsreise, die keine weiteren Gebühren auslöst (Beispiel:

Terminsgebühr wurde schon für die Wahrnehmung des ersten Termins verdient), eine höhere Abwesenheitspauschale vereinbart wird. Selbst kleinere Beträge können sinnvoll sein; die Tagespauschale muss nicht gleich mehrere hundert EUR umfassen. Zu beachten ist jedoch die Nichtigkeit einer solchen Vereinbarung, wenn der Anwalt im Wege der Verfahrenskostenhilfe beigeordnet ist (vgl. dazu § 3 Rn 78 ff.).

V. Sonstige Auslagen

In Nr. 7006 VV RVG ist festgehalten, dass der Rechtsanwalt sonstige Auslagen anlässlich einer Geschäftsreise, soweit sie angemessen sind, in voller Höhe in Rechnung stellen kann. Diese Vergütungsverzeichnisnummer ist insbesondere auf anfallende Parkgebühren anzuwenden. 24

VI. Prämie für Haftpflichtversicherung

Eine für eine Einzelfall-Haftpflichtversicherung gegen Vermögensschäden gezahlte Prämie ist nach Nr. 7007 VV RVG zu erstatten, soweit die Prämie auf Haftungsbeträge über den sich aus § 22 Abs. 2 RVG ergebenden Höchstbetrag (30 Mio. EUR) entfällt. 25

VII. Umsatzsteuer

Die Umsatzsteuer auf die Vergütung kann der Rechtsanwalt nach Nr. 7008 VV RVG in voller Höhe geltend machen. Der derzeitige Steuersatz beträgt 19 %. Handelt es sich beim Rechtsanwalt um einen so genannten Kleinunternehmer nach § 19 Abs. 1 UStG, so kann er auf seine Vergütung keine Umsatzsteuer berechnen, da diese ohnehin unerhoben bleibt. 26

B. Besonderheiten bei VKH-Mandaten

Aufgrund der verschiedensten Möglichkeiten der Beiordnung im Rahmen der Verfahrenskostenhilfe, soll nachfolgend auf die Folgen im Hinblick auf die zu erstattenden Reisekosten des Rechtsanwalts eingegangen werden. Zur VKH-Bewilligung für den Unterbevollmächtigten bzw. Verkehrsanwalt wird auf die entsprechenden Ausführungen verwiesen (siehe § 7 Rn 117 ff.). 27

I. Allgemeines

Ein nicht im Bezirk des Verfahrensgerichts niedergelassener Rechtsanwalt kann nur beigeordnet werden, wenn hierdurch besondere Kosten nicht entstehen, § 78 Abs. 3 FamFG (= sog. Mehrkostenverbot). Für Ehesachen und Familienstreitsachen gilt die Vorschrift des § 121 Abs. 3 ZPO, da § 78 FamFG für diese Verfahren nicht anzuwenden ist (§ 113 Abs. 1 FamFG). Entsprechend § 121 Abs. 3 ZPO darf eine Beiordnung nur dann erfolgen, wenn hierdurch weitere Kosten nicht entstehen. 28

Wird durch den Rechtsanwalt VKH beantragt, ist durch das Gericht zunächst von Amts wegen zu prüfen, ob die Voraussetzungen des § 78 Abs. 4 FamFG bzw. § 121 Abs. 4 ZPO vorliegen, d. h., ob besondere Umstände vorliegen, welche die Beiordnung eines Verkehrsanwalts rechtfertigen. Erst wenn solche Umstände nicht ersichtlich sind, darf der Rechtsanwalt zu den Bedingungen eines im Bezirk des Gerichts niedergelassenen Rechtsanwalts im Sinne von § 46 Abs. 1 RVG beigeordnet werden. 29

Vor dem 1.6.2007 war es aufgrund des Wortlauts des § 121 Abs. 3 ZPO a.F. („*Ein nicht bei dem Prozessgericht zugelassener Rechtsanwalt kann nur beigeordnet werden, wenn...*") übliche Praxis, dass die Beiordnung „zu den Bedingungen eines ortsansässigen Rechtsanwalts" eingeschränkt 30 wurde mit der Folge, dass Reisekosten des Anwalts nicht zu erstatten waren. Durch das Gesetz zur Stärkung der Selbstverwaltung der Rechtsanwaltschaft[4] ist § 121 Abs. 3 ZPO abgeändert worden, wonach eine Beschränkung der Beiordnung lediglich „zu den Bedingungen eines im Bezirk des Prozessgerichts niedergelassenen Rechtsanwalts" zulässig ist.

31
Hinweis
Für die Vergütungsfestsetzung ist nicht die Rechtslage nach § 121 Abs. 3 u. 4 ZPO bzw. § 78 Abs. 3 u. 4 FamFG ausschlaggebend, sondern ausschließlich der Inhalt des Beiordnungsbeschlusses, auch wenn er ihm Widerspruch zu § 121 Abs. 3 ZPO steht (Bindungswirkung).[5]
Ist eine Beschränkung der Beiordnung unzulässigerweise erfolgt, muss der Beiordnungsbeschluss unbedingt angegriffen werden.

32
Auch wenn eine unbeschränkte oder lediglich teilweise beschränkte Beiordnung vorliegt, bedeutet dies nur, dass Reisekosten grundsätzlich durch die Staatskasse erstattet werden. Ob diese Reisekosten „zur sachgemäßen Durchführung der Angelegenheit" im Sinne des § 46 Abs. 1 RVG auch erforderlich bzw. notwendig waren mit der Folge, dass eine Auslagenerstattung durch die Staatskasse auch tatsächlich erfolgt, steht auf einem ganz anderen Blatt. Die Wahrnehmung eines Gerichtstermins durch einen beigeordneten Rechtsanwalt ist stets zu bejahen; mit Ausnahme eines reinen Verkündungstermins.[6]

33
Praxistipp
Vor Antritt der Reise sollte ein Antrag nach § 46 Abs. 2 S. 1 RVG gestellt werden, mit dem das Gericht gebeten wird, festzustellen, dass die Reise erforderlich ist. Eine solche Feststellung ist für das Vergütungsfestsetzungsverfahren bindend.

II. Erstattung von Reisekosten des VKH-Anwalts

34
Nach wie vor gibt es verschiedenste Möglichkeiten der Beiordnung im Rahmen der Verfahrenskostenhilfe; alle mit den unterschiedlichsten Folgen im Hinblick auf die zu erstattenden Reisekosten des Rechtsanwalts, die nachfolgend näher erläutert werden sollen.

1. Uneingeschränkte Beiordnung

35
Ist die VKH-Beiordnung ohne Einschränkung erfolgt, bewirkt dies, dass sämtliche Reisekosten des Anwalts unter Berücksichtigung der Voraussetzungen der Nrn. 7003 ff. VV RVG grundsätzlich zu erstatten sind.

Es gibt auch keine Obergrenze dahingehend, dass nur maximal die Kosten zu erstatten wären, die bei Beauftragung eines Verkehrsanwalts angefallen wären.[7]

2. Beschränkung auf „ortsansässigen" Anwalt

36
Vor dem 1.6.2007 war es aufgrund des Wortlauts des § 121 Abs. 3 ZPO a.F. („*Ein nicht bei dem Prozessgericht zugelassener Rechtsanwalt kann nur beigeordnet werden, wenn...*") übliche Praxis, dass die Beiordnung „zu den Bedingungen eines ortsansässigen Rechtsanwalts" eingeschränkt wurde mit der Folge, dass Reisekosten nicht zu erstatten waren. Durch das Gesetz zur Stärkung der

---

4 Gesetz vom 26.3.2007, BGBl I S. 358 m.W.v. 1.6.2007.
5 Vgl. *Gerold/Schmidt/Müller-Rabe*, § 46 RVG Rn 7.
6 Vgl. *Gerold/Schmidt/Müller-Rabe*, § 46 RVG Rn 21.
7 Vgl. *Gerold/Schmidt/Müller-Rabe*, § 46 RVG Rn 11.

Selbstverwaltung der Rechtsanwaltschaft[8] ist § 121 Abs. 3 ZPO abgeändert worden, wonach eine Beschränkung der Beiordnung lediglich noch „zu den Bedingungen eines im Bezirk des Prozessgerichts niedergelassenen Rechtsanwalts" zulässig ist.

> *Hinweis* 37
> Für die Vergütungsfestsetzung ist nicht die Rechtslage nach § 121 Abs. 3 u. 4 ZPO bzw. § 78 Abs. 3 u. 4 FamFG ausschlaggebend, sondern ausschließlich der Inhalt des Beiordnungsbeschlusses, auch wenn er ihm Widerspruch zu § 121 Abs. 3 ZPO steht (Bindungswirkung).[9] Ist eine Beschränkung der Beiordnung unzulässigerweise „zu den Bedingungen eines ortsansässigen Rechtsanwalts" erfolgt, muss der Beiordnungsbeschluss unbedingt angegriffen werden.

Die Beschränkung der Beiordnung auf einen ortsansässigen Rechtsanwalt hat zur Folge, dass dem Anwalt Reisekosten grundsätzlich nicht erstattet werden. Wird der diesbezügliche Beiordnungsbeschluss nicht angegriffen, ist der Rechtsanwalt von einer Reisekostenerstattung ausgeschlossen, auch wenn er im Gerichtsbezirk des jeweiligen Gerichts niedergelassen ist. 38

3. Beiordnung zu den Bedingungen eines im Bezirk des Gerichts niedergelassenen Anwalts

Wird der Rechtsanwalt entsprechend § 121 Abs. 3 ZPO bzw. § 78 Abs. 3 FamFG „zu den Bedingungen eines im Bezirk des Prozessgerichts niedergelassenen Rechtsanwalts" beigeordnet, hat dies zur Folge, dass dem Anwalt Reisekosten nur soweit zu erstatten sind, als diese einem Rechtsanwalt entstanden wären, dessen Sitz innerhalb des Gerichtsbezirks am weitesten vom jeweiligen Prozessgericht entfernt liegt. 39

Zu beachten ist, dass der Bezirk des **jeweiligen** Gerichts maßgeblich ist, d.h. beim AG also dessen Bezirk, beim OLG dessen viel größeren Gerichtsbezirk. Soweit die Beiordnung in einem vor dem OLG anhängigen Verfahren erfolgt, ist auf den Bezirk des OLG abzustellen.[10] 40

> *Beispiel* 41
> Die einfache Fahrtstrecke des Rechtsanwalts zum Verfahrensgericht beträgt 55 km. Der am weitesten vom Gericht entfernte Ort XY des Gerichtsbezirks ist 25 km entfernt.
>
> Die tatsächlich entstandenen Fahrtkosten betragen:
>
> | | |
> |---|---:|
> | 55 km x 2 x 0,30 EUR = | 33,00 EUR |
> | Von Ort XY wären lediglich folgende Fahrtkosten entstanden: | |
> | 25 km x 2 x 0,30 EUR = | 15,00 EUR |
> | Gegen die Staatskasse besteht daher ein Erstattungsanspruch von | **15,00 EUR.** |

Zur eventuellen Geltendmachung der darüber hinausgehenden Reisekosten, vgl. Ausführungen unter § 5 Rn 48. 42

---

8 Gesetz vom 26.3.2007, BGBl I S. 358 m.W.v. 1.6.2007.
9 Vgl. *Gerold/Schmidt/Müller-Rabe*, § 46 RVG Rn 7.
10 Vgl. *Gerold/Schmidt/Müller-Rabe*, § 46 RVG Rn 17.

4. Beiordnung mit Beschränkung auf die Kosten eines Verkehrsanwalts

43 Nicht selten erfolgt eine VKH-Beiordnung mit der Beschränkung auf die Kosten eines Verkehrsanwalts. Dies hat zur Folge, dass in diesem Fall die fiktiven Kosten eines Verkehrsanwalts ermittelt und den tatsächlich entstandenen Reisekosten gegenübergestellt werden müssen.[11]

44 Sind die tatsächlichen Reisekosten niedriger als die Vergütung für einen Verkehrsanwalt, so sind sie in voller Höhe zu erstatten. Liegen die Reisekosten darüber, werden die Kosten lediglich bis zur Höhe der fiktiven Verkehrsanwaltsvergütung erstattet.

45 *Beispiel*

Die einfache Fahrtstrecke des Rechtsanwalts zum Verfahrensgericht beträgt 500 km; Hin- und Rückfahrt erfolgen am gleichen Tag. Der Verfahrenswert wurde auf 5.500,00 EUR festgesetzt.

Die tatsächlichen Fahrtkosten errechnen sich wie folgt:

500 km x 2 x 0,30 EUR =	300,00 EUR
Abwesenheitsgeld über 8 Stunden, Nr. 7005 Nr. 3 VV RVG	70,00 EUR
Zwischensumme	370,00 EUR
+ 19 % USt, Nr. 7008 VV RVG	70,30 EUR
Summe	440,30 EUR

Für die Beauftragung eines Verkehrsanwalts wären angefallen:

1,0 Verfahrensgebühr gem. Nr. 3400 VV RVG aus 5.500,00 EUR

aus der Tabelle gemäß § 49 RVG	267,00 EUR
Auslagenpauschale, Nr. 7002 VV RVG	20,00 EUR
Zwischensumme	287,00 EUR
+ 19 % USt, Nr. 7008 VV RVG	54,53 EUR
Summe	341,53 EUR
Gegen die Staatskasse besteht daher ein Erstattungsanspruch von	**341,53 EUR.**

46 (Zur eventuellen Geltendmachung der darüber hinausgehenden Reisekosten, vgl. Ausführungen unter § 5 Rn 48 ff.)

5. Fiktive Reisekosten der Partei

47 Sind aufgrund des Beiordnungsbeschlusses Reisekosten des Rechtsanwalts nicht unmittelbar von der Staatskasse zu tragen, so sind die fiktiven Parteireisekosten zu erstatten, die zur Besprechung mit einem Anwalt, den sie nach dem Beiordnungsbeschluss hätte einschalten können, angefallen wären.[12]

III. Neuregelung in § 50 RVG

48 Im Zuge des 2. KostRMoG wurde auch der Wortlaut des § 50 Abs. 1 S. 1 RVG geändert, wonach bislang nach Deckung der in § 122 Abs. 1 Nr. 1 ZPO bezeichneten Kosten und Ansprüche „*die Staatskasse über die Gebühren des § 49 hinaus weitere Beträge bis zur Höhe der Gebühren nach § 13 einzuziehen*" hatte. Aufgrund dieser Formulierung war es in der Vergangenheit umstritten, ob von dieser Vorschrift auch die über die Gebühren hinausgehenden Ansprüche des Rechtsanwalts (z.B. nicht von der Beiordnung umfasste Reisekosten) mit umfasst sind.

---

11 Vgl. *Gerold/Schmidt/Müller-Rabe*, § 46 RVG Rn 20.
12 Vgl. *Gerold/Schmidt/Müller-Rabe*, § 46 RVG Rn 23.

Der Wortlaut des § 50 Abs. 1 S. 1 RVG wurde daher wie folgt geändert: 49

> *"Nach Deckung der in § 122 Absatz 1 Nummer 1 der Zivilprozessordnung bezeichneten Kosten und Ansprüche hat die Staatskasse über die auf sie übergegangenen Ansprüche des Rechtsanwalts hinaus weitere Beträge bis zur Höhe der Regelvergütung einzuziehen, wenn dies nach den Vorschriften der Zivilprozessordnung und nach den Bestimmungen, die das Gericht getroffen hat, zulässig ist."*

Der Gesetzgeber begründet die Änderung wie folgt:[13] 50

> *"Der Vorschlag dient der redaktionellen Klarstellung, dass die Staatskasse nach Befriedigung ihrer Ansprüche nicht nur die Gebührendifferenz, sondern auch zusätzliche Auslagen wie z.B. eine höhere Auslagenpauschale nach Nummer 7002 oder Auslagen, die nicht aus der Staatskasse zu erstatten sind, einzuziehen hat."*

Die Staatskasse ist daher verpflichtet, auch von der Beiordnung nicht umfasste Kosten (z.B. Reisekosten des Anwalts) beim VKH-Mandanten im Rahmen der angeordneten Ratenzahlung einzuziehen. Das hat für den VKH-Anwalt den Vorteil, dass er sich nicht selbst um die Beitreibung kümmern muss. 51

Nach neuem Recht hat der Rechtsanwalt nunmehr zwei Möglichkeiten: 52

- Er kann entweder seine Vergütungsansprüche (somit auch Reisekosten), die von der Staatskasse nicht getragen werden, weil sie nicht zum Umfang der Beiordnung gehören, unmittelbar mit seinem Mandanten abrechnen, da die Sperre des § 122 Abs. 1 Nr. 3 ZPO für derartige Vergütungsansprüche nicht greift.[14]
- Aufgrund der Neufassung des § 50 Abs. 1 S. 1 RVG kann der Rechtsanwalt die Differenzvergütung (z.B. Reisekosten) aber auch durch die Staatskasse einziehen lassen.

Wendet sich der Rechtsanwalt direkt an seinen Mandanten, hat dies den Vorteil dass er schneller über das Geld verfügt, wenn der Auftraggeber die Kostenrechnung zügig ausgleicht. Entscheidet sich der Anwalt für die Beitreibung durch die Staatskasse, spart er sich allerdings die eigene Einziehung beim Auftraggeber. 53

Schneider/Thiel befürchten, dass die Neufassung des § 50 RVG als Argument dafür verwendet werden könnte, der Anwalt könne Vergütungsansprüche/Auslagen außerhalb des Umfangs seiner Beiordnung nicht unmittelbar gegenüber seinem Auftraggeber geltend machen.[15] Eine derartige Auslegung ist unseres Erachtens nicht richtig. Allerdings wird den Anwalt wohl eine Hinweispflicht gegenüber seinem Auftraggeber treffen. 54

> *Beispiel* 55
> In einem Unterhaltsverfahren vor dem Amtsgericht XY wird der Rechtsanwalt mit Sitz in Z zu den Bedingungen eines im Amtsgerichtsbezirk XZ niedergelassenen Rechtsanwalts beigeordnet. Der Verfahrenswert wird auf 10.500,00 EUR festgesetzt; die einfache Fahrtstrecke von Z nach XY beträgt 120 km. Der am weitesten vom Amtsgericht XY entfernteste Ort innerhalb des Gerichtsbezirks liegt 25 km entfernt. Das Gericht entscheidet nach mündlicher Verhandlung durch Beschluss.

---

13 BT-Drucks 17/11471 v. 14.11.2012, S. 423.
14 So auch OLG Nürnberg AGS 2002, 67 = JurBüro 2001, 481 = FamRZ 2001, 1157; *Schneider/Thiel*, Das neue Gebührenrecht für Rechtsanwälte, § 3 Rn 300 und 303; *Jungbauer*, Rechtsanwaltsvergütung, Kap. 10.
15 *Schneider/Thiel*, Das neue Gebührenrecht für Rechtsanwälte, § 3 Rn 305.

§ 5 Auslagen

Berechnung der aus der Staatskasse zu zahlenden Vergütung:

1,3 Verfahrensgebühr gem. Nr. 3100 VV RVG aus 10.500,00 EUR aus der Tabelle gemäß § 49 RVG	417,30 EUR
1,2 Terminsgebühr gem. Nr. 3104 VV RVG aus 10.500,00 EUR aus der Tabelle gemäß § 49 RVG	385,20 EUR
Fahrt mit dem eigenen Pkw, Nr. 7003 VV RVG 25 km x 2 x 0,30 EUR =	15,00 EUR
Abwesenheitsgeld unter 4 Stunden, Nr. 7005 Nr. 1 VV RVG	25,00 EUR
Auslagenpauschale, Nr. 7002 VV RVG	20,00 EUR
Zwischensumme	862,50 EUR
+ 19 % USt, Nr. 7008 VV RVG	163,88 EUR
Summe	**1.026,38 EUR**

Gebühren des Wahlanwalts:	
1,3 Verfahrensgebühr gem. Nr. 3100 VV RVG aus 10.500,00 EUR aus der Tabelle gemäß § 13 RVG	785,20 EUR
1,2 Terminsgebühr gem. Nr. 3104 VV RVG aus 10.500,00 EUR aus der Tabelle gemäß § 13 RVG	724,80 EUR
Fahrt mit dem eigenen Pkw, Nr. 7003 VV RVG 120 km x 2 x 0,30 EUR =	72,00 EUR
Abwesenheitsgeld über 4 Stunden, Nr. 7005 Nr. 2 VV RVG	40,00 EUR
Auslagenpauschale, Nr. 7002 VV RVG	20,00 EUR
Zwischensumme	1.642,00 EUR
+ 19 % USt, Nr. 7008 VV RVG	311,98 EUR
Summe	**1.953,98 EUR**
Differenz zwischen VKH und Wahlanwaltsvergütung netto	927,60 EUR.

Die Staatskasse ist verpflichtet, diese Vergütungsdifferenz nach § 50 Abs. 1 RVG einzuziehen, soweit eine Ratenzahlung angeordnet worden ist und die geleisteten Ratenzahlungen 48 Monate nicht übersteigen.[16]

---

16 Die Dauer der Ratenzahlung sollte von 4 auf 6 Jahre durch das PKH-Rechtsänderungsgesetz verlängert werden; diese beabsichtigte Änderung wurde durch den Gesetzgeber jedoch ab Mai 2013 nicht weiter verfolgt.

§ 6 Beratungshilfe

A. Anspruchsgrundlagen

I. Gesetzliche Änderungen zum 1.1.2014

Zum 1.8.2013 sind einige kostenrechtliche Änderungen im Bereich der Beratungshilfe erfolgt, insbesondere wurden die Festbeträge angehoben.[1] Weitere verfahrensrechtliche Änderungen ergeben sich zum 1.1.2014 durch das Gesetz zur Änderung des Prozesskostenhilfe- und Beratungshilferechts. Das Gesetz wurde am 6.9.2013 im Bundesgesetzblatt verkündet und tritt **zum 1.1.2014** in Kraft.[2] Schon seit einigen Jahren wird an einer Reform der Prozess-/Verfahrenskosten- und Beratungshilfe gearbeitet. Im Referentenentwurf zum 2. KostRMoG wollte man endlich der lange erfolgten gebührenrechtlichen Sonderbehandlung von Familiensachen Rechnung tragen und sah daher hier sowohl bei der Beratungsgebühr, als auch bei der Geschäftsgebühr entsprechende Erhöhungen vor, für jede nach § 111 FamFG zu behandelnde Familiensache (im Beratungsbereich zzgl. je Familiensache 10,00 EUR; im Vertretungsbereich zzgl. je Familiensache 25,00 EUR; bei Einigung je Familiensache zzgl. 45,00 EUR). In den Regierungsentwurf des 2. KostRMoG wurden diese beabsichtigten Änderungen jedoch nicht aufgenommen. Es soll auch weiterhin der Rechtsprechung überlassen bleiben, wann eine oder mehrere Angelegenheiten anzunehmen sind.

Durch das Gesetz zur Änderung des Prozesskostenhilfe- und Beratungshilferechts werden in § 4 RVG Änderungen vorgenommen.

An § 4 Abs. 1 RVG werden folgende zwei Sätze angefügt:

> *„... Liegen die Voraussetzungen für die Bewilligung von Beratungshilfe vor, kann der Rechtsanwalt ganz auf eine Vergütung verzichten. § 9 des Beratungshilfegesetzes bleibt unberührt."*

Schons[3] kritisiert diese neue Regelung, weil nach seiner Ansicht der Gesetzgeber die staatliche Daseinsfürsorge (in Form der Gewährung von Beratungshilfe) auf die Anwaltschaft verlagert, indem der Anwalt Rechtsuchende unentgeltlich beraten solle. Es ist zudem davon auszugehen, dass Mandanten diese Regelung als Einladung zur kostenlosen Beratung auffassen werden.

Zudem wird durch das Gesetz zur Änderung des Prozesskostenhilfe- und Beratungshilferechts dem § 4a Abs. 1 RVG folgender Satz 3 angefügt:

§ 4a Abs. 1 S. 3 RVG

> *„... Für die Beurteilung nach Satz 1 bleibt die Möglichkeit, Beratungs- oder Prozesskostenhilfe in Anspruch zu nehmen, außer Betracht."*

(Siehe hierzu auch § 3 Rn 87.)

Es bleibt dabei, dass ein beigeordneter Rechtsanwalt mit seinem PKH-Auftraggeber keine wirksame Vergütungsvereinbarung, die die gesetzliche Vergütung übersteigt, treffen kann; somit auch kein Erfolgshonorar. Allerdings ist der Auftraggeber auch nicht verpflichtet, einen PKH-Antrag zu stellen.

Die wesentlichen Änderungen durch das Gesetz zur Änderung des Prozesskosten- und Beratungshilferechts werden nachfolgend in den jeweiligen Themengebieten mit dargestellt.

---

1 Zweites Gesetz zur Modernisierung des Kostenrechts (2. KostRMoG) v. 23.7.2013, BGBl I, Nr. 42, ausgegeben am 29.7.2013, S. 2585.
2 Gesetz zur Änderung des Prozesskostenhilfe- und Beratungshilferechts (PKHuBerHÄndG k.a.Abk.) Art. 2 – G. v. 31.8.2013 BGBl I S. 3533 (Nr. 55); Geltung ab 1.1.2014.
3 *Schons*, AnwBl 2013, 206.

§ 6 Beratungshilfe

7 § 13 BerHG regelt das Übergangsrecht:

> Ist der Antrag auf Beratungshilfe vor dem 1.1.2014 gestellt worden oder ist die Beratungshilfe vor dem 1.1.2014 gewährt worden, ist dieses Gesetz in der bis zum 31.12.2013 geltenden Fassung anzuwenden.

II. Voraussetzungen für die Bewilligung

8 Grundsätzliche Voraussetzung für die Bewilligung von Beratungshilfe ist, dass der Rechtssuchende die erforderlichen Mittel nach seinen persönlichen und wirtschaftlichen Verhältnissen nicht aufbringen kann. Nach § 1 Abs. 2 BerHG ist diese Voraussetzung gegeben, wenn der Rechtssuchende die wirtschaftlichen Voraussetzungen für die Bewilligung von Verfahrenskostenhilfe ohne Ratenzahlungen erfüllt.

Zusätzlich darf der Rechtssuchende keine andere Möglichkeit für eine Hilfe haben, wobei die Inanspruchnahme dem Rechtssuchenden zumutbar sein muss.

Als weitere Voraussetzung wird gefordert, dass die Wahrnehmung der Rechte nicht mutwillig erfolgt.

9 Der Begriff der Mutwilligkeit und anderen Hilfsmöglichkeit wird zum 1.1.2014 konkretisiert.

In § 1 Abs. 1 Nr. 3 BerHG werden die Wörter *„Wahrnehmung der Rechte"* durch die Wörter *„Inanspruchnahme der Beratungshilfe"* und wird das Wort *„ist"* durch das Wort *„erscheint"* ersetzt.

Dem Absatz 2 wird folgender Satz angefügt:

> Die Möglichkeit, sich durch einen Rechtsanwalt unentgeltlich oder gegen Vereinbarung eines Erfolgshonorars beraten oder vertreten zu lassen, ist keine andere Möglichkeit der Hilfe im Sinne des Absatzes 1 Nummer 2.

Folgender Absatz 3 wird angefügt:

> (3) Mutwilligkeit liegt vor, wenn Beratungshilfe in Anspruch genommen wird, obwohl ein Rechtsuchender, der keine Beratungshilfe beansprucht, bei verständiger Würdigung aller Umstände der Rechtsangelegenheit davon absehen würde, sich auf eigene Kosten rechtlich beraten oder vertreten zu lassen. Bei der Beurteilung der Mutwilligkeit sind die Kenntnisse und Fähigkeiten des Antragstellers sowie seine besondere wirtschaftliche Lage zu berücksichtigen.

10 **Anmerkung:** Der Gesetzgeber möchte die Beweisanforderungen an die Mutwilligkeit nicht höher gelten lassen als in PKH-Verfahren, weshalb „nicht mutwillig ist" sprachlich in „nicht mutwillig erscheint" geändert wurde.

11 Mit § 4 Abs. 1 S. 3 u. 4 RVG n.F. sowie § 4a Abs. 1 S. 3 RVG n.F. wird die Möglichkeit geschaffen, eine Beratung auch pro bono (ohne Vergütungsanspruch – „für die Ehre") anzubieten. Damit es nicht zu einer verstärkten Ablehnung von Beratungshilfegesuchen unter Verweis auf Kanzleien, die bereit sind, pro bono zu arbeiten, kommt, wird klargestellt, dass eine solche kostenfreie Beratungsmöglichkeit keine „andere Hilfsmöglichkeit" im Sinne des BerHG darstellt.

12 *Beispiel*
> Der Auftraggeber beantragt Beratungshilfe. Das Gericht kann nicht mit der Begründung ablehnen, der Auftraggeber habe sich zunächst an die Kanzlei xy zu wenden, die oft pro bono-Tätigkeiten anbietet.

13 Der Gesetzgeber verweist in seiner Begründung zur Definition des Begriffs „Mutwilligkeit" auf die Entscheidung des BVerfG[4] und möchte mit diesem Änderungen klarstellen, dass die Mutwilligkeit sich nicht auf Rechtswahrnehmung, sondern auf die Inanspruchnahme von Beratungshilfe

---
4 BVerfG, Beschl. v. 30.5.2011, NJW 2011, 2711 f.

beziehen soll. Verhindert werden soll damit die Beratungshilfe in solchen Fällen, in denen professioneller Rechtsrat nicht erforderlich ist.[5] Maßgeblich ist, ob ein verständiger Selbstzahler ebenfalls kostenpflichtigen Rechtsrat gesucht hätte. Abzustellen ist dabei auf die individuellen Fähigkeiten und Kenntnisse des Rechtssuchenden sowie seine wirtschaftliche Situation, ggf. seine berufliche Bildung und Erwerbstätigkeit.

> *Beispiel* 14
> Eine Sache lässt sich durch einfache Rücksprache mit dem Gegner selbst klären.

Der Gesetzgeber führt in der Gesetzesbegründung folgende Beispiele an:[6] 15

Mutwilligkeit bejaht:
- fehlende mögliche Eigeninitiative,
- wiederholte Anträge in derselben Angelegenheit,
- Einholung einer Zweitmeinung.

Mutwilligkeit wird verneint bzw. ist nicht bereits generell anzunehmen: 16
- vorzeitige Beendigung des anwaltlichen Beratungsvertrags (jedenfalls nicht generell mutwillig),
- Geltendmachung geringfügiger Forderungen für einen Bürger mit geringen Mitteln

In den Ländern Bremen und Hamburg gibt es statt der Beratungshilfe eine eingeführte öffentliche Rechtsberatung. Im Land Berlin hat der Rechtssuchende die Wahl zwischen Inanspruchnahme der dort eingeführten öffentlichen Rechtsberatung und einer anwaltlichen Beratung nach dem Beratungshilfegesetz, § 12 Abs. 2 BerHG. 17

III. Zuständiges Gericht

Zuständig ist das Gericht, in dessen Bezirk der Mandant seinen allgemeinen Gerichtsstand, und damit in aller Regel seinen Wohnsitz nach § 12 ZPO hat, § 4 Abs. 1 S. 1 BerHG. Bei nachträglicher Antragstellung kommt es auf den Wohnsitz im Zeitpunkt der Antragstellung an und nicht auf den Zeitpunkt der erfolgten Beratung. (Zur nachträglichen Antragstellung siehe auch Rn 33 ff.) 18

IV. Vertretung erforderlich?

Bisher wurde in § 2 Abs. 1 BerHG geregelt, dass die Beratungshilfe in der Beratung und, soweit erforderlich, in der Vertretung besteht. Ab dem 1.1.2014 wird definiert, wann eine Vertretung als erforderlich anzusehen ist. Der Rechtspfleger muss bereits bei Antragstellung prüfen, ob die Beratung (allein) ausreichend ist oder nicht. 19

Dem § 2 Abs. 1 BerHG wird daher ab 1.1.2014 folgender Satz angefügt:[7] 20

> Eine Vertretung ist erforderlich, wenn der Rechtsuchende nach der Beratung angesichts des Umfangs, der Schwierigkeit oder der Bedeutung der Rechtsangelegenheit für ihn seine Rechte nicht selbst wahrnehmen kann.

---

5 BT-Drucks 17/11472 v. 14.11.2012, Entwurf eines Gesetzes zur Änderung des Prozesskostenhilfe- und Beratungshilferechts.
6 Gesetz zur Änderung des Prozesskostenhilfe- und Beratungshilferechts (PKHuBerHÄndG k.a.Abk.) Art. 2 – G. v. 31.8.2013, BGBl I S. 3533 (Nr. 55); Geltung ab 1.1.2014.
7 Gesetz zur Änderung des Prozesskostenhilfe- und Beratungshilferechts (PKHuBerHÄndG k.a.Abk.) Art. 2 – G. v. 31.8.2013, BGBl I S. 3533 (Nr. 55); Geltung ab 1.1.2014.

Absatz 2 wird wie folgt geändert:

Satz 1 wird wie folgt gefasst:

> Beratungshilfe nach diesem Gesetz wird in allen rechtlichen Angelegenheiten gewährt.

Satz 3 wird aufgehoben.

21 **Anmerkung:** Es ist keine zweistufige Antragstellung notwendig (erst Beratung und dann für die Vertretung), wie dies noch zu Beginn des Gesetzgebungsverfahrens gefordert wurde. Die Prüfung, ob die Vertretung erforderlich ist, ist bereits bei der Antragstellung auf Beratungshilfe vorzunehmen, wobei bei der Beurteilung auf den Zeitpunkt nach der anwaltlichen Beratung abzustellen ist. Der Gesetzgeber gibt als Kriterien für die Erforderlichkeit den Umfang, die Schwierigkeit oder Bedeutung der Angelegenheit für den Rechtssuchenden an. Auch hier ist wieder auf die individuellen Kenntnisse und Fähigkeiten des Rechtssuchenden abzustellen. Schon aus diesem Grund ist es sinnvoll, den Rechtssuchenden den Antrag persönlich stellen zu lassen. Nach Ansicht des Gesetzgebers sind die Schul- und sonstige Bildung zu berücksichtigen und dann in Relation zur Komplexität der Angelegenheit zu setzen.[8]

22 Neu ist, dass nun auch gesetzlich geregelt wird, dass in allen Angelegenheiten Beratungshilfe zu gewähren ist, so also künftig auch im Steuerrecht. Mit der Formulierung „in allen rechtlichen Angelegenheiten" will der Gesetzgeber unter anderem auch klarstellen, dass Beratungshilfe nur bei rechtlichen Fragen möglich sein soll und nicht als allgemeine Lebenshilfe gedacht ist.

V. Erweiterung des Beratungspersonen-Kreises

23 Der Kreis der Beratungspersonen wird ab 1.1.2014 ausgedehnt. § 3 Abs. 1 wird wie folgt gefasst:[9]

§ 3 Abs. 1 BerHG

(1) Die Beratungshilfe wird durch Rechtsanwälte und durch Rechtsbeistände, die Mitglied einer Rechtsanwaltskammer sind, gewährt. Im Umfang ihrer jeweiligen Befugnis zur Rechtsberatung wird sie auch gewährt durch
1. Steuerberater und Steuerbevollmächtigte,
2. Wirtschaftsprüfer und vereidigte Buchprüfer sowie
3. Rentenberater.

Sie kann durch die in den Sätzen 1 und 2 genannten Personen (Beratungspersonen) auch in Beratungsstellen gewährt werden, die aufgrund einer Vereinbarung mit der Landesjustizverwaltung eingerichtet sind.

24 **Anmerkung:** Da die Beratungshilfe nun auch im Gesetz auf steuerliche Angelegenheiten erstreckt wird, ist die Aufnahme der entsprechenden Berufsgruppen wie Steuerberater und Wirtschaftsprüfer etc. sinnvoll.

VI. Neue Erklärungspflichten des Rechtssuchenden und Überprüfungsmöglichkeiten des Gerichts

25 Die bis zum 31.12.2013 gesetzlich geregelten Erklärungspflichten hat der Gesetzgeber als nicht mehr ausreichend empfunden, weshalb zum 1.1.2014 eine Ausdehnung dieser Pflichten einschließ-

---

8 BT-Drucks 17/11472 v. 14.11.2012, Entwurf eines Gesetzes zur Änderung des Prozesskostenhilfe- und Beratungshilferechts, Zu Nr. 2 Buchstabe a.
9 Gesetz zur Änderung des Prozesskostenhilfe- und Beratungshilferechts (PKHuBerHÄndG k.a.Abk.) Art. 2 – G. v. 31.8.2013, BGBl I S. 3533 (Nr. 55); Geltung ab 1.1.2014.

lich erweiterter Überprüfungsmöglichkeiten des Gerichts in § 4 BerHG erfolgen sollen. § 4 Abs. 2 S. 3 u. 4 wird durch die folgenden Abs. 3 bis 6 ersetzt:[10]

§ 4 BerHG

...

(3) Dem Antrag sind beizufügen:
1. eine Erklärung des Rechtsuchenden über seine persönlichen und wirtschaftlichen Verhältnisse, insbesondere Angaben zu Familienstand, Beruf, Vermögen, Einkommen und Lasten, sowie entsprechende Belege und
2. eine Versicherung des Rechtsuchenden, dass ihm in derselben Angelegenheit Beratungshilfe bisher weder gewährt noch durch das Gericht versagt worden ist, und dass in derselben Angelegenheit kein gerichtliches Verfahren anhängig ist oder war.

(4) Das Gericht kann verlangen, dass der Rechtsuchende seine tatsächlichen Angaben glaubhaft macht, und kann insbesondere auch die Abgabe einer Versicherung an Eides statt fordern. Es kann Erhebungen anstellen, insbesondere die Vorlegung von Urkunden anordnen und Auskünfte einholen. Zeugen und Sachverständige werden nicht vernommen.

(5) Hat der Rechtsuchende innerhalb einer von dem Gericht gesetzten Frist Angaben über seine persönlichen und wirtschaftlichen Verhältnisse nicht glaubhaft gemacht oder bestimmte Fragen nicht oder ungenügend beantwortet, so lehnt das Gericht die Bewilligung von Beratungshilfe ab.

(6) In den Fällen nachträglicher Antragstellung (§ 6 Absatz 2) kann die Beratungsperson vor Beginn der Beratungshilfe verlangen, dass der Rechtsuchende seine persönlichen und wirtschaftlichen Verhältnisse belegt und erklärt, dass ihm in derselben Angelegenheit Beratungshilfe bisher weder gewährt noch durch das Gericht versagt worden ist, und dass in derselben Angelegenheit kein gerichtliches Verfahren anhängig ist oder war.

Die Erklärungspflichten des Rechtsuchenden sind eng auf die entsprechenden Pflichten bei VKH- und PKH-Anträgen abgestimmt. Zum einen soll die missbräuchliche Inanspruchnahme vermieden werden, zum anderen soll konkretisiert werden, was genau für Angaben zu machen sind. Im Rahmen der Glaubhaftmachung kann das Gericht den Antragsteller laden, um mit ihm mündlich seine persönlichen und wirtschaftlichen Verhältnisse zu erörtern. Es stellt sich durchaus die Frage, in wie vielen Fällen Gerichte von dieser Befugnis Gebrauch machen werden und wie sich diese Zusatzbelastung der Justiz auswirken wird. Von der Möglichkeit der Einbestellung verspricht sich der Gesetzgeber eine zügige Aufklärung der offenen Fragen, da gerade in Beratungshilfesachen nach Ansicht des Gesetzgebers „Rechtsuchende häufig wenig gewandt darin sind, Formulare auszufüllen und schriftlich gestellte Rückfragen ihrerseits präzise schriftlich zu beantworten."[11]

Insbesondere wenn das Gericht unrichtige oder unvollständige Angaben vermutet, wird man wohl in der Praxis von diesen Möglichkeiten Gebrauch machen.

Kommt der Rechtsuchende seinen Mitwirkungspflichten nicht nach, kann allein deshalb die Beratungshilfe versagt werden, § 4 Abs. 5 BerHG.

Mit der Neuregelung in § 4 Abs. 6 BerHG soll der Anwalt vor Honorarausfällen geschützt werden.[12]

---

10 Gesetz zur Änderung des Prozesskostenhilfe- und Beratungshilferechts (PKHuBerHÄndG k.a.Abk.) Art. 2 – G. v. 31.8.2013, BGBl I S. 3533 (Nr. 55); Geltung ab 1.1.2014.
11 BT-Drucks 17/11472 v. 14.11.2012, Entwurf eines Gesetzes zur Änderung des Prozesskostenhilfe- und Beratungshilferechts, Zu Nr. 4.
12 BT-Drucks 17/11472 v. 14.11.2012, Entwurf eines Gesetzes zur Änderung des Prozesskostenhilfe- und Beratungshilferechts, Zu Nr. 4.

30 Da der Direktzugang in § 6 Abs. 2 BerHG eingeschränkt wird, wird es wohl künftig seltener zu einer nachträglichen Antragstellung kommen (vgl. Rn 33).

VII. Zeitpunkt der Antragstellung

31 Es war immer wieder strittig, bis wann ein Beratungshilfeantrag gestellt werden konnte. Das Gesetz sah bisher keine Frist für die Antragstellung vor. So hat das AG Koblenz einen Antrag noch ein Jahr nach der letzten erkennbaren Tätigkeit des Rechtsanwalts für zulässig erachtet.[13]

32 *Hansens* hält die Auffassung für falsch, das Datum der Erklärung über die wirtschaftlichen Verhältnisse müsse vor dem Tag der ersten Beratung durch den Rechtsanwalt liegen,[14] da es hierfür keine Rechtsgrundlage gibt.[15]

33 Zum 1.1.2014 hat der Gesetzgeber nun aber eine klare Frist geregelt, innerhalb der spätestens der Antrag gestellt sein muss.

§ 6 Abs. 2 wird wie folgt geändert:[16]

In Absatz 1 werden die Wörter „einen Rechtsanwalt" durch die Wörter „eine Beratungsperson" ersetzt.

Absatz 2 wird wie folgt gefasst:

> (2) Wenn sich der Rechtsuchende wegen Beratungshilfe unmittelbar an eine Beratungsperson wendet, kann der Antrag auf Bewilligung der Beratungshilfe nachträglich gestellt werden. In diesem Fall ist der Antrag spätestens vier Wochen nach Beginn der Beratungshilfetätigkeit zu stellen.

34 Bei Abs. 1 handelt es sich um eine redaktionelle Anpassung. Interessant ist Abs. 2, der für den Fall der nachträglichen Antragstellung eine Antragsfrist von vier Wochen nach Beginn der Beratungshilfetätigkeit vorsieht.

35 *Praxistipp*
Sofern überhaupt in die Beratung/Vertretung im Wege der Beratungshilfe eingestiegen wird, bevor der entsprechende Berechtigungsschein vorliegt, wird empfohlen, den Auftraggeber unterzeichnen zu lassen, dass er auf diese Frist hingewiesen wurde und im Falle der Nichtbeibringung der Unterlagen, die zu einer Fristversäumung führt, bereit ist, die gesetzlichen Gebühren zu bezahlen (Achtung: Dann aber für Beratungen i.S.d. § 34 RVG Vereinbarungen treffen!).

36 **Anmerkung:** Wird im Fall nachträglicher Antragstellung Beratungshilfe nicht bewilligt, kann der Rechtsanwalt vom Rechtsuchenden seine Vergütung nach den allgemeinen Vorschriften verlangen, wenn er den Rechtsuchenden bei Mandatsübernahme **hierauf hingewiesen** hat, § 8a Abs. 4 BerHG n.F. (siehe Rn 48 ff.).

37 Ist die Beratungshilfegebühr nach Nr. 2500 VV RVG bereits vom Auftraggeber geleistet worden (15,00 EUR – seit dem 1.8.2013), ist diese anzurechnen, § 8a Abs. 4 S. 2 BerHG.

38 *Praxistipp*
Noch mehr als bisher sollte ein Rechtsanwalt Beratungshilfe jedoch nur erteilen, wenn zuvor vom Rechtsuchenden selbst bei dem zuständigen Amtsgericht ein Berechtigungsschein eingeholt wurde.

---

13 AG Koblenz JurBüro 2004, 38; ebenso: AG Sinzig BRAGOreport 2001, 39.
14 So aber: LG Hannover FamRZ 2000, 1230; *Kreppel*, Rpfleger 1986, 87.
15 *Hansens/Braun/Schneider*, Teil 6 Rn 28; ebenso: OLG Oldenburg BRAGOreport 2001, 14; *N. Schneider*, BRAGOreport 2000, 38.
16 Gesetz zur Änderung des Prozesskostenhilfe- und Beratungshilferechts (PKHuBerHÄndG k.a.Abk.) Art. 2 – G. v. 31.8.2013, BGBl I S. 3533 (Nr. 55); Geltung ab 1.1.2014.

VIII. Aufhebungsmöglichkeiten bei Beratungshilfe

§ 6a BerHG ist zum 1.1.2014 neu eingefügt worden und ermöglicht künftig dem Anwalt, einen Aufhebungsantrag zu stellen, wenn bestimmte Bedingungen erfüllt sind.[17]

§ 6a BerHG

(1) Das Gericht kann die Bewilligung von Amts wegen aufheben, wenn die Voraussetzungen für die Beratungshilfe zum Zeitpunkt der Bewilligung nicht vorgelegen haben und seit der Bewilligung nicht mehr als ein Jahr vergangen ist.

(2) Die Beratungsperson kann die Aufhebung der Bewilligung beantragen, wenn der Rechtsuchende aufgrund der Beratung oder Vertretung, für die ihm Beratungshilfe bewilligt wurde, etwas erlangt hat. Der Antrag kann nur gestellt werden, wenn die Beratungsperson
1. noch keine Beratungshilfevergütung nach § 44 Satz 1 des Rechtsanwaltsvergütungsgesetzes beantragt hat und
2. den Rechtsuchenden bei der Mandatsübernahme auf die Möglichkeit der Antragstellung und der Aufhebung der Bewilligung sowie auf die sich für die Vergütung nach § 8a Absatz 2 ergebenden Folgen in Textform hingewiesen hat.

Das Gericht hebt den Beschluss über die Bewilligung von Beratungshilfe nach Anhörung des Rechtsuchenden auf, wenn dieser aufgrund des Erlangten die Voraussetzungen hinsichtlich der persönlichen und wirtschaftlichen Verhältnisse für die Bewilligung von Beratungshilfe nicht mehr erfüllt.

Anmerkung: Hat der Rechtsanwalt die Aufhebung der Beratungshilfebewilligung nicht selbst beantragt und hatte er auch keine Kenntnis (oder grob fahrlässige Unkenntnis) davon, dass die Bewilligungsvoraussetzungen im Zeitpunkt der Beratungshilfeleistung nicht vorlagen, so bleibt sein Vergütungsanspruch gegenüber der Staatskasse unberührt. § 8a Abs. 1 BerHG n.F. Ein Rückforderungsrecht der Staatskasse besteht dann nicht.

War ein Rechtsanwalt somit z.B. für den Rechtsuchenden im Rahmen der Beratungshilfe erfolgreich tätig und hat der Rechtsuchende z.B. eine hohe Abfindungs- oder Forderungssumme realisiert, kann der Rechtsanwalt als Beratungsperson Aufhebung der Beratungshilfe bei Gericht beantragen, wenn folgende Voraussetzungen erfüllt sind:
- eine Abrechnung mit der Staatskasse ist noch nicht erfolgt;
- der Rechtsuchende wurde auf die Möglichkeit des Aufhebungsantrags zuvor in Textform hingewiesen (zur Textform nach § 126b BGB siehe auch § 3 Rn 31);
- der Rechtsuchende wurde zuvor angehört;
- der Rechtsuchende erfüllt die Voraussetzungen zur Bewilligung von Beratungshilfe tatsächlich nicht mehr.

Dabei ist davon auszugehen, dass die Aufhebung in derartigen Fällen nur möglich ist, wenn gerade in derselben Sache, in der Aufhebung beantragt wird, der Zufluss erfolgt ist.

Wird die Beratungshilfe aufgehoben, kann der Rechtsanwalt nach dem ebenfalls durch das Gesetz zur Änderung des Prozesskostenhilfe- und Beratungshilferechts neu eingeführten § 8a Abs. 2 BerHG vom Rechtsuchenden eine Vergütung nach den allgemeinen Vorschriften verlangen, wenn er
- keine Vergütung aus der Staatskasse fordert oder einbehält und
- den Rechtsuchenden bei der Mandatsübernahme auf die Möglichkeit der Aufhebung der Bewilligung sowie auf die sich für die Vergütung ergebenden Folgen hingewiesen hat, § 8a Abs. 2 Nr. 2 BerHG n.F.

---

17 Gesetz zur Änderung des Prozesskostenhilfe- und Beratungshilferechts (PKHuBerHÄndG k.a.Abk.) Art. 2 – G. v. 31.8.2013, BGBl I S. 3533 (Nr. 55); Geltung ab 1.1.2014.

44 Hat der Rechtsuchende bereits die Beratungshilfegebühr nach Nr. 2500 VV RVG (15,00 EUR) an den Rechtsanwalt geleistet, ist sie auf den gesetzlichen Vergütungsanspruch anzurechnen, § 8a Abs. 2 S. 2 BerHG. Zu den weiteren Folgen bei Aufhebung der Beratungshilfe siehe auch § 8a Abs. 1 u. 2 BerHG (vgl. Rn 48 ff.).

IX. Erinnerungsrecht gegen Aufhebung

45 In § 7 BerHG n.F. wird geregelt, dass gegen den Beschluss, durch den der Antrag auf Bewilligung von Beratungshilfe zurückgewiesen oder durch den die Bewilligung von Amts wegen oder auf Antrag der Beratungsperson wieder aufgehoben wird, nur die Erinnerung statthaft ist:[18]

46 Ursprünglich war hier in einem Abs. 2 vorgesehen, ein Erinnerungsrecht der Staatskasse einzuführen. Hiervon hat der Gesetzgeber im Laufe des Gesetzgebungsverfahrens aber wieder Abstand genommen. Allerdings kann die erstmals mögliche Aufhebung von Amts wegen oder auf Antrag ebenfalls mit der Erinnerung angefochten werden.

X. Vergütungsanspruch bei Bewilligung und Aufhebung

47 Die Vergütungsansprüche der Beratungsperson gegen die Staatskasse bzw. den Rechtsuchenden in den Fällen der Bewilligung sind in § 8 BerHG geregelt:

§ 8 BerHG

(1) Die Vergütung der Beratungsperson richtet sich nach den für die Beratungshilfe geltenden Vorschriften des Rechtsanwaltsvergütungsgesetzes. Die Beratungsperson, die nicht Rechtsanwalt ist, steht insoweit einem Rechtsanwalt gleich.

(2) Die Bewilligung von Beratungshilfe bewirkt, dass die Beratungsperson gegen den Rechtsuchenden keinen Anspruch auf Vergütung mit Ausnahme der Beratungshilfegebühr (§ 44 Satz 2 des Rechtsanwaltsvergütungsgesetzes) geltend machen kann. Dies gilt auch in den Fällen nachträglicher Antragstellung (§ 6 Absatz 2) bis zur Entscheidung durch das Gericht.

48 Die Vergütungsansprüche der Beratungsperson gegen die Staatskasse bzw. den Rechtsuchenden in den Fällen einer Aufhebung der Bewilligung sind in § 8a BerHG geregelt.

§ 8a BerHG wurde zum 1.1.2014 neu eingefügt:

§ 8a BerHG

(1) Wird die Beratungshilfebewilligung aufgehoben, bleibt der Vergütungsanspruch der Beratungsperson gegen die Staatskasse unberührt. Dies gilt nicht, wenn die Beratungsperson
1. Kenntnis oder grob fahrlässige Unkenntnis davon hatte, dass die Bewilligungsvoraussetzungen im Zeitpunkt der Beratungshilfeleistung nicht vorlagen, oder
2. die Aufhebung der Beratungshilfe selbst beantragt hat (§ 6a Absatz 2).

(2) Die Beratungsperson kann vom Rechtsuchenden Vergütung nach den allgemeinen Vorschriften verlangen, wenn sie
1. keine Vergütung aus der Staatskasse fordert oder einbehält und
2. den Rechtsuchenden bei der Mandatsübernahme auf die Möglichkeit der Aufhebung der Bewilligung sowie auf die sich für die Vergütung ergebenden Folgen hingewiesen hat.

Soweit der Rechtsuchende die Beratungshilfegebühr (Nummer 2500 der Anlage 1 des Rechtsanwaltsvergütungsgesetzes) bereits geleistet hat, ist sie auf den Vergütungsanspruch anzurechnen.

---

18 Gesetz zur Änderung des Prozesskostenhilfe- und Beratungshilferechts (PKHuBerHÄndG k.a.Abk.) Art. 2 – G. v. 31.8.2013, BGBl I S. 3533 (Nr. 55); Geltung ab 1.1.2014.

(3) Wird die Bewilligung der Beratungshilfe aufgehoben, weil die persönlichen und wirtschaftlichen Voraussetzungen hierfür nicht vorgelegen haben, kann die Staatskasse vom Rechtsuchenden Erstattung des von ihr an die Beratungsperson geleisteten und von dieser einbehaltenen Betrages verlangen.

(4) Wird im Fall nachträglicher Antragstellung Beratungshilfe nicht bewilligt, kann die Beratungsperson vom Rechtsuchenden Vergütung nach den allgemeinen Vorschriften verlangen, wenn sie ihn bei der Mandatsübernahme hierauf hingewiesen hat. Absatz 2 Satz 2 gilt entsprechend.

Neu ist, dass der Anwalt nicht mehr das Ausfallrisiko trägt, wenn die Beratungshilfe abgelehnt wird, sondern er sich vielmehr durch entsprechenden Hinweis an den Auftraggeber absichern kann. Ihm ist auch erlaubt, für derartige Fälle eine Vergütungsvereinbarung zu treffen. Die frühere Regelung in § 3a Abs. 4 RVG, dass eine solche Vereinbarung nichtig ist, wurde zum 1.1.2014 ebenfalls aufgehoben. 49

Nach Ansicht des Gesetzgebers wird bei Aufhebung nach § 8a Abs. 3 BerHG (nicht Vorliegen der persönlichen und wirtschaftlichen Verhältnisse bei Antragstellung) der Rechtssuchende dann jedoch nicht mit Kosten zu belasten sein, wenn die Bewilligung auf einem Fehler des Gerichts beruht und nicht auf Falschangaben; da der Rechtssuchende in der Regel in seinem Vertrauen auf den Bestand der Entscheidung zu schützen sein wird.[19] 50

Etwas anderes gilt, wenn der Rechtssuchende falsche Angaben gemacht hat. Dabei ist die Regelung in § 8a Abs. 3 BerHG als „kann-Regelung" ausgestaltet. Hier hat die Staatskasse einen Ermessensspielraum, in welchen Fällen sie den Aufwand der Aufhebung und Rückforderung durchführen will oder auch nicht.[20] 51

B. Unzulänglichkeit der Beratungshilfegebühren

Die Gebühren nach dem Beratungshilfegesetz sind insbesondere in Familiensachen oft nicht einmal kostendeckend, weil beispielsweise die Beratungsgebühr von 35,00 EUR kaum die Kosten für das Anlegen der Akte deckt (bei konkreter Gegenüberstellung der aufzuwendenden Materialien und Arbeitszeit der Angestellten), geschweige denn auch nur annähernd eine adäquate Vergütung für die anwaltliche Beratung darstellt. 52

Hervorzuheben ist dabei, dass der Rechtsanwalt staatlicherseits verpflichtet ist (§ 49a Abs. 1 BRAO (Hinweispflicht: § 16 BORA), derartige Mandate anzunehmen und eine Möglichkeit, wie bei Verfahrenskostenhilfe, Differenzgebühren über einen Vorschuss zu erhalten, nicht besteht. Eine Übernahme eines Beratungshilfemandats kann nur aus wichtigem Grund (Interessenkollision; Krankheit) abgelehnt werden. Aussichtslosigkeit wird teilweise ebenfalls als wichtiger Grund anerkannt.[21]

Wichtige Gründe können auch sein:[22] 53
- erhebliche Schwierigkeiten in der Vergangenheit mit der Person des Rechtsuchenden,
- Anpöbeln des Rechtsanwalts oder seiner Mitarbeiter,
- Erscheinen in betrunkenem Zustand,
- Täuschung bei vergangenen Beratungshilfemandaten, und damit verbundenes fehlendes Vertrauensverhältnis z.B. durch falsche Angaben,
- oder auch Gewissensnot, u.Ä.

---

19 BT-Drucks 17/11472 v. 14.11.2012, Entwurf eines Gesetzes zur Änderung des Prozesskostenhilfe- und Beratungshilferechts, Zu Abs. 3 (S. 44).
20 BT-Drucks 17/11472 v. 14.11.2012, Entwurf eines Gesetzes zur Änderung des Prozesskostenhilfe- und Beratungshilferechts, Zu Abs. 3 (S. 44).
21 *Henssler/Prütting*, § 49a BRAO Rn 11.
22 *Bischof*, NJW 1981, 894, 899.

54 Der Rechtsuchende, der unmittelbar einen Rechtsanwalt aufsucht, hat seine persönlichen und wirtschaftlichen Verhältnisse glaubhaft zu machen und zu versichern, dass ihm in derselben Angelegenheit Beratungshilfe bisher weder gewährt noch durch das Amtsgericht versagt worden ist, § 7 BerHG in der Fassung bis zum 31.12.2013. Ab 1.1.2014 wird diese Regelung ersetzt durch Neuregelungen bezogen auf die nur noch befristete Möglichkeit der nachträglichen Antragstellung, neue Hinweispflichten des Anwalts sowie Aufhebungsmöglichkeiten der Beratungshilfe (vgl. dazu Rn 39 ff.). Es wird daher empfohlen, ab 1.1.2014 entweder überhaupt keine Beratungshilfe ohne vorliegenden Berechtigungsschein zu erteilen, oder aber sich den Hinweis auf die Möglichkeit, bei Ablehnung der Beratungshilfe die gesetzlichen Gebühren abrechnen zu dürfen, unterzeichnen zu lassen (vgl. Rn 41 u. 57). Zwar gibt es keine Dokumentationspflicht des Anwalts nach § 8a BerHG n.F., aber eine Dokumentation des erteilten Hinweises kann späteren Streit vermeiden bzw. abkürzen.

55 Ein Anwalt ist verpflichtet, seinen Mandanten bei begründeter Annahme auf einen Beratungshilfeanspruch hinzuweisen, § 16 Abs. 2 BORA. Gleichwohl gibt es durchaus Auftraggeber, die trotz eines Anspruchs einen solchen Antrag nicht stellen möchten. *Kindermann* weist darauf hin, dass der Rechtsanwalt sich den erteilten Hinweis, dass möglicherweise Anspruch auf Beratungshilfe besteht, vom Mandanten quittieren lassen sollte, um zu verhindern, dass dieser nach der Tätigkeit des Anwalts unter Berufung auf eine Verletzung dieser Hinweispflicht aus § 16 BORA mit einem Schadensersatzanspruch aufrechnet.[23]

C. Beratungshilfe wird nicht bewilligt

56 Nicht selten berät der Rechtsanwalt einen Rechtsuchenden, der Beratungshilfe in Anspruch nehmen möchte. Wird in solchen Fällen die Beratungshilfe nicht bewilligt, hat der Rechtsanwalt nur einen Anspruch auf Zahlung von 10,00 EUR (seit 1.8.2013: 15,00 EUR) gegen den Rechtsuchenden.[24] Dies dürfte ab dem 1.1.2014 nicht mehr gelten, denn § 8 Abs. 2 BerHG n.F. regelt ein Verbot der Abrechnung (außerhalb der Beratungshilfegebühr von 15,00 EUR) in den Fällen nachträglicher Antragstellung nach § 6 Abs. 2 BerHG n.F. nur bis zur Entscheidung des Gerichts. Danach kann der Anwalt somit seine gesetzliche Vergütung abrechnen, wenn keine Bewilligung erfolgt; es ist ihm sogar erlaubt, für solche Fälle eine Vergütungsvereinbarung zu treffen.[25]

57 *Praxistipp*
Der Rechtsanwalt sollte sicherheitshalber – auch wenn dies in den Neuregelungen des BerHG nicht gefordert wird – darauf hinweisen, dass er, sofern Beratungshilfe nicht bewilligt wird, die gesetzlichen Gebühren abrechnet. Denn für den Fall der Aufhebung wird ohnehin ein solcher Hinweis in § 8a Abs. 2 Nr. 2 BerHG gefordert; eine entsprechende Ergänzung ist daher sinnvoll. Für die Rechtslage bis zum 31.12.2013 wird diese Vorgehensweise ohnehin empfohlen. Die Erteilung dieses Hinweises sollte er sich von seinem Mandanten unterschreiben lassen. § 13 BerHG regelt, dass altes Recht (und damit das bis zum 31.12.2013 geltende Recht) zur Anwendung kommt, wenn Anträge auf Bewilligung der Beratungshilfe vor dem 1.1.2014 gestellt wurden oder die Beratungshilfe vor dem 1.1.2014 gewährt worden ist. Aus diesem Grund sollten entsprechende Vorbereitungen (Erstellung eines Hinweisblattes) für diesen Stichtag getroffen werden.

---

23 *Kindermann*, Rn 670.
24 *Kindermann*, Rn 672.
25 BT-Drucks 17/11472 v. 14.11.2012, Entwurf eines Gesetzes zur Änderung des Prozesskostenhilfe- und Beratungshilferechts, Zu § 8 (S. 42).

Pukall ist der Auffassung, dass der Rechtsanwalt berechtigt ist, die Beratungshilfe abzulehnen, bis ihm der Mandant einen Berechtigungsschein vorlegt. Dabei hat der Rechtsanwalt jedoch zu prüfen, ob dem Rechtssuchenden durch die Verzögerung ein Schaden entsteht.[26]

58

Gerade im Hinblick auf die neue kurze Frist zur nachträglichen Antragstellung sollte nach Möglichkeit überhaupt keine Beratung mehr ohne Vorlage eines Berechtigungsscheins erteilt werden.

59

D. Erstattungspflichtiger Gegner

§ 9 S. 1 BerHG regelt, dass der Gegner im Fall der Kostenerstattungspflicht die Gebühren nach den allgemeinen Vorschriften zu erstatten hat, was bei Anwälten, die als Beratungsperson tätig werden, bedeutet, dass sie die Gebühren nach dem RVG erstattet verlangen können, so z.B. eine Geschäftsgebühr nach Nr. 2300 VV RVG.

60

Nach § 9 S. 2 BerHG gehen Kostenerstattungsansprüche des Auftraggebers gegen den Gegner auf den Rechtsanwalt über. Der Übergang darf nicht zum Nachteil des Auftraggebers geltend gemacht werden, § 9 S. 3 BerHG. Dies bedeutet, dass der Rechtsanwalt von eingehenden Geldern zunächst einmal die dem Auftraggeber zustehenden Beträge an diesen abzuführen hat und eine Verrechnung mit seinen offenen Kostenerstattungsansprüchen nicht vornehmen kann; ebenso wenig kann er z.B. einen (kostenpflichtigen) Mahnbescheid im Namen des Rechtssuchenden gegen den erstattungspflichtigen Gegner beantragen. Er kann dies vielmehr im eigenen Namen tun.

61

> *Praxistipp*
> In der Praxis wird die Frage, ob der Auftraggeber materiell-rechtliche Erstattungsansprüche gegen einen Gegner hat, selten beachtet. Dabei hat ein Gegner, sofern der Auftraggeber derartige Ansprüche gegen ihn hat, die „normale" Vergütung zu zahlen mit der Folge, dass der Rechtsanwalt die gleiche Vergütung erhält, wie wenn Beratungshilfe nicht bewilligt worden wäre.

62

Materiell-rechtliche Kostenerstattungsansprüche können sich aus Verzug, Vertragsverletzung, unerlaubter Handlung etc. ergeben.

63

Übergegangene Ansprüche nach § 9 BerHG macht der Rechtsanwalt im eigenen Namen und auf eigenes Kostenrisiko geltend. Ein Gegner kann dem Rechtsanwalt gegenüber die Einwendungen erheben, die ihm gegenüber dem Auftraggeber des Anwalts auch zustehen.

64

Sofern der Gegner die vollen Wahlanwaltsgebühren an den Rechtsanwalt erstattet, hat dieser eine eventuell gezahlte Beratungshilfegebühr in Höhe von 15,00 EUR nach Nr. 2500 VV RVG an den Auftraggeber zurückzuerstatten. (Zur Beratungshilfegebühr vgl. auch Rn 76.)

65

Eine Verpflichtung zur Durchsetzung materiell-rechtlicher Kostenerstattungsansprüche gibt es nach Auffassung von *Hansens* nicht.[27]

66

E. Gebühren nach der Beratungshilfe

I. Beratungshilfegebühr

Die Beratungshilfegebühr, die der Anwalt vom Auftraggeber verlangen kann, beträgt für Mandate, die ab dem 1.8.2013 angenommen worden sind, 15,00 EUR; bis zum 31.7.2013 beträgt die Gebühr 10,00 EUR.[28] In der Anmerkung zu Nr. 2500 VV RVG ist klargestellt, dass neben der Gebühr keine

67

---

26 *Mayer/Kroiß*, § 44 Rn 36.
27 *Hansens/Braun/Schneider*, Teil 6 Rn 83.
28 Der Betrag wurde durch das 2. KostRMoG zum 1.8.2013 angehoben, wie alle Festgebühren im Beratungshilfebereich, BGBl I 2586–2712; zum Übergangsrecht siehe auch § 60 RVG (§ 1 Rn 69 ff).

Auslagen erhoben werden und die Gebühr erlassen werden kann. Mit der Klarstellung, dass Auslagen auf die Beratungshilfegebühr nicht entstehen, wurde der bisherigen Rechtsprechung[29] Rechnung getragen.

68 Die Anmerkung zu Nr. 2500 VV RVG (keine Auslagenerhebung) bedeutet nicht, dass der Rechtsanwalt von den vereinnahmten 10,00 EUR bzw. 15,00 EUR nicht Umsatzsteuer zu bezahlen hätte. Ausgenommen von der Umsatzsteuerpflicht dürfte allein der sogenannte Kleinunternehmer sein (§ 19 UStG). Aus diesem Grund hat der Rechtsanwalt den Betrag von 10,00 EUR als umsatzsteuerpflichtiges Entgelt zu führen mit der Folge, dass er netto lediglich 8,40 EUR erhält. Bei der Beratungshilfegebühr in Höhe von 15,00 EUR ab 1.8.2013 beträgt der Netto-Betrag 12,61 EUR, der Umsatzsteuerbetrag liegt bei 2,39 EUR.

69 *Praxistipp*
Das Argument für viele Anwälte, diese Gebühr wegen ihres Verwaltungsaufwands nicht abzurechnen, sollte überdacht werden. Denn der Auftraggeber sollte sich daran gewöhnen, dass er selbst auch einen – sei es auch nur kleinen – Beitrag zu seiner rechtlichen Beratung zu leisten hat.

II. Begriff der Angelegenheit bei Beratungshilfe

70 Es ist allgemein bekannt, dass die Rechtsprechung bei der Beurteilung der Frage, wann eine oder mehrere Angelegenheiten vorliegen, hinsichtlich der Vergütung im Rahmen der Beratungshilfe und der Kosten eines Wahlanwalts mit zweierlei Maß misst. Dies geschieht wohl aus der Angst heraus, die Staatskasse könnte zu sehr belastet werden. Diese Rechtsprechung führt dann auch oft zu nicht hinnehmbaren Ergebnissen.

Aber ebenso wie bei den Gebühren eines Wahlanwalts ist bei der Beratungshilfe nur dann von einer Angelegenheit auszugehen, wenn
- ein einheitlicher Auftrag vorliegt,
- die Tätigkeit sich im gleichen Rahmen abspielt und
- ein innerer Zusammenhang zwischen den verschiedenen Gegenständen vorliegt.

71 An die Zahl der Berechtigungsscheine ist der prüfende Urkundsbeamte der Geschäftsstelle nicht gebunden![30] Der Rechtsanwalt kann damit nicht darauf vertrauen, dass er bei Vorlage mehrerer Berechtigungsscheine auch mehrmals mit der Staatskasse abrechnen kann.

72 In Ehe- und Familiensachen erfolgt nach Ansicht von *Schneider* zu Unrecht eine Berufung auf § 16 Nr. 4 RVG (Scheidung und Folgesachen) und somit auf „dieselbe Angelegenheit". § 16 Nr. 4 RVG stellt nach Ansicht von *Schneider* eine Fiktion dar, da die Scheidungs- und Folgesachen gebührenrechtlich betrachtet grundsätzlich selbstständige Verfahren sind, § 16 Nr. 4 nur für das gerichtliche Verfahren gilt und ein Verbundverfahren unstreitig nur gerichtlich stattfinden kann. Als Ausgleich für die Zusammenfassung von Ehe- und Folgesachen habe der Gesetzgeber in § 22 Abs. 1 RVG geregelt, dass die Werte der einzelnen Gegenstände zu addieren sind. Dies sei aber in Beratungshilfe-Angelegenheiten nicht möglich. Die von der überwiegenden Rechtsprechung vorgenommene falsche Anwendung des § 16 Nr. 4 RVG habe zur Folge, dass der Rechtsanwalt nur eine Gebühr für die Scheidungs- und Folgesachen erhält, obwohl er Gebührenverluste nicht über einen höheren Gegenstandswert kompensieren kann.[31]

---

29 Vgl. *Schoreit/Dehn*, § 8 BerHG Rn 4.
30 AnwK-RVG/*Fölsch*, Vor VV 2501 Rn 25 mit zahlreichen Nachweisen; Bischof/Jungbauer/*Jungbauer*, VV 2500 Rn 49 ff.
31 AnwK-RVG/*Fölsch*, Vor VV 2501 ff. Rn 26; Bischof/Jungbauer/*Jungbauer*, VV 2500 Rn 49 ff.

Interessant ist das Gebot des *Bundesverfassungsgerichts*:[32] **73**

> „Aus verfassungsrechtlicher Sicht spricht vieles dafür, dass die Beratung über den Unterhalt des Kindes und das Umgangsrecht des Vaters nicht als dieselbe Angelegenheit gem. § 13 II 2 BRAGO anzusehen sind, um den Rechtsanwalt, der in der Beratungshilfe ohnehin zu niedrigeren Gebühren tätig wird, nicht unnötig zu belasten. gleichwohl könne im Einzelfall die mit dem zeitlichen und sachlichen Zusammenhang der Bearbeitung begründete gegenteilige Auffassung verfassungsrechtlich vertretbar sein."

Eine Angelegenheit im Rahmen der Beratungshilfe wird angenommen bei **74**
- Ehe- und späteren Folgesachen;[33]
- Ehegatten- und Kindesunterhalt;[34]
- Kindesunterhalt und Umgangsrecht;[35]
- Unterhalt für mehrere Kinder;[36]
- Scheidung, Ehegatten- und Kindesunterhalt;[37]
- Umgangsrecht und Zuweisung der Ehewohnung;[38] diese Auffassung des LG Kleve ist jedoch abzulehnen.

Mehrere Angelegenheiten wurden z.B. angenommen **75**
- bei Beratung über Ehegatten- und Kindesunterhalt einerseits und den Umgang mit gemeinsamen Kindern andererseits;[39]
- bei Trennungsunterhalt und Hausrat;[40]
- bei Ehegatten- u. Kindesunterhalt, Ehewohnung, Hausrat und Sorgerecht;[41]
- wenn die Ansprüche in getrennten gerichtlichen Verfahren geltend zu machen wären;[42]
- für mehrere Angelegenheiten auch, da die Beratungshilfe dem gerichtlichen Verfahren vorgelagert ist;[43]
- bei Unterhalt und Umgangsrecht = verschiedene Angelegenheiten unabhängig von der Vorlage der Anzahl der Berechtigungsscheine und der Tatsache, dass im Berechtigungsschein der Begriff der Angelegenheit im Singular stand;[44]

---

32 BVerfG NJW 2002, 429 = AGS 2002, 273.
33 OLG Nürnberg FamRB 2005, 12 = FamRZ 2005, 740 = RVG-Letter 2004, 95; LG Kassel FamRZ 2000, 1380 = Rpfleger 2000, 1380; a.A. (mehrere Angelegenheiten) OLG Düsseldorf MDR 1986, 157 = JurBüro 1986, 299 = Rpfleger 1986, 109.
34 AG Bayreuth FamRZ 2005, 737; AG Bayreuth, FamRZ 2005, 737; OLG Nürnberg OLGReport 2004, 322 = FamRB 2005, 12; LG Kleve Rpfleger 2003, 303; LG Mönchengladbach Rpfleger 2002, 463; OLG München Rpfleger 1998, 253; LG Kassel FamRZ 2000, 1380; AG Koblenz FamRZ 2001, 286 (Unterhalt für zwei Kinder); OLG Düsseldorf AnwBl. 1986, 162.
35 AG Mönchengladbach AGS 2003, 76 = JurBüro 2002, 412 = Rpfleger 2002, 463 = FamRZ 2004, 217; auch zusätzlich mit Wohnungszuweisung: LG Kleve Rpfleger 2003, 303.
36 LG Kleve JurBüro 1986, 1384; LG Bayreuth JurBüro 1990, 1274; auch bei Neuberechnung des Unterhalts für mehrere Kinder: AG Koblenz FamRZ 2000, 296 = Rpfleger 2000, 398; **a.A.** (mehrere Angelegenheiten): AG Detmold Rpfleger 1994, 29.
37 AG Koblenz FamRZ 2002, 480.
38 LG Kleve Rpfleger 2003, 303 f.
39 OLG Hamm AGS 2005, 350 = FamRZ 2005, 532.
40 LG Detmold JurBüro 1992, 536 = Rpfleger 1992, 202.
41 OLG Braunschweig JurBüro 1985, 250 m. Anm. *Mümmler*.
42 OLG Stuttgart FamRZ 2007, 574; LG Düsseldorf FamRZ 2007, 1113.
43 OLG Düsseldorf JurBüro 2009, 39; OLG Braunschweig AnwBl. 1984, 514 = JurBüro 1985, 250; OLG Düsseldorf AnwBl. 1986, 162; LG Tübingen Rpfleger 1986, 239; AG Köln AnwBl. 1986, 414.
44 LG Düsseldorf, Beschl. v. 10.1.2007 – 19 T 361/06, RVGreport 2007, 97 = JurBüro 2007, 377.

§ 6 Beratungshilfe

- bei Ehegattenunterhalt, Kindesunterhalt, Umgangsrecht und ehelichem Güterrecht (vier verschiedene Angelegenheiten trotz Vorlage nur eines Beratungshilfescheins);[45]
- für verschiedene Angelegenheiten bei Scheidung, Umgangs- und Sorgerecht, Ehewohnung und Hausrat sowie Vermögensaussetzung und Güterrecht;[46]
- für den Fall, dass der RA über das Aufenthaltsbestimmungsrecht mehrerer Personen berät; jedoch liegt nur eine Angelegenheit vor, wenn sich das Aufenthaltsbestimmungsrecht eines minderjährigen Kindes alleine aus dem Aufenthaltsrecht eines Elternteils ergibt und bereits dem Elternteil Beratungshilfe gewährt wurde;[47]
- bei verschiedenen Trennungsfolgen wie z.B. Ehegattenunterhalt, Kindesunterhalt, Aufteilung der Haushaltsgegenstände sowie Auflösung der Ehewohnung;[48]
- bei der Beratung/Vertretung von Fragen des Ehegattenunterhalts, Kindesunterhalts, Umgangsrechts und des ehelichen Güterrechts einschließlich Haushalts- und Vermögensauseinandersetzung trotz Vorlage nur eines Beratungshilfeschein (vier verschiedene gebührenrechtliche Angelegenheiten);[49]
- bei Scheidung und Scheidungsfolgesachen = selbstständige Angelegenheiten, selbst wenn diese nach § 16 Nr. 4 RVG in späteren gerichtlichen Verfahren im Verbund geltend gemacht werden;[50]
- wenn Beratungshilfe zur Regelung von mehreren Trennungsfolgen und gleichzeitig für den Fall der Scheidung nebst Folgesachen bewilligt wird = mindestens zwei Angelegenheiten im Sinne des Beratungshilfegesetzes.[51]
- Nach OLG Rostock findet § 16 Nr. 4 RVG für die außergerichtliche Beratungshilfe keine Anwendung.[52]
- trotz Vorlage nur eines Berechnungsscheins für „Trennung und alle daraus resultierenden Angelegenheiten" (acht Angelegenheiten); es ging vorliegend um Beratungshilfe für Trennungsunterhalt, Kindesunterhalt, Versorgungsausgleich, Vermögensauseinandersetzung, Scheidung, Besuchsrecht bei den Kindern, elterliche Sorge und Hausrat.[53] Zu berücksichtigen ist dabei, dass die Entscheidung des OLG Düsseldorf noch zum alten Familienrecht erging. Die Entscheidung des OLG Düsseldorf muss heute umso mehr denn je gelten, denn nach § 137 FamFG gilt für die Folgesachen Unterhalt, Güterrecht, Ehewohnung und Haushaltsgegenstände sowie Versorgungsausgleich eine Fristenregelung von zwei Wochen (vgl. § 137 Abs. 2 FamFG). Hinzu kommt, dass Sorgerecht, Umgangsrecht und Kindesherausgabe nach § 137 Abs. 3 FamFG dann nicht als Folgesache anhängig gemacht werden können, wenn der Richter dies für gegen die Interessen des Kindeswohls hält. Auch sind die Abtrennungsmöglichkeiten einer Folgesache aus dem Verbund nach § 140 FamFG deutlich vermehrt, so dass es nach dem neuen Familienrecht ohnehin häufiger zu isolierten Verfahren kommt und § 16 Nr. 4 RVG eine Regelung nur für solche Fälle vorsieht, in denen tatsächlich ein Verbundverfahren durchgeführt wird. Eine zwingende Pflicht zur Durchführung des Verbundverfahrens ist jedoch verfahrensrechtlich nicht gegeben. Allein aus Verfahrenskostenhilfegründen könnte sich eine gewisse Verpflichtung in bestimmten Konstellationen zur Geltendmachung im Verbundverfahren ergeben.

---

45 OLG Köln FamRZ 2009, 1345 = RVGreport 2010, 142.
46 OLG Stuttgart, Beschl. v. 17.10.2012 – 8 W 379/11.
47 AG Hannover, Beschl. v. 6.4.2005 – 811 C 10888/04, JurBüro 2006, 138.
48 OLG Frankfurt FamRZ 2010, 230 = RVG-Report 2010, 143 = FamFR 2010, 65.
49 OLG Köln RVG-Report 2010, 142 = FamRZ 2009, 1345 = RPfleger 2009, 516.
50 OLG Düsseldorf JurBüro 2009, 39 = NJW-RR 2009, 430 = FamRZ 2009, 1244 = RPfleger 2009, 90.
51 OLG München FamRZ 2012, 326 = FamFr 2011, 546 = FamRB 2012, 84.
52 OLG Rostock FamRZ 2011, 834 = NJW-RR 2011, 871 = RVG-Report 2011, 106.
53 OLG Düsseldorf, Beschl. v. 16.10.2012 – 3 Wx 189/12.

III. Beratungsgebühr

Die Beratungsgebühr entsteht nach Nr. 2501 VV RVG für eine Beratung, wenn die Beratung nicht mit einer anderen gebührenpflichtigen Tätigkeit zusammenhängt und beträgt 35,00 EUR ab 1.8.2013; bis 31.7.2013 30,00 EUR (vgl. § 1 Rn 5 ff.).

Beispiel: Beratungshilfe – Beratung
Mandantin H lässt sich von Rechtsanwalt M hinsichtlich Ehegattenunterhalts beraten. Ihr wurde antragsgemäß Beratungshilfe bewilligt. Aufgrund telefonischer Rückfrage sind Auslagen angefallen.

1. Abrechnung mit der Staatskasse:

Beratungsgebühr, Nr. 2501 VV RVG	35,00 EUR
Auslagenpauschale, Nr. 7002 VV RVG	7,00 EUR
Zwischensumme	42,00 EUR
19 % Umsatzsteuer, Nr. 7008 VV RVG	7,98 EUR
Summe	**49,98 EUR**

2. Abrechnung mit dem Mandanten:

Beratungshilfegebühr, Nr. 2500 VV RVG	12,61 EUR
19 % Umsatzsteuer, Nr. 7008 VV RVG	2,39 EUR
Summe	**15,00 EUR**

Die Beratungsgebühr ist nach Abs. 2 der Anm. zu Nr. 2501 VV RVG auf eine Gebühr für eine sonstige Tätigkeit anzurechnen, die mit der Beratung zusammenhängt. Die Auslagen berechnen sich nach den aus der Staatskasse zu zahlenden Gebühren, nicht aus den Wahlanwaltsgebühren.

Beispiel: Beratungshilfe – Beratung mit Anrechnung – Geschäftsgebühr
Mandantin H lässt sich nach der Beratung (die noch nicht abgerechnet ist) von Rechtsanwalt M hinsichtlich Ehegattenunterhalts außergerichtlich vertreten. Ihr wurde antragsgemäß Beratungshilfe bewilligt.

1. Abrechnung mit der Staatskasse

Beratungsgebühr, Nr. 2501 VV RVG	35,00 EUR
Auslagenpauschale, Nr. 7002 VV RVG	7,00 EUR
Geschäftsgebühr, Nr. 2503 VV RVG	85,00 EUR
Zwischensumme	127,00 EUR
abzgl. Beratungsgebühr, Nr. 2501	./. 35,00 EUR
Zwischensumme	92,00 EUR
Auslagenpauschale, Nr. 7002 VV RVG aus 85,00 EUR	17,00 EUR
Zwischensumme	109,00 EUR
19 % Umsatzsteuer, Nr. 7008 VV RVG	20,71 EUR
Summe	**129,71 EUR**

2. Abrechnung mit dem Mandanten:

Beratungshilfegebühr, Nr. 2500 VV RVG	12,61 EUR
19 % Umsatzsteuer, Nr. 7008 VV RVG	2,39 EUR
Summe	**15,00 EUR**

IV. Geschäftsgebühr

80 Als Geschäftsgebühr im Wege der Beratungshilfe entsteht eine Gebühr nach Nr. 2503 VV RVG in Höhe von 85,00 EUR (ab 1.8.2013 und bis 31.7.2013 in Höhe von 70,00 EUR, vgl. § 1 Rn 5).

81 *Beispiel: Beratungshilfe – außergerichtliche Vertretung*
Mandantin H lässt sich von Rechtsanwalt M hinsichtlich Ehegattenunterhaltes außergerichtlich vertreten. Ihr wurde antragsgemäß Beratungshilfe bewilligt.

1. Abrechnung mit der Staatskasse

Geschäftsgebühr, Nr. 2503 VV RVG	85,00 EUR
Auslagenpauschale, Nr. 7002 VV RVG	17,00 EUR
Zwischensumme	102,00 EUR
19 % Umsatzsteuer, Nr. 7008 VV RVG	19,38 EUR
Summe	**121,38 EUR**

2. Abrechnung mit Mandant

Beratungshilfegebühr, Nr. 2500 VV RVG	12,61 EUR
19 % Umsatzsteuer, Nr. 7008 VV RVG	2,39 EUR
Summe	**15,00 EUR**

82 Diese Geschäftsgebühr ist auf die Gebühren für ein gerichtliches oder behördliches Verfahren zur Hälfte anzurechnen, vgl. Anm. Abs. 2 zu Nr. 2503 VV RVG.

V. Einigungsgebühr

83 Eine Einigungsgebühr im Rahmen der Beratungshilfe beträgt nach Nr. 2508 VV RVG 150,00 EUR (ab 1.8.2013; bis 31.7.2013 125,00 EUR, vgl. § 1 Rn 5 ff.). Es gelten die Ausführungen zur Einigungsgebühr nach Nr. 1000 VV RVG (siehe § 4 Rn 247 ff.).

84 *Beispiel: Beratungshilfe – außergerichtliche Vertretung mit Einigung*
Mandantin H lässt sich von Rechtsanwalt M hinsichtlich des Haushalts außergerichtlich vertreten. Nach zwei außergerichtlichen Schreiben an den getrennt lebenden Ehemann einigen sich die Beteiligten hinsichtlich der Aufteilung des Haushalts. Frau H wurde antragsgemäß Beratungshilfe bewilligt.

1. Abrechnung mit der Staatskasse

Geschäftsgebühr, Nr. 2503 VV RVG	85,00 EUR
Einigungsgebühr, Nr. 2508 VV RVG	150,00 EUR
Auslagenpauschale, Nr. 7002 VV RVG	20,00 EUR
Zwischensumme	255,00 EUR
19 % Umsatzsteuer, Nr. 7008 VV RVG	48,45 EUR
Summe	**303,45 EUR**

2. Abrechnung mit Mandant

Beratungshilfegebühr, Nr. 2500 VV RVG	12,61 EUR
19 % Umsatzsteuer, Nr. 7008 VV RVG	2,39 EUR
Summe	**15,00 EUR**

VI. Erhöhung

Festgebühren erhöhen sich bei Vertretung mehrerer Auftraggeber in derselben Angelegenheit um 30 %. Da es sich bei der Beratungshilfe-Vergütung um Festgebühren handelt, kann die Geschäftsgebühr auch dann erhöht werden, wenn z.B. Mutter und Kind außergerichtlich wegen Unterhalts vertreten werden.

§ 7 Verfahrenskostenhilfe

A. Grundsätzliches

I. FamFG und Verweis auf ZPO

Nach § 76 FamFG finden auf die Bewilligung von Verfahrenskostenhilfe die Vorschriften der Zivilprozessordnung über die Verfahrenskostenhilfe entsprechende Anwendung, soweit in den §§ 76 bis 78 FamFG **nichts anderes** bestimmt ist. Ein Beschluss im Verfahrenskostenhilfeverfahren kann mit der sofortigen Beschwerde entsprechend §§ 567 bis 572, 127 Abs. 2 bis 4 ZPO angefochten werden.

In Ehe- und Familienstreitsachen werden jedoch die Bestimmungen der Verfahrenskostenhilfe nach §§ 76 ff. FamFG für nicht anwendbar erklärt und auf die Allgemeinen Vorschriften der Zivilprozessordnung und die Vorschriften der Zivilprozessordnung über das Verfahren vor den Landgerichten entsprechend (und somit auch der dortigen Prozesskostenhilfe ab §§ 114 ff. ZPO) verwiesen, § 113 Abs. 1 FamFG. Dabei wird in § 113 Abs. 5 FamFG geregelt, dass statt des Begriffs „Prozess" der Begriff „Verfahren" zu verwenden ist. Somit existiert die reine Prozesskostenhilfe nach der ZPO für Ehe- und Familienstreitsachen (vgl. § 112 FamFG), die jedoch wg. der Regelung in § 113 Abs. 5 FamFG „Verfahrenskostenhilfe" heißt sowie die Verfahrenskostenhilfe für die übrigen Familiensachen, die nicht Ehe- und/oder Familienstreitsache sind, für die die §§ 76 ff. FamFG zur Anwendung kommen (vgl. dazu auch § 113 Abs. 1 FamFG).

§ 77 FamFG regelt die Möglichkeit zur Stellungnahme für übrige Beteiligte und den Antragsgegner:
- Vor der Bewilligung der Verfahrenskostenhilfe **kann** das Gericht den übrigen Beteiligten Gelegenheit zur Stellungnahme geben.
- Im Antragsverfahren **ist** dem Antragsgegner vor Bewilligung Stellungnahme zu ermöglichen (sofern nicht aus besonderen Gründen unzweckmäßig).

Zum 1.8.2013 sind einige kostenrechtliche Änderungen im Bereich der Prozesskostenhilfe erfolgt.[1] Weitere verfahrensrechtliche Änderungen ergeben sich zum 1.1.2014 durch das Gesetz zur Änderung des Prozesskostenhilfe- und Beratungshilferechts. Das Gesetz wurde am 6.9.2013 im Bundesgesetzblatt verkündet und tritt **zum 1.1.2014** in Kraft.[2]

Die wesentlichen Änderungen durch diese beiden Gesetze werden in den jeweiligen Bereichen behandelt.

II. Beiordnung eines Rechtsanwalts und Umfang der Bewilligung

1. Beiordnung eines Rechtsanwalts

Der RA beantragt nicht nur die Bewilligung von VKH, sondern gleichzeitig auch seine Beiordnung. Im Verfahrenskostenhilfeverfahren (auch VKH-Bewilligungs- oder VKH-Prüfungsverfahren) prüft das Gericht das Vorliegen der gesetzlichen Voraussetzungen. In diesem Verfahren wird dem Gegner Gelegenheit zu einer Stellungnahme zum Streitverhältnis gegeben. Das Gericht kann eine mündliche Erörterung anberaumen, wenn mit einer Einigung zu rechnen ist. Es kann auch

---

1 Zweites Gesetz zur Modernisierung des Kostenrechts (2. KostRMoG) v. 23.7.2013, BGBl I, Nr. 42, ausgegeben am 29.7.2013 S. 2585 bis 2720.
2 Gesetz zur Änderung des Prozesskostenhilfe- und Beratungshilferechts (PKHuBerHÄndG k.a.Abk.) Art. 2 – G. v. 31.8.2013 BGBl I S. 3533 (Nr. 55); Geltung ab 1.1.2014.

§ 7 Verfahrenskostenhilfe

Beweis erhoben werden, Zeugen und Sachverständige sind aber nur ausnahmsweise zu vernehmen.

7 *Achtung*
Eine anwaltliche Beiordnung ist nach neuem Recht nicht schon dann geboten, weil der andere Beteiligte anwaltlich vertreten ist.

8 **§ 78 Abs. 1 u. 2 FamFG**

(1) Ist eine Vertretung durch einen Rechtsanwalt vorgeschrieben, wird dem Beteiligten ein zur Vertretung bereiter Rechtsanwalt seiner Wahl beigeordnet.

(2) Ist eine Vertretung durch einen Rechtsanwalt nicht vorgeschrieben, wird dem Beteiligten auf seinen Antrag ein zur Vertretung bereiter Rechtsanwalt seiner Wahl beigeordnet, wenn wegen der Schwierigkeit der Sach- und Rechtslage die Vertretung durch einen Rechtsanwalt erforderlich erscheint.

9 § 78 Abs. 3 FamFG schränkt die Beiordnung eines Anwalts weiter dahin ein, dass ein nicht im Bezirk des Verfahrensgerichts niedergelassener Rechtsanwalt nur beigeordnet werden kann, wenn hierdurch besondere Kosten nicht entstehen. Nur wenn besondere Umstände dies erfordern, kann dem Beteiligten nach § 78 Abs. 4 FamFG auf seinen Antrag ein zur Vertretung bereiter Rechtsanwalt seiner Wahl zur Wahrnehmung eines Termins zur Beweisaufnahme vor dem ersuchten Richter oder zur Vermittlung des Verkehrs mit dem Verfahrensbevollmächtigten beigeordnet werden. Es ist sehr zu kritisieren, dass der Gesetzgeber diese besonderen Umstände nicht näher definiert und Anwälte und Mandanten weiter der unterschiedlichen Rechtsprechung einzelner Gerichtsbezirke aussetzt (vgl. dazu Rn 1483). Warum nach wie vor auf den Verkehrsanwalt abgestellt wird, der in der Praxis seit Erweiterung der Postulationsfähigkeit in den Jahren 2000 (LGs) und 2002 (OLGs) fast nicht mehr vorkommt, und nicht vielmehr auf die Mehrkosten, die bei Beauftragung eines Unterbevollmächtigten entstehen, ist nicht nachvollziehbar. Auch die Ungleichbehandlung des „armen" zum „reichen" Auftraggeber scheint ungerecht, denn die BGH-Rechtsprechung zur Erstattungsfähigkeit von Mehrkosten, die durch die Beauftragung eines Unterbevollmächtigten anfallen, findet keine analoge Anwendung bei der VKH-Partei, bei der bezüglich der Erstattung aus der Staatskasse auf den – kaum noch existenten – Verkehrsanwalt abgestellt wird.

10 Hinzu kommt, dass diese Einschränkungen in § 78 Abs. 4 FamFG nur für Familiensachen gelten, die **nicht** Ehe- und/oder Familienstreitsachen sind. Denn § 78 FamFG ist in Ehe- und Familienstreitsachen **nicht** anwendbar, § 113 Abs. 1 S. 1 FamFG.

Familiensachen, die nicht Ehe- und Familienstreitsachen sind, sind:
- Kindschaftssachen, § 111 Nr. 2 FamFG
- Abstammungssachen, § 111 Nr. 3 FamFG
- Adoptionssachen, § 111 Nr. 4 FamFG
- Ehewohnungs- und Haushaltssachen, § 111 Nr. 5 FamFG
- Gewaltschutzsachen, § 111 Nr. 6 FamFG
- Versorgungsausgleichssachen, § 111 Nr. 7 FamFG
- Unterhaltssachen nach § 231 Abs. 2 FamFG (d. h., Verfahren nach § 3 Abs. 2 S. 3 Bundeskindergeldgesetz und § 64 Abs. 2 S. 3 EStG), § 111 Nr. 8 FamFG (Achtung: alle anderen Unterhaltssachen wie Ehegatten- und Kindesunterhalt etc. sind Familienstreitsachen, § 112 Nr. 1 FamFG)
- Güterrechtssachen nach § 261 Abs. 2 FamFG (d. h., z.B. Verfahren auf Übertragung eines Vermögensgegenstandes oder Stundung des Zugewinnausgleichsanspruchs), § 111 Nr. 9 FamFG (Achtung: alle anderen Güterrechtssachen wie z.B. Forderung des Ausgleichsanspruchs sind Familienstreitsachen, § 112 Nr. 2 FamFG)

- sonstige Familiensachen nach § 266 Abs. 2 FamFG (Besorgung, Beschränkung oder Ausschluss eines Rechtsgeschäfts durch den anderen Ehegatten), § 111 Nr. 10 FamFG (Achtung: sonstige Familiensachen nach § 266 Abs. 1 sind Familienstreitsachen, § 112 Nr. 3 FamFG
- Lebenspartnerschaftssachen nach § 269 Abs. 1 Nr. 1 bis 7, 11 u. 12 FamFG, § 111 Nr. 11 FamFG (Achtung: Lebenspartnerschaftssachen nach § 269 Abs. 1 Nr. 8–10 sowie Abs. 2 FamFG sind Familienstreitsachen, § 112 Nr. 3 FamFG).

Für Ehesachen und Familienstreitsachen, für die die Vorschriften über die VKH nach §§ 114 ff. ZPO gelten, besteht vor den Familiengerichten und Oberlandesgerichten Anwaltszwang, § 114 Abs. 1 FamFG.

Es stellt sich daher die Frage, für welche der Familiensachen, die **nicht** Ehe- und/oder selbstständige Familienstreitsache sind und für die die §§ 76–78 über die VKH gelten, Anwaltszwang besteht. Die notwendige Vertretung durch einen Anwalt (Anwaltszwang) ist in § 114 FamFG geregelt.

- Verfahren vor dem Bundesgerichtshof, immer Anwaltszwang, § 114 Abs. 2 FamFG (dann dort durch einen BGH-Anwalt!)
- bestimmte (nicht alle) Kindschaftssachen, – Anwaltszwang sofern Folgesache, § 137 Abs. 3 FamFG
- Ehewohnungs- und Haushaltssachen, § 111 Nr. 5 FamFG – Anwaltszwang sofern Folgesache, § 137 Abs. 2 Nr. 3 FamFG
- Gewaltschutzsachen, § 111 Nr. 6 FamFG
- Versorgungsausgleichssachen, § 111 Nr. 7 FamFG – Anwaltszwang sofern Folgesache, § 137 Abs. 2 Nr. 1 FamFG jedoch Ausnahme nach § 114 Abs. 4 Nr. 7 – kein Anwaltszwang für den Antrag auf Durchführung des VA bei kurzer Ehezeit sowie bei für Zustimmung der ausgleichspflichtigen Person für den Fall, dass die gewählte Zielversorgung im Fall der externen Teil bei ihr zu steuerpflichtigen Einnahmen führt
- Güterrechtssachen nach § 261 Abs. 2 FamFG (d. h., z.B. Verfahren auf Übertragung eines Vermögensgegenstandes oder Stundung des Zugewinnausgleichsanspruchs), § 111 Nr. 9 FamFG (Achtung: alle anderen Güterrechtssachen wie z.B. Forderung des Ausgleichsanspruchs sind Familienstreitsachen, § 112 Nr. 2 FamFG) – Anwaltszwang sofern Folgesache, § 137 Abs. 2 Nr. 1 FamFG

Das bedeutet z.B., dass für eine selbstständige Kindschaftssache wie z.B. Sorgerecht, kein Anwaltszwang gegeben ist und folglich, da sich bei einer solchen Kindschaftssache auch nicht um eine Ehe- oder Familienstreitsache handelt, für die VKH nach der ZPO zu gewähren wäre, § 78 Abs. 2 FamFG zur Anwendung kommt, der eine Beiordnung des Rechtsanwalts nur dann vorsieht, wenn wegen der Schwierigkeit der Sach- und Rechtslage die Vertretung durch einen Rechtsanwalt erforderlich erscheint.

Die Bewilligung der VKH für die Scheidungssache erstreckt sich jedoch grundsätzlich nach § 149 FamFG auch auf eine Versorgungsausgleichsfolgesache, sofern nicht eine Erstreckung ausdrücklich ausgeschlossen ist.

Praxistipp
Bewilligungs- und Beiordnungsbeschlüsse sind auf eine solche Einschränkung hin zu überprüfen; ggf. ist der Antrag zu stellen, die Beschränkung aufzuheben.

Ebenfalls kein Anwaltszwang, d.h. mit einer Ablehnung der VKH muss mangels Anwaltszwangs nach 78 Abs. 2 FamFG gerechnet werden, wenn keine besonderen Umstände im Sinne des § 78 Abs. 2 FamFG gegeben sind:
- in Verfahren der einstweiligen Anordnung, § 114 Abs. 4 Nr. 1 FamFG
- in Unterhaltssachen für Beteiligte, die durch das Jugendamt als Beistand, Vormund oder Ergänzungspfleger vertreten sind, § 114 Abs. 4 Nr. 2 FamFG

§ 7 Verfahrenskostenhilfe

- für die Zustimmung zur Scheidung und zur Rücknahme des Scheidungsantrags und für den Widerruf der Zustimmung zur Scheidung, § 114 Abs. 4 Nr. 3 FamFG
- im Verfahren über die Verfahrenskostenhilfe, § 114 Abs. 4 Nr. 5 FamFG
- in den Fällen des § 78 Abs. 3 ZPO (Verfahren vor dem beauftragten oder ersuchten Richter sowie dem Urkundsbeamten der Geschäftsstelle; Hinweis: § 78 Abs. 3 ZPO n.F. (seit 1.9.2009) beinhaltet den Text des § 78 Abs. 5 ZPO a.F.

16 *Praxistipp*
Im Hinblick darauf, dass zwar die Bewilligung von VKH bei Vorliegen der Voraussetzungen gegeben sein kann, nicht aber zwingend auch die Beiordnung eines Anwalts erfolgen muss, sollten Rechtsanwälte erwägen, nur gegen Vorschussleistung (vgl. dazu Rn 96) tätig werden.

17 Denn nach § 58 Abs. 2 RVG sind Vorschüsse und anderweitige Zahlungen, die vor oder nach der Beiordnung vom Auftraggeber oder Dritten geleistet worden sind, zunächst auf die Differenz zwischen VKH- und Wahlanwaltsvergütung zu verrechnen. Erst wenn sich ein Überschuss ergibt, führt dies zu einer Verminderung der Zahlung aus der Staatskasse. Dabei sind Vorschüsse immer anzugeben, auch wenn diese behalten werden dürfen, vgl. dazu § 55 RVG. Im Übrigen darf der Anwalt nach Beiordnung keine Zahlungen von seinem Auftraggeber mehr verlangen, § 16 BerufsO, § 122 Abs. 1 Nr. 3 ZPO. Das schließt die Annahme freiwilliger Zahlungen aber nicht aus.

18 Es wird nicht verwundern, dass manche Anwälte die Tätigkeitsaufnahme in einem Mandat scheuen, solange nicht über den VKH-Antrag entschieden ist. Immerhin hat der Gesetzgeber aber für den Fall, dass der Mandant keinen zur Vertretung bereiten Anwalt findet, vorgesorgt: § 78 Abs. 5 FamFG regelt für diese Fälle, dass der Vorsitzende einen Anwalt beiordnet, der Anwalt wird also über sein Berufsrecht in die Pflicht genommen.

19 *Praxistipp*
Ein VKH-Antrag sollte – sofern begründeter Anlass zur Annahme besteht, dass ein Anspruch gegeben ist – frühzeitig gestellt werden. Wird der VKH-Antrag erst im Laufe des Verfahrens gestellt, sind eingezahlte Gerichtskostenvorschüsse „verloren". Sie werden durch die Staatskasse bei nachträglicher Bewilligung nicht zurückerstattet.

2. Umfang der Bewilligung

20 Wenn einem Beteiligten VKH bewilligt und ein Anwalt beigeordnet wurde, ist sie von der Verpflichtung, Gerichtskosten, Anwaltsgebühren des eigenen Anwalts und Auslagenvorschüsse für Zeugen und Sachverständige zu zahlen, befreit. Diese Kosten werden von der **Staatskasse** übernommen. Der RA kann seine Vergütung, die sich auf den Umfang der Beiordnung bezieht, auch nicht gegenüber dem Mandanten geltend machen, sondern nur gegenüber der Staatskasse.

21 Die VKH (Verfahrenskostenhilfe) für die Zwangsvollstreckung in das bewegliche Vermögen umfasst alle Vollstreckungshandlungen im Bezirk des Vollstreckungsgerichts einschl. Abgabe der /eidesstattlichen Versicherung/Vermögensauskunft.

22 Nach § 48 Abs. 3 RVG erstreckt sich die Beiordnung eines Rechtsanwalts in einer Ehesache (Scheidung) im Fall des Abschlusses eines Vertrags im Sinne der Nummer 1000 des Vergütungsverzeichnisses **auf alle mit der Herbeiführung der Einigung erforderlichen Tätigkeiten**,[3] soweit der Vertrag

---

3 **Hinweis**: Sprachliche Änderung zum 1.8.2013 in § 48 Abs. 3 RVG durch das 2. KostRMoG, BGBl I 2013, 2586–2712; so dass künftig alle mit der Herbeiführung der Einigung erfolgten Tätigkeiten durch die Staatskasse zu vergüten sind.

1. den gegenseitigen Unterhalt der Ehegatten,
2. den Unterhalt gegenüber den Kindern im Verhältnis der Ehegatten zueinander,
3. die Sorge für die Person der gemeinschaftlichen minderjährigen Kinder,
4. die Regelung des Umgangs mit einem Kind,
5. die Rechtsverhältnisse an der Ehewohnung und den Haushaltsgegenständen oder
6. die Ansprüche aus dem ehelichen Güterrecht

betrifft. Zur Frage der Entstehung von Gebühren bei derartigen Einigungen, und zur weitergehenden Frage, welche Gebühren die Staatskasse zu tragen hat (§ 4 Rn 310). Nach § 48 Abs. 3 S. 2 RVG gilt das zuvor Gesagte auch für entsprechende Verfahren zwischen Lebenspartnern.

Zudem erhält der RA für folgende Verfahren nur aufgrund ausdrücklicher Beiordnung eine Vergütung aus der Bundes- oder Landeskasse: 23

- Zwangsvollstreckung, § 48 Abs. 5 S. 2 Nr. 1 RVG

  Insbesondere hier ist darauf zu achten, dass nicht nur die Bewilligung von VKH beantragt wird, sondern auch die Beiordnung des Rechtsanwalts, da ansonsten für die Zwangsvollstreckung nur Gerichts- und Gerichtsvollzieherkosten übernommen werden. Das Gericht könnte darauf abstellen, dass die Rechtsantragstelle dem Mandanten bei der Zwangsvollstreckung behilflich ist. Die Bewilligung von Verfahrenskostenhilfe für die Zwangsvollstreckung in das bewegliche Vermögen umfasst nach § 119 ZPO alle Vollstreckungshandlungen im Bezirk des Vollstreckungsgerichts einschließlich des Verfahrens auf Abgabe der Vermögensauskunft.

- Verfahren über Arrest, einstweilige Verfügung und einstweilige Anordnung, § 48 Abs. 4 S. 2 Nr. 2 RVG. Die bewilligte VKH erstreckt sich nach § 48 Abs. 2 RVG auch auf die Vollziehung derselben.

- selbstständiges Beweisverfahren, § 48 Abs. 5 S. 2 Nr. 3 RVG

- Verfahren über die Widerklage, mit Ausnahme der Rechtsverteidigung gegen den Widerklageantrag in Ehesachen und in Lebenspartnerschaftssachen nach § 269 Abs. 1 Nr. 1 u. 2 FamFG, § 48 Abs. 5 S. 2 Nr. 4 RVG.

Für **jeden Rechtszug ist** eine **VKH-Bewilligung und Beiordnung gesondert** zu beantragen. 24

Auch für eine **Antragserweiterung oder Verteidigung gegen eine** solche muss die VKH **gesondert** beantragt und bewilligt werden. Eine Bewilligung erfolgt in der Regel **ab dem Zeitpunkt der Antragstellung**. Möglich, jedoch sehr selten, ist jedoch auch eine **Beiordnung mit Rückwirkung**. Dies allerdings nur dann, wenn der RA hiermit einverstanden ist. Denn mit der Beiordnung entfällt sein Anspruch auf die Wahlanwaltsvergütung, auch für die Gebühren, die bereits entstanden sind. Der im Beiordnungsbeschluss genannte Zeitpunkt ist maßgeblich.

III. Voraussetzungen

1. Allgemeines und Änderungen zum 1.1.2014

VKH kann nach § 114 ZPO beantragen, wer 25
- nach seinen persönlichen und wirtschaftlichen Verhältnissen die Verfahrenskosten **nicht** oder **nur zum Teil** oder **nur in Raten** zahlen kann,
- wenn nach den allgemeinen Voraussetzungen die Rechtsverfolgung **nicht mutwillig** erscheint
- und hinreichend **Aussicht auf Erfolg** hat.

§ 7 Verfahrenskostenhilfe

a) Mutwilligkeit

26 In § 114 Abs. 2 ZPO wird künftig der herrschenden Rechtsprechung folgend die Mutwilligkeit wie folgt definiert:[4]

> „(2) Mutwillig ist die Rechtsverfolgung oder Rechtsverteidigung, wenn eine Partei, die keine Prozesskostenhilfe beansprucht, bei verständiger Würdigung aller Umstände von der Rechtsverfolgung oder Rechtsverteidigung absehen würde, obwohl eine hinreichende Aussicht auf Erfolg besteht."

b) Gescheiterte Vorhaben

Der Gesetzgeber hat zudem einige geplante Änderungen nicht umgesetzt:

27 Die zunächst geplante Reduzierung des Freibetrags für Erwerbstätige in § 115 Abs. 1 S. 3 Nr. 1b) ZPO um die Hälfte ist nach dem Beschluss des Bundestags nicht mehr Gegenstand des Gesetzgebungsverfahrens.[5]

28 § 115 Abs. 1 S. 3 Nr. 2. a) ZPO sah darüber hinaus zunächst vor, die Freibeträge insbesondere für Ehegatten oder Lebenspartner zu reduzieren. Dies ist ebenfalls nach dem Beschluss des Bundestags nicht mehr Gegenstand des Gesetzgebungsverfahrens.[6]

29 In § 127 Abs. 3 S. 1 u. 2 ZPO sollte ein umfassendes Beschwerderecht der Staatskasse gegen die Bewilligung der VKH geregelt werden; es bleibt hier bei den bisherigen Regelungen.

c) Neue Kriterien zum einsetzbaren Einkommen und Ratenzahlung

30 Was die Berechnung des einsetzbaren Einkommens betrifft, wurden durch das Gesetz zum 1.1.2014 Änderungen vorgenommen wie folgt:[7]

Absetzung des Mehrbedarfs vom Einkommen

In § 115 Abs. 1 ZPO wird folgende Nr. 4 eingefügt (*Abzusetzen sind*):

> „4. Mehrbedarfe nach § 21 des Zweiten Buches Sozialgesetzbuch und nach § 30 des Zwölften Buches Sozialgesetzbuch
>
> Die bisherige Nummer 4 wird Nummer 5."

31 **Neue Berechnungsgrundlage für Ratenzahlungen**

Der bisherige § 115 Abs. 2 ZPO wurde aufgehoben. Statt seiner wurde ein neuer § 115 Abs. 2 ZPO eingeführt:[8]

> „(2) Von dem nach den Abzügen verbleibenden Teil des monatlichen Einkommens (einzusetzendes Einkommen) sind Monatsraten in Höhe der Hälfte des einzusetzenden Einkommens festzusetzen; die Monatsraten sind auf volle EUR abzurunden. Beträgt die Höhe einer Monatsrate weniger als 10,00 EUR, ist von der Festsetzung von Monatsraten abzusehen. Bei einem einzusetzenden Einkommen von mehr als 600,00 EUR beträgt die Monatsrate 300,00 EUR zzgl. des Teils des einzusetzenden Einkommens, der 600,00 EUR übersteigt. Unabhängig von der Zahl der Rechtszüge sind höchstens 48 Monatsraten aufzubringen."

---

4 Gesetz zur Änderung des Prozesskostenhilfe- und Beratungshilferechts (PKHuBerHÄndG k.a.Abk.) Art. 2 – G. v. 31.8.2013 BGBl I S. 3533 (Nr. 55); Geltung ab 1.1.2014; vgl. BT-Drucks 17/11472 v. 14.11.2012 sowie Beschlussempfehlung d. Rechtsausschusses v. 15.5.2013 in BT-Drucks 17/13538.
5 Vgl. dazu die Beschlussempfehlung des Rechtsausschusses v. 15.5.2013 in BT-Drucks 17/13538.
6 Vgl. dazu die Beschlussempfehlung des Rechtsausschusses v. 15.5.2013 in BT-Drucks 17/13538.
7 Gesetz zur Änderung des Prozesskostenhilfe- und Beratungshilferechts (PKHuBerHÄndG k.a.Abk.) Art. 2 – G. v. 31.8.2013 BGBl I S. 3533 (Nr. 55); Geltung ab 1.1.2014.
8 BT-Drucks 17/11472 v. 14.11.2012.

Hinweis 32
Das ursprüngliche Vorhaben, die Ratenzahlungen von 48 auf 72 Monate auszudehnen, wurde aufgegeben.[9]

d) Änderung der Bewilligung, § 120a ZPO n.F.

§ 120a ZPO[10] 33

(1) Das Gericht soll die Entscheidung über die zu leistenden Zahlungen ändern, wenn sich die für die Prozesskostenhilfe maßgebenden persönlichen oder wirtschaftlichen Verhältnisse wesentlich verändert haben. Eine Änderung der nach § 115 Abs. 1 S. 3 Nr. 1b) und Nr. 2 maßgebenden Beträge ist nur auf Antrag oder nur dann zu berücksichtigen, wenn sie dazu führt, dass keine Monatsrate zu zahlen ist. Auf Verlangen des Gerichts muss die Partei jederzeit erklären, ob eine Veränderung der Verhältnisse eingetreten ist. Eine Änderung zum Nachteil der Partei ist ausgeschlossen, wenn seit der rechtskräftigen Entscheidung oder der sonstigen Beendigung des Verfahrens vier Jahre vergangen sind.

(2) Verbessern sich vor dem in Absatz 1 S. 4 genannten Zeitpunkt die wirtschaftlichen Verhältnisse der Partei wesentlich oder ändern sich ihre Anschrift, hat sie dies dem Gericht unverzüglich mitzuteilen. Bezieht die Partei ein laufendes monatliches Einkommen, ist eine Einkommensverbesserung nur wesentlich, wenn die Differenz zu dem bisher zugrunde gelegten Bruttoeinkommen nicht nur einmalig 100,00 EUR übersteigt. Satz 2 gilt entsprechend, soweit abzugsfähige Belastungen entfallen. Hierüber und über die Folgen eines Verstoßes ist die Partei bei Antragstellung in dem gemäß § 117 Abs. 3 eingeführten Formular zu belehren.

(3) Eine wesentliche Verbesserung der wirtschaftlichen Verhältnisse kann insbesondere dadurch eintreten, dass die Partei durch die Rechtsverfolgung oder Rechtsverteidigung etwas erlangt. Das Gericht soll nach der rechtskräftigen Entscheidung oder der sonstigen Beendigung des Verfahrens prüfen, ob eine Änderung der Entscheidung über die zu leistenden Zahlungen mit Rücksicht auf das durch die Rechtsverfolgung oder Rechtsverteidigung Erlangte geboten ist. Eine Änderung der Entscheidung ist ausgeschlossen, soweit die Partei bei rechtzeitiger Leistung des durch die Rechtsverfolgung oder Rechtsverteidigung Erlangten ratenfreie Prozesskostenhilfe erhalten hätte.

(4) Für die Erklärung über die Änderung der persönlichen oder wirtschaftlichen Verhältnisse nach Absatz 1 S. 3 muss die Partei das gemäß § 117 Abs. 3 eingeführte Formular benutzen. Für die Überprüfung der persönlichen und wirtschaftlichen Verhältnisse gilt § 118 Abs. 2 entsprechend.

Zum einen ist positiv hervorzuheben, dass die Änderung der Bewilligung nunmehr als „Sollvorschrift" ausgestaltet wurde, nicht wie der frühere § 120 Abs. 4 S. 1 ZPO als „Kann-Vorschrift". Hierdurch wird verdeutlicht, dass das Gericht bei Vorliegen der Voraussetzungen zur Änderung der Bewilligung keinen Ermessensspielraum mehr hat. 34

Die Tatsache, dass das Gericht nunmehr jederzeit, also auch ohne besonderen Anlass die Partei zu Erklärung über mögliche Veränderungen der persönlichen oder wirtschaftlichen Verhältnisse auffordern kann, dürfte manchen Auftraggeber überraschen; zumal damit zu rechnen ist, dass die Überprüfung künftig in regelmäßigen zeitlichen Abständen erfolgt.[11] 35

In § 120a Abs. 2 ZPO wird die bedürftige Partei nunmehr ausdrücklich verpflichtet, wesentliche Verbesserungen ihrer Einkommens- und Vermögensverhältnisse dem Gericht unverzüglich mitzuteilen; dieser in der Rechtsprechung und Literatur als Schwachpunkt angesehene fehlende bishe- 36

---

9 BT-Drucks 17/13538.
10 Vgl. BT-Drucks 17/11472 v. 14.11.2012 sowie Beschlussempfehlung d. Rechtsausschusses v. 15.5.2013 in BT-Drucks 17/13538.
11 BT-Drucks 17/11472 v. 14.11.2012, Entwurf eines Gesetzes zur Änderung des Prozesskostenhilfe- und Beratungshilferechts mit Gesetzesbegründung, S. 33 unter Verweis auf BGH, Beschl. v. 5.11.2009, ZInsO 2009, 2405.

rige Verpflichtung wird nun zum 1.1.2014 beseitigt. Der Begriff der wesentlichen Veränderung wird in § 120a Abs. 2 S. 2 ZPO mit einer Einkommensverbesserung ab einer Erhöhung von monatlich 100,00 EUR brutto definiert. Auf den Bruttobetrag wird abgestellt, weil die Ermittlung des Nettobetrags nicht ohne weiteres jeder Person möglich ist. Nicht zwingend führt eine solche Anhebung bereits zu einer Änderung der Bewilligung; dies ist vom Gericht gesondert zu prüfen; die Mitteilungspflicht besteht aber unabhängig von einer möglichen Änderung.

37 Darüber hinaus kann eine wesentliche Verbesserung auch dadurch eintreten, dass die PKH-Partei durch Rechtsverfolgung oder Rechtsverteidigung etwas erlangt hat; § 120a Abs. 3 ZPO sieht insoweit eine gesonderte Überprüfungspflicht des Gerichts nach der rechtskräftigen Entscheidung oder sonstigen Beendigung des Verfahrens vor.

e) Erweiterung der Aufhebungsmöglichkeiten – Mitteilungspflichten

38 Die bisherige Nr. 4 in § 124 wird Nr. 5 und es wird eine neue Nr. 4 (Aufhebungsgrund) eingefügt:

*„4. die Partei entgegen § 120a Absatz 2 Satz 1 bis 3 dem Gericht wesentliche **Verbesserungen ihrer Einkommens- und Vermögensverhältnisse** oder **Änderungen ihrer Anschrift** absichtlich oder aus grober Nachlässigkeit unrichtig oder nicht unverzüglich mitgeteilt hat;".*

39 Es ist konsequent, bei Verstoß gegen die Mitteilungspflichten die Aufhebung als Sanktion folgen zu lassen, da ansonsten die Mitteilungspflichten von Hilfesuchenden möglicherweise nicht ernst genug genommen würden. Hier stellt sich die Frage, ob Anwälte zur Vermeidung von späterem Streit nicht vorsichtshalber auf diese Sanktionen hinweisen sollten. Es gibt zwar keine gesetzliche Hinweispflicht, allerdings bietet es sich an, entsprechende Hinweise zu den ohnehin üblichen Hinweisen zu erteilen.

40 Zudem wird in § 124 ZPO ein **neuer Absatz 2** eingefügt:

„(2) Das Gericht kann die Bewilligung der Prozesskostenhilfe aufheben, soweit die von der Partei beantragte Beweiserhebung aufgrund von Umständen, die im Zeitpunkt der Bewilligung der Prozesskostenhilfe noch nicht berücksichtigt werden konnten, keine hinreichende Aussicht auf Erfolg bietet oder der Beweisantritt mutwillig erscheint."

41 Anwälte werden angesichts dieser Neuregelung gut daran tun, ihre Mandanten auf diese Regelung hinzuweisen. Das Gericht ist mit dieser Regelung berechtigt, eine vermeintlich unsinnige Beweisaufnahme auf Kosten des Steuerzahlers dadurch zu verhindern, dass die Bewilligung der Prozesskostenhilfe (ggf. teilweise) aufgehoben wird.

42 Die Entscheidung über die Teilaufhebung kann – ebenso wie das vollständige Aufheben – mit der sofortigen Beschwerde gem. § 127 Abs. 2 S. 2 ZPO angefochten werden (Frist: 1 Monat).

2. Erklärung über die persönlichen und wirtschaftlichen Verhältnisse sowie Vorlage der Belege und Erklärung an die Gegenseite

43 Für den Antrag auf Bewilligung von VKH ist das Prozessgericht zuständig, § 117 ZPO.

Damit das Prozessgericht überprüfen kann, wie die persönlichen und wirtschaftlichen Verhältnisse des Antragstellers sowie die Erfolgsaussichten des angestrebten Prozesses sind, müssen dem Antrag folgende Unterlagen beigefügt werden:
- Eine Erklärung über die persönlichen und wirtschaftlichen Verhältnisse und entsprechende Belege, § 117 Abs. 2 S. 1 ZPO. Hier ist ein amtlicher Vordruck auszufüllen. Als Belege könnten Bescheide von Sozial- oder Arbeitsamt, Verdienstbescheinigung etc. dienen.
- Eine Darstellung des Streitverhältnisses unter Angabe der Beweismittel, § 117 Abs. 1 S. 2 ZPO. In der Regel wird ein vorbereiteter Antrag beigefügt, die mit dem Zusatz, dass sie nur dann

erhoben wird, wenn eine VKH-Bewilligung erfolgt, versehen wird. Der Antrag wird daher auch oft als Entwurf bezeichnet oder nicht unterzeichnet.

Nach § 117 Abs. 2 S. 2 ZPO dürfen die Erklärung über die persönlichen und wirtschaftlichen Verhältnisse sowie die Belege dem Gegner nur mit Zustimmung des Beteiligten zugänglich gemacht werden, 44

> „es sei denn, der Gegner hat gegen den Antragsteller nach den Vorschriften des bürgerlichen Rechts einen Anspruch auf Auskunft über Einkünfte und Vermögen des Antragstellers. Dem Antragsteller ist vor der Übermittlung seiner Erklärung an den Gegner Gelegenheit zur Stellungnahme zu geben. Er ist über die Übermittlung seiner Erklärung zu unterrichten."

In § 117 Abs. 3 ZPO wurde zum 1.1.2014 der Satz angefügt, dass die Formulare die nach § 120a Abs. 2 S. 4 ZPO erforderliche Belehrung (selbstständige Auskunftspflicht des VKH-Berechtigten bei Umzug oder wesentlicher Änderungen seiner wirtschaftlichen Verhältnisse mit der Sanktion einer Aufhebung bei Verstoß gegen diese Verpflichtung) enthalten müssen.[12] 45

Nach § 118 Abs. 1 S. 1 ZPO n.F. (zum 1.1.2014) ist dem Gegner Gelegenheit zur Stellungnahme zu geben, ob er die Voraussetzungen für die Bewilligung von Prozesskostenhilfe für gegeben hält, soweit dies aus besonderen Umständen nicht unzweckmäßig erscheint.[13] 46

3. Verfahrenskostenhilfebekanntmachung und Einkommen

Es findet jährlich zum 01.07. eine Veröffentlichung der maßgebenden Beträge im Bundesgesetzblatt statt (**Verfahrenskostenhilfebekanntmachung** (VKHB)). Mit der Einführung des Lebenspartnerschaftsgesetzes wurden bei den vom anrechenbaren Einkommen abzugsfähigen Posten Unterhaltszahlungen an den **Lebenspartner** mit aufgenommen, § 115 ZPO. 47

Wenn das nach § 115 ZPO berechnete Nettoeinkommen des Antragstellers einen bestimmten Höchstbetrag überschreitet, muss der Antragsteller die Verfahrenskosten in monatlichen Raten an die Staatskasse zurückzahlen. Die Höhe der Ratenzahlungen richtet sich nach dem Nettoeinkommen und der Zahl der unterhaltsberechtigten Personen. Die Raten sind solange zu bezahlen, bis die gesamten Kosten bezahlt sind, höchstens aber 48 Monate.

In Fällen gesetzlicher Prozessstandschaft (Elternteil macht im eigenen Namen den Unterhaltsanspruch eines Kindes gegen den unterhaltspflichtigen anderen Elternteil gerichtlich geltend) stellt sich die Frage, ob es auf die Vermögens- und Einkommensverhältnisse des Kindes oder aber des antragstellenden Elternteils ankommt. Es stellt sich auch die Frage, ob nicht der Elternteil, der die Unterhaltsansprüche gerichtlich geltend macht und das Kind betreut, seinerseits verfahrenskostenvorschusspflichtig ist.[14] Ebenso stellt sich die Frage, ob der unterhaltspflichtige Elternteil möglicherweise verfahrenskostenvorschusspflichtig ist. 48

Um den Rahmen dieses Buchs nicht zu sprengen, wird für die Berechnung des anzusetzenden Einkommens auf die einschlägigen Kommentierungen zu § 115 ZPO verwiesen. 49

---

12 Gesetz zur Änderung des Prozesskostenhilfe- und Beratungshilferechts (PKHuBerHÄndG k.a.Abk.) Art. 2 – G. v. 31.8.2013 BGBl I S. 3533 (Nr. 55); Geltung ab 1.1.2014.
13 Gesetz zur Änderung des Prozesskostenhilfe- und Beratungshilferechts (PKHuBerHÄndG k.a.Abk.) Art. 2 – G. v. 31.8.2013 BGBl I S. 3533 (Nr. 55); Geltung ab 1.1.2014.
14 OLG Dresden FamRZ 2002, 1412 f. = OLGreport 2002, 515; OLG Köln ZFE 2004, 25 f.; so auch *WAX, FPR* 2002, 471, 474.

4. Keine VKH bei Anspruch auf Verfahrenskostenvorschuss?

50 In der Praxis ist oft zu beobachten, dass Verfahrenskostenhilfe beantragt wird, obwohl ein Anspruch auf Verfahrenskostenvorschuss besteht, mit der Folge, dass die VKH vom Gericht aufgrund eines bestehenden Anspruchs auf Verfahrenskostenvorschuss abgelehnt wird. Dies kommt insbesondere dann vor, wenn sich aus dem Vortrag im Antragsentwurf ergibt, dass der Verfahrensgegner prozesskostenvorschusspflichtig und auch -fähig wäre (z.B. in Unterhaltsverfahren, wenn zum Einkommen des Antragsgegners, das der Berechnung des Unterhaltsanspruchs gedient hat, vorgetragen wird).

51 Nach Meinung des BGH stellt ein Anspruch auf Verfahrenskostenvorschuss (§§ 1360a Abs. 4 i.V.m. 1361 Abs. 4 S. 4, 1610 Abs. 2 BGB) Vermögen dar und führt damit zur Ablehnung der begehrten VKH.[15] Ob ein Verfahrenskostenvorschussanspruch besteht oder nicht bzw. ob dieser durchgesetzt werden kann oder nicht, ist vom Antragsteller darzulegen.[16] In einem Fall, in dem für eine isolierte Angelegenheit VKH beantragt worden ist, nachdem versäumt wurde, vor Rechtskraft der Scheidung einen entsprechenden Verfahrenskostenvorschuss zu fordern, versagte das OLG Zweibrücken die begehrte VKH.[17]

52 § 127a ZPO wurde durch Art. 27 Nr. 7 FGG-RG gestrichen. Über § 246 FamFG wurde die Möglichkeit geschaffen, einen Anspruch auf Kostenvorschuss für jedes gerichtliche Verfahren durch einstweilige Anordnung titulieren zu lassen, selbst dann, wenn ein dringendes Bedürfnis nicht gegeben ist. Die einstweilige Anordnung nach § 246 FamFG ergeht aufgrund mündlicher Verhandlung, wenn dies zur Aufklärung des Sachverhalts oder für eine gütliche Beilegung des Verfahrens geboten erscheint.

53 Ein Verfahrenskostenvorschuss kann auch von einem volljährigen Kind beansprucht werden, das sich noch in Ausbildung befindet und deshalb noch keine eigene Lebensstellung erlangt hat.[18]

5. Erfolgsaussichten

54 An die Erfolgsaussichten wird oft ein zu enger Prüfungsmaßstab angelegt. Nach Ansicht des Bundesverfassungsgerichts darf die Prüfung der Erfolgsaussichten nicht dazu führen, dass die Hauptsacheentscheidung praktisch im VKH-Prüfungsverfahren vorweggenommen wird.[19] Nach Ansicht des BGH und BVerfG ist die Erfolgsaussicht grundsätzlich zu bejahen, wenn die beabsichtigte Rechtsverfolgung oder -verteidigung grundsätzliche Fragen aufwirft, die einer höchstrichterlichen Klärung bedürfen.[20] Einem Antragsgegner, der einer Scheidung zustimmen möchte, ist die Erfolgsaussicht zuzusprechen, da er dem Verfahren nicht ausweichen kann.[21]

55 Für den Rechtsmittelgegner sind die Erfolgsaussichten in der Rechtsmittelinstanz nicht zu prüfen, § 119 Abs. 1 S. 2 ZPO.[22]

---

15 BGH FamRZ 2008, 1842; vgl. dazu auch: *Philippi,* FPR 2002, 479 m.w.N.
16 BGH FamRZ 2008, 1842; OLG Koblenz FPR 2002, 545; OLG Brandenburg FamRZ 2002, 1414 f.
17 OLG Zweibrücken FamRZ 2000, 757.
18 BGH FamRZ 2008, 1842.
19 BVerfG NJW 2000, 1936, 1937; NJW-RR 2002, 793 f. und auch OLG Naumburg ZFE 2002, 261.
20 BVerfG FamRZ 2007, 1876; BGH FamRZ 2007, 1006 u. FamRZ 2003, 671 f.
21 OLG Bamberg FamRZ 1995, 370 = NJW-RR 1995, 5.
22 Das gilt auch in Familiensachen: BayObLG FamRZ 1997, 685.

6. Mutwilligkeit

Ob das erkennende Gericht eine Mutwilligkeit im Verfahrensverhalten des Antragstellers/Klägers sieht, hängt von verschiedenen Faktoren ab. Grundsätzlich wird dabei die Frage gestellt, ob ein Beteiligter, der auf eigene Kosten das Verfahren führt, dieses Verfahren überhaupt und auf diese Weise durchgeführt hätte. In § 114 Abs. 2 ZPO wird künftig der herrschenden Rechtsprechung folgend die Mutwilligkeit wie folgt definiert:[23]

> „(2) Mutwillig ist die Rechtsverfolgung oder Rechtsverteidigung, wenn eine Partei, die keine Prozesskostenhilfe beansprucht, bei verständiger Würdigung aller Umstände von der Rechtsverfolgung oder Rechtsverteidigung absehen würde, obwohl eine hinreichende Aussicht auf Erfolg besteht."

Problematisch ist dabei nach *Kindermann* die Frage, ob der Antragsteller verpflichtet sein kann, seine Verfahrenstaktik darzulegen, um die fehlende Mutwilligkeit zu begründen. Denn damit informiert er die Gegenseite über seine Verfahrenstaktik, während der auf eigene Kosten antragstellende Beteiligte ein solches nicht muss.[24]

Fallgruppen, in denen die Rechtsprechung mutwilliges Verhalten bejaht und die VKH abgelehnt hat:

- Antrag auf Zahlung von Kindesunterhalt; keine Aufforderung, kostenfrei entsprechende Urkunde beim Jugendamt zu errichten;[25]
- Antrag auf Kindesunterhalt (für ein minderjähriges Kind), obwohl der Anspruch im vereinfachten Verfahren auf Festsetzung des Kindesunterhalts hätte geltend gemacht werden können;[26]
- vierter Scheidungsantrag, der drei Monate nach Rücknahme des dritten Scheidungsantrags gestellt wurde, ohne dass ein entsprechender Versöhnungsversuch unternommen wurde.[27]

Die Geltendmachung einer zivilprozessualen **Scheidungsfolgesache außerhalb des Verbundverfahrens** ist dabei nach Ansicht des BGH grundsätzlich **nicht mutwillig** im Sinne des § 114 ZPO.[28] Grundlage dieser Entscheidung waren zwei nach rechtskräftigem Abschluss der Scheidung anhängig gemachte Zugewinnausgleichsverfahren. Der BGH verneinte eine Mutwilligkeit, weil es nicht auf die insgesamt anfallenden Kosten ankomme, sondern darauf, ob ein nicht bedürftiger Auftraggeber aus Kostengesichtspunkten von einer isolierten Geltendmachung der Folgesache in der Regel absehen würde. Eine kostenbewusste vermögende Person würde in erster Linie die sie betreffenden Kosten beachten. Dabei sei, so der BGH zu berücksichtigen, dass bei einer Entscheidung im Verbund in der Regel die Kosten gegeneinander aufgehoben werden, § 93a Abs. 1 S. 1 ZPO, wohingegen bei isoliertem ZPO-Verfahren ein Kostenerstattungsanspruch nach § 91 ZPO besteht. Bei einer Kostenentscheidung gegen den unterlegenen Gegner ist die getrennte Geltendmachung darüber hinaus kostengünstiger für die Landeskasse. Nach Ansicht des BGH darf auch nicht außer Acht gelassen werden, dass auch das Interesse an einer zügigen Scheidung diese Vorgehensweise rechtfertigen kann. (Zur Kostenerstattung nach dem FamFG siehe § 8 Rn 1 ff.)

---

23 Gesetz zur Änderung des Prozesskostenhilfe- und Beratungshilferechts (PKHuBerHÄndG k.a.Abk.) Art. 2 – G. v. 31.8.2013 BGBl I S. 3533 (Nr. 55); Geltung ab 1.1.2014; vgl. BT-Drucks 17/11472 v. 14.11.2012 sowie Beschlussempfehlung d. Rechtsausschusses v. 15.5.2013 in BT-Drucks 17/13538.
24 *Kindermann*, Rn 532.
25 OLG Frankfurt/M. FamRZ 1995, 622, 623; **a.A.** OLG Nürnberg FamRZ 2002, 891 f., das darauf abstellt, ob mit Einwendungen des Unterhaltspflichtigen zu rechnen ist, die ins streitige Verfahren führen; OLG Naumburg FamRZ 2001, 924.
26 OLG Hamm FamRZ 1999, 995; FamRZ 2000, 1021; OLG Zweibrücken JurBüro 2000, 655.
27 OLG Köln FamRZ 1988, 92.
28 BGH, Beschl. v. 10.3.2005 – XII ZB 19/04 und 20/04 = RVGreport 2005, S. 235.

60 Zahlreiche überzeugende Gründe, die gegen eine Mutwilligkeit bei isolierter Geltendmachung von Ansprüchen sprechen, wie z.B. ein möglicher Zinsverlust bei lange andauerndem Verbundverfahren, das Interesse der Ehegatten an einer zügigen rechtskräftigen Scheidung im Hinblick auf die erhoffte außergerichtliche Erledigung restlicher Streitpunkte etc. finden sich mit Rechtsprechungs- und Literaturhinweisen bei *Kindermann*.[29]

61 Eine Mutwilligkeit kann dann angenommen werden, wenn sich das Verfahren durch eine rechtzeitige Auskunftserteilung[30] oder Stellungnahme im VKH-Prüfungsverfahren ganz oder teilweise hätte vermeiden lassen.[31]

7. Gerichtskostenbelastung des Auftraggebers trotz VKH?

a) Bisherige Rechtslage

62 Mehrere Kostenschuldner haften als Gesamtschuldner, § 26 Abs. 1 FamGKG.

Soweit ein Kostenschuldner aufgrund von § 24 Nr. 1 oder Nr. 2 FamGKG (Erstschuldner) haftet, soll die Haftung eines anderen Kostenschuldners (z.B. Entscheidungsschuldners) nur geltend gemacht werden, wenn eine Zwangsvollstreckung in das bewegliche Vermögen des ersteren erfolglos geblieben ist oder aussichtslos erscheint, § 26 Abs. 2 S. 1 FamGKG. Zahlungen des Erstschuldners mindern seine Haftung aufgrund anderer Vorschriften dieses Gesetzes auch dann in voller Höhe, wenn sich seine Haftung nur auf einen Teilbetrag bezieht, § 26 Abs. 2 S. 2 FamGKG.

63 Soweit einem Kostenschuldner, der aufgrund von § 24 Nr. 1 FamGKG haftet (Entscheidungsschuldner), Verfahrens- oder Prozesskostenhilfe bewilligt worden ist, darf die Haftung eines anderen Kostenschuldners nicht geltend gemacht werden; von diesem bereits erhobene Kosten sind zurückzuzahlen, soweit es sich nicht um eine Zahlung nach § 13 Abs. 1 und 3 des JVEG handelt und die Partei, der die Verfahrens- oder Prozesskostenhilfe bewilligt worden ist, der besonderen Vergütung zugestimmt hat, § 26 Abs. 3 S. 1 FamGKG. Die Haftung eines anderen Kostenschuldners darf auch nicht geltend gemacht werden, soweit dem Entscheidungsschuldner ein Betrag für die Reise zum Ort einer Verhandlung, Anhörung oder Untersuchung und für die Rückreise gewährt worden ist, § 26 Abs. 3 S. 2 FamGKG.

64 Problematisch war in der Vergangenheit die Frage der Gerichtskostenhaftung, wenn sich eine VKH-Partei im Vergleich zur Übernahme von Kosten verpflichtet hat. Die Rechtsprechung der OLGs war sehr unterschiedlicher Auffassung darüber, ob mit einer solchen Kostenübernahme nicht auch die Gerichtskostenfreiheit der VKH-Partei entfällt. Zum Teil haben selbst die Senate einzelner OLG eine unterschiedliche Auffassung vertreten, wie z.B. das OLG Frankfurt:

65 *„1. Die Partei, der Prozesskostenhilfe gewährt wurde, kann vom Gericht auf die Zahlung von Gerichtskosten auch dann nicht in Anspruch genommen werden, wenn sie die Kosten in einem Vergleich ganz oder teilweise übernommen hat. § 122 Abs. 1 Nr. 1a) ZPO schließt eine Inanspruchnahme nicht nur als Veranlassungsschuldner (§ 22 GKG), sondern auch als Entscheidungs- und Übernahmeschuldner (§ 29 GKG) ausdrücklich aus. Etwas anderes ergibt sich auch nicht aus § 31 Abs. 3 GKG, der den Entscheidungsschuldner nach § 29 Nr. 1 GKG, nicht aber den Übernahmeschuldner nach § 29 Nr. 2 GKG vor einem Kostenausgleich des auf die Gerichtskosten in Anspruch genommenen Gegners schützt. Da der Gesetzgeber die Problemlage kannte und er in mehreren Änderungen des GKG von der Anordnung einer Inanspruchnahme ausdrücklich abgesehen hat, fehlt es an einer Regelungslücke, die im Wege der Analogie*

---

29 *Kindermann*, Rn 534 f. mit zahlreichen Nachweisen.
30 OLG Düsseldorf FamRZ 1997, 1017.
31 OLG Brandenburg FamRZ 2008, 70; OLG Oldenburg FamRZ 2002, 1712; **a.A.** OLG Schleswig MDR 2007, 118.

geschlossen werden könnte. Bundesverfassungsgericht (BVerfGE 51, 295; NJW 2000, 3271) und Bundesgerichtshof (BGH MDR 2004, 295) haben deswegen bislang aus § 31 Abs. 3 GKG (bzw. seinen Vorläufernormen) auch nur den Kostenausgleich zwischen den Parteien, nicht aber die unmittelbare Inanspruchnahme der Prozesskostenhilfepartei durch die Gerichtskasse zugelassen. (amtlicher Leitsatz)"

„2. Im Übrigen verletzt die nicht vorhersehbare Inanspruchnahme der Partei, der Prozesskostenhilfe gewährt wurde, auf Gerichtskosten deren Anspruch auf ein faires Verfahren, wenn die Partei aufgrund einer langjährigen früheren Praxis mit einer solchen Inanspruchnahme zum Zeitpunkt des Vergleichsschlusses nicht rechnen musste. (amtlicher Leitsatz)"[32]

b) Gesetzliche Änderung

Mit dem **2. KostRMoG** wurde die Frage der Kostenhaftung klargestellt. Entsprechende Neuregelungen, die aber für den Anwalt eine erhebliche Haftungsgefahr bergen, finden sich in § 31 Abs. 4 GKG und § 26 Abs. 4 FamGKG. Gerichtskostenfreiheit bleibt in Zukunft nur noch unter den dort genannten Voraussetzungen bestehen.

§ 31 Abs. 4 GKG wird wie folgt geändert:

(4) Absatz 3 ist entsprechend anzuwenden, soweit der Kostenschuldner aufgrund des § 29 Nummer 2 haftet, wenn
1. der Kostenschuldner die Kosten in einem vor Gericht abgeschlossenen oder gegenüber dem Gericht angenommenen Vergleich übernommen hat,
2. der Vergleich einschließlich der Verteilung der Kosten von dem Gericht vorgeschlagen worden ist und
3. das Gericht in seinem Vergleichsvorschlag ausdrücklich festgestellt hat, dass die Kostenregelung der sonst zu erwartenden Kostenentscheidung entspricht.

§ 26 FamGKG wird wie folgt geändert:

a) In Absatz 3 Satz 1 werden jeweils die Wörter „Verfahrens- oder Prozesskostenhilfe" durch das Wort „Verfahrenskostenhilfe" ersetzt.

b) Folgender Absatz 4 wird angefügt:

(4) Absatz 3 ist entsprechend anzuwenden, soweit der Kostenschuldner aufgrund des § 24 Nummer 2 haftet, wenn
1. der Kostenschuldner die Kosten in einem vor Gericht abgeschlossenen, gegenüber dem Gericht angenommenen oder in einem gerichtlich gebilligten Vergleich übernommen hat,
2. der Vergleich einschließlich der Verteilung der Kosten, bei einem gerichtlich gebilligten Vergleich allein die Verteilung der Kosten, von dem Gericht vorgeschlagen worden ist und
3. das Gericht in seinem Vergleichsvorschlag ausdrücklich festgestellt hat, dass die Kostenregelung der sonst zu erwartenden Kostenentscheidung entspricht.[33]

Der Gesetzgeber begründet die Änderung wie folgt:

„Zu § 31 Abs. 4 GKG

Die auf den Entscheidungsschuldner beschränkte Regelung des § 31 Absatz 3 GKG erschwert einer Partei, der die Prozesskostenhilfe bewilligt ist, den Abschluss eines gerichtlichen Vergleichs ganz erheblich. Liegen die Voraussetzungen zum Abschluss eines Vergleichs vor, muss

---

32 OLG Frankfurt a.M.; Beschl. v. 24.11.2011 – 3 U 298/10 BeckRS 2012, 08969; ebenso: OLG Stuttgart, Beschl. v. 15.7.2011 – 11 UF 127/10 BeckRS NJW-RR 2011, 1437 = FamFR 2011, 397 *a.A.* OLG Frankfurt a.M., *18.* Senat, Beschl. v. 1.7.2011 – 18 W 149/11, BeckRS 2011, 24200.

33 Zweites Gesetz zur Modernisierung des Kostenrechts (2. KostRMoG) v. 23.7.2013, BGBl I, Nr. 42, ausgegeben am 29.7.2013 S. 2585 bis 2720, Art. 5 Abs. 1 Nr. 13 b.

die VKH-Partei entweder in Kauf nehmen, dass ihr durch die Kostenregelung im Vergleich insoweit der Schutz vor Zahlung von Gerichtskosten verloren geht, oder sie muss die Kostenregelung ausdrücklich ausklammern und insoweit auf gerichtlicher Entscheidung bestehen. Dies führt jedoch dazu, dass auch der Prozessgegner, dem keine Prozesskostenhilfe bewilligt ist, durch den Vergleich nicht in den Genuss der Gebührenermäßigung, insbesondere nach Nummer 1211 Nummer 3 KV GKG, kommt. Hierdurch ist dessen Vergleichsbereitschaft eingeschränkt.

Die Regelung erschwert es auch dem Gericht, ein Verfahren auf der Grundlage eines gerichtlichen Vergleichsvorschlags zum Abschluss zu bringen. Die vorgeschlagene Regelung soll die Vergleichsbereitschaft auch bei bewilligter Prozesskostenhilfe stärken. Sie entspricht einer Entscheidung des OLG Zweibrücken vom 1.3.2010 5 UF 147/08 (zitiert in juris).

Die Belastung der Staatskasse dürfte sich in Grenzen halten, weil die Wirkungen denjenigen entsprechen, die im Fall einer Streitentscheidung ohnehin eintreten würden. Im Übrigen würden mögliche Mindereinnahmen durch eine Entlastung der Gerichte ausgeglichen. Ein mögliches Missbrauchspotential ist sehr gering, weil ein eigener Spielraum der Parteien für die Kostenverteilung nicht besteht. ***Jede Abweichung von dem Vorschlag des Gerichts würde die Schutzwirkung der vorgeschlagenen Vorschrift für die VKH-Partei entfallen lassen.*** *...*"[34]

70 *Praxistipp*
Nicht jeder Richter wird diese Neuregelung kennen. Es ist daher sinnvoll, diese Bestimmung, ggf. mit Gesetzesbegründung zum Termin mitzunehmen. Will der eigene Auftraggeber den vom Gericht vorgeschlagenen Vergleich nicht schließen, sollte sich der Anwalt den entsprechenden Hinweis an den Auftraggeber, dass er im Fall der Abweichung vom Vergleichsvorschlag des Gerichts mit einer Kostenbelastung zu rechnen hat, vom Auftraggeber quittieren lassen.

71 Vergleiche zur obigen Problematik auch die ergänzenden Ausführungen mit Beispielrechnung (siehe § 2 Rn 39 ff.).

IV. Vergütungsansprüche

72 Im RVG sind Vergütungsansprüche sowohl für das Bewilligungsverfahren als auch für das angestrebte Verfahren geregelt. Auf diese Vergütungen wird in den nachfolgenden Kapiteln eingegangen. Streitfragen zur Verfahrenskostenhilfe/Verfahrenskostenhilfe werden von den einzelnen Gerichten ganz unterschiedlich beantwortet. Der im Familienrecht tätige Rechtsanwalt muss sich daher mit der in seinem Gerichtsbezirk herrschenden Meinung befassen.

73 Gesetzliche Grundlagen für die Abrechnung von VKH-Verfahren finden sich in den §§ 48 ff. RVG, hinsichtlich der Gebührentatbestände in den Nr. 3335, 3337, 3104, 1000, 1003, 1008 u. im Teil 7 VV RVG. Die Verpflichtung des Rechtsanwalts zur Übernahme von VKH-Mandaten folgt aus § 48 BRAO. Nach einer Entscheidung des Bundesverfassungsgerichts ergibt sich aus Art. 3 Abs. 1 GG i.V.m. dem Rechtsstaatsgrundsatz (Art. 20 Abs. 3 GG) das Gebot einer weitgehenden Angleichung der Situation von Bemittelten und Unbemittelten bei der Verwirklichung des Rechtsschutzes.[35] Die Verfahrenskostenhilfe wird als Instrument zur Durchsetzung dieses Gebots angesehen.

---

34 BT-Drucks 17/11471 v. 14.11.2012 (neu), 2. KostRMoG, Begründung zu Art. 3 Abs. 1 Nr. 14, S. 377 f.
35 BVerfG FamRZ 2002, 665 = FuR 2002, 185 f.

1. Vergütung für das Bewilligungsverfahren

Im Bewilligungsverfahren erhält der beauftragte Rechtsanwalt eine Verfahrensgebühr in Höhe der Verfahrensgebühr für das Verfahren, für das er VKH beantragt, max. eine 1,0 Verfahrensgebühr nach Nr. 3335 VV RVG. Reicht der Rechtsanwalt einen Antrag auf Bewilligung von VKH zusammen mit einem Antragsentwurf für das gerichtliche Verfahren ein und wird die Bewilligung abgelehnt und ein Antrag nicht eingereicht, erhält der Rechtsanwalt somit eine 1,0 Verfahrensgebühr gemäß Nr. 3335 VV RVG.

Die Gebühren für das Bewilligungsverfahren richten sich nach der normalen Tabelle zu § 13 Abs. 1 RVG. Der Rechtsanwalt erhält im Bewilligungsverfahren eine 1,0 Verfahrensgebühr nach Nr. 3335 VV RVG, sowohl in der ersten als auch der Rechtsmittelinstanz.

Wird der Rechtsanwalt als Verfahrensbevollmächtigter beigeordnet, so kann er die Gebühren nur einmal berechnen, da nach § 16 Nr. 2 RVG das VKH-Bewilligungsverfahren und das Verfahren, für das die VKH beantragt worden ist (das Hauptsacheverfahren) dieselbe Angelegenheit darstellen und nach § 15 Abs. 2 S. 1 RVG in derselben Angelegenheit die Gebühren nur einmal abgerechnet werden dürfen.

Dabei sind nach § 16 Nr. 3 RVG auch mehrere Verfahren über die VKH in demselben Rechtszug dieselbe Angelegenheit!

Gegenstandswert des Bewilligungsverfahrens ist der Wert der Hauptsache, § 23a RVG.

Ausnahmsweise beträgt die Verfahrensgebühr Nr. 3335 VV RVG für das VKH-Verfahren bei vorzeitiger Beendigung lediglich 0,5, Nr. 3337 VV RVG.

Eine vorzeitige Beendigung im Verfahrenskostenhilfeverfahren liegt vor,
1. wenn der Auftrag endigt, bevor der Rechtsanwalt den das Verfahren einleitenden Antrag oder einen Schriftsatz, der Sachanträge, Sachvortrag oder die Zurücknahme des Antrags enthält eingereicht oder bevor er einen gerichtlichen Termin wahrgenommen hat, oder
2. soweit lediglich beantragt ist, eine Einigung der Parteien oder der Beteiligten zu Protokoll zu nehmen oder soweit lediglich Verhandlungen vor Gericht zur Einigung geführt werden.[36]

Der Rechtsanwalt kann im Bewilligungsverfahren auch eine Terminsgebühr nach Vorbem. 3.3.6 verdienen, die in erster und zweiter Instanz 1,2 beträgt.

▼

Musterrechnung 7.1: Antrag auf VKH – Versagung – keine weitere Tätigkeit

Mandantin S will gegen ihren geschiedenen Ehemann als Zugewinnausgleich eine Zahlung in Höhe von 9.600,00 EUR gerichtlich geltend machen und beauftragt RAin Dr. G, für sie Verfahrenskostenhilfe zu beantragen. Weil nach den Angaben der Mandantin die Voraussetzungen des § 114 ZPO vorliegen, stellt Frau Dr. G den entsprechenden Antrag. Das Gericht bestimmt im Bewilligungsverfahren Termin zur mündlichen Verhandlung und lädt zur Feststellung der Erfolgsaussichten vorsorglich eine Zeugin. Nach Erörterung der Sach- und Rechtslage und Vernehmung der Zeugin ergeht ein Beschluss, wonach die Bewilligung von VKH versagt wird. Mandantin S möchte das Verfahren nicht fortsetzen. Sie bittet um die Rechnung von RAin Dr. G.

---

36 Nr. 3337 Nr. 1 VV RVG wurde redaktionell angepasst, Nr. 2 redaktionell angepasst und erweitert durch Art. 47 FGG-ReformG Nr. 19x bb.

§ 7 Verfahrenskostenhilfe

Gegenstandswert: 9.600,00 EUR, §§ 23 Abs. 1, 23a RVG, 35 FamGKG
1,0 Verfahrensgebühr aus 9.600,00 EUR §§ 2 Abs. 2, 13 Abs. 1 RVG, Nr. 3335 VV RVG	558,00 EUR
1,2 Terminsgebühr aus 9.600,00 EUR §§ 2 Abs. 2, 13 Abs. 1 RVG, Nr. 3104, Vorbem. 3.3.6 VV RVG	669,60 EUR
Auslagenpauschale, Nr. 7002 VV RVG	20,00 EUR
Zwischensumme	1.247,60 EUR
19 % Umsatzsteuer, Nr. 7008 VV RVG	237,04 EUR
Summe	**1.484,64 EUR**

(Zum Gegenstandswert siehe § 2 Rn 111)

▲
▼

80 Musterrechnung 7.2: Auftrag zum Antrag auf VKH – vorzeitige Beendigung

Mandantin S will gegen ihren geschiedenen Ehemann als Zugewinnausgleich eine Zahlung in Höhe von 9.600,00 EUR gerichtlich geltend machen und beauftragt RAin Dr. G, für sie Verfahrenskostenhilfe zu beantragen. Der Antrag ist bereits vorbereitet, aber noch nicht beim Prozessgericht eingereicht. Frau S meldet sich telefonisch bei RAin Dr. G und teilt ihr mit, dass die Angelegenheit sich erledigt hat, da ihr geschiedener Mann nun doch noch gezahlt habe. Eine weitere Tätigkeit ist daher von RAin Dr. G nicht veranlasst.

Gegenstandswert: 9.600,00 EUR, §§ 23 Abs. 1, 23a RVG, 35 FamGKG
0,5 Verfahrensgebühr aus 9.600,00 EUR §§ 2 Abs. 2, 13 Abs. 1 RVG, Nr. 3337 VV RVG	279,00 EUR
Auslagenpauschale, Nr. 7002 VV RVG	20,00 EUR
Zwischensumme	299,00 EUR
19 % Umsatzsteuer, Nr. 7008 VV RVG	56,81 EUR
Summe	**355,81 EUR**

(Zum Gegenstandswert siehe § 2 Rn 111)

▲
▼

81 Musterrechnung 7.3: Tätigkeit im VKH-Bewilligungsverfahren sowie im späteren Hauptsacheverfahren

Mandantin S will gegen ihren geschiedenen Ehemann als Zugewinnausgleich eine Zahlung in Höhe von 9.600,00 EUR gerichtlich geltend machen und beauftragt RAin Dr. G, für sie Verfahrenskostenhilfe zu beantragen. Weil nach den Angaben der Mandantin die Voraussetzungen des § 114 ZPO vorliegen, stellt Frau Dr. G den entsprechenden Antrag. Das Gericht bewilligt die VKH und ordnet RAin Dr. G. bei. Der Antrag auf Zahlung des Zugewinnausgleichsanspruchs wird eingereicht. Im Termin schließen die Beteiligten einen Vergleich, wonach Mandantin S. einen Betrag von 5.000,00 EUR erhält.

Das VKH-Bewilligungs- und das Hauptsacheverfahren stellen dieselbe Angelegenheit nach § 16 Nr. 2 RVG dar, so dass die Gebühren nur einmal berechnet werden können, § 15 Abs. 2 S. 1 RVG.

A. Grundsätzliches §7

Gegenstandswert: 9.600,00 EUR, §§ 23 Abs. 1 RVG, 35 FamGKG

1,3 Verfahrensgebühr aus 9.600,00 EUR §§ 2 Abs. 2, 49 RVG, Nr. 3100 VV RVG	399,10 EUR
1,2 Terminsgebühr aus 9.600,00 EUR §§ 2 Abs. 2, 49 RVG, Nr. 3104 VV RVG	368,40 EUR
1,0 Einigungsgebühr aus 9.600,00 EUR §§ 2 Abs. 2, 49 RVG, Nr. 1003 VV RVG	307,00 EUR
Auslagenpauschale, Nr. 7002 RVG	20,00 EUR
Zwischensumme	1.094,50 EUR
19 % Umsatzsteuer, Nr. 7008 VV RVG	207,96 EUR
Summe	**1.302,46 EUR**

(Zum Gegenstandswert siehe § 2 Rn. 111 ff), (zur Höhe der Einigungsgebühr siehe § 4 Rn. 277), (zum Anfall der Terminsgebühr siehe § 4 Rn 470).

▲

▼

Musterrechnung 7.4: Abwandlung: Tätigkeit im VKH-Bewilligungsverfahren – Ablehnung – Durchführung des Verfahrens ohne VKH 82

Mandantin S. wird die beantragte VKH nicht bewilligt. Sie beauftragt RAin Dr. G. dennoch, das Verfahren durchzuführen.

Gegenstandswert: 9.600,00 EUR, §§ 23 Abs. 1 RVG, 35 FamGKG

1,3 Verfahrensgebühr aus 9.600,00 EUR §§ 2 Abs. 2, 13 Abs. 1 RVG, Nr. 3100 VV RVG	725,40 EUR
1,2 Terminsgebühr aus 9.600,00 EUR §§ 2 Abs. 2, 13 Abs. 1 RVG, Nr. 3104 VV RVG	669,60 EUR
1,0 Einigungsgebühr aus 9.600,00 EUR §§ 2 Abs. 2, 13 Abs. 1 RVG, Nr. 1003 VV RVG	558,00 EUR
Auslagenpauschale, Nr. 7002 RVG	20,00 EUR
Zwischensumme	1.973,00 EUR
19 % Umsatzsteuer, Nr. 7008 VV RVG	374,87 EUR
Summe	**2.347,87 EUR**

(Zum Gegenstandswert siehe § 2 Rn 111), (zur Höhe der Einigungsgebühr siehe § 4 Rn 277), (zum Anfall der Terminsgebühr siehe § 4 Rn 470).

▲

Anmerkung: Das Verfahren auf Bewilligung von VKH und das Verfahren, für das VKH beantragt 83
worden ist, stellen immer dieselbe Angelegenheit dar, auch wenn die beantragte VKH nicht bewilligt wurde. Das heißt, auch hier kann nur einmal abgerechnet werden. Da die VKH nicht bewilligt und RAin Dr. G auch nicht beigeordnet worden ist, erfolgt die Abrechnung nach der normalen Tabelle zu § 13 Abs. 1 RVG!

2. Vergütung des beigeordneten Rechtsanwalts im Hauptsacheprozess

a) Vergütungsanspruch gegen die Staatskasse

Bei einem Gegenstandswert bis einschließlich 4.000,00 EUR berechnen sich die Gebühren nach 84
der Gebührentabelle als Anlage zu § 13 Abs. 1 RVG. Die Gebühren bei einem Gegenstandswert von mehr als 4.000,00 EUR sind der Tabelle des § 49 RVG zu entnehmen. Der Höchstwert liegt bei

30.000,00 EUR. Ab diesem Wert erhält der Rechtsanwalt eine Festgebühr von 447,00 EUR (entspricht einer 1,0 Gebühr; der Gebührensatz kann natürlich höher sein, z.B. 1,3) nach § 49 RVG, unabhängig davon, wie hoch der Streitwert über 30.000,00 EUR liegt.

> *Hinweis*
> Die Gebühren aus der Tabelle zu § 49 RVG stellen Gebühren in Höhe von 1,0 dar! Diese müssen also z.B. mit 1,3 oder 1,2 multipliziert werden, um auf den benötigten Gebührensatz zu kommen!

▼

85 **Musterrechnung 7.5: Verfahren nach VKH – Abrechnung für VKH-Anwalt und Wahlanwalt**

RAin N reicht nach Bewilligung von VKH und ihrer Beiordnung für die Mandantin P beim Amtsgericht Hannover einen Antrag auf Zahlung von Unterhalt ein. Im Termin zur mündlichen Verhandlung wird streitig verhandelt und Beweis erhoben. Danach ergeht ein den Antrag abweisender Beschluss. Der Antragsgegner war ebenfalls anwaltlich vertreten, ohne VKH. Der Wert hat 4.567,00 EUR betragen.

1. Vergütungsrechnung für RAin N:

Die Gebühren werden nach der Tabelle zu § 49 RVG abgerechnet.

Gegenstandswert: 4.567,00 EUR, §§ 23 Abs. 1 RVG, 51 Abs. 1 S. 1 FamGKG

1,3 Verfahrensgebühr aus 4.567,00 EUR	
§§ 2 Abs. 2, 49 RVG, Nr. 3100 VV RVG	334,10 EUR
1,2 Terminsgebühr aus 4.567,00 EUR	
§§ 2 Abs. 2, 49 RVG, Nr. 3104 VV RVG	308,40 EUR
Auslagenpauschale, Nr. 7002 RVG	20,00 EUR
Zwischensumme	662,50 EUR
19 % Umsatzsteuer, Nr. 7008 VV RVG	125,88 EUR
Summe	**788,38 EUR**

2. Vergütungsrechnung für den Vertreter des Antragsgegners:

Die Gebühren werden nach der Tabelle zu § 13 Abs. 1 RVG abgerechnet.

Gegenstandswert: 4.567,00 EUR

1,3 Verfahrensgebühr aus 4.567,00 EUR	
§§ 2 Abs. 2, 13 Abs. 1 RVG, Nr. 3100 VV RVG	393,90 EUR
1,2 Terminsgebühr aus 4.567,00 EUR	
§§ 2 Abs. 2, 13 Abs. 1 RVG, Nr. 3104 VV RVG	363,60 EUR
Auslagenpauschale, Nr. 7002 RVG	20,00 EUR
Zwischensumme	777,50 EUR
19 % Umsatzsteuer, Nr. 7008 VV RVG	147,73 EUR
Summe	**925,23 EUR**

(Zum Gegenstandswert siehe § 2 Rn 196) und, (zur Höhe der Einigungsgebühr siehe § 4 Rn 277).

▲

b) Vergütungsanspruch gegen den unterlegenen Gegner

Praxistipp

Nach § 123 ZPO hat die Bewilligung von VKH keinen Einfluss auf die Verpflichtung, dem Gegner die Kosten erstatten zu müssen. Das heißt, verliert der Antragsteller das Verfahren, muss er dem anderen Beteiligten die Vergütung nach der Tabelle zu § 13 Abs. 1 RVG ersetzen! Eine vergleichbare Regelung wie § 123 ZPO gibt es im FamFG nicht – § 123 ZPO gilt aufgrund des Verweises in § 113 Abs. 1 FamFG für Ehe- und Familienstreitsachen und nach § 76 Abs. 1 FamFG für die anderen Familiensachen.

Musterrechnung 7.6: VKH-Mandant gewinnt Verfahren – Anspruch gegen Gegner

In einem Beschwerdeverfahren (Zugewinnausgleichsverfahren) ist Rechtsanwalt Müller dem Beschwerdeführer unter Bewilligung von VKH beigeordnet worden. Das Verfahren vor dem Oberlandesgericht Köln hat einen Gegenstandswert von 20.400,00 EUR. Nach der mündlichen Verhandlung, an der die anwaltlichen Vertreter beider Beteiligter teilgenommen haben, wird der Beschwerde stattgegeben und der Beschluss des Amtsgerichts Köln wird aufgehoben.

Wert: 20.400,00 EUR, § 23 Abs. 1 RVG, 35 FamGKG

1,6 Verfahrensgebühr §§ 2 Abs. 2, 13 Abs. 1 RVG, Nr. 3200 VV RVG	1.187,20 EUR
1,2 Terminsgebühr §§ 2 Abs. 2, 13 Abs. 1 RVG, Nr. 3202 VV RVG	890,40 EUR
Auslagenpauschale, Nr. 7002 RVG	20,00 EUR
Zwischensumme	2.097,60 EUR
19 % Umsatzsteuer, Nr. 7008 VV RVG	398,54 EUR
Summe	**2.496,14 EUR**

Praxistipp

Es bestehen zwei Möglichkeiten, die Gebührenansprüche durchzusetzen:
1. Möglichkeit: Es erfolgt vollständige Festsetzung der obigen Gebühren nach § 104 ff. ZPO gegen den unterlegenen Gegner.
2. Möglichkeit: Es erfolgt die Abrechnung der VKH-Gebühren gegenüber der Staatskasse und eine Kostenfestsetzung der Differenz zwischen Wahlanwalts- und VKH-Anwaltsgebühren nach § 126 ZPO im eigenen Namen gegen den unterlegenen Gegner.

3. Geltendmachung von Differenz-Gebühren

Wegen der Sperrwirkung des § 122 Abs. 1 Nr. 3 ZPO kann der Rechtsanwalt grundsätzlich Differenzansprüche, die sich zwischen der VKH-Gebühren-Tabelle und den Gebühren nach der Tabelle zu § 13 RVG ergeben, nicht abrechnen.

Dies gilt auch für Differenzansprüche, die sich aufgrund eines sehr hohen Streitwerts aus höheren Gebühren für das Bewilligungsverfahren gegenüber dem Hauptsacheverfahren ergeben können, da diese beiden Verfahren nach § 16 Nr. 2 RVG dieselbe Angelegenheit darstellen.

§ 7 Verfahrenskostenhilfe

91 *Beispiel*

Es wurde VKH beantragt und bewilligt. Der beigeordnete Rechtsanwalt reicht Unterhalts-Stufenantrag ein. Gegenstandswert: 60.000,00 EUR.

Die im Bewilligungsverfahren entstandene Verfahrensgebühr aus 60.000,00 EUR mit 1,0 beträgt 1.248,00 EUR und ist nach der normalen Tabelle zu § 13 Abs. 1 RVG zu berechnen.

Die 1,3 Verfahrensgebühr für das Hauptsacheverfahren nach der Tabelle zu § 49 RVG beträgt aus 60.000,00 EUR aber nur 581,10 EUR. Dies liegt daran, dass bei der Tabelle zu § 49 RVG der Wert von über 30.000,00 EUR die Obergrenze darstellt und aus einem höheren Wert keine Gebühren entstehen können. Die Differenz zwischen diesen beiden Verfahrensgebühren beträgt immerhin 666,90 EUR.

92 Eine weitere Differenz ergibt sich bei der Vergütung für das Hauptsacheverfahren aus der Tabelle zu § 13 und der zu § 49 RVG.

Beispiel

- ausgehend vom vorherigen Beispiel (siehe Rn 91):

Wäre VKH nicht bewilligt worden, so hätte der Rechtsanwalt eine 1,3 Verfahrensgebühr aus 60.000,00 EUR nach der Tabelle zu § 13 Abs. 1 RVG erhalten. Diese hätte 1.622,40 EUR betragen. Da aber VKH bewilligt worden ist, erhält der Rechtsanwalt lediglich eine 1,3 Verfahrensgebühr nach der Tabelle zu § 49 RVG, und somit 581,10 EUR. Die Differenz beträgt 1.041,30 EUR.

93 Nun gilt im RVG der allgemein bekannte Grundsatz, dass einmal entstandene Gebühren nicht wieder wegfallen (§ 15 Abs. 4 RVG). Warum also kann der Rechtsanwalt diese Differenz nicht abrechnen? Weil in § 122 Abs. 1 Nr. 3 ZPO die sogenannte Sperrwirkung geregelt ist, die besagt, dass der Rechtsanwalt, solange seinem Mandanten VKH bewilligt worden ist, derartige Differenzgebühren nicht abrechnen darf.

94 *Praxistipp*

Wird die VKH nachträglich nach § 124 ZPO aufgehoben, so gilt die Sperrwirkung nicht mehr!

95 Es gibt aber dennoch Möglichkeiten, auch bei VKH-Bewilligung diese Differenz noch zu erhalten. Die verschiedenen Möglichkeiten sollen nachfolgend dargestellt werden:

a) Vorschussanforderung an Mandant

96 Hat der Auftraggeber einen Vorschuss geleistet, so darf der Rechtsanwalt diesen Vorschuss verrechnen und zwar bis zur Höhe dieser Differenzen!

In § 58 Abs. 2 RVG heißt es:

In Angelegenheiten, in denen sich die Gebühren nach Teil 3 des VV bestimmen (Anmerkung Verfasserin: Haben wir hier!), sind Vorschüsse und Zahlungen, die der Rechtsanwalt vor oder nach der Beiordnung erhalten hat, zunächst auf die Vergütungen anzurechnen, für die ein Anspruch gegen die Staatskasse nicht oder nur unter den Voraussetzungen des § 50 RVG besteht. Es handelt sich hierbei somit z.B. um von der Staatskasse nicht erstattete Reisekosten oder aber die Differenzvergütung zwischen VKH- und Wahlanwaltsvergütung.

§ 50 RVG regelt die weitere Vergütung und greift nur in den Fällen, in denen dem Auftraggeber VKH unter Ratenzahlung bewilligt worden ist. Dazu unten mehr (siehe Rn 99)!

Musterrechnung 7.7: VKH – Verrechnung eines Vorschusses

Auftraggeber K beauftragt Rechtsanwalt B, VKH für die Durchführung eines Zugewinnausgleichsverfahrens wegen Zahlung eines Betrags von 8.700,00 EUR zu beantragen, die auch bewilligt wird. Rechtsanwalt B wird antragsgemäß beigeordnet. K hat einen Vorschuss von 300,00 EUR geleistet. Im Hauptsacheverfahren wird streitig verhandelt und Beweis erhoben. Es ergeht sodann ein dem Antrag stattgebender Beschluss.

Die Abrechnung von Rechtsanwalt B erfolgt gegenüber der Bundes- oder Landeskasse (Staatskasse), § 45 Abs. 1 RVG.

1. Abrechnung gegenüber der Staatskasse

Gegenstandswert: 8.700,00 EUR, § 23 Abs. 1 RVG, 35 FamGKG

1,3 Verfahrensgebühr §§ 2 Abs. 2, 49 RVG, Nr. 3100 VV RVG	386,10 EUR
1,2 Terminsgebühr §§ 2 Abs. 2, 49 RVG, Nr. 3104, Vorbem. 3.3.6 VV RVG	356,40 EUR
Auslagenpauschale, Nr. 7002 RVG	20,00 EUR
Zwischensumme	762,50 EUR
18 % Umsatzsteuer, Nr. 7008 VV RVG	144,88 EUR
Summe	**907,38 EUR**

2. Wahlanwaltsgebühren

Gegenstandswert: 8.700,00 EUR, § 23 Abs. 1 RVG, 35 FamGKG

1,3 Verfahrensgebühr §§ 2 Abs. 2, 13 Abs. 1 RVG, Nr. 3100 VV RVG	659,10 EUR
1,2 Terminsgebühr §§ 2 Abs. 2, 13 Abs. 1 RVG, Nr. 3104 VV RVG	608,40 EUR
Auslagenpauschale, Nr. 7002 RVG	20,00 EUR
Zwischensumme	1.287,50 EUR
19 % Umsatzsteuer, Nr. 7008 VV RVG	244,63 EUR
Summe	**1.532,13 EUR**

Differenz zwischen VKH-Anwalts- und Wahlanwaltsgebühren: **624,75 EUR**

Fazit: Der Vorschuss kann voll einbehalten werden, da er nur 300,00 EUR betragen hat und somit die Differenz nicht übersteigt!

> **Anmerkung**
>
> Würde der Vorschuss beispielsweise 700,00 EUR betragen haben, so würde der Rechtsanwalt diesen Vorschuss einbehalten, die Staatskasse würde aber von den zu erstattenden Gebühren in Höhe von 907,38 EUR den Teil des Vorschusses in Abzug bringen, der die Wahlanwaltsgebühren übersteigt.
>
> **Rechnung:** Differenz zwischen VKH-Anwalts- und Wahlanwaltsgebühren = 624,75 EUR. Vorschuss = 700,00 EUR, übersteigender Teil des Vorschusses somit 75,25 EUR. Die Staatskasse würde also nur noch 907,38 EUR abzüglich 75,25 EUR = 832,13 EUR erstatten.

Ergebnis: Der Rechtsanwalt würde also auch mit Vorschuss, unabhängig davon, wie hoch dieser ist, nie mehr als die Wahlanwaltsgebühren erhalten. Die Vorschüsse sind gegenüber der Staatskasse anzugeben.

b) Weitere Vergütung nach § 50 RVG

99 § 50 RVG gilt nur, wenn dem Antragsteller VKH unter Ratenzahlungen bewilligt worden ist. Muss ein Antragsteller Ratenzahlungen leisten, so leistet sie diese an die Staatskasse (Bundeskasse bei Verfahren vor Bundesgerichten (z.B. BGH), Landeskasse bei Verfahren vor Gerichten des Landes (Amts-, Land- oder Oberlandesgerichte). Maximal muss ein Antragsteller 48 Monate lang Raten zahlen, auch wenn die von der Staatskasse übernommenen Kosten noch nicht vollständig bezahlt sind.

100 Die Staatskasse übernimmt (§ 122 Abs. 1 Nr. 1 ZPO):
- Kosten des beigeordneten RA
- Gerichtskosten
- Sachverständigenkosten
- Zeugengebühren, etc.

101 In einigen Fällen hat der Antragsteller weniger als 48 Monate lang Raten bezahlt und die von der Staatskasse übernommenen Kosten sind schon voll gedeckt. Es ist nicht einzusehen, warum ein Rechtsanwalt für eine geringe VKH-Vergütung tätig werden soll, wenn der Mandant zumindest ratenweise leistungsfähig ist. Hier greift § 50 RVG – weitere Vergütung! D.h., die Staatskasse zieht weiterhin Raten ein, bis die Differenz zwischen VKH-Anwalts- und Wahlanwaltsvergütung beglichen oder aber die 48 Monate erreicht sind.

102 Zum 1.8.2013 wurde § 50 Abs. 1 S. 1 RVG durch das 2. KostRMoG sprachlich angepasst:

„Nach Deckung der in § 122 Absatz 1 Nummer 1 der Zivilprozessordnung bezeichneten Kosten und Ansprüche hat die Staatskasse über die auf sie übergegangenen Ansprüche des Rechtsanwalts hinaus weitere Beträge bis zur Höhe der Regelvergütung einzuziehen, wenn dies nach den Vorschriften der Zivilprozessordnung und nach den Bestimmungen, die das Gericht getroffen hat, zulässig ist.“[37]

103 Der Gesetzgeber begründet die Änderung wie folgt:[38]

„Der Vorschlag dient der redaktionellen Klarstellung, dass die Staatskasse nach Befriedigung ihrer Ansprüche nicht nur die Gebührendifferenz, sondern auch zusätzliche Auslagen wie z.B. eine höhere Auslagenpauschale nach Nummer 7002 oder Auslagen, die nicht aus der Staatskasse zu erstatten sind, einzuziehen hat.“

104 § 50 Abs. 1 RVG stellt in der neuen Formulierung klar, dass nicht nur die Differenz**gebühren** von der Staatskasse einzuziehen sind, sondern darüber hinaus auch Auslagen, die dem Anwalt entstanden sind und die von der Staatskasse nicht übernommen werden. Richtig ist zwar, dass der Anwalt den bedürftigen Auftraggeber unmittelbar in Anspruch nehmen kann, soweit die Beiordnung nicht greift, die Möglichkeit, dass die Staatskasse nun aber solche Vergütungsbeträge ebenfalls einziehen muss, sofern der Rechtsanwalt diese als weitere Vergütung i.S.d. § 50 RVG geltend macht, ist für den Anwalt sehr komfortabel, da er sich selbst nicht mit der Beitreibung befassen muss. Die Rechtsprechung einiger Gerichte, dass die Abrechnungs-Sperre des § 122 Abs. 1 Nr. 3 ZPO auch hin-

---

37 Zweites Gesetz zur Modernisierung des Kostenrechts (2. KostRMoG) v. 23.7.2013, BGBl I, Nr. 42, ausgegeben am 29.7.2013 S. 2585 bis 2720, Art. 8 Abs. 1 Nr. 27.
38 BT-Drucks 17/11471 v. 14.11.2012 (neu), 2. KostRMoG, Begründung zu Art. 8 Abs. 1 Nr. 27, S. 423.

sichtlich der Vergütung greife, auf die sich die Beiordnung nicht erstreckt, ist ohnehin abzulehnen.[39]

Der Rechtsanwalt hat daher nach unserer Auffassung nach neuem Recht die Wahl: 105

Variante 1:

Er kann Vergütungsansprüche (somit auch Reisekosten), die von der Staatskasse nicht getragen werden, weil sie nicht zum Umfang der Beiordnung gehören, unmittelbar mit seinem Mandanten abrechnen, da die Sperre des § 122 Abs. 1 Nr. 3 ZPO für derartige Vergütungsansprüche nicht greift.[40]

Variante 2:

Der Rechtsanwalt kann den Einzug dieser Differenzvergütung (z.B. Reisekosten) nun auf Grundlage der Neufassung des § 50 Abs. 1 S. 1 RVG durch die Staatskasse beitreiben lassen.

Wählt der Rechtsanwalt Variante 1, so verfügt er schneller über das Geld, wenn der Auftraggeber die Kostenrechnung zügig ausgleicht. Wählt der Rechtsanwalt Variante 2, spart er sich allerdings die eigene Einziehung beim Auftraggeber. 106

Schneider/Thiel befürchten, dass die Neufassung des § 50 RVG als Argument dafür verwendet werden könnte, der Anwalt könne Vergütungsansprüche/Auslagen außerhalb des Umfangs seiner Beiordnung nicht unmittelbar gegenüber seinem Auftraggeber geltend machen.[41] Eine derartige Auslegung wird jedoch für falsch gehalten. Allerdings wird den Anwalt wohl eine Hinweispflicht gegenüber seinem Auftraggeber treffen, dass die Staatskasse z.B. Reisekosten bei eingeschränkter Beiordnung nicht übernimmt. 107

Beispiel 108

In einem Verfahren vor dem Amtsgericht München wird auftragsgemäß der beigeordnete Anwalt tätig. Der Anwalt hat seinen Kanzleisitz in Starnberg. Er wird eingeschränkt zu den Bedingungen eines im Gerichtsbezirk München niedergelassenen Anwalts beigeordnet.[42] Der Gegenstandswert hat 7.000,00 EUR betragen. Das Gericht entscheidet nach mündlicher Verhandlung durch Beschluss. Berechnung der aus der Staatskasse zu zahlenden Vergütung (§ 49 RVG):

1,3 Verfahrensgebühr Nr. 3100 VV RVG	360,10 EUR
1,2 Terminsgebühr Nr. 3104 VV RVG	332,40 EUR
PT-Pauschale Nr. 7002 VV RVG	20,00 EUR
Zwischensumme	712,50 EUR
19 % Umsatzsteuer Nr. 7008 VV RVG	135,38 EUR
Summe	**847,88 EUR**

Gebühren des Wahlanwalts

(§ 13 RVG)

1,3 Verfahrensgebühr Nr. 3100 VV RVG	526,50 EUR
1,2 Terminsgebühr Nr. 3104 VV RVG	486,00 EUR
Zwischensumme	1.012,50 EUR

---

39 KG FamRZ 2012, 468; OLG Brandenburg AGS 2010, 327 = JurBüro 2010, 434; OLG Frankfurt AGS 2002, 95.
40 So auch OLG Nürnberg AGS 2002, 67 = JurBüro 2001, 481 = FamRZ 2001, 1157; *Schneider/Thiel*, Das neue Gebührenrecht für Rechtsanwälte, § 3 Rn 300 und 303; *Jungbauer*, Rechtsanwaltsvergütung, Kap. 10.
41 *Schneider/Thiel*, Das neue Gebührenrecht für Rechtsanwälte, § 3 Rn 305.
42 **Hinweis:** Die Beiordnung zu den Einschränkungen eines „ortsansässigen Anwalts" scheidet seit der Neuformulierung in § 91 Abs. 2 ZPO grundsätzlich aus und sollte immer mit einer Beschwerde angefochten werden!

§ 7 Verfahrenskostenhilfe

Übertrag	1.012,50 EUR
Abwesenheitspauschale Nr. 7005 Nr. 1 VV RVG	25,00 EUR*
Fahrt mit eigenem Pkw Nr. 7003 RRVG	
25 km x 2 x 0,30 EUR	15,00 EUR
PT-Pauschale Nr. 7002 VV RVG	20,00 EUR
Zwischensumme	1.072,50 EUR
19 % Umsatzsteuer Nr. 7008 VV RVG	203,78 EUR
Summe	**1.276,28 EUR**
Differenz zwischen PKH- und Wahlanwalts-vergütung netto	359,78 EUR

Die Staatskasse ist verpflichtet, diese Vergütungsdifferenz nach § 50 Abs. 1 RVG einzuziehen, soweit eine Ratenzahlung angeordnet worden ist und die geleisteten Ratenzahlungen 48 Monate nicht übersteigen.[43]

109 Musterrechnung 7.8: VKH-Verfahren und weitere Vergütung nach § 50 RVG

In einem Verfahren erster Instanz mit einem Streitwert von 50.000,00 EUR fallen eine Verfahrens- und eine Terminsgebühr an. Es erging eine Entscheidung durch Beschluss. Der dem Antragsteller unter Bewilligung von VKH beigeordnete Rechtsanwalt rechnet seine Gebühren mit der Staatskasse ab. Außer den Anwaltsgebühren und Gerichtskosten sind von der Staatskasse keine Kosten übernommen worden. Der beigeordnete Rechtsanwalt teilt seine weitere Vergütung nach § 50 RVG mit. Dem Auftraggeber wurde VKH unter monatlicher Ratenzahlung i.H.v. 105,00 EUR bewilligt. Es ergibt sich folgende Abrechnung:

1. Abrechnung gegenüber der Staatskasse

1,3 Verfahrensgebühr aus 50.000,00 EUR §§ 2 Abs. 2, 49 RVG, Nr. 3100 VV RVG	581,10 EUR
1,2 Terminsgebühr aus 50.000,00 EUR §§ 2 Abs. 2, 49 RVG, Nr. 3104 VV RVG	536,40 EUR
Auslagenpauschale, Nr. 7002 VV RVG	20,00 EUR
Zwischensumme	1.137,50 EUR
19 % Umsatzsteuer, Nr. 7008 VV RVG	216,13 EUR
Summe	1.353,63 EUR
3,0 Gerichtsgebühren, Nr. 1210 KV FamGKG	1.638,00 EUR
Summe	**2.991,63 EUR**

2. Die Wahlanwaltsgebühren des Rechtsanwalts betragen:

1,3 Verfahrensgebühr aus 50.000,00 EUR §§ 2 Abs. 2, 13 Abs. 1 RVG, Nr. 3100 VV RVG	1.511,90 EUR
1,2 Terminsgebühr aus 50.000,00 EUR §§ 2 Abs. 2, 13 Abs. 1 RVG, Nr. 3104 VV RVG	1.395,60 EUR
Zwischensumme	2.907,50 EUR

---

43 Die Dauer der Ratenzahlung sollte durch das PKH-Rechtsänderungsgesetz von 4 auf 6 Jahre erhöht werden; die Änderung wird im Gesetzgebungsverfahren nicht weiter verfolgt.

Übertrag	2.907,50 EUR
abzgl. der aus der Staatskasse erhaltenen Gebühren ./.	1.137,50 EUR
Zwischensumme	1.770,00 EUR
19 % Umsatzsteuer, Nr. 7008 VV RVG	336,30 EUR
Summe	**2.106,30 EUR**
Gesamtbetrag der über Ratenzahl. einzufordernden Beträge	**5.097,93 EUR**

Die monatlichen Ratenzahlungen durch den Auftraggeber i.H.v. 105,00 EUR werden insgesamt 48 Monate lang eingezogen = 5.040,00 EUR. Die Differenz wird nicht ganz erreicht; es fehlen zum vollständigen Ausgleich 57,93 EUR, denn zu beachten ist, dass der Auftraggeber maximal 48 Monate lang Raten zu bezahlen hat.

▲

c) Nur teilweise Bewilligung von VKH

Oft wird dem Antragsteller nur für einen Teil der beabsichtigten Rechtsverfolgung bzw. Rechtsverteidigung VKH bewilligt. Erscheint das beabsichtigte Verfahren nur teilweise aussichtsreich, so wird das Gericht auch nur teilweise VKH bewilligen und der Rechtsanwalt wird nur insoweit beigeordnet, wie auch VKH bewilligt wurde.

> *Beispiel*
> Gegen den Antragsgegner ist ein Verfahren auf Zahlung von Zugewinnausgleichsansprüchen in Höhe von 25.000,00 EUR anhängig. Das Familiengericht bewilligt dem Antragsgegner VKH wegen eines Teilbetrages in Höhe von 5.000,00 EUR und ordnet ihm insoweit Rechtsanwalt F bei. Im Übrigen wird die weitere Bewilligung von VKH mangels Erfolgsaussichten abgelehnt. Rechtsanwalt F kann nun auch nur Gebühren aus einem Wert von 5.000,00 EUR von der Staatskasse erstattet verlangen, denn nur insoweit ist VKH bewilligt worden.

> *Praxistipp*
> Bei teilweiser Bewilligung von VKH dürfen Differenzvergütungsansprüche gegenüber dem Mandanten geltend gemacht werden soweit der Gegenstand nicht von VKH umfasst war.

Wie im Einzelnen in einem solchen Fall mit dem Mandanten abzurechnen ist, ist strittig. Es soll hier die in der überwiegenden Rechtsprechung und Literatur vertretene Auffassung vermittelt werden. Da die Rechtsprechung sich auf ein Urteil des BGH stützt, wird auf die anderen Berechnungsmethoden zur Vermeidung von Verwirrung nicht näher eingegangen.

Die Abrechnung hat wie folgt zu geschehen:

> *Beispiel*
> Verfahrensgebühr
> 1,3 Wahlanwaltsgebühr aus dem Gesamtstreitwert
> abzüglich 1,3 Wahlanwaltsgebühr aus dem Teil
> des Gegenstandswertes,
> wegen welchem dem Antragsteller VKH bewilligt worden ist.

Das Ergebnis ergibt den Betrag, den der Mandant zu tragen hat. Diese Art der Berechnung ist für jede entstandene Gebühr vorzunehmen. Neben diesen Gebühren erhält der Rechtsanwalt selbstverständlich die Gebühren aus dem „bewilligten Wert" von der Staatskasse erstattet. Diese Gebühren sind der Tabelle zu § 49 zu entnehmen. Zu beachten ist, dass der Rechtsanwalt zwar nur die Gebühren nach der Tabelle zu § 49 RVG aus der Staatskasse erstattet erhält, gegenüber der Abrechnung mit dem Mandanten jedoch eine Gebühr nach § 13 RVG in Abzug bringen muss. Würde er nur die § 49-er Gebühr abziehen, würde er über diesen Weg die Abrechnungssperre aus dem VKH-Wert nach § 122 Abs. 1 Nr. 3 ZPO umgehen.

§ 7 Verfahrenskostenhilfe

115 Musterrechnung 7.9: Teilweise Bewilligung von VKH – Durchführung Verfahren wegen vollem Betrag – Abrechnung mit Mandant

Herr M. möchte Zugewinnausgleichsansprüche in Höhe von 37.800,00 EUR gerichtlich geltend machen. Er beauftragt Rechtsanwalt K, ihn zu vertreten und den gesamten Anspruch durchzusetzen, unabhängig davon, ob und ggf. in welchem Umfang ihm VKH bewilligt wird. Das Familiengericht gewährt wegen eines Teilbetrages in Höhe von 10.000,00 EUR VKH. Es wird streitig verhandelt. Im Anschluss an eine Beweisaufnahme verkündet das Gericht einen Beschluss, wonach der Antragsgegner antragsgemäß verpflichtet wird. Rechtsanwalt K hat nun folgenden Gebührenanspruch gegen seinen Mandanten:

1. Abrechnung gegen Mandant:

1,3 Verfahrensgebühr aus 37.800,00 EUR Wahlanwaltsgebühr Nr. 3100 VV RVG	1.316,90 EUR
abzüglich 1,3 Verfahrensgebühr aus 10.000,00 EUR Wahlanwaltsgebühr Nr. 3100 VV RVG	./. 725,40 EUR
Restbetrag Verfahrensgebühr	591,50 EUR
1,2 Terminsgebühr aus 37.800,00 EUR Wahlanwaltsgebühr Nr. 3104 VV RVG	1.215,60 EUR
abzüglich 1,2 Terminsgebühr aus 10.000,00 EUR Wahlanwaltsgebühr Nr. 3104 VV RVG	./. 669,60 EUR
Restbetrag Terminsgebühr	546,00 EUR
Zwischensumme	1.137,50 EUR
19 % Umsatzsteuer, Nr. 7008 VV RVG	216,13 EUR
Summe	**1.353,63 EUR**

(Auslagenpauschale rechnet Rechtsanwalt K mit der Staatskasse ab, in jedem Rechtszug nur einmal, anders bei Einzelberechnung, wenn gesondert Auslagen auf Wahlanwaltsgebühren entstehen).

Gegenüber der Staatskasse macht Rechtsanwalt K noch geltend:
2. Abrechnung gegenüber Staatskasse

Gegenstandswert: 10.000,00 EUR

1,3 Verfahrensgebühr aus 10.000,00 EUR §§ 2 Abs. 2, 49 RVG, Nr. 3100 VV RVG	399,10 EUR
1,2 Terminsgebühr aus 10.000,00 EUR §§ 2 Abs. 2, 49 RVG, Nr. 3104 VV RVG	368,40 EUR
Auslagenpauschale, Nr. 7002 VV RVG	20,00 EUR
Zwischensumme	787,50 EUR
19 % USt., Nr. 7008 VV RVG	149,63 EUR
Summe	**937,13 EUR**

Gegenprobe:

die Verfahrensgebühr, die Rechtsanwalt K von seinem Mandanten erhält, beträgt	591,50 EUR
die Verfahrensgebühr, die von der Staatskasse erstattet wird, beträgt	399,10 EUR
Zusammen	990,60 EUR

addiert sind diese Gebühren nicht höher als eine 1,3 Gebühr aus dem Gesamtwert (1,3 aus 37.800,00 EUR = 1.316,90 EUR).

d) Kostenquotelung

Auch die Kostenquotelung bringt dem Anwalt die Möglichkeit, weitere Gebühren bis hin zur Wahlanwaltsvergütung zu erhalten.

Beispiel
Stufenantrag Unterhalt des bedürftigen Antragstellers, dem VKH bewilligt wurde, über 30.000,00 EUR, Kostenentscheidung nach streitiger Verhandlung, Beweisaufnahme und Beschluss. Antragsteller 1/6; Antragsgegner 5/6.

1. Wahlanwaltsvergütung (Streitwert: 30.000,00 EUR)

2,5 Gebühren (1,3 Verfahrensgebühr + 1,2 Terminsgebühr aus 30.000,00 EUR nach § 13 Abs. 1 RVG, Nr. 3100 u. 3104 VV RVG)	2.157,50 EUR
Auslagenpauschale, Nr. 7002 VV RVG	20,00 EUR
Zwischensumme	2.177,50 EUR
19 % Umsatzsteuer, Nr. 7008 VV RVG	413,73 EUR
Summe	**2.591,23 EUR**

2. VKH-Anwaltsvergütung (Streitwert: 30.000,00 EUR)

2,5 Gebühren (1,3 Verfahrensgebühr + 1,2 Terminsgebühr aus 30.000,00 EUR nach § 49 RVG, Nr. 3100 u. 3104 VV RVG)	1.030,00 EUR
Auslagenpauschale, Nr. 7002 VV RVG	20,00 EUR
Zwischensumme	1.050,00 EUR
19 % Umsatzsteuer, Nr. 7008 VV RVG	199,50 EUR
Summe	**1.249,50 EUR**

Ausgleichung:

die Wahlanwaltskosten beider Beteiligter betragen	5.182,46 EUR
hiervon trägt die Antragsgegnerin 5/6, somit	4.318,72 EUR
seine eigenen Kosten betragen	2.591,23 EUR
die Antragsgegnerin hätte an den Antragsteller zu erstatten	1.727,49 EUR
der Vertreter des Antragstellers hat jedoch bereits aus der Staatskasse erhalten	1.249,50 EUR
dies wären insgesamt	2.976,99 EUR
als Wahlanwalt stehen ihm jedoch nur zu	2.591,23 EUR
somit würde er zuviel erhalten	385,76 EUR
dieser Betrag geht gem. § 59 RVG auf die Staatskasse über,	
der Erstattungsbetrag des Antragstellers gegen die Antragsgegnerin vermindert sich von	1.727,49 EUR
um den übergegangenen Betrag in Höhe von	385,76 EUR
auf	1.341,73 EUR

die vom Rechtspfleger im Kostenfestsetzungsverfahren gegen die Antragsgegnerin festzusetzen sind.

4. VKH für den Unterbevollmächtigten/Verkehrsanwalt

Ein nicht in dem Bezirk des Prozessgerichts niedergelassener Rechtsanwalt kann nur beigeordnet werden, wenn dadurch weitere Kosten nicht entstehen, § 121 Abs. 3 ZPO. Im Rahmen einer bewilligten VKH ist bei der Beiordnung eines nicht beim Prozessgericht ansässigen Rechtsanwalts stets zu prüfen, ob besondere Umstände für die Beiordnung eines zusätzlichen Verkehrsanwalts im Sinne von § 121 Abs. 4 ZPO vorliegen. Nur wenn dies nicht der Fall ist, darf der auswärtige Rechtsanwalt „zu den Bedingungen eines ortsansässigen Rechtsanwalts" im Sinne von § 46 Abs. 1 RVG beigeordnet werden.

118 § 91 ZPO ist durch Artikel 4 G. v. 26.3.2007 – Gesetz zur Stärkung der Selbstverwaltung der Rechtsanwaltschaft, BGBl I S. 358 m.W.v. 1.6.2007 – geändert worden. Damit wird nicht mehr auf die Zulassung bei einem Gericht abgestellt, sondern auf die Niederlassung eines Anwalts im Bezirk des Prozessgerichts. Dies hängt mit der Aufgabe des Lokalisationsprinzips zusammen. Der Gesetzgeber hat die Änderung in § 91 Abs. 2 Satz 1 ZPO wie folgt begründet (BT-Drucks 16/3837 v. 13.12.2006, S. 27 zu „Änderungen der Zivilprozessordnung): *„In § 91 Abs. 2 Satz 1 soll für die Erstattung der Reisekosten der obsiegenden Partei nicht mehr darauf abgestellt werden, ob der Anwalt beim Prozessgericht zugelassen, sondern darauf, ob er in dem Bezirk des Prozessgerichts niedergelassen ist."* Aufgrund dieser Änderung ist der Rechtsanwalt, der im Bezirk des Gerichts seinen Sitz hat, nicht aber am gleichen Ort, ohne Einschränkungen beizuordnen.[44] Entstehende Reisekosten nach Teil 7 VV RVG sind ihm zu erstatten.

Beispiel
RA B. hat seine Kanzlei in Dormagen. Dormagen liegt im Bezirk des Amtsgerichts – Familiengerichts – Neuss. RA B. wird in einer Scheidungssache mit Folgesachen als RA beigeordnet. Er reist zum Gerichtstermin nach Neuss. Ihm sind sämtliche Reisekosten von der Staatskasse zu erstatten.

119 *Beispiel*
RA B. hat seine Kanzlei in Dormagen. Dormagen liegt im Bezirk des Amtsgerichts – Familiengerichts – Neuss. RA B. wird in einer Scheidungssache mit Folgesachen als RA beigeordnet. Die Scheidung erfolgt allerdings vor dem Amtsgericht – Familiengericht – Köln. RA B. reist zum Gerichtstermin nach Köln. Nun ist zu prüfen, ob über § 121 Abs. 4 ZPO die Beiordnung eines Verkehrsanwalts in Frage käme. Da voraussichtlich die Reisekosten von Dormagen nach Köln unter den Kosten eines Verkehrsanwalts liegen, kann RA B. beantragen, ohne Einschränkung „zu den Bedingungen eines ortsansässigen Rechtsanwalts" beigeordnet zu werden.

120 § 78 Abs. 3 FamFG schränkt die Beiordnung eines Anwalts in Familiensachen, die nicht Ehesachen und nicht Familienstreitsachen sind (denn für diese gilt § 78 FamFG nicht) dahin ein, dass ein nicht im Bezirk des Verfahrensgerichts niedergelassener Rechtsanwalt nur beigeordnet werden kann, wenn hierdurch besondere Kosten nicht entstehen. Nur wenn besondere Umstände dies erfordern, kann dem Beteiligten nach § 78 Abs. 4 FamFG auf seinen Antrag ein zur Vertretung bereiter Rechtsanwalt seiner Wahl zur Wahrnehmung eines Termins zur Beweisaufnahme vor dem ersuchten Richter oder zur Vermittlung des Verkehrs mit dem Verfahrensbevollmächtigten beigeordnet werden. Es ist sehr zu kritisieren, dass der Gesetzgeber diese besonderen Umstände nicht näher definiert und Anwälte und Mandanten weiter der unterschiedlichen Rechtsprechung einzelner Gerichtsbezirke aussetzen. Warum nach wie vor auf den Verkehrsanwalt abgestellt wird, der in der Praxis seit Erweiterung der Postulationsfähigkeit in den Jahren 2000 (LGs) und 2002 (OLGs) fast nicht mehr vorkommt, und nicht vielmehr auf die Mehrkosten, die bei Beauftragung eines Unterbevollmächtigten entstehen, ist nicht nachvollziehbar. Auch die Ungleichbehandlung des „armen" zum „reichen" Mandant scheint ungerecht, denn die BGH-Rechtsprechung zur Erstattungsfähigkeit von Mehrkosten, die durch die Beauftragung eines Unterbevollmächtigten anfallen, findet keine analoge Anwendung bei dem VKH-Mandant, bei der bezüglich der Erstattung aus der Staatskasse auf den – kaum noch existenten – Verkehrsanwalt abgestellt wird.

---

44 OLG Celle, Beschl. v. 8.10.2007 – 10 WF 357/07 = JurBüro 2008, 261.

A. Grundsätzliches §7

Noch immer ist zu beobachten, dass die Praxis große Unterschiede zwischen einem „armen" und einem „reichen" Antragsteller macht, wenn es um die Frage der Erstattungsfähigkeit von Mehrkosten für die Beauftragung eines weiteren Anwalts geht, obwohl das Bundesverfassungsgericht im Rahmen des Art. 3 Abs. 1 GG in Verbindung mit dem allgemeinen Rechtsstaatsprinzip eine Angleichung der Situation bei der Verwirklichung des Rechtsschutzes von Bemittelten und Unbemittelten für geboten erachtet,[45] und auch der BGH, wie nachfolgend dargestellt wird, dieser Forderung bereits Rechnung trägt.

121

Der BGH hat nach den umfassenden Erweiterungen der Postulationsfähigkeit den damit einhergehenden Änderungen des § 78 ZPO Rechnung getragen, in dem er in einer Grundsatzentscheidung dargelegt hat, in welchen Fällen und inwieweit die durch die Einschaltung eines Unterbevollmächtigten entstandenen Mehrkosten erstattungsfähig sind.[46] Nach der Entscheidung des BGH darf die Partei in der Regel einen an ihrem Wohnort sitzenden Rechtsanwalt beauftragen, auch wenn das Gericht am anderen Ort sitzt.

Der amtliche Leitsatz des BGH:[47]

> „Die Zuziehung eines am Wohn- oder Geschäftsort der auswärtigen Partei ansässigen Rechtsanwalts ist regelmäßig als zur zweckentsprechenden Rechtsverfolgung oder Rechtsverteidigung notwendig im Sinne von § 91 Abs. 2 S. 1., 2. HS ZPO anzusehen. Die Kosten eines Unterbevollmächtigten, der für den auswärtigen Verfahrensbevollmächtigten die Vertretung in der mündlichen Verhandlung übernommen hat, sind erstattungsfähig, soweit sie die durch die Tätigkeit des Unterbevollmächtigten ersparten, erstattungsfähigen Reisekosten des Verfahrensbevollmächtigten nicht wesentlich übersteigen."

„Nicht wesentlich" definiert der BGH mit 10 % und hält in seinen Beschlussgründen fest, dass eine derart geringfügige Überschreitung der ersparten Reisekosten der Erstattung der Kosten eines Unterbevollmächtigten nicht entgegensteht.

Eine Ausnahme von dieser Regel sieht der BGH nur dann, wenn schon im Zeitpunkt der Beauftragung des Rechtsanwalts feststeht, dass ein eingehendes Mandantengespräch für die Verfahrensführung nicht erforderlich sein wird (z.B. bei einem gewerblichen Unternehmen mit eigener Rechtsabteilung) oder aber die Gegenseite bei einem in tatsächlicher Hinsicht überschaubaren Streit um eine Geldforderung versichert, nicht leistungsfähig zu sein und gegenüber einem Verfahren keine Einwendungen erhoben werden.[48] Weitere Entscheidungen des BGH (noch zu BRAGO-Zeiten ergangen) runden das Bild ab und geben eine konkrete Vorstellung über weitere Ausnahmen.[49]

122

Es würde den Rahmen dieses Werks sprengen, auf die umfangreiche Rechtsprechung des BGH vertiefend einzugehen. Daher wird an dieser Stelle auf die einschlägigen Kommentierungen zum RVG zu Nr. 3401 u. 3402 VV RVG verwiesen.[50]

---

45 BVerfG NJW 2004, 1789.
46 BGH JurBüro 2003, 202 = BRAGOreport 2003, 13 = NJW 2003, 898 = AnwBl 2003, 309 = AGS 2003, 97 = FamRZ 2003, 441; behandelt in Aufsätzen von *Hansens*, BRAGOreport/RVGreport 2003, 13 ff.; *Bischof*, AnwBl. 2004, 365 ff.; *Madert*, AGS 2003, 97; *Enders*, JurBüro 2003, 169 ff.
47 BGH, Beschl. v. 16.10.2002 – VIII ZB 30/02 = BRAGOreport 2003, 13 = NJW 2003, 898 = JurBüro 2003, 202 = AnwBl. 2003, 309.
48 BGH JurBüro 2003, 205: Ziffer B. II. 2 bb) (2) der Beschlussgründe.
49 Übersicht über die ergangenen Entscheidungen: *Enders*, JurBüro 2005, 62 ff.
50 So z.B. sehr ausführlich mit Übersichten: *Jungbauer* in Bischof/Jungbauer u.a., Nr. 3401 Rn 70 ff.

§ 7 Verfahrenskostenhilfe

123 Konsequenterweise hat der BGH sich in der Folge mit der Frage beschäftigen müssen, inwieweit diese oben zitierten Grundsätze auch für die „arme" Partei gelten. In einem Beschl. v. 23.6.2004 hat er entschieden (amtl. Leitsatz):[51]

„Im Rahmen einer bewilligten Verfahrenskostenhilfe ist bei der Beiordnung eines nicht bei dem Prozessgericht niedergelassenen Rechtsanwalts stets zu prüfen, ob besondere Umstände für die Beiordnung eines zusätzlichen Verkehrsanwalts im Sinne von § 121 Abs. 4 ZPO vorliegen. Nur wenn dieses nicht der Fall ist, darf der auswärtige Rechtsanwalt „zu den Bedingungen eines ortsansässigen Rechtsanwalts" im Sinne von § 126 Abs. 1 S. 2, 1. HS BRAGO beigeordnet werden.

Der Partei ist auf Antrag zusätzlich ein unterbevollmächtigter Rechtsanwalt zur Wahrnehmung des Verhandlungstermins beizuordnen, wenn in besonders gelagerten Einzelfällen Reisekosten nach § 126 Abs. 1 S. 2, 2. HS BRAGO geschuldet sind und diese die Kosten des Unterbevollmächtigten annähernd erreichen."

Obwohl der dieser Entscheidung des BGH zugrundeliegende Fall sicherlich außergewöhnlich war (Auslandsbezug, Vorwurf der Bigamie), hält *Enders* diese Entscheidung zutreffend als Grundsatzentscheidung, an der sich auch der Regelfall orientieren kann.[52] Aus der Entscheidung des BGH zieht *Enders* das richtige Fazit, dass es Aufgabe des Gerichts ist, zu prüfen, ob besondere Umstände für die Beiordnung eines zusätzlichen Verkehrsanwalts im Sinne von § 121 Abs. 4 ZPO vorliegen und nur dann, wenn dies nicht der Fall ist, eine Beiordnung „zu den Bedingungen eines ortsansässigen Rechtsanwalts" erfolgen dürfe.[53] In seinem umfassenden Aufsatz beschäftigt sich dann *Enders* mit der Frage, ob der Verkehrsanwalt oder aber der Terminsvertreter nach RVG kostengünstiger sei (die Entscheidung des BGH betraf eine BRAGO-Angelegenheit; hier war regelmäßig der Verkehrsanwalt günstiger als der Unterbevollmächtigte/Terminsvertreter).[54]

Da der Verkehrsanwalt nach Nr. 3400 VV RVG i.d.R. eine Verfahrensgebühr von max. 1,0 auslöst, die Mehrkosten eines Unterbevollmächtigten aber meistens (nicht immer) 0,65 Gebühren betragen, kommt *Enders* (a.a.O.) zu dem richtigen Ergebnis, dass nach dem RVG in der Regel der Unterbevollmächtigte günstiger ist als der Verkehrsanwalt.

124 Nachstehend erfolgt eine Aufstellung wichtiger Entscheidungen zu dieser Thematik, die noch zum alten Recht ergangen sind, aber – zumindest teilweise – analog Anwendung finden können:

So entschied das OLG Nürnberg am 6.10.2004:[55]

„Die Beiordnung eines auswärtigen Rechtsanwalts kann bei Anwendbarkeit des RVG i.d.R. nicht mehr „zu den Bedingungen eines ortsansässigen Rechtsanwalts" ausgesprochen werden."

In seinen Gründen führt das OLG Nürnberg aus, dass ein Scheidungsverfahren unter Umständen mehrfache Beratungsgespräche erfordert, was zu einer umfassenden anwaltlichen Vorbereitung des Scheidungsverfahrens und Termins führt. Die Beauftragung eines Anwalts am Wohnort sei daher sachgerecht.

---

51 BGH JurBüro 2004, 604 = AGS 2004, 349 u. Anm. *N. Schneider* in AGS 2004, 384 = FPR 2004, 628 = NJW 2004, 2749; vgl. dazu auch *Enders*, JurBüro 2005, 337 ff „Verfahrenskostenhilfe, in der Regel keine einschränkende Beiordnung mehr?"

52 *Enders,* JurBüro 2005, 338 rechte Spalte.

53 *Enders,* JurBüro 2005, 338 rechte Spalte.

54 *Enders,* JurBüro 2005, 338 rechte Spalte.

55 OLG Nürnberg JurBüro 2005, 369 = RVGreport 2005, 157 mit Anm. *Hansens*; ebenso: OLG Oldenburg, Beschl. v. 6.1.2006 – 3 UF 45/05 = JurBüro 2006, 320.

Auch das OLG Hamm entscheidet in diese Richtung und stützt sich dabei auf die oben (siehe Rn 123) erwähnte BGH-Entscheidung:[56]

> „1. Eine Partei, die auf Verfahrenskostenhilfe angewiesen ist, hat in der Regel einen Anspruch darauf, dass ihr im Rahmen der Verfahrenskostenhilfebewilligung ein an ihrem Wohnort ansässiger Rechtsanwalt beigeordnet wird.
> 2. Im Festsetzungsverfahren werden nach § 46 RVG die erstattungsfähigen Reisekosten grundsätzlich durch die Höhe der zusätzlichen Kosten begrenzt, die bei der Beauftragung eines weiteren Anwalts entsprechend § 121 Abs. 4 ZPO entstanden wären."

Praxistipp 125
Im Hinblick auf diese Entscheidungen sollte generell gebeten werden, die Beiordnung nicht „unter den Bedingungen eines ortsansässigen Rechtsanwalts" auszusprechen. Es bietet sich an, entsprechende Gründe hierfür vorzutragen und die obigen Entscheidungen zu zitieren.

Enders (a.a.O.) weist darauf hin, dass der Rechtsanwalt aufgrund der obigen Entscheidungen nicht 126
einfach davon ausgehen dürfe, dass seine Reisekosten bzw. die Kosten eines UBV schon von der Staatskasse übernommen würden. Er habe vielmehr in einer ex ante Rechnung zu überschlagen, welche Variante die günstigere ist (selber reisen oder einen UBV einzuschalten). Bei der Gegenüberstellung der Mehrkosten zu den Reisekosten habe er von den Gebühren nach § 49 RVG auszugehen und bei den Reisekosten von den Nrn. 7003 bis 7006 VV RVG.

Praxistipp 127
Es sollte vor Antritt der Reise ein Antrag nach § 46 Abs. 2 S. 1 RVG gestellt werden, mit dem das Gericht gebeten wird, festzustellen, dass die Reise erforderlich ist. Eine solche Feststellung ist für das Festsetzungsverfahren nach § 46 Abs. 2 S. 1 RVG bindend.

In jedem Fall sollte – falls die Variante UBV gewählt wird – ein entsprechender Antrag auf Beiordnung eines Unterbevollmächtigten/Terminsvertreters gestellt werden, ggf. unter Hinweis auf entstehende Mehrkosten bei Selbstreise.

Weitere Entscheidungen zum Thema: 128

> „Ein auswärtiger Rechtsanwalt, der ohne sein Einverständnis nur „zu den Bedingungen eines ortsansässigen Anwalts" beigeordnet wird, ist nach § 127 ZPO beschwerdebefugt. Die Tatsache allein, dass ein auswärtiger Anwalt einen Antrag auf Beiordnung im Rahmen der Verfahrenskostenhilfe stellt, rechtfertigt nicht die Annahme seiner stillschweigenden Einwilligung in die Beschränkung der Beiordnung. Die Beschränkung der Beiordnung „zu den Bedingungen eines ortsansässigen Anwalts" ist nur zulässig, wenn auch sonst nur Kosten eines am Prozessgericht zugelassenen Rechtsanwalts entstehen konnten. Das setzt immer die Prüfung voraus, ob nicht die Voraussetzungen des § 121 Abs. 4 ZPO für die Beiordnung eines zusätzlichen Verkehrsanwalts vorliegen."[57]

> *Die Beschränkung des Umfangs der Beiordnung eines Rechtsanwalts im Rahmen der Verfahrenskostenhilfe zu den Bedingungen eines bei dem Prozessgericht zugelassenen Rechtsanwalts kommt in einer Ehesache nur in Betracht, wenn die bei einer uneingeschränkten Beiordnung entstehenden Mehrkosten voraussichtlich deutlich höher sind als die Kosten für eine Informationsreise der Parteien zu einem bei dem Prozessgericht zugelassenen Rechtsanwalt oder die Kosten für den Fall der Vertretung der Parteien durch einen beim Prozessgericht zugelassenen Rechtsanwalt zusätzlich beizuordnenden Verkehrsanwalt.*[58] 129

---

56 OLG Hamm AGS 2005, 71 = JurBüro 2005, 340.
57 OLG Köln, Beschl. v. 28.4.2005 – 14 WF 35/05 = JurBüro 2005, 429.
58 OLG Hamm, Beschl. v. 5.5.2005 – 2 W 1110/05 = AGS 2005, 514.

§ 7   Verfahrenskostenhilfe

130 Ist ein Unterhaltsrechtsstreit aus der Sicht einer nicht fachkundigen Partei so gelagert, das grundsätzlich das Bedürfnis anzuerkennen ist, die Angelegenheit persönlich mit dem Rechtsanwalt zu erörtern, hat keine einschränkende Beiordnung (nur zu den Bedingungen eines Rechtsanwaltes mit Kanzleisitz am Gerichtsort) zu erfolgen.[59]

131 Bei der Entscheidung über die Beiordnung eines nicht am Prozessgericht niedergelassenen Rechtsanwalts hat das Gericht immer zu prüfen, ob die Voraussetzungen des § 121 Abs. 4 ZPO vorliegen. Nur wenn dies der Fall ist, darf es einen von der Partei gewählten auswärtigen Verfahrensbevollmächtigten „zu den Bedingungen eines ortsansässigen Rechtsanwalts" beiordnen.[60]

132 Die Sicherstellung der Einschaltung von § 121 Abs. 3 ZPO erfordert die Begrenzung der abrechenbaren Mehrkosten auf die Höhe der Vergütung eines Verkehrsanwalts bereits bei der Entscheidung über die Beiordnung. Die Entscheidung kann nicht aufgrund einer bloßen Prognose der voraussichtlich entstehenden Reisekosten getroffen werden. Die Begrenzung darf auch nicht über § 46 Abs. 1 RVG ins Festsetzungsverfahren verlagert werden. Vielmehr ist der Rechtsanwalt mit der Maßgabe beizuordnen, dass Mehrkosten, die dadurch entstehen, dass der beigeordnete Rechtsanwalt seine Kanzlei nicht am Ort des Prozessgerichts hat, nur bis zur Höhe der Vergütung eines Verkehrsanwalts am Wohnort des Antragstellers erstattungsfähig sind."[61]

5. Beschwerdeverfahren

133 Wird die VKH versagt oder aber werden die Ratenzahlungen zu hoch angesetzt, kann gegen diesen Beschluss die sofortige Beschwerde, erhoben werden. Eine weitere Beschwerde ist ausgeschlossen. Für die Verfahrenskostenhilfe werden die §§ 567 bis 572, 127 Abs. 2 bis 4 ZPO für anwendbar erklärt.

Für dieses Beschwerdeverfahren erhält der RA gemäß Nr. 3500 VV RVG eine 0,5 Verfahrensgebühr, **unabhängig** davon, ob ihm im Hauptverfahren Gebühren zustehen oder nicht. Diese Gebühren sind vom Mandanten zu erstatten.

134 Dabei stellt die fehlende Zahlungsfähigkeit des Mandanten den Rechtsanwalt nicht selten vor ein Problem. Da es ein gerichtliches Verfahren ist, darf er eigentlich auf die gesetzlichen Gebühren nicht verzichten (jedenfalls nicht generell – Ausnahme: Einzelfall!), § 49b Abs. 1 BRAO. VKH für das Beschwerdeverfahren gibt es aber nicht, auch dann nicht, wenn die Staatskasse vorher die beantragte VKH zu Unrecht abgelehnt hat. Nach Ansicht der Verfasserin sollte die Staatskasse VKH für das Beschwerdeverfahren dann bewilligen, wenn diese zuvor zu Unrecht versagt wurde. Der Gesetzgeber ist gefordert, eine gesetzliche Grundlage zu schaffen.

6. Rückforderung bei Vermögensverbesserung

135 Auch wenn der Auftraggeber durch die VKH zunächst völlig kostenfrei gestellt ist, bedeutet dies doch **nicht**, dass nicht irgendwann Zahlungen zu leisten sind. Nach § 120a Abs. 1 S. 4 ZPO, kann das Gericht die Entscheidung über die zu leistenden Zahlungen bis zu **vier Jahren nach rechtskräftiger Entscheidung** oder der sonstigen Beendigung des Verfahrens ändern, wenn sich die für die VKH maßgebenden persönlichen und wirtschaftlichen Verhältnisse wesentlich geändert haben. § 120a übernimmt zum 1.1.2014 die früheren Regelungen des § 120 Abs. 4 ZPO aus Gründen der

---

59   OLG Saarbrücken, Beschl. v. 5.10.2005 – 2 WF 13/05 = JurBüro 2006, 96 (L. d. R.).
60   OLG Düsseldorf, Beschl. v. 4.8.2005 – 9 WF 130/05 = AGS 2005, 513.
61   OLG Karlsruhe, Beschl. v. 21.7.2005 – 17 W 30/05 = RVG-Letter 2005, 1181.

besseren Übersichtlichkeit, da die Möglichkeiten zur Änderung der Bewilligung zusammenfassend in § 120a ZPO n.F. geregelt sind, vgl. dazu auch die entsprechenden umfassenden Ausführungen (siehe Rn 33).[62]

Der RA sollte daher den Mandanten darauf **hinweisen**, dass sich möglicherweise zu einem **späteren Zeitpunkt** eine Verpflichtung zur Rückzahlung ergibt. Insbesondere bei Anträgen auf hohe Zugewinnausgleichsansprüche stellt sich sonst so manche Überraschung beim Mandanten ein.

136

7. Aufhebung der VKH-Bewilligung

Sofern der RA in einem Verfahren auf Aufhebung der VKH-Bewilligung gemäß § 124 Nr. **1** ZPO tätig wird (wenn der Antragsteller durch unrichtige Darstellung des Streitverhältnisses die für die Bewilligung der VKH maßgebenden Voraussetzungen vorgetäuscht hat), so sind auch in diesem Verfahren Gebühren nach Nr. 3335 VV RVG aus dem **Wert der Hauptsache** zu berechnen, § 23a Abs. 1 RVG.

137

Etwas anderes **hinsichtlich des Wertes** gilt, wenn der RA in einem Verfahren auf Aufhebung der VKH-Bewilligung nach § 124 Nr. **2** bis **5** ZPO tätig wird. Gemäß § 124 Nr. 2 bis 5 kann die VKH-Bewilligung unter folgenden Voraussetzungen aufgehoben werden:

138

- Der Antragsteller hat **absichtlich** oder aus grober Nachlässigkeit **unrichtige Angaben** über die persönlichen und wirtschaftlichen Verhältnisse gemacht, § 124 Nr. **2** ZPO.
- Der Antragsteller hat auf Verlangen des Gerichts eine **neue Erklärung** über evtl. Änderungen in ihren Einkommens- und Vermögensverhältnissen **nicht abgegeben**, § 124 Nr. **2** ZPO.
- Die persönlichen oder wirtschaftlichen Verhältnisse für die VKH-Bewilligung haben **nicht vorgelegen**, § 124 Nr. **3** ZPO.
- die Partei hat entgegen § 120a Abs. 2 S. 1 bis 3 ZPO dem Gericht wesentliche Verbesserungen ihrer Einkommens- und Vermögensverhältnisse oder Änderungen ihrer Anschrift absichtlich oder aus grober Nachlässigkeit unrichtig oder nicht unverzüglich mitgeteilt; (vgl. dazu Rn 38)[63]
- Der Antragsteller ist **länger als 3 Monate** mit der Zahlung einer Monatsrate oder mit der Zahlung eines sonstigen Betrags in **Rückstand**, § 124 Nr. **5** ZPO.[64]

In diesen Fällen der Aufhebung der VKH-Bewilligung richtet sich der **Wert** nach den **Kosten**, von denen die der Antragsteller durch die Bewilligung **freigestellt** worden war, vgl. dazu § 23a Abs. 1 RVG.

Zum Gegenstandswert sind nicht nur die Kosten anzunehmen, die der Antragsteller nachzuzahlen hätte, wenn die Bewilligung aufgehoben würde. Vielmehr sind die Kosten in Ansatz zu bringen, die die Staatskasse bereits im Rahmen der VKH an den beigeordneten RA gezahlt hat, die Gerichtskosten, die nach Aufhebung der VKH vom Mandanten zu zahlen sind, die Differenz der Gebühren zwischen VKH- und Wahlanwaltsgebühren.

139

---

62 Gesetz zur Änderung des Prozesskostenhilfe- und Beratungshilferechts (PKHuBerHÄndG k.a.Abk.) Art. 2 – G. v. 31.8.2013 BGBl I S. 3533 (Nr. 55); Geltung ab 1.1.2014.
63 Gesetz zur Änderung des Prozesskostenhilfe- und Beratungshilferechts (PKHuBerHÄndG k.a.Abk.) Art. 2 – G. v. 31.8.2013 BGBl I S. 3533 (Nr. 55); Geltung ab 1.1.2014.
64 Zum 1.1.2014 wurde aus der bisherigen Nr. 4 die Nr. 5 durch Gesetz zur Änderung des Prozesskostenhilfe- und Beratungshilferechts (PKHuBerHÄndG k.a.Abk.) Art. 2 – G. v. 31.8.2013 BGBl I S. 3533 (Nr. 55); Geltung ab 1.1.2014.

8. Mehrere Verfahren über die VKH

140 Mehrere Verfahren über die Verfahrenskostenhilfe in demselben Rechtszug gelten als dieselbe Angelegenheit, § 16 Nr. 3 RVG, mit der Folge, dass entsprechend der Anzahl der Verfahren gesonderte Gebühren nicht abgerechnet werden können, sondern vielmehr nur einmal, § 15 Abs. 2 S. 1 RVG.

9. Ganz oder teilweise Auferlegung der Kosten

141 Wie vorzugehen ist, wenn dem Gegner die Kosten ganz oder teilweise auferlegt werden, soll im Nachfolgenden dargestellt werden.

a) VKH-Mandant gewinnt; der Gegner hat die Kosten des Verfahrens zu tragen

142 Der RA hat zwei Möglichkeiten:
a) Er verlangt von der Staatskasse die Vergütung gem. § 49 RVG und lässt gegen den unterlegenen Gegner die weiteren Kosten (Differenz zur Normalvergütung) vom Gericht der ersten Instanz festsetzen.
b) Er lässt die Normalvergütung in voller Höhe gegen den unterlegenen Gegner vom Rechtspfleger der ersten Instanz gem. §§ 103, 126 (im eigenen Namen) ZPO festsetzen. Die Festsetzung im eigenen Namen empfiehlt sich, wenn der Gegner gegenüber dem Mandanten mit Ansprüchen aufrechnen könnte. Eine Aufrechnung kann dann nur noch mit einer Kostenentscheidung in derselben Angelegenheit erfolgen, § 126 Abs. 2 ZPO, was für den RA des VKH-Mandanten eine sicherere Einnahmequelle bedeutet.

143 *Praxistipp*
Es empfiehlt sich auf jeden Fall der erste Weg, da die Staatskasse immer zahlungsfähig ist, was beim unterlegenen Gegner durchaus nicht der Fall sein muss.

b) VKH-Mandant verliert und hat die Kosten der Gegenseite zu tragen

144 Die Kosten des eigenen RA werden aus der Landeskasse erstattet.

Die Kosten der Gegenseite sind nach der Tabelle zu § 13 RVG von dem Antragsteller zu tragen.

c) VKH-Beteiligter obsiegt teilweise, Kostenentscheidung Antragsteller 1/5 Antragsgegnerin 4/5 der Kosten

145 In diesem Fall wird eine Kostenausgleichung nach § 106 ZPO so vorgenommen, als wenn VKH nicht gewährt worden wäre. Erst dann, wenn die Ausgleichung einen festsetzbaren Anspruch zugunsten des beigeordneten RA ergibt, kann ein Übergang auf die Staatskasse in Betracht kommen (§ 59 Abs. 1 RVG).

146 *Beispiel*

Die außergerichtlichen Wahlanwaltskosten betragen für	
den Kläger	2.911,60 EUR
den Beklagten	2.944,20 EUR
Summe	5.855,80 EUR
hiervon hat der Antragsgegnerin nach einem Vergleich 4/5 zu tragen	4.684,64 EUR
seine eigenen Kosten betragen	2.944,20 EUR
so dass er an den Kläger, dem voll VKH bewilligt wurde zu erstatten hat.	1.740,44 EUR
Da der beigeordnete RA des Klägers aus der Staatskasse bereits erhalten hat, würde er insgesamt erhalten.	1.383,88 EUR 3.124,32 EUR

Da seine eigenen Kosten jedoch nur betragen, geht der Differenzbetrag von nach § 59 Abs. 1 RVG auf die Staatskasse über.
2.911,60 EUR
212,72 EUR

10. Geschäftsgebühr und anschließende Verfahrenskostenhilfe

(Zur Anrechnung der Geschäftsgebühr in VKH-Mandaten vgl. § 4 Rn 200) **147**

11. Terminsgebühr im Bewilligungsverfahren

Höchst strittig ist, ob der Rechtsanwalt im Bewilligungsverfahren eine Terminsgebühr mit der Staatskasse abrechnen kann. **148**

> *„Regelt ein Vergleich auch Ansprüche, die nicht rechtshängig sind, erhält der VKH-Anwalt auch insoweit eine Terminsgebühr. Offen bleibt, ob etwas anderes gilt, wenn die VKH-Bewilligung sich nicht auf den gesamten Vergleich erstreckt."*[65]

Ist dem Antragsteller Verfahrenskostenhilfe für den Abschluss einer Einigung bewilligt worden oder erstreckt sich die Verfahrenskostenhilfe kraft Gesetzes auf den Abschluss einer Einigung, ist auch eine Terminsgebühr für das Verhandeln der nicht anhängigen Gegenstände aus der Staatskasse zu zahlen.[66] **149**

Auch das OLG Stuttgart sieht die Festsetzbarkeit einer Terminsgebühr anwaltsfreundlich: **150**

> *„1. Wird im Rahmen der mündlichen Verhandlung über nicht rechtshängige Ansprüche nach vorheriger Erörterung eine Einigung erzielt und protokolliert, so entsteht neben der 1,5 Einigungsgebühr gem. Nr. 1000 VV RVG auch eine 0,8 Verfahrensgebühr nach Nr. 3101 Nr. 2 VV RVG und eine 1,2 Terminsgebühr nach Nr. 3104 VV RVG.*
> *2. Die Terminsgebühr ist ebenso wie die anderen Gebühren für den VKH-Anwalt im Vergütungsfestsetzungsverfahren gem. § 55 RVG gegen die Staatskasse festzusetzen, wenn der Verfahrenskostenhilfebewilligungs- und Beiordnungsbeschluss auf die Vereinbarung erstreckt werden."*[67]

Das LG Osnabrück verneint eine Terminsgebühr aus dem Wert mitverglichener nicht rechtshängiger Ansprüche, wenn nur für den Abschluss des Vergleichs Verfahrenskostenhilfe bewilligt worden ist.[68] **151**

Das OLG Düsseldorf hält bei nachträglicher Bewilligung der VKH für den „abgeschlossenen Vergleich" für die Festsetzung der Terminsgebühr einen Antrag auf Erweiterung der Bewilligung und zwar **vor** dem Gebührenanfall.[69] **152**

> *Praxistipp* **153**
> Sicherheitshalber sollte vor Anfall der Terminsgebühr bei Gericht die Erweiterung der VKH auch auf die Terminsgebühr im Allgemeinen und die Terminsgebühr für die Besprechung über nicht rechtshängige Ansprüche im Besonderen beantragt werden. Sofern einige Gerichte eine solche Erstreckung nicht aussprechen wollen, muss der Anwalt/die Anwältin überlegen, ob vor Abschluss eines Vergleichs auf eine Entscheidung über die VKH für die Hauptsache bestanden wird.

---

65 OLG Koblenz, Beschl. v. 6.6.2006 – 14 W 328/06, JurBüro 2006, 473.
66 So auch AG Marburg, Beschl. v. 24.10.2006 – 70 F 463/08 S, AGS 2007, 510.
67 OLG Stuttgart, Beschl. v. 18.1.2008 – 8 WF 12/08, AnwBl. 2008, 303.
68 OLG Osnabrück, Beschl. v. 4.10.2007 – 10 O 2709/06 (242), JurBüro 2008, 247.
69 OLG Düsseldorf, Beschl. v. 29.1.2009, Az.: 10 WF 30/08, JurBüro 2009, Heft 5.

§ 8 Kostenerstattung nach dem FamFG

A. Umfang der Kostenpflicht

Nach § 80 FamFG sind Kosten
- die Gerichtskosten (Gebühren und Auslagen) und
- die zur Durchführung des Verfahrens notwendigen Aufwendungen der Beteiligten.

§ 91 Abs. 1 S. 2 ZPO gilt entsprechend.

B. Grundsatz der Kostenpflicht

§ 81 FamFG regelt den Grundsatz der Kostenpflicht:

> (1) ¹Das Gericht kann die Kosten des Verfahrens nach billigem Ermessen den Beteiligten ganz oder zum Teil auferlegen. ²Es kann auch anordnen, dass von der Erhebung der Kosten abzusehen ist. ³In Familiensachen ist stets über die Kosten zu entscheiden.
>
> (2) Das Gericht soll die Kosten des Verfahrens ganz oder teilweise einem Beteiligten auferlegen, wenn
> 1. der Beteiligte durch grobes Verschulden Anlass für das Verfahren gegeben hat;
> 2. der Antrag des Beteiligten von vornherein keine Aussicht auf Erfolg hatte und der Beteiligte dies erkennen musste;
> 3. der Beteiligte zu einer wesentlichen Tatsache schuldhaft unwahre Angaben gemacht hat;
> 4. der Beteiligte durch schuldhaftes Verletzen seiner Mitwirkungspflichten das Verfahren erheblich verzögert hat;
> 5. der Beteiligte einer richterlichen Anordnung zur Teilnahme an einem kostenfreien Informationsgespräch über Mediation oder über eine sonstige Möglichkeit der außergerichtlichen Konfliktbeilegung nach § 156 Absatz 1 Satz 3 oder einer richterlichen Anordnung zur Teilnahme an einer Beratung nach § 156 Absatz 1 Satz 4 nicht nachgekommen ist, sofern der Beteiligte dies nicht genügend entschuldigt hat.
>
> (3) Einem minderjährigen Beteiligten können Kosten in Kindschaftssachen, die seine Person betreffen, nicht auferlegt werden.
>
> (4) Einem Dritten können Kosten des Verfahrens nur auferlegt werden, soweit die Tätigkeit des Gerichts durch ihn veranlasst wurde und ihn ein grobes Verschulden trifft.
>
> (5) Bundesrechtliche Vorschriften, die die Kostenpflicht abweichend regeln, bleiben unberührt.

Die Kostenentscheidung ist in die Endentscheidung aufzunehmen.

Sofern von einer Kostenauferlegung abgesehen wird, fallen für die Beteiligten keine Gerichtskosten an. Ihre Anwaltskosten tragen sie jeweils selbst.

Tipp
Will ein Beteiligter erreichen, dass die Gegenseite seine Kosten trägt, sollte er rechtzeitig anregen, dem anderen Beteiligten die Kosten aufzuerlegen; entsprechende Gründe sind vorzutragen. Denn die Kostenentscheidung ergeht (sofern eine ergeht) mit der Endentscheidung!

Hinweis
Ohne Kostengrundentscheidung ist eine Kostenfestsetzung nicht möglich!

Nach § 81 Abs. 2 Nr. 5 FamFG kann das Gericht einem Beteiligten die Kosten des Verfahrens ganz oder teilweise auferlegen, wenn er ohne hinreichende Entschuldigung einer richterlichen Anordnung zur Teilnahme an einem kostenfreien Informationsgespräch über Mediation oder über eine sonstige Möglichkeit der außergerichtlichen Konfliktbeilegung nach § 156 Abs. 1 S. 3 oder einer richterlichen Anordnung zur Teilnahme an einer Beratung nach § 156 Abs. 1 S. 4 nicht nachgekommen ist. Rechtsanwälte sollten daher im Interesse ihrer Mandanten die Teilnahme überprüfen und ggf. rechtzeitig Entschuldigungsgründe vortragen. Es erscheint sinnvoll, in einem Schreiben an den Mandanten hierauf hinzuweisen.

8

> *Beispiel*
> Sehr geehrter Herr ▬,
>
> das Gericht hat in der Kindschaftssache Sorgerecht angeordnet, dass Sie an einem Beratungsgespräch beim Jugendamt insbesondere zur Entwicklung eines einvernehmlichen Konzepts für die Wahrnehmung der elterlichen Sorge und der elterlichen Verantwortung teilnehmen sollen.
>
> ...
>
> Bitte beachten Sie, dass die Nichtteilnahme an dem Beratungsgespräch kostenrechtliche Folgen für Sie haben kann. Das Gericht ist von Gesetzes wegen befugt, Ihnen die Kosten des Verfahrens ganz oder teilweise aufzuerlegen, wenn Sie dieser Anordnung nicht Folge leisten.
>
> Sollten Sie daher aus wichtigem Grund an dem Beratungsgespräch nicht teilnehmen können (z.B. Krankheit etc.), bitten wir um rechtzeitige Mitteilung, damit wir gegenüber dem Gericht die entsprechenden Entschuldigungsgründe darlegen können.
>
> Mit freundlichen Grüßen

C. Kostenpflicht bei Vergleich

9   Wird das Verfahren durch Vergleich erledigt und haben die Beteiligten keine Bestimmung über die Kosten getroffen, fallen die Gerichtskosten jedem Teil zu gleichen Teilen zur Last; die außergerichtlichen Kosten trägt jeder Beteiligte selbst, § 83 Abs. 1 FamFG.

10 Ist das Verfahren auf sonstige Weise (nicht Vergleich) erledigt oder wird der Antrag zurückgenommen, gilt § 81 entsprechend, § 83 Abs. 2 FamFG.

D. Rechtsmittelkosten

11 Das Gericht soll die Kosten eines ohne Erfolg eingelegten Rechtsmittels dem Beteiligten auferlegen, der es eingelegt hat, § 84 FamFG.

E. Kostenfestsetzung

12 Die §§ 103 bis 107 ff. ZPO über die Festsetzung des zu erstattenden Betrags sind entsprechend anzuwenden. Kostenfestsetzungs- oder ausgleichsanträge sind daher auch in FamFG-Sachen auf die bekannte Weise zu stellen.

F. Kosten in Familiensachen

13 Für manche Familiensachen sieht das FamFG ergänzende oder andere Kostenregelungen vor. Die Bestimmungen gehen als Spezialregelung den allgemeinen Bestimmungen, wie z.B. in § 81 ff. FamFG vor.

Isolierte Kostenentscheidungen in Ehe- und Familienstreitsachen, die nach streitloser Hauptsacheregelung erfolgen, sind nach einer Entscheidung des BGH[1] mit der sofortigen Beschwerde nach den §§ 567 ff. ZPO anfechtbar.

I. Kosten bei Eheaufhebung

§ 132 Abs. 1 FamFG:
- Eheaufhebungsbeschluss → Kostenaufhebung
- Kostenaufhebung unbillig, weil ein Ehegatte bei Eheschließung Aufhebbarkeit der Ehe gekannt hat oder ein Ehegatte durch arglistige Täuschung oder widerrechtliche Drohung seitens des anderen Ehegatten oder mit dessen Wissen zur Eingehung der Ehe bestimmt worden ist → andere Kostenverteilung nach billigem Ermessen

§ 132 Abs. 1 FamFG
- Absatz 1 ist nicht anzuwenden, wenn eine Ehe auf Antrag der zuständigen Verwaltungsbehörde oder bei Verstoß gegen § 1306 BGB auf Antrag eines Dritten aufgehoben wird.

II. Kosten in Scheidungs- und Folgesachen

§ 150 FamFG:
- Ehescheidung → Kostenaufhebung für Scheidung und Folgesachen,
- Scheidungsantrag abgewiesen oder zurückgenommen → Antragsteller trägt die Kosten,
- beide Scheidungsanträge zurückgenommen oder abgewiesen bzw. Hauptsacheerledigung → Kostenaufhebung für Scheidung und Folgesachen,
- Kosten der Beteiligten bei einer Folgesache, die nicht abzutrennen ist (§ 140 Abs. 1 FamFG) → Beteiligte tragen ihre außergerichtlichen Kosten selbst,
- Ermessensausübung durch das Gericht bei Unbilligkeit der Kostenverteilung (z.B. bei Versöhnung; Ergebnis einer Güterrechts- oder Unterhaltssache) → anderweitige Verteilung möglich; ggf. Berücksichtigung, dass ein Beteiligter nicht an einem Informationsgespräch nach § 135 FamFG teilgenommen hat.

> *Achtung*
> Haben die Beteiligten eine Vereinbarung über die Kosten getroffen, soll das Gericht sie ganz oder teilweise der Entscheidung zugrunde legen, § 150 Abs. 4 S. 3 FamFG. Es soll – muss aber nicht!

Die Vorschriften der Absätze 1 bis 4 des § 150 FamFG gelten auch hinsichtlich der Folgesachen, über die infolge einer Abtrennung gesondert zu entscheiden ist, § 150 Abs. 5 S. 1 FamFG. Werden Folgesachen als selbstständige Familiensachen fortgeführt, sind die hierfür jeweils geltenden Kostenvorschriften anzuwenden, § 150 Abs. 5 S. 2 FamFG.

III. Kosten bei Anfechtung der Vaterschaft

§ 183 FamFG:
- erfolgreiche Vaterschaftsanfechtung → Gerichtskostentragung der Beteiligten mit Ausnahme des Kindes zu gleichen Teilen; außergerichtliche Kosten tragen die Beteiligten selbst.

---

1 BGH, Beschl. v. 28.9.2011 – XII ZB 2/11, BeckRS 2011, 25104 = NJW 2011, 3654 = JurBüro 2012, 97 = FPR 2012, 284 = FuR 2012, 88.

IV. Kosten in Unterhaltssachen

20 Abweichend von den Vorschriften der ZPO über die Kostenverteilung entscheidet das Gericht in Unterhaltssachen nach billigem Ermessen über die Verteilung der Kosten des Verfahrens auf die Beteiligten, § 243 S. 1 FamFG.

Haben die Beteiligten in einer Unterhaltssache einen Vergleich ohne Kostenregelung abgeschlossen, ist nach einer Entscheidung des BGH[2] die gesetzliche Wertung des § 98 ZPO (Kostenaufhebung) bei der gemäß § 243 FamFG nach billigem Ermessen zu treffenden Kostenentscheidung neben den weiteren, in § 243 S. 2 FamFG als Regelbeispiele aufgeführten Gesichtspunkten zu berücksichtigen.

21 Es hat nach § 243 S. 2 Nr. 1–4 FamFG insbesondere zu berücksichtigen:
- das Verhältnis von Obsiegen und Unterliegen der Beteiligten, einschließlich der Dauer der Unterhaltsverpflichtung,
- den Umstand, dass ein Beteiligter vor Beginn des Verfahrens einer Aufforderung des Gegners zur Erteilung der Auskunft und Vorlage von Belegen über das Einkommen nicht oder nicht vollständig nachgekommen ist, es sei denn, dass eine Verpflichtung hierzu nicht bestand,
- den Umstand, dass ein Beteiligter einer Aufforderung des Gerichts nach § 235 Abs. 1 FamFG innerhalb der gesetzten Frist nicht oder nicht vollständig nachgekommen ist sowie
- ein sofortiges Anerkenntnis nach § 93 ZPO.

22 Nach Ansicht des BGH[3] gibt ein Unterhaltsschuldner, der nur Teilleistungen auf den geschuldeten Unterhalt erbringt, auch dann Veranlassung für einen Antrag auf den vollen Unterhalt, wenn er zuvor nicht zur Titulierung des freiwillig gezahlten Teils aufgefordert worden ist.

23 Kommt ein Beteiligter vor Beginn des Verfahrens einer Aufforderung des Gegners zur Erteilung der Auskunft oder Vorlage von Belegen über das Einkommen nicht oder nicht vollständig nach, so hat das Gericht nach einer Entscheidung des OLG Celle[4] diesen Umstand nach § 243 S. 2 Nr. 2 FamFG zu berücksichtigen.

V. Beschwerde gegen Kostenentscheidung

„Im gewöhnlichen zivilprozessualen Verfahren über Beschwerden gegen Kostenentscheidungen gemäß § 91a Abs. 1 ZPO verdient der Rechtsanwalt nur eine 0,5 Verfahrensgebühr nach Nr. 3500 VV RVG. Es ist kein Sachgrund ersichtlich, der eine gebührenrechtlich andere Behandlung in Familienstreitsachen rechtfertigen könnte. Daher erwächst auch im Verfahren nach übereinstimmender Erledigungserklärung in einer Familienstreitsache nur eine 0,5 Verfahrensgebühr nach Nr. 3500 VV RVG."[5]

---

2 BGH, Beschl. v. 28.9.2011 – XII ZB 2/11, BeckRS 2011, 25104 = NJW 2011, 3654 = JurBüro 2012, 97 = FPR 2012, 284 = FuR 2012, 88.
3 BGH, Beschl. v. 2.12.2009 – XII ZB 207/08, BeckRS 2009, 89270 = NJW 2010, 238 = FPR 2010, 182 L = MDR 2010, 213 = FuR 2010, 157 = *Thiel*, AGS 2010, 149.
4 OLG Celle, Beschl. v. 12.3.2012 – 10 WF 62/12, BeckRS 2012, 23248 = FamRZ 2012, 1744.
5 OLG Köln, Beschl. v. 3.7.2012 – 25 WF 118/12, BeckRS 2012, 16364; JurBüro 2012, 653.

§ 9 Übersicht Abrechnung in Familiensachen

Da in Familiensachen häufig viele Gegenstände anhängig sind, macht die Abrechnung hier besondere Schwierigkeiten. Es bietet sich an, in einer Art Tabelle die angefallenen Gebühren zu erfassen, so dass die Erstellung der Vergütungsrechnung problemlos erfolgen kann.

Beispiel

Scheidungsantrag. Als Folgesachen sind anhängig: Versorgungsausgleich, Sorgerecht, Unterhalt für die Ehefrau, Unterhalt für das Kind, Haushalt. Der Versorgungsausgleich wird durchgeführt. Das Sorgerecht wird schließlich beiden Ehegatten belassen. Die Beteiligten lassen eine Scheidungsvereinbarung protokollieren, wonach der Ehemann den geforderten Unterhalt für die Ehefrau i.H.v. monatlich 730,00 EUR nebst gefordertem Kindesunterhalt i.H.v. monatlich 289,00 EUR zahlt. Über den geltend gemachten Zugewinnausgleich i.H.v. 150.000,00 EUR erfolgt eine Beweisaufnahme. Der Haushalt war strittig. Das Gericht hat den Wert auf 5.600,00 EUR festgesetzt. Der Wert der Ehesache wird auf 33.000,00 EUR festgesetzt; der Wert für den VA auf 3.300,00 EUR.

Gegenstand	Wert	1,3 VG	0,8 VG	1,2 TG	1,0 EG	1,5 EG	e.A.
Ehesache							
VA							
Sorgerecht							
Unterhalt F.							
Unterhalt K.							
Zugewinn							
Haushalt							

Übersicht

Gegenstand	Wert	1,3 VG	0,8 VG	1,2 TG	1,0 EG	1,5 EG	e.A.
Ehesache	33.000,00	33.000,00		33.000,00			
VA	3.300,00	3.300,00		3.300,00			
Sorgerecht	900,00	900,00		900,00			
Unterhalt F.	8.760,00	8.760,00		8.760,00	8.760,00		
Unterhalt K.	3.468,00	3.468,00		3.468,00	3.468,00		
Zugewinn	150.000,00	150.000,00		150.000,00			
Haushalt	5.600,00	5.600,00		5.600,00			
	206.028,00	206.028,00		206.028,00	12.228,00		

(VG = Verfahrensgebühr; TG = Terminsgebühr; EG = Einigungsgebühr; e.A. = einstweilige Anordnung)

Ergebnis:

1,3 Verfahrensgebühr aus 206.028,00 EUR

1,2 Terminsgebühr aus 206.028,00 EUR

1,0 Einigungsgebühr aus 12.228,00 EUR

§ 10 Anhang

I. Verfahrenswert- und Gebühren-Tabellen
1. Verfahrenswerttabelle als Diktathilfe

1

Laufende Nr.	Gegenstand	Verfahrensart	Wert nach FamGKG	Fundstelle
1	**Ehesache** § 111 Nr. 1 i.V.m. § 121 FamFG **LPartsache** § 111 Nr. 11 i.V.m. § 269 Abs. 1 Nr. 1–2 FamFG	Verbund/ isoliert	Berücksichtigung aller Umstände des Einzelfalles: Umfang, Bedeutung, Einkommens- und Vermögensverhältnisse (Einkommensverh. = 3-faches Nettoeinkommen der Ehegatten/LPartner vor Antragstellung) § 23 Abs. 1 S. 1 RVG § 43 Abs. 1 S. 1 u. Abs. 2 FamGKG	§ 2 Rn 149
2			Mindestwert: 3.000,00 EUR § 23 Abs. 1 S. 1 RVG § 43 Abs. 1 S. 2 FamGKG	§ 2 Rn 191
3			Höchstwert: 1 Mio. EUR § 43 Abs. 1 S. 2 FamGKG	§ 2 Rn 191
4	**Sorgerecht** § 111 Nr. 2 i.V.m. § 151 Nr. 1 u. § 269 Abs. 1 Nr. 3 FamFG	Verbund § 137 Abs. 3 FamFG	Erhöhung des Wertes nach § 43 FamFG um 20 %; höchstens auf 3.000,00 EUR; mehrere Kinder = 1 Gegenstand, ggf. Erhöhung des einen Gegenstands bei Mehraufwand §§ 23 Abs. 1 S. 1 RVG, 44 Abs. 2 S. 1 GKG	§ 2 Rn 323
5		isoliert	3.000,00 EUR mehrere Kinder = 1 Gegenstand, ggf. Erhöhung des einen Gegenstands bei Mehraufwand; Festsetzung eines höheren oder niedrigeren Wertes bei Unbilligkeit möglich §§ 23 Abs. 1 S. 1 RVG, 45 Abs. 1 Nr. 1, Abs. 2 u. 3 FamGKG	§ 2 Rn 263
6		e.A. §§ 49 ff, 119 FamFG	Hälfte des Hauptsachewertes, i.d.R. 1.500,00 EUR § 41 FamGKG	§ 2 Rn 362

7	Umgangsrecht § 111 Nr. 2 i.V.m. § 151 Nr. 2 u. § 269 Abs. 1 Nr. 3 FamFG	Verbund § 137 Abs. 3 FamFG	Erhöhung des Wertes nach § 43 FamFG um 20 %; höchstens auf 3.000,00 EUR; mehrere Kinder = 1 Gegenstand, ggf. Erhöhung des einen Gegenstands bei Mehraufwand §§ 23 Abs. 1 S. 1 RVG, 44 Abs. 2 S. 1 GKG	§ 2 Rn 323
8		isoliert	3.000,00 EUR mehrere Kinder = 1 Gegenstand, ggf. Erhöhung des einen Gegenstands bei Mehraufwand; Festsetzung eines höheren oder niedrigeren Wertes bei Unbilligkeit möglich §§ 23 Abs. 1 S. 1 RVG, 45 Abs. 1 Nr. 2, Abs. 2 u. 3 FamGKG	§ 2 Rn 263
9		e.A. §§ 49 ff, 119 FamFG	Hälfte des Hauptsachewertes, i.d.R. 1.500,00 EUR § 41 FamGKG	§ 2 Rn 362
10	Kindesherausgabe § 111 Nr. 2 i.V.m. § 151 Nr. 3 u. § 269 Abs. 1 Nr. 3 FamFG	Verbund § 137 Abs. 3 FamFG	Erhöhung des Wertes nach § 43 FamFG um 20 %; höchstens auf 3.000,00 EUR; mehrere Kinder = 1 Gegenstand, ggf. Erhöhung des einen Gegenstands bei Mehraufwand §§ 23 Abs. 1 S. 1 RVG, 44 Abs. 2 S. 1 GKG	§ 2 Rn 323
11		isoliert	3.000,00 EUR mehrere Kinder = 1 Gegenstand, ggf. Erhöhung des einen Gegenstands bei Mehraufwand; Festsetzung eines höheren oder niedrigeren Wertes bei Unbilligkeit möglich §§ 23 Abs. 1 S. 1 RVG, 45 Abs. 1 Nr. 2, Abs. 2 u. 3 FamGKG	§ 2 Rn 263
12		e.A. §§ 49 ff, 119 FamFG	Hälfte des Hauptsachewertes, i.d.R. 1.500,00 EUR § 41 FamGKG	§ 2 Rn 362
13	Unterhaltspflicht Verwandtschaft/Ehegatte/Kindesunterhalt/Lebenspartner § 111 Nr. 8 i.V.m. § 231 Abs. 1 Nr. 1–2 u. § 269 Nr. 8–9 FamFG	(§ 137 Abs. 2 Nr. 2 FamFG)/isoliert	geforderter Betrag × 12 (Jahresbetrag, höchstens Gesamtbetrag der geford. Leistung, zzgl. Rückstände) §§ 23 Abs. 1 S. 1 RVG, 51 Abs. 1 S. 1 u. Abs. 2 S. 1 FamGKG	§ 2 Rn 196

§ 10 I. Verfahrenswert- und Gebühren-Tabellen

14			Unterhalt nach §§ 1612a bis 1612c BGB Jahresbetrag = Wert nach § 51 Abs. 1 S. 2 FamGKG = Monatsbetrag des Unterhalts nach Mindestunterhalt u. Altersstufe zum Zeitpunkt der Einreichung der Klage o. d. Antrags	§ 2 Rn 206
15		e.A. § 49 ff i.V.m. § 246 ff. FamFG	Hälfte des Hauptsachewertes, i.d.R. 6-facher Monatsbetrag § 41 FamGKG	§ 2 Rn 244, § 2 Rn 362, § 2 Rn 371
16	**Unterhalt für die Mutter des nichtehelichen Kindes sowie das nichteheliche Kind (§§ 1615l o. 1615 m BGB)** § 111 Nr. 8 i.V.m. § 231 Abs. 1 Nr. 3 FamFG	Verbund (§ 137 Abs. 2 Nr. 2 FamFG)/isoliert	geforderter Betrag × 12 (Jahresbetrag, höchstens Gesamtbetrag der geford. Leistung, zzgl. Rückstände) §§ 23 Abs. 1 S. 1 RVG, 51 Abs. 1 S. 1 u. 2 S. 1 FamGKG	§ 2 Rn 196
			Unterhalt nach §§ 1612a bis 1612c BGB Jahresbetrag = Wert nach § 51 Abs. 1 S. 2 FamGKG = Monatsbetrag des Unterhalts nach Mindestunterhalt u. Altersstufe zum Zeitpunkt der Einreichung der Klage o. d. Antrags	§ 2 Rn 206
17		e.A. § 49 ff i.V.m. § 246 ff. FamFG	Hälfte des Hauptsachewertes, i.d.R. 6-facher Monatsbetrag § 41 FamGKG	§ 2 Rn 362
18	**Unterhalt vertraglich auch zwischen Ehegatte/LPart**		siehe lfde. Nr. 13 ff. – keine wertmäßige Unterscheidung mehr mit dem neuen FamR	§ 2 Rn 248
19	**Unterhalt Kapitalabfindung** nach § 1585 Abs. 2 BGB		der geforderte Betrag, §§ 23 Abs. 1 RVG, 35 FamGKG	§ 2 Rn 227
20	**Unterhalt Titulierung unstreitiger Beträge** (die als solche bezeichnet werden)		5–20 % des Jahresunterhalts nach §§ 23 Abs. 1 RVG, 51 Abs. 1 S. 1 FamGKG	§ 2 Rn 210 § 2 Rn 234
21	**Unterhaltsverzicht**		1.200,00–2.400,00 EUR	§ 2 Rn 235
22	**Wertsicherungsklausel**		Zuschlag 5- 20 % zum Jahresunterhalt	§ 2 Rn 243

23	**Versorgungsausgleich** § 111 Nr. 7 i.V.m. § 217 FamFG	**Verbund**	für jedes Anrecht 10 % des dreifachen Nettoeinkommens, mindestens insgesamt (auch für mehrere Anrechte) 1.000,00 EUR, §§ 23 Abs. 1 RVG, 50 Abs. 1 FamGKG	§ 2 Rn 304
24		**isoliert**	nach Scheidung für jedes Anrecht 20 % des dreifachen Nettoeinkommens, mindestens insgesamt (auch für mehrere Anrechte) 1.000,00 EUR, §§ 23 Abs. 1 RVG, 50 Abs. 1 FamGKG	§ 2 Rn 304
25			Verfahren über Auskunftsanspruch oder über Abtretung von Versorgungsansprüchen: 500,00 EUR – der Alterssicherung der Landwirte, §§ 23 Abs. 1 RVG, 50 Abs. 2 FamGKG Anhebung oder Absenkung des Wertes bei Unbilligkeit möglich nach § 50 Abs. 3 FamGKG.	
26	**Ehewohnungssachen** § 111 Nr. 5 i.V.m. § 200 Abs. 1 Nr. 1 FamFG (Zuweisung während des Getrenntlebens)	**Verbund** (§ 137 Abs. 2 Nr. 3 FamFG)/**isoliert**	3.000,00 EUR §§ 23 Abs. 1 S. 1 RVG, 48 Abs. 1 1. Hs. FamGKG	§ 2 Rn 280
27	**Ehewohnungssachen** § 111 Nr. 5 i.V.m. § 200 Abs. 1 Nr. 2 FamFG (materiell-rechtl. Regelungen für die Zeit nach der Scheidung)		4.000,00 EUR §§ 23 Abs. 1 S. 1 RVG, 48 Abs. 1 1. Hs. FamGKG	§ 2 Rn 280
28	**Haushaltssachen** § 111 Nr. 5 i.V.m. § 200 Abs. 2 Nr. 1 FamFG (während des Getrenntlebens)		2.000,00 EUR §§ 23 Abs. 1 S. 1 RVG, 48 Abs. 1 1. Hs. FamGKG	§ 2 Rn 281
29	**Haushaltssachen** § 111 Nr. 5 i.V.m. § 200 Abs. 2 Nr. 2 FamFG (materiell-rechtl. Regelungen für die Zeit nach der Scheidung)		3.000,00 EUR §§ 23 Abs. 1 S. 1 RVG, 48 Abs. 1 1. Hs. FamGKG Anhebung oder Absenkung des Wertes bei Unbilligkeit möglich nach § 48 Abs. 3 FamGKG.	§ 2 Rn 281

30		e.A. §§ 49 ff. FamFG	i.d.R. jeweils die Hälfte der obigen Werte, § 41 FamGKG	§ 2 Rn 362
31	**Güterrecht/Zugewinnausgleich** § 111 Nr. 9 i.V.m. §§ 261 Abs. 1, 269 Abs. 1 Nr. 10 FamFG	**Verbund** (§ 137 Abs. 2 Nr. 3 FamFG) /isoliert	Der geforderte Betrag §§ 23 Abs. 1 S. 1 RVG, 35 FamGKG	§ 2 Rn 111
32		**Widerantrag**	Addition (§ 39 Abs. 1 S. 1 FamGKG)	§ 2 Rn 346
33		e.A. §§ 49 ff. FamFG	i.d.R. jeweils die Hälfte der obigen Werte, § 41 FamGKG	
34	**Stundung Zugewinnausgleich u. Übertragung von Vermögensgegenständen** § 111 Nr. 9 i.V.m. § 261 Abs. 2 u. § 269 Abs. 1 Nr. 11 u. 12 FamFG		Verfahrenswert zu schätzen und ggf. zu addieren, §§ 23 Abs. 1 S. 1 RVG, 42 Abs. 1, 52 FamGKG Interesse des Antragstellers an einer Stundung der Zugewinnausgleichsforderung, der Übertragung von Vermögensgegenständen oder an einer Sicherheitsleistung (§§ 1382 Abs. 3, 1389 BGB)	§ 2 Rn 337
35	**Abstammungssachen** § 111 Nr. 3 i.V.m. § 169 Nr. 1 + 4 FamFG (Vaterschaftsfeststellung; Vaterschaftsanfechtung)	**Isoliert**	2.000,00 EUR §§ 23 Abs. 1 S. 1 RVG, 47 Abs. 1 GKG	§ 2 Rn 275
36	**Abstammungssachen** § 111 Nr. 3 i.V.m. § 169 Nr. 2 + 3 FamFG (Probeentnahme; Einsicht)		1.000,00 EUR §§ 23 Abs. 1 S. 1 RVG, 47 Abs. 1 GKG Anhebung oder Absenkung des Wertes bei Unbilligkeit möglich nach § 47 Abs. 2 FamGKG.	§ 2 Rn 276
37		**zusammen mit Unterhalt**	es gilt nur ein Wert, der höhere, § 33 Abs. 1 S. 2 FamGKG	§ 2 Rn 278
38	**Verfahren nach § 1 GewSchG** § 111 Nr. 6 i.V.m. § 210 FamFG (Annäherungs-, Kontaktaufnahmeverbot, etc.)	**isoliert**	2.000,00 EUR §§ 23 Abs. 1 S. 1 RVG, 49 Abs. 1 FamGKG	§ 2 Rn 299

§ 10 Anhang

39	**Verfahren nach § 2 GewSchG** § 111 Nr. 6 i.V.m. § 210 FamFG (Wohnungszuweisung)		3.000,00 EUR §§ 23 Abs. 1 S. 1 RVG, 49 Abs. 1 FamGKG Anhebung oder Absenkung des Wertes bei Unbilligkeit möglich nach § 49 Abs. 2 FamGKG.	§ 2 Rn 299
40		e.A. §§ 49 ff., 214 FamFG	i.d.R. jeweils die Hälfte der obigen Werte, § 41 FamGKG	§ 2 Rn 371
41	Stufenantrag	nur der höhere Wert zählt	§ 38 FamGKG	§ 2 Rn 211 § 2 Rn 127 § 2 Rn 356

2. Gerichtskostentabelle zu § 28 FamGKG (Fassung seit 1.8.2013)

Verfahrenswert bis ... EUR	Gebühr ... EUR	Verfahrenswert bis ... EUR	Gebühr ... EUR
500	35,00	50 000	546,00
1 000	53,00	65 000	666,00
1 500	71,00	80 000	786,00
2 000	89,00	95 000	906,00
3 000	108,00	110 000	1 026,00
4 000	127,00	125 000	1 146,00
5 000	146,00	140 000	1 266,00
6 000	165,00	155 000	1 386,00
7 000	184,00	170 000	1 506,00
8 000	203,00	185 000	1 626,00
9 000	222,00	200 000	1 746,00
10 000	241,00	230 000	1 925,00
13 000	267,00	260 000	2 104,00
16 000	293,00	290 000	2 283,00
19 000	319,00	320 000	2 462,00
22 000	345,00	350 000	2 641,00
25 000	371,00	380 000	2 820,00
30 000	406,00	410 000	2 999,00
35 000	441,00	440 000	3 178,00
40 000	476,00	470 000	3 357,00
45 000	511,00	500 000	3 536,00

3. (Wahlanwalts-)Gebührentabelle zu § 13 RVG (Fassung seit 1.8.2013)

Gegenstandswert bis ...	Gebühr ...	Gegenstandswert bis ...	Gebühr ...
500	45,00	50 000	1 163,00
1 000	80,00	65 000	1 248,00
1 500	115,00	80 000	1 333,00
2 000	150,00	95 000	1 418,00
3 000	201,00	110 000	1 503,00
4 000	252,00	125 000	1 588,00
5 000	303,00	140 000	1 673,00
6 000	354,00	155 000	1 758,00
7 000	405,00	170 000	1 843,00
8 000	456,00	185 000	1 928,00
9 000	507,00	200 000	2 013,00
10 000	558,00	230 000	2 133,00
13 000	604,00	260 000	2 253,00
16 000	650,00	290 000	2 373,00
19 000	696,00	320 000	2 493,00
22 000	742,00	350 000	2 613,00
25 000	788,00	380 000	2 733,00
30 000	863,00	410 000	2 853,00
35 000	938,00	440 000	2 973,00
40 000	1 013,00	470 000	3 093,00
45 000	1 088,00	500 000	3 213,00

4. (VKH-)Gebührentabelle zu § 49 RVG (Fassung seit 1.8.2013)

Gegenstandswert bis ... EUR	Gebühr ... EUR	Gegenstandswert bis ... EUR	Gebühr ... EUR
5 000	257	16 000	335
6 000	267	19 000	349
7 000	277	22 000	363
8 000	287	25 000	377
9 000	297	30 000	412
10 000	307	Über 30 000	447
13 000	321		

§ 10 Anhang

5. Gerichtskostentabelle zu § 28 FamGKG (Fassung bis 31.7.2013)

Verfahrenswert bis ... EUR	Gebühr ... EUR	Verfahrenswert bis ... EUR	Gebühr ... EUR
300	25	40000	398
600	35	45000	427
900	45	50000	456
1200	55	65000	556
1500	65	80000	656
2000	73	95000	756
2500	81	110000	856
3000	89	125000	956
3500	97	140000	1056
4000	105	155000	1156
4500	113	170000	1256
5000	121	185000	1356
6000	136	200000	1456
7000	151	230000	1606
8000	166	260000	1756
9000	181	290000	1906
10000	196	320000	2056
13000	219	350000	2206
16000	242	380000	2356
19000	265	410000	2506
22000	288	440000	2656
25000	311	470000	2806
30000	340	500000	2956
35000	369		

6. (Wahlanwalts-)Gebührentabelle zu § 13 RVG (Fassung bis 31.7.2013)

Gegenstandswert bis ...	Gebühr ...	Gegenstandswert bis ...	Gebühr ...
300	25	40000	902
600	45	45000	974
900	65	50000	1046
1200	85	65000	1123
1500	105	80000	1200
200	133	95000	1277
2500	161	110000	1354
3000	189	125000	1431
3500	217	140000	1508
4000	245	155000	1585
4500	273	170000	1662
5000	301	185000	1739
6000	338	200000	1816
7000	375	230000	1934
8000	412	260000	2052

I. Verfahrenswert- und Gebühren-Tabellen §10

Gegenstandswert bis ...	Gebühr ...	Gegenstandswert bis ...	Gebühr ...
9000	449	290000	2170
10000	486	320000	2288
13000	526	350000	2406
16000	566	380000	2524
19000	6606	410000	2642
22000	646	440000	2760
25000	686	470000	2878
30000	758	500000	2996
35000	830		

7. (VKH-)Gebührentabelle zu § 49 RVG (Fassung bis 31.7.2013)

Gegenstandswert bis ... Euro	Gebühr Euro	Gegenstandswert bis ... Euro	Gebühr Euro
3500	195	10000	242
4000	204	13000	246
4500	212	16000	257
5000	219	19000	272
6000	225	22000	293
7000	230	25000	318
8000	234	30000	354
9000	238	über 30000	391

Stichwortverzeichnis

fette Zahlen = Paragrafen, magere Zahlen = Randnummern

§ 15a RVG **4** 186
- Anwendung auf Altfälle **4** 196
- Nachfestsetzung **4** 197
- Vergleich\zur Abgeltung aller Ansprüche\ **4** 191

§ 55 Abs. 5 RVG
- Anrechnung auf VKH-Vergütung **4** 206

2. Kostenrechtsmodernisierungsgesetz
- Neuerungen **1** 6

2. KostRMoG
- Vergleichsschuldner **2** 41

Abänderung
- eines Vergleichs **4** 271

Abänderungsanträge **2** 258
Abfindungsbetrag **2** 230
Abhilfemöglichkeit **4** 707
Abstammungssachen **2** 273
Abtrennung
- Folgesache, Versorgungsausgleich **4** 39
- Folgesachen **4** 634 f.
- Übergangsvorschriften **1** 86
- Versorgungsausgleich **1** 92

Abtretung
- von Vergütungsansprüchen **3** 68

Abwehr
- unberechtigter Ansprüche **4** 238

Abwehr- und Unterlassungsansprüche **1** 24
Abzüge
- vom Einkommen **2** 173

Abzugsposten **2** 173
Addition
- bei mehreren Gegenständen **2** 67, 386

Aktenvermerk **4** 554
- Dokumentation **4** 553

Allgemeine Gebühren **4** 246
Allgemeine Mandatsbedingungen **3** 68
Altverfahren **2** 308
Anerkenntnis
- Einigungsgebühr **4** 254
- Zug um Zug **4** 307

Anerkennung
- der Vaterschaft **2** 275

Anfechtung
- der Vereinbarung **4** 348

Angelegenheit
- Auftrag, einheitlicher **4** 7
- Begriffsdefinition **4** 1
- dieselbe **4** 6
- Gegenstände, mehrere **4** 9

Angelegenheiten
- besondere **4** 24
- verschiedene **4** 24

Anhörungspflicht **1** 12
Anhörungstermin **4** 475
- Terminsgebühr **4** 474

Anmerkungen **1** 56
Annäherungs-, Betretungs-, Kontaktaufnahmeverbot **1** 35
Annahme als Kind **2** 105
Anrechnung
- § 15a RVG **4** 186
- auf eine 0,8 Verfahrensgebühr **4** 182
- auf VKH-Vergütung **4** 206
- Auslagenpauschale **4** 177
- bei Erhöhung **4** 178, 371
- bei Gegenstandsidentität **4** 172
- Differenzverfahrensgebühr **4** 183
- Gegenstandsungleichheit **4** 172
- Geschäftsgebühr **4** 166
- im Kostenfestsetzungsverfahren **4** 186
- Übergangsvorschrift **4** 193
- Voraussetzungen **4** 171

Anrechnung bei Verfahrenskostenhilfe (VKH) **4** 200
Anrechnungsformel **4** 96
Anrechnungsvorschrift
- Beratung **4** 89
- Rechtsmittel **4** 121
- Rechtsmittelverfahren **4** 121
- Terminsgebühr **4** 567
- Verfahrensgebühr **4** 409

Anschlussbeschwerde **4** 705
Anschlussrechtsbeschwerde **4** 712
Anschlussrechtsmittel **4** 713
Anspruchsgrundlage
- vertragliche **4** 241

Ansprüche
- nicht rechtshängige **4** 303

Stichwortverzeichnis

Antrag 2 128, 349
- auf Abtrennung 4 38
- auf Abweisung 4 440
- zur Prozess- oder Sachleitung 4 496
Antragsrücknahme 4 526
Anwaltliche Vergütungsrechnung
- Abgeltungsbereich 1 97
- Grundlagen 1 97
Anwaltdienstverträge 3 176
Anwaltkosten
- vorprozessuale 4 232
Arbeitsaufwand
- erhöhter 2 373
Arbeitslosengeld I 2 169
Arbeitslosengeld II 2 170
Assessor 1 114
Aufenthaltsbestimmungsrecht
- strittiges 2 388
Auferlegung der Kosten 7 141
Auffangwert 2 143
Aufhebung
- der VKH-Bewilligung 7 137
Aufklärung des Sachverhalts 1 12
Auflösung
- einer Innengesellschaft 1 24
Aufrechnung 2 128
Auftrag 1 119
Auftrag, unbedingter 1 71
Ausgangswert 2 369, 389
Auskunft
- Verfahrenswert 2 216
Auskunftsansprüche 2 350
Auskunftsantrag 2 213
Ausländisches Recht
- Ehesache 2 194
Auslagen 5 1
- Auslandsreisen 5 22
- Dokumentenpauschale 5 2
- elektronisch überlassene Datei 5 2
- Entgelte für Post- und Telekommunikationsdienstleistungen 5 13
- Erstberatung 4 83
- Fahrtkosten 5 16
- Geschäftsreise 5 17
- Nichtanrechnung 5 15
- Prämie für Haftpflichtversicherung 5 25
- Reisekosten 5 16
- Reisekostenerstattung bei VKH 5 27
- sonstige 5 24

- Tage- und Abwesenheitsgeld 5 21
- Umsatzsteuer 5 26
Auslagenpauschale 4 177; 5 13
- Anrechnung 4 177
Auslandsreisen 5 22
Ausschluss einer Anrechnung 3 161
Außergerichtliche Vertretung 4 589
Aussöhnung
- im Scheidungstermin 4 387
- Mitwirkung 4 378
Aussöhnungsgebühr 4 372
- Betriebsgebühr 4 384
- Gegenstandswert 4 382
- Nachweis 4 380
- statt Einigungsgebühr 4 373
- Verfahrenskostenhilfe 4 383
Ausübung des Ermessens 1 105

BaföG-Leistung 2 169
Bedingung/Widerruf
- aufschiebende/-er 4 255
Beendigung des Verlöbnisses 1 24
Begrenzung der Gerichtskosten
- Vergleichsmehrwert 2 64
Beigeordneter Rechtsanwalt
- Vergütung 7 84
Beiordnung
- Beschränkung auf die Kosten eines Verkehrsanwalts 5 43
- Beschränkung auf einen im Bezirk des Gerichts niedergelassenen Anwalts 5 39
- Beschränkung auf ortsansässigen Anwalt 5 36
- eines Rechtsanwalts 7 6
- mit Rückwirkung 7 24
- uneingeschränkt 5 35
- zusätzlicher Verkehrsanwalt 7 117
Bekanntgabe von Schriftstücken 1 12
Beleidigung 2 286
Bemessungskriterien
- Täuschung 1 109
Beratung 4 54, 589
- Anrechnung 4 89
- mit Auslagen 4 85
- ohne Auslagen 4 84
- strafrechtliche Frage 4 101
- Übergangsvorschriften 1 85
- Verbraucher 4 71
- weitergehende 4 86

Stichwortverzeichnis

Beratungsbereich
- Freigabe 3 6
Beratungsgebühr
- Beratungshilfe 6 76
Beratungsgespräch
- erstes 4 80
- weiteres 4 80
Beratungshilfe 6 8
- Ablehnung 6 56
- außergerichtliche Vertretung 6 81
- Begriff der Angelegenheit 6 70
- Einigungsgebühr 6 83
- erstattungspflichtiger Gegner 6 60
- Gebühren 6 67
- Geschäftsgebühr 6 79
Beratungsinhalt
- schriftlicher 4 82
Berechnung 1 133
Berufungsbegründungsfrist 4 728
Berufungszurücknahme
- Kostentragungsantrag 4 726
Beschwerde
- Beschwerdeverfahren 4 733
- fristwahrend eingelegte 4 721
- vermögensrechtliche Angelegenheiten 4 695
- Versäumnisbeschluss/ Versäumnisentscheidung 4 732
- Wertfestsetzung 2 409
Beschwerdeberechtigung
- von Behörden 4 694
Beschwerdefrist 4 698
Beschwerderecht
- Minderjährige 4 694
Beschwerdeverfahren
- eingeschränkte Tätigkeit 4 718
- mit Termin 4 731
- Verfahrensgebühr 4 715
- Verfahrenskostenhilfe 7 133
- Vergütungsanspruch 4 714
Besondere Angelegenheiten
- einstweilige Anordnung 4 35
Besprechung 4 532
- Bereitschaft zur 4 541
- Mitwirken an 4 530
- Steuerberater 4 550
Bestätigungsschreiben 4 555
- Dokumentation 4 553
Betreuungsangelegenheiten 1 9

Betriebsvermögen 2 182
Bewertung
- bei Verfahrenskostenhilfe 2 187
Bewilligungsverfahren
- Gegenstandswert 7 76
- Terminsgebühr 7 148
- Vergütung 7 74
- Vergütungsansprüche 7 72
Blindenhilfe 2 169
Bruchteil 2 103
Bürovorsteher 1 115
Bundesgerichtshof
- zugelassener Rechtsanwalt 4 735

Dieselbe Angelegenheit 4 11, 362
- Zugewinn, wechselseitig 4 21
Differenz-Gebühren
- Verfahrenskostenhilfe 7 89
Differenzverfahrensgebühr
- § 15 Abs. 3 RVG 4 463
- bei Widerruf 4 449
- Voraussetzungen 4 441
Dokumentenpauschale 5 2
- Kopie 5 5
Doppelter Wert 2 381
Düsseldorfer Tabelle 2 174
Duldung einer Probenentnahme 2 276

E-Mail-Schriftverkehr
- Terminsgebühr 4 561
Ehe- und Familienstreitsachen
- neue Bezeichnungen 1 38
Ehe- und Lebenspartnerschaftssache
- Bewertung 2 149
Eheaufhebung 2 192
Ehesache
- Aussetzung 4 623
Ehesachen 1 18
- Anwendung ausländischen Rechts 2 194
- Bedeutung 2 152
- Bedeutung der Sache 2 162
- Berücksichtigung ALG II 2 171
- Bewertung 2 190
- Bewertungskriterien 2 152
- Einigungsgebühr 4 262
- Einkommensverhältnisse 2 167
- Einzelfall 2 152
- Ermessen 2 152, 165
- Freibetrag 2 179

439

Stichwortverzeichnis

- Mindest- und Höchstwert 2 191
- Umfang 2 152, 159
- Umstände des Einzelfalls 2 155
- ursächliche Mitwirkung 4 261
- Vermögens- und Einkommensverhältnisse 2 152
- Vermögensverhältnisse 2 178
- wechselseitige Scheidungsanträge 2 193

Ehescheidung 2 192
Ehestörungsklage 1 24
Ehevertrag 2 104
- Erstellung 2 76

Ehewohnungs- und Haushaltssachen 1 36; 2 280
Eidesstattliche Versicherung 2 356
Einbeziehung in den Verbund 4 47
Einholung von Auskünften
- in Unterhaltssachen 1 12

Einigung
- Aufenthaltsbestimmungsrecht, vorläufig 4 350
- über parallel anhängige Ansprüche 4 451
- vorübergehende 4 349

Einigungsgebühr
- Anfechtung der Vereinbarung 4 348
- Ansprüche, nicht rechtshängige 4 303
- gegenseitiges Nachgeben 4 248
- Gegenstandswert 4 352
- Höhe 4 277
- Rechtsmittelverfahren 4 279
- Sorgerecht 4 280
- Unterhaltsverzicht 4 301
- ursächliche Mitwirkung 4 261
- Versorgungsausgleich – Verzicht 4 294
- Voraussetzungen 4 247

Einkünfte aus Kapitalvermögen 2 169
Einkünfte aus Miet- oder Pachteinnahmen 2 169
Einlegung eines Rechtsmittels
- Übergangsvorschriften 1 80

Einspruch 4 489
Einstweilige Anordnung 2 362; 4 35
- Änderung 4 655
- Arbeitsaufwand, erhöhter 2 373
- außer Kraft treten 4 657
- Aussetzung der Vollstreckung 4 657
- Bewertung 2 362
- erhöhte Schwierigkeit 2 389
- erneut zu entscheiden 4 656
- Erzwingung des Hauptsacheverfahrens 4 648
- Feststellung der Vaterschaft 4 670
- Hauptsache, entbehrliche 2 397
- mehrere 4 680
- mehrere Gegenstände 2 386
- mit Aufhebungsverfahren 4 684
- Mitvergleichen der Hauptsache 4 686
- nach Abänderung 4 650
- ohne Hauptsache 1 12
- Rechtsmittel 4 661
- überdurchschnittliche Bedeutung 2 389
- Übersicht Verfahrenswerte 2 371
- Unterhalt 2 244
- Unterschreitung des Ausgangswerts 2 391
- Verfahrensablauf 4 644
- Verfahrenskostenvorschuss 2 402
- Verfahrenswert 4 673
- Vergütungsanspruch 4 678
- Vollstreckung 4 654
- vor Geburt des Kindes 4 669
- wegen Trennungsunterhalt 4 681
- Wert, doppelter 2 381

Einvernehmen
- Kindschaftssachen 4 641

Einwendung
- außergebührenrechtliche 1 140

Entgelte für Post- und Telekommunikationsdienstleistungen 5 13
Entreicherungseinwand 4 652
Entscheidungsgebühr
- Gerichtskosten 2 26

Erblasserschulden 2 103
Erbvertrag 2 101, 104
Erfolgsaussichten
- Verfahrenskostenhilfe 7 54

Erfolgsfall
- angemessener Zuschlag 3 119

Erfolgshonorar 3 87
- Änderung 3 98
- Gründe 3 130

Erfolgshonorarvereinbarung
- Inhalt 3 122

Erhöhung
- bei mehreren Auftraggebern 4 362
- Beratungshilfe 6 85
- gesetzlicher Gebühren 3 22

Erhöhungsfaktor
- derselbe Gegenstand 4 368

Erhöhungsgebühr
- Anrechnung 4 178
Erklärung
- Abschluss 3 46
- Ersetzung 2 117
- Genehmigung 2 117
- über die persönlichen und wirtschaftlichen Verhältnisse 7 43
Erledigungserklärung
- Terminsgebühr aus Kostenwert 4 521
Ernsthafter Wille
- Aussöhnungsgebühr 4 375
Erörterungstermin
- Terminsgebühr 4 474
Erst- oder Abänderungsverfahren
- Versorgungsausgleichssachen 2 309
Erstattungsfähigkeit
- Geschäftsgebühr 4 228
- Hebegebühr 4 397
Erstberatungsgebühr
- Auslagen 4 83
Erstreckung (VKH) nach § 48 Abs. 3 RVG 4 310, 320
Erziehungsgeld 2 170
Erzwingung des Hauptsacheverfahrens 4 648

Fachanwalt für Familienrecht 4 163
Fälligkeit 1 127
Fahrtkosten 5 16
FamFG 1 9
- Änderungen des 1 13
- Inhaltsübersicht 1 15
- neue Begriffe 1 16
- wichtige Änderungen 1 12
FamGKG 1 39
- Änderung 1 40
- Fälligkeit 2 22
- Geltungsbereich 2 16
- Inhaltsübersicht 1 41
- Kostenschuldner 2 22
- Kostenverzeichnis 1 43; 2 50
- Mahnverfahren 2 17
Familienrechtsmandat
- typische Tätigkeiten 4 147
Familiensachen
- Definition 1 17
- Kostenregelungen 8 13
Familiensachen der freiwilligen Gerichtsbarkeit 2 61

Familienstreitsachen
- einstweilige Anordnung 4 662
- Güterrechtssachen 1 21
- sonstige Familiensachen 1 21
- Unterhaltssachen 1 21
- Verfahrenskostenhilfe 7 10
Festgebühren 1 112
FGG-Reform-Gesetz 1 8
- Rechtsmittelverfahren 1 90
- Übergangsvorschriften 1 89
- Versorgungsausgleich 1 92
Flucht in die Säumnis 4 492, 494
Fluranwalt 4 421, 428
- Rechtsmittelverzicht 4 431
Folgesache 4 49
- als selbstständige Familiensache 4 38
- Abtrennung 4 38
- elterliche Sorge 1 34
- Kindesherausgabe 1 34
- Kindschaftssachen 1 34; 4 628
- Umgangsrecht 1 34
Formulierungshilfe
- zum Ausschluss der Anrechnung 4 97 f.
- zur Bestimmung des Anrechnungsmodus 4 99
Fortsetzung
- der Ehe 4 377
Freiheitsberaubung 2 286
Freistellungsanspruch 4 216
- Verzugszinsen 4 218
- Vollstreckung 4 219
- Zahlungsanspruch 4 216
Fristverlängerung
- Terminsgebühr 4 544

Geänderte Rechtsmittel 1 12
Gebührenarten 1 102
Gebührenbegrenzung
- § 15 Abs. 3 RVG 4 463
Gebührenklage 1 135
- Rechtsschutzbedürfnis 1 139
Gebührenrechtliche Einrede 1 140
Gebührenteilungsabreden 3 157
Gebührenunterschreitung
- bei außergerichtlicher Tätigkeit 3 82
- bei gerichtlichen Mahn- und Zwangsvollstreckungsverfahren 3 83
Gebührenunterschreitungsverbot 3 23

Stichwortverzeichnis

Gebührenvereinbarung
- § 34 RVG 3 77
- für eine Beratung 4 54

Gegenanwalt 4 532

Gegenstand
- Begriffsdefinition 4 1

Gegenstandswert
- Abzug von Verbindlichkeiten 2 77
- Berechnung 2 66
- Vermögenswerte, künftige 2 77
- vertraglicher Unterhaltsanspruch 2 248
- Vertragsentwurf über Unterhaltsanspruch 2 245
- Zahlungsvereinbarung 4 355

Geldbetrag
- Forderung eines 2 339

Geldforderung
- beziffert 2 111

Genetische Abstammungsuntersuchung 2 276

Gerichtlich gebilligter Vergleich 1 12

Gerichtliche Vertretung 4 403, 589

Gerichts- und Notarkostengesetz 1 66

Gerichtskosten
- Aktenversendungspauschale 2 29
- Beschwerde 2 53 f.
- Dokumentenpauschale 2 29
- Ehesachen 2 32, 51
- Einstweilige Anordnung 2 62
- Fälligkeit 2 22
- Haftungsrisiko bei mehreren Kostenschuldnern 2 44
- Kostenschuldner 2 34
- Kostenschuldner, mehrere 2 39
- Nebenforderungen 2 124
- Rechtsbeschwerde 2 55
- selbstständige Familienstreitsachen 2 32
- Verfahrensgebühr 2 23
- Vergleichsschuldner 2 37

Gerichtsstandsvereinbarungen 3 69

Gesamtschuldnerausgleich 1 24

Geschäftsführung ohne Auftrag 1 126

Geschäftsgebühr 4 132
- als Hauptforderung 4 224
- Anrechnung 4 166
- Aufwand, durchschnittlicher 4 154
- Bemessung 4 143
- Erstattungsfähigkeit 4 228
- Grundsätzliches 4 132
- Nebenforderung 4 221

- Regelgebühr 4 134
- Schwierigkeit, rechtliche 4 159
- Schwierigkeit, tatsächliche 4 161
- Umfang 4 143
- Umfang und Schwierigkeit 4 136
- Verfahrenskostenhilfe 7 147
- zeitlicher Aufwand 4 143

Geschäftsgebühr in VKH-Mandaten
- Anrechnung 7 147

Geschäftsreise 5 17
- Tage- und Abwesenheitsgeld 5 21

Gesetze
- verabschiedete 1 13

Gesetzliche Grundlagen 1 1

Gesprächspartner 4 541

Gewaltschutz
- mehrere Gegenstände 2 301
- Verfahren nach § 1 GewSchG 2 288
- Verfahren nach § 2 GewSchG 2 295
- Verfahrenswert 2 299

Gewaltschutzsachen 1 35; 2 285

Gewaltschutzverfahren
- Zuständigkeit 1 20

GKG/FamGKG
- Übersichtstabelle 1 44

GNotKG 1 66

Großes Familiengericht 1 12

Güterrechtssachen 1 30; 2 337

Gutachten 4 54
- Gebührenvereinbarung 4 105
- Prüfung der Erfolgsaussichten 4 128

GVG 1 11

Haftungsbeschränkung 3 68

Haftungsfalle
- Versäumnisbeschluss 4 508

Haftungsfolgen 1 114

Hauptsache, entbehrliche 2 397

Haushaltssachen 1 37; 2 281

Hausratsverordnung 1 9; 4 690

Hebegebühr 4 389

Hilfsaufrechnung 2 134
- Wertaddition, § 33 RVG 2 137

Hinweis
- zur begrenzten Erstattungspflicht 3 131

Hinweispflicht
- Beratungshilfe 6 55
- Erfolgshonorar 3 122
- Gegenstandswert 2 3

- Hebegebühr **4** 395
- Vergütungsvereinbarung **3** 75

Hommerich-Studie **4** 149

Identitätsformel **2** 348
Isoliertes Verfahren **4** 639
- Einbeziehung **4** 638
- Verfahrenskostenhilfe **4** 331

Isoliertes Verfahren in den Verbund
- Einbeziehung **4** 638

Kalenderjahre
- mehr als zwei **4** 23, 92, 114, 617

Kammergutachten **1** 107
Kanzleiangestellte **1** 116
Kapitalabfindung **2** 227
Kapitalbetrag **2** 230
Kapitallebensversicherung **2** 182
Kappungsgrenze **4** 82
Kindergeld **2** 169, 209
Kindergeldauszahlung **2** 257
Kindesunterhalt **2** 220
Kindschafts- und Abstammungssachen **1** 12
Kindschaftssachen **2** 263
- altes Recht **1** 33
- Anordnung der Unterbringung **1** 32
- Aufgaben nach dem Jugendgerichtsgesetz **1** 32
- Einbeziehung in den Verbund **4** 48
- elterliche Sorge **1** 32; **2** 263
- Folgesachen **1** 34
- Genehmigung der freiheitsentziehenden Unterbringung **1** 32
- Kindesherausgabe **1** 32
- mehrere Kinder **2** 264
- Pflegschaften **2** 271
- übrige **2** 270
- Umgangsrecht **1** 32; **2** 263
- Verfahrenswert **2** 263
- Vormundschaft **1** 32

Kleinunternehmer
- Umsatzsteuer **5** 26

Körperverletzung **2** 286
Kopie
- Definition **5** 6

Kopiekosten **5** 11
Kosten
- Anfechtung der Vaterschaft **8** 19
- bei Eheaufhebung **8** 15
- in Scheidungs- und Folgesachen **8** 16
- Unterhaltssachen **8** 20

Kostenausgleichung
- Verfahrenskostenhilfe **7** 116

Kostenerstattung **8** 1
- nach dem FamFG **8** 1

Kostenerstattungsanspruch
- materiell-rechtlicher **4** 231
- prozessualer **4** 231

Kostenfestsetzung **8** 12
- gemäß § 11 RVG **1** 135

Kostenfestsetzungsverfahren
- § 15a RVG **4** 186
- Rahmengebühren **1** 137
- Zustimmungserklärung **1** 137

Kostenordnung **1** 66
Kostenpflicht
- Grundsatz **8** 2
- Umfang **8** 1
- Vergleich **8** 9

Kostenquotelung
- Verfahrenskostenhilfe **7** 116

Kostenrechtsmodernisierungsgesetz **1** 3
Kostenschuldner, mehrere **2** 39
Kostentragung **1** 12
Kostenübernahmeverbot **3** 20
Kostenvorschuss **4** 663
Kostenwert
- Erledigungserklärung **4** 521
- Terminsgebühr **4** 521

Krankengeld **2** 169
Kreditverbindlichkeit **2** 175

Lebenspartnerschaftssachen **1** 26; **2** 19
- sonstige **1** 27

Leistungsantrag **2** 213
Leistungszeitraum **1** 110

Mediation **4** 54
- Gebührenvereinbarung **4** 108
- in Familiensachen **4** 111

Mindestunterhaltsbeträge **2** 278
Misserfolgsfall **3** 131
Miteigentumsanteil **2** 351
Miteigentumsgemeinschaft **1** 24
Mitwirkung
- am Zustandekommen des Vertrages **4** 247
- des Rechtsanwalts **4** 378

443

Stichwortverzeichnis

Mutwilligkeit
- Verfahrenskostenhilfe 7 56

Nachfestsetzung
- § 15a RVG 4 197
Nachlasssachen 1 9
Nachliquidation 1 109
Namensnennung 3 45
Nebenforderung 2 124
- Geschäftsgebühr 4 221
Nebengüterrecht 1 24
Nichterscheinen zum Scheidungstermin
- Rücknahmefiktion 4 480
Nichtvermögensrechtlicher Anspruch 2 278
Nötigung 2 286

Öffentliche Rechtsberatung 6 8
Ortstermin 4 527

Parallelverfahren 4 453
Parteireisekosten, fiktive 5 47
Pauschalbetrag 3 161
Postulationsfähigkeit 7 121
Prämie für Haftpflichtversicherung 5 25
Protokollierung
- Terminsgebühr 4 564
- Vereinbarung 4 286
Protokollierungstermin 4 559
Prozessstandschaft 2 255; 7 48
Prüfung der Erfolgsaussichten
- Verfahrenskostenhilfe 4 126

Rahmengebühren 1 104
- Kriterien 4 135
Ratenzahlung 2 170, 175
- Verfahrenskostenhilfe 7 99
Rechnung
- Inhalt 1 134
Rechnungstellung 1 110
Rechtsanwalt
- mehrere 1 118
- ortsansässiger 7 117
Rechtsbehelfsbelehrung 1 12
Rechtsbeschwerde 4 708
- Frist 4 710
Rechtsbeschwerdeverfahren
- Vergütung 4 734
Rechtsfachwirt 1 115

Rechtsmittel
- einstweilige Anordnung 4 661
- Erfolgsaussichten 4 112
- Prüfung der Erfolgsaussichten 4 112
Rechtsmitteleinlegung
- Übergangsvorschriften 1 80
Rechtsmittelkosten 8 11
Rechtsmittelverfahren
- Gebühren im 4 691
- Übergangsvorschriften 1 90
- Verfahrenswert 2 138
Rechtsmittelverzicht 4 421
Rechtssuchende 6 8
Rechtsverhältnis
- Streit oder Ungewissheit 4 253
Referendar 1 114
Regelgebühr 4 134
Reine Ratserteilung 1 122
Reisekosten 5 16; 7 118
- Verfahrenskostenhilfe 5 20
Reisekostenerstattung
- Notwendigkeit 5 32
- VKH-Beiordnung 5 27
Rückforderung
- bei Vermögensverbesserung 7 135
- zuviel gezahlter Unterhaltsbetrag 2 260
Rückforderungsanspruch 3 139
Rückgabe von Geschenken 1 24
Rücknahme des Scheidungsantrags 4 687
Rückstand 2 220
Rückzahlungsanspruch 2 261
RVG 1 45
- Anmerkungen 1 56
- Gesetzesteil 1 46
- Mindestgebühr 1 113
- Übergangsvorschriften 1 96
- Vergütungsverzeichnis 1 47
- Vergütungsverzeichnis-Nummern 1 54
- Vorbemerkungen 1 49

Sachantrag
- Berufungsbegründung 4 727
Sachstandsanfrage
- Terminsgebühr 4 544
Sachverständiger 4 527
Säumnisverfahren 4 480
Satzrahmengebühr 4 133
Schadensersatzanspruch 2 8

Stichwortverzeichnis

Schädigung
- sittenwidrige vorsätzliche 4 243

Scheidungs- und Verbundverfahren 1 12

Scheidungsantrag 2 154
- verfrüht 4 43
- wechselseitig 2 193

Scheidungssachen
- Folgesachen 2 323

Scheidungstermin 2 154; 4 480

Scheidungsvereinbarung 4 256
- Abrechnung 4 577
- Auftragserteilung 1 125; 4 577
- E-Mail-Schriftverkehr 4 561
- gerichtlich protokolliert 4 583
- gerichtlicher Auftrag 4 581
- nicht rechtshängige Ansprüche 4 305
- notarielle Beurkundung 4 584, 588
- Papierweg 4 561

Schriftform 3 31

Schriftliches Verfahren 4 515

Schriftzeichen
- lesbare 3 41

Schulden
- Ehevertrag 2 83

Schwierigkeit
- der anwaltlichen Tätigkeit 4 158
- rechtliche 4 158 f.
- tatsächliche 4 158, 161

Selbstständige Familiensache
- Einbeziehung in den Verbund 4 47

Selbstständiges Beweisverfahren 4 527

Selbstständiges Verfahren 4 639

Selbstvertretung
- im Berufungsverfahren 4 729

Sonstige Familiensachen 1 24

Sonstige Lebenspartnerschaftssachen 1 27

Sozialhilfeleistung 2 169

Sparkonto 2 182

Sperrwirkung 7 89

Spesen 2 169

Spezialkenntnisse 4 157

Staatskasse
- Geschäftsgebühr 4 203
- Vergütungsanspruch 7 84

Steuerrückzahlung 2 169

Stillhalteabkommen 4 725

Strafanzeige 4 104

Streit
- über ein Rechtsverhältnis 4 253

Stufenantrag 2 127, 211, 356
- Bewertung 2 214
- Wert der Auskunft 2 216

Stundenhonorar 3 161

Stundung
- des Ausgleichsanspruchs 2 337

Stundung der Ausgleichsforderung 2 360

Stundung des Zugewinnausgleichanspruchs 1 30

Synopse
- GKG/FamGKG 1 44

Tätigkeitsliste
- Geschäftsgebühr 4 148

Tage- und Abwesenheitsgeld 5 21

Tatsachenfeststellung 1 12

Teil-Anerkenntnis 4 306

Teil-Antragsrücknahme 4 306

Teileinigung 4 291

Teilnahme an Beratungsgesprächen 4 641

Teilweise Bewilligung
- von Verfahrenskostenhilfe/Verfahrenskostenhilfe 7 110, 115

Terminsgebühr 4 470
- Anhörungs- und Erörterungstermin 4 558
- Anhörungstermin 4 475
- Anrechnung 4 567
- Anrechnung der 4 559
- Antragsrücknahme 4 526
- aus Kostenwert 4 521
- Bereitschaft zur Besprechung 4 541
- Einmaligkeitsgrundsatz 4 551
- Erörterungstermin 4 474
- Flucht in die Säumnis 4 492
- im Bewilligungsverfahren 7 148
- in FG-Angelegenheiten 4 556
- neben Aussöhnungsgebühr 4 388
- Protokollierungstermin 4 559
- reduzierte 4 480
- Scheidungsvereinbarung 4 559
- schriftliches Verfahren 4 515
- Verfahrensauftrag 4 552

Testament 2 75

Textform 3 31
- Beweiswert 3 52
- E-Mail 3 56
- Voraussetzungen 3 41

Titulierung
- unstreitiger Beträge 2 234

Stichwortverzeichnis

Titulierungsinteresse 2 210, 234
Trennungsunterhalt 2 205, 238
Trennungsvereinbarung 4 256

Übergangsvorschriften 1 68
– 2. KostRMoG 1 68
– Abgrenzungskriterien 1 69
– Abtrennung 1 86
– Auftrag, unbedingter 1 71
– außergerichtlicher Auftrag 1 72
– bedingter Verfahrensauftrag 1 79
– Beratung 1 85
– Einlegung eines Rechtsmittels 1 80
– einstweilige Anordnung 1 75
– Erfolgshonorar 3 153
– FamGKG 1 95
– FGG-Reform-Gesetz 1 89
– Gebührenrecht 1 87
– gerichtliche Bestellung oder Beiordnung 1 76
– gerichtlicher Auftrag 1 73
– gerichtlicher Auftrag mit mehreren Gebühren 1 74
– mehrere Gegenstände 1 83
– RVG 1 96
– unbedingter Auftrag 1 68
– unbedingter Verfahrensauftrag 1 78
– Verfahrensauftrag 1 77
– Vergütungsvereinbarung 3 151
– Versorgungsausgleich 1 92
Überlassung von elektronisch gespeicherten Dateien 5 8
– Mindestbetrag 5 8
Überprüfung
– eines Vergleichs 4 271
Überschuldetes Vermögen 2 83
Übersicht
– Abrechnung in Familiensachen 9 1
– GKG/FamGKG 1 44
Übertragung von Vermögensgegenständen 1 30; 2 337, 360
Übervorteilung
– durch überhöhte Vergütungssätze 3 91
Überzahlungen 4 652
Übliche Vergütung 4 63, 109
Umfang
– der Bewilligung 7 6, 20
Umfang der Angelegenheit 4 157

Umgangsrecht
– Einigungsgebühr 4 289
– mehrere Kinder 2 377
Umgangsregelung
– Nichteinhalten 1 24
Umsatzsteuer 5 26
Unabhängigkeit
– anwaltliche 3 91
Unbedingter Verfahrensauftrag 4 347
Ungerechtfertigte Bereicherung 3 137
Ungewissheit
– über ein Rechtsverhältnis 4 253
Unterbevollmächtigter 4 591
– Gebührenteilung 3 157
Unterhalt
– außergerichtliche Tätigkeit 2 202
– freiwillige Leistungen 2 210
– Kapitalabfindung 2 227
– nachehelicher 2 221
– Verzicht 4 301
– Wertberechnung 2 198
Unterhalt nach §§ 1612a–1612c BGB 2 206
Unterhalt, weniger als 1 Jahr 2 204
Unterhaltsabänderungsantrag 2 258
Unterhaltsanspruch 2 196
Unterhaltsantrag
– Erhöhung 2 256
Unterhaltsgläubiger
– mehrere 2 253
Unterhaltsrückstand 2 220
Unterhaltssachen 1 29
– Kindergeld 2 252
Unterhaltsstreitsachen 2 199
Unterhaltsverzicht 2 235; 4 301
Untervollmacht
– im Familienrecht 4 592
– isoliertes Sorgerechtsverfahren 4 596
Unzulänglichkeit
– Beratungshilfegebühren 6 52

Vaterschaftsanfechtung 2 275
Verbund
– von Scheidungs- und Folgesachen 4 622
Verbundverfahren 2 323
Vereinbarung
– für den Fall der Scheidung 4 255, 351
Vereinfachtes Verfahren
– über den Unterhalt Minderjähriger 4 410

Verfahren
- schriftliches **4** 515
Verfahren in Familiensachen **1** 10
Verfahrensarten **4** 620
Verfahrensauftrag **1** 119; **4** 432, 532
- in Scheidungssache **4** 386
Verfahrensauftrag, unbedingter
- Antragsgegnervertreter **4** 537
Verfahrensgebühr
- § 15 Abs. 3 RVG **4** 463; **4** 403
- Gerichtskosten **2** 23
- Nr. 3101 Nr. 2 VV RVG **4** 441
- Nr. 3101 Nr. 3 VV RVG **4** 456
- Voraussetzungen **4** 406
Verfahrensgebühr Rechtsbeschwerdeverfahren **4** 735
Verfahrenskostenhilfe **1** 12; **7** 1
- anderweitige Zahlungen **7** 17
- Antrag **2** 223
- Antragserweiterung **7** 24
- Anwaltszwang **7** 15
- Bewilligung für das gesamte Bewilligungsverfahren **4** 342
- Bewilligung für den Abschluss einer Einigung **4** 334
- Einigungsgebühr **4** 311
- Erstreckung auf Einigung nach § 48 Abs. 3 RVG **4** 320
- Erstreckung auf Versorgungsausgleich **4** 323
- Erstreckung des § 48 Abs. 3 RVG **4** 310
- für die Zwangsvollstreckung **7** 21
- Lebenspartner **7** 47
- Prüfung der Erfolgsaussichten **4** 126
- Prüfungsverfahren **4** 331
- Scheidungsvereinbarung **7** 21
- Terminsgebühr **4** 548
- Unbedingter Verfahrensauftrag **4** 347
- Voraussetzungen **7** 25
- Vorschüsse **7** 17
- Vorschussanforderung **7** 96
Verfahrenskostenhilfe-Verfahren
- mehrere **7** 140
- und weitere Vergütung **7** 109
- Unterbevollmächtigter **7** 117
- Verkehrsanwalt **7** 117
Verfahrenskostenhilfebekanntmachung **7** 47
Verfahrenskostenvorschuss **2** 402; **7** 50

Verfahrenswert
- Auffangwert **2** 143
- Ehe- und Lebenspartnerschaftssache **2** 149
- einstweilige Anordnung **2** 362
- Einstweilige Anordnung **4** 673
- Gewaltschutz **2** 299
- hilfsweise Aufrechnung **2** 134
- Höchstwert **2** 108
- Trennungsunterhalt **2** 238
- Unterhaltsverzicht **2** 235
- Verfahrenskostenvorschuss **2** 402
- Versorgungsausgleich **2** 304
- vertraglicher Unterhaltsanspruch **2** 248
- Wertsicherungsklausel **2** 243
Verfassungswidrigkeit **3** 93
Vergleich
- gerichtlich gebilligter **4** 265
- Umgangsregelung **4** 265
- Vollstreckungstitel **4** 266
Vergleichsmehrwert
- Begrenzung der Gerichtskosten **2** 64
Vergleichsschuldner **2** 37
- 2. KostRMoG **2** 41
- Feststellung, nachträgliche **2** 44
Vergütung
- erfolgsunabhängige **3** 81
- für Vertreter des Rechtsanwalts **1** 114
- Höhe **1** 113
- Mindestgebühr **1** 113
- übliche **4** 64
- unangemessen hohe sittenwidrige **3** 171
Vergütungsanspruch
- einstweilige Anordnung **4** 678
- gegen den unterlegenen Gegner **7** 86
Vergütungsvereinbarung **3** 1
- allgemeine Geschäftsbedingungen **3** 141
- andere Vereinbarungen **3** 65
- Berufsrecht **3** 17
- Bestimmtheit **3** 159
- Bezeichnung **3** 63
- Checkliste **3** 167
- fehlerhafte **3** 134
- Formulierungsvorschläge **3** 166
- Grundsätze **3** 27
- individuell ausgehandelte **3** 147
- Inhalt **3** 161
- Muster und Formulare **3** 140
- Notwendigkeit **3** 1
- rechtswidrige Drohung **3** 170

Stichwortverzeichnis

- Scheidungstermin 3 169
- seit dem 1.7.2006 3 6
- seit dem 1.7.2008 3 13
- und Prozesskostenhilfe 3 78
- Unzeit 3 170
- Vollmacht 3 65
- Zeitpunkt des Abschlusses 3 168

Vergütungsverzeichnis 1 47
Vergütungsverzeichnisnummern 1 54
Verjährung
- Hemmung 1 127 f.

Vermächtnis 2 103
Vermittlungsverfahren 4 416
Vermögensauseinandersetzung 1 19
Vermögenssteuerfreibetrag 2 180
Verrechnung
- mit Fremdgeldern 4 392

Versäumnisbeschluss
- Familienstreitsache 4 484

Versäumnisentscheidung 4 481
Verschärfte Haftung 2 260
Verschiedene Angelegenheiten 4 26
Verschulden
- bei Vertragsschluss 2 10

Versorgungsausgleich 2 304
- Abtrennung 1 92
- Ausschluss 2 319
- der Lebenspartner 1 26
- Rechtsmittelverfahren 2 320
- Übergangsvorschriften 1 92
- Verfahrenswert 2 304

Versorgungsausgleichssachen 1 28
Verständige Betrachtung 3 101
Vertikalverweisung 4 604
Vertraglicher Unterhaltsanspruch 2 248
Vertragsentwurf 2 75
- über Unterhaltsanspruch 2 245

Vertragspartner
- Erfolgshonorar 3 116
- Vergütungsvereinbarung 3 116

Verweisung 4 597
- Familiengericht 4 598

Verzicht
- auf die Durchführung des Versorgungsausgleichs 4 294
- Einigungsgebühr 4 254

Verzichtserklärung
- Beschwerde 4 706

VKH-Mandat
- Beiordnung, uneingeschränkt 5 35
- Beschränkung auf die Kosten eines Verkehrsanwalts 5 43
- Beschränkung auf einen im Bezirk des Gerichts niedergelassenen Anwalt 5 39
- Beschränkung auf ortsansässigen Anwalt 5 36
- Besonderheiten 5 27
- Einzug von Auslagen durch die Staatskasse 5 48
- Fiktive Parteikosten 5 47
- Mehrkostenverbot 5 28
- Notwendigkeit von Reisekosten 5 32
- Reisekostenerstattung 5 27

VKH-Prüfungsverfahren 4 316, 331
- Einigung 4 316
- isoliertes Verfahren 4 331

VKH-Vergütung
- Verrechnung von Vorschusszahlungen 4 215

Voraussetzung
- für die Bewilligung von Beratungshilfe 6 8

Vorbehalt 3 139
Vorbemerkungen 1 49
Vormundschaftssachen und Dauerpflegschaften
- Gerichtskosten 2 27

Vorschuss 1 131
- Verfahrenskostenhilfe 7 17

Vorschusspflicht
- Gerichtskosten 2 25

Vorschusszahlung
- Anrechnung auf VKH-Vergütung 4 215

Vorvertragliche Hinweispflicht 2 10
Vorzeitige Beendigung 4 432 f.
- allgemeine Voraussetzungen 4 434
- Anzeige der Verteidigungsabsicht 4 437
- Voraussetzungen für die Entstehung 4 441

Waffengleichheit
- prozessuale 3 91

Wechselseitige Rechtsmittel 2 128
Weitere Vergütung 7 99
Weiterleitung
- von Geldern 4 390

Wertbegrenzung 2 69
Wertberechnung
- Grundsatz 2 106

Stichwortverzeichnis

- Unterhalt, außergerichtliche Tägigkeit **2** 202
- Unterhalt, weniger als 1 Jahr **2** 204
- Zeitpunkt **2** 109

Wertgebühr **1** 103; **2** 15
Wertpapier **2** 182
Wertsicherungsklausel **2** 243
Widerantrag **2** 128, 349
- Auskunftsansprüche **2** 354

Wiederholung von Anträgen **2** 384
Wiederkehrende Leistungen **2** 199
Wohngeld **2** 169
Wohnungszuweisung **2** 298
Wucher **3** 16

Zahlungsanspruch **4** 216
Zahlungsvereinbarung
- Einigungsgebühr **4** 357
- Gegenstandswert **4** 355

Zeitbudget **2** 328
Zeitpunkt der Wertberechnung **2** 311
Zeugen
- Terminsgebühr **4** 544

Ziel **4** 547
Zugewinnausgleich
- Antrag und Widerantrag **2** 346
- Auskunft **2** 358
- hoher **2** 340
- Miteigentumsanteil **2** 351
- modifizierter **2** 84
- niedriger **2** 342
- Stufenantrag **2** 356
- vorzeitiger **2** 115, 359

Zugewinnausgleichsforderung **2** 112
Zurückverweisung **4** 597, 606
- in Familienstreitsachen **4** 608
- in Verbundverfahren **4** 607

Zusatzgebühr für besonders umfangreiche Beweisaufnahmen **4** 400, 568
Zuschlag
- angemessener **3** 120

Zustimmung
- bei Verfügungen über Haushaltsgegenstände **1** 30
- bei Vermögensverfügung **1** 30
- des Verwalters über das Gesamtgut **1** 30
- Scheidungsantrag **4** 407
- zu einem Rechtsgeschäft **1** 30
- zu einem Rechtsgeschäft bei Gesamtgutverwaltung **1** 30

Zuweisung
- einer Wohnung **1** 35

Zuweisung der Ehewohnung **1** 37
Zwangsvollstreckung **1** 12
Zweites Versäumnisurteil **4** 493

Gebührenrecht

Gebührenabrechnung kinderleicht – 2. KostRMoG inklusive!

AnwaltKommentar RVG
Hrsg. von RA Norbert Schneider
und RiOLG a.D. Hans-Joachim Wolf
7. Auflage 2014, 3.400 Seiten,
gebunden, Subskriptionspreis
(bis 31.03.2014) 139,00 €,
danach 159,00 €
ISBN 978-3-8240-1244-2

Mehr Honorar? Kein Problem –
mit dem neuen AnwaltKommentar RVG!

Das 2. KostRMoG hat gravierende Änderungen in der Gebührenabrechnung gebracht, größtenteils zu Ihren Gunsten. Verschaffen Sie sich daher mit der aktuellen Neuauflage des bewährten „AnwaltKommentar RVG" den erforderlichen Durchblick beim reformierten Gebührenrecht. Die 7. Auflage der Gebührenrechtsspezialisten Schneider/Wolf bietet Ihnen alles, was Sie brauchen, um optimal nach neuem Recht abzurechnen.

Die umfassenden Änderungen der Neuauflage sind u.a.:

- Einarbeitung des 2. KostRMoG

- Einarbeitung des Gesetzes zur Änderung des Prozesskostenhilfe- und Beratungshilferechts

- Einarbeitung des Gesetzes zur Reform der Sachaufklärung in der Zwangsvollstreckung

- Einarbeitung der aktuellen Rechtsprechung

- Zwei neue renommierte Autoren verstärken das kompetente Autorenteam: RA und FA für Arbeitsrecht und für Sozialrecht Martin Schafhausen sowie RAin und FAin für Familienrecht Lotte Thiel

Bestellen Sie im Buchhandel oder beim Verlag:
Telefon 02 28 919 11 -0 · Fax 02 28 919 11 -23
www.anwaltverlag.de · info@anwaltverlag.de

perfekt beraten

Deutscher AnwaltVerlag

Diese digitale Fachbibliothek kann mehr.

Das Deutsche Anwalt Office Premium bietet Fachwissen, Formulare und Seminare.

Ausführliche Informationen finden Sie unter: www.haufe.de/daop

Oder rufen Sie uns einfach an:
0800 72 34 252 (kostenlos)

DeutscherAnwaltVerlag HAUFE.

Alles rund ums Familienrecht!

- Norbert Sitzmann: **50 Fälle zum Unterhaltsrecht**, 2. Auflage (AnwaltsPraxis)
- Wolfgang Reetz: **AnwaltFormulare Versorgungsausgleich** – Schriftsätze · Verträge · Erläuterungen (AnwaltFormulare)
- Ümit Savas: **Türkisches Familienrecht in der anwaltlichen Praxis**, 2. Auflage (AnwaltsPraxis)
- Sabine Jungbauer: **Das familienrechtliche Mandat** – Abrechnung in Familiensachen, 3. Auflage (Das Mandat)
- Ingrid Groß: **Anwaltsgebühren in Ehe und Familiensachen**, 4. Auflage (AnwaltsGebühren)
- Börger/Bosch/Heuschmid: **AnwaltFormulare Familienrecht** – Schriftsätze · Verträge · Erläuterungen, 5. Auflage (AnwaltFormulare)
- Völker/Clausius: **Das familienrechtliche Mandat** – Sorge- und Umgangsrecht, 6. Auflage (Das Mandat)
- Christian Maurer: **Der Ehevertrag in der anwaltlichen Praxis** (AnwaltsPraxis)
- von Proff zu Irnich: **AnwaltFormulare Nichteheliche Lebensgemeinschaft** – Muster · Verträge · Erläuterungen (AnwaltFormulare)

Diese und weitere Bücher finden Sie auf unserer Homepage unter:
www.anwaltverlag.de

DeutscherAnwaltVerlag

AnwaltFormulare

AnwaltFormulare – über 1.000 Muster, Checklisten und Formulare!

Ist Ihnen das nicht auch schon mal passiert: Sie möchten gerne ein Mandat annehmen, **Ihnen fehlt** aber **im entsprechenden Rechtsgebiet das Fachwissen?** Oder Sie haben (gerade als Einsteiger) einen neuen Fall, dessen **Erfolgsaussichten** Sie noch gar nicht beurteilen können? Und haben dann in der Folge das Haftungsrisiko? Hier wäre ein **schneller Einstieg und Überblick zu allen gängigen Rechts- und Sachgebieten** die passende Lösung!

Die bereits in 7. Auflage lieferbaren „AnwaltFormulare" setzen genau dort an: sie bieten Ihnen in **59 Kapiteln vom Aktienrecht über das Steuerrecht bis hin zur Zwangsvollstreckung** einen Einstieg in jedes denkbare Tätigkeitsgebiet, und zwar nicht nur für die klassischen forensischen Gebiete, sondern auch für die wachsende Anzahl von Bereichen, in denen Sie (nur) beratend oder rechtsgestaltend tätig sind.

Das Formularbuch ist dem Ablauf der Mandatsbearbeitung folgend aufgebaut. **Über 1.000 Muster, Checklisten und Formulare**, die Sie von der beiliegenden **CD-ROM** direkt in Ihre eigene Textverarbeitung übernehmen können, vermitteln Ihnen schnell benötigtes Wissen. Konkrete Handlungsanweisungen helfen bei der tatsächlichen Umsetzung. Das spart Zeit und Ressourcen.

Mit den AnwaltFormularen erschließen Sie sich mit vertretbarem Zeitaufwand ein bislang unbekanntes oder selten bearbeitetes Rechtsgebiet soweit, dass Sie Ihrem Mandanten **schnell Auskunft geben, sofort den Sachverhalt beurteilen** und so auch **eine Entscheidung über das weitere Vorgehen treffen** können.

AnwaltFormulare
Von RA und FA für Steuerrecht
Dr. Thomas Heidel,
RA und FA für Arbeitsrecht
Dr. Stephan Pauly und RAin
und FAin für Insolvenzrecht
Angelika Wimmer-Amend
7. Auflage 2012,
3.020 Seiten, gebunden,
mit CD-ROM, 169,00 €
ISBN 978-3-8240-1141-4

Bestellen Sie im Buchhandel oder beim Verlag:
Telefon 02 28 9 19 11 -0 · Fax 02 28 9 19 11 -23
www.anwaltverlag.de · info@anwaltverlag.de

perfekt beraten

Deutscher**Anwalt**Verlag